GUINNESS WORLD RECORDS BUCH 2006
INHALT

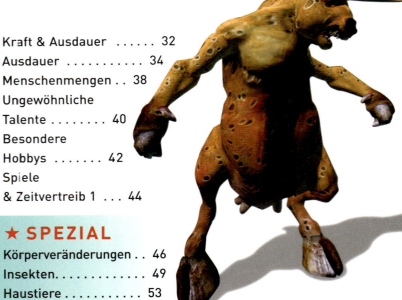

- Das Jahr der Rekorde 4
- Rekorde im Fernsehen 6
- Der Weg zum Weltrekord 8
- Jung & Talentiert 10

MENSCH & KÖRPER   12
- Körperextreme 14
- Wunder der Medizin . 16
- Altersrekorde 18
- Familienbande 20
- Körperwelten 22

MENSCH & LEISTUNG   24
- Reisen 26
- Expeditionen 28
- Weltumrundungen 30
- Kraft & Ausdauer 32
- Ausdauer 34
- Menschenmengen .. 38
- Ungewöhnliche Talente 40
- Besondere Hobbys 42
- Spiele & Zeitvertreib 1 ... 44

★ SPEZIAL
- Körperveränderungen .. 46
- Insekten............. 49
- Haustiere 53

- Spiele & Zeitvertreib 2 . 56
- Gaumenfreuden 58
- Sammlungen 62

NATUR & UMWELT   64
- Die Erde 66
- Vulkane 70
- Das Klima 72
- Ozeane 74
- Unter Wasser 76
- Lebensraum Wasser 78
- Zoo & Nutztiere 80
- Säugetiere 82
- Vögel 86
- Reptilien 88
- Urzeit 90
- Mikroorganismen 92
- Wildpflanzen 94
- Nutzpflanzen 98
- Die Umwelt 100

WISSENSCHAFT & TECHNIK   100
- Das Sonnensystem 102
- Das Universum 104
- Raumfahrt 106
- Kommunikation 108
- Internet 110
- Energie 112
- Wissenschaft 114
- Technik 116

POLITIK & GESELLSCHAFT   118
- Lauf des Lebens 120
- Weltbevölkerung 122
- Tourismus 124
- Feiern & Feste 126
- Politik 128
- Verbrechen 130
- Kultobjekte 134

ORIGINALGRÖSSE

KUNST & UNTERHALTUNG 134

Kunst & Skulpturen ... 136
Drucksachen 128
Literatur & Sprache ... 140
Kino 142
Film 144
Filmstars 146
Stunts & Effekte 148

★ SPEZIAL
Große Dinge 150
Kolossale Konstruktionen . 153
X-Games 157

TV Stars 160
TV Shows & Werbung ... 162
Digitale Musik 164
Chartsstürmer 166
Musikstars 168
Musikrekorde 170
Theater & Bühne 172
Zirkus 174
Magie & Illusion 176
Computerspiele 178

ARCHITEKTUR & TECHNIK 134

Maschinen 182
Autos 184
Zweiräder 186
Eisenbahnen 188
Schiffe 190
Luftfahrt 192
Gebäude 194
Bauwerke 196
Vergnügungsparks 206

SPORT & SPIELE 200

Flugsport 202
American Football 204
Tier- & Reitsport 206
Leichtathletik 208
Ballsport 212
Baseball 216
Basketball 218
Kampfsport 220
Kricket 222
Radsport 224
Fußball 226
Golf 230
Eishockey 232
Motorsport 234
Olympische Spiele 238
Racketsport 240
Rugby 242
Zielsport 244
Tennis 246
Exotische Sportarten . 248
Wassersport 250
Wintersport 254

Sportreferenz 258
Stichwortverzeichnis . 270
Danksagungen/
Bildnachweis 272
Impressum/
Zu guter Letzt 274

WWW.GUINNESSWORLDRECORDS.COM

→ GUINNESS WORLD RECORDS BUCH 2006
DAS JAHR DER REKORDE

EINE AUSWAHL NEUER GUINNESS-WELTREKORDE AUS DEN VERGANGENEN ZWÖLF MONATEN:

Längste Zeit mit einer Kugel im Kopf (S. 17)

Meiste gleichzeitig lebende Generationen (S. 21)

Erster Aufstieg einer Frau zum K2 (S. 28)

Längste Verweildauer auf einem Dachboden (S. 43)

Höchster Sprung eines Schweins (S. 55)

Jüngster Vulkan (S. 71)

Tiefstliegendes Wrack (S. 76)

Schnellster Fresser (S. 82)

Größtes Mobiltelefon (S. 108)

Höchste Lebensqualität (S. 123)

Höchster Bußgeldbescheid (S. 130)

Teuerste TV-Werbung (S. 162)

Größter Online-Musicstore (S. 165)

Schnellstes Monowheel (S. 187)

Längster Ritt auf einem mechanischen Rodeobullen (S. 206)

David Hasselhoff – Star von Baywatch, die weltweit meistgesehene TV-Serie in der Geschichte des Fernsehens – bekommt während seines Interviews mit GUINNESS WORLD RECORDS einen ersten Einblick in das neue Buch. Das Interview steht auf S. 152

↓

Herzlich willkommen beim GUINNESS WORLD RECORDS BUCH 2006. Mit mehr Rekorden, mehr Informationen und vielen neuen Extras!

In den vergangenen zwölf Monaten gingen bei GUINNESS WORLD RECORDS in London an jedem Tag 15 Anmeldungen zu neuen Rekordversuchen von irgendwo aus der Welt ein. Das bedeutet nichts anderes, als dass in einem Jahr 5.600 Kandidaten einen Rekordversuch durchgeführt haben. Einige von ihnen haben versucht, einen bestehenden Rekord zu brechen, andere haben sich eine völlig neue Disziplin, eine ganz eigene Höchstleistung ausgesucht. Bei weitem nicht alle Rekordanmeldungen konnten angenommen werden, nicht alle Kandidaten haben das von ihnen gesteckte Ziel erreicht.

Die aktuellen Rekordhalter im GUINNESS WORLD RECORDS BUCH 2006 kommen von überall auf der Welt, das zahlenmäßig erfolgreichste Land sind dabei die USA. Auch aus Deutschland, Österreich und der Schweiz kamen in den letzten zwölf Monaten wieder eine ganze Reihe überraschender, bemerkenswerter und verrückter Rekorde.

Freddy Quinn mit der Jubiläumsausgabe des GUINNESS WORLD RECORDS BUCH 2005.

So hat die Firma HARIBO im vergangenen Jahr nicht nur Naschwerk produziert, sondern auch einen Golftee. Die kleinen Stöpsel, die normalerweise in den Rasen gesteckt werden, um einen Golfball für den Abschlag daraufzulegen, wurden natürlich auch bei der großen Kinder- und Jugend-Golfserie benötigt, die von den Gummibärchenherstellern unterstützt wurde. Mit Moderator **Thomas Gottschalk** als Schirmherr des Turniers präsentierte der Sponsor stolz das **größte Golftee** – Weltrekord!

Das **größte gemeinsame Singen** fand nur ein einziges Mal statt, nämlich am 9. Mai 2004. Angeführt wurden die Sänger während des Hamburger Hafengeburtstags von Entertainer **Freddy Quinn**. Mit ihm sangen sage und schreibe 88.600 Menschen. Freddy bekam dafür nicht nur die offizielle Urkunde überreicht, sondern auch die druckfrische goldene Jubiläumsausgabe GUINNESS WORLD RECORDS BUCH 2005.

→ *Ein Golftee von 3,30 m Höhe. Da staunte selbst Schirmherr Thomas Gottschalk nicht schlecht, als Olaf Kuchenbecker für GUINNESS WORLD RECORDS die offizielle Urkunde für den Weltrekord überreichte. Das Golftee war übrigens aus Holz und deshalb nicht zum Essen.*

Im Februar 2005 akzeptierten die Schiedsrichter von GUINNESS WORLD RECORDS mit 28,19 m den höchsten Lego-turm. Eine von vielen erfolgreichen Partnerschaften rund um den Erdball.

Volle Übersicht über Themen und Rekorde durch Tabellen

Neue Bilder, ausführlich kommentiert

Interviews mit Rekordhaltern

Kennzeichnung für neue und verbesserte Rekorde

Fakten und Kommentare auf den Randkolumnen

Bei weitem nicht alle Rekordversuche wurden mit so prominenter Unterstützung erbracht, denn jedes Jahr aufs Neue sind es die verrückten und skurrilen Ideen der GUINNESS WORLD RECORDS-Fans, die zu neuen Höchstleistungen führen. Oftmals sind es dann nicht Einzelpersonen, die einen Rekord aufstellen, sondern große Gruppen. Wie an der norddeutschen Küste, wo sich 2004 **1.305 Freiwillige der Jugendfeuerwehren Cuxhaven** zusammenfanden, um das **größte Backsteindomino** der Welt zu bauen.

Das zu tun, was man immer tut, nur auf andere Weise als sonst, brachte auch einige andere Kandidaten auf die Idee zu ihrer persönlichen Bestleistung. So war der Deutsche **Thomas Dold** zwar schon längere Zeit ein guter 1.000-Meter-Läufer, doch erst der Einfall, das Ganze einmal rückwärts zu probieren, brachte ihm nach 3 Minuten 36,07 Sekunden den Weltrekord. Der Österreicher **Harald Hel** durchquerte in weniger als drei Wochen Australien. Sie glauben, das sei keine große Leistung? Doch. Denn er benutzte einen Tretroller – Weltrekord!

Manch anderer wiederum verdiente sich seine GUINNESS WORLD RECORDS-Urkunde fast im Schlaf. Zum Beispiel der Schweizer **Jean Francois Vernetti**. Aus Hotels sammelte er „Bitte nicht stören"-Schilder. 4.565-mal machte er das so – Weltrekord!

Diese und Tausende anderer Rekorde sind im GUINNESS WORLD RECORDS BUCH 2006 beschrieben, bebildert und sind damit die aktuelle Rekord-Sammlung zum Stöbern und Entdecken.

Viel Spaß dabei wünscht
GUINNESS WORLD RECORDS

Was ist neu?
Noch bessere Orientierung durch neue Hinweise:

★ **Neuer Rekord**
Kennzeichnet neue Kategorien und Rekorde, die neu anerkannt und aktuell ins Archiv aufgenommen wurden.

★ **Verbesserter Rekord**
So sind Rekorde markiert, die in der Vergangenheit im Buch waren, aber aktuell gebrochen wurden.

ORIGINALGRÖSSE
Bebilderung von Rekorden in ihrer tatsächlichen Größe.

Zwischenüberschriften
Neben Querverweisen und Bilderläuterungen erleichtern zusammenfassende Überschriften den Überblick über die Rekorde.

Vergleiche
Rekorde werden mit einfachen, bekannten Maßen verglichen und so noch anschaulicher.

China feierte die Veröffentlichung des GUINNESS WORLD RECORDS BUCH 2005 in einer spektakulären TV Show mit vielen neuen Rekorden. GUINNESS WORLD RECORDS im deutschen Fernsehen? Siehe nächste Seite.

GUINNESS WORLD RECORDS BUCH 2006
REKORDE IM FERNSEHEN

★ **HÖCHSTER FLACHWASSERSPRUNG**
Danny Higginbottom (USA) sprang am 8. September 2004 für *Guinness World Records: 50 Years, 50 Records* aus einer Höhe von 8,95 m in ein mit nur 30 cm Wasser gefülltes Becken und verbesserte damit seinen eigenen Rekord aus der RTL-Show.

MOIN MOIN!

Es geht weiter bei RTL mit *GUINNESS WORLD RECORDS – DIE GRÖSSTEN WELTREKORDE* und ich persönlich freue mich ganz besonders, Ihnen diese gigantische Show präsentieren zu dürfen!

GUINNESS WORLD RECORDS übt eine ganz besondere Faszination aus: Rekordler aus der ganzen Welt kommen hier zusammen, die sich jahrelang auf Ihren persönlichen WELTREKORD vorbereitet haben und ihn nicht nur zelebrieren, sondern leben. Manche von ihnen machen ihr ganzes Leben nichts anderes. Aber mal ehrlich: Diese Menschen denken sich auch Sachen aus und zeigen Leistungen, die ich nie für möglich gehalten habe! Klar, manches davon ist wirklich skurril; das Wort fällt oft im Zusammenhang mit GUINNESS WORLD RECORDS. Die Menschen hinter diesen manchmal merkwürdigen Rekorden sind aber ganz normal, viele von Ihnen sind Profis, die nie etwas riskieren würden, was sie nicht auch verantworten können. Ich ziehe vor meinen Gästen in der Show und ihren Darbietungen meinen Hut!

OLIVER GEISSEN

Der gebürtige Hamburger wurde mit *Die Oliver Geissen Show* im deutschsprachigen Raum bekannt. *Die ultimative Chartshow* brachte ihn in die erste Liga der Showmoderatoren.

Der Quotengarant, der als eines seiner Hobbys Schlafen angibt, lebt mit seiner Familie in Hamburg und in Köln, am Standort seines Haussenders RTL.

LÄNGSTE ZEIT IM EIS. LIVE VOR DEM MILLIONENPUBLIKUM VON RTL
Schiedsrichter Henry Maske, Stargast Alain Delon, Moderator Oliver Welke mit Rekordhalter Wim Hof (NL), der in der Show DIE GRÖSSTEN WELTREKORDE 1 Stunde 7 Minuten im Eis verbrachte.

Mit meinem sechsjährigen Sohn Max schmökere ich manchmal auch privat im GUINNESS WORLD RECORDS BUCH. Hier kann man wirklich etwas lernen. Total spannend finden wir beide die Seiten über die Welt, in der wir leben, und die Erde an sich als Rekordhalterin. Das Universum, Sonne, Klima, Tiere, Berge und Seen – Wahnsinn, wie viele natürliche Rekorde die Welt aufstellt! Jedesmal, wenn wir das Buch aufschlagen, entdecken wir neue Sachen. Das ist echt genial.

Beim Blättern habe ich übrigens mit „Jung & Talentiert" auch eine Rekord-Rubrik für mich gefunden, die aber leider kein WELTREKORD ist: Mit 36 Jahren 34 Tagen bin ich der jüngste Moderator einer GUINNESS WORLD RECORDS TV-Show im deutschen Fernsehen. Und das ist doch auch etwas, oder?

Bis bald. Ich freu mich!

MEISTE MOTOR-RAD-PIROUETTEN
Horst Hoffman (D) vollführte am 23. Januar 2004 in Köln (D) auf dem Hinterrad seines Motorrads 16 Pirouetten in 30 Sekunden.

LÄNGSTE HUNDEOHREN
Am 23. Januar 2004 präsentierten die Boxlegenden Regina Halmich und RTL-Schiedsrichter Henry Maske bei DIE GRÖSSTEN WELTREKORDE den Basset Jack, dessen Ohren mit 33,2 cm die längsten Hundeohren der Welt sind.

128.000 WEIHNACHTSLICHTER AM BRANDENBURGER TOR
RTL hatte zu Weihnachten 2004 dazu aufgerufen, per SMS-Nachricht ein Licht am Weihnachtsbaum vor dem Brandenburger Tor zu entzünden. Der Erlös von 393.200 Euro kam den Aktionen des RTL-Spendenmarathons zugute.

★ NEUER REKORD   ★ VERBESSERTER REKORD   WWW.GUINNESSWORLDRECORDS.COM

GUINNESS WORLD RECORDS BUCH 2006
DER WEG ZUM WELTREKORD

*Schiedsrichterin Nicola Savage (ganz oben) nimmt die Zeit bei einem Rekordversuch im Geleebonbon-Sortieren im Rahmen der Southampton Road Show am 30. Oktober 2004. Bei der gleichen Veranstaltung versucht Steve Bugdale (oben), unter den wachsamen Augen von Chris Marais, den **Weltrekord für die meisten auf den Handrücken absolvierten Liegestütze in einer Minute** zu brechen.*

*Steve Fosset (Mitte) bei der Verleihung seiner Urkunde für die **erste Weltumrundung mit einem Flugzeug ohne Nachtanken**, in Begleitung von Sir Richard Branson (l.) und David Hawksett (r.).*

Sie haben das Zeug zu einem neuen Weltrekord? Dann lesen Sie weiter!

Wenn Sie einen WELTREKORD brechen wollen, können Sie unter Tausenden von Rekorden wählen, oder einen komplett neuen Rekordvorschlag einreichen. Wir sind ständig auf der Suche nach neuen und interessanten Kategorien, die ein gewisses Maß an Können voraussetzen und Herausforderer in aller Welt auf den Plan rufen.

1. BEWERBUNG

Einen WELTREKORD aufzustellen erfordert Zeit und Geduld. Kontaktieren Sie uns unbedingt, **bevor** Sie Ihren Rekordversuch starten. Schicken Sie uns keine Nachweise oder Dokumente, bevor wir Ihren Vorschlag begutachtet haben.

Jeder WELTREKORD unterliegt einem bestimmten Regelwerk, das eingehalten werden muss. Fordern Sie diese Regeln unbedingt an, bevor Sie einen Rekordversuch unternehmen. Wenn Sie eine Idee für einen neuen Rekord haben, müssen Sie sich vor der Durchführung vergewissern, dass Ihr Vorschlag angenommen wurde. Sie erhalten von uns auf Ihren speziellen Versuch zugeschnittene Regeln, die Sie und alle nachfolgenden Herausforderer genau einhalten müssen. Der schnellste und einfachste Weg zur Bewerbung ist unsere Website **www.guinnessworldrecords.com**. Der Link „Make a Record Attempt" und die folgenden Anweisungen führen direkt zum Online-Formular. Informieren Sie uns hierdurch so umfassend wie möglich über Ihren Rekordversuch. Sie müssen dort auch ein Passwort eingeben, das Sie dann zusammen mit Ihrer Mitgliedsnummer von uns per E-Mail erhalten. Beides zusammen verschafft Ihnen Zugang zu dem neuen Tracking Feature auf unserer Website. Dort können Sie die Bearbeitung Ihres Antrags verfolgen und Fragen zu Ihrem Rekordversuch stellen. Sofort nach Abgabe Ihrer Bewerbung erhalten Sie mit der gleichen E-Mail ein Vertragsformular, welches auszudrucken, zu unterschreiben und per Post oder Fax an uns zurückzuschicken ist. Ihr Vorschlag

*KEEPER OF THE RECORDS, Stewart Newport, und Sophie Whiting von GUINNESS WORLD RECORDS nahmen am 11. Februar 2005 am weltweit **größten Simultan-Händeschütteln** in der Deira City Centre Shopping Mall in Dubai (VAE) teil.*

kann von uns erst dann bearbeitet werden, wenn diese Vereinbarung vorliegt. Bitte beachten Sie, dass unsere WELTREKORDE weltweit zentral von GUINNESS WORLD RECORDS in London bestätigt werden. Vor unserer Rücksendung des gegengezeichneten Exemplars der Vereinbarung an den Bewerber erfolgt von uns keinerlei Aufforderung, Ermächtigung oder Genehmigung eines Rekordversuchs. Ohne diese Bestätigung besteht keinerlei Zusammenhang zwischen uns und einem Rekordversuch. Falls Sie eine schnelle Bearbeitung möchten, bieten wir Ihnen den so genannten „Fast Track", einen Expressdienst an. Dabei wird Ihr Vorschlag sofort nach Erhalt der von Ihnen unterzeichneten Vereinbarung geprüft. Sie erhalten dann innerhalb von drei Werktagen eine Antwort.
Bitte beachten Sie, dass dieser Service kostenpflichtig ist und wir Ihnen keine positive Rückmeldung garantieren können (siehe auch **www.guinnessworldrecords.com**).

AUFSICHT

Bei den meisten Rekordversuchen ist kein Vertreter von GUINNESS WORLD RECORDS anwesend. In der Regel schicken uns die Rekordler nach Durchführung ihres Versuchs die Dokumentation zur Prüfung. Die Aufsicht ist ein besonderer Service, den wir gegen Gebühr anbieten. Die Verfügbarkeit hängt davon ab, ob zu der Zeit ein Experte zur Verfügung steht. Weitere Informationen hierzu unter **www.guinnessworldrecords.com**

Am 17. Januar 2005 standen bei einer von UK Radio Aid organisierten Veranstaltung 31 an den Armen verbundene Menschen gleichzeitig auf. Schiedsrichter: Della Torra Howes (mit Buch).

Die größten Cowboystiefel der Welt sind 1,38 m hoch und 1,19 m lang.

2. ANTWORT

Sobald wir das von Ihnen unterzeichnete Vertragsformular erhalten haben, wird Ihr Vorschlag umfassend geprüft. Wird Ihr Antrag angenommen, erhalten Sie von uns die Richtlinien, die bei der Durchführung des Rekordversuchs einzuhalten sind. Wird ein Vorschlag abgelehnt, erläutern wir Ihnen die Gründe dafür und schlagen, wenn möglich, eine Alternative vor. Obwohl wir uns bemühen, schnellstmöglich zu antworten, kann die Bearbeitung bis zu acht Wochen in Anspruch nehmen.

3. ORGANISATION

Sobald Sie von uns die Richtlinien erhalten haben, ist es an Ihnen, das Event zu organisieren. Solange dabei die allgemeinen Regeln eingehalten werden, ist Ihnen die Umsetzung des Versuchs gänzlich freigestellt. Sobald Ihr Versuch abgeschlossen ist, müssen Sie uns alle in dieser Angelegenheit verlangten Nachweise und Dokumente zusenden. Sämtliches Material muss mit Ihrer besonderen Antragsnummer, der Claim ID, gekennzeichnet werden, die Sie in unserer ersten Rückmeldung per E-Mail erhalten haben. Sobald Ihr Antrag alle Prüfungen bestanden hat, einschließlich der finalen Untersuchung durch den KEEPER OF THE RECORDS, erklären wir Sie zum Weltrekordhalter! Bitte denken Sie daran, dass die Bearbeitung Ihres Antrags – angesichts von mehr als 40.000 jährlich eingehenden Anmeldungen – zwischen zwei Wochen und drei Monaten dauern kann. Haben Sie also bitte Geduld. Wir melden uns schnellstmöglich bei Ihnen.

FOTO-DOKUMENTATION DES REKORDES

FOTO-TIPPS

1. Vermeiden Sie „Wackelbilder". Versuchen Sie die Kamera so ruhig wie möglich zu halten. Verwenden Sie ein Stativ, wenn Sie eines besitzen.

2. Achten Sie darauf, dass Sie die Sonne im Rücken haben. Fotografieren Sie bei Außenaufnahmen nicht gegen die Sonne. Die fotografierten Personen sollten allerdings nicht in die Sonne blinzeln müssen!

3. Halten Sie das Bild einfach und übersichtlich. Stopfen Sie Ihre Aufnahme nicht mit Dingen voll, die nicht von Belang sind. Oftmals ist es hilfreich, einen weißen Hintergrund zu verwenden.

4. Konzentrieren Sie sich auf das Wesentliche. Wenn Sie z.B. Ihren Hund fotografieren, weil er besonders lang ist, dann muss der Hund auf dem Bild natürlich vollständig zu sehen sein. Geht es Ihnen hingegen darum, dass der Hund besonders lange Wimpern hat, benötigen wir eine Nahaufnahme – der gesamte Hund ist in diesem Fall für uns nicht von Interesse. Sie können auch gern mehrere Fotos schicken. Wichtig ist nur, dass auf mindestens einem davon eindeutig erkennbar ist, worum es geht.

5. Halten Sie das eigentliche Geschehen fest. Wenn Sie ein Ereignis mit vielen Menschen dokumentieren, dann achten Sie darauf, dass Ihr Bild auch tatsächlich die Leute während des Rekordversuchs zeigt, denn wir wollen die Beteiligten in Aktion sehen! Wenn es sich etwa um eine Massenkissenschlacht handelt, dann möchten wir viele Menschen sehen, die mit Kissen aufeinander einschlagen!

6. Machen Sie Größenverhältnisse deutlich. Legen Sie bei sehr kleinen oder sehr großen Dingen einen Gegenstand daneben, dessen Größe sich vom Betrachter leicht einordnen lässt (siehe die oben abgebildeten Riesenstiefel neben einem normalen Paar). Menschen eignen sich besonders gut als Größenvergleich. Bitten Sie daher einen Freund, sich neben Ihrem Objekt aufzunehmen. Bei besonders kleinen Gegenständen haben sich Münzen als Vergleichsobjekte bewährt. Auch ein Lineal ist oft hilfreich.

7. Fangen Sie das Motiv komplett ein. Achten Sie darauf, das Rekordobjekt vollständig aufs Bild zu bannen. Wenn es um einen Größenrekord geht, ist es besonders wichtig, dass sowohl das untere als auch das obere Ende ihres Motivs abgebildet sind.

8. Arbeiten Sie mit Blitz. Die meisten Kameras schalten den Blitz automatisch zu. Um ganz sicherzugehen, sollten Sie den Blitz manuell einschalten, auch wenn Sie (oder die Kamera) das Licht für ausreichend halten! Falls Ihre Kamera über einen Blitz gegen rote Augen verfügt, verwenden Sie diesen bitte ebenfalls.

PAPIERBILDER

Bitte schicken Sie uns Fotoabzüge aus dem Labor. Bitte senden Sie uns KEINESFALLS Laser- oder Tintenstrahlausdrucke bzw. Fotokopien.

DIGITALFOTOS

Stellen Sie immer die maximale Bildqualität ein. Häufig werden Fotos mit zu geringer Qualität aufgenommen, sodass die Auflösung (dpi) nicht hoch genug ist für den Druck. Unsere minimale Druckgröße ist 15 x 10 cm bei 300 dpi. Bitte halten Sie sich an diese Vorgabe.

4. ANERKENNUNG

Alle Weltrekordhalter erhalten von GUINNESS WORLD RECORDS zur Bestätigung ihrer besonderen Leistung eine Urkunde. Wir können allerdings nicht garantieren, dass alle Rekordhalter Eingang in unser Buch finden, ihre Ehrenurkunde ist jedoch immer der Nachweis für die Anerkennung Ihres Weltrekords.

Susan Morrison überreicht Blair Morgan seine Urkunde bei den Winter-X-Games 2005 für die meisten Snocross-Medaillen (insgesamt sieben) bei den Winter-X-Games.

WWW.GUINNESSWORLDRECORDS.COM

GUINNESS WORLD RECORDS BUCH 2006
JUNG & TALENTIERT

★ **LÄNGSTE LINIE AUS FUSSAB-DRÜCKEN**

Leser des Kindermagazins der Zeitschrift *National Geographic* schufen eine durchgängige Linie aus 10.932 Fußabdrücken von Kindern aus aller Welt. Sie wurde am 9. November 2004 von der National Geographic Society in Washington D.C. (USA) vorgestellt. Zusammen hatten die Abdrücke eine Länge von 3.038,75 m. Sie entstanden aus unterschiedlichen Materialien (u.a. Farbe, Glitter, Muscheln, Reis, Schlamm und Teer) und kamen teilweise aus so entfernten Ländern wie der Mongolei und Australien.

★ **LÄNGSTER SCHULBESUCH EINER FAMILIE**

Sharon (geb. am 14. Mai 1967), Neil (geb. am 28. September 1968), Honor (geb. am 18. Oktober 1969), Howard (geb. am 16. September 1972), Olivia (geb. am 26. März 1977), Naomi (geb. am 17. Juni 1981) und Claire Stewart (geb. am 14. Januar 1983) aus Markethill, Armagh (GB), besuchten jeweils im Alter von 4 bis 16 Jahren die Schule bzw. Vorschule – Markethill County Primary School und High School –, ohne auch nur einen einzigen Tag zu fehlen.

★ **GRÖSSTE KLASSE MIT VOLLSTÄNDIGER ANWESENHEIT**

Von 1984 bis 1985 fehlten die 23 Schüler der Klasse von Melanie Murray an der David Barkley Elementary School in San Antonio, Texas (USA), nicht einen einzigen Tag.

★ **SCHNELLSTE SEIFENKISTE ÜBER 1.000 KM**

Im September 2001 schoben 30 Schüler der Laeveld Primary School in Nelspruit (RSA) eine Seifenkiste ohne Antrieb über eine Entfernung von 1.000 km und brauchten dazu 62 Stunden 43 Minuten. Es war die erste Etappe ihrer insgesamt 2.061 km umfassenden Tour von Komatipoort nach Kapstadt (RSA). Der Rekordversuch war Teil einer Kampagne mit dem Titel The NICRO Race Against Crime and Time.

★ **GRÖSSTER EIERLAUF AN EINEM AUSTRAGUNGSORT**

Insgesamt 859 Schüler der Raynes Park High School, London (GB), nahmen am 24. Oktober 2003 an einem Eierlauf teil.

★ **LÄNGSTE BALLONKETTE**

An der OMR Heerbrugg-Schule (CH) entstand am 19. September 2003 eine aus 30.000 Ballons bestehende Kette mit einer Gesamtlänge von 2.007,55 m.

← ★ **JÜNGSTER FERNSEHMODERATOR**

Luis Tanner (AUS, geb. am 9. Mai 1998) moderiert seine eigene Fernsehsendung mit dem Titel *Cooking for Kids with Luis*. Die erste Folge dieser wöchentlichen Sendung war am 25. Oktober 2004 zu sehen, als Luis gerade einmal 6 Jahre 168 Tage alt war.

★ **GRÖSSTES MOSAIK AUS FLASCHENVERSCHLÜSSEN**

Am 23. Oktober 2003 gestalteten Schüler der Akiba Junior High School in Yokohama (J) ein Mosaik, das die Worte „Love & Peace" darstellte. Dafür verwendeten sie die Rekordanzahl von 150.480 Flaschenverschlüssen.

★ **SCHNELLSTE MEILE AUS PENNIES**

Mitglieder der Willows School in Stratford-upon-Avon, Warwickshire (GB), benötigten am 19. Oktober 2002 nur 2 Stunden 42 Minuten 29 Sekunden, um eine Meile aus 79.200 Pennies im Wert von umgerechnet 1.174 EUR zu legen.

★ **LÄNGSTE TRINKHALM-KETTE**

Eine Kette aus Trinkhalmen wurde am 11. Juni 2004 von 16 Schülern der Hayground School, Bridgehampton, New York (USA), auf dem Schul-Campus kreiert. Sie hatte eine Länge von 6.223,33 m und bestand aus 41.996 Trinkhalmen.

★ **LÄNGSTE DOSEN-KETTE**

Eine Kette aus Aluminium-Getränkedosen war 7,69 km lang und bestand aus 66.129 aneinander gebundenen Dosen. Sie wurde in der Hillcrest Primary School in Kloof, KwaZulu-Natal (RSA), hergestellt und am 29. November 2003 vollendet.

RYAN SHECKLER

Ryan Sheckler (USA) belegte im Alter von 13 Jahren den ersten Platz beim Skateboard-Park-Wettbewerb und errang als jüngster Teilnehmer die Goldmedaille bei den X Games.

In welchem Alter hast du mit dem Skateboardfahren angefangen?
Mit 18 Monaten angelte ich mir das Board von meinem Dad und begann es auf Knien vor mir herzuschieben. Im Alter von vier Jahren habe ich dann schon versucht, daheim von Möbelstücken aus den Ollie zu üben.

Was ist das für ein Gefühl, so jung schon Gold zu gewinnen?
Oh Mann, ich fahre extrem gern Skateboard und es ist Klasse, so etwas erreicht zu haben. Das Skaten macht mir einfach riesigen Spaß.

Dass du dich gegen all die älteren Skater behaupten konntest, bringt dir doch sicher eine Menge Respekt ein, oder?
Die Jungs akzeptieren mich, ich tue genau das gleiche wie sie. Ich schätze, sie wissen das und das verschafft mir ihre Anerkennung.

Was ist dein nächstes Ziel?
Weiter skaten, nächstes Jahr wieder dabei sein und die X Games wieder gewinnen. Und Spaß haben mit den ganzen Jungs!

Was ist das für ein Gefühl, ein GUINNESS-Rekordhalter zu sein?
Einfach Wahnsinn! Als ich in der 5. Klasse war, sind wir immer in die Bibliothek gegangen, haben in dem Buch geblättert und uns alles angeschaut. Ich dachte immer, dass es ziemlich cool sein müsste, dort drin zu stehen ... Jetzt habe ich es geschafft und bin total begeistert.

★ GRÖSSTER SHOWAUFTRITT (MEHRERE VERANSTALTUNGSORTE)
Organisiert durch das North London Performing Arts Centre hatten am 22. März 2002 insgesamt 7.596 Kinder aus dem Norden Londons (GB) einen fünfminütigen Auftritt, bei dem sie zu dem Stück „To the Show" sangen und tanzten.

★ MEISTE TWIST-TÄNZER
Am 30. April 2004 tanzten insgesamt 1.691 Mitarbeiter und Schüler der St. Aidan's Church of England High School und der St. John Fisher Catholic High School in North Yorkshire (GB) fünf Minuten lang zu Chubby Checkers Stück „The Twist".

★ LÄNGSTE TÄNZERREIHE
Abgesehen von der Conga-Line (einem lateinamerikanischen Karnevalsmarsch) bestand die längste einzelne Reihe von Tänzern aus 331 Kindern der Seathorne Primary School, Skegness, Lincolnshire (GB). Die Kinder tanzten am 9. Juli 2004 sechs Minuten lang zu dem Steps-Titel „5, 6, 7, 8" einen Line-Dance in einer 145 m langen Reihe.

★ MEISTE MACARENA-TÄNZER
Insgesamt 1.712 Schüler der St. Bede's School, Redhill, Surrey (GB), tanzten am 9. März 2004 mindestens fünf Minuten lang Macarena. Das Ereignis wurde von der Klassenstufe 6 im Rahmen einer Wohltätigkeitswoche organisiert.

★ MEISTE BOCKSPRÜNGE IN EINER MINUTE
Am 29. September 2004 schafften die Schüler Marius Martinsen Benterud und Christel Ek Blanck (beide N) bei der Veranstaltung Jetix Challenge in Ski (N) in einer Minute 59 Bocksprünge.

MEISTE ZÄHNEPUTZER
Insgesamt 31.424 Schüler an 261 Schulen in Hessen (D) putzten am 21. Mai 2003 gleichzeitig mindestens 60 Sekunden lang ihre Zähne. Das Startsignal kam vom Radiosender HR1.

MEISTE FUSSBALL-PÄSSE
Mitglieder des McDonald's Youth Football Scheme in Tsing Yi, Hongkong (CHN), spielten sich am 4. Mai 2002 557 aufeinander folgende Fußball-Pässe zu. An dem Vorhaben nahmen ca. 1.250 Kinder teil.

→ **TRÄUMST DU AUCH DAVON, EINEN REKORD AUFZUSTELLEN?**

AUF S. 8 STEHT, WIE ES GEHT!

★ JÜNGSTER → MUSICAL-KOMPONIST
Adám Lörincz (H, geb. am 1. Juni 1988) war 14 Jahre 76 Tage alt, als am 16. August 2002 sein 92-minütiges Musical *Star of the King* in Szekesfehervar (H) uraufgeführt wurde. Dabei handelt es sich um eine Reminiszenz an den Sänger Elvis Presley. Das Stück mit 23 Darstellern wurde bereits in verschiedenen Veranstaltungsorten ganz Ungarns gezeigt.

★ NEUER REKORD   ★ VERBESSERTER REKORD

MENSCH & KÖRPER

INHALT

KÖRPEREXTREME	14
WUNDER DER MEDIZIN	16
ALTERSREKORDE	18
FAMILIENBANDE	20
KÖRPERWELTEN	22
SPEZIAL: KÖRPERVERÄNDERUNGEN	47

GRÖSSTE FÜSSE
EINER LEBENDEN PERSON

Der Schauspieler Matthew McGrory (USA) hat die größten Füße, abgesehen von Menschen, die an Elephantiasis leiden. Er trägt Schuhe der (europäischen) Größe 63. Mit 44,45 cm ist sein rechter Fuß 1,27 cm länger als sein linker. Der Star in Tim Burtons Film *Big Fish* (USA, 2003) ist 2,29 m groß und bezahlt umgerechnet bis zu 17.525 EUR für ein Paar Schuhe.

MENSCH & KÖRPER
KÖRPEREXTREME

GRÖSSTE LEBENDE FRAU

Sandy Allen (USA) war bei der letzten Messung 2,317 m groß. Sie wiegt derzeit 142 kg und trägt Schuhgröße 55. Sie erhält ihre Freizeitschuhe secondhand vom 2,235 m großen Basketballstar der Indiana Pacers, Rick „The Dunking Dutchman" Smits.

★ LEICHTESTE DRILLINGE BEI DER GEBURT

Peyton (585 g), Jackson (420 g) und Blake (380 g) Coffey (alle USA) waren nach ihrer Geburt am 30. November 1998 in Charlottesville, Virginia (USA), die **leichtesten überlebenden Drillinge**.

LEICHTESTE UND SCHWERSTE MEHRLINGSGEBURTEN		
LEICHTESTE	GEWICHT	REKORDHALTER
Geburt	283 g	Marian Taggart (geb. Chapman, GB)
Zwillinge	860 g	Roshan und Melanie Gray (AUS)
		Anne und John Morrison (CDN)
★ Drillinge	1.385 g	Peyton, Jackson und Blake Coffey (USA)
SCHWERSTE	GEWICHT	REKORDHALTER
Geburt	10,8 kg	Von Anna Bates (CDN) zur Welt gebracht
Zwillinge	12,58 kg	Patricia Jane & John Prosser Haskin (USA)
Drillinge	10,9 kg	Von Mary McDermott (GB) zur Welt gebracht
Vierlinge	10,426 kg	Von Tina Saunders (GB) zur Welt gebracht

GROSS

GRÖSSTER LEBENDER MANN
Der Tunesier Radhouane Charbib ist laut sieben Messungen zwischen dem 22. und dem 23. April 1999 in Tunis (TN) 2,35 m groß.

GRÖSSTER MANN
Der nachweislich **größte Mann der Geschichte** war Robert Pershing Wadlow (USA, 1918–1940), der es bei seiner letzten Messung am 27. Juni 1940 auf 2,72 m brachte. Seine Größe geht auf eine Überproduktion der Hirnanhangdrüse zurück, die seinen Körper mit Wachstumshormonen überschüttete.

GRÖSSTE FRAU
Zeng Jinlian (CHN, geb. 26. Juni 1964) aus der Bright Moon Commune in der Provinz Hunan (CHN) war 2,48 m groß, als sie am 13. Februar 1982 starb. Diese Länge wurde im Vergleich zu einer normalen Wirbelsäule geschätzt, denn Jinlian litt an einer schweren Skoliose (Verkrümmung der Wirbelsäule) und konnte nicht aufrecht stehen.

GRÖSSTE LEBENDE WEIBLICHE ZWILLINGE
Nach je drei horizontalen und vertikalen Messungen am 19. Juni 2003 in Oregon (USA) wurde für Ann und Claire Recht (USA) eine Größe von 1,98 m respektive 1,97 m bestätigt.

GRÖSSTE LEBENDE MÄNNLICHE ZWILLINGE
Michael und James Lanier (USA) aus Troy, Michigan (USA), sind beide 2,23 m groß, ihre Schwester Jennifer jedoch nur 1,57 m.

KLEIN

KLEINSTER LEBENDER MANN
Younis Edwan (JOR) soll nur 65 cm groß sein (er wurde von GWR nicht offiziell gemessen).

Der **kleinste Mann aller Zeiten** war Gul Mohammed (IND, 1957–1997). Bei einer Untersuchung am 19. Juli 1990 im Ram Manohar Hospital in Neu-Delhi (IND) wurde eine Größe von nur 57 cm festgestellt.

KLEINSTE FRAU
Die kleinste Frau aller Zeiten war Pauline Musters, die bei ihrer Geburt in Ossendrecht (NL) am 26. Februar 1876 nur 30 cm maß. Am 1. März 1895 starb sie im Alter von 19 Jahren in New York (USA) an einer Lungenentzündung und Meningitis. Bei ihrer Obduktion wurde die Größe von „Princess

GRÖSSTER → BRUSTUMFANG

Im Februar 1958 wog Robert Earl Hughes (USA) kurz vor seinem Tod im Alter von 32 Jahren 484 kg, hatte einen Brustumfang von 3,15 m und einen Oberarmumfang von 1,02 m. Mit sechs Jahren brachte er 92 kg auf die Waage, mit zehn Jahren 171 kg und mit 25 Jahren 406 kg.

Pauline", wie sie genannt wurde, mit genau 61 cm angegeben.

KLEINSTE ZWILLINGE
Matyus und Béla Matina aus Budapest (H), die später US-Bürger wurden, waren beide 76 cm groß. Die **kleinsten lebenden Zwillinge** sind auch die **kleinsten eineiigen männlichen Zwillinge**; beide sind im Vergleich auf Seite 20 zu sehen.

KLEINSTE LEBENDE EINEIIGE WEIBLICHE ZWILLINGE
Dorene Williams und Darlene McGregor (beide USA) sind beide 124,4 cm groß.

★ KLEINSTES BABY
Nisa Juarez (USA) maß bei ihrer Geburt am 20. Juli 2003 im Children's Hospital and Clinic in Minnesota (USA) nur 24 cm. Sie wurde 108 Tage zu früh geboren, wog nur 320 g und wurde am 6. Dezember 2003 aus dem Krankenhaus entlassen.

Das **längste Baby** brachte Anna Bates (geb. Swan, CDN, 1846–1888) am 19. Januar 1879 zu Hause in Seville, Ohio (USA), zur Welt. Mit einer Körperlänge von 76 cm war es größer als Gul Mohammed (IND), der kleinste Mann aller Zeiten.

SCHWER

SCHWERSTER MANN
Im März 1978 wurde Jon Brower Minnoch (USA) ins Universitätskrankenhaus in Seattle (USA) eingeliefert, wo der Endokrinologe Dr. Robert Schwartz ihn auf über 635 kg schätzte, an denen durch seinen Herzfehler bedingte Wasseransammlungen einen großen Anteil hatten. Minnochs Frau Jeanette (USA) wog nur 50 kg, womit die Minnochs auch mit 585 kg den Rekord für den **größten Gewichtsunterschied eines Ehepaares** halten.

SCHWERSTE FRAU
Rosalie Bradford (USA) brachte es im Januar 1987 auf das Spitzengewicht von 544 kg. Als Folge gesundheitlicher Probleme nahm sie täglich nur noch 1.200 Kalorien zu sich und begann, als eine Form des Trainings, in die Hände zu klatschen. Fünf Jahre später war sie um etwa das Gesamtgewicht von sieben Menschen leichter und hatte damit einen neuen Rekord erzielt: den **größten Gewichtsverlust einer Frau**.

SCHWERSTE ZWILLINGE
Im November 1978 brachten Billy Leon und Benny Loyd McCrary, alias McGuire (beide USA), 337 kg respektive 328 kg auf die Waage.

← KLEINSTE LEBENDE FRAU

Madge Bester (RSA) ist nur 65 cm groß. Sie leidet an Osteopsathyrosis (gekennzeichnet durch brüchige Knochen und andere Skelettdeformationen) und sitzt im Rollstuhl. Ihre Mutter Winnie ist mit 70 cm nicht viel größer und sitzt ebenfalls im Rollstuhl.

Sind Sie der schwerste lebende Mensch?
Wir wissen zwar von lebenden Personen, die über 508 kg wiegen, konnten aber bislang den Rekord für den schwersten lebenden Menschen nicht bestätigen – vor allem, weil die Titelanwärter nicht bereit waren, sich unter kontrollierten Bedingungen wiegen zu lassen. Auch wenn wir niemanden zur Völlerei ermutigen, bitten wir im Fall einer Anmeldung um folgende Unterlagen:

1. **Medizinische Unterlagen** über die durch qualifizierte Personen vorgenommenen Messungen zusammen mit der entsprechenden Erklärung eines qualifizierten Arztes.

2. Eine Kopie Ihrer **Geburtsurkunde**.

★ NEUER REKORD   ★ VERBESSERTER REKORD   WWW.GUINNESSWORLDRECORDS.COM

→ MENSCH & KÖRPER
WUNDER DER MEDIZIN

LÄNGSTE ZEIT MIT EISERNER ← LUNGE

John Prestwich (GB) ist seit dem 24. November 1955 aufgrund einer Polioerkrankung gelähmt und kann nur mithilfe eines Negativdruckbeatmungsgeräts („Eiserne Lunge") atmen. Eine Eiserne Lunge ist ein Hohlzylinder, in dem der Kranke bis zum Hals luftdicht abgeschlossen liegt. Durch wechselnden Druck in der Kammer werden die Lungen zusammengepresst und gezwungen, sich wieder auszudehnen. So können Menschen mit geschädigter Atemmuskulatur atmen.

↑ GRÖSSTER GEGENSTAND IM MAGEN

Am 30. März 1895 wurde im South Devon and East Cornwall Hospital (GB) einer 20-jährigen an einem Schluckzwang leidenden Frau eine 2,53 kg schwere Haarkugel aus dem Magen entfernt.

TRANSPLANTATIONEN

★ LÄNGSTES ÜBERLEBEN MIT GESPENDETER LUNGE
Am 15. September 1987 wurde Wolfgang Muller (CDN) im Toronto General Hospital in Ontario (CDN) ein Lungenflügel transplantiert. Am 19. Juli 2004 hatte er 16 Jahre 307 Tage und damit am längsten mit einer transplantierten Lunge gelebt.

★ LÄNGSTES ÜBERLEBEN MIT GESPENDETEM HERZEN
Dem Briten Derrick Morris wurde am 23. Februar 1980 im Harefield Hospital in Greater London (GB) das Herz einer 26-jährigen Frau transplantiert.

★ LÄNGSTES ÜBERLEBEN NACH HERZ-LUNGEN-LEBER-TRANSPLANTATION
Mark Dolby (GB) erhielt am 21. August 1987 im Harefield Hospital in Greater London (GB) diese Dreifachtransplantation. Am 4. Juni 2004, 16 Jahre 288 Tage später, war er der am längsten Überlebende nach einer solchen Transplantation.

★ ÄLTESTER EMPFÄNGER EINER NIERE
Carroll Basham (USA) wurde am 2. Oktober 2002 im Alter von 77 Jahren 185 Tagen eine Niere transplantiert. Die Operation wurde im Methodist Specialty and Transplant Hospital in San Antonio in Texas (USA) durchgeführt. Die Niere spendete seine Stieftochter Nancy Hildenburg.

★ ERSTE HERZ-LUNGEN-TRANSPLANTATION
Nach verschiedenen Versuchen in vorangegangenen Jahren führte Dr. Bruce Reitz (USA) 1981 im Stanford Medical Center in Stanford in Kalifornien (USA) die erste erfolgreiche Herz-Lungen-Transplantation durch.

TRANSPLANTATION OHNE BLUTTRANSFUSION
Im Juni 1996 führte ein Transplantationsteam am St. James University Hospital in Leeds (GB) an der 47-jährigen Linda Pearson (GB) eine Lebertransplantation ohne eine einzige Bluttransfusion durch. Normalerweise sind für eine solche Operation bis zu 3,5 l Blut nötig, doch als Angehörige der Glaubensgemeinschaft der Zeugen Jehovas durfte Pearson kein fremdes Blut annehmen.

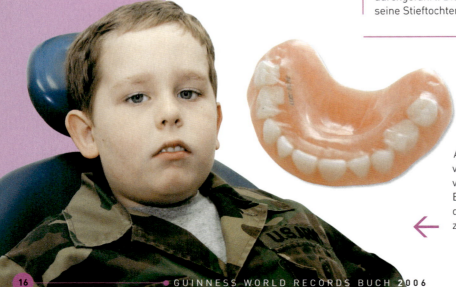

★ JÜNGSTE PERSON MIT KÜNSTLICHEM GEBISS

Alexander Stone (USA) wurde am 7. Juni 2001 im Alter von 4 Jahren 301 Tagen der jüngste Patient mit einem vollständigen künstlichen Gebiss. Alexander leidet an einer Erbkrankheit mit dem Namen Capdepont-Zahndysplasie, die die Zähne schwächt, verfärbt und die Zahnnerven zerstört. Das Gebiss passte ihm Dr. Joseph E. Morton an.

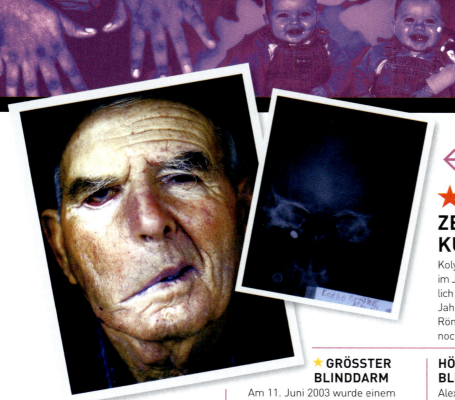

★ **LÄNGSTE ZEIT MIT EINER KUGEL IM KOPF**
Kolyo Tanev Kolev (BG) schoss sich im Jahr 1942 mit 17 Jahren versehentlich mit einer Pistole in den Kopf. 61 Jahre später, am 5. Juli 2003, zeigten Röntgenbilder, dass die Kugel immer noch an der Schädelbasis sitzt.

OPERATIONEN

★ LÄNGSTES ÜBERLEBEN NACH DREIFACHER HERZ-BYPASS-OPERATION
Richard Smith (GB) wurden am 8. Februar 1978 im Papworth Hospital in Cambridge (GB) drei Bypässe am Herzen gelegt. 26 Jahre 93 Tage später, am 12. Mai 2004, war er der am längsten Überlebende nach einer solchen Operation.

★ LÄNGSTES ÜBERLEBEN NACH OPERATION AM OFFENEN HERZEN
Sadie Purdy (GB) wurde 1924 mit einem Loch im Herzen geboren und wurde am 4. Dezember 1941 mit 17 Jahren am offenen Herzen operiert. Die Operation im St. Bartholomew's Hospital in London (GB) unter der Leitung von Oswald Tubbs verlängerte ihr Leben um 63 Jahre.

GRÖSSTER GALLENSTEIN
Am 29. Dezember 1952 entfernte Humphrey Arthure (GB) im Charing Cross Hospital in London (GB) einer 80-jährigen Frau einen 6,29 kg schweren Gallenstein.

★ GRÖSSTER BLINDDARM
Am 11. Juni 2003 wurde einem 55-jährigen Mann im pakistanischen medizinwissenschaftlichen Institut in Islamabad (PK) der Blinddarm entfernt. Dieser war 23,5 cm lang, das ist mehr als die Breite dieser Buchseite!

★ GRÖSSTER TUMOR BEI DER GEBURT
Am 17. März 2003 wurde einem männlichen Säugling ein 1,2 kg schweres gutartiges Zystenhygrom am Hals entfernt. Die Operation fand am 17. März 2003 unter der Leitung von Palin Khundongbam (IND) im Shija Hospitals and Research Institute in Imphal im indischen Bundesstaat Manipur statt. Der Tumour machte 40 Prozent des Körpergewichts aus.

VERSCHIEDENES

★ JÜNGSTER PATIENT, DEM WEISHEITSZÄHNE GEZOGEN WURDEN
Im Alter von nur 9 Jahren 339 Tagen wurden Matthew Adams (USA, geb. 19. November 1992) am 24. Oktober 2002 in der Mund- und Gesichtschirurgie in Midland, Michigan (USA), zwei Weisheitszähne gezogen.

HÖCHSTER BLUTZUCKERSPIEGEL
Alexa Painter (USA) überlebte mit 2.495 mg/dl (139 mmol/l) einen 20,7-mal über dem normalen Blutzuckerspiegel liegenden Wert (normal sind zwischen 80 und 120 mg/dl), als sie am 30. Dezember 1991 im Alter von zwei Jahren wegen schwerer diabetischer Ketoazidose ins Community Hospital in Roanoke (Virginia, USA) eingeliefert wurde.

MEISTE BLUTSPENDEN
Maurice Creswick (RSA) spendete zwischen seinem 18. Geburtstag im Jahr 1944 bis zum 9. Juli 2003 insgesamt 188,9 l Blut. Mit diesen 59 Jahren in Folge hält er auch den Rekord für die ★ **meisten Blutspenden in aufeinander folgenden Jahren**.

GRÖSSTE BLUTTRANSFUSION
Der durchschnittliche menschliche Körper enthält etwa 5,5 l Blut. Im Dezember 1970 erhielt der 50-jährige an Hämophilie leidende Warren C. Jyrich (USA) im Michael Reese Hospital in Chicago (Illinois, USA) bei einer Operation am offenen Herzen rund 1.000 l Blut, das sind fast 15 Badewannen voll!

★ GRÖSSTER NIERENSTEIN →

Peter Baulman (AUS) hatte einen 356 g schweren Nierenstein, der an der breitesten Stelle einen Umfang von 11,86 cm hatte. Er wurde Baulman im Dezember 2003 im Gold Coast Hospital in Southport im australischen Queensland aus der rechten Niere entfernt.

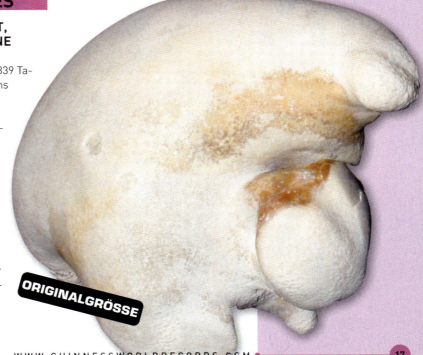

ORIGINALGRÖSSE

★ NEUER REKORD ★ VERBESSERTER REKORD WWW.GUINNESSWORLDRECORDS.COM

MENSCH & KÖRPER
ALTERSREKORDE

← STRIPPER
Bernie Barker (USA, geb. 31. Juli 1940) begann seine Karriere als Stripper im Jahr 2000 im Alter von 60 Jahren, um nach einer Prostatakrebs-Erkrankung wieder in Form zu kommen. Nachdem er seinen vorherigen Job als Immobilienmakler aufgegeben hatte, gewann der „Silver Tom Selleck" über 40 Strip-Wettbewerbe und tritt regelmäßig in Clubs in Las Vegas, Nevada (USA), auf.

★ REGIERENDER MONARCH
Taufa'ahau Tupou IV. (geb. am 4. Juli 1918) ist seit dem Tod seiner Mutter, Königin Salote Tupou III., im Jahr 1965 König von Tonga. Er ist auch der **schwerste Monarch der Welt**. Im September 1976 wog er 209,5 kg, 1985 waren die Pfunde auf 139,7 kg gepurzelt und Anfang 1993 wog er nur noch 127,0 kg. Bis 1998 hatte er mithilfe eines Fitnessprogramms noch weiter an Gewicht verloren.

★ KÖNIGLICHE HOHEIT
Prinzessin Alice, Herzogin von Gloucester (GB, geb. Lady Alice Christabel Montagu Douglas Scott, 1901-2004), war am 20. September 2003 im Alter von 101 Jahren 69 Tagen das älteste bekannte Mitglied einer Königsfamilie. Sie starb am 29. Oktober 2004.

★ EHEPAAR
Thomas Morgan (GB, geb. 4. Mai 1786) heiratete Elizabeth (GB, geb. 17. Januar 1786) am 4. Mai 1809 in Caerleon, Wales. Ihre Ehe dauerte bis zu Elizabeths Tod am 19. Januar 1891 81 Jahre 260 Tage. Zu diesem Zeitpunkt war Elizabeth 105 Jahre 2 Tage und Thomas 104 Jahre 260 Tage alt; zusammen zählten die beiden 209 Jahre 262 Tage.

★ REISENDER ZUM SÜDPOL (OHNE UNTERSTÜTZUNG)
Simon Murray (GB, geb. am 25. März 1940), der am 2. Dezember 2003 mit seinem Trekkingpartner Pen Hadow (GB) von der Küste des Weddell-Meers nahe dem Hercules Inlet aufgebrochen war, erreichte am 28. Januar 2004 im Alter von 63 Jahren 309 Tagen den Pol. Die beiden hatten eine Strecke von ca. 1.100 km zurückgelegt.

★ EMPFÄNGERIN EINES EHRENHALBER VERLIEHENEN AKADEMISCHEN GRADES
Bridget Dirrane (IRL, geb. 16. November 1894) wurde am 18. Mai 1998 im Alter von 103 Jahren 183 Tagen von der National University of Ireland in Galway ehrenhalber ein akademischer Grad verliehen. Die Auszeichnung folgte der Publikation eines Buches, das ihre Lebenserfahrungen über einen Zeitraum von einem Jahrhundert beschreibt.

SCHAUSPIELERIN
Jeanne Louise Calment (F, 1875–1997) porträtierte sich selbst im Alter von 114 Jahren in dem Film *Vincent und ich* (CDN, 1990) – die Geschichte eines Mädchens, das durch die Zeit reist, um den niederländischen Maler Vincent van Gogh zu treffen. Calment, mit 122 Jahren 164 Tagen nachweislich die **älteste Person aller Zeiten**, soll der letzte lebende Mensch gewesen sein, der van Gogh noch kennen gelernt hatte.

ALTER

★ SCHWERELOSE FRAU
Am 22. Juli 2004 nahm Dorothy Simpson (USA, geb. 27. November 1924) im Alter von 79 Jahren 237 Tagen an einem Schwerelosigkeitsflug mit einer Iljuschin IL-76 teil. Der Flug wurde von Space Adventures (USA) organisiert.

★ BRAUTJUNGFER

Flossie Bennett (GB, geb. 9. August 1902, ganz links) war am 6. Februar 1999 in St. Peter's Church in Holton, Suffolk (GB), im Alter von 97 Jahren 181 Tagen bei der Hochzeit von Leonard und Edna Petchey (beide GB) Brautjungfer. Die **älteste Braut** war Minnie Munro (AUS), die am 31. Mai 1991 in Point Clare (AUS) im Alter von 102 Jahren den 83 Jahre alten Dudley Reid (AUS) heiratete.

★ ZEITUNGSKOLUMNIST
Simon Blumenfeld (GB, geb. am 25. November 1907), alias Sidney Vauncez, schreibt seit Juni 1994 regelmäßig eine Kolumne für *The Stage*, eine Zeitschrift für Darstellende Künste und Unterhaltung.

★ DOMINOSPIELER
Alf Hill (GB, geb. am 31. August 1908) wurde im Jahr 2000 im Alter von 92 Jahren der älteste an Wettkämpfen teilnehmende Dominospieler. Er spielt für das Jolly-Carter-Pubteam und ist seit 25 Jahren Mitglied der Lowton and District Darts and Dominoes League.

BASEJUMPER
Am 2. August 2002 sprang James Talbot Guyer (USA, geb. 16. Juni 1928) im Alter von 74 Jahren 47 Tagen von der 148 m hohen Perrine Bridge nahe Twin Falls, Idaho (USA).

★ OPERNSÄNGER
Luo Pinchao (CHN, geb. 19. Juni 1912) begann seine Karriere als Sänger 1930 und wirkt noch regelmäßig in kantonesischen Opern mit. Am 20. Juni 2004 feierte er seinen 93. Geburtstag mit einem Auftritt im Guandong Cantonese Opera Grand Artistic Theatre in Guangzhou (CHN).

★ NONNE
Schwester Julia (F, geb. Augustine Teissier) wurde am 2. Januar 1869 in Florensac geboren und starb am 9. März 1981 im Alter von 112 Jahren 66 Tagen in Nîmes (F).

★ BALLERINA
Charin Yuthasastrkosol (USA, geb. in Thailand, 30. Dezember 1930) nahm ihre ersten Ballettstunden mit 47 und trat später regelmäßig auf. Ihren jüngsten Auftritt hatte sie am 21. Juli 2002 im Alter von 71 Jahren 203 Tagen in New Mexico (USA) vor Sakthip Krairikish, Thailands Botschafter in den USA.

★ BERGSTEIGER
Carl F. Haupt (USA, geb. 21. April 1926) erreichte am 30. August 2004 im Alter von 78 Jahren 131 Tagen den Gipfel des Kilimandscharo.
Der **älteste Mensch, der je den Mount Everest bestiegen hat**, ist Yuichiro Miura (J, geb. 12. Oktober 1932), der am 22. Mai 2003 im Alter von 70 Jahren 222 Tagen den Gipfel erreichte.

★ AUTOFAHRER
Fred Hale Sr. (USA, 1890–2004) erhielt im Februar 1995 seinen Führerschein und fuhr, bis dieser an seinem 108. Geburtstag im Jahr 1998 ungültig wurde. Er wurde der **älteste lebende Mann der Welt** und starb im Alter von 113 Jahren 354 Tagen am 19. November 2004.
Layne Hall (USA, geb. 24./25. Dezember 1884 oder 15. März 1880) erhielt am 15. Juni 1989, als er entweder 104 (gemäß Sterbeurkunde) oder 109 (gemäß Führerschein) Jahre alt war, seinen Führerschein, der bis 1993 gültig war. Er starb allerdings am 20. November 1990.
Der Führerschein von Maude Tull (USA), der **ältesten Autofahrerin**, die nach dem Tod ihres Mannes im Alter von 91 Jahren mit dem Autofahren begann, wurde am 5. Februar 1976, als sie 104 Jahre alt war, verlängert.

★ ÄLTESTER NOCH AUFTRETENDER CLOWN

Andrew Beyer (USA, geb. 4. März 1918), der seit 1952 als „Bumbo the Clown" auftritt, wurde am 9. November 2004 im Alter von 86 Jahren 250 Tagen als ältester noch auftretender Clown bestätigt. Viele Clowns haben bis ins hohe Alter noch gearbeitet. Grock (D, 1880–1959) und Otto Griebling (D, 1896–1972) traten bis zum 74., Lou Jacobs (D, 1903–92) bis zum 82. und Charlie Rivel (E, 1896–1983) bis zum 85. Lebensjahr auf.

REVUEGIRL

Beverly Allen (USA, geb. 4. November 1917) aus Santa Maria, Kalifornien (USA), Mitglied von The Fabulous Palm Springs Follies, ist das älteste „Showgirl", das noch regelmäßig in einer Revue auftritt. Die Jitterbug-Nummer, bei der ihr Partner sie über den Kopf hebt, ist beim Publikum ganz besonders beliebt.

★ NEUER REKORD   ★ VERBESSERTER REKORD

→ MENSCH & KÖRPER
FAMILIENBANDE

KLEINSTE UND GRÖSSTE NOCH LEBENDE ZWILLINGE

Die eineiigen Zwillinge John und Greg Rice (USA), die am 3. Dezember 1951 geboren wurden, sind beide 86,3 cm groß. Mit 2,235 m sind Michael und James Lanier (USA) die größten Zwillinge.

REKORD-MÜTTER

NAME	REKORD
Maddalena Granata (Italien, 1839–1886)	**Meiste Drillinge** Brachte 15-mal Drillinge zur Welt.
F. Vassilijev (Russland, 1707–ca.1782)	**Fruchtbarste Mutter aller Zeiten** Bekam bei 27 Geburten 69 Kinder (16 Zwillingspaare, 7-mal Drillinge und 4-mal Vierlinge). Das bedeutet, dass sie auch den Rekord für die **meisten von einer Mutter zur Welt gebrachten Vierlinge** sowie **Zwillinge** hält.
Merryl Thelma Fudel (geb. 1942 Coward, Australien)	**Älteste Mutter von Vierlingen** Bekam am 18. April 1998 im Alter von 55 Jahren 286 Tagen drei Mädchen und einen Jungen.

MEISTE MARATHON LAUFENDE GESCHWISTER

Die elf Geschwister Flaherty – Terence, Kathleen, Dennis, Michael, David, Kevin, Brian, Margaret, Patricia, Gerard und Vincent (alle GB) – liefen am 18. April 2004 den London Marathon.

GESCHWISTER

★ MEISTE GESCHWISTER IM RENTENALTER

Die sieben Söhne und fünf Töchter von John Zacher sen. (CDN, 1877–1968) und seiner Frau Elizabeth (CDN, 1886–1981), die zwischen 1907 und 1929 geboren wurden, erhielten 1999, als sie im Alter von 70 bis 92 Jahren waren, alle eine staatliche Rente.

Ebenso erhielten alle zwölf Töchter, die Albert Scott (GB, 1889–1977) und seiner Frau Edith (GB, geb. Chittenden, 1889–1978) zwischen 1910 und 1931 geboren wurden, im November 2002 im Alter von 71 bis 92 Jahren eine staatliche Rente.

★ MEISTE ALBINO-NACHKOMMEN

Von den acht Kindern von George und Minnie Sesler (USA) wurden die vier ältesten ihrer fünf Söhne mit der seltenen Erbkrankheit Albinismus geboren. Die eineiigen Zwillinge John und George sowie Kermit und Kenneth haben durchscheinende Haut, rötlich-blaue Augen und weißes Haar.

Alle vier Kinder von Mario und Angie Gaulin – Sarah, Christopher, Joshua und Brendan (alle CDN) – wurden mit der seltenen Erbkrankheit okulokutaner Albinismus geboren. Ihr Vater leidet ebenfalls an dieser Krankheit, und ihre Mutter trägt das Gen.

★ LÄNGSTE TRENNUNG VON GESCHWISTERN

William James Pring (GB) wurde am 20. November 1988 durch Unterstützung der Heilsarmee nach 81 Jahren Trennung wieder mit seiner Schwester Elsie May Ashford (GB, geb. Pring) vereint. Die Zusammenführung geschah in London (GB) durch Bürgermeister Colin Fairclough.

★ MEISTE GESCHWISTER IM ZWEITEN WELTKRIEG GEDIENT

Die neun Brüder Albert, Jim, Harry, Arthur, Bill, Tom, Dick, Sid und Wally Windsor (alle GB) dienten alle im Zweiten Weltkrieg. Diesen Rekord teilen sie sich mit den Brüdern Lewtas – Edward, Robert, William, Charles, George, Harry, Matthew, Thomas und Christopher (alle GB) –, die zwischen 1939 und 1945 in verschiedenen Divisionen kämpften.

★ MEISTE AM GLEICHEN TAG GEBORENE ZWILLINGSPAARE

Bekannt sind nur zwei Fälle, in denen eine Mutter zwei Zwillingspaare geboren hat, die am gleichen Tag Geburtstag haben. Laura Shelley (USA) brachte am 25. März 1990 Melissa Nicole und Mark Fredrick Julian jun. zur Welt und am 25. März 2003 Kayla May und Jonathan Price Moore (rechts, oben). Caroline Cargado (USA) bekam am 30. Mai 1996 die Zwillinge Keilani Marie und Kahleah Mae und am gleichen Tag im Jahr 2003 die Zwillinge Mikayla Anee und Malia Abigail (rechts, unten).

STAMMBÄUME

ÄLTESTER STAMMBAUM
Der Stammbaum von Kong Qiu oder Konfuzius (CHN, 551–479 v. Chr.) kann weiter zurückverfolgt werden als der jeder anderen Familie. Sein Ur-Ur-Ur-Ur-Großvater Kong Qia war bereits im 8. Jh. v. Chr. bezeugt. Kong Qia hatte 86 direkte Nachkommen.

MEISTE NACHKOMMEN
In polygamen Ländern kann ein Einzelner zahllose Nachkommen haben. Bei seinem Tod am 15. Oktober 1992 im Alter von 96 Jahren hatte Samuel S. Mast (USA) 824 lebende Nachfahren: elf Kinder, 97 Enkel, 634 Urenkel und 82 Ururenkel.

AM WEITESTEN MITHILFE VON DNA ZURÜCKVERFOLGTE NACHKOMMENSCHAFT
Adrian Targett (GB) ist mütterlicherseits ein direkter Nachfahre des so genannten Cheddar Man, einem 9.000 Jahre alten Skelett, das zu den ältesten vollständigen Skeletten Großbritanniens zählt. Die Verbindung reicht 300 Generationen zurück.

★ MEISTE GENERATIONEN GLEICHZEITIG NOCH AM LEBEN
Die größte Anzahl von Generationen einer Familie, die gleichzeitig noch am Leben sind, ist sieben. Die **jüngste Ur-Ur-Ur-Ur-Großmutter** ist Augusta Bunge (USA) mit 109 Jahren 97 Tagen. Ihre Tochter ist 89, ihre Enkelin 70, ihre Ur-Enkelin 52 und ihre Ur-Ur-Enkelin 33 Jahre alt. Ihre Ur-Ur-Ur-Enkelin war bei der Geburt ihres Ur-Ur-Ur-Ur-Enkels am 21. Januar 1989 15 Jahre alt.

ADOPTION

★ ÄLTESTE ADOPTIVMUTTER
Frances Ensor Benedict (USA, geb. 11. Mai 1918) war 83 Jahre 329 Tage alt, als sie am 5. April 2002 in Putnam County, Tennessee (USA), Jo Anne Benedict Walker (USA) adoptierte.

★ ÄLTESTES ADOPTIVKIND
Jo Anne Benedict Walker (USA) war 65 Jahre 224 Tage alt, als sie am 5. April 2002 in Putnam County, Tennessee (USA), von Frances Ensor Benedict adoptiert wurde.

→ WIE ALT WAR DIE ÄLTESTE BRAUT DER WELT?

DIE ANTWORT STEHT AUF S. 19

★ MEISTE ÜBERLEBENDE KINDER EINER GEBURT

Bobbie McCaughey (USA) brachte am 19. November 1997 im Blank Children's Hospital in Des Moines, Iowa (USA), per Kaiserschnitt Siebenlinge zur Welt. Kenneth, Nathaniel, Brandon, Joel, Kelsey, Natalie und Alexis wogen zwischen 1.048 g und 1.474,3 g.

Weitere Siebenlinge kamen am 14. Januar 1998 zu früh zur Welt. Die vier Jungen und drei Mädchen von Hasna Mohammed Humair (KSA) wurden im Abha Obstetric Hospital in Aseer geboren. Das kleinste Baby wog knapp unter 907 g.

★ NEUER REKORD   ★ VERBESSERTER REKORD   WWW.GUINNESSWORLDRECORDS.COM

MENSCH & KÖRPER
KÖRPERWELTEN

★ NEUER REKORD   ★ VERBESSERTER REKORD

DEHNBARSTE HAUT →

Garry Turner (GB) – der am Elhers-Danlos-Syndrom leidet, einer Erkrankung des Bindegewebes, von der die Haut, die Bänder und die inneren Organe betroffen sind – kann seine Haut auf eine Länge von 15,8 cm dehnen. Diese Krankheit ist auch verantwortlich für seinen weiteren Rekord: Er kann sich die meisten Wäscheklammern ins Gesicht klemmen, nämlich 159.

GRÖSSE

GRÖSSTE FÜSSE
Robert Wadlow (USA), der größte Mann aller Zeiten, hatte US-Schuhgröße 37AA, was einer Länge von 47 cm entspricht. Die größten Füße einer lebenden Person stehen auf S. 14.

GRÖSSTE BRÜSTE
Annie Hawkins-Turner (USA) hat eine Unterbrustweite von 109,22 cm und einen Brustumfang von 177,8 cm. Sie trägt BHs der US-Größe 52 I, bräuchte jedoch einen 48V-BH, der aber nicht im Handel erhältlich ist.

AM WEITESTEN AUFGESPERRTER MUND
J. J. Bittner (USA) kann seinen Mund 8,4 cm weit aufsperren. Gemessen wurde von der Schneidekante seiner Oberkieferschneidezähne bis zur Schneidekante der mittleren Unterkieferschneidezähne, also von der Spitze seiner Schneidezähne aus.

REKORD-KÖRPERTEILE

SCHWERSTES GEHIRN
Das Gehirn eines US-Amerikaners war, als es 1992 von Dr. George T. Mandybur (USA) in Ohio (USA) gewogen wurde, 2,3 kg schwer. Ein normales Gehirn wiegt 1,3 bis 1,4 kg.

★ LÄNGSTES AUGENBRAUENHAAR
Bei einer Messung am 26. Februar 2004 war ein einzelnes Haar an der linken Augenbraue von Franklin Ames (USA) 7,81 cm lang.

AM WEITESTEN VORSTEHENDE AUGÄPFEL
Kim Goodman (USA) kann ihre Augäpfel 11 mm aus ihren Augenhöhlen hervortreten lassen.

★ LÄNGSTE WIMPER
Mark Gordon (USA) hat am linken Augenlid eine 4 cm lange weiße Wimper. Gemessen wurde sie am 4. Juni 2004 in Batavia, Ohio (USA).

LÄNGSTE OHRHAARE
Dem Inder Radhakant Bajpai wachsen bis zu 13,2 cm lange Haare aus der Mitte seiner Ohrmuschel.

LÄNGSTE NASE EINER LEBENDEN PERSON
Die Nase von Mehmet Ozyurek (TR) war, als sie am 31. Januar 2001 in seiner Heimatstadt Artvin gemessen wurde, von der Wurzel bis zur Spitze 8,8 cm lang.

LÄNGE

LÄNGSTER BART
Der Bart des Inders Shamsher Singhs maß am 18. August 1997 von der Kinn- bis zur Bartspitze 1,83 m. Der **längste Bart einer Frau** gehört Vivian Wheeler (USA), der bei der letzten Messung 27,9 cm lang war.

★ DEHNBARSTE OHRLÄPPCHEN
Monte Pierce (USA) kann sein linkes Ohr auf eine Länge von 12,7 cm dehnen, das rechte auf eine Länge von 11,43 cm. Die längsten Ohrläppchen der Stämme von Südostasien stehen auf S. 46.

GRÖSSTE HÄNDE
Die Hände von Robert Wadlow (USA) waren vom Handgelenk bis zur Spitze des Mittelfingers 32,3 cm lang.

GRÖSSTER ZAHN
Ein Zahn, der Mark Henry (CDN) im Januar 2005 gezogen wurde, war 1,2 cm breit.

GRÖSSTER TAILLENUMFANG
Walter Hudson (USA) hatte bei seinem Spitzengewicht von 545 kg einen Taillenumfang von 302 cm.

★ LÄNGSTE HAARE
Die weltweit längsten bezeugten Haare gehören Xie Qiuping (CHN), die sie seit ihrem 13. Lebensjahr 1973 wachsen lässt. Als sie am 8. Mai 2004 gemessen wurden, waren sie 5,627 m lang.

★ LÄNGSTER MILCHZAHN
Daniel Valdes (USA) wurden am 9. April 2004 in Westlake, Ohio (USA), drei Milchzähne gezogen, von denen der längste 1,69 cm maß und eine Kronenlänge von 0,5 cm hatte.

ORIGINALGRÖSSE

LÄNGSTE NASE
Laut historischen Berichten soll Thomas Wedders, der in den 70er Jahren des 18. Jh. in England Mitglied eines Wanderzirkus war, eine 19 cm lange Nase gehabt haben.

LÄNGSTE ZUNGE
Stephen Taylors (GB) Zunge ist von der Spitze bis zur Mitte der geschlossenen Oberlippe 9,4 cm lang. Gemessen wurde sie am 29. Mai 2002 im Westwood Medical Centre in Coventry, Warwickshire (GB).

LÄNGSTER ZEH
Abgesehen von Fällen der Krankheit Elephantiasis sind die längsten Zehen 12,7 cm lang. Sie gehören Matthew McGrory (USA), der auch den Rekord für die **größten Füße einer lebenden Person** hält.

★ LÄNGSTES BRUSTWARZENHAAR (8,89 cm) Christopher Tyler Ing (CDN)

★ LÄNGSTES ARMHAAR (9,7 cm) David Hruska (USA)

LÄNGSTES BEINHAAR (12,4 cm) Tim Stinton (AUS)

★ MEISTE FINGER UND ZEHEN EINER LEBENDEN PERSON

Die Brüder Tribhuwan und Triloki Yadav (beide IND), die unter Polydaktylie leiden, haben an den Händen je fünf Finger und einen Daumen und an den Füßen je sechs Zehen.

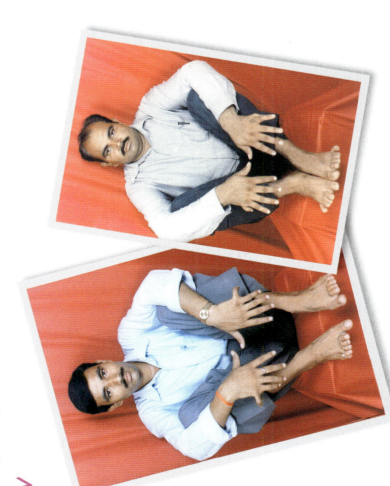

MENSCH & LEISTUNG

→ INHALT

REISEN	26
EXPEDITIONEN	28
WELTUMRUNDUNGEN	30
KRAFT & AUSDAUER	32
AUSDAUER	34
MENSCHENMENGEN	36
UNGEWÖHNLICHE TALENTE	40
BESONDERE HOBBYS	42
SPIELE & ZEITVERTREIB	44
GAUMENFREUDEN	58
SAMMLUNGEN	62

SELTSAMSTE DIÄT

Michel Lotito (F) ist als Monsieur Mangetout („Mr Allesesser") bekannt, weil er seit 1959 Metall und Glas isst. Seit 1966 hat er 18 Fahrräder, 15 Supermarkt-Einkaufswagen, sieben Fernseher, sechs Kronleuchter, zwei Betten, ein Paar Skier, einen Computer und ein Cessna-Kleinflugzeug verspeist. Er soll auch das einzige Beispiel in der Geschichte dafür geliefert haben, dass ein Sarg in einem Menschen gelandet ist. Bis Oktober 1997 hatte Monsieur Mangetout fast neun Tonnen Metall gegessen. Trotz seiner „eisernen" Konstitution behauptet er, dass ihm von Bananen und harten Eiern übel wird.

→ MENSCH & LEISTUNG
REISEN

← WEITESTE REISE
MIT DEM ROLLSTUHL

Rick Hansen (CDN), der seit einem Autounfall im Jahr 1973 von der Taille abwärts gelähmt ist, fuhr mit seinem Rollstuhl 40.075 km durch vier Kontinente und 34 Länder. Er startete seine Reise am 21. März 1985 in Vancouver, British Columbia (CDN), und kehrte am 22. Mai 1987 dorthin zurück.

★ WEITESTE ENTFERNUNG MIT EINEM SCHNEEMOBIL AUF WASSER
Tory Allan (CDN) legte am 3. September 2004 auf dem Last Mountain Lake in Saskatchewan (CDN) mit einem Standard-Schneemobil nonstop 25,26 km zurück.

★ LÄNGSTE REISE MIT EINEM TRAKTOR
Vasilij Haskevich (RUS) legte vom 12. Juni bis 5. Juli 2004 mit einem Landwirtschaftstraktor 5.512 km zurück. Start und Ziel seiner Reise war Nowosibirsk (RUS).

↑ WEITESTE REISE IM RETTUNGSBOOT

Nachdem sein Schiff *Endurance* in der Antarktis im Eis festsaß, nahm Sir Ernest Shackleton (GB) mit seiner 28-köpfigen Besatzung in drei Rettungsbooten Kurs auf Elephant Island, rund 160 km nördlich. Mit fünf seiner Männer machte Shackleton sich dann in ihrem größten Rettungsboot zu einer 1.300 km entfernten Walfangstation auf South Georgia auf und kam 17 Tage später, am 19. Mai 1916, auf der Insel an. 10 Tage später erreichten sie zu Fuß die Walfangstation. Alle Männer auf Elephant Island wurden später gerettet.

LANGE STRECKEN

→ WANN FAND DIE ERSTE WELT-UMRUNDUNG STATT?

DIE ANTWORT STEHT AUF S. 30

Anmerkung: Aus Gründen der Verkehrssicherheit berücksichtigt GUINNESS WORLD RECORDS keine Rekorde mehr für Fahrten zwischen zwei Orten auf öffentlichen Straßen.

★ LÄNGSTE AUTOREISE
Seit dem 16. Oktober 1984 haben Emil und Liliana Schmid (CH) mit ihrem Toyota Land Cruiser über 587.000 km zurückgelegt und dabei über 150 Länder und Staatsgebiete durchquert.

★ LÄNGSTES SCHUBKARRENSCHIEBEN
Bob Hanley (AUS) schob vom 24. April 1975 bis zum 6. Mai 1978 seine Schubkarre durch Australien. Start und Ziel seiner rund 14.500 km langen Reise über Townsville, Alice Springs, Perth, Adelaide und Melbourne war Sydney.

★ AUSTRALIEN PER ROLLER
Harald Hel (A) durchquerte in 18 Tagen 11 Stunden 25 Minuten den australischen Kontinent mit einem Tretroller. Am 9. September startete er in Port Augusta und erreichte Darwin nach 2.800 km am 27. September 2001.

★ LÄNGSTE KÜSTENREISE MIT DEM AQUABIKE
Paul Fua, Lynden Parmenter und Randall Jones (alle AUS) umrundeten ab dem 20. August 2000 in 106 Tagen mit ihren Aquabikes Australien. Die Gesamtstrecke betrug 16.478 km.

SCHNELLSTE ATLANTIKÜBERQUERUNGEN

BEFÖRDERUNGSMITTEL	NAME DES FAHRZEUGS	PILOT/KAPITÄN	ROUTE	DATUM	ZEIT
Aquabike	–	Álvaro de Marichalar (E)	Kanarische Inseln – Antigua	04.–21.05.2002	17 Tage 1 h 11 min
Motorboot	*Destriero*	Cesare Fiorio (I)	New York (USA) – Cornwall (GB)	06.–09.08.1992	2 Tage 10 h 32 min
Flugzeug	SR-71 *Blackbird*	Maj. J. Sullivan & N. Widdifield (beide USA)	New York (USA) – London (GB)	01.09.1973	1 h 54 min 56 sec
Verkehrsflugzeug	BA Concorde	Leslie Scott (GB)	JFK (New York) – Heathrow (London)	07.02.1996	2 h 52 min 59 sec
Jacht	*Playstation*	Steve Fossett (USA)	New York (USA) – Cornwall (GB)	10.10.2001	4 Tage 17 h 28 min
Monohull-Jacht	*Mari-Cha IV*	Robert Miller (GB)	New York (USA) – Cornwall (GB)	02.–09.10.2003	6 Tage 17 h 52 min
Windsurfer	–	Sergio Ferrero (I)	Kanarische Inseln – Barbados	06.–30.06.1982	24 Tage
„Wandern" (auf Schwimmern)	–	Remy Bricka (F)	Kanarische Inseln – Trinidad	02.04.–31.05.1988	59 Tage

★ NEUER REKORD   ★ VERBESSERTER REKORD

★ SCHNELLSTE DURCHQUERUNG DES ÄRMELKANALS MIT EINEM AMPHIBIENFAHRZEUG

Sir Richard Branson (GB) legte am 14. Juni 2004 mit einem auf öffentlichen Straßen zugelassenen Gibbs Aquada die Strecke zwischen Dover (GB) und Calais (F) in 1 Stunde 40 Minuten 6 Sekunden zurück.

LÄNGSTE SOLO-FAHRRADTOUR

Walter Stolle (D) legte während einer Fahrradtour vom 24. Januar 1959 bis 12. Dezember 1976 über 646.960 km zurück. Er startete in Romford, Essex (GB), und besuchte 159 Länder.

SCHNELLE TOUREN

★ UNTER WASSER SCHWIMMEND DURCH DEN ÄRMELKANAL

Am 28. Juli 1962 schwamm Simon Paterson (GB), der durch einen Luftschlauch mit seinem Führungsboot verbunden war, unter Wasser von Frankreich nach England. Paterson legte die über 35 km lange Strecke in 14 Stunden 50 Minuten zurück.

WELTUMRUNDUNG PER AUTO

Den Rekord für die erste und schnellste Weltumrundung per Auto gemäß den 1989 und 1991 geltenden Regeln, wonach die Strecke größer sein musste als die Länge des Äquators (40.075 km), erzielten Saloo Choudhury und seine Frau Neena Choudhury (beide IND) in der Zeit vom 9. September bis 17. November 1989. Die Fahrt mit Start und Ziel in Delhi (IND) dauerte 69 Tage 19 Stunden 5 Minuten. Das Paar fuhr einen Contessa Classic von Hindustan Motors.

ZU FUSS ÜBER DEN PAN-AMERICAN-HIGHWAY

George Meegan (GB) legte vom 26. Januar 1977 bis 18. September 1983 in insgesamt 2.426 Tagen 30.431 km zurück. Seine Wanderung führte ihn von Ushuaia in Argentinien, dem südlichsten Punkt Südamerikas, zur Prudhoe Bay in Alaska (USA), dem nördlichsten Punkt Nordamerikas.

★ FAHRRADTOUR VON KAPSTADT NACH KAIRO

Chris Evans, David Genders, Michael Kennedy (alle GB), Paul Reynaert (B), Jeremy Wex, Steve Topsham, Scotty Robinson, Andrew Griffin (alle CDN) und Sascha Hartl (A) radelten vom 18. Januar bis 17. Mai 2003 während der ersten Tour d'Afrique in 119 Tagen 1 Stunde 32 Minuten von Kairo (ET) nach Kapstadt (RSA), insgesamt 10.957 km.

★ WANDERUNG DURCH AUSTRALIEN

David Parker (GB) wanderte vom 1. Juli bis 8. September 1998 in 69 Tagen 11 Stunden 28 Minuten vom Cottesloe Beach in Perth, Westaustralien, zum Bondi Beach in Sydney, Neusüdwales, quer durch den australischen Kontinent.

★ FAHRT MIT DEM EINRAD DURCH AUSTRALIEN

Vom 30. Juni bis 20. August 1985 fuhr Hanspeter Beck (AUS) mit dem Einrad von Port Hedland, Westaustralien, nach Melbourne, Victoria. Für die Strecke von 6.237,96 km brauchte er 51 Tage 23 Stunden 25 Minuten.

★ LÄNGSTE HANDBIKE-REISE

David Abrutat (GB) legte vom 10. Mai bis 5. August 2002 mit einem Handbike eine Strecke von 5.421,34 km an der Küste Großbritanniens zurück. Start und Ziel waren die Tower Bridge in London (GB). Der ehemalige Angehörige der Royal Air Force ist seit einem Autounfall im Jahr 2000 teilweise gelähmt.

WWW.GUINNESSWORLDRECORDS.COM

→ MENSCH & LEISTUNG
EXPEDITIONEN

★ FAHRT AUF GRÖSSTE HÖHE
Am 29. Januar 2005 fuhren Rainer Zietlow und Ronald Bormann (beide D) mit einem Standard-Volkswagen Toureg SUV an den Hängen des Vulkans Ojos del Salado an der chilenisch-argentinischen Grenze bis auf eine Höhe von 6.081 m hoch. Zum Vergleich: Das Basislager des Mount Everest liegt in 5.500 m Höhe, und der Kilimandscharo, der höchste Gipfel Afrikas, ist 5.895 m hoch.

Berg der Berge
Mit steilen und technisch anspruchsvolleren Routen sowie extremeren Wetterverhältnissen gilt der K2 im Vergleich zum Mount Everest allgemein als größere Herausforderung. Den Mount Everest haben mehr als 1.200 Menschen bezwungen, den K2 jedoch nur rund 200. Kein Wunder, dass die Bergsteiger-Legende Reinhold Messner ihn den „Berg der Berge" nannte.

MOUNT EVEREST & K2

SCHNELLSTER AUFSTIEG ZUM MOUNT EVEREST VON DER NORDSEITE
Hans Kammerlander (I) schaffte am 23./24. Mai 1996 den Aufstieg vom Basislager zum Gipfel in 16 Stunden 45 Minuten.

★ SCHNELLSTER AUFSTIEG ZUM MOUNT EVEREST VON DER SÜDSEITE
Pemba Dorje Sherpa (NEP) stieg am 21. Mai 2004 in 8 Stunden 10 Minuten vom Basislager zum Gipfel hoch und schaffte damit die schnellste Bezwingung des höchsten Berges der Welt.

MEISTE BESTEIGUNGEN DES MOUNT EVEREST
Apa Sherpa (NEP) erreichte am 17. Mai 2004 zum 14. Mal den Gipfel.

ERSTE SOLOBESTEIGUNG DES MOUNT EVEREST
Der Südtiroler Alpinist Reinhold Messner (I) erreichte am 20. August 1980 den Gipfel des Mount Everest. Für den Aufstieg ohne Sauerstoffflasche brauchte er vom in 6.500 m Höhe gelegenen Basislager drei Tage.

★ MEISTE GESCHWISTER, DIE DEN MOUNT EVEREST BEZWANGEN
Bis März 2003 hatten die Brüder Nima Gombu Sherpa und Mingma Tsiri Sherpa aus Nepal den Gipfel des Mount Everest je achtmal erreicht, ihre Geschwister Ang Tsering Sherpa und Nima Temba Sherpa je einmal.

★ ERSTBESTEIGUNG DES K2
Achille Compagnoni und Lino Lacedelli (beide I) erkletterten am 31. Juli 1954 den mit 8.611 m zweithöchsten Berg der Welt. Beide Männer waren Mitglieder einer von Ardito Desio (I) angeführten italienischen Expedition. Der K2 liegt im Karakorum an der pakistanisch-chinesischen Grenze.

NORDPOL & ARKTIS

★ AUF SKIERN ZUM NORDPOL
Catherine Hartley und Fiona Thornewill (beide GB) sind die schnellsten Frauen, die auf Skiern den Nordpol erreichten. Sie brachen am 11. März 2001 von der Insel Ward Hunt, Northwest Territories (CDN), auf und erreichten 55 Tage später, am 5. Mai 2001, den Nordpol, wobei ihre Vorräte unterwegs wieder aufgefüllt wurden.

ERSTE SOLOEXPEDITION ZUM NORDPOL
Naomi Uemura (J) brach am 7. März 1978 als Erster im Alleingang zu dem 725 km langen Treck von Cape Edward auf Ellesmere Island, Nordkanada, über das arktische Eis zum Nordpol auf, den er am 1. Mai 1978 erreichte.

★ SCHNELLSTE SOLOEXPEDITION ZUM NORDPOL OHNE EXTERNE HILFE
Børge Ousland (N) legte vom 2. März bis 23. April 1994 auf Skiern und ohne Hilfe von außen in 52 Tagen die Strecke vom Severnaya-Zemlya-Archipel in der Russischen Föderation zum Nordpol zurück. Er war auch der **erste Mensch, der im Alleingang und ohne Hilfe vom Land aus den Nordpol erreichte**. Er verwendete keine motorisierten Fahrzeuge oder Lenkdrachen.

★ SCHNELLSTE ARKTISDURCHQUERUNG OHNE HILFE
Torry Larsen und Rune Gjeldnes (beide N) durchquerten in 109 Tagen ohne Hilfe das Nördliche Eismeer über den Nordpol. Sie brachen am 15. Februar 2000 vom sibirischen Severnaya-Zemlya-Archipel in der Russischen Föderation auf und erreichten am 3. Juni 2000 Ellesmere Island in Nordkanada.

★ ERSTER AUFSTIEG EINER FRAU ZUM K2
Wanda Rutkiewicz (PL) erreichte am 23. Juni 1986 als erste Frau den Gipfel des mit 8.611 m zweithöchsten Berges der Welt.

★ JÜNGSTE EXPEDITIONSTEILNEHMERIN ZUM SÜDPOL

Sarah Ann McNair-Landry (USA/CDN, ganz links) war 18 Jahre alt, als sie am 11. Januar 2005 ohne Hunde und motorisierte Fahrzeuge den Pol erreichte. Sie legte die 1.100 km lange Strecke mithilfe eines Lenkdrachens im Rahmen einer von ihrer Mutter Matty McNair (rechts) geleiteten Expedition zurück. Ihr Bruder Eric (Mitte), damals 20, nahm ebenfalls an der Expedition teil.

★ SCHNELLSTE ÜBERLANDFAHRT ZUM SÜDPOL

Shinji Kazama (J) fuhr vom 10. Dezember 1991 bis 3. Januar 1992 von den Patriot Hills an der antarktischen Küste in 24 Tagen auf einem speziell umgebauten Yamaha-Motorrad zum Südpol. Er wurde von einem Schneemobil begleitet, das Notvorräte mitführte und ihn gelegentlich in schwierigem Terrain unterstützte.

→ WAS IST DIE GRÖSSTE AUF EINEM ANDEREN PLANETEN ZURÜCKGELEGTE ENTFERNUNG?

DIE ANTWORT STEHT AUF S.102

★ SCHNELLSTE EXPEDITION EINER FRAU ZUM NORDPOL

Tina Sjögren und ihr Ehemann Thomas (beide S) brachen am 22. März 2002 von der Insel Ward Hunt in Kanadas Northwest Territories auf und erreichten am 29. Mai 2002 nach 68 Tagen den Nordpol, ohne Hilfe in Anspruch nehmen zu müssen.

★ ALS JÜNGSTER SOLO DIE ANTARKTIS DURCHQUERT

Ola Skinnarmo (S) erreichte am 20. Dezember 1998 im Alter von 26 Jahren nach einem 47-tägigen und 1.200 km langen Treck auf Skiern über das Eis die Scott-Basis in der Antarktis. Er zog einen rund 120 kg schweren Schlitten und war dennoch zehn Tage früher als erwartet am Ziel.

★ SCHNELLSTER SOLOMARSCH ZUM SÜDPOL

Der Norweger Børge Ousland marschierte in 34 Tagen, vom 15. November bis 19. Dezember 1996, auf Skiern und mithilfe eines Lenkdrachens zum Nordpol. Er unternahm den Treck im Alleingang und ohne fremde Hilfe.

SÜDPOL & ANTARKTIS

SCHNELLSTE SOLO-ANTARKTISDURCHQUERUNG

Børge Ousland (N) beendete den 2.690 km langen Treck am 18. Januar 1997, 64 Tage nach seinem Aufbruch am 15. November 1996. Er zog seinen 185 kg schweren Materialschlitten von der Berkner-Insel im Weddellmeer zur Scott-Basis im McMurdo Sound.

SCHNELLSTER SOLO-TRECK ZUM SÜDPOL

Fiona Thornewill (GB) legte zu Fuß und auf Skiern in 41 Tagen 8 Stunden 14 Minuten die Strecke von Hercules Inlet am Rande der Antarktis bis zum Südpol zurück. Der Gewaltmarsch fand vom 30. November 2003 bis 10. Januar 2004 statt. Ihr Versorgungsschlitten wog anfänglich 130 kg und nur noch 45 kg, als sie den Pol erreichte. Thornewill legte im Durchschnitt 27,3 km pro Tag zurück.

★ NEUER REKORD   ★ VERBESSERTER REKORD

→ **MENSCH & LEISTUNG**

WELTUMRUNDUNGEN

★ SCHNELLSTE UNMOTORI-SIERTE WELT-UMRUNDUNG AM ÄQUATOR

Mike Horn (RSA) umrundete vom 2. Juni 1999 bis 27. Oktober 2000 dem Äquator folgend in 513 Tagen per Fahrrad, Einbaum, Trimaran und zu Fuß die Welt. Seine Reise begann und endete in der Nähe von Libreville im westafrikanischen Staat Gabun. Sie umfasste sechs Etappen, zu denen die Durchquerung des Atlantischen, des Pazifischen und des Indischen Ozeans per Trimaran gehörte, sowie die Durchquerung des Amazonasgebiets und Zentralafrikas.

ÄLTESTE HOCHSEE-REGATTA UM DIE WELT

Das alle vier Jahre ausgetragene Volvo Ocean Race ist das älteste regelmäßig ausgetragene Segelrennen um die Welt. Es fand erstmals 1973 als Whitbread Round the World Race statt und war bis 2001/02 unter diesem Namen bekannt. Das nächste Volvo Ocean Race beginnt im November 2005 in Vigo (E) und endet im Juni 2006 in Göteborg (S).

★ SCHNELLSTE SOLOWELTUMSEGELUNG →

Ellen MacArthur (GB) umsegelte zwischen dem 28. November 2004 und 7. Februar 2005 mit dem Trimaran *B&Q* alleine und nonstop in 71 Tagen 14 Stunden 13 Minuten 33 Sekunden die Welt. Sie startete von Ushant (F), umrundete das Kap der Guten Hoffnung (RSA), segelte südlich von Australien und umrundete das Kap Hoorn (RA), bevor sie über den Atlantik wieder nach Ushant zurückkehrte.

PER SCHIFF

★ SCHNELLSTE WELTUMSEGELUNG EINES SEGELSCHIFFS MIT CREW

In nur 50 Tagen 16 Stunden 20 Minuten 4 Sekunden segelten der Skipper Bruno Peyron (F) und seine 14-köpfige Crew mit dem Katamaran *Orange II* um die Welt. Sie starteten am 24. Januar 2005 von Ushant (F) und kehrten am 16. März 2005 wieder dorthin zurück.

ERSTE WELTUMSEGELUNG

Als am 9. September 1522 das spanische Schiff *Vittoria* unter Juan Sebastian de Elcano Sevilla (E) erreichte, war die erste Weltumsegelung vollbracht. Das Schiff war 1519 zusammen mit vier anderen zu einer vom Forschungsreisenden Ferdinand Magellan (P) geleiteten Expedition aufgebrochen, hatte Kap Hoorn umsegelt, den Pazifik durchquert und war nach der Umrundung des Kaps der Guten Hoffnung nach Europa zurückgekehrt. Die *Vittoria* beendete als einziges Schiff diese Reise.

★ LÄNGSTE WELT-UMSEGELUNGS-SERIE

Vom 25. Mai 1986 bis 13. März 1988 segelte Jon Sanders (AUS) mit seiner 13,9 m langen Slup *Parry Endeavour* in 657 Tagen dreimal nonstop im Alleingang um die Welt. Zwei der drei Weltumsegelungen, deren Start und Ziel Fremantle in Westaustralien war, verliefen ostwärts, eine westwärts.

★ NEUER REKORD   ✦ VERBESSERTER REKORD

LÄNGSTE HOCHSEEREGATTA FÜR SOLOSEGLER
Start und Ziel der Vendée Globe Challenge ist Les Sables d'Olonne (F). Die derzeit nonstop gesegelte Entfernung beträgt 22.500 Seemeilen. Zum Rennen zugelassen sind Boote von 15 bis 18 m Länge, die von einer Einzelperson gesteuert werden.

IN DER LUFT

★ ERSTE SOLO-BALLON-FAHRT UM DIE WELT
Steve Fossett (USA) umrundete zwischen dem 19. Juni und 2. Juli 2002 mit seinem 42,6 m großen Heißluftballon *Bud Light Spirit of Freedom* den Globus. Er hob in Northam, Westaustralien, ab und landete nach 33.195 km in Eromanga, Queensland (AUS).

★ MEISTE FLÜGE UM DIE WELT
Der Kosmonaut Sergej Avdeijev (RUS) hat im Verlauf seiner Karriere 11.968-mal die Erde umrundet. Er hält auch den Rekord für die **meiste im Weltraum verbrachte Zeit** (siehe S.107).

★ SCHNELLSTE WELTUMRUNDUNG MIT EINEM PROPELLERFLUGZEUG
Vom 21. bis 24. März 1983 umrundeten Joe Harnish und David Webster (beide USA) die Welt in einem Gulfstream Commander 695A mit PTR-Triebwerk mit einer Durchschnittsgeschwindigkeit von 490,51 km/h. Start und Ziel war Eckhart in Kalifornien (USA).

STEVE FOSSETT

Steve Fossett (USA, links) flog als Erster nonstop und ohne aufzutanken um die Welt. Start und Ziel seines Fluges, der vom 1. bis 3. März 2005 67 Stunden 1 Minute dauerte, war Salina, Kansas (USA). Der *Virgin Atlantic GlobalFlyer* (unten) wurde von Scaled Composites (USA) gebaut. Er hat ein TL-Triebwerk und führte fast 5 t Treibstoff mit sich.

Herr Fossett, welches war Ihr erster Weltrekord?
Im September 1993 segelte ich um die Küste Irlands – der vorherige Rekord stand bei 72 Stunden, ich schaffte es in 45!

Was tun Sie, um sich auf Rekorde vorzubereiten, die ein solch großes Durchhaltevermögen erfordern?
Ich laufe viel und versuche, jeden Tag Gymnastik zu machen. Manchmal ist eine Akklimatisierung an die Höhe erforderlich. Vor dem GlobalFlyer-Flug machte ich eine ballaststoffarme Diät.

Welches ist Ihre nächste Herausforderung?
Mit einem Segelflugzeug in die Stratosphäre zu fliegen. Ich werde einen Raumanzug tragen müssen und wieder mit der Nasa zusammenarbeiten. Der derzeitige Höhenrekord für Segelflugzeuge steht bei 15.000 m.

★ SCHNELLSTE WELTUMRUNDUNG MIT EINEM FLUGZEUG ÜBER BEIDE POLE
Den Rekord für die schnellste Weltumrundung über beide Pole stellte Kapitän Walter H. Mullikin (USA) zwischen dem 28. und 31. Oktober 1977 mit einer Boeing 747 SP in 54 Stunden 7 Minuten 12 Sekunden auf (einschließlich der Zwischenstopps zum Auftanken). Start und Landung erfolgten in San Francisco (USA).

Wer sind Ihre Vorbilder?
Die großen Polarforscher. Mein Favorit ist Shackleton – aber auch Fridtjof Nansen, der 1888 als Erster Grönland durchquerte und keinen seiner Männer verlor.

Welches war die größte Gefahr, in der Sie sich befanden?
Im August 1998 riss mein Ballon bei einem Gewitter in einer Höhe von 8.800 m. Ich stürzte ins Korallenmeer, konnte aber die Geschwindigkeit des Ballons noch so weit drosseln, dass ich überlebte.

Auf welchen Rekord sind Sie besonders stolz?
Auf den ersten Solo-Ballonflug um die Welt. Ich habe acht Jahre lang darauf hingearbeitet und sechs Versuche unternommen. Ich war als Einziger dazu in der Lage, weil ich die notwendige Härte für einen Alleinflug sowie die nötigen Kenntnisse und Erfahrungen mitbrachte.

★ SCHNELLSTE WELTUMRUNDUNG MIT LINIENFLÜGEN
Vom 6. bis 8. Juli 2004 flog der Reporter Michael Quandt (D) von der *Bild am Sonntag* in 66 Stunden 31 Minuten mit Linienflügen um die Welt und besuchte dabei sechs Kontinente. Die Reise begann und endete in Singapur und führte nach Sydney (AUS), Los Angeles (USA), Houston (USA), Caracas (YV), London (GB), Kairo (ET) und Kuala Lumpur (MAL).

WWW.GUINNESSWORLDRECORDS.COM

→ **MENSCH & LEISTUNG**
KRAFT & AUSDAUER

★ GRÖSSTES MIT ZUNGE GEHOBENES GEWICHT

Thomas Blackthorne (GB) hob am 11. September 2004 in den London Television Studios (GB) bei der Show *Guinness World Records: 50 Years, 50 Records* nur mit seiner Zunge ein Gewicht von 11.025 kg.

★ GRÖSSTE ERREICHTE HÖHE AUF EINER KLETTERMASCHINE IN EINER STUNDE

Neil Rhodes (GB) kletterte am 2. November 2004 im Cannon's Health Club in Yeovil, Somerset (GB), 2.238,75 m hoch, wobei er noch einen 18 kg schweren Rucksack trug.

★ HÖCHSTER BIERFASSWURF (DAMEN)

Am 9. August 2001 warf Heini Koivuniemi (FIN) ein 12,3 kg schweres Bierfass über eine 3,46 m hohe Latte.
Der **höchste Bierfasswurf eines Mannes** wurde am 21. September 2001 von Juha Rasanen (FIN) mit gleichem Gewicht und einer Höhe von 6,93 m aufgestellt.

MEISTE GETRAGENE REIFEN

Gary Windebank (GB) hielt im Februar 1984 im freien Stand das Gewicht von 96 Michelin-Autoreifen vom Typ Michelin XZX 155 x 13 aus. Das Gesamtgewicht betrug 653 kg.

★ GRÖSSTES MIT DEM OHR GEHOBENES GEWICHT

Zafar Gill (PK) hob am 26. Mai 2004 in Lahore (PK) sieben Sekunden lang ein Gewicht von 51,7 kg an, das mit einer Klemme an seinem rechten Ohr befestigt war.

★ LÄNGSTES SEITHEBEN (10 KG)

Yannick Olivier (F) hielt am 3. August 2004 bei *L'été De Tous Les Records* in Bénodet (F) 1 Minute 18 Sekunden lang in jeder Hand eine 10 kg schwere Hantel mit ausgestreckten Armen und in einem Winkel von 90° zu seinem Körper.

REKORD IM BANKDRÜCKEN – EIGENES KÖRPERGEWICHT

Michael Williams (GB) hob am 17. April 1989 beim Bankdrücken in Don Styler's Gymnasium in Gosport (GB) in einer Stunde 1.438-mal sein Körpergewicht von 67 kg an.

★ SCHNELLSTE 100-MEILEN-ZEIT AUF EINEM LAUFBAND

Arulanantham Suresh Joachim (AUS) legte am 28. November 2004 im Square One in Mississauga, Ontario (CDN), in einer Zeit von 13 Stunden 42 Minuten 33 Sekunden 100 Meilen (161 km) auf einem Laufband zurück.

★ LÄNGSTE STRECKE AN EINEM 5-M-SEIL IN 1 MINUTE GEKLETTERT

Nur mithilfe der Hände und in sitzender Position kletterte Stéphane Bock (F) am 27. Juli 2004 an einem 5-m-Seil eine Gesamtstrecke von 15,44 m.

LIEGESTÜTZE

EVENT	ZEIT	REKORD	NAME	NATIONALITÄT	DATUM
Ein Finger	hintereinander	124	Paul Lynch	GB	21. April 1992
Ein Arm	eine Minute	120	Yvan de Weber	CH	23. Oktober 2001
★ Ein Arm	eine Stunde	1.777	Doug Pruden	CDN	22. Oktober 2004
Ein Arm, Handrücken	eine Stunde	441	Bruce Swatton	GB	12. Mai 2003
★ Zwei Arme, Handrücken	eine Minute	95	Steve Bugdale	GB	13. November 2004
★ Zwei Hände	eine Minute	138	Roy Berger	CDN	28. Februar 2004
Zwei Hände	eine Stunde	3.416	Roy Berger	CDN	30. August 1998
★ Vertikal	eine Minute	37	Murad Gadaborchev	RUS	20. Juli 2004

★ NEUER REKORD   ★ VERBESSERTER REKORD

★ EISENSTANGE IN DEN KOFFER
Les Davis (USA) gelang es am 17. Juli 2004 in Dothan, Alabama (USA), eine 6 m lange Eisenstange mit einem Durchmesser von 12 mm in 29 Sekunden so zu verbiegen, dass sie in einen 50 x 70 x 20 cm großen Koffer passte. Er verbog die Stange insgesamt elfmal.

★ MEISTE KLIMMZÜGE IN EINER STUNDE
Der Franzose Stéphane Gras schaffte am 26. April 2004 in Artix (F) in einer Stunde 445 Klimmzüge.

★ MEISTE AUFEINANDER FOLGENDE KLIMMZÜGE
Viel Durchhaltewillen bewies der Koreaner Lee Chin-Yong. Er schaffte am 29. Dezember 1994 im Jongmyo Park in Seoul (ROK) 612 aufeinander folgende Klimmzüge.

MEISTE ZIEGELSTEINE ANGEHOBEN
Am 14. Juni 1992 hob Russell Bradley (GB) 31 nebeneinander auf einem Tisch liegende Ziegelsteine bis in Brusthöhe an und hielt sie in dieser Stellung zwei Sekunden lang.

★ IN REKORDZEIT AUFS EMPIRE STATE BUILDING
Am 4. Februar 2003 bewältigte Paul Crake (AUS) beim 26. Annual Empire State Building Run-Up in New York City (USA) die 1.576 Stufen in 9 Minuten 33 Sekunden. Bei den Frauen stellte Belinda Soszyn (AUS) 1996 den Rekord mit 12 Minuten 19 Sekunden auf.

HÄUFIGSTES ANHEBEN EINES AUTOS
Am 3. Oktober 1998 hob Mark Anglesea (GB) in The Hind in South Yorkshire (GB) in einer Stunde das Heck eines Autos 580-mal eindeutig vom Boden ab (d.h. so, dass die Hinterreifen den Boden nicht berührten). Der Wagen war ein Mini Metro mit einem Gewicht von 810 kg.

★ LÄNGSTER GANZKÖRPER-EISKONTAKT
Wim Hof (NL) ertrug am 11. September 2004 in den London Television Studios (GB) bei der Show *Guinness World Records: 50 Years, 50 Records* 1 Stunde 8 Minuten lang den Kontakt mit Eis. Mit Meditation und Yoga meistert Wim diese gefahrvollen Aktionen.

★ MEISTE TELEFONBÜCHER ZERRISSEN
In der Rekordzeit von drei Minuten zerfetzte Edward Charon (USA) am 14. August 2004 in Roseburg, Oregon (USA), 39 je 1.004 Seiten starke Telefonbücher.

SCHWERSTARBEITER
Es gibt zwei Anwärter auf diesen Titel. Der Bergmann Alexei Stakhanov (UA) behauptete, im August 1935 während einer sechsstündigen Schicht 103 t Kohle gehauen zu haben.

Der Stahlarbeiter Henry Noll (USA) hob und lud im Winter 1899 täglich 45,7 t Roheisen auf Güterwagen, und das wochenlang hintereinander.

SCHWERSTES GEZOGENES FLUGZEUG
David Huxley (AUS) zog am 15. Oktober 1997 in Sydney (AUS) eine Boeing 747-400 mit einem Gewicht von 187 t in 1 Minute 27,7 Sekunden 91 m weit. 1991 zog Huxley sein erstes Flugzeug, eine 37 t schwere Boeing 737. Als Nächstes zog er dann eine 105 t schwere Concorde 143 m weit und schließlich im Alter von 39 Jahren die 747.

WWW.GUINNESSWORLDRECORDS.COM

33

→ **MENSCH & LEISTUNG**
AUSDAUER

↑ LÄNGSTER KUSS
Louisa Almedovar und Rich Langley (beide USA) küssten sich am 5. Dezember 2001 in den TV-Studios von *Ricki Lake* in New York City (USA) 30 Stunden 59 Minuten 27 Sekunden lang. Das Paar stand während des gesamten Rekordversuchs.

★ LUFTHOCKEY
Jaron Carson und Jordan Ouanounou (beide CDN) spielten am 26./27. August 2003 bei Dave & Busters in Toronto, Ontario (CDN), 20 Stunden lang ununterbrochen Lufthockey.

LÄNGSTES KARTENGEBEN
Vom 24. bis 27. August 2001 gab Stephen De Raffaele (M) im Oracle Casino in Qawra (M) 51 Stunden 33 Minuten lang Karten beim Blackjack.

KARTENSPIELEN
Gareth Birdsall, Finn Clark, Sonia Zakrzewski, Gad Chadha, Sebastian Kristensen, Simon MacBeth, Tim West-Meads und David Gold spielten vom 31. Oktober bis 3. November 2003 im St. John's Wood Bridge Club in London (GB) 72 Stunden 9 Minuten lang ununterbrochen Bridge, wobei sie auf insgesamt 1.012 Runden kamen.

★ HERZ-LUNGEN-WIEDERBELEBUNG
Zwei Teams – bestehend aus Ray Edensor und Emma Parker sowie Paul Gauntlett und Mark Brookes (alle GB) vom Rettungsdienst in Staffordshire – bestritten vom 19. bis 25. Januar 2004 im Asda Superstore in Stafford (GB) ein 151-stündiges HLW-Marathon (Herz-Lungen-Wiederbelebung – mit Beatmung und Druckmassage im Verhältnis 2:15).

HULA-HOOP
Kym Coberly (USA) stellte vom 17. bis 20. Oktober 1984 in Denton, Texas (USA), mit 72 Stunden einen Hula-Hoop-Rekord auf.

BÜGELN
Eufemia Stadler (CH) verbrachte vom 16. bis 18. September 1999 40 Stunden stehend vor ihrem Bügelbrett und bügelte 228 Hemden.

DAUERVORLESUNG
Die Vorlesung zum Thema Demokratie von Errol E.T. Muzawazi (ZW) in einem Studentenwohnheim der Politechnika Wroclawska in Breslau (PL) dauerte vom 12. bis 15. Dezember 2003 62 Stunden 30 Minuten.

MAH-JONG
Chris Pittenger, Betty Vance, Doris Natale, Mary Ann Blansett, Rosemarie Cannon, Judy Burt, Ann Wells und Doris MacKenzie spielten in zwei Vierergruppen 25 Stunden lang zwei Mah-Jong-Spiele gleichzeitig. Der Rekordversuch fand zwischen dem 28. Februar und 1. März 2003 im Sun City Hilton Head in Bluffton, South Carolina (USA), statt.

★ KINO-MARATHON
Timothy Weber (D) sah sich bei einem von CinemaxX Würzburg in Würzburg (D) organisierten Event in 70 Stunden 1 Minute 32 Filme an. Der Rekordversuch fand vom 16. bis 19. Dezember 2003 statt und endete nach 49 Minuten des 33. Films, *Findet Nemo* (USA, 2003).

 LÄNGSTE → TANZPARTY
Der Heart Health Hop – ein von St. Joseph Aspirin und Rowland Communications Worldwide in der Rock and Roll Hall of Fame and Museum in Cleveland, Ohio (USA), organisiertes Tanzmarathon – begann am 29. Juli 2003 um 5.10 Uhr morgens mit 42 Tänzern, von denen 41 bis zum 31. Juli 2003 52 Stunden 3 Minuten lang durchhielten.

GUINNESS WORLD RECORDS BUCH **2006**

SECHS LÄNGSTE MARATHONS

EVENT	STUNDEN	REKORDHALTER	DATUM
Trampolin	1.248	Team of 6 (USA)	24. Juni bis 15. August 1974
Schwimmen	240	Team of 6 (USA)	14. bis 24. August 1979
Eishockey	203	Sudbury Angels (CDN)	3. bis 11. April 2004
Achterbahn	192	Richard Rodriguez (USA)	20. bis 28. August 2003
Snowboarding	180 h 34 min	Bernhard Mair (A)	9. bis 16. Januar 2004
Skifahren	168	Christian Flühr (D)	8. bis 15. März 2003

→ **WIE LANGE DAUERTE DIE LÄNGSTE KARAOKE-SESSION?**

DIE ANTWORT STEHT AUF S.170

★ POKERSPIEL (SOLO)
Larry Olmsted (USA) spielte vom 10. bis 13. Juni 2004 72 Stunden 2 Minuten lang im Foxwoods Resort & Casino in Manshantucket, Connecticut (USA), ununterbrochen Poker.

★ SANDSACKSCHLAGEN
Ron Sarchian (USA) schlug vom 15. bis 17. Juni 2004 bei Premier Fitness in Encino, Kalifornien (USA), 36 Stunden 3 Minuten lang ununterbrochen gegen einen Sandsack (d.h. ein Schlag alle zwei Sekunden).

QUIZFRAGEN
Quizmaster Gavin Dare (GB) stellte vom 25. bis 26. Oktober 2003 in The Goff's Oak Public House in Hertfordshire (GB) in 32 Stunden 15 Minuten insgesamt 3.668 Fragen zum Allgemeinwissen.

★ VORLESEN (EINZEL)
Adrian Hilton (GB) rezitierte vom 16. bis 21. Juli 1987 bei einem 110 Stunden 46 Minuten dauernden „Bardathon" im Rahmen des Shakespeare-Festivals an der South Bank in London (GB) und in der Gold Hill Baptist Church in Chalfont St. Peter, Buckinghamshire (GB), das Gesamtwerk von Shakespeare.

★ VORLESEN (TEAM)
Ein Team bestehend aus Amy White, Kristy Wright, Brian Jones, Michael Dahl, Jeanette Dean und Georgina Konstana (alle AUS) las vom 24. bis 27. Mai 2004 in der Sutherland Library in Sydney (AUS) 81 Stunden 15 Minuten vor. Der Rekord wurde im Rahmen der australischen Bibliothekswoche zugunsten verschiedener karitativer Organisationen für Jugendliche aufgestellt.

RING-BOARD
Joe Norman, Robert Norman, Paul Harkes, Faye Savill, Marion Daly, Betty Murphy, Hazel Gannon und Dennis Curtis (alle GB) spielten vom 12. bis 13. Juli 2003 im Silver Hall Social Club in Rainham, Essex (GB), 24 Stunden lang Ring-Board.

★ SEILSPRINGEN (SOLO)
Jed Goodfellow (AUS) sprang am 5./6. Dezember 2003 in der Oasis Shopping Mall in Broadbeach, Queensland (AUS), 27 Stunden lang Seil.

★ SQUARE-DANCE-ANSAGER
Dale F. Muehlmeier (USA) machte vom 26. bis 27. Mai 2000 für die American Cancer Society auf dem Parkplatz von Wal-Mart in Norfolk, Nebraska (USA), 28 Stunden lang den Ansager.

★ TISCHFUSSBALL
Andre Raison, Ghislain De Broyer, Rudy Mortier und Daniel Vanbellinghen (alle B) spielten vom 19. bis 20. Oktober 2002 im Young Band Brass Pub in Lembeek (B) 24 Stunden 1 Minute Tischfußball.

★ STAHLSCHLITTENFAHREN
Michael Kinzel (D) fuhr vom 4. bis 6. Mai 2002 im Panorama Park in Kirchhundem (D) 56 Stunden lang einen Stahl-Sommerschlitten. Ein Sommerschlitten ist eine Kombination aus einem Bob und einem Schlitten.

TRADING CARD GAME
William Stone, Bryan Erwin und Christopher Groetzinger (alle USA) spielten vom 27. Dezember 2002 bis 1. Januar 2003 im The Courtyard in Colorado Springs, Colorado (USA), 128 Stunden lang das „Lord of the Rings"-Trading Card Game.

★ FERNSEHEN
Terrye Jackson (USA) sah vom 15. bis 17. August 2004 in Pat O'Briens Bar in Orlando, Florida (USA), 50 Stunden 7 Minuten lang die Olympiaberichterstattung von NBC.

WEITESTE STRECKE AUF EINEM POGO STICK

Ashrita Furman (USA) hüpfte am 22. Juni 1997 auf der Aschenbahn des Queensborough Community College in New York (USA) in 12 Stunden 27 Minuten eine Strecke von 37,18 km auf einem Pogo Stick. Er hält auch den Rekord für ★ **die meisten Pogo-Stick-Sprünge in einer Minute** (156), **die schnellste Meile auf einem Pogo Stick** (12 Minuten 15 Sekunden) und den **schnellsten Aufstieg zur Spitze des CN Towers auf einem Pogo Stick** (57 Minuten 51 Sekunden).

Mit 177.737 hält Gary Stewart (USA) den Rekord für **die meisten aufeinander folgenden Sprünge**, den er am 25./26. Mai 1990 in Huntington Beach, Kalifornien (USA), aufstellte.

★ NEUER REKORD   ★ VERBESSERTER REKORD   WWW.GUINNESSWORLDRECORDS.COM

→ MENSCH & LEISTUNG
MENSCHENMENGEN 1

★ MENSCHLICHER REGENBOGEN
Den größten menschlichen Regenbogen mit 30.365 Teilnehmern organisierte am 18. September 2004 die Polytechnic University der Philippinen bei der Qurino-Tribüne im Rizal-Park, Manila (RP).

Track and Field Stadium in Nagoya (J) den weltweit größten menschlichen Tausendfüßler. Jeder Teilnehmer war an den Knöcheln fest mit seinem Vordermann verbunden. Der Tausendfüßler legte ohne Stolpern eine Strecke von 30 m zurück.

MENSCHLICHE DOMINOKETTE
Am 30. September 2000 bildeten 9.234 Studenten des NYAA-Poly-Connects-Projekts im Alter von 18 bis 21 Jahren am Siloso Beach auf der Insel Sentosa (SGP) eine 4,2 km lange Dominokette.

★ BACKSTEINDOMINO
1.305 Freiwillige der Cuxhavener Jugendfeuerwehren (D) bauten am 17. Januar 2004 eine Dominoreihe aus 165.384 Backsteinen in Bremerhaven (D). Nach dem Anstoß fielen alle Steine ohne Unterbrechung.

★ HERZFORMATION
Die größte Herzformation bildeten 493 Teilnehmer, die alle in Rot gekleidet und sich an den Händen fassend am 19. Juni 2004 in Königswiesen, Schleswig (D), in einer Herzform aufstellten.

→ **WO FAND DAS GRÖSSTE FRÜHSTÜCK DER WELT STATT?**

DIE ANTWORT STEHT AUF S. 126

★ GRÖSSTES MORGENDLICHES KAFFEEKRÄNZCHEN
Die Macmillan Cancer Relief (GB) brachen ihren eigenen im Vorjahr aufgestellten Rekord, als am 26. September 2003 insgesamt 576.157 Menschen gleichzeitig mehr als 26.000 Kaffeekränzchen in Großbritannien besuchten.

GRÖSSE

★ CEILIDH
Am 17. Juni 1997 fand gleichzeitig an verschiedenen Veranstaltungsorten in Schottland die Great Glengoyne Ceilidh statt, an der 6.568 Menschen teilnahmen.

★ CHEERLEADING-CHEER
Insgesamt 435 Cheerleader der Cheerful Dance Company stimmten am 4. Juli 2004 auf dem Platz des Bedworth United Football Club in Bedworth, Warwickshire (GB), in voller Uniform einen Cheer an.

★ KNALLBONBONKRACHEN
Am 16. November 2003 ließen 986 Menschen auf dem Culver Square in Colchester, Essex (GB), gleichzeitig Knallbonbons krachen.

★ BOCKSPRINGEN
Eine Gruppe von 1.100 Menschen nahm am 4. September 2004 in Kidlington, Oxfordshire (GB), beim Sommerfest der Virgin Group am größten Bockspringen teil.

GRUPPENUMARMUNG
Am 23. April 2004 nahm sich eine Gruppe von 5.117 Schülern, Lehrern und Freunden der St. Matthew Catholic High School in Orleans, Ontario (CDN), mindestens zehn Minuten lang in den Arm. Das Ereignis fand zugunsten der ortsansässigen Krebshilfeorganisation The Force statt.

MENSCHLICHER TAUSENDFÜSSLER
Insgesamt 2.026 Menschen – Schüler der Nagoya Otani High School, ihre Eltern und Lehrer – bildeten am 13. Juni 2004 im Tsuruma

★ MEISTE LEUTE MIT BALLONHÜTEN →
Bei dem vom Sentosa Leisure Management am Palawan Beach auf der Insel Sentosa (SGP) organisierten Sentosa Balloon Hats Festival entwarfen, fabrizierten und trugen 1.039 Teilnehmer Hüte aus Ballons.

★ NEUER REKORD ⋆ VERBESSERTER REKORD

MENSCHLICHE NATIONALFLAGGE
Insgesamt 10.371 Zuschauer bildeten am 10. September 2003 im Westfalenstadion in Dortmund (D) beim Qualifikationsspiel Schottland gegen Deutschland zur Fußball-Europameisterschaft 2004 auf der Südtribüne die Form und Farben der deutschen Flagge und damit die größte menschliche Nationalflagge der Welt.

MARSCHKAPELLE
317 Bands mit insgesamt 11.157 Teilnehmern, einschließlich 1.092 Fahnenträgern, marschierten am 11. Mai 1997 zur Feier des 60. Jahrestages des Verbands für Blasinstrumente in Kansai beim Japan International Exposition Memorial Grand in Osaka (J).

SCHNEEBALLSCHLACHT
Im Schweizer Skiort Obersaxen-Mundaun in Graubünden (CH) fand am 18. Januar 2003 eine Schneeballschlacht mit 2.473 Teilnehmern statt (aufgeteilt in zwei Teams mit 1.162 bzw. 1.311 Teilnehmern).

★ KAMPFKUNST-SHOW
Am 10. April 2004 führte eine Gruppe von 30.648 Menschen bei der Eröffnungsfeier des 22. Luoyang-Peony-Festivals in der Provinz Henan (CHN) 16 Minuten 40 Sekunden lang Wushu-Schattenboxen vor.

★ KISSENSCHLACHT
An der größten Kissenschlacht, die am 29. September 2004 in Dodgeville, Wisconsin (USA), stattfand, waren 2.773 Menschen beteiligt.

★ REEL-TANZ
Am 21. September 2004 tanzten 1.254 Schüler der Ellon Academy in Ellon, Aberdeenshire (GB), den schottischen Volkstanz Reel.

★ RINGEL-RANGEL-ROSEN-REIM
Eine Gruppe von 1.953 Schülern reichte sich am 20. April 2004 zum größten Ringel-Rangel-Rosen-Reim im People's Park in Waterford (IRL) die Hände. Das Lied wurde sechseinhalb Minuten lang wiederholt, wobei alle Teilnehmer sich gemeinsam fallen ließen und wieder aufstanden.

★ SEILSPRINGEN (GRUPPE)
Am 25. Mai 2004 sprang eine Gruppe von 2.350 Schülern auf dem Redlands Sports Ground in Weymouth, Dorset (GB), gleichzeitig Seil.

★ ZÄHNEPUTZEN
Insgesamt 10.240 Schüler putzten sich am 20. September 2003 60 Sekunden lang am selben Ort gleichzeitig die Zähne. Sie kamen zusammen in der Ai Guo-Straße im Luohu-Distrikt in Shenshen (CHN). Das Event wurde organisiert von Gesundheitsamt, Schulbehörde und der örtlichen Wirtschaftsgemeinschaft und unterstützt von Colgate–Palmolive (Guangzhou) Co. Ltd.

★ REIFENROLLEN
Bei einem von Michelin gesponserten Event rollten am 2. Juli 2004 138 Angestellte der MAA-Division der Nationwide Building Society auf dem Gelände ihrer Zentrale in Swindon (GB) Autoreifen über eine Strecke von 100 m.

MASSENWANDERUNG
Am New Paper Big Walk 2000, der am 21. Mai 2000 im Nationalstadion von Singapur startete, nahmen 77.500 Menschen teil. Die Wanderung wurde von The Singapore Press Holdings, The Singapore Amateur Athletic Association und The Singapore Sports Council organisiert.

★ WASSERBALLON-SCHLACHT
Am 1. Oktober 2004 fand auf dem Gelände des Peace River Bible Institute in Sexsmith, Alberta (CDN), eine Ballonschlacht mit 993 Teilnehmern statt, die insgesamt 8.000 Ballons warfen.

★ FURZKISSEN-SITZEN
Das United-Hockey-League-Mitglied Quad City Mallards veranstaltete am 19. März 2004 in Moline, Illinois (USA), ein Furzkissen-Sitzen mit 3.614 Teilnehmern.

↑ MEISTE EIER BALANCIERT
Studenten der Brigham Young University in Utah (USA) balancierten am 15. März 2003 im Wilkinson Student Centre in Provo, Utah (USA), in sechseinhalb Stunden 1.290 Eier.

MEISTE SURFER →
Am 1. Dezember 2002 ritt eine Gruppe von 38 Surfern am Manly Beach in Sydney, New South Wales (AUS), gleichzeitig auf derselben Welle.

WWW.GUINNESSWORLDRECORDS.COM

→ MENSCH & LEISTUNG
MENSCHENMENGEN 2

GRÖSSTES GLEICHZEITIGES HÜPFEN

Der größte gleichzeitige Hüpfer aller Zeiten fand am 7. September 2001 zur Feier des beginnenden britischen Jahres der Wissenschaft statt. Um exakt 11.00 Uhr begannen 559.493 Teilnehmer eine Minute lang auf und ab zu hüpfen. Insgesamt belief sich die Teilnehmerzahl auf 569.069. Die Differenz erklärt sich durch behinderte Kinder, die an dem „Erdbeben" mitwirkten, indem sie Gegenstände auf den Boden warfen.

SCHNELLIGKEITS-REKORDE ...

★ **ARMSCHLINGEN-ANLEGEN**
Am 27. Juni 2004 legten die paarweise arbeitenden Tony Lazell, Neil Fitch, Dawn Kemp, John Mowles, Rob Perris, Sheila Scott und Bert Wilkins (alle GB) von der St. John Ambulance im Felixstowe Leisure Centre in Suffolk (GB) in einer Stunde 114 Armschlingen an.

SCHNELLSTE BRÜCKENBAUER
Britische Soldaten vom 35. Engineer Regiment (Hameln, D) errichteten am 12. November 1998 in Hohne (D) in einer Rekordzeit von 8 Minuten 19 Sekunden eine Trägerbrücke von 8 m Länge.

KOHLESCHAUFELN
Am 5. März 1994 füllten Brian McArdle und Rodney Spark (beide AUS) beim Fingal Valley Festival in Fingal, Tasmanien (AUS), mit nur einer Schaufel in 15,01 Sekunden einen 508 kg fassenden Einfülltrichter mit Kohle.

50-METER-RENNEN AUF 31 BEINEN
Schüler der Grundschule Sugikami in der Präfektur Kumamoto (J) legten am 23. November 2002 in der Yokohama Arena (J) auf 31 Beinen eine 50-Meter-Strecke in 8,94 Sekunden zurück.

★ **FRISBEE-STAFFEL**
Am 4. August 2004 warf eine Fünfer-Staffel in 16 Sekunden die fliegende Scheibe über eine Strecke von 20 m und wieder zurück. Diesen Rekord stellten Emmanuelle Tartoue, Yoann Greau, Michel Affile, Vincent Levievse und Amaury Guerin (alle F) bei *L'été De Tous Les Records* in Bénodet (F) auf.

★ **KLETTERGERÜST-STAFFEL**
Jean-Philippe Causse, Nicolas Bec und Guillem Briancon (alle F) schafften am 8. September 2003 bei der Show *L'été De Tous Les Records* in St-Pierre-la-Mer (F) eine Klettergerüst-Staffel in 1 Minute 23 Sekunden.

↑
GRÖSSTE TEEPARTY

Am 11. Juni 2004 nahmen an den an verschiedenen Orten in Großbritannien gleichzeitig organisierten Teepartys insgesamt 11.760 Menschen teil. Die Party wurde von Emergency Role of Sheltered Housing (ERoSH) als Teil des Largest-Tea-and-Buns-Event organisiert.

GRÖSSTE AEROBIC-KLASSE →

Insgesamt 46.824 Menschen machten am 23. November 2002 im Royal Pramane Ground in Sanam Luang auf Thailand 61 Minuten lang Aerobic.
An der **größten gleichzeitig an mehreren Orten stattfindenden Aerobic-Show** nahmen am 27. September 2003 in Kasachstan 4.845.098 Menschen teil.

★ NEUER REKORD ★ VERBESSERTER REKORD

← MEISTE GROUCHO MARX-IMITATIONEN
937 Schüler und Lehrer der East Lansing Highschool in Michigan (USA) liefen am 23. Mai 2003 mit Brille, Nase und Schnurrbart im Stil von Groucho Marx herum.

MEISTE …

★ VON EINEM AQUABIKE GEZOGENE SKIER
Ein einziger Yamaha GP1300R WaveRunner zog am 4. September 2004 in der Cockle Bay in Sydney (AUS) zehn Mitglieder des H2O-Entertainment-Wasserskiteams.

★ IN EINER STUNDE BEMALTE GESICHTER (TEAM)
Fünf Lehrer der Grundschule Szczezin Nummer 1 in Stettin (PL) bemalten am 2. Oktober 2004 in einer Stunde insgesamt 351 Gesichter. Das Team verwendete mindestens drei Farben pro Gesicht.

SEILHÜPFER AM SELBEN SEIL
Am 28. Juni 1990 sprangen bei der International Rope Skipping Competition in Greeley, Colorado (USA), insgesamt 220 Menschen über dasselbe Seil.

VERSCHIEDENES

WEITESTES BADEWANNENSCHIEBEN IN 24 STUNDEN
Am 11./12. März 1995 schob ein 25-köpfiges Team der Tea Tree Gully Baptist Church, Westfield Shopping Town Tea Tree Plaza (AUS), eine Badewanne mitsamt Passagieren 513,32 km weit.

★ GRÖSSTE IN 24 STUNDEN AUF EINER WASSERRUTSCHE ZURÜCKGELEGTE STRECKE (TEAM)
Ein Team von Bademeistern legte am 12. Juli 2003 in einem öffentlichen Schwimmbad in Pfaffenhofen (D) eine Strecke von 696,81 km zurück.

KOHLENSCHLEPPEN
Am 20. Mai 2000 trug ein Team von acht Männern in West Yorkshire (GB) einen 51 kg schweren Kohlensack in 11 Stunden 28 Minuten 33 Sekunden 128,7 km weit.

★ LÄNGSTE BÜROKLAMMER-KETTE (TEAM)
Am 26./27. März 2004 bildeten Schüler der Eisenhower Junior Highschool in Taylorsville, Utah (USA), eine 35,63 km lange Büroklammer-Kette.

WEITESTES ROLLSTUHLSCHIEBEN IN 24 STUNDEN
Am 8./9. September 2000 schob ein Team von 75 Freiwilligen in Cumbria (GB) einen Rollstuhl in 24 Stunden eine Strecke von 386 km.

MEISTES GESCHIRR GESPÜLT →

Nach dem Servieren von 3,75 t Spagetti Bolognese spülte am 28. Juli 2004 ein 150-köpfiges Team der Vester Hæsinge Idrætsforening, Brobyværk Idrætsforening und Sandholt-Lyndelse Forsamlingshus (DK) beim Langelandsfestival im dänischen Rudkøbing mithilfe von nur 1 l Spülmittel 23.892 Teller.

WWW.GUINNESSWORLDRECORDS.COM

MENSCH & LEISTUNG
UNGEWÖHNLICHE TALENTE

★ MEISTE STROHHALME IM MUND
Am 22. April 2005 verbesserte Marco Hort (CH) in Bern-Belp (CH) seinen eigenen Rekord, indem er sich 258 Strohhalme in den Mund stopfte und sie dort für die Dauer von 10 Sekunden hielt.

LAUTSTÄRKE

★ LAUTESTES FINGERSCHNIPPEN
Bob Hatch (USA) schnippte am 17. Mai 2000 in einer Lautstärke von 108 dB mit den Fingern. Das entspricht etwa der Lautstärke eines ein Meter entfernten Rasenmähers.

LAUTESTER SCHREI
Im Oktober 2000 stieß die Lehrerin Jill Drake (GB) während der Halloween-Feier im Millennium Dome in London (GB) einen Schrei mit einer Lautstärke von 129 dB aus. Jill glaubt, dass sie diese Stimmgewalt ihrer Arbeit im Klassenzimmer verdankt!

LAUTESTER RUF
Am 16. April 1994 brüllte Annalisa Wray (GB) im Citybus Challenge in Belfast, Antrim (GB), mit einer Lautstärke von 121,7 dB das Wort „Ruhe".

★ LAUTESTER PFIFF
Marco Ferrera (USA) pfiff am 5. März 2004 in den Schtung Music Studios in Santa Monica, Kalifornien (USA), mit einer Lautstärke von 125 dB, die aus einer Entfernung von 2,5 m gemessen wurde.

★ LAUTESTES ZUNGENSCHNALZEN
Kunal Jain (CDN) schnalzte am 6. August 2003 in Richmond Hill, Ontario (CDN), mit der Zunge in einer Lautstärke von 114,2 dB.

LAUTESTES SCHNARCHEN
Kåre Walkert (S), die an Apnoe, einer Atemlähmung, leidet, erzielte am 24. Mai 1993 beim Schnarchen Rekordlautstärken von 93 dB.

★ LAUTESTES HÄNDEKLATSCHEN
Am 9. März 2005 erreichte Martha Gibson (GB) in Harrogate, North Yorkshire (GB), beim Händeklatschen eine Lautstärke von 73 dB. Sie stand 2,5 m von einem Lärmpegel-Messgerät entfernt.

MEISTE GLÄSER AUF DEM KINN BALANCIERT
Nachdem Ashrita Furman (USA) beim Üben hunderte von Gläsern zerbrochen hat, balancierte er schließlich am 26. April 2001 im Hinterhof seines Hauses in Jamaica, New York (USA), 10,6 Sekunden lang 75 Halbliter-Biergläser auf seinem Kinn.

MENGE

★ MEISTE WÄSCHEKLAMMERN IM GESICHT
Garry Turner (GB) klemmte sich am 27. November 2004 während der Guinness World Records 2005 Roadshow in Manchester (GB) 159 normale Wäscheklammern aus Holz ins Gesicht.

★ MEISTE BÜSTENHALTER IN EINER MINUTE GEÖFFNET
Chris Nicholson (GB) öffnete am 11. September 2004 in der Show Guinness World Records: A Few Records More in London (GB) mit einer Hand 20 BHs in nur einer Minute.

★ MEISTE BIERDECKEL GEFLIPPT
Mat Hand (GB) gelang es am 9. Mai 2001 im Buchladen Waterstone's in Nottingham (GB), einen Stapel von 112 Bierdeckeln zu flippen und zu fangen.

★ MEISTE PEITSCHENSCHLÄGE
Robert Dante (USA) schaffte am 19. September 2004 beim Third Annual Spirit of the West Festival in Sioux Falls, South Dakota, in einer Minute 214 Schläge mit einer Lederpeitsche.

WEITE

★ WEITESTER BIER-FLASCHENDECKEL-WURF

Paul van der Merwe (RSA) warf am 15. Mai 1999 auf dem Flugfeld Lime Acres, Northern Cape (RSA), einen Bierflaschendeckel 69,9 m weit.

★ WEITESTER GEWEHRWURF

Am 23. April 2004 warfen sich Constantine Wilson und Clarence Robbins (beide USA) in der George Mason University in Fairfax, Virginia (USA), aus einer Entfernung von 5,48 m ihre Gewehre zu, die beide, bevor sie gefangen wurden, anderthalb Umdrehungen in der Luft machten.

LÄNGSTE DREHDAUER EINER MÜNZE

Am 9. Juli 2003 drehte Scott Day (GB) eine Münze, die erst nach 19,37 Sekunden völlig zur Ruhe kam. Der Versuch fand als Teil der *Tomorrow's World Roadshow* der BBC im Earls Court in London (GB) statt.

GRAHAM HICKS

Obwohl Graham „G-Force" Hicks (GB) taub und blind ist, hält er den Quad-Geschwindigkeitsrekord und hat auch die Aquabike(PWC)-Geschwindigkeitsrekorde aufgestellt. Er erzielt seine Rekorde mithilfe eines Sozius, der hinter ihm sitzt und ihm anhand eines auf Berührungen basierenden Befehlssystems Fahrhinweise gibt.

Wodurch wurden Sie taub und blind?
Meine Sehnerven wurden bei der Geburt stark beschädigt, sodass ich kaum noch etwas sehen kann. Meine Taubheit schritt ab dem siebten Lebensjahr fort und soll von einer Kinderkrankheit ausgelöst worden sein – wahrscheinlich Masern.

Warum haben Sie sich für den Motorsport entschieden, um Rekorde aufzustellen?
Motorräder und das Meer haben immer eine große Faszination auf mich ausgeübt. Im späten Teenageralter habe ich alte Motorräder repariert und gefahren. Quadbiking und Wassermotorradfahren sind meine Leidenschaft!

Was treibt Sie zu diesen Rekordversuchen?
Ich möchte gerne beweisen, dass man mit der richtigen Einstellung und Unterstützung auch dann Extremsport betreiben kann, wenn man blind und taub ist. All meine Rekordversuche finden unter der Schirmherrschaft der Wohltätigkeitsorganisation Deafblind GB statt.

Was halten Ihre Familie und Ihre Freunde von Ihrem ziemlich gefährlichen Zeitvertreib?
Ich denke, die meisten haben sich daran gewöhnt, dass ich ein bisschen verrückt bin. Meine Nichte hat mir einmal gesagt: „Es ist besser, auf den Füßen zu sterben, als auf den Knien zu leben."

Mit welchen anderen Herausforderungen sehen Sie sich konfrontiert?
Meine größte Herausforderung hat nichts direkt mit meiner Behinderung zu tun – es geht um die Vorurteile anderer und die dadurch entstehenden Barrieren.

Was tun Sie in Ihrer Freizeit?
Heimwerkerarbeiten, wie Tischlern, Installationsarbeiten und Stromleitungen verlegen. Ich gehe auch gern unter Leute und lese gerne.

GESCHWINDIGKEIT

★ IN REKORDZEIT IM MUND EINEN FADEN IN 20 NADELN EINGEFÄDELT

Meng Xu (CHN) fädelte am 10. Dezember 2003 im China Millennium Monument in Peking (CHN) nur mit der Zunge in 6 Minuten 45 Sekunden einen Faden in 20 Nadeln ein.

★ SCHNELLSTE FENSTERPUTZER

Terry „Turbo" Burrows (GB) putzte am 2. März 2005 im National Exhibition Centre in Birmingham (GB) drei in einem Rahmen angebrachte Bürofenster mit den Standardmaßen 114,3 x 114,3 cm mit einem 30 cm breiten Gummischrubber und 9 l Wasser in 9,24 Sekunden.

Die **schnellste Fensterputzerin** ist Janet Palfreyman (GB), die am 24. April 2004 in Hinkley, Leicestershire (GB), Bürofenster mit denselben Standardmaßen und mit dem gleichen Hilfsmittel in 25,99 Sekunden putzte.

Das wettbewerbsmäßige Fensterputzen unterliegt strengen Regeln, was heißt, dass es für jede auf dem Glas hinterlassene Wasserspur Zeitabzüge gibt.

SCHNELLSTER REDNER

Sean Shannon (CDN) trug am 30. August 1995 in Edinburgh Hamlets Monolog „Sein oder Nichtsein" (260 Wörter) in nur 23,8 Sekunden vor.

★ IN REKORDZEIT LUFTBALLON-HUND HINTER DEM RÜCKEN GEFORMT

Mit den Armen hinter dem Rücken bastelte Craig „Blink" Keith (GB) am 25. Mai 2004 in nur 9,26 Sekunden einen Pudel aus einem Luftballon.

★ LAUTESTER RÜLPSER →

Am 20. Juli 2004 wurde in den Büros von GUINNESS WORLD RECORDS in London (GB) von Paul Hunn (GB) ein Rülpser mit einer Lautstärke von 104,9 dB dokumentiert – das ist lauter als die Lautstärke eine Ramme in 30 m Entfernung. Der Rülpser wurde aus einer Entfernung von 2,5 m und in einer Höhe von 1 m gemessen, und zwar mit einem geprüften und geeichten Präzisions-Lärmpegel-Messgerät.

★ NEUER REKORD   ★ VERBESSERTER REKORD   WWW.GUINNESSWORLDRECORDS.COM

→ **MENSCH & LEISTUNG**
BESONDERE HOBBYS

← ★ LÄNGSTE KAUGUMMIPAPIER-KETTE

Im März 2005 feierte Gary Duschls (USA) Kaugummipapier-Kette ihren 40. Geburtstag. Seit dem 11. März 1965 arbeitet Gary an einer Kette aus Kaugummipapier, die bis dato 14.037 m lang ist – länger als 125 American-Football-Felder. Garys Kette wird alljährlich offiziell gemessen. Bei der letzten Messung wog die aus 1.076.656 Papieren bestehende Kette (Kaugummi im Wert von umgerechnet 79.799 EUR) 286 kg.

AM SCHNELLSTEN VON 1 BIS 1 MILLION GETIPPT
Les Stewart (AUS) tippte von 1982 bis Dezember 1998 auf einer Schreibmaschine die Zahlen eins bis eine Million in Worten. Sein Ziel, „Millionär" zu werden, kostete ihn sieben Schreibmaschinen, 1.000 Farbbänder und 19.900 Blatt Papier. Les, der nach einem Einsatz in Vietnam teilweise gelähmt ist, tippte nur mit einem Finger.

LÄNGSTES RÜCKWÄRTSGEHEN
Plennie L. Wingo (USA) legte zwischen dem 15. April 1931 und 24. Oktober 1932 rückwärts gehend die 12.875 km lange Strecke von Santa Monica, Kalifornien (USA), nach Istanbul (TR) zurück.

LÄNGSTE ZEIT BEWEGUNGSLOS
Om Prakash Singh (IND) stand am 13./14. August 1997 in Allahabad (IND) 20 Stunden 10 Minuten 6 Sekunden lang völlig bewegungslos.

LÄNGSTER BALANCEAKT AUF EINEM BEIN
Vom 22. bis 25. Mai 1997 balancierte Arulanantham Suresh Joachim (CL) 76 Stunden 40 Minuten lang auf einem Bein. Das erhobene Bein darf nicht auf das Standbein gestützt und kein Gegenstand als Hilfestellung verwendet werden.

LÄNGSTE AUF HÄNDEN ZURÜCKGELEGTE STRECKE
Im Jahr 1900 legte Johann Hurlinger (A) auf Händen eine Strecke von 1.400 km zurück. Er bewältigte die Strecke von Wien (A) nach Paris (F) in 55 Tagen, an denen er sich je 10 Stunden mit durchschnittlich 2,54 km/h fortbewegte.

HÖCHSTES SKYDIVING
Yasuhiro Kubo (J) sprang am 2. September 2000 in Davis, Kalifornien (USA), ohne Fallschirm aus 3.000 m Höhe aus einem Flugzeug und klinkte sich innerhalb von 50 Sekunden in einen Fallschirm ein, der vor seinem Sprung hinausgeworfen worden war.

GRÖSSTER MASSEN-BUNGEE-SPRUNG
31 Personen, unter ihnen Serdar Sanver aus München (D), vollführten am 8. Juli 2000 beim Tummelum-Festival der Rekorde in Flensburg (D) den größten Massen-Bungee-Sprung. 21 Frauen und zehn Männer ließen sich zusammengeschnürt als „Menschenpaket" aus einer an einem Kran in 65 m Höhe befestigten Gondel fallen.

← SCHNELLSTES MÖBELSTÜCK

Edd China (Foto) und David Davenport (beide GB) entwerfen und bauen die schnellsten Möbel der Welt, darunter Badezimmergarnituren und Himmelbetten. Das bislang schnellste Möbelstück ist das „Casual Lofa", ein von einem 1300-cm³-Motor angetriebenes Sofa mit einer Spitzengeschwindigkeit von 140 km/h. Es ist auf Großbritanniens Straßen zugelassen und hat bis dato 10.008,5 km zurückgelegt.

LÄNGSTE FAHRT MIT EINEM RASENMÄHER

Gary Hatter (USA) legte in 260 aufeinander folgenden Tagen 23.487,5 km mit einem Rasenmäher zurück. Hatter startete am 31. Mai 2000 in Portland, Maine (USA), und durchquerte alle 48 aneinander grenzenden US-Staaten sowie Kanada und Mexiko, bevor er am 1. Februar 2001 in Daytona Beach, Florida, ankam.

★ MEISTE LÄNDER VOR RÜCKKEHR INS AUSGANGSLAND BESUCHT

Mariea Crasmaru brach am 18. März 1997 von Bukarest (RO) zu einer 300.000 km langen Reise durch 102 Länder und sieben Kontinente auf, wobei ihr Pass auf 154 Seiten anwuchs. Die Reise führte sie im Norden bis nach Murmansk in Russland (69° n.Br.) und im Süden bis zur Marambio Research Base in der Antarktis (64° s.Br.). Auf halbem Weg musste sie ihr Haus verkaufen, um die Tour finanzieren zu können. Crasmaru lernte in dieser Zeit sechs Sprachen und erhielt acht Heiratsanträge!

GRÖSSTES MENSCHLICHES MOBILE

24 Mitglieder der Feuerwache 33 aus Hamburg (D) bildeten am 14. Juni 2003 das größte menschliche Mobile. Der niedrigste Punkt des an einem Kran hängenden Mobiles befand sich 50 m über dem Boden.

MONSIEUR MANGETOUT

Michel Lotito aus Grenoble (F), bekannt als Monsieur Mangetout, isst seit 1959 Metall und Glas.

Wann entdeckten Sie Ihre außergewöhnliche Begabung?
Ich begann mit der Beschäftigung der Sophrologie (Wissenschaft des ruhigen Geistes), einer Kombination aus Selbsthypnose und anderen Entspannungstechniken zur Schmerzkontrolle, als ich acht Jahre alt war. Mit 16 zerbrach ich aus Versehen beim Trinken ein Glas und hatte ein Stück davon im Mund. Ich wusste, dass es Leute gab, die Glas essen, und dachte, dass ich das auch könnte. Danach machte ich mit Rasierklingen, Tellern und kleinen Metallstücken wie Muttern und Schrauben weiter.

Haben Sie auch größere Gegenstände gegessen?
Ja, als man mich fragte, ob ich nicht etwas Größeres essen wolle, sagte ich: „O.k., ich glaube, ich kann ein Fahrrad essen." Es war ein großer Erfolg. Man lud mich zu Shows in Südamerika und Kanada ein.

Heißt das, dass Sie tatsächlich Metall verdauen können?
Meine Zähne sind unglaublich stark – eine Messung ergab einen Druck von acht Tonnen pro Zentimeter. Aber ich sondere auch starken Speichel ab, der Rasierklingen im Mund zum Schmelzen bringt. Und während einer Endoskopie stellten die Ärzte fest, dass meine Magensäfte so aggressiv sind, dass sie Metallgegenstände mit einem korrosiven Schaum angreifen und zersetzen.

Hat man Sie während Ihrer Versuche medizinisch beraten?
Ja, ich bat immer um die Unterstützung eines Arztes. Sie gaben mir alle möglichen Ratschläge. So sollte ich zusammen mit dem Metall Art schocken oder Paraffinöl essen, um mir die Sache zu erleichtern, aber ich fand bald heraus, dass es mir besser ging, wenn ich einfach mehrere Liter Wasser trank.

LÄNGSTE ZEIT AUF EINER STEINSÄULE VERBRACHT

Der hl. Simeon der Stylite (um 386–459) verbrachte rund 39 Jahre auf einer Steinsäule auf dem Hill of Wonders in der Nähe von Aleppo (SYR). Der Mönch tat dies, um für die Sünden der Menschheit zu büßen und um Gott näher zu sein. Er verließ die Säule nur ein einziges Mal, damit sie von 12 auf 18 m erhöht werden konnte.

★ LÄNGSTE ZEIT AUF EINEM DACHBODEN VERBRACHT

Stephan Kovaltchuk verbrachte 57 Jahre auf seinem Dachboden in Montchintsi (UA), bevor er ihn 1999 im Alter von 75 Jahren verließ, weil seine Schwester gestorben war, die ihn versorgt hatte. Ursprünglich hatte er sich vor den Nazis versteckt, die 1942 die Ukraine besetzten, blieb dann aber dort, um nach Russlands Sieg über Deutschland nicht zur Roten Armee eingezogen zu werden.

LÄNGSTER STRICKSCHLAUCH

Edward Peter Hannaford (GB) hat seit April 1989 mit einer Strickliesel einen 18,7 km langen Strickschlauch hergestellt.

BADEWANNENSITZUNG MIT DEN MEISTEN KLAPPERSCHLANGEN

Jackie Bibby (Foto) und Rosie Reynolds-McCasland (beide USA) haben am 24. September 1999 in der Show *Guinness World Records: Primetime* in Los Angeles (USA) in getrennten Badewannen mit je 75 lebenden Westlichen Diamantklapperschlangen gesessen.

Die Top Ten der im vergangenen Jahr abgelehnten Rekordanmeldungen:

10. Erster Patient mit einer Herztransplantation, der einen Bären erlegte.
9. Älteste Teilnehmerin bei einem Elchruf-Wettkampf (87)
8. Längste Zeit an einer Gewürzgurke gesaugt (6 h)
7. Längster aus Würstchen gemachter Zaun (40 m)
6. Meister Dung in Laster geladen (18.184 l in 40 Sekunden)
5. Hässlichster Lastwagen
4. Größte von einem Huhn unter einem Laster zurückgelegte Strecke (50 km)
3. Meiste Festnahmen in der 8. Klasse an einem Tag (7)
2. Längste Zeichnung eines Monsterzugs (58 Blätter à 20 x 27 cm)
1. Hund mit den wenigsten Beinen (3)

Sie wollen einen Rekord anmelden? Siehe S. 10

★ NEUER REKORD ★ VERBESSERTER REKORD   WWW.GUINNESSWORLDRECORDS.COM

→ **MENSCH & LEISTUNG**

SPIELE & ZEITVERTREIB 1

↙ MEISTE HULA-HOOP-
REIFEN GLEICHZEITIG

Alesya Goulevich (BRS) gelang es am 26. April 2004 beim Big Apple Circus Big Top im Bayside Expo Center in Boston, Massachusetts (USA), 99 Standard-Reifen kreisen zu lassen. Gemäß den Regeln schaffte Goulevich drei volle Umdrehungen zwischen Hüften und Schultern.

★ HÖCHSTE ANZAHL VON SIMULTANPARTIEN BEIM SCHACH

Am 21. Februar 2004 trat der internationale Schachmeister Andrew Martin (GB) im Wellington College, Berkshire (GB), gegen 321 verschiedene Gegner an. Martin gewann 294 Spiele, spielte 26 unentschieden und verlor nur ein einziges. Der Rekord dauerte 16 Stunden 51 Minuten.

HÖCHSTE WERTUNGSZAHLEN IM SCHACH

Garri Kasparow (RUS) erzielte im Januar 2000 die höchste Wertungszahl von 2.851 bei männlichen Spielern.

Bei den **Frauen** erreichte Judit Polgar (H) 1996 mit 2.675 die höchste Wertungszahl.

★ MEISTE SIMULTANE CONKERS-WETTSPIELE

Am 14. Oktober 2004 wurden bei dem Eröffnungswettbewerb für den Croft City Conker Cup in London (GB) 143 Conkers-Wettspiele (286 Spieler) gleichzeitig gespielt.

★ CUP STACKING

Bei den am 6. April 2002 stattfindenden Rocky Mountain Cup Stacking Championships in Colorado (USA) gelang es Emily Fox (USA), in einer Zeit von 7,43 Sekunden Speed Stacks (Becher) in einer Kreisformation aufzubauen (eine Serie, zu der ein 3-6-3 Stack, ein 6-6 Stack und ein 1-10-1 Stack gehören und die mit einem 3-6-3 Turm beendet wird).

MEISTE AUF EINEN EINZIGEN STEIN GESTAPELTE DOMINOSTEINE

Am 28. Dezember 2003 stapelte Matthias Aisch (D) 726 Dominosteine auf einen einzigen, senkrecht aufgestellten Grundstein. Der Turm blieb eine Stunde stehen.

MEISTE MIT EINER HAND AUFGESTELLTE DOMINOSTEINE

Am 18. August 2003 stellte Ma Li Hua (CHN) in der Singapore Expo Hall (SGP) mit einer Hand 303.621 Dominosteine auf und warf alle wieder um. Sie verbrachte vom 7. Juli bis zum 17. August durchschnittlich 10 Stunden täglich damit, die Steine aufzubauen. Der Versuch wurde von LG Electronics Inc. organisiert.

★ GRÖSSTER EIERLAUF (AN MEHREREN ORTEN)

1.277 Teilnehmer waren am größten simultanen Eierlauf an mehreren Veranstaltungsorten in Herefordshire (GB) beteiligt. Er wurde am 30. März 2004 von Ready Steady Win (GB) organisiert.

MEISTE ZÜGE IN EINEM SCHACH-SPIEL

Die Schachmeister Goran Arsovic und Ivan Nikolic (beide SCG) spielten am 17. Februar 1989 eine Partie mit 269 Zügen. Das Spiel wurde in Belgrad (SCG) ausgetragen, dauerte 20 Stunden 15 Minuten und endete unentschieden.

↓

★ MEISTE KASINOBESUCHE IN 24 STUNDEN

Am 29. und 30. März 2004 besuchten die Brüder Martin und David Lawrance Hallgarth (beide GB) in Las Vegas, Nevada (USA), 55 Kasinos in 24 Stunden.

LÄNGSTER FERNSCHACH-WETTBEWERB

Dr. Reinhart Straszacker und Dr. Hendrik Roelof van Huyssteen (beide RSA) spielten 1946 ihr erstes Fernschachspiel. Nach 112 Partien, von denen beide Männer je die Hälfte gewonnen hatten, endete ihr Wettbewerb nach über 53 Jahren am 13. Oktober 1999 mit dem Tod von Straszacker.

FOOTBAG-WELTREKORDE

Ein Footbag (oder Hackey Sack) ist ein kleiner mit Plastikkügelchen gefüllter Ball, der mit den Füßen so lange wie möglich in der Luft gehalten werden muss ...

Hintereinander (Männer Einzel)	63.326	Ted Martin (USA) 8 h 50 min 42 sec	14. Juni 1997
Hintereinander (Damen Einzel)	24.713	Constance Constable (USA) 4 h 9 min 27 sec	18. April 1998
Hintereinander (Doppel)	132.011	Gary Lautt, Tricia George (USA)	21. März 1998
Meiste Kicks in 5 Minuten	1.019	Andy Linder (USA)	7. Juni 1996
Hintereinander mit zwei Bällen	68	Juha-Matti Rytilahti (FIN)	30. September 2001
Meiste Mitspieler	964	Cornerstone Festival, Illinois (USA)	6. Juli 2001

GUINNESS WORLD RECORDS BUCH **2006**

★ NEUER REKORD　　◆ VERBESSERTER REKORD

← GRÖSSTES NICHT IM HANDEL ERHÄLTLICHES PUZZLE
Das größte Puzzle der Welt maß 5.428,8 m² und bestand aus 21.600 Teilen. Es wurde von Great East Asia Surveyors & Consultants Co. Ltd entworfen und am 3. November 2002 auf dem ehemaligen Kai Tak Airport in Hongkong (CHN) von 777 Menschen zusammengesetzt.

PUZZLE MIT DEN MEISTEN TEILEN
Ein Puzzle aus 212.323 Teilen und mit den Maßen 10,8 x 11,68 m wurde am 29. Juni 2002 vom Yew Tee CC Youth Executive Committee, dem Singapore History Museum sowie Vertretern der Öffentlichkeit während einer Veranstaltung im Rahmen der Youth Discovery Challenge 2002 in Singapur zusammengesetzt.

MEISTE SIMULTANE GO-PARTIEN
Am 6. Juni 1999 spielten insgesamt 1.000 Spieler in den Einkaufsstraßen Take-machi-dohri und Chuo-cho in Oita (J) 500 Go-Partien gleichzeitig.

LÄNGSTER HOT-WHEELS-TRACK
Die längste Hot-Wheels-Bahn maß 502,92 m und bestand aus 2.100 Teilen. Der von Mattel Canada, Inc., für „Big Brothers Big Sisters of Canada" organisierte Rekordversuch wurde am 7. Juli 2002 in der Thunder Alley in Toronto, Ontario (CDN), durchgeführt.

★ SCHNELLSTE MIT EINEM HULA-HOOP-REIFEN ZURÜCKGELEGTE MEILE
Am 31. Mai 2004 legte Ashrita Furman (USA) in Moskau (RUS) in 14 Minuten 25 Sekunden mit einem ununterbrochen kreisenden Hula-Hoop-Reifen eine Meile zurück.

★ GRÖSSTER HULA-HOOP-REIFEN
Am 1. Januar 2004 ließen Nozomi Tsuji und Ai Kago (beide J) in den Nippon Television Network Studios in Tokio (J) einen 4,08 m großen Hula-Hoop-Reifen 30 Sekunden lang kreisen.

SCHNELLSTE JENGA-TURM-ARCHITEKTEN
Sabrina Ibrahim, John Chua und Alex Agboola (alle GB) bauten am 28. Januar 2003 bei der *Big Toe Radio Show* in London (GB) gemäß den geltenden Spielregeln einen 30-stöckigen Jenga-Turm in der Rekordzeit von 11 Minuten 55 Sekunden.

GRÖSSTE LEGO-FLAGGE
Eine Lego-Flagge von 7,72 m x 10,4 m Größe wurde am 22. August 2001 im Franklin Institute Science Museum zusammengesteckt, um die Veranstaltung der X-Games in Philadelphia, Pennsylvania (USA), zu feiern.

LÄNGSTES LEGO-GEBILDE
Über 20.000 Kinder bauten am 15. August 2004 in Montréal, Québec (CDN), auf einer von Lego Canada organisierten Veranstaltung einen Lego-Tausendfüßler von 1.398 m Länge.

★ MEISTE UMGEWORFENE DOMINOSTEINE →
Am 12. November 2004 wurden beim Domino Day 2004 in Leeuwarden (NL) 3.992.397 Dominosteine aufgestellt und zum Umfallen gebracht. Der Fernsehsender RTL hatte dafür ein 81-köpfiges Team aus allen Teilen Europas zusammengerufen. Die Mitstreiter kamen aus den Niederlanden, Spanien, Deutschland, Frankreich, Polen, Estland, Litauen, Ungarn, Tschechien, Schweden, Österreich und der Slowakei. Sie bauten 46 miteinander verbundene Projekte auf, die eine Fläche von 85 x 90 m einnahmen.

WWW.GUINNESSWORLDRECORDS.COM

SPEZIAL: KÖRPERVERÄNDERUNGEN

MEISTE BODY-PIERCINGS IN EINER SITZUNG

Am 26. Mai 2002 erhielt Kam Ma (GB) ohne Betäubung 600 Piercings an seinem Körper. Sie wurden alle von Charlie Wilson (GB) in einer durchgehenden Sitzung von 9.15 Uhr bis 17.47 Uhr im Sunderland Body Art in Tyne and Wear (GB) ausgeführt.

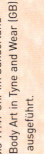

★ MEISTE SCHÖNHEITSOPERATIONEN

Cindy Jackson (USA) hat seit 1988 umgerechnet 76.739 EUR für 47 Schönheitsoperationen ausgegeben, u.a. für drei Face- und zwei Augenliftings, eine Fettabsaugung, zwei Nasenoperationen, eine Oberschenkel-, Knie-, Hüft-, Unterleibs- und Kieferoperation, Lippen- und Wangenimplantate, chemische Peelings, eine Kinnspitzen-Verkleinerung und ein semipermanentes Make-up.

★ BELIEBTESTE SCHÖNHEITSOPERATIONEN

Nach einer Umfrage in 46 Ländern war die ★ **beliebteste nichtoperative kosmetische Behandlung** im Jahr 2003 die Injektion von Botox, die 14,73 Prozent aller Schönheitsoperationen ausmachte. Die ★ **beliebteste kosmetische Operation** war mit 10,89 Prozent die Blepharoplastik (Lidplastik).

LÄNGSTER HALS

Die Rekordlänge eines Halses beträgt 40 cm. Frauen vom Stamm der Padaung oder Kareni in Myanmar dehnen den Hals, indem sie nach und nach immer mehr Kupferringe umlegen, was als Zeichen von Schönheit gilt. Ihre Hälse werden schließlich so lang und die Halsmuskulatur wird so schwach, dass sie ohne die Ringe den Kopf nicht mehr tragen können. In manchen Stämmen werden bei Frauen, die Ehebruch begangen haben, als Strafe die Ringe entfernt.

GRÖSSTE LIPPENPLATTEN →

Obwohl Lippenplatten normalerweise als Schmuck getragen werden, haben sie für die Stämme der Surma in Äthiopien auch eine finanzielle Bedeutung. Die ersten Platten, welche die Frauen selbst aus Lehm herstellen, der dann mit Ocker und Holzkohle eingefärbt und anschließend gebrannt wird, werden etwa ein Jahr vor der Hochzeit eingeschoben. Ihre endgültige Größe zeigt die Menge der Rinder an, die die Familie des Mädchens vom zukünftigen Ehemann für die Eheschließung fordert. Die Platten können einen Durchmesser von bis zu 15 cm haben, wofür dann 50 Rinder fällig wären.

★ GRÖSSTER SCHÄDEL

Der größte in der medizinischen Literatur erwähnte Schädel gehörte einem geistig zurückgebliebenen Mann mit einer Schädelkapazität von 1.980 cm³ – die normale Kapazität liegt zwischen 950 und 1.800 cm³. Die Form des Schädels war, trotz seiner Größe, normal. In Mexiko und Südamerika fand man jedoch verlängerte Schädel (rechts) mit einer Schädelkapazität von bis zu 2.500 cm³. Man nimmt an, dass sie durch ein Binden des Kopfes zum Zeitpunkt der Geburt entstehen. →

★ MEISTGEPIERCTE FRAU

Seit ihrem ersten Piercing im Januar 1997 ließ Elaine Davidson (GB) sich bis zum 13. Oktober 2004 noch 2.520-mal piercen. Bei der letzten Untersuchung wurden allein im Gesichtsbereich 192 Piercings an Ohren, Stirn, Augenbrauen, Kinn, Nase und Zunge festgestellt. Zu weiteren gepiercten Körperteilen gehören der Bauch, die Brüste und die Hände.

MEIST-GEPIERCTER MANN →

Luis Antonio Agüero aus Havanna (C) hat 230 Piercings

SPINNEN SO GROSS WIE SUPPENTELLER? SCHNECKEN SCHWERER ALS DEIN KOPF? AMEISEN, DIE DEINE GESAMTE FAMILIE IN MINUTENSCHNELLE TÖTEN KÖNNTEN? NUR IM GUINNESS WORLD RECORDS BUCH SIND SIE IN ORIGINALGRÖSSE ZU SEHEN.

GRÖSSTER FALTER

Unter dem Aspekt der Gesamtgröße ist der weltgrößte Falter der in Südostasien heimische Atlasspinner (*Attacus atlas*). Er weist eine Flügelspannweite von 30 cm auf und wird daher oft fälschlicherweise für einen Vogel gehalten. Die Falter können keine Nahrung aufnehmen und leben daher nur etwa vier Tage, wobei sie von ihren Fettreserven leben.

GEWICHTIGE INSEKTEN

Das schwerste Insekt ist der in Äquatorialafrika beheimatete Goliathkäfer (Familie der Scarabaeidae). Besonders groß werden *Goliathus regius*, *G. meleagris*, *G. goliathus* (= *G. giganteus*) und *G. Druryi*. Bei einer Reihe männlicher Käfer (die Weibchen sind kleiner) wurden von den Spitzen der Hörner bis zum Ende des Hinterleibes 11 cm gemessen. Sie wogen zwischen 70 und 100 g.

← GEFRÄSSIGS- TES TIER

In den ersten 56 Tagen ihres Lebens fressen die Larven des in Nordamerika lebenden Falters *Antheraea polyphemus* das 86.000fache ihres eigenen Geburtsgewichts. Auf den Menschen übertragen müsste ein 3.200 g schweres Baby unfassbare 273 t an Nahrung zu sich nehmen!

SPEZIAL
INSEKTEN

← GRÖSSTE SPINNE

Die größte bekannte Spinne ist eine männliche Goliath-Vogelspinne (*Theraphosa blondi*), die im April 1965 von den Mitgliedern der Pablo San Martin Expedition am Rio Cavro in Venezuela entdeckt wurde. Sie hatte eine Beinspanne von 28 cm – so groß wie ein Speiseteller. Diese Art lebt in den Regenwäldern an den Küsten von Surinam, Guyana und Französisch-Guyana, aber auch in Venezuela und Brasilien sind einzelne Exemplare anzutreffen.

ORIG

ORIGINALGRÖSSE

★ LÄNGSTE OHRLÄPPCHEN

Das Verlängern der Ohrläppchen, das, wie man annimmt, schon in der Jungsteinzeit (um 6000–1800 v. Chr.) Brauch war, wird heute noch von Stämmen in Süd- und Südostasien praktiziert. Traditionell assoziiert man damit entweder ein langes Leben, Schönheit oder kulturelle Identität. Die Ohrläppchen werden verlängert, indem man Stöpsel oder schwere Ringe von bis zu 0,5 kg an sie hängt. Verlängerte Ohrläppchen, die häufig bei hinduistischen oder buddhistischen Statuen zu sehen sind, sollen an Körper und Kopf. Allein im Gesicht trägt er über 175 Ringe.

★ MEIST-TÄTOWIERTER MANN ↓

Die Körper von Tom Leppard (GB, Foto) und Lucky Rich (GB) sind zu 99,9 Prozent mit einer Tätowierung bedeckt. Die von Tom gleicht einem Leopardenfell: dunkle Flecken auf gelbem Grund. Lucky Rich hat seine früheren Tätowierungen einschwärzen und sich darüber ein Design in Weiß tätowieren lassen.

★ MEISTE GESCHLECHTSUMWANDLUNGS-OPERATIONEN

Fulvia Celica Siguas Sandoval (PE) hatte seit Dezember 1979 64 Geschlechtsumwandlungsoperationen, darunter 25 Gesichts- und Halsoperationen sowie eine Verkleinerung der Ohren, eine Fettabsaugung an den Armen und Veränderungen an den Beinen. Fulvia, eine Fernseh-Hellseherin, machte 1998 Schlagzeilen, als sie sich als Kandidatin für die Bürgermeisterwahlen in Lima (PE) registrieren ließ. →

SPEZIAL
HAUSTIERE

ACHTUNG: WIR AKZEPTIEREN **KEINE** REKORDMELDUNGEN ÜBER „SCHWERSTE HAUSTIERE". ÜBERFÜTTERN SIE ALSO IHR TIER NICHT, UM EINEN GUINNESS-WELTREKORD ZU ERZIELEN.

ORIGINALGRÖSSE

★ HÖCHSTER SPRUNG EINES HUNDES

Am 3. Oktober 2003 stellte die Windhündin Cinderella May A Holly Grey bei einer Hundeshow in Gray Summit, Missouri (USA), mit übersprungenen 167,6 cm einen neuen Weltrekord auf. Die Hündin gehört Kathleen Conroy und Kate Long und wird von Lourdes Edlin und Sally Roth (alle USA) trainiert.

★ KLEINSTER HUND (LÄNGE)

Heaven Sent Brandy, ein weiblicher Chihuahua, der Paulette Keller (USA) gehört, maß am 31. Januar 2005 von der Nase bis zur Schwanzspitze 15,2 cm.

★ KLEINSTER HUND (SCHULTERHÖHE)

Danka Kordak Slovakia, ein langhaariger Chihuahua im Besitz des slowakischen Ingenieurs Igor Kvetko, brachte es bei einer Messung am 30. Mai 2004 auf eine Höhe von 13,8 cm.

★ LÄNGSTES KATZENSCHNURRHAAR

Das Schnurrhaar von Mingo, einer Main-Coon-Katze, war am 30. Juli 2004 17,4 cm lang. Mingo lebt mit ihrer Besitzerin, Marina Merne, in Turku (FIN).

ORIGINALGRÖSSE

MEISTE VALENTINSKARTEN AN EIN MEERSCHWEINCHEN

Sooty, ein drei Jahre altes Meerschweinchen aus Südwales (GB), wurde 2001 weltweit berühmt-berüchtigt, weil es an einem einzigen Abend mit 24 Partnern „eine Romanze hatte" und 43 kleine Meerschweinchen zeugte. Wie der Valentinstag in jenem Jahr bewies, hatte sich Sootys Ruf als romantischer Liebhaber bis in so entfernte Länder wie Neuseeland verbreitet, denn er erhielt 206 Karten.

Das Wort „Insekt" kommt aus dem Lateinischen und bedeutet „eingeschnitten", weil die kleinen Tiere aus zwei oder drei Teilen zu bestehen scheinen. Zur Familie der Insekten gehören u.a. Fliegen, Schmetterlinge und Bienen. Sie haben in der Regel sechs Beine und einen dreigeteilten Körper. Schnecken gehören dagegen nicht zu den Insekten, sondern zu den Weichtieren. Die Spinnen bilden eine eigene Gruppe, die der Spinnentiere.

LÄNGSTES INSEKT

Das längste bekannte Insekt ist die Gespenstheuschrecke (*Pharnacia kirbyi*) aus den Regenwäldern von Borneo. Das längste dokumentierte Exemplar ist im Natural History Museum in London (GB) zu bewundern. Ihr Körper ist 328 mm lang, insgesamt (mit Beinen) misst sie 546 mm. In freier Wildbahn fehlen dieser Art oft einige Beine, weil diese aufgrund ihrer Länge bei der Häutung leicht irgendwo eingeklemmt werden.

STÄRKSTE SPINNE

Die kalifornische Falltürspinne (*Bothriocyrtum californicum*) kann Widerstand gegen eine Kraft leisten, die dem 38fachen ihres eigenen Körpergewichts entspricht. Dies ist vergleichbar mit einer Tür, die von einem Menschen zugehalten wird, während auf der anderen Seite das Gewicht eines kleinen Düsenjets anliegt.

LÄNGSTE SCHABE

Die längste geflügelte Schabe der Welt ist die in Peru, Ecuador und Panama vorkommende Spezies *Megaloblatta longipennis*. Ein präpariertes Weibchen aus der Sammlung von Akira Yokokura aus Yamagata (J) ist 97 mm lang und 45 mm breit. Normalerweise erreichen Schaben eine Länge von durchschnittlich 0,6 bis 7,6 cm.

TEUERSTES INSEKT

Ein riesiger, 80 mm langer Hirschkäfer der seltenen Art *Dorcus hopei* wurde Berichten zufolge am 19. August 1999 für umgerechnet 71.884 EUR in Tokio verkauft. Ein 36 Jahre alter Geschäftsmann erwarb ihn für seine Sammlung, zieht es jedoch vor, anonym zu bleiben.

WWW.GUINNESSWORLDRECORDS.COM

SEHR GEFÄHRLICH

AMEISE
Die gefährlichste Ameisenart ist die in Australien vorkommende Bulldog-Ameise (*Myrmecia pyriformis*), deren Name sich auf ihre heftigen und entschlossenen Angriffe bezieht. Sie sticht mehrfach auf ihre Beute ein, wobei jedes Mal mehr Gift injiziert wird. Während eines Angriffs packt die Ameise zunächst ihre Beute mit den langen Beißwerkzeugen, krümmt sich dann zusammen und sticht sie mit ihrem langen glatten Stachel in die Haut. Der Stich kann einen Erwachsenen innerhalb von 15 Minuten töten.

BIENE
Die Afrikanisierte Honigbiene (*Apis mellifera scutellata*) stammt von der afrikanischen Unterart ab. Fühlt sie sich bedroht, verteidigt sie mit enormer Aggressivität ihr Revier mit einem Radius von bis zu 800 m. Ihr Gift ist zwar nicht wirkungsvoller als das anderer Bienen, sie sticht jedoch häufiger zu, was unter Umständen tödlich enden kann.

ORIGINALGRÖSSE

ORIGINALGRÖSSE

RIESENSCHNECKE
Die größte bekannte Landschneckenart ist die afrikanische Achatschnecke *Achatina achatina*. Das größte dokumentierte Exemplar wurde im Dezember 1978 untersucht. Es war in ausgestrecktem Zustand von Kopf bis Schwanz 39,3 cm lang, und das Gehäuse wies eine Länge von 27,3 cm auf. Ihr Gewicht betrug exakt 900 g. Die Schnecke mit dem Namen Gee Geronimo gehörte Christopher Hudson (GB) und wurde im Juni 1976 in Sierra Leone gefunden.

★ GRÖSSTER WURF EINER HÜNDIN

Am 29. November 2004 brachte Tia, die italienische Dogge von Damian Ward (GB) und Anne Kellegher (IRL) aus Manea, Cambridgeshire (GB), 24 Welpen zur Welt.

KLEINSTE LEBENDE KATZE

In diesem Jahr erhielten wir zwei Rekordmeldungen für die kleinste Katze der Welt. Die erste stammte von den Besitzern von Mr. Peebles (s. Abb.), der 15,5 cm hoch und 49 cm lang ist. Doch dann hörten wir von Itse Bitse, einer Katze von Mayo und Dea Whitton (beide USA), die sogar nur 9,52 cm hoch und von der Nase bis zur Schwanzspitze 38,1 cm lang ist.

ERREICHTES HÖCHSTALTER VON HAUSTIEREN

TIER	NAME	REKORDALTER	DURCHSCHNITT	BESITZER	GEST.
Chinchilla	Bouncer	27 Jahre	10-14 Jahre	J. Bowen (GB)	lebt noch
Goldfisch	Tish	43 Jahre	20+ Jahre	H. & G. Hand (GB)	1999
Hamster	*Namenlos*	4 Jahre 6 Monate	2-2,5 Jahre	K. Smeaton (GB)	unbekannt
Hund	Bluey	29 Jahre 5 Monate	12-15 Jahre	L. Hall (AUS)	1939
Kaninchen	Flopsy	18 Jahre 10,75 Monate	5-10 Jahre	L. B. Walker (AUS)	1982
Katze	Creme Puff	37 Jahre 6 Monate	10-15 Jahre	J. Perry (USA)	lebt noch
Maus	Fritzy	7 Jahre 7 Monate	1,5-2 Jahre	B. Beard (GB)	1985
Meerschweinchen	Snowball	14 Jahre 10,5 Monate	4-8 Jahre	M. A. Wall (GB)	1979
Pferd	Old Billy	62 Jahre	25-30 Jahre	E. Robinson (GB)	1822
Pony	Sancho	54 Jahre	30 Jahre	E. Saunders (GB)	2003
Ratte	Rodney	7 Jahre 4 Monate	2-2,5 Jahre	R. Mitchell (USA)	1990

★ LÄNGSTER HUNDETUNNEL

Am Rekord für den längsten menschlichen Tunnel, durch den ein Hund gelaufen ist, waren 222 Menschen und vier Hunde beteiligt. Das vom North Northumberland Dog Training Club organisierte Event fand am 25. Juli 2004 beim Alnwick Castle Tournament in Northumberland (GB) statt.

★ HÖCHSTER SPRUNG EINES SCHWEINS

Der Weltrekord für den höchsten Sprung eines Schweins liegt bei 70 cm. Er wurde am 22. August 2004 von Kotetsu, einem Hängebauchschwein, auf der Mokumoku Tedsukuri Farm in Mie (J) erzielt.

★ LÄNGSTE KANINCHENOHREN

Mit 79 cm hat Nipper's Geronimo, ein Kaninchen der Rasse Englische Widder, das Waymon und Margaret Nipper (beide USA) gehört, die längsten Kaninchenohren – länger als diese drei Seiten. Sie wurden am 1. November 2003 bei der National Show der US Rabbit Breeders Association in Wichita, Kansas (USA), gemessen.

← GRÖSSTES PFERD

Radar, ein belgisches Zugpferd, war, als es am 27. Juli 2004 bei den North American Belgian Championships in London, Ontario (CDN), gemessen wurde, ohne Hufeisen 202 cm hoch. Radar gehört Priefert Manufacturing, Inc., aus Mount Pleasant, Texas (USA).

MEISTE → TENNISBÄLLE IN DER HUNDE- SCHNAUZE

Augie, ein Golden Retriever der Familie Miller aus Dallas, Texas (USA), schaffte es am 6. Juli 2003, fünf normal große Tennisbälle in die Schnauze zu nehmen und dort zu halten.

---

20 cm Höchster Sprung eines Meerschweinchens

17,4 cm Längstes Katzenschnurrhaar

13,8 cm Kleinster lebender Hund

11,7 cm Längste Wimpern eines Hundes

9,52 cm Kleinste lebende Katze

7.11 cm Kleinster Hund

7 cm Kleinste Katze

4–5 cm Kleinste Hamster-Rasse

0,0 cm

★ NEUER REKORD ★ VERBESSERTER REKORD WWW.GUINNESSWORLDRECORDS.COM

→ MENSCH & LEISTUNG
SPIELE & ZEITVERTREIB 2

★ MEISTE SIMULTANE FALLSCHIRMSPIELE

Am 17. Januar 2004 organisierte der chinesische CVJM im Wu Kwai Shai Youth Village in Hongkong die Rekordzahl von 21 simultanen Fallschirmspielen mit 510 Teilnehmern. Die Spieler mussten vier verschiedene Disziplinen absolvieren, u. a. den Fallschirm viermal vom Boden anheben und wieder absenken, bis er straff war, sowie darauf einen Ball im Uhrzeigersinn und gegen den Uhrzeigersinn kreisen lassen.

★ GRÖSSTER GEWINN IM GLÜCKSSPIEL

Am 24. Dezember 2002 gewann Andrew „Jack" Whittaker jr. (USA) umgerechnet 242,62 Mio. EUR im Powerball Jackpot. Er entschied sich dafür, knapp über die Hälfte des Geldes, umgerechnet rund 131 Mio. EUR vor Steuern, als Pauschalsumme zu nehmen, statt die Gesamtsumme in 30 jährlichen Raten.

★ HÖCHSTES LEGO-GEBÄUDE

Am 21. Februar 2005 wurde im Legoland in Carlsbad, Kalifornien (USA), ein Legoturm mit einer Höhe von 28,19 m gebaut.

★ MEISTE LÖCHER BEIM MINIGOLF IN 24 STUNDEN

Am 26. und 27. Mai 2004 lochte Matt Majikas (USA) auf Mulligan's Miniature Golf in Sterling, Massachusetts (USA), in 24 Stunden 3.035-mal einen Minigolfball ein. Die 18-Loch-Runde war 334 m lang und Matt durchlief sie fast 169-mal, bewältigte also eine Gesamtstrecke von mehr als 54 km.

GRÖSSTES MONOPOLYBRETT

Am 26. Juli 2002 wurde in San Jose, Kalifornien (USA), der Öffentlichkeit ein 9,44 x 9,44 m großes Monopolybrett aus Granit zugänglich gemacht. Figuren, Würfel, Häuser und Hotels sind alle entsprechend groß.

SCHNELLSTES HUCKEPACKRENNEN ÜBER 100 M

Der Rekord von 19,6 Sekunden für das schnellste Huckpackrennen über 100 m wurde am 31. August 2003 von Andrew Gadd, der Lance Owide (beide GB) trug, in Kings Langley, Hertfordshire (GB), aufgestellt.

KARTENHAUS MIT DEN MEISTEN STOCKWERKEN

Am 6. November 1999 baute Bryan Berg (USA) in der Lobby des Kasinos am Potsdamer Platz in Berlin (D) aus 91.800 handelsüblichen Spielkarten ein 7,71 m hohes, freistehendes Haus mit 131 Stockwerken für die Fernsehshow *Guinness: Die Show der Rekorde*.

★ HÖCHSTE ANZAHL VON SEILSPRÜNGEN MIT EINEM POGO-STICK IN EINER MINUTE

Am 31. August 2003 schaffe Ashrita Furman (USA) im Yellowstone National Park in Wyoming (USA) in einer Minute 156 Sprünge mit einem Pogo-Stick über ein Sprungseil. Er ist auch Weltrekordhalter über die **schnellste Meile mit einem Pogo-Stick**, für die er am 24. Juli 2001 auf dem Iffley Field in Oxford (GB) 12 Minuten 16 Sekunden benötigte.

★ SCHNELLSTE LÖSUNG EINES ZAUBERWÜRFELS

Shotaro Makisumi (J) ordnete am 16. Oktober 2004 beim Caltech Fall Tournament in Pasadena, Kalifornien (USA), in 12,11 Sekunden einen Zauberwürfel. Beim gleichen Wettbewerb schaffte Shotaro mit 14,52 Sekunden den Rekord für die ★ **schnellste Durchschnittszeit bei der Lösung eines Zauberwürfels im Wettkampf**. Schließlich ist Shotaro auch der Rekordhalter für das ★ **Ordnen des Würfels mit verbundenen Augen**. Für diese Meisterleistung benötigte er beim gleichen Event 3 Minuten 10,54 Sekunden. Shotaro hält damit momentan alle Guinness-Weltrekorde im Ordnen von Zauberwürfeln.

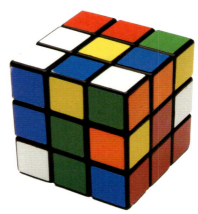

MEISTE TEILNEHMER BEIM SACKHÜPFEN

Insgesamt 2.095 Wettbewerber, darunter Schüler des Agnieton College und aus Zwolle, Wezep und Hattem, nahmen am 11. Oktober 2002 in Zwolle (NL) an einem Sackhüpfrennen teil.

★ MEISTE SEILSPRÜNGE IN EINER MINUTE

Am 3. Juli 2004 schaffte S. Namasivayam (IND) im Indira-Gandhi-

★ NEUER REKORD   ★ VERBESSERTER REKORD

Stadion in Pondicherry (IND) 234 Seilsprünge.

SCHNELLSTES FLOHHÜPFEN
1966 lochte Allen R. Astles (GB) in Aberystwyth, Ceredigion (GB), in 3 Stunden 51 Minuten 46 Sekunden 10.000 Flohhüpfscheiben ein. Das Flohhüpfspiel ist ein Spiel für Kinder (wird aber oft von Erwachsenen als Wettkampf ausgetragen), bei dem man eine kleine runde Plastikscheibe mit einer größeren Scheibe in einen Topf schnippt.

SCHNELLSTE FLOHHÜPFMEILE
Edward Wynn und James Cullingham (beide GB) legten am 31. August 2002 in Aberystwyth, Ceredigion (GB), in der Rekordzeit von 52 Minuten 10 Sekunden die schnellste Flohhüpfmeile zurück, indem sie über die gesamte Strecke Flohhüpfsteine schnippten.

LÄNGSTE FLOHHÜPFDISTANZ IN 24 STUNDEN
Sean Booth und Barry Green (beide GB) legten am 22. November 2003 die 3,9 km lange Strecke von Bacup nach Rawtenstall in Lancashire (GB) zurück, indem sie sich nur durch das Schnippen von Flohhüpfsteinen fortbewegten.

MEISTE MITSPIELER BEIM TUNNELBALL
Insgesamt 60 Schüler von der St. Columba's School in Wilston,

★ →
SCHNELLSTES ORDNEN VON SPIELKARTEN
Kunihiko Terada (J) sortierte am 25. Januar 2004 im Hard Rock Café, Tokio (J), einen gemischten Satz Spielkarten, die er in den Händen hielt, in der Reihenfolge Zehn, Bube, Dame, König, As nach Karo, Kreuz, Herz und Pik in 40,36 Sekunden.

Queensland (AUS), nahmen am 27. November 2002 an einem einzigen Tunnelballspiel teil.

GRÖSSTE TWISTERMATTE
Die größte Twistermatte maß 18,28 x 6 m und wurde im Februar 1998 von Vision International in Salt Lake City, Utah (USA), präsentiert.

GRÖSSTE PUZZLE IM HANDEL
Das größte im Handel erhältliche Puzzle wird von Ravensburger (D) hergestellt. Es ist 2,76 m breit und 1,92 m hoch.
Der Weltrekord für das **größte im Handel erhältliche Puzzle mit den meisten Teilen** wird ebenfalls von der Firma Ravensburger (D) gehalten, die ein Puzzle mit 18.000 Teilen herstellen.

SCHNELLSTES SCHUBKARRENRENNEN ÜBER 100 M
Am 31. August 2003 legten Andrew Gadd (Karrenschieber) und Freddie Gadd in der Schubkarre in Framptons, Kings Langley (GB), 100 m in 18,1 Sekunden zurück.

GRÖSSTES JO-JO
J. N. Nichols (Vimto) Ltd. entwarf ein Jo-Jo mit einem Durchmesser von 3,17 m und einem Gewicht von 407 kg, das er von Maschinenbaustudenten des Stockport College (GB) bauen ließ. Am 1. August 1993 wurde es in Manchester (GB) von einem Kran aus einer Höhe von 57,5 m heruntergelassen und schwang viermal auf und ab.

★ MEISTE JO-JO-TRICKS IN EINER MINUTE
Hans Van Dan Helzen (USA) vollführte am 17. Mai in der Sendung Blue Peter in London (GB) 51 Jo-Jo-Tricks in einer Minute.

GRÖSSTER MATRIOSCHKA-PUPPEN-SATZ
Youlia Bereznitskaia (RUS) besitzt einen aus 51 handgemalten Puppen bestehenden Matrioschka-Satz. Die größte Puppe ist 54 cm und die kleinste 0,31 cm hoch. Die Schachtelpuppen wurden am 25. April 2003 fertig gestellt.

→ **MENSCH & LEISTUNG**

GAUMENFREUDEN 1

TEUERSTER KAFFEE

Pro Jahr sind nur 227 kg Kopi-Luwak-Kaffee erhältlich, die für umgerechnet rund 318,70 EUR pro 0,45 kg verkauft werden. Der Preis spiegelt die Art der Kaffeeherstellung wider: Die Bohnen werden aus den Exkrementen der Zibetkatze (*Paradoxurus*) hergestellt, die in den Gebirgsketten von Irian Jaya in Indonesien lebt. Die Zibetkatze klettert in die Kaffeebäume und frisst die reifsten Kaffeebohnen. Diese werden verdaut und tauchen schließlich in den Exkrementen des Tieres wieder auf. Sie werden dann von den Einheimischen gesammelt und als Kaffee verkauft.

★ TEUERSTES OMELETTE

Das teuerst verkaufte Omelette ist das Zillion Dollar Lobster Frittata, das umgerechnet 770,47 EUR kostet. Es wird auf der Speisekarte des Restaurants Norma's im Le Parker Meridien Hotel in New York City (USA) angeboten.

REKORDGRÖSSEN

★ SCHWARZWÄLDER KIRSCHTORTE
Die Torte, die die Bäckerei Spanhacke's (D) am 17. August 2003 im Restaurant des Vielstedter Bauernhauses in Hude (D) ausstellte, hatte einen Durchmesser von 7 m und wog 2,5 t.

SALAMI
Stolze 347 kg brachte die im Oktober 2001 von Rapelli SA aus Stabio (CH) hergestellte Salami auf die Waage.

★ BONBON
Ein 1 t schwerer Erdbeer-Zitrone-Gürtel von Candy Castle (NL) brachte es am 28. August 2004, ausgerollt in 's-Heerenberg (NL), auf 2.004 m.

★ SCHOKOLADE
Im Februar 2004 stellte das Hard Rock Café in Madrid (E) eine herzförmige Schokolade aus, die 6,816 t wog. Sie war 5 m breit und 4 m hoch und wurde von www.match.com zusammen mit Marco de Comunicación (E) hergestellt.

★ KAFFEEBECHER
In den Becher, den Nestlé am 13. Mai 2004 in New York City (USA) vorführte, passten 3.002 l Milch, für die 20 kg Kaffee benötigt wurden. Der Becher war 1,69 m hoch und hatte einen Durchmesser von 1,41 m.

★ FONDANT
Aus Anlass der am 5. November 2004 in Toronto (CDN) stattfindenden FedNor Pavilion Royal Winter Fair stellte NorthwestFudgeFactory.com (CDN) ein 1,235 t schweres Ahorn-Schokolade-Fondant her. Das Fondant maß 4,87 x 2,43 m und war 10,16 cm hoch.

★ ROSINENBRÖTCHEN
Am 16. April 2004 buk Manna European Bakery & Deli (CDN) zugunsten der Kanadischen Krebsgesellschaft ein Rosinenbrötchen mit einem Gewicht von 52,08 kg.

★ EISCREMETORTE
Carvel (USA) stellte eine riesige Eiscremetorte mit einem Gewicht von 5,48 t her und präsentierte sie am 25. Mai 2004 zur Feier des 70-jährigen Bestehens des Unternehmens im Union Square Park in New York City (USA).

HUMMER
450 g Hummerfleisch (1 ganzer Hummer)

FRITTATA
Ei, Sahne, Whisky und Hummerleber-Sauce

KAVIAR
280 g Sevruga-Kaviar

KARTOFFELN
1 Yukon-Gold-Kartoffel, in Scheiben

TEUERSTE SPEISEN & GETRÄNKE

Wenn Geld keine Rolle spielt, warum sollte man dann nicht die teuersten Speisen und Getränke der Welt genießen?

★ Hamburger*	Bistro Moderne, New York City (USA) *db Double Truffle*	umger. 92,45 EUR
Cocktail*	Hemingway Bar, Paris Ritz (F) *Ritz Side Car*	umger. 407,21 EUR
Obst	Helpston Garden Centre, Cambridge (GB), *eine Weintraube*	umger. 1.037,65 EUR
Wein (Flasche)*	*Château d'Yquem Sauternes, 1787*	umger. 46.228,52 EUR
Wein (Flasche)	Christie's, London (GB) *Château Lafite claret, 1787*	umger. 155.647,79 EUR
Wein (Glas)	Pickwick's Pub, Beaune (F) *Beaujolais Nouveau, 1993*	umger. 1.233,79 EUR
Whisky (Flasche)	Fortnum & Mason, London (GB) *60 Jahre alter Macallan-Whisky*	umger. 16.305,95 EUR
Tafel Schokolade	Christie's, London GB) *Eine Tafel Cadbury's Schokolade von Captain Robert Scott (GB) Antarktisexpedition von 1901*	umger. 696,70 EUR
★ Trüffel	Alba (I) *1,08 kg weiße Trüffel, 2004*	umger. 31.589,49 EUR
Hochzeitskuchen (Stück)	Sotheby's, New York City (USA) *Der Hochzeitskuchen des Herzogs & der Herzogin von Windsor (GB), 1937*	umger. 23.037,21 EUR

*im Handel erhältlich

★ LÄNGSTER ← HOT DOG

Mit ihrem 10,5 m langen Hot Dog brachen Studenten der Universität von Pretoria (RSA) den im August 2002 aufgestellten Rekord von 6,9 m. Die in einem Stück hergestellte Wurst, die fast 60-mal so lang ist wie ein normaler Hot Dog, wurde am 18. Oktober 2003 im Sonop Hostel in Pretoria (RSA) vorgestellt. Um ihren rekordbrechenden Wiener zu kochen, mussten die Studenten ihren eigenen Holzkohleofen und Grill bauen.

★ RIESENBONBON
Der Kanadier Nick Calderaro, ein Angestellter von Oak Leaf Confection (CDN), stellte zwischen dem 7. Januar und 29. Mai 2003 in 476 Stunden ein Riesenbonbon mit einem Umfang von 94,6 cm und einem Gewicht von 12,6 kg her.

★ PASTA
Am 14. Februar 2004 wurde für *The Keeler Show* (USA) in Zusammenarbeit mit Tony's Pizzeria in der Sangerton Square Mall in Hartford, New York (USA), eine Schüssel mit 3.336 kg Pasta hergestellt. Die TV-Show sponserte einen Wettbewerb, bei dem ein „glückliches Paar" in einer Riesenschüssel Makkaroni getraut wurde.

★ CHIPSTÜTE
Am 11. März 2004 enthüllte Seabrook Potato Crisps aus Bradford im britischen West Yorkshire eine Riesentüte mit 51,35 kg gesalzener, welliger Kartoffelchips. Die Tüte war 1,79 m hoch, 1,21 m breit und 0,62 m tief. Die darin enthaltenen Chips hatten über 275.000 Kalorien!

★ BREZEL
Am 30. Januar 2004 stellte Wethje GmbH Kunststofftechnik (D) eine 272 kg schwere Brezel her, die dann in Hengersberg (D) zu bewundern war.

★ SANDWICH
Am 24. April 2004 kreierte die Grupo Bimbo (MEX) in Zusammenarbeit mit McCormick, Fud, Chalet and Pétalo Jumbo auf dem Zócalo (heute: Platz der Verfassung) in Mexico City (MEX) ein Schinken-Käse-Mayonnaise-Sandwich mit einem Gewicht von 2,403 t. Die Füllung bestand aus 445 kg Schinken, 367 kg Käse, 67 kg Mayonnaise und 37 kg Salat.

★ PFANNENGERICHT
Die Fernsehköchin Nancy Lam (SGP) zauberte am 23. Januar 2004 auf dem Leicester Square in London (GB) zugunsten der Wohltätigkeitsorganisation National Children's Home ein 700 kg wiegendes Pfannengericht aus Kohl, Karotten, Babymais, Pak Choi und Sojasprossen.

★ TEUERSTER EISBECHER

Der Eisbecher Serendipity Golden Opulence, der im September 2004 aus Anlass des 50-jährigen Bestehens des New Yorker Restaurants Serendipity 3 auf dessen Speisekarte stand, kostete umgerechnet 770,47 EUR.

VERGOLDETE BLÜTEN — Kandierte Blüten mit essbarem Goldblatt

KAVIAR — Grande-Passion-Kaviar mit Armagnac und dem Saft von Blutorangen sowie Passionsfrüchten

EISCREME — Fünf Kugeln tahitisches Vanilleschoten-Eis mit 23-karätigem essbaren Goldblatt

EXOTISCHE KANDIERTE FRÜCHTE — Ananas, Feigen, Sternfrucht und Kaktusfrucht

GOLD-MANDELN — Zwölf Mandeln mit Goldblatt

SCHOKOLADE — „Amedei-Porceleana"- und „Chuao"-Schokolade, in Stücke geschnitten, gerieben und geschmolzen

GOLDLÖFFEL — Löffel aus 18-karätigem Gold und mit Einlegearbeit aus Perlmutt

KRISTALL — In einem Baccarat-Harcourt-Kristallkelch serviert

★ NEUER REKORD   ★ VERBESSERTER REKORD

MENSCH & LEISTUNG
GAUMENFREUDEN 2

★ MEISTE VERSPEISTE BIG MACS
Seit 33 Jahren isst Donald Gorske (USA) täglich Big Macs. Am 27. März 2005 verspeiste er seinen 20.500sten. Donald ist stolz darauf, Big Macs in allen 50 Staaten der USA, in allen 32 Stadien der National Football League, allen 30 Major-League-Baseball-Stadien und auf über 30 NASCAR/Busch-Rennbahnen gegessen zu haben.

REKORDE MIT ESSEN ...

★ SCHNELLSTES GELEEBONBON-SORTIEREN MIT STROHHALM
Die schnellste Zeit, in der 30 Jelly-Belly-Geleebonbons per Trinkhalm nach fünf Geschmacksrichtungen sortiert wurden, beträgt 27,78 Sekunden. Den Rekord erzielte Richard Parry (GB) am 27. November 2004 bei der Guinness World Records 2005 Roadshow im Trafford Centre in Manchester, Lancashire (GB).

★ AM WEITESTEN MILCH GESPRITZT
Am 1. September 2004 spritzte Ilker Yilmaz (TR) im Armada Hotel in Istanbul (TR) aus seinem Auge Milch über eine Entfernung von 279,5 cm.

★ GRÖSSTE PUDDINGTORTEN-SCHLACHT
Am 11. April 2000 warfen 20 Leute am Millennium Dome in London (GB) in drei Minuten 3.312 Puddingtorten. Um die Torten herzustellen, wurde 0,5 t Vanillepuddingpulver in sechs Zementmixern mit 1.000 l Wasser verrührt.

★ MEISTE GEÖFFNETE BANANENSCHALEN IN EINER MINUTE
Thomas Schuster (D) riss am 6. September 2003 bei einem Volksfest in Ravensburg (D) in einer Minute die Schalen von 72 Bananen auf.

★ MEISTE MIT DEM KOPF ZERQUETSCHTE WASSERMELONEN
Am 11. September 2004 zerquetschte Leonardo D'Andrea (I) in der Show Guinness World Records: 50 Years, 50 Records in den London Studios in London (GB) in einer Minute 22 Wassermelonen mit dem Kopf.

★ AM SCHNELLSTEN GEGESSENE ROHE ZWIEBEL
In nur 1 Minute 32 Sekunden verspeiste Brian Duffield (GB) am 17. November 2004 in der Paul O'Grady Show im Londoner Television Centre (GB) eine rohe Zwiebel. Die Zwiebel wog 212 g. Das erforderliche Mindestgewicht ist 210 g.

MEISTE IN 30 SEKUNDEN MIT DEN ZEHEN ZERQUETSCHTE EIER
Alan „Nasty" Nash (GB) zerquetschte am 11. September 2004 bei der Show Guinness World Records: A Few Records More in London (GB) 23 Eier mit den Zehen.

★ MEISTE GEFÜLLTE EISTÜTEN IN EINER MINUTE
Mitch Cohen (USA) füllte am 22. Juli 2004 bei der ABC-TV-Show Good Morning America auf dem Times Square in New York City (USA) 18 Eistüten.

← ★ ORANGE IN REKORDZEIT 1 MEILE WEIT MIT DER NASE GESCHOBEN
Am 12. August 2004 schob der vielfache Rekordhalter Ashrita Furman (USA) am Terminal 4 des JFK-Flughafens in New York City (USA) in einer Zeit von 24 Minuten 36 Sekunden eine Orange 1 Meile (1,6 km) weit. Begünstigt wurde Ashritas Erfolg durch die Wahl einer unreifen (grünen) Orange.

★ NEUER REKORD   ★ VERBESSERTER REKORD

SCHNELLSTE ESSER DER WELT

ESSEN	IN 30 SEKUNDEN	REKORDHALTER
Eis	264 g	Diego Siu (USA)
★ Würmer	200	C. Manoharan „Snake" Manu (IND)
IN 1 MINUTE		
Rosenkohl	43	Dave Mynard (GB)
Jalapeño-Peperonis	8	Anita Crafford (RSA)
Würstchen (gekaut)	8	Stefan Paladin (NZ)
★ Würstchen (ganz geschluckt)	8	Cecil Walker (USA)
★ Smarties (mit Stäbchen)	170	Kathryn Ratcliffe (GB)
Fleischklöße (mit Cocktailspieß)	27	Nick Marshall (GB)
Küchenschaben	36	Ken Edwards (GB)
IN 3 MINUTEN		
Trauben (mit Teelöffel)	133	Mat Hand (GB)
Hot Dogs (inkl. Brötchen)	4	Peter Dowdeswell (GB)
Donuts (mit Marmelade)	6	Steve McHugh (GB)
Donuts (mit Puderzucker)	4	Simon Krischer, Jay Weisberger, Adam Fenton, Anthony Albelo (alle USA)
★ Austern	187	Rune Naeri (N)
Garnelen	272,1 g	William E. Silver (USA)
Maiskerne (mit Cocktailspieß)	236	Ian Richard Purvis (GB)
Reiskörner (mit Stäbchen)	64	Tae Wah Gooding (RSA)
Dosenerbsen (mit Cocktailspieß)	211	Mat Hand (GB)

★ SCHNELLSTER PIZZA-ESSER
Am 16. November 2003 verspeiste Zaphod Xerxes Leigh (GB) im Caffé Mamma in Richmond, Surrey (GB), in der Rekordzeit von 4 Minuten 56 Sekunden eine 30,5 cm große Pizza. Sie wog 0,34 kg.

★ WEITESTE PIZZA-LIEFERUNG
Am 17. November 2004 lieferte Domino's Pizza (GB) aus Feltham, London (GB), in Zusammenarbeit mit der Make-A-Wish Foundation (GB) eine Pizza in das Studio der australischen TV-Show Neighbours in Melbourne, Victoria (AUS), über eine Entfernung von 16.659 km Luftlinie.

★ SCHNELLSTER CREAM-CRACKER-ESSER
Ambrose Mendy (GB) aß am 16. November 2004 in den MTV Studios auf dem Leicester Square in London (GB) in der Rekordzeit von 37,44 Sekunden drei Cream Cracker.

SCHNELLSTER TRUTHAHN-RUPFER
Vincent Pilkington (IRL) rupfte am 17. November 1980 in einer TV-Show des RTE in Dublin (IRL) in 1 Minute 30 Sekunden einen Truthahn.

... UND TRINKEN

★ SCHNELLSTER MILCHSHAKE-TRINKER
Dan Orchard (CDN) trank am 18. September 2003 als Teil des von Nestlé organisierten Events „Nimm, schluck und geh" auf dem Yonge-Dundas Square in Toronto (CDN) mit einem Strohhalm 500 ml Milchshake in 10 Sekunden.

★ GRÖSSTES SCHNAPSGELAGE
Aus Anlass der Gründung ihrer Universität kippten insgesamt 1.044 Studenten der Macquarie University in North Ryde, Neusüdwales (AUS), am 26. September 2003 einen Schnaps herunter.

SCHNELLSTER MILCHTRINKER
Peter Dowdeswell (GB) trank am 31. Mai 1975 im Dudley Top Rank Club in den West Midlands (GB) in 3,2 Sekunden 1,13 l Milch.

SCHNELLSTER TOMATEN-KETCHUP-TRINKER
Am 23. September 1999 trank Dustin Phillips (USA) im Studio der Show Guinness World Records: Primetime in Los Angeles, Kalifornien (USA), in nur 33 Sekunden 91 Prozent einer handelsüblichen 396 g-Flasche Heinz Tomatenketchup durch einen Strohhalm von 0,63 cm Durchmesser.

★ HÖCHSTER ZUCKERWÜRFELTURM
Anita Cash (GB) baute am 30. September 2003 in den Büros des K-Zone Magazines in Shrewsbury, Shropshire (GB), einen runden, 140,5 cm hohen Turm aus Zuckerwürfeln.

★ FEIERLICHES DINER IN GRÖSSTER HÖHE
Henry Shelford, Thomas Shelford, Nakul Misra Pathak, Robert Aitken, Robert Sully (alle GB), Caio Buzzolini (AUS) und der zum Butler ernannte Joshua Heming (GB) zelebrierten am 3. Mai 2004 auf dem Lhakpa Ri in Tibet in 6.805 m Höhe ein feierliches Mahl. Das Team nahm die Tische, Stühle und das Silberbesteck als Teil seiner Expedition zur Feier von Henry Shelfords 30. Geburtstag mit auf den Berg.

MENSCH & LEISTUNG
SAMMLUNGEN

PYLONE

David Morgan (GB) besitzt eine Sammlung von 137 unterschiedlichen Pylonen. David ist Eigentümer einer Kunststofffabrik, in der jährlich über eine Million Pylone hergestellt werden. Er besitzt Pylone von fast zwei Dritteln aller bislang hergestellten Typen.

★ BITTE NICHT STÖREN!
Jean Francois Vernetti (CH) hat seit 1985 4.565 „Bitte nicht stören"-Schilder aus Hotels in 131 verschiedenen Ländern der Welt gesammelt.

★ BIERGLÄSER
Rudolf Heindl (A) hat seit 1980 13.000 verschiedene Biergläser von mehr als 4.000 Brauereien auf der ganzen Welt gesammelt.

★ CHIPSTÜTEN
Bernd Sikora (D) besitzt 1.482 Chipstüten aus 43 Ländern. Seine Sammelleidenschaft begann 1993.

★ KREUZE
Seit 1938 hat Ernie Reda (USA) aus San Jose in Kalifornien 13.014 Kreuze gesammelt. In seiner Wohnung und in seiner Garage hat Reda auch eine Sammlung von über 4.000 verschiedenen religiösen Gegenständen und Büchern.

Wann besitze ich eine Rekordsammlung?

1. Eine Rekordsammlung basiert auf einer Anzahl von Objekten, die sich in mindestens einem Detail unterscheiden. Es dürfen keine zwei identischen Objekte in der offiziellen Sammlung vertreten sein.

2. Alle Objekte sollten von einer Person in einem bestimmten Zeitraum gesammelt worden sein.

3. In Gegenwart von zwei Zeugen sollte eine Liste aller Objekte erstellt werden. Die Gesamtzahl sollte in der unabhängigen Erklärung der beiden Zeugen genannt werden.

4. Da es unendlich viele Objekte gibt, die gesammelt werden können, wird denen der Vorzug gegeben, die nachweislich auf verbreitetes Interesse stoßen.

Detaillierte Informationen über die Aufnahme eines Rekords finden sich auf www.guinnessworldrecords.com oder auf S. 8 in diesem Buch.

★ SPUCKTÜTEN VON FLUGLINIEN
Niek Vermeulen (NL) hat seit den 1970er Jahren 3.728 Spucktüten von 802 verschiedenen Fluglinien gesammelt. „Einer muss das ja machen", sagt Niek, der seine Sammlung begann, nachdem er mit einem Freund gewettet hatte, wer von ihnen die größte Sammlung eines beliebigen Gegenstands anlegen und ins GUINNESS WORLD RECORDS BUCH kommen würde.

★ GEPÄCKABSCHNITTE VON FLUGLINIEN
Raghav Somani (IND) besitzt eine Sammlung von 637 Gepäckabschnitten von 174 Fluglinien aus der ganzen Welt. Er sammelt seit 1994.

★ BUTTONS
Daniel Hedges (GB) begann 1994 Buttons zu sammeln und besitzt zurzeit insgesamt 13.516 unterschiedliche Exemplare, darunter persönlich überreichte Buttons der Popstars Madonna und Janet Jackson.

★ THEKENTÜCHER
Terry Sanderson (GB) hat seit 1997 1.815 Thekentücher (engl. Bar Towels, kleines Tuch mit dem Aufdruck einer Getränkemarke) gesammelt. Aneinandergelegt würden sie laut seiner Schätzung eine Fläche von 189,6 m² ergeben – so groß wie mindestens zwei Badmintonfelder!

★ BIERFLASCHEN
Ron Werner (USA) hat seit 1982 16.321 Bierflaschen gesammelt, darunter 10.755 noch ungeöffnete.

★ KAUGUMMIPÄCKCHEN
Im Rahmen einer Kunstaufgabe für seine Schüler begann der ehemalige Kunst- und Designlehrer Steve Fletcher (GB) 1980 Kaugummipäckchen zu sammeln. Heute umfasst seine Sammlung 5.100 Stück.

KREDITKARTEN →

Walter Cavanagh (USA) besitzt 1.497 verschiedene, gültige Kreditkarten. Die Beschaffungskosten waren vernachlässigbar, doch sie bieten „Mr. Plastic Fantastic" einen Kreditrahmen von über 1,3 Mio. EUR.

GUINNESS WORLD RECORDS BUCH **2006**

„Meiner Frau habe ich gesagt, es sei mein letzter Wunsch, mit einem Beutel Knöpfe, Nadel, Faden und einer Taschenlampe beerdigt zu werden ... falls ich aufwache und nichts anderes zu tun haben sollte!"

Dalton Stevens, Knopfkönig

← KNÖPFE

Dalton Stevens (USA) besitzt 439.900 Knöpfe, und davon keinen doppelt. Der „Knopfkönig von Bishopville" leidet an Schlaflosigkeit und hat in zahlreichen schlaflosen Nächten begonnen, verschiedene Objekte mit Knöpfen zu verzieren, so auch ein Auto, ein Nebengebäude, einen Sarg, einen Leichenwagen und eine Gitarre.

★ WÜRFEL
Kevin Cook (USA) besitzt 11.097 Würfel, die er seit dem Jahr 1977 gesammelt hat. Als Mitglied des Dice Maniacs Clubs begann Kevin Würfel aus Spielsalons zu sammeln, nachdem er begonnen hatte, Dungeons & Dragons zu spielen. Seit 1998 stammen etwa 80 Prozent seiner Würfel aus Online-Versteigerungen bei eBay.

★ SCHNULLER
Seit 1995 hat Dr. Muhammad Mustansar (PK) vom Kinderkrankenhaus und Institut für Kindergesundheit in Lahore (PK) Schnuller gesammelt, und zwar im Rahmen einer Aufklärungskampagne über die möglichen Gefahren bei ihrer Anwendung. Im Moment besitzt Dr. Muhammad Mustansar 1.994 Schnuller in verschiedenen Farben und Formen, die ihm von Müttern geschenkt wurden.

★ RADIERGUMMIS
Seit 1998 hat Leanna Allison (USA) 6.003 verschiedene Radiergummis gesammelt.

★ GOLFSCHLÄGER
Robert Lantsoght (E) besitzt 4.393 unterschiedliche Golfschläger. Er sammelt seit 1992.

HOTELGEPÄCKAUFKLEBER
Robert Henin (USA) hat in den letzten 40 Jahren 2.016 Hotelgepäckaufkleber aus verschiedenen Ländern gesammelt.

★ MODELLAUTOS
Michael Zarnock (USA) besitzt eine Sammlung von 3.711 Hot-Wheels-Modellautos, die er bereits in seiner Kindheit 1968 begonnen hat. Seine Lieblingsmodelle sind Nachbildungen von Autos aus dieser Zeit, zum Beispiel der 1956er Ford Panel, der 1965er Mustang und der 1970er RoadRunner.

★ GRÖSSTE PÄSSESAMMLUNG
Guy Van Kneer (B) besitzt 8.110 gebrauchte Pässe und Dokumente, die anstelle von Pässen gelten, ausgestellt von 130 Ländern und Behörden, darunter auch zahlreiche nicht mehr existierende. Die Pässe datieren von 1615 bis zur Gegenwart.

★ GUMMIENTEN
Charlotte Lee (USA) besitzt 1.439 verschiedene Gummienten, die sie seit 1996 gesammelt hat.

TOP 20 DER SAMMLUNGEN

Die folgende Liste enthält die 20 größten Sammlungen aus dem Archiv von Guinness World Records.

1.	Streichholzbriefe	Ed Brassard (USA)	3.159.119
2.	Menschliche Zähne	Giovanni Battista Orsenigo (I)	2.000.744
3.	Bücher (privat)	John Q. Benham (USA)	1.500.000
4.	Etiketten von Streichholzschachteln	Teiichi Yoshizawa (J)	743.512
5.	Knöpfe	Dalton Stevens (USA)	439.900
6.	Bieretiketten	Jan Solberg (N)	424.868
7.	Rubbelkarten	Darren Haake (AUS)	319.011
8.	Kugelschreiber	Angelika Unverhau (D)	285.150
9.	Zigarrenbinden	Alfred Manthe (D)	211.104
10.	Zugfahrscheine	Frank Helker (D)	163.235
11.	Bierdeckel	Leo Pisker (A)	152.860
12.	Papier- und Plastiktüten	Heinz Schmidt-Bachem (D)	150.000
13.	Zigarettenpackungen	Claudio Rebecchi (I)	143.027
14.	Kronkorken	Poul Høegh Poulsen (DK)	101.733
15.	Bierdosen	William B. Christensen (USA)	75.000
16.	Golfbälle	Ted Hoz (USA)	74.849
17.	Vierblättrige Kleeblätter	George J. Kaminski (USA)	72.928
18.	Feuerzeuge	Francis Van Herle (B)	58.529
19.	Kühlschrankmagneten	Louise J. Greenfarb (USA)	35.000
20.	Obst-Etikettenaufkleber	Antoine Secco (F)	34.500

★ NEUER REKORD ★ VERBESSERTER REKORD   WWW.GUINNESSWORLDRECORDS.COM

→ NATUR & UMWELT

★ERFOLGREICHSTER SPENDENAUFRUF DER VEREINTEN NATIONEN

Am 26. Dezember 2004 überschwemmte ein Tsunami die Küsten von zwölf Ländern rund um den Indischen Ozean und forderte mit den bis zu 285.000 bestätigten Toten die **meisten Todesopfer** einer Riesenwelle. Der darauf folgende Spendenaufruf der Vereinten Nationen brachte umgerechnet 752,76 Mio. EUR für fünf Millionen Menschen in Südostasien, auf den Seychellen, in Sri Lanka und in Somalia ein.

→ INHALT

DIE ERDE	66
VULKANE	70
DAS KLIMA	72
DIE OZEANE	74
UNTER WASSER	76
LEBENSRAUM WASSER	78
ZOO- & NUTZTIERE	80
SÄUGETIERE	82
VÖGEL	86
REPTILIEN	88
URZEIT	90
MIKROORGANISMEN	92
WILDPFLANZEN	94
NUTZPFLANZEN	96
DIE UMWELT	98
SPEZIAL:	
INSEKTEN	49
HAUSTIERE	53

WWW.GUINNESSWORLDRECORDS.COM

NATUR & UMWELT
DIE ERDE 1

← GRÖSSTES MASSENSTERBEN

Vor ca. 248 Mio. Jahren, am Ende der geologischen Permperiode, löschte ein Massensterben etwa 90 Prozent aller Meeres- und 70 Prozent aller höher entwickelten Landtierarten aus. Zu den möglicherweise auslösenden Faktoren gehören: Einschlag eines Kometen oder Asteroiden (Abb. links), Umweltveränderungen aufgrund der sich verschiebenden Erdkontinente sowie Veränderungen in der Zusammensetzung der Ozeane.

GRÖSSTER EINSCHLAG
Viele Astronomen nehmen an, dass ein Planet von der Größe des Mars vor 4,5 Mrd. Jahren mit der Erde kollidierte. Ein Teil der durch diesen Zusammenprall entstandenen Trümmer trat in die Erdumlaufbahn ein und vereinigte sich unter Einwirkung der Gravitation, sodass der Mond entstand. Diese Kollision hätte katastrophale Folgen für die Erde gehabt. Die Kruste des Planeten wäre höchstwahrscheinlich abgesprengt und in den Weltraum katapultiert worden. Zurückgeblieben wäre eine Erde, deren Oberfläche mit einem Meer aus geschmolzenem Magma bedeckt war.

ÄLTESTER BESTÄTIGTER EINSCHLAG
Am 23. August 2002 gab ein Team von US-Wissenschaftlern unter Leitung von Gary Byerly (Louisiana State University) und Donald Lowe (Stanford University) die Entdeckung eines Asteroideneinschlags auf der Erde bekannt, der sich vor 3,47 Mrd. Jahren ereignet hat. Geologischen Spuren zufolge hatte der Asteroid einen Durchmesser von ca. 20 km. Allerdings wurde kein Krater gefunden, da er durch geologischen Prozesse im Laufe der Zeit eingeebnet wurde.

★ GRÖSSTER METEORIT
Ein Meteorit von 2,7 m Länge und 2,4 m Breite sowie einem Gewicht von rund 59 t wurde 1920 in Hoba West (NAM) gefunden.

★ GRÖSSTER MOND-METEORIT
Etwa 30 der Meteoriten auf der Erde stammen vom Mond. Der größte von ihnen ist Dar al Gani 400 mit einer Masse von 1,425 kg. Er wurde 1998 in Libyen entdeckt.

★ GRÖSSTER MARS-METEORIT
Mit 18 kg ist der Zagami-Meteorit, der am 3. Oktober 1962 in einem Feld nahe Zagami (WAN) auf der Erde einschlug, der größte von mindestens 30 bekannten, vom Mars stammenden Meteoriten.

★ GRÖSSTER TEKTIT
Ein 3,2 kg schwerer Tektit (Glasmeteorit) wurde 1932 in Muong Nong (LAO) entdeckt. Er wird im Musée de Paris (F) ausgestellt.

Definitionen
Meteoroid: Kleinkörper im interplanetarischen Raum, bis zu einer Größe von einigen Metern, oftmals aber nicht größer als der Punkt am Ende dieses Satzes.
Meteor: Sternschnuppe, die entsteht, wenn ein Meteoroid mit einer Geschwindigkeit von etwa 50 km/sec in die Erdatmosphäre eintritt und dabei verglüht.
Meteorit: Dabei handelt es sich um größere Eisen- oder Gesteinsbrocken aus dem Weltall, die häufig beim Eintritt in die Erdatmosphäre als Feuerball sichtbar sind und am Erdboden auftreffen.
Tektite: Glasig aussehendes Gesteinsmaterial, das durch den Einschlag großer Meteoriten und Asteroiden auf der Erdoberfläche entstanden ist.

→ WO IST DER TÖDLICHSTE SEE DER ERDE?

DIE ANTWORT STEHT AUF S. 69

METEORITEN & EINSCHLAGKRATER

GRÖSSTER EINSCHLAGKRATER
Der Vredefort-Krater bei Johannesburg (RSA) hat einen Durchmesser von ca. 300 km und ist der größte von ungefähr 150 bekannten Einschlagkratern. Er entstand vor 2 Mrd. Jahren, als ein Asteroid oder Komet auf die Erde stürzte, und ist so groß, dass mehr als 270.000 Tennisplätze darin Platz fänden.

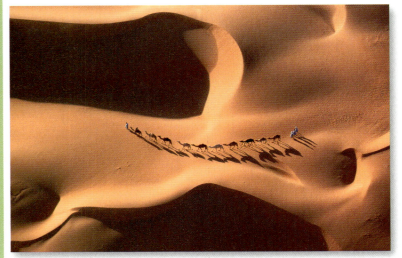

← GRÖSSTE WÜSTE

Beinahe ein Achtel der Erdoberfläche der Welt ist arid, d.h. die Verdunstung ist stärker als der Niederschlag. Die in Nordafrika gelegene Sahara ist die größte heiße Wüste der Welt. Von Ost nach West erstreckt sie sich über 5.150 km, von Nord nach Süd über 1.280 bis 2.250 km. Die Wüste bedeckt eine Fläche von etwa 9.269.000 km².

GUINNESS WORLD RECORDS BUCH 2006

★ NEUER REKORD   ★ VERBESSERTER REKORD

BERGE

HÖCHSTER BERG
Der Mount Everest im Himalaja ist 8.846 m hoch. Sein Gipfel ist der höchste Punkt der Welt. Bestiegen wurde er erstmals im Jahre 1953 durch den Sherpa Tenzing Norgay (NP) und Sir Edmund Hillary (NZ).

GRÖSSTER BERG
Der auf der Insel Hawaii (USA) gelegene Mauna Kea („Weißer Berg") ist der größte Berg der Welt. Von seinem Fuß auf dem Meeresboden bis zum Gipfel misst er insgesamt 10.205 m, wovon 4.205 m über dem Meeresspiegel liegen.

★ LÄNGSTE SICHTLINIEN
In Alaska (USA) ist der Mount McKinley (6.194 m) vom Mount Sanford (4.949 m) aus sichtbar; dazwischen liegt eine Distanz von 370 km.

Dank der Lichtbrechungseffekte der Atmosphäre ist manchmal der Vatnajökull (2.119 m, IS) von den rund 550 km entfernten Färöer-Inseln aus zu sehen.

IN DER ERDE

★ TIEFSTE HÖHLE
Die tiefste Höhle der Welt ist die unter dem Arabika-Massiv in Georgien gelegene Krubera (oder Voronja). Im Jahre 2004 wurde sie von der Speläologischen Gesellschaft der Ukraine bis zu einer Tiefe von 2.080 m erkundet.

GRÖSSTE HÖHLE
Die Sarawak-Kammer (Lubang Nasib Bagus) im Gunung-Mulu-Nationalpark, Sarawak (MAL), ist 700 m lang und mindestens 70 m hoch. In der Höhle hätten zehn hintereinander geparkte Jumbo-Jets des Typs Boeing 747 Platz.

TIEFSTES TAL
Das Yarlung-Zangbo-Tal in Tibet ist durchschnittlich 5.000 m tief. Bei einer Erkundung im Jahr 1994 wurde sein tiefster Punkt sogar auf 5.382 m gemessen. Das ist dreimal tiefer als der Grand Canyon und bietet Platz genug, um den CN-Tower (553 m) in Toronto beinahe zehnmal übereinandergestapelt aufzunehmen.

TIEFSTER NATÜRLICHER SCHACHT
Vrtiglavica (übersetzt in etwa „Schwindelgefühl") im Monte Kanin (SLO) ist ein durchgehender senkrechter Schacht von 643 m Tiefe – ausreichend, um zwei Eiffeltürme darin unterzubringen.

GRÖSSTER EINZELKRISTALL
Der hauptsächlich aus Eisen bestehende kugelförmige Kern der Erde hat einen Durchmesser von ca. 2.442 km und eine Temperatur von 5.000 – 6.000 °C. Viele Geologen gehen davon aus, dass diese riesige Kugel nur aus einem einzigen Kristall besteht, dessen Masse rund hundert Mio. Mio. Mio. t beträgt. Diese Annahme beruht auf unterschiedlichem Verhalten seismischer Wellen, die den Kern in verschiedenen Richtungen durchdringen.

GRÖSSTES FLÜSSIGKEITSVORKOMMEN
Der äußere Flüssigkeitskern der Erde besitzt eine Mächtigkeit von rund 1.221 km und ein Volumen von etwa 1,719 x 1.020 m³. Das sind ungefähr 29,3 Prozent der Erdmasse und 16 Prozent des Erdvolumens.

FRÜHESTER BEWEIS DER PLATTENTEKTONIK
Am 8. Juli 2002 gab ein Team von Wissenschaftlern aus China und den USA die Entdeckung von Felsformationen bekannt, die das Vorhandensein von Plattentektonik auf der Erde vor 2,5 Mrd. Jahren belegen. Dies ist rund 500 Mio. Jahre früher als ursprünglich angenommen.

← LÄNGSTER GEBIRGSZUG AN LAND
Die Anden in Südamerika erstrecken sich über 7.600 km in sieben Ländern und zählen über 50 Gipfel mit mehr als 6.000 m Höhe. Das Gebirge ist an den meisten Stellen etwa 300 km breit.

LÄNGSTER NATÜRLICHER ↓ BOGEN
Landscape Arch (unten) im Arches-Nationalpark und Kolob Arch im Zion-Nationalpark – beide im US-Bundesstaat Utah – überspannen jeweils Abgründe von 94,5 m Breite. Dabei ist Landscape Arch die eindrucksvollere Formation, da er sich über eine Wildbachschlucht biegt und an der schmalsten Stelle eine Stärke von nur 5 m hat.

Der **höchste natürliche Bogen** – Rainbow Bridge im Lake Powell National Monument (ebenfalls Utah) – ist lediglich 82,3 m lang, erhebt sich jedoch bis in eine Höhe von 88 m. Das ist fast doppelt so hoch wie die Freiheitsstatue in New York City (USA).

NATUR & UMWELT
DIE ERDE 2

★ GRÖSSTER SUMPF →

Die Panatal-Region in den brasilianischen Bundesstaaten Mato Grosso und Mato Grosso do Sul ist mit einer Fläche von 109.000 km² das weltgrößte Sumpfgebiet. Es umfasst Flüsse, Seen, saisonal überflutete Feuchtwiesen, Wälder und Sümpfe. Während der Regenzeit treten die Gewässer über die Ufer und überfluten ein Gebiet, das in etwa der Größe Kubas entspricht. Zur „Trockenzeit" gehen die Überschwemmungen zurück und hinterlassen eine üppige Landschaft aus Flüssen, Wäldern und Lagunen.

EIS & GLETSCHER

SCHNELLSTER GLETSCHER
Für den zwischen Anchorage und Valdez in Alaska (USA) gelegenen Columbia-Gletscher wurde 1999 eine durchschnittliche Fließgeschwindigkeit von 35 m pro Tag gemessen.

LÄNGSTER GLETSCHER
Der 1956/57 von einer australischen Flugzeugbesatzung im australischen Antarctic Territory entdeckte Lambert-Gletscher hat eine Breite von bis zu 64 km. Einschließlich des sich anschließenden Amery-Eisschelfs ist er mindestens 700 km lang und damit länger als der gesamte US-Bundesstaat Florida. Mit seinem Einzugsgebiet erfasst er etwa ein Fünftel des Eisschildes der Ostantarktis.

★ GRÖSSTE EISFLÄCHE AUF EINEM OZEAN
Das die Antarktis umgebende Südpolarmeer ist von einer Eisfläche bedeckt, die im Winter knapp größer ist als die Fläche Russlands. Dann umfasst das Eis nämlich ein Gebiet von 17–20 Mio. km², im Sommer verkleinert es sich auf 3–4 Mio. km². Zum Vergleich: das Nordpolarmeer ist im Winter von 16 Mio. km² und im Sommer von 7–9 Mio. km² Eis bedeckt.

★ ÄLTESTER EISBOHRKERN

Ein Eisbohrkern ist ein langer Zylinder aus Eis, der aus einem Eisschild entnommen wurde. Je größer die Tiefe des Kerns, desto älter ist das Eis. Wissenschaftler können daraus Informationen über globale Klimaveränderungen ableiten, indem sie Luftblasen analysieren, die vor sehr langer Zeit in dem Eis eingeschlossen wurden. Der älteste durchgängige Eiskern spiegelt 740.000 Jahre Klimageschichte wider. Er ist 3.139 m lang, hat einen Durchmesser von 10 cm und wurde, wie am 9. Juni 2004 bekannt gegeben, durch das European Project for Ice Coring in Antarctica (Epica) in Dome C (Antarktis) gebohrt.

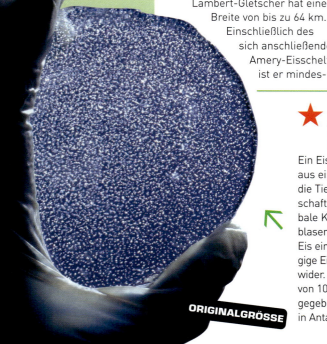

ORIGINALGRÖSSE

GRÖSSTER SEE UNTER EIS
Der Wostok-See in der Antarktis wurde 1994 durch die Analyse von Radarbildern entdeckt. Begraben unter einer 4 km dicken Eisschicht, ist er der älteste und unberührteste See der Erde und seit mindestens 500.000 Jahren völlig vom Rest der Welt isoliert. Mit einer Fläche von ca. 14.000 km² liegt er an 18. Stelle der weltgrößten Seen, und seine Tiefe beträgt mindestens 100 m.

★ LÄNGSTER EISBOHRKERN
1998 wurde ein 3.623 m langer Bohrkern aus dem Eis über dem Wostok-See entnommen. Die Bohrung wurde 150 m über der Seeoberfläche gestoppt, um eine mögliche Verunreinigung der unberührten Umwelt des Sees zu vermeiden.

GRÖSSTER PINGO
Pingos sind konisch geformte Hügel mit einem Kern aus Eis. Sie entstehen durch das Leerlaufen von Seen in Dauerfrostgebieten. Wenn das Restwasser unter dem Seeboden gefriert, dehnt es sich aus und türmt einen Erdhügel auf. Der an der Küste der kanadischen Westarktis befindliche Ibyuk-Pingo ist der größte Pingo der Welt. Er ist ca. 50 m hoch und hat einen Umfang von 300 m.

★ NEUER REKORD   ★ VERBESSERTER REKORD

SEEN

GRÖSSTER SEE
Das in Aserbaidschan, Turkmenistan, Iran, Russland und Kasachstan gelegene Kaspische Meer ist 1.225 km lang und bedeckt eine Fläche von 371.800 km². Darin fänden ganz Großbritannien und die Insel Kuba Platz. Die Maximaltiefe beträgt 1.025 m, die Oberfläche befindet sich 28,5 m unter dem Meeresspiegel.

TIEFSTER SEE
Der Baikalsee im südlichen Teil Ostsibiriens (RUS) wurde 1974 vom hydrographischen Dienst der sowjetischen Pazifikmarine vermessen. Dabei stellte man eine Tiefe von 1.637 m fest, wovon 1.181 m unter N.N. liegen.

GRÖSSTER SEE IM SEE
Der größte See im See ist der 106 km² große Manitou-See. Er liegt auf der **größten Seeinsel** der Welt, dem Manitoulin Island mit einer Fläche von 2.766 km², im kanadischen Teil des Lake Huron. Im See selbst gibt es wiederum eine Reihe von Inseln.

GROSSFLÄCHIGSTER SÜSSWASSERSEE
Der Lake Superior (Großer See) an der amerikanisch-kanadischen Grenze ist der Süßwassersee mit der größten Oberfläche. Er bedeckt 82.100 km², und an seiner 4.385 km langen Uferlinie leben mehr als 500.000 Menschen.

SÜSSWASSERSEE MIT DEM GRÖSSTEN VOLUMEN
Der Baikalsee in Sibirien (RUS) besitzt das stolze Volumen von ca. 23.000 km³ – das ist ein Fünftel der gesamten Oberflächen-Süßwasserreserven unseres Planeten. Zudem ist er auch der **älteste Süßwassersee**; er entstand vor 20–25 Mio. Jahren.

GRÖSSTER UNTERIRDISCHER SEE
1986 wurde in der Drachenhauchloch-Höhle bei Grootfontein (NAM) ein ca. 66 m unter der Erde liegender See entdeckt. Er ist 84 m tief, und seine Fläche beträgt 2,61 ha.

SALZIGSTER SEE
Der Don Juan Pond im Wright Valley (Antarktis) hat einen Salzgehalt von 671 Promille (verglichen mit 35 Promille in den Weltmeeren). Das Wasser ist so salzig, dass es trotz Temperaturen von minus 53 °C flüssig bleibt.

INSELN

HÖCHSTGELEGENE INSELN
Der Orba-See in Tibet befindet sich in einer Höhe von 5.209 m über dem Meeresspiegel. Er hat eine Oberfläche von 100 km² und birgt mehrere kleine Inseln.

GRÖSSTE INSEL AUF EINER INSEL
Samosir im Toba-See auf Sumatra (RI) hat eine Fläche von 630 km².

DIE LÄNGSTEN FLÜSSE DER WELT

FLUSS	QUELLE	LÄNGE
Nil	Burundi	6.671 km
Amazonas	Lago Villafro (PE)	6.448 km
Jangtsekiang	Kunlun Shan (CHN)	6.300 km
Mississippi-Missouri	Montana (USA)	5.970 km
Jenissei-Angara	Mongolei	5.550 km
Ob-Irtysch	Russland	5.410 km
Hwangho (Gelber Fluss)	Provinz Qinghai (CHN)	4.845 km

← TÖDLICHSTER SEE
Der See mit den meisten nicht ertrunkenen Todesopfern ist der Nyos-See in Kamerun. In den letzten Jahrzehnten kam es dort durch giftige Gase zu beinahe 2.000 Todesfällen. Im August 1986 verloren in einer Nacht durch das Austreten großer Kohlendioxidmengen bis zu 1.800 Menschen ihr Leben. Die Wissenschaft ist sich nicht einig über die Quelle des tödlichen Gases. Da der Nyos-See im Krater eines erloschenen Vulkans liegt, könnte das Gas vulkanischen Ursprungs sein. Es könnte aber auch durch die Zersetzung organischen Materials in Verbindung mit Schwankungen der Oberflächentemperatur entstehen.

LÄNGSTER FLUSS ↑
Die Hauptquelle des Nils ist der Victoriasee in Ostafrika. Von seinem entferntesten Quellfluss in Burundi erstreckt er sich über eine Länge von 6.671 km – das ist fast doppelt so lang wie die Große Mauer in China. Im Bild oben ist der Nil in Ägypten zu sehen.

NATUR & UMWELT
VULKANE

★ MEISTE TODESOPFER
← DURCH EINEN PYROKLASTISCHEN STROM

Am 8. Mai 1902 brach der Mont Pelée auf der Insel Martinique auf den Französischen Antillen aus und setzte einen pyroklastischen Strom – auch nuée ardente („glühende Wolke") genannt – aus glühendem Gestein und Gas frei, der mit Geschwindigkeiten von bis zu 160 km/h an den Flanken des Vulkans hinabraste. Der pyroklastische Strom zerstörte die Stadt Saint-Pierre und tötete rund 30.000 Einwohner.

Vulkanausbruch verantwortlich: Der Ausbruch von 1815 forderte schätzungsweise 92.000 Menschenleben.

★ GRÖSSTE FLUTBASALT-STRÖME

Der Ausbruch der Sibirischen Traps begann vor 248,3 Mio. Jahren und dauerte 1 Mio. Jahre. Das Volumen der dabei ausgetretenen Lava wird auf mehrere Millionen km^3 geschätzt – genug, um damit die gesamte Erdoberfläche meterhoch zu bedecken.

AM WEITESTEN HÖRBARER VULKANAUSBRUCH

Als 1883 der Vulkan Krakatau (RI) ausbrach, konnte man das noch auf der 4.653 km entfernten Insel Rodriguez hören. Es war **das lauteste seit unserer Geschichtsschreibung von Menschen vernommene Geräusch**. Der Ausbruch des Krakatau erfolgte mit beinahe dem Zehntausendfachen der Kraft der über Hiroshima abgeworfenen Atombombe. Er verursachte eine 40 m hohe Flutwelle, die einen Dampfer 2,5 km von seinem Kurs abbrachte.

★ NÖRDLICHSTER VULKAN

Der 2.276 m hohe Beerenberg befindet sich auf der im Nordatlantik gelegenen Insel Jan Mayen (71°05' n.Br.). Er brach am 20. September 1970 aus, und die 39 Bewohner der Insel (lauter Männer, die auf Walfangstationen arbeiteten) mussten evakuiert werden.

★ SÜDLICHSTER VULKAN

Mount Erebus, ein 3.794 m hoher, aktiver Vulkan, befindet sich auf der Ross-Insel (77°35' s.Br.) in der Antarktis.

→ WO BEFINDET SICH DIE LÄNGSTE UNTERIRDISCHE GEBIRGSKETTE?

DIE ANTWORT STEHT AUF S. 74

AUSBRÜCHE

GRÖSSTES ERUPTIONSVOLUMEN

Das Eruptionsvolumen des Tambora, eines Vulkans auf der indonesischen Insel Sumbawa, der im April 1815 ausbrach, betrug 150-180 km^3 – ein Volumen, das 72.000 Großen Pyramiden entspricht. Im Verhältnis dazu betrug das Eruptionsvolumen des Santorini (GR) 65 km^3 und das des Krakatau 20 km^3. Der Tambora ist auch für **die meisten Todesfälle bei einem**

GRÖSSTER AKTIVER VULKAN →

Der sanft abfallende Kegel des Mauna Loa auf Hawaii ist 120 km lang und oberhalb des Meeresspiegels 50 km breit. Der Vulkan ist 4.170 m hoch und hat ein Gesamtvolumen von 42.500 km^3, das sich zu 84,2 % unter dem Meeresspiegel befindet. Sein Krater Mokuaweoweo misst 10,5 km^2 und ist 150 bis 180 m tief. Der letzte größere Ausbruch des Vulkans erfolgte 1984.

★ NEUER REKORD   ★ VERBESSERTER REKORD

★ HÖCHSTER VULKAN
Der 6.960 m hohe, schneebedeckte Cerro Aconcagua in den Anden Argentiniens ist der höchste Vulkan der Welt, aber nicht mehr aktiv. **Der höchste aktive Vulkan** ist der Ojos del Salado (6.887) an der Grenze zwischen Chile und Argentinien.

★ JÜNGSTER VULKAN
Der 320 km westlich von Mexico City (MEX) gelegene Paricutín ist ein Vulkankegel, der am 20. Februar 1943 in einem Maisfeld ausbrach und bis 1953 aktiv war. Im ersten Jahr, in dem der Vulkan am aktivsten war, wuchs der Kegel auf eine Höhe von 336 m an. Er bot Geologen die seltene Gelegenheit, die Geburt, Entwicklung und den Tod eines Vulkans mitzuerleben.

GRÖSSTE DAMPFRINGE
Der Ätna auf Sizilien ist **der höchste und aktivste Vulkan Europas**. Als Folge komplexer physikalischer Vorgänge stößt er Dampfringe aus, die Rauchringen ähneln. Die Dampfringe des Ätna haben einen Durchmesser von rund 200 m und können etwa zehn Minuten ihre Form behalten, während sie langsam zu einer Höhe von 1.000 m über dem Vulkanschlot aufsteigen. Man nimmt an, dass die Ringe durch eine ungewöhnliche geometrische Form des sie erzeugenden Vulkanschlotes entstehen.

LAVA

★ SCHNELLSTER LAVASTROM
Der Nyiragongo in der Demokratischen Republik Kongo (früher Zaire) brach am 10. Januar 1977 aus. Lava trat mit bis zu 60 km/h durch die Flanken des Vulkans aus. Rund 2.000 Menschen starben, als die Lava die Stadt Goma erreichte.

★ LÄNGSTE LAVAHÖHLE
Die längste und tiefste Lavahöhle (eine offene Röhre im Innern eines Lavastroms) ist die Kazumura Cave auf Hawaii (USA). Die 59,3 km lange Höhle weist auf der Ostflanke des Vulkans Kilauea eine Höhendifferenz von 1.099 m auf.

GRÖSSTER ERDRUTSCH DER NEUZEIT
Der Erdrutsch am Mount St. Helens war der größte, der je von einem Überlebenden beobachtet wurde. Am 18. Mai 1980 rutschten unmittelbar vor der Vulkaneruption etwa 2.800 Mio. m³ Geröll vom Berg, was einem Ercblock entspricht, der fast 1,5 km hoch und ebenso breit und lang ist.

KÜHLSTE LAVA
Normale basaltische Lava bricht erst bei einer Temperatur von 1.100 bis 1.200 °C aus, doch die natrokarbonatische Lava des Vulkans Oldoinyo Lengai in Tansaria schon bei einer Temperatur von 500 bis 600 °C.

GRÖSSTE UMLEITUNG EINES LAVASTROMS
Als 1973 der Vulkan Eldfell auf der isländischen Insel Heimaey ausbrach, flossen große Mengen geschmolzener Lava in Richtung der Stadt Vestmannaeyjar. Ein Drittel der Stadt wurde zerstört, bevor die Insulaner das übrige Gebiet retten konnten, indem sie große Mengen Wasser auf die anrückende Lava sprühten, sodass sie abkühlte und sich zu einer Reihe von Steindämmen verfestigte.

↑ AKTIVSTER VULKAN
Der aktivste Vulkan der Welt ist der Kilauea auf Hawaii (USA), der seit 1983 ständig ausbricht. Die aus dem Vulkan strömende Lava breitet sich mit einer Geschwindigkeit von 5 m³ pro Sekunde aus, deswegen der hawaiische Name „Kilauea": Er bedeutet „spucken" oder „sich ausbreiten".

GROSSE VULKANAUSBRÜCHE IN DER GESCHICHTE

VULKAN	DATUM	WIRKUNG
Mount St. Helens (Washington, USA)	1980	Lawine hatte die Rekordgeschwindigkeit von 402,3 km/h; Rauch und Asche stiegen 6.000 m hoch; Asche wurde 800 km entfernt abgelagert.
Krakatau (Krakatau, RI)	1883	10.000-mal stärker als die Hiroshima-Bombe; Felsbrocken wurden 55 km in die Luft geschleudert; Staub kam noch 10 Tage später 5.330 km entfernt herunter.
Ätna (Sizilien, I)	1669	Ausbruch dauerte über einen Monat; Lava begrub Westteil der Stadt Catania, 28 km vom Gipfel entfernt; bis zu 20.000 Tote.
Vesuv (Bucht von Neapel, I)	79 n.Chr.	Städte Pompeji, Stabiae und Herculaneum unter Asche und Schlacke begraben; erst 1748 wieder ausgegraben; rund 35.000 Tote.
Santorini (Kykladen, GR)	1550 v.Chr.	Riesige Explosion – etwa viermal so stark wie beim Ausbruch des Krakatau 1883 – zerstörte die Insel fast völlig.

WWW.GUINNESSWORLDRECORDS.COM

→ NATUR & UMWELT
DAS KLIMA

58°C (136°F) — Höchste dokumentierte Temperatur Al'Aziziyah in der Sahara (LAR), 13. September 1922

31,4°C (88,5°F) — Gleichförmigste Temperatur Zwischen 1927 und 1935 gab es in Garapan auf der Pazifikinsel Saipan lediglich Temperaturschwankungen von 11,8 °C

19,6°C (67,3°F)

14,6°C (58,2°F) — *Durchschnittliche globale Temperatur (2004)*

7°C (45°F) — Verrücktester Temperaturanstieg Am 22. Januar 1943 stieg die Temperatur in Spearfish (USA) in 2 Minuten von minus 20 °C auf plus 7 °C an

-20°C (-4°F)

-49°C (-56°F) — Größte Temperaturschwankung an einem Tag In Browning, Montana (USA), fiel die Temperatur vom 23. zum 24. Januar 1916 um 56 °C von plus 7 °C auf minus 49 °C

-68°C (-90°F) — Kältester bewohnter Ort Oimjakon, Sibirien (RUS)

-89,2°C (-128,6°F) — Niedrigste dokumentierte Temperatur Wostok, Antarktis, 21. Juli 1983

GRÖSSTER IN EINEM TORNADO GEMESSENER ← DRUCKABFALL

Der größte je in einem Tornado gemessene Druckabfall betrug 100 mb. Gemessen wurde er am 24. Juni 2003 vom Sturmforscher Tim Samaras (USA), dem es gelang, ein Messinstrument in der Bahn eines Tornados der Stärke F4 in South Dakota (USA) zu platzieren. Der Tornado hinterließ in der Gemeinde Manchester eine Spur der Verwüstung von 40 km Länge. Die Einteilung in F-Klassen bezieht sich auf die Fujita-Tornado-Skala; wobei F4 einen Tornado mit Geschwindigkeiten von 93–116 m/sec bezeichnet (334–417 km/h).

WOLKEN

HÖCHSTE WOLKEN
Die höchsten Wolken sind so genannte nachtleuchtende Wolken, die in unteren und oberen Breitengraden vorkommen. Diese schönen, hauchzarten Phänomene entstehen in Höhen von ca. 80 km, oberhalb von 99,9 Prozent der Atmosphäre. Sie sind nach Sonnenuntergang sichtbar, wenn sie aufgrund ihrer Höhe noch von der Sonne angestrahlt werden, und entstehen vermutlich aus Eiskristallen und meteorischem Staub.

HÖCHSTES WOLKENEXTREM
Die am höchsten liegenden normalen Wolken sind die Cirruswolken, die in durchschnittlich 9.000 m Höhe vorkommen. Die seltenen Perlmuttwolkenformationen erreichen jedoch Höhen von bis zu 24.500 m. Die **tiefsten Wolken** sind die Stratuswolken, deren Höhe bei unter 460 m liegt.

GRÖSSTE VERTIKALE WOLKENAUSDEHNUNG
In den Tropen wurden Kumuluswolken beobachtet, die vom Bodenniveau aus gemessen eine Höhe von fast 20.000 m erreichten. Das ist das Zweieinhalbfache des Mount Everest!

REGEN

REKORDREGEN (24 STUNDEN)
Ein Rekordregen von 1.870 mm fiel in 24 Stunden am 15. und 16. März 1952 in Cilaos auf der Insel Réunion im Indischen Ozean. Das entspricht einer Menge von 1,87 t pro m^2.

MEISTE REGENTAGE
Auf dem Mount Wai'ale'ale (1.569 m) auf Hawaii gibt es bis zu 350 Regentage im Jahr. Das entspricht einem Niederschlagsdurchschnitt von mehr als 10 m.

ÄLTESTER FOSSILER REGENTROPFEN
Am 15. Dezember 2001 gab der indische Geologe Chirananda De seine Entdeckung versteinerter Abdrücke von Regentropfen bekannt, die er an Felsen des Gebirgszuges Vindhyan in Madhya Pradesh (IND) vorfand. Diese Felsen beweisen, dass es auf der Erde vor mindestens 1,6 Mrd. Jahren bereits Regen gab.

★ GRÖSSTE REGENTROPFEN
Regentropfen mit einer Größe von mindestens 8,6 mm Durchmesser wurden gleich zweifach festgestellt: im September 1995 in Brasilien und im Juli 1999 auf den Marshall-Inseln. Die Tropfen wurden mit einem Lasergerät gemessen, das sich an Bord eines Flugzeugs befand. Die Messungen erfolgten im Rahmen einer von Peter V. Hobbs und Arthur Rango (beide USA) von der University of Washington (USA) durchgeführten Studie.

STÄRKSTE REGENFÄLLE

Den Rekord für die durchschnittliche Niederschlagsmenge pro Jahr und damit für den feuchtesten Ort der Welt hält mit jährlich 11.873 mm Mawsynram im indischen Bundesstaat Meghalaya. Der meiste Regen fällt in diesem Bundesstaat (der Name bedeutet „Land der Wolken") zwischen Juni und September während des Monsuns. Die größte Niederschlagsmenge in einem Kalendermonat gab es im Juli 1861 mit 9.300 mm im ebenfalls in Meghalaya gelegenen Cherrapunji.

GUINNESS WORLD RECORDS BUCH 2006

★ NEUER REKORD   ★ VERBESSERTER REKORD

SCHNEE UND HAGEL

SCHNEEMASSEN
Zwischen 1971 und 1972 fielen in Paradise am Mount Rainier im US-Bundesstaat Washington insgesamt 31,102 m Schnee. Die **größte je verzeichnete Schneetiefe** von 11,46 m gab es im März 1911 in Taramac, Kalifornien (USA).

SCHLIMMSTE SCHÄDEN EINES SCHNEESTURMS
Insgesamt 500 Menschen kamen bei einem Schneesturm ums Leben, der am 12./13. März 1993 die Ostküste der USA überzog. Der Sturm, den ein Meteorologe als „Sturm mit dem Herzen eines Blizzards und der Seele eines Hurrikans" beschrieb, verursachte Schäden in Höhe von umgerechnet 925 Mio. EUR.

SCHWERSTE HAGELKÖRNER
Hagelkörner mit einem Gewicht von bis zu 1 kg töteten am 14. April 1986 Berichten zufolge im Distrikt Gopalganj (BD) 92 Menschen. Die **meisten Todesopfer** forderte jedoch ein Hagelsturm, der am 20. April 1888 in Moradabad, Uttar Pradesh (IND), auftrat. Dabei kamen insgesamt 246 Menschen ums Leben.

GRÖSSTER EISBROCKEN VOM HIMMEL
Am 13. August 1849 soll Berichten zufolge in Rossshire (GB) ein 6 m langer Eisbrocken vom Himmel gefallen sein. Das Eis war klar, schien jedoch aus kleineren Stücken zu bestehen. Eine mögliche Erklärung dafür ist die Verschmelzung von Hagelkörnern durch Blitzeinwirkung.

SCHNELLSTER STRAHLSTROM →
Strahlströme oder Jetstreams sind Luftströme mit hoher Geschwindigkeit, die im oberen Bereich der Atmosphäre vorkommen. Ihre Geschwindigkeit liegt durchschnittlich bei 400 km/h. Der Rekord liegt bei 656 km/h und wurde am 13. Dezember 1967 über South Uist, Western Isles (GB), in einer Höhe von 47 km gemessen. Das Bild zeigt von einem Strahlstrom bewegte Wolken über Ägypten und dem Roten Meer, deren Geschwindigkeit mehr als 160 km/h beträgt.

BLITZERSCHEINUNGEN

BLITZ MIT DEN MEISTEN EINSCHLÄGEN
Die meisten Gewitterblitze erzeugen mehrere Einschläge, d.h. starke Stromimpulse. Diese führen dazu, dass manche Blitze zu flackern scheinen. Die meisten Stromimpulse – nämlich 26 – erzeugte eine Wolke-Erde-Blitzentladung, die 1962 von Marx Brook (USA) in New Mexico (USA) beobachtet wurde.

TÖDLICHSTER BLITZ
Insgesamt 81 Menschen an Bord eines Verkehrsflugzeugs des Typs Boeing 707 kamen am 8. Dezember 1963 ums Leben, als die Maschine nahe Elkton, Maryland (USA), von einem Blitz getroffen wurde.

LÄNGSTER BLITZ
Zu jeder beliebigen Zeit treffen ca. 100 Blitze auf der Erde auf. Üblicherweise beträgt die Länge dieser Entladungen rund 9 km. 1956 beobachtete und registrierte der Meteorologe Myron Ligda (USA) mithilfe von Radartechnik in einer Wolkenformation einen Blitz mit einer horizontalen Ausbreitung von 149 km.

MEISTE ÜBERLEBTE BLITZSCHLÄGE
Roy C. Sullivan (USA) ist der einzige Mensch der Welt, der sieben Blitzschläge überlebt hat. Er wurde 1942 das erste Mal vom Blitz getroffen (Verlust des Nagels einer großen Zehe), dann erneut 1969 (Verlust der Augenbrauen), 1970 (Verbrennungen an linker Schulter), 1972 (Haare fingen Feuer) 1973 (nachgewachsene Haare versengt und Beine verbrannt), 1976 (Knöchel verletzt) und 1977 (Verbrennungen im Bauch- und Brustbereich). 1983 beging er Selbstmord, dem Vernehmen nach aus Liebeskummer.

TROCKENSTER ORT
Zwischen 1964 und 2001 betrug die jährliche Niederschlagsmenge an der meteorologischen Station in Quillagua in der chilenischen Atacama-Wüste nur 0,5 mm. Entdeckt wurde der Rekord 2001 während der Dreharbeiten zur Dokumentarreihe *Going to Extremes*. Die unten abgebildeten ungewöhnlich geformten Salzablagerungen befinden sich in einem ausgetrockneten See in der Wüste.

NATUR & UMWELT
OZEANE

← LÄNGSTES KORALLENRIFF

Das Great Barrier Reef vor der Küste von Queensland (AUS) ist rund 2.027 km lang. Es ist eigentlich kein durchgängiges Gebilde, sondern besteht aus Tausenden einzelner Riffs. Zudem ist es der **größte von Lebewesen erzeugte Meeresorganismus**, da es aus Milliarden von lebenden und toten Steinkorallen (Ordnung: Madreporaria und Scleractinia) besteht.

WELTMEERE

Pazifischer Ozean	155.557.000 km²
Atlantischer Ozean	76.762.000 km²
Indischer Ozean	68.556.000 km²
Südpolarmeer	20.327.000 km²
Nordpolarmeer	14.056.000 km²

GRÖSSTER OZEAN ↑

Der größte Ozean der Welt ist der Pazifik. Ohne seine angrenzenden Meere stellt er 45,9 Prozent der Weltmeere und bedeckt eine Fläche von 155.557.000 km². Seine Durchschnittstiefe beträgt 3.940 m.

★ KLARSTES MEER

Das Weddellmeer vor der Antarktis besitzt das klarste Wasser aller Meere oder Ozeane. Am 13. Oktober 1986 ermittelten Wissenschaftler des Alfred-Wegener-Instituts in Bremerhaven (D) die Sichttiefe mithilfe einer 30 cm breiten Secchi-Scheibe aus schwarz-weißem PVC. Die Scheibe wird dabei ins Wasser gelassen und so lange verfolgt, bis sie nicht mehr zu erkennen ist. Im Weddellmeer war die Secchi-Scheibe bis in eine Tiefe von 80 m sichtbar. Die Klarheit ähnelt somit der von destilliertem Wasser.

★ STÄRKSTER NATÜRLICHER „WHIRLPOOL"

In der Natur gibt es eine ganze Reihe von permanenten Wasserstrudeln, die durch Gezeiten, schmale Meerengen und große Fließgeschwindigkeiten des Wassers entstehen. Die kräftigsten davon sind Moskenstraumen nahe der Loften (N) und Old Sow vor der Küste von Maine (USA). In beiden wurden Strömungen mit einer Intensität von 28 km/h gemessen.

HÖCHSTE TEMPERATUR

Die höchste Temperatur, die je in einem Ozean gemessen wurde, betrug 404 °C. Sie wurde 1985 von einem Forschungs-U-Boot der USA in einem Hydrothermal-Schlot etwa 480 km vor der amerikanischen Westküste registriert.

STÄRKSTE OZEAN-STRÖMUNG DER WELT

Die auch als West Wind Drift bezeichnete antarktische zirkumpolare Strömung ist die stärkste in einem Ozean vorkommende Strömung. Sie befördert ca. 130 Mio. m³ Wasser pro Sekunde – das ist das Sechs- bis Siebenfache des Golfstroms.

UNTER WASSER

HÖCHSTER UNTERWASSER-GIPFEL

Der Monte Pico in der Inselgruppe der Azoren (P) ragt 2.351 m aus dem Meer heraus und reicht 6.098 m tief bis zum Meeresgrund – damit fehlen ihm nur 397 m an der Höhe des Mount Everest.

LÄNGSTE UNTERWASSER-BERGKETTE

Der mittelozeanische Rücken erstreckt sich über 65.000 km vom Nordpolarmeer zum Atlantik, um Afrika, Asien und Australien herum und unter dem Pazifik bis zur Westküste Nordamerikas. An seiner höchsten Stelle erhebt er sich 4.200 m über dem Meeresgrund.

★ BREITESTES KONTINENTALSCHELF

Kontinentalschelfe schließen sich an Küstenebenen an und bilden den vom Meer umspülten Saum der Kontinente. Etwa 7,4 Prozent der Oberfläche der Weltmeere liegt über solchen Schelfen, die weltweit eine Breite von durchschnittlich 78 km haben. Das breiteste Schelf erstreckt sich über 1.210 km vor der sibirischen Küste (RUS) ins Nordpolarmeer hinein.

GRÖSSTE INSELGRUPPE

Die größte Inselgruppe der Welt ist der ostindische oder malaiische Archipel, der das Land Indonesien bildet. Der Archipel ist 5.600 km lang und zählt mehr als 17.000 Inseln, zu denen auch die abgebildete Insel Sipadan gehört. Die Küstenlinie der Inselgruppe hat eine Länge von zusammen genommen über 80.000 km.

GUINNESS WORLD RECORDS BUCH 2006

★ NEUER REKORD   ★ VERBESSERTER REKORD

GRÖSSE

GRÖSSTER GOLF
Der Golf von Mexiko reicht von Cape Sable in Florida (USA) bis nach Cabo Catoche in Mexiko. Er hat eine Gesamtfläche von 1.544.000 km² und eine Küstenlinie von rund 5.000 km.

GRÖSSTE BUCHT
Die Bucht mit der längsten Küstenlinie der Welt ist die Hudson Bay in Kanada mit 12.268 km – das entspricht in etwa der Küstenlinie Großbritanniens – und einer Wasserfläche von 1.233.000 km². Rein flächenmäßig ist die Bucht von Bengal im Indischen Ozean mit 2.172.000 km² noch größer.

GRÖSSTES ATOLL
Das größte Atoll der Welt ist Kwajalein, das zu den im Pazifik gelegenen Marshall-Inseln gehört. Sein 283 km langes Korallenriff umschließt eine 2.850 km² große Lagune.

GRÖSSTE POLYNYA
Polynyas sind ganzjährig eisfreie Zonen im sonst zugefrorenen Polarmeer. In den Wintermonaten 1974, 1975 und 1976 trat im Weddellmeer vor der Antarktis eine Polynya mit einer Fläche von 1.000 × 350 km auf.

★ GRÖSSTES STILLWASSER-GEBIET
Die Stillwasser der Sargassosee im nördlichen Atlantik erstrecken sich über ca. 6,2 Mio. km². Die Wasseroberfläche ist so ruhig, dass darauf Beerentang wachsen konnte, der die Fläche nun größtenteils bedeckt.

WELLEN & GEZEITEN

HÖCHSTE WELLE
Die höchste offiziell registrierte, wetter- oder klimabedingte Welle war vom Tal bis zum Kamm 34 m hoch. Gemessen wurde sie in der Nacht vom 6. zum 7. Februar 1933 während eines Hurrikans, der Geschwindigkeiten von bis zu 126 km/h erreichte, durch Marineleutnant Frederic Margraff (USA) auf der USS *Ramapo* auf dem Weg von Manila (RP) nach San Diego, Kalifornien (USA).

★ WELLE MIT DER GRÖSSTEN WELLENLÄNGE
Die größte Wellenlänge (der Abstand zwischen aufeinander folgenden Wellenkämmen oder -tälern) im Ozean liegt bei ca. 12.000 km und tritt bei Gezeitenwellen auf, die von Sonne und Mond ausgelöst werden. Zum Vergleich: normale, durch Winde verursachte Ozeanwellen haben eine Wellenlänge von etwa 50–100 m.

GRÖSSTER DURCHSCHNITTLICHER TIDENHUB
Den größten Tidenhub gibt es in der Bay of Fundy, die die Halbinsel Nova Scotia in Kanada vom US-Bundesstaat Maine und der kanadischen Provinz New Brunswick trennt. Burncoat Head im Minas Basin in Nova Scotia hat mit 14,5 m den größten durchschnittlichen Unterschied zwischen Hoch- und Niedrigwasser.

GRÖSSTES NICHT UNTERBROCHENES STRÖMUNGSSYSTEM
Das „thermohaline Förderband" ist ein globales System von Meeresströmungen, das durch Unterschiede in Dichte und Salzgehalt des Meerwassers angetrieben wird. Kaltes, salzhaltiges Tiefenwasser gelangt vom Nordatlantik in den Süden, von wo aus es nach Osten und Norden in den Indischen und den Pazifischen Ozean weiterfließt. Hier steigt es auf, erwärmt sich und gelangt westwärts zurück in den Nordatlantik wo es wieder absinkt. Der gesamte Zyklus kann 1.000 Jahre dauern.

GRÖSSTES ← DELTA

Das weltgrößte Delta – ein ähnlich einem Dreieck geformtes Areal mit Lehm-, Schlick- und Sandablagerungen an der Mündung eines Flusses – ist das Bengal-Delta der Flüsse Brahmaputra und Ganges in Bangladesh und West-Bengalen (IND). Es erstreckt sich über eine Gesamtfläche von 75.000 km² und ist damit fast doppelt so groß wie die Schweiz.

HÖCHSTE TSUNAMI-FLUTWELLE

Der höchste jemals registrierte Tsunami hatte eine Höhe von 524 m und trat am 9. Juli 1958 entlang der fjordähnlichen Lituya Bay in Alaska (USA) auf. Verursacht durch einen gewaltigen Erdrutsch, bewegte er sich mit einer Geschwindigkeit von 160 km/h vorwärts. Diese Flutwelle war so hoch, dass sie das damals höchste Gebäude der Welt, das Empire State Building in New York City (USA), komplett überflutet hätte.

WWW.GUINNESSWORLDRECORDS.COM

→ **NATUR & UMWELT**
UNTER WASSER

202 m Tiefste Meereshöhle: Dean's Blue Hole, Bahamas

210 m Tiefster Tauchgang eines fliegenden Vogels: Dickschnabellumme (*Uria lomvia*)

282,6 m Tiefster Süßwasser-Höhlentauchgang: Nuno Gomes (RSA), Boesmansgat Cave (RSA)

307,8 m Tiefster Sporttauchgang im Meer: John Bennett (GB), Escarcia Point, Puerto Galera (RP)

534 m Tiefster Tauchgang eines Vogels: Kaiserpinguin (*Aptenodytes forsteri*)

1.200 m Tiefster Tauchgang einer Schildkröte: Lederschildkröte (*Dermochelys coriacea*)

1.529 m Tiefster Tauchgang eines Flossenfüßers: Nördlicher See-Elefant (*Mirounga angustirostris*), Kalifornien (USA)

2.000 m Tiefster Tauchgang eines Säugetiers: Spermwal (*Physeter macrocephalus*)

2.400 m Live-TV-Übertragung aus größter Tiefe: *Abyss Live* (BBC, GB), Mittelozeanischer Rücken

4.500 m Tiefste kommerzielle Bergung: US-Weltraumfahrzeug *Liberty Bell 7*, Atlantischer Ozean

5.650 m In größter Tiefe lebende Schwämme

6.526 m Tiefster Tauchgang eines U-Bootes: *Shinkai 6500* (J)

7.584 m In größter Tiefe lebender Seestern: *Porcellanaster ivanovi*

8.370 m In größter Tiefe lebender Fisch: Aal (*Abyssobrotula galatheae*)

11.034 m Tiefster bislang ausgeloteter Punkt des Ozeans: Witjastiefe I im Pazifik

BERGUNG

★ FLUGZEUGBERGUNG AUS GRÖSSTER TIEFE
Am 27. Februar 1992 barg die Crew der USS *Salvoron* aus einer Tiefe von 5.258 m einen Hubschrauber, der im August 1991 in den Pazifischen Ozean gestürzt war. Die Bergung ermöglichte die Untersuchung der Absturzursache.

★ KOMMERZIELLE BERGUNG AUS GRÖSSTER TIEFE
Am 20. Juli 1999 wurde das US-Raumfahrzeug *Liberty Bell 7* vom Grund des Atlantischen Ozeans geborgen, wo es seit seiner Wasserung am 21. Juli 1961 gelegen hatte. Das Raumfahrzeug befand sich in einer Tiefe von über 4.500 m, bevor es im Rahmen eines vom Discovery Channel finanzierten Projekts vom Bergungsschiff *Ocean Project* gehoben wurde.

★ TIEFSTLIEGENDES SCHIFFSWRACK
Am 28. November 1996 entdeckte Blue Water Recoveries Ltd (GB) mithilfe eines seitlich schwenkenden Sonars das Wrack der *Rio Grande* auf dem Grund des Südatlantiks. Der Fund wurde am 30. November 1996 von Blue Water unter Einsatz eines ferngesteuerten Fahrzeugs bestätigt. Das Wrack, ein deutscher Blockadebrecher aus dem Zweiten Weltkrieg, liegt in einer Tiefe von 5.762 m.

★ GRÖSSTE AUGEN IM VERHÄLTNIS ZUM KÖRPER
Vampyroteuthis infernalis – wörtlich: der „Vampir-Kalmar aus der Hölle" – lebt in tropischen Gewässern in einer Tiefe von über 600 m. Seine maximale Körperlänge beträgt 28 cm und seine Augen haben einen Durchmesser von 2,5 cm – ein Verhältnis von 1:11, das größte im Reich der Tiere. Das menschliche Äquivalent wären Augen von der Größe eines Tischtennisschlägers!

★ BERGUNGSAKTION MIT TAUCHERN IN REKORDTIEFE
Der Kreuzer *Edinburgh*, der am 2. Mai 1942 in der Barentssee vor Nordnorwegen sank, befindet sich in einer Tiefe von 245 m. Vom 7. September bis 7. Oktober 1981 arbeiteten zwölf Taucher jeweils zu zweit auf dem Wrack und bargen 460 Goldbarren.

GRÖSSTER AUS EINEM WRACK GEBORGENER SCHATZ
Im August 1984 wurde von dem zaristischen Schlachtschiff *Admiral Nakhimov*, das in 60 m Tiefe vor der japanischen Insel Tsushima lag, Gold und Platin im Wert von umgerechnet rund 2.596 Mio. EUR geborgen. Am 20. Juli 1985 wurde die *Nuestra Señora de Atocha*, die 1622 vor der Küste Floridas sank, geborgen. Das Schiff hatte 40 t Gold und Silber sowie 31,75 kg Smaragde an Bord.

TIEFSTER …

BEMANNTER ABSTIEG
Jacques Piccard (CH) und Donald Walsh (USA) stiegen am 23. Januar 1960 mit dem in der Schweiz gebauten und der US-Navy gehörenden Bathyskaph *Trieste* im Marianengraben auf eine Tiefe von 10.916 m ab. Die Witjastiefe I im Marianengraben gilt mit 11.034 m als **tiefster Punkt der Erde** und liegt 400 km südwestlich von Guam im Pazifischen Ozean.

SPORTTAUCHGANG IM MEER
Am 6. November 2001 tauchte John Bennett (GB) vor Escarcia Point (RP) 307,8 m tief. Der Abstieg dauerte nur knapp über 12 Minuten, der Aufstieg hingegen aufgrund der Dekompressionsstopps über 9 Stunden 36 Minuten. Bennett brauchte 60 Sauerstoffflaschen.

HITZEBESTÄNDIGSTER ORGANISMUS
Strain 121 ist eine Mikrobe aus der Archae genannten Gruppe bakterienähnlicher Organismen. Strain 121 wurde im aufgeheizten Wasser hydrothermaler Schlote auf dem Grund des Pazifiks gefunden und kann Temperaturen von bis zu 121 °C überleben.

REKORDTIEFE
EINES TAUCHBOOTES

Von den Tauchbooten, die derzeit in Betrieb sind, kann das japanische Forschungs-U-Boot Shinkai 6500 am tiefsten hinabsteigen. Am 11. August 1989 erreichte es im Japangraben vor Sanriku (J) eine Tiefe von 6.526 m. Das Drei-Mann-Boot, das 9,5 m lang, 2,7 m breit und 3,2 m hoch ist, erforscht noch heute den Meeresgrund.

TIER- UND PFLANZENWELT

★ TIEFSTER TAUCHGANG EINES FLOSSENFÜSSERS
Im Mai 1989 testeten Wissenschaftler vor der Küste der Insel San Miguel in Kalifornien (USA) die Tauchfähigkeiten Nördlicher See-Elefanten (*Mirounga angustirostris*). Ein erwachsenes Männchen erreichte die Rekordtiefe von 1.529 m.

★ GRÖSSTES NIE IN SEINEM HABITAT BEOBACHTETES TIER
Wissenschaftler wissen nicht genau, wo im Meer der *Architeuthis dux* („König der Tintenfische") lebt, und konnten ihn von daher nie studieren. Man weiß jedoch, dass er bis zu 18 m lang ist und bis zu 900 kg wiegt.

IN GRÖSSTER TIEFE LEBENDE PFLANZE
Im Oktober 1984 entdeckten Mark und Diane Littler (beide USA) vor der Insel San Salvador, Bahamas, in der Rekordtiefe von 269 m Algen. Die kastanienbraunen Pflanzen überleben, obwohl nur noch 0,0005 Prozent des Sonnenlichts bis in solche Tiefe dringt.

TIEFSEEBEWOHNER
Ein Aal der Art *Abyssobrotula galatheae* (Familie Ophidiidae) wurde im Puerto-Rico-Graben in einer Tiefe von 8.370 m gefunden.

TAUCHREKORD EINES SÄUGETIERS
Der tiefste Tauchgang eines Säugetieres wurde 1991 für einen Spermwalbullen (*Physeter macrocephalus*) vor der Küste Dominicas im Karibischen Meer dokumentiert. Wissenschaftler des Woods Hole Oceanographic Institute (USA) protokollierten über eine Gesamtzeit von 1 Stunde 13 Minuten eine Tauchtiefe von 2.000 m.

LÄNGSTES TIER
Die Qualle *Praya dubia* gilt als der längste Organismus der Welt. Sie misst bis zu 50 m – die Länge eines Olympiaschwimmbeckens. Dieser blaue, biolumineszente Einsiedler lebt in mittleren Tiefen, die bei 300 m beginnen. Die Qualle hat ein Paar große Schwimmblasen am Kopf und ist mit einem langen, hinterhergleitenden Fortpflanzungsmechanismus (Cormida) ausgestattet sowie mit dünnen Tentakeln, die schmerzhafte Verletzungen verursachen können.

GRÖSSTE ZÄHNE
IM VERHÄLTNIS ZUR KOPFGRÖSSE

Der Viperfisch (*Chauliodus sloani*) hat so große Zähne, dass er, bevor er seine Beute hinunterschlucken kann, sein Maul so weit öffnen muss, dass die Kiefer vertikal stehen. Sein Körper ist etwa 28 cm lang, sein Kopf etwa 2 cm und die Zähne halb so groß wie der Kopf. Wenn sein Maul geschlossen ist, überlappen die Zähne den Kiefer. Der Viperfisch verspeist große Beutetiere, indem er seine Kiemen ausklinkt. Auf diese Weise kann er die Beute am Stück verschlucken. Er schwimmt mit Wucht in seine Beute hinein, wobei der erste Wirbel hinter dem Kopf als „Stoßdämpfer" dient, und spießt seine Beute mit den Zähnen auf.

★ NEUER REKORD   ★ VERBESSERTER REKORD   WWW.GUINNESSWORLDRECORDS.COM

→ NATUR & UMWELT
LEBENSRAUM WASSER

← HÖCHSTE KRABBENDICHTE
Auf der 135 km² großen, im Indischen Ozean gelegenen Weihnachtsinsel leben schätzungsweise 120 Mio. Rote Landkrabben (*Gecarcoidea natalis*). Das ergibt für die gesamte Insel eine Dichte von rund einer Krabbe pro Quadratmeter. Jedes Jahr (von etwa November bis Weihnachten) verlassen Millionen dieser Krabben ihre Höhlen im Wald und kommen zur Paarung und zum Laichen an den Strand.

→ WELCHES IST DAS GEFRÄSSIGSTE TIER AUF DER WELT?

DIE ANTWORT STEHT AUF S. 50

KRUSTENTIERE

SCHWERSTES MEERES-KRUSTENTIER
Ein am 11. Februar 1977 vor der Küste von Nova Scotia (CDN) gefangener Amerikanischer Hummer (*Homarus americanus*) maß vom Ende seines Schwanzfächers bis zur Spitze der größten Zange 1,06 m und wog 20,14 kg. Er wurde später an ein Restaurant in New York (USA) verkauft.

GRÖSSTES MEERES-KRUSTENTIER
Das größte aller Meeres-Krustentiere ist die Japanische Riesenkrabbe (*Macrocheira kaempferi*). Ein gefundenes Exemplar hatte eine Scheren-Spannweite von 3,7 m und wog 18,6 kg.

GRÖSSTER TIERBESTAND
Copepoden sind Krustentiere, die beinahe überall vorkommen, wo es Wasser gibt. Es gibt mehr als 12.000 Arten, die zusammen mit dem Krill die wichtigsten Bestandteile des Zooplanktons bilden. Sie finden sich in Gruppen zusammen, die aus bis zu einer Billion Individuen bestehen. Die meisten messen weniger als 1 mm, doch es gibt auch einige seltene Arten, die eine Größe von mehr als 1 cm aufweisen. Sie sind die **einzige bekannte Tierart mit nur einem Auge**.

GRÖSSTE LANDKRABBE
Der Palmendieb (*Birgus latro*), der auf Inseln und Atollen im Indopazifik lebt, hat ein Gewicht von bis zu 4,1 kg und eine Bein-Spannweite von bis zu 1 m. Er lebt fast ausschließlich an Land und ertrinkt, wenn er untergetaucht wird.

★ ÄLTESTES FOSSILES KRUSTENTIER
Im Juli 2001 wurde durch die Geologen Mark Williams, David Siveter (beide GB) und Dieter Waloszek (D) die Entdeckung eines vollständig versteinerten Krustentieres von weniger als 0,5 mm Länge bekannt gegeben. Diese 511 Mio. Jahre alte winzige Lebensform wurde in Shropshire (GB) entdeckt und ist das älteste je gefundene Krustentier.

FISCHE

SCHNELLSTER FISCH
Bei einer Versuchsreihe im Long Key Fishing Camp in Florida (USA) legte ein Pazifischer Fächerfisch (*Istiophorus platypterus*) eine Strecke von 91 m in 3 Sekunden zurück, was einer Geschwindigkeit von 109 km/h entspricht.
Zum Vergleich: Ein Gepard – **das über kurze Strecken schnellste Tier an Land** – erreicht etwa 100 km/h.

GRÖSSTER FISCH
Der seltene Walhai (*Rhincodon typus*) lebt in den wärmeren Regionen von Atlantik, Pazifik und Indischem Ozean und ernährt sich von Plankton. Das größte jemals wissenschaftlich dokumentierte Exemplar war 12,65 m lang, hatte einen maximalen Körperumfang von 7 m und wog schätzungsweise 15 bis 21 t.

LEICHTESTER FISCH
Der im Indopazifik vorkommende Schindlerfisch (*Schindleria praematurus*) wiegt lediglich 2 mg und hat eine Länge von 12 bis 19 mm.

GRÖSSTER RAUBFISCH
Der größte Raubfisch ist der seltene Weiße Hai (*Carcharodon carcharias*). Ausgewachsene Exemplare werden 4,3 bis 4,6 m lang und wiegen 520 bis 770 kg. Es gibt Hinweise darauf, dass Weiße Haie gelegentlich eine Länge von mehr als 6 m erreichen.

LÄNGSTE FLOSSE
Die größte und am weitesten verbreitete Fuchshai-Art (*Alopias vulpinus*) besitzt eine gigantische, ähnlich einer Sichel geformte Schwanzflosse, die in etwa so lang ist wie der Körper selbst. Der Hai kommt weltweit in gemäßigten und tropischen Meeren vor und kann eine Länge von bis zu 6 m erreichen, wovon beinahe 3 m auf die enorm verlängerte obere Schwanzflosse entfallen.

★ KLEINSTE AMPHIBIENART ✓
Der auf Kuba beheimatete *Eleutherodactylus limbatus* misst in ausgewachsenem Zustand vom Kopf bis zum After 8,5–12 mm. Der **größte Frosch** ist der Afrikanische Goliathfrosch (*Conraua goliath*), der von Kopf bis After bis zu 36,8 cm misst.

ORIGINALGRÖSSE

GUINNESS WORLD RECORDS BUCH 2006

★ NEUER REKORD   ★ VERBESSERTER REKORD

←GIFTIGSTER SPEISEFISCH
Es gibt viele giftige Fischarten, doch die giftigste von ihnen ist der im Roten Meer, im Indischen Ozean und im Pazifik beheimatete Kugelfisch (*Tetraodon*). Er sondert ein tödliches Gift mit der Bezeichnung Tetrodotoxin ab, eines der wirksamsten Gifte, die nicht auf Eiweiß basieren. Diese Substanz, von der weniger als 0,1 g ausreichen, um einen Erwachsenen innerhalb von nur 20 Minuten zu töten, ist in Eierstöcken, Eiern, Blut, Haut, Leber und Darm des Fisches enthalten.

AMPHIBIEN

GRÖSSTE AMPHIBIENART
Ein in der Provinz Hunan (CHN) gefundenes Exemplar des Chinesischen Riesensalamanders (*Andrias davidianus*) – der größten aller Amphibienarten – hatte eine Länge von 1,8 m und ein Gewicht von 65 kg. Riesensalamander sind zudem **die Amphibien mit der längsten Lebensdauer**, sie werden bis 55 Jahre alt.

WEITESTER FROSCH-SPRUNG
Ein südafrikanischer Springfrosch (*Ptychadena oxyrhynchus*) namens Santjie schaffte bei einem Frosch-Derby in Petersburg, KwaZulu-Natal (RSA), am 21. Mai 1977 einen „Dreisprung" über 10,3 m – das ist die halbe Länge eines Basketball-Feldes. Gewertet wurde dabei die Gesamtweite von drei aufeinanderfolgenden Sätzen.

KÄLTETAUGLICHSTES TIER
Der Waldfrosch (*Rana sylvatica*) ist das einzige Tier, das tiefgekühlt überleben kann. Diese Froschart lebt am nördlichen Polarkreis und ist in der Lage, mehrere Wochen im gefrorenen Zustand zu überstehen. In ihrem Blut enthaltene Glukose wirkt dabei wie eine Art Frostschutzmittel. Es konzentriert sich in den lebenswichtigen Organen des Frosches und schützt sie so vor Schädigungen, während der Rest des Körpers komplett gefriert.

WEICHTIERE

GRÖSSTES WEICHTIER
Der Körper eines Atlantischen Riesenkalmars (*Architeuthis dux*), der am 2. November 1878 in der Thimble Tickle Bay (Neufundland, CDN) an Land gespült wurde, war 6 m lang. Einer seiner Fangarme maß 10,7 m.

GRÖSSTE AUSTER
Eine 1999 in der Chesapeake-Bucht im US-Bundesstaat Virginia gefundene Auster (*Ostrea edulis*) war 30 cm lang, 14 cm breit und wog 3,7 kg.

GRÖSSTE KRÖTE →
Die in den südamerikanischen Tropen und im australischen Queensland (eingeschleppt, nicht heimisch) vorkommende Aga-Kröte (*Bufo marinus*) wiegt durchschnittlich 450 g. Das größte bekannte Exemplar war ein Männchen und gehörte Håkan Forsberg (S). Im März 1991 brachte es 2,65 kg auf die Waage und maß 38 cm vom Kopf bis zum After.
  Zum Vergleich: Die **kleinste Kröte** ist die in Afrika lebende Spezies *B. taitanus beiranus*, die lediglich 24 mm lang ist.

ORIGINALGRÖSSE

WWW.GUINNESSWORLDRECORDS.COM 79

NATUR & UMWELT
ZOO- & NUTZTIERE

DICKSTE HÖRNER

Lurch, ein Afrikanischer Watussiochse im Besitz von Janice Wolf (USA), hatte am 6. Mai 2003 Hörner mit einem Umfang von 95,25 cm.

Der ★ größte je bei einem Stier gemessene Hornumfang betrug 103,5 cm, gemessen am 20. September 2004 bei C T Woodie, einem Ankole-Watussistier im Besitz von Duane und Kolene Gilbert (beide USA).

BAUERNHÖFE UND MÄRKTE

GRÖSSTE RINDERRASSE

Chianini-Rinder wurden in vorrömischer Zeit aus dem Nahen Osten in das Chiana-Tal in Italien gebracht. Es existieren vier Arten, die größte ist das Val di Chianini, das in den Ebenen und Hügeln um Arezzo und Siena anzutreffen ist. Die Stiere erreichen im Durchschnitt 1,73 m Schulterhöhe und wiegen 1.300 kg. Chianini-Ochsen erreichen ein Stockmaß von bis zu 1,9 m.

★ KLEINSTE RINDERRASSE

Die durchschnittliche Höhe der Vechur-Zwergrinder vom Boden bis zur Schulter beträgt 81–91 cm bei der Kuh und 83–105 cm beim Stier. Die Rinder stammen aus der Provinz Kerala in Indien.

★ GRÖSSTER RINDERMARKT

Täglich werden schätzungsweise 12.000 bis 18.000 Stück Rind im Liniers-Markt in Buenos Aires (RA) verkauft oder gekauft. Der Rindermarkt nimmt 34 ha ein, hat 450 Eingangs-/Ausgangs-Pferche für die Rinder, 2.000 Pferche für den Verkauf, 40 Waagen und fast 4.000 Angestellte.

GRÖSSTER BAUERNHOF

Die Hazienda von Laucídio Coelho (BR) in der Nähe von Campo Grande im Mato Grosso war 8.700 km² groß, und es wurden 250.000 Stück Rind dort gehalten, als der Besitzer im Jahr 1975 starb. Rhode Island, der kleinste amerikanische Staat, würde dreimal auf diese Fläche passen.

LÄNGSTE HÖRNER EINES AMERIKANISCHEN RINDES

Bei den Hörnern eines Texas-Longhorn-Rinds wurde im Juli 2002 eine Länge von 251 cm festgestellt. Die Hörner befinden sich im Besitz von Jim Williams (USA) aus Midland in Texas (USA). Eines ist 128,2 cm lang, das andere 122,8 cm.

TIERHEIME

★ GRÖSSTES HUNDEHEIM

Ein Hundeheim der „Asociatia Ute Langenkamp Iubiti Maidanezii" in der Nähe von Pitesti in Rumänien kann bis zu 3.000 Hunde auf einer Fläche von 45.543 m² aufnehmen. Das deutsch-rumänische Projekt kümmert sich seit Mai 2001 um die Aufnahme, Behandlung und Weitervermittlung von Hunden.

★ ÄLTESTER KOALABÄR

Ein Koalabär mit dem Namen Sarah starb im Jahr 2001 im Alter von 23 Jahren. Sarah wurde 1978 geboren und lebte im Lone Pine Koala Sanctuary im australischen Queensland. Das Durchschnittsalter für Koalas beträgt zwölf Jahre in freier Wildbahn und 16 Jahre in Gefangenschaft.

★ ÄLTESTER KOALA-PARK

Das Lone Pine Koala Sanctuary in Brisbane im australischen Queens-

★ GRÖSSTER BÄRENWURF

Ein Wurf von fünf Braunbären (Ursus arctos) wurde in Gefangenschaft im Zoo von Kosice in Kosice-Kavecany (SK) am 6. Januar 2002 geboren. Es waren drei Männchen und zwei Weibchen, die die Namen Miso, Tapik, Dazzle, Bubu und Cindy erhielten.

★ NEUER REKORD   ★ VERBESSERTER REKORD

← ★ LÄNGSTE TRAGEZEIT BEIM GROSSEN PANDA

Shu Lan, ein Großer Panda (*Ailuropoda melanoleuca*), war 200 Tage lang trächtig, ehe sie am 21. Oktober 2004 in der Forschungsstation für Große Pandas in Chengdu (CHN) ein gesundes männliches Junges gebar. Pandas sind im Durchschnitt 95–160 Tage trächtig.

TIERHYBRIDEN

ELTERN	NACHKOMME
Löwe + Tiger	Liger; Tigon
Pferd + Zebra	Zebroid
Bison + Kuh	Beefalo; Cattalo
Pferd + Esel	Maulesel; Maultier
Löwe + Leopard	Leopon
Kamel + Lama	Cama
Kuh oder Stier + Yak	Dzo
Hund + Wolf	Wolfshund
Wal und Delfin	Wolphin

land wurde 1927 von Claude Reid (AUS) eingerichtet und ist noch in Funktion. Im Dezember 2004 beherbergte der Park mit 137 Tieren die größte Anzahl in Gefangenschaft lebender Koalas.

ZOOS

ERSTER ZOO
Die früheste bekannte Sammlung von Tieren wurde zwischen 2097 und 2094 v. Chr. im heutigen Pusurisch (IRQ) von Schulgi, einem Herrscher der dritten Dynastie von Ur, angelegt.

★ GRÖSSTER WURF VON TIGERN IN GEFANGENSCHAFT
Sechs Tiger bekamen die Eltern Bety und Conde am 18. November 2003 im Zoo von Buenos Aires (RA). Die drei männlichen und drei weiblichen Jungen sind weiße Bengaltiger (*Panthera tigris tigris*).

GRÖSSTER LÖWE
Simba, ein Löwe mit schwarzer Mähne, hatte im Juni 1970 eine Schulterhöhe von 1,11 m. Er lebte im Zoo von Colchester in der britischen Grafschaft Essex, später im Zoo von Knaresborough in North Yorkshire. Als er am 16. Januar 1973 im Alter von 14 Jahren starb, wog er 375 kg.

★ ÄLTESTER ELEFANT
Lin Wang, ein Asiatischer Elefant (*Elephas maximus*), starb am 26. Februar 2003 im Zoo von Taipeh (RC) im Alter von 86 Jahren. Opa Lin, wie er genannt wurde, trug im Zweiten Weltkrieg Nachschub für die Japaner durch den Dschungel von Myanmar. 1943 geriet er sogar in chinesische Gefangenschaft.

LÄNGSTE STOSSZÄHNE
Mit Ausnahme prähistorischer Exemplare stammen die längsten Stoßzähne von einem Afrikanischen Elefanten (*Loxodonta africana*) aus der Demokratischen Republik Kongo (ZRE). Sie werden bei der Zoological Society in Bronx Park, New York City (USA), aufbewahrt. Der rechte Stoßzahn ist entlang der äußeren Biegung 3,49 m lang, der linke 3,35 m.

★ GRÖSSTE HYBRIDKATZE →

Die größte Hybride der Katzenfamilie (Felidae) ist der Liger, der Nachkomme eines Löwen und eines Tigerweibchens. Liger werden größer als die Elterntiere und etwa 3–3,6 m lang. Größe und Aussehen können variieren, je nach beteiligter Unterart von Löwe oder Tiger. Theoretisch könnten diese Hybride in der Natur vorkommen (Löwen und Tiger bewohnen dieselben Gebiete), doch normalerweise gibt es solche Kreuzungen nur in Zoos oder privaten Tierparks.

WWW.GUINNESSWORLDRECORDS.COM   81

NATUR & UMWELT
SÄUGETIERE 1

★ GRÖSSTES FLEISCH FRESSENDES BEUTELTIER

Der erwachsene männliche Tasmanische Teufel (*Sarcophilus harrisii*) hat eine Schulterhöhe von 30 cm, wird 78 cm lang und wiegt 12 kg. Er kommt nur in Tasmanien (AUS) vor. Mit seinen kräftigen Kiefern und langen Zähnen frisst er Säugetiere, Vögel, Reptilien und Insekten. Er frisst sie ganz, mit Knochen und Fell.

In Australien leben auch die **kleinsten Fleisch fressenden Beuteltiere**. Die langschwänzige Flachkopf-Beutelmaus (*Planigale ingrami*) wiegt bis zu 4,5 g und hat eine Körperlänge von 5,5–6,3 cm. Die Pilbara-Ningauis (*Ninguai timealeyi*) sind 4,6–5,7 cm lang und wiegen höchstens 9,4 g.

→ WELCHES SÄUGETIER HAT DAS GRÖSSTE GEHIRN?

DIE ANTWORT STEHT AUF S. 85

FLEISCHFRESSER

GRÖSSTER FLEISCHFRESSER AN LAND
Ausgewachsene männliche Eisbären (*Ursus maritimus*) wiegen bis zu 600 kg und sind – von der Nase bis zum Schwanz gemessen – 2,4–2,6 m lang. 1960 wurde auf einer Eisscholle in der Tschuktschensee vor Alaska (USA) ein Eisbär geschossen, der zirka 900 kg wog. Er maß 3,5 m von der Nase bis zum Schwanz und hatte einen Körperumfang von 1,5 m.

★ GRÖSSTES JAGDREVIER EINES LANDSÄUGETIERS
Der Eisbär hat das größte Jagdrevier aller Säugetiere. Innerhalb eines Jahres bewegt er sich in einem Gebiet von 30.000 km² Größe – nur geringfügig kleiner als Belgien.

★ EMPFINDLICHSTE NASE EINES LANDSÄUGETIERS
Eisbären riechen Beute, zum Beispiel Robben, über 30 km weit, oft unter dickem Eis. Es wird berichtet, dass ein Eisbär einmal 32 km in direkter Linie lief, um an Futter zu gelangen.

★ GRÖSSTE BEUTE
Der Magen eines ausgewachsenen männlichen Eisbären hat ein Fassungsvermögen von etwa 68 kg. Man weiß, dass Eisbären Beute bis zu 600 kg reißen, z.B. Walrösser oder Beluga-Wale. Ihr Verdauungssystem ist besser für die Verdauung von Fleisch als von Pflanzen geeignet. Damit gehört der Eisbär zu den am stärksten auf Fleisch ausgerichteten Bärenarten.

GRÖSSTE FLEISCH FRESSENDE KATZE
Der männliche Sibirische Tiger (*Panthera tigris altaica*) wird von der Nase bis zur Schwanzspitze im Durchschnitt 3,15 m lang, erreicht 99–107 cm Schulterhöhe und wiegt etwa 265 kg. Er kommt tagelang ohne Nahrung aus, kann dann aber etwa 45 kg Fleisch auf einmal fressen.

KLEINSTE FLEISCH FRESSENDE KATZE
Die Rostkatze (*Prionailurus rubiginosus*) in Südindien und Sri Lanka ist vom Kopf bis zum Hinterteil 350–480 mm lang, hat einen 150–250 mm langen Schwanz und wiegt 1 kg (Weibchen) bzw. 1,5 kg (Männchen).

NAGETIERE

GRÖSSTE GRUPPE VON SÄUGETIEREN
Nagetiere leben auf jedem Kontinent mit Ausnahme der Antarktis und machen fast 40 Prozent aller Säugetierarten auf der Erde aus. Von den rund 4.000 Säugetierarten stellen Nagetiere 1.500 und Fledermäuse 1.000 Arten.

GRÖSSTE KOLONIE VON SÄUGETIEREN
Der Schwarzschwanz-Präriehund (*Cynomys ludovicianus*), ein Nagetier aus der Familie der Sciuridae, lebt im Westen der USA und im nördlichen Mexiko und baut riesige Kolonien. 1901 wurde eine „Stadt" mit über 400 Millionen Tieren entdeckt, die eine Fläche von zirka 61.400 km² einnahm, also fast so groß wie Irland.

← ★ SCHNELLSTER FRESSER

Laut einer im Februar 2005 von Dr. Kenneth Catania an der Vanderbilt University in Tennessee (USA) veröffentlichten Untersuchung hat der Sternmull (*Condylura cristata*) beim Fressen eine durchschnittliche „Bearbeitungszeit" von 230 Millisekunden. In dieser Zeit erkennt er Nahrung als essbar, fängt sie und geht dann zur nächsten über. Die kürzeste Zeit waren 120 Millisekunden. Der Sternmull lebt in feuchten oder sumpfigen Gebieten und verdankt seinen Namen den 22 fingerartigen Fortsätzen auf seiner Nase. Sie ist damit das **empfindlichste Tastsinnesorgan eines Säugetiers**, fünfmal empfindlicher als die menschliche Hand.

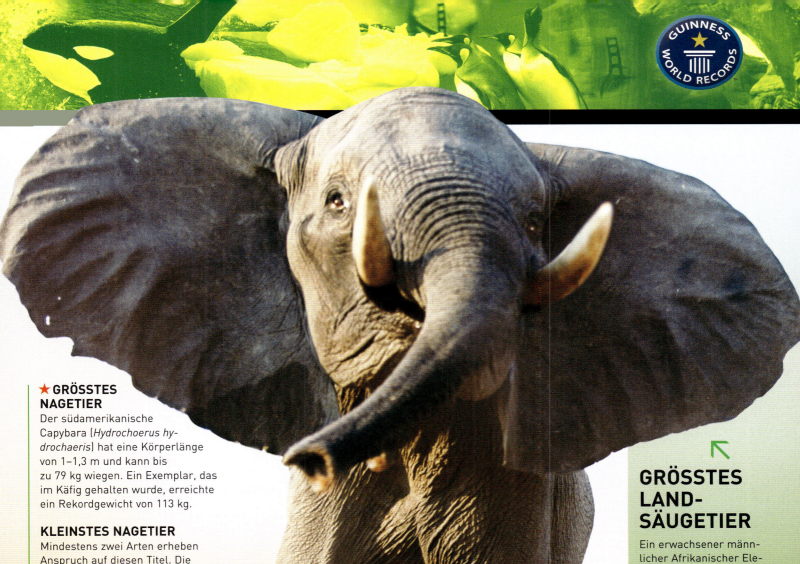

★ GRÖSSTES NAGETIER
Der südamerikanische Capybara (*Hydrochoerus hydrochaeris*) hat eine Körperlänge von 1–1,3 m und kann bis zu 79 kg wiegen. Ein Exemplar, das im Käfig gehalten wurde, erreichte ein Rekordgewicht von 113 kg.

KLEINSTES NAGETIER
Mindestens zwei Arten erheben Anspruch auf diesen Titel. Die Nordamerikanische Zwergmaus (*Baiomys taylori*) in Mexiko und den USA und die Balutschistan-Zwergspringmaus (*Salpingotus michaelis*) aus Pakistan haben beide eine Körperlänge von nur 3,6 cm und eine Schwanzlänge von 7,2 cm.

PRIMATEN

★ SCHNELLSTER PRIMAT
Die Husarenaffen (*Erythrocebus patas*) in West- und Ostafrika können auf dem Boden Geschwindigkeiten bis zu 55 km/h erreichen. Wegen ihrer langen, schlanken Glieder werden sie oft auch als „Geparden der Primaten" bezeichnet.

GRÖSSTER PRIMAT
Der männliche Östliche Tieflandgorilla (*Gorilla gorilla graueri*), der im östlichen Kongobecken vorkommt, ist, auf zwei Beinen stehend, 1,75 m groß und wiegt bis zu 163 kg.

KLEINSTER PRIMAT
Mit Ausnahme von drei Spitzmausarten, die üblicherweise anders eingeordnet werden, ist der kleinste echte Primat der Zwergmausmaki (*Microcebus myoxinus*) in den Laubwäldern im Westen Madagaskars. Er hat eine Körperlänge von etwa 62 mm, sein Schwanz ist 136 mm lang und er wiegt im Durchschnitt 30,6 g.

★ GRÖSSTER BAUMBEWOHNER
Der Orang-Utan ist das größte auf Bäumen lebende Säugetier. Er lebt in den Wipfeln der tropischen Regenwälder auf Borneo (MAL, RI) und Sumatra (RI). Bei den Sumatra-Orang-Utans (*Pongo abelii*) und den Borneo-Orang-Utans (*Pongo pygmaeus*) wiegen die Männchen im Durchschnitt 83 kg und sind 1,5 m groß. „Orang-utan" heißt auf Malaiisch „Waldmensch".

WÜHLTIERE (SÄUGETIERE)

★ GRÖSSTES WÜHL-SÄUGETIER
Der Nacktnasenwombat (*Vombatus ursinus*), ein australisches, bärenähnliches Beuteltier, wird bis zu 1,2 m groß und bis zu 35 kg schwer. Mit seinen großen Schaufeln und den starken Krallen gräbt er Bauten, die bis 20 m lang und 2 m tief sind.

★ KLEINSTES WÜHL-SÄUGETIER
Die Etruskerspitzmaus (*Suncus etruscus*) wird 36–53 mm lang und hat einen 24–29 mm langen Schwanz. Sie kann in Gänge und Löcher schlüpfen, die von großen Regenwürmern gegraben wurden.

GRÖSSTES LAND-SÄUGETIER
Ein erwachsener männlicher Afrikanischer Elefant (*Loxodonta africana*) hat eine Schulterhöhe von 3–3,7 m und wiegt 4–7 t. Nachfolgend das größte Exemplar.

Landsäugetiere (Extreme)

Größtes: Ein afrikanischer Elefantenbulle, der 1974 geschossen wurde, hatte ein Schultermaß von 4,16 m und wog 12,24 t.

Höchstes: Ein Massai-Giraffenbulle, der auf den Namen George hörte, war 1959 bei einer Messung im Zoo von Chester (GB) 5,8 m groß.

Kleinstes: Eine Hummelfledermaus ist normalerweise 29–33 mm lang und wiegt 1,7–2 g.

★ Kleinstes (nicht fliegendes): Etruskerspitzmäuse sind nur 36–53 mm lang und wiegen 1,5–2,6 g.

Schnellstes: 1965 wurde bei einem erwachsenen, 35 kg schweren Gepardenweibchen eine Geschwindigkeit von 104,4 km/h über eine Distanz von 201,2 m gemessen.

→ NATUR & UMWELT
SÄUGETIERE 2

SCHNELLSTES MEERESSÄUGETIER

Am 12. Oktober 1958 wurde ein Schwert- oder Killerwalbulle (*Orcinus Orca*) im Nordostpazifik mit einer Geschwindigkeit von 55,5 km/h beobachtet. Ähnliche Geschwindigkeiten wurden auch beim Dalls-Hafenschweinswal (*Phocoenoides dalli*) auf kurzen Strecken gemessen. →

★ GRÖSSTE KRALLEN
Die Vorderkrallen am dritten Finger des Riesengürteltiers (*Priodontes maximus*) sind 20 cm lang. Diese Wühltiere, die in ganz Südamerika anzutreffen sind, graben mit ihren Krallen – den **größten im gesamten Tierreich** – Termitenhügel auf. Das Gürteltier ist auch das ★ **Landsäugetier mit den meisten Zähnen**. Normalerweise hat es bis zu 100 Zähne in seinen Kiefern.

★ GRÖSSTES GLEITFLIEGENDES SÄUGETIER
Die großen Riesenflughörnchen (Gattung *Petaurista*) aus Asien können zwischen den Bäumen „fliegen", indem sie ihre Hautmembranen an der Seite ihres Körpers ausbreiten, die wie ein Fallschirm wirken. Diese mit Schwanz bis zu 1,1 m langen Flughörnchen können bis zu 400 m weit „segeln". Die größte verzeichnete Distanz eines solchen „Fluges" und der ★ **weiteste Gleitflug eines Säugetieres überhaupt** beträgt 450 m, etwa vier Längen eines Fußballfeldes.

★ KLEINSTES GLEITFLIEGENDES SÄUGETIER
Der Australische Mausflugbeutler (*Acrobates pygmaeus*) kann bis zu 25 m weit zwischen Bäumen segeln – das ist etwas länger als ein Tennisfeld –, obwohl sein Körper nur 65–80 mm lang ist.

ROBBEN

KÖNIG DER ROBBEN
Die größte der 34 bekannten Robbenarten – zu denen auch Ringelrobben und Walrösser gehören – ist der Südliche See-Elefant (*Mirounga leonina*) auf den subantarktischen Inseln. Gemessen von der Schnauze bis zu den ausgestreckten Schwanzflossen, werden die Bullen im Schnitt 5 m lang, haben einen Umfang von bis zu 3,7 m und wiegen etwa 2.000 bis 3.500 kg. Das **größte exakt vermessene Exemplar** war ein Bulle, der im Jahr 1913 getötet wurde. Er wog mindestens 4 t und war 6,5 m lang.

← GEFÄHRLICHE ROBBE

Der Fleisch fressende Seeleopard (*Hydrurga leptonyx*) ist die einzige Robbenart, die offensichtlich ohne Anlass Menschen angreift. Es sind einige Fälle bekannt, in denen Seeleoparden plötzlich durch Risse im Eis nach den Füßen von Menschen schnappten. Auch Taucher wurden schon angegriffen (mindestens ein Fall ist dokumentiert), und mehrmals wurden Menschen von Seeleoparden bis zu 100 m weit über das Eis verfolgt. Es wird angenommen, dass die Tiere die dunkle aufrechte Gestalt des Menschen für einen Kaiserpinguin halten.

★ NEUER REKORD   ★ VERBESSERTER REKORD

KLEINSTE ROBBE
Die kleinste Robbe heißt Galapagos-Pelzrobbe (*Arctocephalus galapagoensis*). Ausgewachsene Weibchen werden im Durchschnitt 1,2 m lang und wiegen etwa 27 kg. Die Männchen werden beträchtlich größer, etwa 1,5 m, und wiegen etwa 64 kg.

ÄLTESTE ROBBE
Das höchste bei einer Robbe nachgewiesene Alter wurde am Limnologischen Institut im sibirischen Irkutsk (RUS) auf 56 Jahre geschätzt, und zwar bei einer weiblichen Baikal-Ringelrobbe (*Phoca sibirica*). Für das Männchen liegt der Rekord bei 52 Jahren. Diese Schätzung beruhte auf einer Untersuchung der Zementschichten in den Eckzähnen.

GRÖSSTE KOLONIE VON KEGELROBBEN
Über 100.000 Kegelrobben (*Halichoerus grypus*) kommen jeden Winter zur Sable-Insel vor Nova Scotia (CDN), um Junge zu werfen. Im Alter von 18 Tagen sind die Jungen selbstständig.

WALE

GRÖSSTES SÄUGETIER
Der Blauwal (*Balaenoptera musculus*) ist das größte Säugetier – und das **größte Tier** überhaupt – auf der Erde. Er wird durchschnittlich 24 m lang und kann bis zu 160 t wiegen. Ein riesiges Exemplar, das am 20. März 1947 im Südpolarmeer gefangen wurde, wog 190 t und war damit das **schwerste jemals verzeichnete Säugetier**.

Das **längste je gemessene Säugetier** war ein Blauwalweibchen mit einer Länge von 33,58 m, das 1909 in Grytviken, South Georgia, im südlichen Atlantik strandete. Zum Vergleich: Der Blauwal ist 80.000.000-mal schwerer als das **kleinste Säugetier**! Die thailändische Fledermaus (*Craseonycteris thonglongyai*) hat lediglich eine Kopfrumpflänge von 29–33 mm und wiegt nur 1,7–2 g. Man findet sie in einigen Höhlen am Kwae-Noi-Fluss in der Provinz Kanchanaburi im Südwesten Thailands.

LANGSAMSTER HERZSCHLAG
Das Säugetier mit dem angeblich langsamsten Herzschlag aller Warmblüter ist der Blauwal (*Balaenoptera musculus*). Sein Herz schlägt zwischen vier- und achtmal in der Minute – je nachdem, ob der Wal gerade taucht oder nicht. Zum Vergleich: Das Herz eines erwachsenen Menschen schlägt etwa 70-mal in der Minute.

LAUTESTES GERÄUSCH EINES TIERES
Finnwale (*B. physalus*) und Blauwale stoßen Niederfrequenztöne aus, wenn sie „singen". Dabei erreichen sie erstaunliche 188 dB und bringen so die lautesten Töne eines Lebewesens hervor. Mithilfe von Spezialgeräten konnten Wissenschaftler die Waltöne noch in 850 km Entfernung ausmachen.

GRÖSSTER KIEFER EINES SÄUGETIERS
Der größte je vermessene Kiefer eines Säugetiers war 5 m lang und gehörte einem männlichen Pottwal (*Physeter macrocephalus*), der fast 26 m lang war. Der riesige Unterkiefer ist im Museum of Natural History in London (GB) ausgestellt. Pottwale sind auch die **Wale mit den größten Zähnen**.

KLEINSTER WAL
Gleich zwei Anwärter gibt es für diesen Rekord: den Hectors-Delfin (*Cephalorhynchus hectori*) und den Pazifischen Hafenschweinswal (*Phocoena sinus*), die jeweils nur 1,2 m lang werden.

MAMMUT-HIRN
Das Gehirn des Pottwals (*Physeter macrocephalus*) wiegt fast 9 kg. Zum Vergleich: Das Gehirn eines afrikanischen Elefantenbullen (*Loxodonta africana*) erreicht 5,4 kg, und ein menschliches Gehirn wiegt im Durchschnitt gerade mal 1,4 kg.

DICHTESTES FELL
Mit mehr als 100.000 Haaren pro cm^2 hat der Seeotter (*Enhydra Lutris*) das dichteste Fell eines Pelztieres. Die meisten Seeotter leben vor der Küste von Alaska (USA). Zum Vergleich: Menschen haben üblicherweise nur 156 Haare pro cm^2.

→ WIEVIEL WOG DAS SCHWERSTE GEHIRN EINES MENSCHEN?

DIE ANTWORT STEHT AUF S. 22

WWW.GUINNESSWORLDRECORDS.COM

NATUR & UMWELT
VÖGEL

← HÖHENFLUG-REKORDE

Ein Sperbergeier (*Gyps rueppellii*) hält mit einer Flughöhe von 11.300 m den Höhenflugrekord bei den Vögeln. Er kollidierte am 29. November 1973 über Abidjan (CI) mit einem Verkehrsflugzeug. Durch den Zusammenprall fiel ein Triebwerk der Maschine aus, sie konnte trotzdem sicher landen. Die Überreste des Vogels wurden dem Museum of Natural History der USA übergeben, um den Luftikus eindeutig zu identifizieren. Der Sperbergeier erreicht normalerweise nur selten Flughöhen von mehr als 6.000 m.

KLEINSTES VOGELEI

Der auf Jamaika heimische Zwergkolibri (*Mellisuga minima*) legt unter allen Vögeln die kleinsten Eier (unten; daneben ein Straußenei, **das größte Vogelei**). Zwei untersuchte Exemplare waren nicht einmal 10 mm lang und wogen 0,365 und 0,375 g.

GRÖSSE

SCHWERSTER RAUBVOGEL
Der männliche Andenkondor (*Vultur gryphus*) hat ein Gewicht von durchschnittlich 9 bis 12 kg und eine Flügelspannweite von 3 m. Ein männliches Exemplar des Kalifornischen Kondors (*Gymnogyps californianus*) wies ein Gewicht von 14,1 kg auf und wurde von der Californian Academy of Sciences (kalifornische Wissenschaftsakademie) in Los Angeles (Kalifornien, USA) präpariert. Diese Art ist normalerweise deutlich kleiner als der Andenkondor und wird nur selten schwerer als 10,4 kg.

KLEINSTER RAUBVOGEL
Diesen Titel teilen sich der in Südostasien beheimatete Malaysiazwergfalke (*Microhierax fringillarius*) und der Weißscheitel- oder Borneozwergfalke (*Microhierax latifrons*), der im Nordwesten Borneos lebt. Beide Arten werden durchschnittlich 14 bis 15 cm lang (einschließlich des 5 cm langen Schwanzes) und wiegen etwa 35 g.

SCHWERSTER FLUGFÄHIGER VOGEL
Höckerschwäne (*Cygnus olor*) können ein Gewicht von bis zu 18 kg erreichen. Aus Polen stammt der Gewichtsrekord von 22,5 kg eines männlichen Tieres, das allerdings vorübergehend seine Flugfähigkeit verloren hatte.

GRÖSSTER VOGEL
Die Männchen des flugunfähigen Nordafrikanischen oder Rothalsstraußes (*Struthio camelus camelus*) können nachweislich bis zu 2,75 m groß und 156,5 kg schwer werden.

GRÖSSTER ADLER
Der Riesenseeadler (*Haliaeëtus pelagicus*) wiegt zwischen 5 und 9 kg und hat eine Flügelspannweite von 2,2 bis 2,80 m. Er brütet hauptsächlich in Russland, wurde jedoch auch in Korea und Japan gesehen.

KLEINSTER FLUGUNFÄHIGER VOGEL
Die auf Inaccessible Island im Südatlantik beheimatete Atlantisralle (*Atlantisia rogersi*) wiegt nur 40 g.

GRÖSSTES VOGELEI
Den Rekord hält mit 2,35 kg ein im Juni 1997 auf der Straußenfarm Datong Xinda (CHN) gelegtes Straußenei.

GRÖSSTES VOGEL-FORTPFLANZUNGSORGAN
Der Penis der Argentinischen Schwarzkopfruderente (*Oxyura vittata*) wurde in umgestülptem und ausgerolltem Zustand vermessen und ergab eine Länge von 42,5 cm. Das Unterteil dieses einziehbaren Penis ist mit Stacheln besetzt, während die Spitze weich und pinselartig ist.

FLUGREKORDE

AUSDAUERNDSTER FLIEGER
Nachdem die Jungvögel der Rußseeschwalbe (*Sterna fuscata*) das Nest verlassen haben, bleiben sie drei bis zehn Jahre in der Luft und landen währenddessen nur von Zeit zu Zeit auf dem Wasser. Erst wenn sie ausgewachsen sind, kehren sie zur Fortpflanzung an Land zurück.

GRÖSSTER FLUGFÄHIGER VOGEL
Kraniche sind Wat- oder Stelzvögel und gehören zur Familie der Gruidae. Die stattlichsten Exemplare erreichen eine Größe von nahezu 2 m.

GRÖSSTE FLUGSTRECKE
Eine als Jungvogel am 30. Juni 1996 in Mittelfinnland beringte Flussseeschwalbe (*Sterna hirundo*) wurde im Januar 1997 auf der ca. 26.000 km entfernten Insel Rotamah, Victoria (AUS), eingefangen. Man nimmt an, dass der Vogel eine Strecke von 200 km am Tag zurücklegen musste, um diese Entfernung zu bewältigen.

↙ KLEINSTER VOGEL

Der kleinste Vogel der Welt ist der Bienenkolibri (*Mellisuga helenae*), der auf Kuba und der Isle of Youth vorkommt. Männchen haben eine Länge von 57 mm, wobei schon Schnabel und Schwanz die Hälfte ausmachen, und ein Gewicht von 1,6 g. Die Weibchen sind unwesentlich größer. Der Bienenkolibri hat das niedrigste Gewicht aller warmblütigen Lebewesen.

ORIGINALGRÖSSE

★ NEUER REKORD   ★ VERBESSERTER REKORD

LÄNGSTER VOGELZUG
Die Küstenseeschwalbe (*Sterna parasidaea*) brütet nördlich des Polarkreises. Während des Winters auf der Nordhalbkugel fliegt sie dann in die Antarktis und anschließend wieder zurück. Insgesamt legt dieser Marathon-Vogel über 35.000 km zurück, also mehr als das Zweifache des Erddurchmessers.

LÄNGENREKORDE

LÄNGSTE SCHNÄBEL
Der Schnabel des australischen Pelikans (*Pelecanus conspicillatus*) wird zwischen 34 und 47 cm lang. Im Verhältnis zur Gesamtkörperlänge hat dagegen der Schwertschnabelkolibri (*Ensifera ensifera*) den längsten Schnabel vorzuweisen: er ist mit 10,2 cm länger als sein Körper (Schwanz nicht mitgerechnet).

Die **Vögel mit den kürzesten Schnäbeln** sind die kleineren Segler (Familie der Apodidae) und besonders die Glanzkopfsalanganen (*Collocalia esculenta*), die so gut wie gar keinen Schnabel besitzen.

LÄNGSTE FEDERN
Die längsten Federn eines Vogels überhaupt wurden 1972 bei einem Phönix- oder Yokohama-Huhn gemessen, dessen Schwanz-Deckfeder 10,6 m lang war. Der Besitzer war Mashasha Kubota (J).

LÄNGSTE FEDERN EINES WILDVOGELS
Zur Balzzeit präsentieren die Männchen des Rheinartfasans oder Perlenpfaus (*Rheinartia ocellata*) Federn mit einer Länge von bis zu 1,73 m.

KLEINSTES VOGELNEST →
Das Nest (rechts) des Zwergkolibris (*Mellisuga minima*) ist etwa halb so groß wie eine Walnussschale, während das tiefere, aber enger gebaute Nest der kubanischen Bienenelfe (*M. helenae*) Fingerhutgröße hat.

ORIGINALGRÖSSE

ALTERSREKORDE

ÄLTESTER VOGEL
Unbestätigt ist der Fall eines 82 Jahre alten männlichen Nonnenkranichs (*Grus leucogeranus*) bei der International Crane Foundation in Baraboo im US-Bundesstaat Wisconsin.

Der unwiderlegbar älteste Vogel ist ein männlicher Gelbhaubenkakadu (*Cacatua galerita*) namens Cocky, der 1982 im Alter von über 80 Jahren im Londoner Zoo starb.

ÄLTESTE NOCH LEBENDE TAUBE
Die ehemalige Renntaube Old Man, die dem Briten George Seagroatt gehört, ist am 16. Februar 1980 geschlüpft.

SCHNELLSTE VÖGEL
Schnellster Sturzflieger: Wanderfalke (*Falco peregrinus*): 300 km/h

Schnellster Horizontalflieger: Enten und Gänse (Anatidae): 90–100 km/h

Schnellster Läufer: Strauß (*Struthio camelus*): 72 km/h

Schnellster Schwimmer: Eselspinguin (*Pygoscelis papua*): 27 km/h

Langsamster Flieger: Kanadaschnepfe (*Scolopax minor*) und Waldschnepfe (*S. rusticola*): 8 km/h

GRÖSSTE FLÜGELSPANNWEITE EINER LEBENDEN VOGELART
Ein männlicher, im Südpolarmeer lebender Wanderalbatros (*Diomedea exulans*), der von der Besatzung des Antarktis-Forschungsschiffes USNS Eltanin am 18. September 1965 in der Tasmansee gefangen wurde, wies eine Spannweite von 3,63 m auf. Das entspricht der Länge eines Mini Coopers!

→ NATUR & UMWELT
REPTILIEN

↙ ÄLTESTE SCHILDKRÖTE

Eine weibliche Galapagos-Riesenschildkröte (*Geochelone nigra porteri*) namens Harriet, eine von drei Riesenschildkröten, die Charles Darwin 1835 von den Galapagos-Inseln mitgebracht hatte, ist mit 173 Jahren die älteste Erdenbürgerin. Sie ist im November 1830 geschlüpft, wiegt rund 81 kg und lebt gegenwärtig im Australia Zoo in der Nähe von Brisbane in Queensland (AUS). *Mehr über Harriet weiter unten im Interview mit Steve Irwin.*

STEVE IRWIN

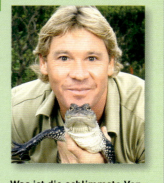

Der weltberühmte Krokodiljäger Steve Irwin ist seit seinen Kindertagen von Reptilien fasziniert. Zusammen mit seiner Frau Terri betreibt er in Queensland (AUS) ein Reservat für Wildtiere und arbeitet im Australia Zoo, wo z.B. die Galapagos-Riesenschildkröte Harriet lebt.

Harriet hält den GUINNESS-Weltrekord der ältesten lebenden Schildkröte. Ist sie auch das älteste Geschöpf der Welt?
Sie ist ganz bestimmt das älteste lebende Tier auf der Erde. Sie wurde 1830 auf der zu den Galapagos-Inseln gehörenden Insel Santa Cruz ausgebrütet. Als sie fünf Jahre alt war, wurde sie 1835 von Sir Charles Darwin aufgegriffen und 1842 nach einem Aufenthalt in England von John Wickham nach Australien gebracht.

Wie geht es ihr?
Sie ist 175 Jahre alt und bei ausgezeichneter Gesundheit!

Lässt sich eine Prognose abgeben, wie lange Harriet leben wird?
Das weiß niemand. Aber ich sehe keinen Grund, warum sie nicht 200 Jahre alt werden sollte.

Was ist die schlimmste Verletzung, die ihnen je ein Tier beigebracht hat?
Als wir im Jahr 2000 unseren Film *The Crocodile Hunter* drehten, warf sich ein Krokodil mit voller Wucht herum und landete mit seinem Körpergewicht auf meinem Knie. Dabei wurde das gesamte Knorpelgewebe auf beiden Seiten des Gelenks abgerissen und Knochenteile im Inneren des Knies zertrümmert. Ich habe seitdem ein künstliches Kniegelenk.

Was muss jemand tun, der in Ihre Fußstapfen treten möchte?
Als Zoologe muss man ein Hochschulstudium absolvieren, darf dabei jedoch neben der harten Arbeit und all dem Lernen nicht die eigene Begeisterung aus den Augen verlieren. Man muss sich einfach durchbeißen. Mit Begeisterung und Enthusiasmus kann man im Leben alles erreichen.

SCHLANGEN

SCHNELLSTE ZU LAND
Die im tropischen Afrika heimische schwarze Mamba (*Dendroaspis polylepis*) erreicht über kurze Strecken auf ebenem Untergrund Geschwindigkeiten von 16 bis 19 km/h.

★ SELTENSTE
Die Antigua-Peitschen- oder Schlanknatter (*Alsophis antiguae*) kommt ausschließlich auf der Insel Great Bird Island vor, einem 9,9 ha großen Gebiet vor der Küste Antiguas auf den Kleinen Antillen. Von 1996 bis 2001 schwankte die Zahl der Tiere, die mindestens ein Jahr alt waren, zwischen 51 und 114 und liegt derzeit bei 80.

SCHWERSTE LEBENDE
Ein Burma- oder Dunkler Tigerpython (*Python molurus bivittatus*) namens „Baby" brachte am 20. November 1998 ein Gewicht von 182,5 kg auf die Waage. Das weibliche Tier ist 8,22 m lang und hat einen Umfang von 71,1 cm. Um sie anzuheben, sind neun Menschen vonnöten. Alle zwei Wochen frisst sie vier bis fünf Hühner. „Baby" lebt im Serpent-Safaripark in Gurnee (Illinois, USA), ihr Besitzer heißt Lou Daddano (USA).

SCHWERSTE GIFTSCHLANGE
Die im Südosten der USA beheimatete Diamantenklapperschlange (*Crotalus adamanteus*) wiegt zwischen 5,5 und 6,8 kg und wird 1,52 bis 1,83 m lang. Das schwerste jemals registrierte Exemplar brachte 15 kg auf die Waage und war 2,36 m lang.

LÄNGSTE
Der südostasiatische Netzpython (*Python reticulatus*), der in Indonesien und auf den Philippinen beheimatet ist, wird in der Regel über 6,25 m lang. Ein 1912 auf der indonesischen Insel Celebes

GRÖSSTES VERBREITUNGSGEBIET EINER SCHLANGE ↘

Die Sandrasselotter (*Echis carinatus*) kommt von Westafrika bis Indien vor. Von ihr wurden weltweit mehr Menschen gebissen und getötet als von jeder anderen Schlangenart. Diese Schlange verhält sich außerordentlich aggressiv, wenn sie sich bedroht fühlt, und besitzt ein extrem wirksames hämorrhagisches Gift. Es verursacht Blutungen, die sich nicht stillen lassen.

ORIGINALGRÖSSE

★ NEUER REKORD   ★ VERBESSERTER REKORD

SCHLANGE MIT DEN LÄNGSTEN GIFTZÄHNEN ORIGINALGRÖSSE

Die längsten Giftzähne sind die der hoch giftigen Gabunotter oder -viper (*Bitis gabonica*) aus den tropischen Gebieten Afrikas. Bei einem 1,83 m langen Exemplar betrug die Zahnlänge 50 mm.

geschossenes Exemplar hatte die Rekordlänge von 10 m.

ÄLTESTE
Das nachweislich höchste Alter einer Schlange beträgt 40 Jahre 3 Monate 14 Tage und wurde von einer männlichen Boa constrictor namens Popeye erreicht. Die Schlange starb am 15. April 1977 im Zoo von Philadelphia (Pennsylvania, USA).

KROKODILE

★ MEISTE TODESOPFER EINES ANGRIFFS
Am 19. Februar 1945 wurde eine Einheit der Kaiserlich-Japanischen Armee auf ihrem Stützpunkt auf der burmesischen Insel Ramree von einer britischen Marinetruppe angegriffen und gezwungen, eine 16 km lange Strecke durch Mangrovensümpfe zurückzulegen, um wieder zu einem größeren Truppenverband der japanischen Infanterie zu stoßen. In diesen Sümpfen wimmelte es von Leistenkrokodilen (*Crocodylus porosus*). Von den rund 1.000 japanischen Soldaten waren am nächsten Morgen nur noch 20 am Leben.

GRÖSSTES
Das größte Reptil der Welt ist das Leistenkrokodil (*Crocodylus porosus*), das in den tropischen Gebieten Asiens und des Pazifiks vorkommt. Die Tierschutzstation Bhitarkanika im indischen Bundesstaat Orissa beherbergt vier geschützte Exemplare von mehr als 6 m Länge, von denen das längste über 7 m misst. Unbestätigten Berichten zufolge können die Tiere bis zu 10 m lang werden.

(LAND-) SCHILDKRÖTEN

★ SCHNELLSTE
Eine Schildkröte namens Charlie legte bei der Schildkröten-Landesmeisterschaft in Tickhill (South Yorkshire, GB) am 2. Juli 1977 eine 5,48 m lange Strecke in 43,7 Sekunden zurück.

EINSAMSTES GESCHÖPF
Von den Riesenschildkröten *Geochelone elephantopus abingdoni* gibt es nur noch ein einziges Exemplar, ein betagtes Männchen namens Lonesome George (Einsamer George). Paarungsversuche mit seinen engsten Verwandten auf anderen Inseln schlugen bislang allesamt fehl, sodass diese spezielle Unterart der Galapagos-Riesenschildkröte effektiv ausgestorben ist, obwohl noch eine davon lebt.

ECHSEN

SCHNELLSTE
Der Geschwindigkeitsrekord von Landreptilien liegt bei 34,9 km/h. Ihn hält *Ctenosaura*, eine Leguanart mit stacheligem Schwanz, die in Mittelamerika beheimatet ist.

GRÖSSTE
Die männlichen Tiere des Komodowarans (*Varanus komodoensis*) werden im Durchschnitt 2,25 m lang und wiegen etwa 59 kg. Er ist auf den indonesischen Inseln Komodo, Rinta, Padar und Flores heimisch.

GRÖSSTES KROKODIL ALLER ZEITEN

Die prähistorische Krokodilart *Sarchosuchus imperator* lebte vor etwa 110 Mio. Jahren. Versteinerte Überreste aus der Sahara lassen vermuten, dass dieses Tier im Alter von 50 bis 60 Jahren mit 11 bis 12 m Länge und einem Gewicht von maximal 8 t ausgewachsen war.

→ NATUR & UMWELT
URZEIT

KLEINSTER
DINOSAURIER

Der *Compsognathus* aus Süddeutschland und dem Südosten Frankreichs hatte die Größe eines Huhnes, maß vom Kopf bis zur Schwanzspitze 60 cm und wog ca. 3 kg.

Dinosauriernamen

Archaeopteryx
„uralter Flügel"

Brachiosaurus brancai
„Armechse"

Compsognathus
„hübscher Kiefer, Zierkiefer"

Dilong paradoxus
„dilong" ist das mandarinchinesische Wort für „Kaiser" und „Drache"; „paradoxus" verweist auf die ungewöhnlichen Merkmale des Tieres

Diplodocus
„Doppel-Balken"

Dromornis stirtoni
„Stirtons Donnervogel", nach dem Paläontologen Reuben Stirton

Pachycephalosaurus
„Dickschädel-Echse"

Pederpes finneyae
„Peder" – norwegische Form von Peter (Peter Aspen, Entdecker), „erpes" bedeutet „Kriechtier" und „finneyae" verweist auf Sarah Finney, die das Fossil für die Untersuchung präparierte

Pikaia gracilens
Nach dem Berg Mount Pika in British Columbia (CDN) benannt; „gracilens" bedeutet „schlank, grazil"

Protarchaeopteryx
„primitiver oder erster uralter Flügel"

Protohadros byrdi
„Byrds primitiver oder erster Hadrosaurier" (Entenschnabel-Echse); entdeckt von Gary Byrd

Sauroposeidon
„Erdbeben-Gott-Echse"

Sinornithosaurus millenii
„chinesische Vogel-Echse"

Titanis walleri
„Schreckensvogel»

Tyrannosaurus rex
„König der Tyrannen-Echsen"

GRÖSSE

★ HÖCHSTES MONTIERTES DINOSAURIER-SKELETT
Das Skelett eines *Brachiosaurus brancai* aus Tansania wurde aus den Überresten mehrerer dieser Tiere errichtet. Es ist 22,2 m lang und hat eine Höhe von 14 m.

★ DICKSTER DINOSAURIERSCHÄDEL
Pachycephalosaurus, ein Pflanzenfresser mit kuppelförmigem Schädel, der in der späten Kreidezeit vor etwa 76 bis 65 Mio. Jahren lebte, hatte einen 60 cm langen Schädel mit einem 20 cm dicken Schädelknochen.

LÄNGSTER DINOSAURIER
Ein 1980 in New Mexico (USA) ausgegrabener und 1999 im Wyoming Dinosaur Center (USA) rekonstruierter Diplodocus war 41 m lang. Das entspricht fünf aneinander gereihten Doppelstock-Bussen.

★ DINOSAURIER MIT DEM LÄNGSTEN HALS
Aus Oklahoma (USA) stammende, 1994 entdeckte Fossilienfunde deuten darauf hin, dass der *Sauroposeidon*, dessen Hals eine Länge von bis zu 17 m erreichen konnte, ein Pflanzenfresser war. Einzelne Wirbelknochen des *Sauroposeidon* waren bis zu 1,2 m lang. Er lebte vor etwa 110 Mio. Jahren in der Mittleren Kreidezeit.

DINOSAURIER MIT DEM LÄNGSTEN SCHWANZ
Der Schwanz des *Diplodocus*, eines Sauropoden mit langem Hals aus der Zeit des Weißen Jura oder Malm vor 155 bis 144 Mio. Jahren, wurde 13 bis 14 m lang.

★ GRÖSSTER PFLANZENFRESSER-KOPROLITH
1995 wurde ein Koprolith (fossiler Kotballen) eines *Tyrannosaurus rex* entdeckt. Der Durchmesser des Ballens betrug 50 cm, sein Gewicht lag bei ca. 7 kg.

ALTERSREKORDE

★ ENTENSCHNABEL-ECHSE
Fossile Überreste des Hadrosauriers *Protohadros byrdi*, die 1994 von Gary Byrd (USA) bei Flower Mound (Texas, USA) gefunden wurden, werden auf ein Alter von 95,5 Mio. Jahren datiert.

★ TYRANNOSAUROID
Dilong paradoxus, der älteste bekannte Vorfahre des *T. rex*, lebte vor 139 bis 128 Mio. Jahren. Er war ca. 1,5 m lang und lief auf zwei Beinen. Es gibt Hinweise darauf, dass er haarähnliche Protofedern am Kiefer und an der Schwanzspitze hatte. *D. paradoxus* wurde in den berühmten Fossilienlagerstätten der Provinz Liaoning (CHN) entdeckt.

★ BEKANNTES CHORDATIER
Pikaia gracilens ist die älteste bekannte Form der Chordatiere oder Chordata (Mitglied des Stammes, zu dem der Mensch und sämtliche Wirbeltiere gehören) und lebte in der Zeit des Mittelkambriums vor rund 550 Mio. Jahren. Das erste Exemplar wurde in der Fossilfundstätte Burgess Shale (British Columbia, CDN) entdeckt. *P. gracilens* ähnelte einem wirbellosen Meerestier aus heutiger Zeit namens Lanzetttierchen.

★ KLEINSTER
DINOSAURIER-FUSSABDRUCK
Der kleinste bislang entdeckte Fußabdruck eines Dinosauriers misst lediglich 1,78 cm von der Ferse bis zur Spitze des längsten Zehs. Der Fund wurde von Dr. Neil Clark (GB, Foto) vom Hunterian Museum der Universität Glasgow (GB) auf der Insel Skye, Highland (GB), entdeckt und im Juni 2004 bekannt gegeben. Der Fußabdruck stammt aus dem Mittleren Jura und ist somit etwa 165 Mio. Jahre alt.

ORIGINALGRÖSSE

★ NEUER REKORD ☆ VERBESSERTER REKORD

★ ERSTER
FLUGUNFÄHIGER VOGEL

Der erste flugunfähige Vogel ist der gefiederte Dinosaurier *Protarchaeopteryx*. Ein Fossil wurde 1997 in der Provinz Liaoning im Nordosten Chinas gefunden. Diese Spezies ist etwa so groß wie ein Truthahn und ähnelt den fleischfressenden vierfüßigen Dinosauriern. Die Arme sind relativ kurz und die Federn symmetrisch – ein Beweis dafür, dass er nicht fliegen konnte.

Man nimmt an, dass der Protarchaeopteryx ein Vorfahre des **ersten flugfähigen Vogels** *Archaeopteryx* ist. (siehe Abbildung links)

VÖGEL

GRÖSSTER PRÄHISTORISCHER VOGEL

Der größte prähistorische Vogel war der flugunfähige *Dromornis stirtoni*. Das riesige, einem Emu ähnliche Tier lebte vor 15 Mio. bis 25.000 Jahren in Zentralaustralien. 1974 wurden in der Nähe von Alice Springs, Northern Territory (AUS), versteinerte Beinknochen gefunden, die vermuten lassen, dass der Vogel etwa 3 m hoch und 500 kg schwer war.

★ VOLLSTÄNDIGSTES FOSSIL EINES GEFIEDERTEN DINOSAURIERS

Im April 2001 entdeckten Bauern in den Fossilienlagerstätten der Yixian-Formation in der Provinz Liaoning (CHN) einen vollständig erhaltenen versteinerten *Sinornithosaurus millenii*. Der Verwandte des *Velociraptor* ist ca. 60 cm lang, vollständig mit Daunenkleid und Federn bedeckt und ähnelt einer großen Ente mit langem Schwanz. Damit wurde erstmals ein komplett gefiedertes Fossil gefunden, was die Theorie stützt, dass sich die heutigen Vögel aus Dinosauriern entwickelt haben.

GRÖSSTER PRÄHISTORISCHER FLEISCH FRESSENDER VOGEL

Der *Titanis walleri* hatte eine Gesamtkörperhöhe von 2,5 m und erreichte vermutlich ein Gewicht von 200 kg. Er lebte erwiesenermaßen bis ins späte Pleistozän (Eiszeitalter).

FUSSABDRÜCKE

LÄNSTE SPUR VON DINOSAURIER-FUSSABDRÜCKEN

Im Cal-Orcko-Steinbruch in der Nähe von Sucre (BOL) gibt es über 5.000 einzelne Dinosaurier-Fußabdrücke. Unter diesen wurden über 250 Spuren identifiziert, von denen die längste rund 350 m misst und von einem Therapoden stammt, der vor rund 68 Mio. Jahren lebte.

FRÜHESTER LANDGANG EINES TIERES

Die Überreste eines Vierfüßers namens *Pederpes finneyae* wurden 1971 nördlich Dumbarton, West Dumbartonshire (GB), gefunden und sind ca. 350 Mio. Jahre alt. Die Identifikation der Beine und eines vollständig erhaltenen Fußes wurde von Dr. Jenny Clack (GB) vom Universitätsmuseum für Zoologie der Universität Cambridge (GB) vorgenommen und am 4. Juli 2002 veröffentlicht.

GRÖSSTER PFLANZEN FRESSENDER DINOSAURIER →

Vierbeinige Pflanzen fressende Sauropoden mit langen Hälsen und langen Schwänzen bevölkerten in der Jura- und Kreidezeit vor 65 bis 208 Mio. Jahren den größten Teil der Erde. Der längste bekannte Sauropod war 40 m lang und wog bis zu 100 t. Das Bild rechts zeigt einen Oberschenkelknochen eines dieser Riesen.

★ MEISTE AN EINEM ORT ENTDECKTE DINOSAURIER-FUSSABDRÜCKE

Im bolivianischen Cal-Orcko-Steinbruch gibt es eine 800 m lange und 260 m hohe Kalksteinwand, die mehr als 5.000 einzelne Dinosaurier-Fußabdrücke enthält. Die Vielfalt der Abdrücke zeigt, dass es noch bis zum Aussterben der Dinosaurier vor 65 Mio. Jahren viele unterschiedliche Dinosaurierarten gab.

★ GRÖSSTE SAMMLUNG VON DINOSAURIEREIERN

Im November 2004 besaß Das Heyuan Museum in der Provinz Guangdong (CHN) eine aus 10.008 Dinosauriereiern bestehende Sammlung. Die Eier stammen aus der späten Kreidezeit (vor 89 bis 65 Mio. Jahren).

→ WIE GROSS WAR DAS GRÖSSTE KROKODIL ALLER ZEITEN?

DIE ANTWORT STEHT AUF S. 89

NATUR & UMWELT
MIKROORGANISMEN

GEFÄHRLICHSTER ← PARASIT

Die Malaria-Parasiten der Gattung *Plasmodium*, die Moskitos der Gattung *Anopheles* in sich tragen, sind höchstwahrscheinlich verantwortlich für die Hälfte aller menschlichen Todesfälle seit der Steinzeit (ausgenommen Kriege und Unfälle). Schätzungen der Weltgesundheitsorganisation WHO zufolge verursacht die Malaria pro Jahr mehr als 1 Mio. Todesfälle und kommt in 101 Ländern und unabhängigen Gebieten vor.

BAKTERIEN

TÖDLICHSTER NATÜRLICHER GIFTSTOFF

Das anaerobe Bakterium *Clostridium botulinum*, das in verdorbenen Lebensmitteln vorkommt und Lebensmittelvergiftungen verursacht, ist so tödlich (weitaus mehr als Strychnin, Arsen oder Schlangengifte), dass theoretisch 450 g davon ausreichen würden, um die gesamte Menschheit auszulöschen.

GRÖSSTES BAKTERIUM

Nach Angaben der Fachzeitschrift *Science* ist das Bakterium *Thiomargarita namibiensis* (Schwefelperle von Namibia) ca. 750-mal größer als normale Bakterien und dadurch mit bloßem Auge erkennbar.

★ KRANKHEITSERREGER MIT DER HÖCHSTEN STERBLICHKEITSRATE

Ein Drittel der Weltbevölkerung ist mit dem *Mycobacterium tuberculosis*, dem Erreger der Tuberkulose (TB), infiziert. Jedes Jahr erkranken etwa acht Mio. Menschen an TB, von denen eine Mio. die Krankheit nicht überlebt.

ÄLTESTES LEBENDES BAKTERIUM

Im Jahr 2000 gelang es US-Wissenschaftlern, Bakterien zu beleben und zu kultivieren, die 250 Mio. Jahre lang scheinbar leblos in Salzkristallen eingeschlossen waren. Die als Bazillus 2-9-3 bezeichnete Bakterienart ist zehnmal älter als die älteste bislang wiederbelebte Spezies.

EXTREMFÄLLE

SÄUREBESTÄNDIGKEIT

Mikrobielles Leben wurde bis zu einem pH-Wert von 0 nachgewiesen, der dem der Salzsäure entspricht. Es gibt eine Reihe von Organismen, die sich unter diesen Bedingungen prächtig entwickeln. Dazu gehört auch *Cyanidium caldarium*, das in Eruptionskanälen tätiger Vulkane vorkommt.

LAUGENBESTÄNDIGKEIT

Ein 2003 bei Chicago, Illinois (USA), entdecktes Bakterium lebt im Grundwasser, das durch eine seit über 100 Jahren genutzte Deponie für Eisenschlacken stark kontaminiert ist. Dort herrschen pH-Werte von bis zu 12,8. Ein solcher pH-Wert entspricht dem von Ätznatron.

KRANKHEITEN

Verbreitetste (nicht ansteckende)	Parodontose (z.B. Zahnfleischentzündung)	60 bis 90 Prozent aller Schüler und Mehrheit der Erwachsenen
Verbreitetste (ansteckende)	Grippaler Infekt (Familie der Rhinoviren)	Mindestens 40 verschiedene durch Luft oder Direktkontakt übertragene Viren, beinahe weltweit
Ansteckendste (wieder auftretende)	Denguefieber (hämorrhagisches Fieber)	275.000 Fälle in den mittel- und südamerikanischen Tropen
Ansteckendste (durch Viren verursachte)	Ebolafieber (hämorrhagisches Fieber)	90 Prozent der Erkrankten sterben daran; 1.200 Todesfälle seit der Entdeckung 1976
Älteste übertragbare	Lepra	Bereits 1350 v. Chr. im alten Ägypten bekannt
Seltenste	Pocken	0 Fälle seit 1978
Schlimmste „Fleisch fressende"	Nekrotisierende Fasziitis	Befällt Gewebeschichten unterhalb der Haut und erfordert operative Entfernung des Gewebes

Nach Angaben der Weltgesundheitsorganisation WHO gibt es sechs „Anwärter" für den Rekord der **tödlichsten Krankheit**: HIV, Tuberkulose, Malaria, Masern, Lungenentzündung und Durchfallerkrankungen verursachten 1999 rund 90 Prozent aller Todesfälle durch Infektionskrankheiten. Dabei ist HIV die ★ **am schnellsten ausbreitende Krankheit**.

→ WO FINDET MAN DIE HITZEBESTÄNDIGSTEN ORGANISMEN AUF DEM PLANETEN?

DIE ANTWORT STEHT AUF S. 76

★ KLEINSTES BAKTERIUM →

Die **kleinsten bislang entdeckten lebenden Organismen** heißen „Nanoben". Sie haben einen Durchmesser von nur 20 bis 150 nm (Nanometer) und wurden von Dr. Phillippa Uwins (AUS) und ihren Kollegen von der University of Queensland (AUS) in Sandsteinproben entdeckt, die aus Tiefen von 3 bis 5 km unter dem Meeresboden stammen. Diese Organismen sind rund zehnmal kleiner als die kleinsten konventionellen Bakterien.

92 GUINNESS WORLD RECORDS BUCH **2006**

★ NEUER REKORD   ★ VERBESSERTER REKORD

LÄNGSTE QUARANTÄNE EINER INSEL →

Gruinard Island vor der Westküste Schottlands (GB) wurde 1942 unter Quarantäne gestellt, nachdem zur Tötung einer Schafherde Milzbrand-Erreger freigesetzt wurden. Dieser Test wurde zu einer Zeit angeordnet, als man befürchtete, Adolf Hitler könne Großbritannien mit chemischen oder biologischen Waffen angreifen. Die Quarantäne wurde erst 48 Jahre später, am 24. April 1990 aufgehoben. Der damalige britische Verteidigungsstaatssekretär bereiste die 210 ha große Insel, entfernte das rote Warnschild und erklärte das Gebiet als sicher.

STRAHLUNGSBESTÄNDIGKEIT

Das Bakterium *Deinococcus radiodurans* verträgt Atomstrahlung mit einer Intensität von 6,5 Mio. Röntgen, das ist 10.000-mal mehr, als ein Mensch durchschnittlich verkraftet.

LÄNGSTES ÜBERLEBEN IM WELTALL

Zellen des Bakteriums *Escherichia coli* überlebten unabgeschirmt vom 7. April 1984 bis zum 11. Januar 2004 an Bord des Satelliten LDEF (Long Duration Exposure Facility) in der Erdumlaufbahn.

Im November 1969 wurden Materialproben der unbemannten US-Mondsonde *Surveyor 3* durch die Besatzung von *Apollo 12* mit zur Erde gebracht. Bei einer Analyse des Materials wurden bakterielle Organismen (*Streptococcus mitis*) gefunden, mit denen *Surveyor 3* vor seinem Start am 17. April 1967 kontaminiert worden war. Anschließend hatten sie 2,5 Jahre im Weltall überlebt.

Die **maximale Höhe**, in der Bakterien entdeckt wurden, liegt bei 41,14 km.

VIREN

GRÖSSTES VIRUS

Das Mimivirus enthält 900 Gene und hat einen Durchmesser von 400 nm (Nanometer). Es wurde 1992 in einer Probe aus einem Wasserkühlturm in Bradford (GB) gefunden und von Wissenschaftlern des Nationalen Zentrums für Naturwissenschaftliche Forschungen in Paris (F) untersucht. Die Veröffentlichung der Ergebnisse erfolgte am 27. März 2003 in der Fachzeitschrift *Science*.

TÖDLICHSTER AUSBRUCH DER VOGELGRIPPE BEIM MENSCHEN

Der tödlichste und gleichzeitig **erstmals dokumentierte Ausbruch der Vogelgrippe beim Menschen** trat 1997 in Hongkong (CHN) auf. Dabei infizierten sich 18 Personen mit dem H5N1-Stamm des Virus, sechs von ihnen starben daran.

★ EINZIGES GEGEN TOLLWUT IMMUNES TIER

Die Hyäne ist das einzige wild lebende Tier, das von Natur aus gegen Tollwut immun ist. Wissenschaftler untersuchten in der Serengeti 13 Jahre lang mehrere hundert Hyänen und fanden heraus, dass die Tiere das Virus in sich tragen können, ohne daran zu sterben bzw. die üblichen Symptome wie Überaktivität und Lähmungen zu entwickeln.

← ★ LÄNGSTE FOSSILFOLGE

Stromatolithe haben die längste Fossilfolge aller Lebensformen auf der Erde aufzuweisen. Diese blumenkohlartig aufgebauten, gesteinsähnlichen Krusten entstehen durch die Aktivitäten von Cyanobakterien und kamen auf der Erde bereits vor 3,5 Mrd. Jahren vor. 1954 wurde in Shark Bay (AUS) eine Kolonie lebender Stromatolithe entdeckt, die denen aus dem Präkambrium sehr ähnlich waren.

Tot oder lebendig?

Viren (lat. „Gift") werden als Grenzform zwischen belebter und unbelebter Natur angesehen. Sie bestehen aus Eiweißen und Nukleinsäuren, die in einer schützenden Eiweißhülle eingeschlossen sind. Sie sind wesentlich kleiner als konventionelle Bakterien und agieren als Parasiten, die Zellen befallen und diese Zelle dazu zwingen, weitere Viren zu produzieren. Schließlich wird die Zelle gesprengt, wodurch Kopien dieses Virus freigesetzt werden, die daraufhin weitere Zellen angreifen.

Bakterien (griech. „Stäbchen", nach ihrer Form) sind einzellige Organismen, die Krankheiten verursachen können. Obwohl sie früher zum Pflanzenreich gezählt wurden, bilden sie heute eine eigene Kategorie mit der Bezeichnung „Moneren".

Extremophile sind Organismen, die unter „extremen" Bedingungen wie hohen Temperaturen oder übermäßig viel Säure existieren können. Sie sind nicht immer, jedoch in der Regel Einzeller.

WWW.GUINNESSWORLDRECORDS.COM

→ NATUR & UMWELT
WILDPFLANZEN

LÄNGSTER → MEERES- TANG

Der Riesentang (*Macrocystis pyrifera*) kann bis zu 60 m lang werden. Er wächst 45 cm am Tag – die Breite dieses Buches, wenn es aufgeschlagen ist.

KLEINSTE FRUCHT

Die kleinste Frucht der Welt wird von der **kleinsten blühenden Pflanze** produziert, der schwimmenden Wasserlinse, die zur Gattung *Wolffia* gehört. Die Frucht der *Wolffia augusta* ist nur 0,25 mm lang und wiegt rund 70 Mikrogramm, womit sie kleiner ist als ein Körnchen Tafelsalz.

ORIGINALGRÖSSE

PFLANZEN

GRÖSSTE EINZELBLÜTE
Die orange-braun-weiße Schmarotzerblume *Rafflesia arnoldii* hat die größte Blüte der Welt – sie hat einen Durchmesser von bis zu 91 cm und wiegt rund 11 kg. Ihre Blütenblätter sind 1,9 cm dick.

★ GRÖSSTER STINKER
Ein Exemplar der *Amorphophallus titanum* aus dem Botanischen Garten der Universität Bonn (D) war am 23. Mai 2002 3,06 m groß. Die Pflanze wurde 1878 in Sumatra (RI) entdeckt und hat einen sehr unangenehmen Geruch. Die auch „Leichenblume" genannte Planze ist **die am stärksten riechende Blume**. Ihr Geruch nach verwesendem Fleisch ist aus einer Entfernung von 800 m wahrnehmbar.

KLEINSTES SAMENKORN
Mit 992,25 Mio. Samen pro Gramm haben epiphytische Orchideen (nicht-parasitäre Pflanzen, die auf anderen Pflanzen wachsen) die kleinsten Samenkörner. Ihre Größe ist mit einem Staubkorn vergleichbar.

GRÖSSTES SAMENKORN
Die riesige Seychellenpalme *Lodoicea maldivica*, bekannt als „Doppelnuss-" oder „Coco-de-Mer-Palme", wächst nur auf den Seychellen wild. Ihre Frucht mit nur einem Samenkorn wiegt bis zu 20 kg, was dem Gewicht von rund sechs neu geborenen Babys entspricht.

MASSIVSTE PFLANZE
Im Dezember 1992 bedeckte ein Netzwerk von Zitterpappeln (*Populus tremuloides*), das in den Wasatch Mountains in Utah (USA) aus einem einzigen Wurzelsystem wuchs, eine Gesamtfläche von rund 43 Hektar und wog 6.000 t. Der Organismus mit dem Spitznamen „Pando" (lateinisch für „Ich breite mich aus") sieht aus wie ein aus einzelnen Bäumen bestehender Wald, ist aber das, was die Wissenschaftler als „Sauger" bezeichnen – Pflanzen, die aus dem Wurzelsystem eines einzigen Baumes wachsen.

GIFTIGSTE PFLANZE
Berechnet nach der für den Menschen tödlichen Dosis ist die giftigste Pflanze der Welt die Rizinusstaude (*Ricinus communis*). Gemäß dem *Merck Index: Eine Enzyklopädie der Substanzen, Medikamente und biologischen Wirkstoffe* (1997) genügt eine Dosis von 70 Mikrogramm, um einen Menschen mit 72 kg Körpergewicht zu töten. Das Pflanzengift namens Rizin ist ein Protein aus den Samen der Staude. 1 g Rizin ist etwa 6.000-mal giftiger als Zyanid und 12.000-mal giftiger als das Gift von Klapperschlangen.

WÄHLERISCHSTE FLEISCH FRESSENDE PFLANZE
Nepenthes albomarginata ist die wählerischste der Fleisch fressenden Pflanzen, denn sie ernährt sich nur von einer *Hospitalitermes bicolor* genannten Termitenart. Sie wächst in den Regenwäldern Malaysias und Indonesiens und bietet als einzige Pflanze ihr eigenes Gewebe an, um sich zu ernähren: Mit einem Ring essbarer weißer, Trichome genannter Pflanzenhaare lockt sie Termiten an, die dann durch die „Kehle" der Pflanze schlüpfen und von ihr verspeist werden.

★ NEUER REKORD ★ VERBESSERTER REKORD

GRÖSSTE BEUTE FLEISCH FRESSENDER PFLANZEN
Von Fleisch fressenden Pflanzen aus der Familie der Nepenthaceae (Gattung *Nepenthes*) – vor allem *N. rajah* und *N. rafflesiana* – weiß man, dass sie große Frösche, Vögel und sogar Ratten fressen. Sie locken ihre Beute mittels Farbe, Geruch und Nektar in die Falle und verdauen sie mithilfe von Enzymen. Diese Arten leben gewöhnlich in den asiatischen Regenwäldern, vor allem in Borneo, Indonesien und Malaysia.

GEFÄHRLICHSTE STECHENDE PFLANZE
Neuseelands Baumnessel (*Urtica ferox*) enthält Gifte, die, wenn sie in die Haut dringen, Hunde und Pferde töten können. In einem Fall starb ein Mann nur fünf Stunden, nachdem er mit der Pflanze in Berührung gekommen war.

SELTENSTE PFLANZE
Es gibt nur noch 46 Mandrinetten (*Hibiscus fragilis*), und zwar an zwei Orten auf Mauritius im Indischen Ozean.

SCHNELLST WACHSENDE PFLANZE
Bestimmte Bambusarten wachsen bis zu 91 cm pro Tag – etwa 0,00003 km/h. Bei einer solchen Geschwindigkeit wäre der auf der gegenüberliegenden Seite zu sehende Bambus in nur sieben Stunden gewachsen.

Die schnellst wachsende blühende Pflanze ist die *Hesperoyucca whipplei* aus der Familie der Liliaceae, von der ein Exemplar in 14 Tagen 3,65 m wuchs – etwa 25,4 cm pro Tag. **Die am langsamsten wachsende Pflanze** ist Boliviens seltene *Puya raimondii* (die auch **das größte Kraut** ist). Ihre Rispe (Dolde) taucht erst nach rund 80 bis 150 Jahren auf.

BÄUME

★ GRÖSSTER BAUMKNOTEN
Baumknoten sind anormale Schwellungen an Zweigen oder Ästen, die infolge einer Störung der Baumzellen in der kambialen Schicht unter der Rinde entstehen. Der größte überhaupt wog, als er 1976 entfernt wurde, 20.361 kg und maß an der breitesten Stelle 18,7 m. Man fand ihn am Fuße einer 351 Jahre alten Sitkafichte (*Picea sitchensis*) in Port McNeill, British Columbia (CDN).

★ DICKSTE BAUMRINDE
Die Rinde des Riesen-Mammutbaums (*Sequoiadendron giganteum*), der in den Bergen der Sierra Nevada in Kalifornien (USA) wächst, ist zwischen 25 und 121 cm dick.

MEISTE JAHRESRINGE
„Prometheus", eine Grannenkiefer (*Pinus longaeva*), die 1963 auf dem Mount Wheeler in Nevada (USA) gefällt wurde, hatte die Rekordzahl von 4.867 Jahresringen. Da die Kiefer in einer unwirtlichen Umgebung wuchs, korrigierte man ihr Alter auf 5.200 Jahre, **das höchste je für einen Baum verzeichnete Alter**.

EXTREME

Höchster lebender Baum: „Stratosphere Giant", ein Küsten-Mammutbaum (*Sequoia sempervirens*) im Humboldt Redwoods State Park, Kalifornien (USA), ist 112,7 m hoch.

Höchster je gemessener Baum: Ein *Eucalyptus regnans* auf dem Mount Baw Baw, Victoria (AUS), maß 1885 143 m.

Größter lebender Baum: „General Sherman", ein Riesenmammutbaum (*Sequoiadendron giganteum*) im Sequoia National Park in Kalifornien (USA) ist 82,6 m hoch, hat einen Durchmesser von 8,2 m und einen Umfang von rund 25,9 m – genug für über 5 Mrd. Streichhölzer.

Seltenster Baum: Nur 43 erwachsene Wollemi-Kiefern (*Wollemia nobilis*) existieren im Wollemi National Park (AUS).

Frühester Baum: Das Frauenhaar (*Ginkgo biloba*) aus China tauchte vor rund 160 Mio. Jahren auf.

Entferntester Baum: Eine norwegische Fichte (*Picea abies*) auf Campbell Island in der Antarktis befindet sich über 222 km (119,8 Seemeilen) entfernt vom nächsten Baum.

← ★ GRÖSSTE PFLANZENFAMILIE
Als größte Pflanzenfamilie gilt allgemein die Orchideenfamilie (Orchidaceae), von der es im April 2004 offiziell 25.000 Arten gab. Das Tempo, mit der neue Orchideen bestätigt werden, legt jedoch nahe, dass es insgesamt über 30.000 Arten gibt. Orchideen wachsen in fast allen Habitaten der Welt, mit Ausnahme der Antarktis und unter Wasser.

WWW.GUINNESSWORLDRECORDS.COM

NATUR & UMWELT
NUTZPFLANZEN

★ SCHWERSTE CANTALOUPE-MELONE (NETZMELONE)
Scott und Mardie Robb (beide USA) zogen eine Cantaloupe-Melone, die es am 16. August 2004 bei der Alaska State Fair in Palmer (USA) beim Wiegen auf 29,4 kg brachte.

VIELFÄLTIGSTES BLUMENARRANGEMENT
Am 21. Juli 2002 kreierten 34 Designer bei einem während der Floriade in Vijfhuizen (NL) von The Flower Council of Holland organisierten Event ein Blumenarrangement mit 1.010 unterschiedlichen Blumenarten. Das Arrangement war 110 m lang, 1 m hoch und befand sich auf einer 3 m hohen Plattform.

★ SCHWERSTE PASTINAKE
Die schwerste Pastinake züchtete Norman Lee Craven (CDN). Als er sie am 4. November 2003 bei der Royal Agriculture Winter Fair in Ontario (CDN) präsentierte, wog sie 3,8 kg.

★ MEISTE KARTOFFELSORTEN
Bei der Three-Countries-Potatoes-Schau, die von Thompson and Morgan, Furrows (Ford) Motors und der Shropshire Horticultural Society gesponsert wurde und vom 13. bis 14. August 2004 während der Shrewsbury Flower Show stattfand, waren insgesamt 589 Kartoffelsorten zu sehen, zu denen auch die Sorten Adam's Apple, Russian Banana und Voyager gehörten.

★ GRÖSSTE BLUMENAUKTION
Die größte Blumenauktion und der größte Blumenmarkt der Welt ist Bloemenveiling Aalsmeer (VBA) in Aalsmeer (NL), wo an jedem Werktag rund 19 Mio. Blumen sowie 2 Mio. Pflanzen verkauft werden, insgesamt stehen über 12.000 Arten zur Auswahl. Der Tagesumsatz beträgt 6 Mio. EUR. Die Halle hat eine Grundfläche von 999.000 m², was 165 Fußballplätzen entspricht.

← ★ SCHWERSTE RÜBE
Die Rübe, die Scott und Mardie Robb (beide USA) züchteten und am 1. September 2004 bei der Alaska State Fair in Palmer (USA) präsentierten, hatte das Rekordgewicht von 17,7 kg.

★ PFLANZE MIT DEN MEISTEN BLÜTEN IN EINER NACHT
In der Nacht vom 12. zum 13. August 2004 produzierte eine Michie Taylor (USA) gehörende, nachts blühende Kaktusart (*Selenicereus grandiflorus*), auch als Königin der Nacht bekannt, 40 Blüten. Die Knospen blühen einmal pro Jahr im Hochsommer und verwelken normalerweise vor Tagesanbruch. Am folgenden Abend blühten weitere 23 Knospen.

★ GRÖSSTER BLUMENTEPPICH
Der größte Blumenteppich maß am 13. Juli 2004 7.540,4 m² und wurde von The Real Flower Petal Confetti Company gestaltet. Sein Muster, die britische Nationalflagge, bestand aus rotem, weißem und blauem Rittersporn, der in Wick, Worcestershire (GB), gezüchtet wurde.

SCHWERSTE FRÜCHTE UND GEMÜSE

OBST/GEMÜSE	GEWICHT	ZÜCHTER	DATUM
Ananas	8,06 kg	E. Kamuk (PNG)	1994
Apfel	1,67 kg	Alan Smith (GB)	1997
Avocado	1,99 kg	Anthony Llanos (AUS)	1992
Birne	2,1 kg	Warren Yeoman (AUS)	1999
Blumenkohl	24,6 kg	Alan Hattersley (GB)	1999
★ Cantaloupe-Melone	29,4 kg	Scott & Mardie Robb (USA)	2004
Erdbeere	231 g	G. Andersen (GB)	1983
Flaschenkürbis	42,8 kg	Robert Weber (AUS)	2001
Gartenkürbis	61,23 kg	John Handbury (GB)	1998
Grapefruit	3,065 kg	Debbie Hazelton (AUS)	1995
Gurke	12,4 kg	Alfred J. Cobb (GB)	2003
★ Jackfrucht	34,6 kg	George & Margaret Schattauer (USA)	2003
Karotte	8,61 kg	John Evans (USA)	1998
★ Kartoffel (süß)	37 kg	Manuel Pérez Pérez (E)	2004
Kartoffel	3,5 kg	K. Sloane (GB)	1994
Kirsche	21,69 g	Gerardo Maggipinto (I)	2003
Knoblauch	1,19 kg	Robert Kirkpatrick (USA)	1985
Kohl (Rot)	19,05 kg	R. Straw (GB)	1925
Kohl	56,24 kg	Bernard Lavery (GB)	1989
Kohlrabi	29 kg	Dave Iles (USA)	2004
Kohlrübe	34,35 kg	Scott & Mardie Robb (USA)	1999
★ Kürbis	655,9 kg	Allan Eaton (CDN)	2004
Lauch	8,1 kg	Fred Charlton (GB)	2002
Mango	1,94 kg	John Painter (USA)	1999
Pastinake	3,8 kg	Norman Lee Craven (CDN)	2003
Pâtissonkürbis	436 kg	Steve Hoult (CDN)	1997
Pfirsich	725 g	Paul Friday (USA)	2002
Quitte	2,34 kg	Edward Harold McKinney (USA)	2002
Radieschen	31,1 kg	Manabu Ono (J)	2003
Rhabarber	2,67 kg	E. Stone (GB)	1985
Rosenkohl	8,3 kg	Bernard Lavery (GB)	1992
Rote Bete	23,4 kg	Ian Neale (GB)	2001
Sellerie	28,7 kg	Scott & Mardie Robb (USA)	2003
Stachelbeere	61,04 g	K. Archer (GB)	1993
Tomate	3,51 kg	G. Graham (USA)	1986
Zitrone	5,265 kg	Aharon Shemoel (IL)	2003
Zucchini	29,25 kg	Bernard Lavery (GB)	1990
Zwiebel	7,24 kg	Mel Ednie (GB)	1994

★ NEUER REKORD ★ VERBESSERTER REKORD

FORMSCHNITT IN REKORDHÖHE
Seit 1983 schneidet Moirangthem Okendra Kumbi (IND) in seinem „Hecke zum Himmel" genannten Garten in Manipur (IND) die Schösslinge eines mittlerweile 18,59 m hohen Traubenbeerbusches (*Duranta repens variegata*) in eine bestimmte Form. Kumbi hat mithilfe einer speziell konstruierten Leiter 41 Muster geschnitten, die ein rundes Schirmdesign, gefolgt von zwei Scheiben, darstellen.

★ ÄLTESTE TOPFPFLANZE
Ein Palmfarn (*Encephalartos altensteinii*), der aus Südafrika nach Großbritannien eingeführt und dort 1775 gepflanzt wurde, ist im Palmenhaus der Royal Botanical Gardens in Kew, Surrey (GB), zu sehen. Diese Palmfarne werden oft als „lebende Fossilien" bezeichnet, da sie zu den ältesten überlebenden Pflanzenarten gehören. Wissenschaftler haben nachgewiesen, dass sie schon vor 200 Mio. Jahren während des Perms wuchsen.

RIESENKAKTUS
Der Kaktus (*Cereus uruguayanus*), den Pandit S. Munji (IND) zu Hause in Dharwad, Karnataka (IND), züchtete, hatte am 1. Januar 2004 eine Größe von 21,3 m. Der „Heckenkaktus" wurde im Januar 1990 gepflanzt und wird normalerweise 6 m hoch.

★ GRÖSSTER WEINSTOCK
Der Great Vine im Hampton Court Palace in Surrey (GB) hat einen Umfang von 3,8 m und Zweige, die im Durchschnitt bis zu 33 m lang sind. Der längste Zweig maß im Januar 2005 75 m. Der Weinstock wurde 1768 von dem berühmten Gärtner Lancelot „Capability" Brown (GB) gepflanzt, als er oberster Gärtner von König George III. war.

★ GRÖSSTE BLÜHENDE PFLANZE
Der Chinesische Blauregen (*Wisteria sinensis*) in der Sierra Madre in Kalifornien (USA) wurde 1892 gepflanzt und hatte 1994 152 m lange Zweige, die eine Fläche von 0,4 ha bedeckten und 22 t wogen. Während der fünfwöchigen Blütezeit wurden schätzungsweise 1,5 Mio. Blüten produziert.

★ GRÖSSTE ZINNIE
Die Zinnie (*Zinnia elegans*), die Everett W. Wallace Jr. und Melody Wagner (beide USA) in Riegelwood, North Carolina (USA), züchteten, war am 16. November 2004 3,81 m hoch.

GRÖSSTE FUCHSIE
Eine von Mitgliedern von The Growing Place in Spalding, Lincolnshire (GB), seit Sommer 2002 gezüchtete Fuchsie war am 1. Juli 2003 6,58 m hoch. Die „Welsh Tricolour" genannte Fuchsienart des Züchters Bernard Lavery (GB) hat große Einzelblüten in drei unterschiedlichen Rosa-, Purpur- und Mauvetönen.

GRÖSSTER HECKEN-IRRGARTEN
Die Pfade im Peace Maze im Castlewellan Forest Park, County Down (GB), der eine Fläche von 11.215 m² hat, sind insgesamt 3.515 m lang. Der Irrgarten wurde von Beverley Lear (GB) entworfen, vom Forest Service, Nordirland, sowie Vertretern der Öffentlichkeit geschaffen und am 12. September 2001 eröffnet.

GRÖSSTE PFLANZEN

PFLANZE	GRÖSSE	ZÜCHTER	DATUM
★ Amarant	4,61 m	David Brenner (USA)	2004
Baumwolle	7,74 m	D. M. Williams (USA)	2004
Besenreifkraut	1,75 m	BOC Hong Kong Baptist University, Hongkong (CHN)	2003
Braunkohl	2,79 m	Reggie Kirkman (USA)	1999
★ Buntlippe	2,5 m	Nancy Lee Spilove (USA)	2004
Chrysantheme	4,34 m	Bernard Lavery (GB)	1995
Fuchsie	6,58 m	The Growing Place, Lincolnshire (GB)	2003
Gelbe Narzisse	1,55 m	M. Lowe (GB)	1979
Immergrün	2,19 m	Arvind, Rekha, Ashish & Rashmi Nema (alle IND)	2003
Kaktus (selbstgezogen)	21,3 m	Pandit S. Munji (IND)	2004
Kartoffel oder Brinjal	5,5 m	Abdul Masfoor (IND)	1998
★ Kletterrose	27,7 m	Anne & Charles Grant (beide USA)	2004
Löwenzahn	100 cm	Ragnar Gille and Marcus Hamring (beide S)	2001
Papayabaum	13,4 m	Prasanta Mal (IND)	2003
Petersilie	1,39 m	Danielle, Gabrielle, Michelle Kassatly (alle USA)	2003
Petunie	5,8 m	Bernard Lavery (GB)	1994
Pfeffer	4,87 m	Laura Liang (USA)	1999
★ Rosenbusch (ohne Stütze)	3,8 m	Kathleen Mielke-Villalobos (USA)	2004
Rosenkohl	2,8 m	Patrice and Steve Allison (USA)	2001
Schmuckkörbchen	3,75 m	Cosmos Executive Committee, Okayama (J)	2003
Sellerie	2,74 m	Joan Priednieks (GB)	1998
Sonnenblume	7,76 m	M. Heijms (NL)	1986
Tomate	19,8 m	Nutriculture Ltd, Lancashire (GB)	2000
Zuckermais	9,4 m	D. Radda (USA)	1946
Zyperngras	8,22 m	Konstantinos Xytakis & Sara Guterbock (beide USA)	2002

NATUR & UMWELT
DIE UMWELT

SCHLIMMSTE KÜSTENVERSCHMUTZUNG

Am 24. März 1989 lief der Öltanker *Exxon Valdez* im Prinz-William-Sund vor Alaska (USA) auf Grund. Dabei verlor er ca. 41 Mio. l Öl. Infolge dessen wurde die Küste auf einer Länge von insgesamt 2.400 km verschmutzt. Dem Unternehmen wurde eine Geldstrafe von umgerechnet 4,7 Mrd. EUR auferlegt. Darüber hinaus musste es mit umgerechnet 2,8 Mio. EUR für die Reinigungsarbeiten aufkommen.

SULFATHALTIGSTER SAURER REGEN
Eine Sulfatkonzentration von 5,52 mg/l wurde 1983 im Inverpolly Forest, Highland, Schottland (GB), festgestellt. Dieser hohe Wert war hauptsächlich das Ergebnis atmosphärischer Niederschläge aus Industriegebieten in Mittelschottland.

SAUERSTER SAURER REGEN
Ein pH-Wert von 2,83 wurde 1982 über den Großen Seen (USA/CDN) ermittelt. 1983 stellte man im Inverpolly Forest, Highland, Schottland (GB), gar einen pH-Wert von 1,87 fest. Das sind die niedrigsten pH-Werte, die je bei saurem Niederschlag dokumentiert wurden.

STADT MIT DER SCHLIMMSTEN CHEMISCHEN VERSCHMUTZUNG
Die russische Stadt Dscherschinsk (285.000 Einwohner 1995) ist die schmutzigste Industriestadt der Welt. Die Lebenserwartung in der Stadt, die nach Felix Dscherschinski, dem Gründer des sowjetischen Geheimdienstes, benannt wurde, beträgt für Männer 42 und für Frauen 47 Jahre. In der Stadt gibt es unzählige Industriebetriebe, in denen seit Jahren Chlor, Pestizide und chemische Waffen produziert werden.

GRÖSSTE ABHOLZUNG
Zwischen 1990 und 2000 wurden in Brasilien pro Jahr durchschnittlich 22.264 km^2 Wald abgeholzt. Die Gesamtfläche entspricht der Größe ganz Großbritanniens.

AUSWAHL DER SCHLIMMSTEN UMWELTKATASTROPHEN

ART/ORT	DATUM	AUSWIRKUNGEN
Chemieunglück Bhopal (IND)	3. Dezember 1984	Eine Siedlung wurde in eine Giftgaswolke aus Methyl-Isocyanat (MIC) gehüllt. Dabei starben ca. 3.500 Menschen; Tausende erlitten Langzeitschäden.
Industrieexplosion Scunthorpe, Flixborough, Lincolnshire (GB)	1. Juni 1974	Bei der Explosion einer Chemiefabrik wurden 55 Menschen getötet und 75 verletzt. Ursache war vermutlich das unbemerkte Entweichen von rund 50 t Cyclohexan-Gas. Die Explosion hatte in etwa die Sprengkraft von 16 t TNT.
Landverschmutzung Arkt. Republik Komi (RUS)	August bis September 1994	Auslaufen von 14.000–200.000 t Rohöl in der Tundra. Größe der kontaminierten Fläche: 21,1 km^2.
Meeresverschmutzung Minamata-Bucht, Kyushu (J)	1953 bis 1967	Düngemittelfabrik leitete quecksilberhaltigen Abfall ins Meer. Bis zu 20.000 Menschen betroffen, 4.500 davon schwer – 43 Tote durch Vergiftung; weitere 800 Todesfälle durch Quecksilbervergiftung aus unklaren Quellen; 111 Menschen erlitten irreparable Schäden.
Atommüllunfall Kyschtym (RUS)	Dezember 1957	Explosion eines Atommüllbehälters setzte radioaktive Bestandteile auf einer Fläche von 23.000 km^2 frei. Aus einem Bericht von 1992 geht hervor, dass in einem Zeitraum von 32 Jahren 8.015 Menschen an den Folgen starben.
Ölunglück Golf von Campeche, Golf von Mexiko	Beginn 3. Juni 1979	Ölausbruch unter der Bohranlage *Ixtoc I* erzeugte einen Ölteppich, der sich bis zum 5. August 1979 über 640 km erstreckte. Eingedämmt am 24. März 1980, nachdem schätzungsweise 500.000 t (636 Mio. l) Öl ausgetreten waren.
Flussverschmutzung Basel (CH)	1. November 1986	Feuerwehrleute spülten bei der Bekämpfung eines Brandes in der Chemiefabrik Sandoz 30 t landwirtschaftliche Chemikalien in den Rhein. Dies hatte das Sterben einer halben Mio. Fische zur Folge.
Schwefeldioxid-Brand Mossul (IRQ)	Beginn 24. Juni 2003	Fast einen Monat lang Freisetzung von 21.000 t Schwefeldioxid pro Tag. Mit insgesamt 600.000 t die größte durch den Menschen bei einem Einzelvorfall verursachte Freisetzung von SO$_2$ in der Geschichte.

GRÖSSTES
SCHWINDEN EINES SEES
Der Aralsee an der Grenze zwischen Usbekistan und Kasachstan hat seit 1960 mehr als 60 Prozent seiner Fläche und schätzungsweise 80 Prozent seines Volumens verloren. Zwischen 1960 und 1980 verkleinerte sich die Fläche des Sees von 68.000 km² auf 28.700 km², das Volumen verringerte sich von ca. 1.040 km³ auf 180 km³. Im gleichen Zeitraum sank der Wasserspiegel um etwa 18 m.

Mai 1973

August 1987

Juli 2000

SCHLIMMSTE NUKLEAR-KATASTROPHE
Ein Reaktorunfall in Tschernobyl Nr. 4 in der ehemaligen UdSSR (heute Ukraine) am 26. April 1986 um 1.23 Uhr Ortszeit führte nach offiziellen Angaben zum Tod von 31 Menschen. Es wurden keine systematischen Statistiken über nachfolgende Todesfälle geführt, jedoch waren mehr als 1,7 Mio. Menschen der Strahlung ausgesetzt.

RADIOAKTIV VERSEUCHTESTER SEE
Der Karatschai-See in der russischen Provinz Tscheljabinsk weist eine Radioaktivität von 120 Mio. Curie auf und enthält beinahe 100-mal mehr Strontium-90 und Caesium-137, als in Tschernobyl freigesetzt wurde. Wenn man sich am Ufer dieses Sees aufhalten würde, wäre man einer Strahlungsintensität von 600 Röntgen pro Stunde ausgesetzt, die so stark ist, dass sie einen Menschen innerhalb von einer Stunde tötet.

GRÖSSTE SCHWEFELDIOXID-BELASTUNG DURCH FABRIK
Das bulgarische Kraftwerk Mariza stößt jedes Jahr 350.000 t Schwefeldioxid aus. Schwefeldioxid ist ein saures Gas mit beißendem Geruch, das hauptsächlich bei Vulkanausbrüchen entsteht, aber auch bei der Verbrennung fossiler Brennstoffe. Gelangt Schwefeldioxid in die Atmosphäre, so verbindet es sich in den Wolken mit Wasserdampf zu Schwefelsäure. Dies ist in Europa und Nordamerika eine der Hauptursachen für sauren Regen.

SCHWERSTE UMWELTZERSTÖRUNGEN DURCH BRÄNDE
Vorsätzlich gelegte Waldbrände verursachten im Jahr 1997 die schlimmsten Umweltzerstörungen seit Beginn der Geschichtsschreibung. Die meisten und größten dieser Brände gab es in Brasilien, wo sie an einer Front von 1.600 km Länge wüteten.

GRÖSSTE GIFTGASWOLKE
Im September 1990 wurde durch einen Brand in einer Beryllium verarbeitenden Fabrik in Ust Kamenogorsk, Kasachstan (damals UdSSR), eine Giftgaswolke freigesetzt, die sich über 300 km weit bis zur chinesischen Grenze und dahinter in unbekanntem Ausmaß ausbreitete

GRÖSSTE BAUMVER-PFLANZUNG
Am 20. Januar 2004 wurde eine zwischen 180 und 220 Jahre alte Eiche (*Quercus lobata*) namens „Old Glory" durch die Firma Senna Tree Company (USA) in einen 0,4 km entfernten neuen Park in Los Angeles, Kalifornien (USA), gebracht und dort erfolgreich wieder eingepflanzt. Der Baum war 17,6 m hoch, hatte eine Breite von 31,6 m und wog rund 145,5 t. Der Umfang seines Stammes betrug 5 m.

★ NEUER REKORD   ★ VERBESSERTER REKORD   WWW.GUINNESSWORLDRECORDS.COM

WISSENSCHAFT & TECHNIK

→ **INHALT**

DAS SONNENSYSTEM	102
DAS UNIVERSUM	104
RAUMFAHRT	106
KOMMUNIKATION	108
INTERNET	110
ENERGIE	112
WISSENSCHAFT	114
TECHNIK	116

ERSTER BEMANNTER PRIVAT FINANZIERTER WELTRAUMFLUG

Am 21. Juni 2004 erreichte *SpaceShipOne* eine Höhe von 100,124 km. Das Raumfahrzeug wurde von Scaled Composites (Mojave, Kalifornien, USA) entwickelt und gebaut und von Paul G. Allen (USA) finanziert. Start und Landung erfolgten auf dem Flughafen von Mojave, der Pilot war Mike Melvill (USA).

→ WISSENSCHAFT & TECHNIK
DAS SONNENSYSTEM

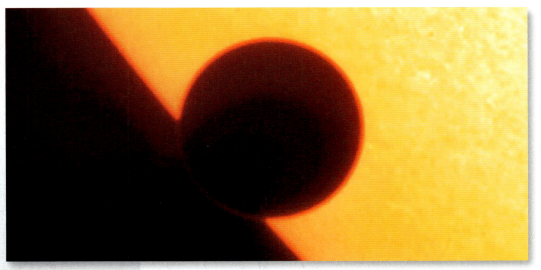

★ ERSTER BEOBACHTETER ← VENUS-TRANSIT

Die erste Person, die beobachtet, gemessen und aufgezeichnet hat, wie die Venus vor der Sonne vorbeizog, war Jeremiah Horrocks (GB), und zwar am 24. November 1639 von Lancashire (GB) aus. Den Transit am 8. Juni 2004 (links) haben weltweit Millionen Menschen beobachtet.

★ ENTFERNTESTE LANDUNG

Dies ist die erste Farbaufnahme der Oberfläche des Titan, des größten Saturnmondes, aufgenommen von der Raumsonde Cassini-Huygens der Europäischen Raumfahrtagentur ESA, die am 14. Januar 2005 auf dem Titan landete. Der Saturn ist rund 1,433 Mrd. km von der Sonne entfernt.

TECHNOLOGIE

LÄNGSTE AUF EINEM FREMDEN HIMMELSKÖRPER ZURÜCKGELEGTE STRECKE
Das unbemannte sowjetische Mondfahrzeug *Lunochod 2* legte vom 16. Januar bis 23. Juni 1973 auf der Mondoberfläche eine Strecke von 37 km zurück.

★ GRÖSSTE AUF DEM MARS AN EINEM MARSTAG ZURÜCKGELEGTE ENTFERNUNG
Im Februar 2004 (am SOL 362-363) legte der NASA-Rover *Opportunity* auf der Meridiani-Planum-Tiefebene des Mars eine Strecke von 156,55 m zurück. Ein SOL ist die Bezeichnung für den 24 Stunden 39 Minuten 35 Sekunden dauernden Marstag.

★ SCHWERSTES INS ÄUSSERE SONNENSYSTEM BEFÖRDERTES RAUMSCHIFF
Am 15. Oktober 1997 beförderte eine Titan-IV-Rakete mit einer Centaur-Oberstufe das 5.655 kg schwere Raumschiff *Cassini-Huygens* ins All, um den Saturn und seine Monde zu erforschen. Es gelangte am 1. Juli 2004 in die Umlaufbahn des Planeten, um mit der vier Jahre dauernden Erforschung des Saturnsystems zu beginnen.

★ LÄNGSTER FLUG ZUM MOND
Die Raumsonde *SMART 1* der Europäischen Raumfahrtagentur ESA wurde am 27. September 2003 gestartet und landete 13 Monate später, am 15. November 2004, in der Mondumlaufbahn. Ihr Motor, mit einer maximalen Schubkraft von 0,07 Newton, schob die Sonde in immer größere Umlaufbahnen der Erde, bis sie schließlich von der Schwerkraft des Mondes in eine Mondumlaufbahn gezogen wurde. *SMART 1* verwendete ein Ionentriebwerk.

FERNSTE AUFNAHME DER ERDE

Nach einer Weltraumreise von 12,5 Jahren, die sie von der Erde wegführte, richtete die NASA-Raumsonde *Voyager 1* am 4. Februar 1990 ihre Kamera zurück in Richtung Sonne und ihrer Planeten und fotografierte unseren Heimatplaneten aus einer Entfernung von 6,5 Mrd. km.

★ NEUER REKORD   ★ VERBESSERTER REKORD

GRÖSSTES RINGSYSTEM →

Das Ringsystem des Saturn, hier auf einer am 8. März 2004 aus einer Entfernung von 56,4 Mio. km von der Raumsonde *Cassini-Huygens* gemachten Aufnahme zu sehen, hat eine Gesamtmasse, die in etwa 30 Mio. Mal der Masse des Mount Everest entspricht. Es besteht aus Millionen winziger, unabhängig voneinander den Planeten umkreisender Eis- und Staubpartikel. Mit nur 0,8 Prozent der Dichte von Wasser ist der Saturn auch der **am wenigsten dichte Planet** – wenn es einen Ozean gäbe, der groß genug wäre, um die Masse des Planeten aufzunehmen, würde der Saturn darin treiben!

MEISTE PLANETENBESUCHE
Das NASA-Raumschiff *Voyager 2*, das 1977 seine Reise begann, hat zwischen 1979 und 1989 alle vier großen Planeten des äußeren Sonnensystems besucht: Jupiter, Saturn, Uranus und Neptun.

LANDUNG AUF KLEINSTEM PLANETARISCHEN KÖRPER
Am 12. Februar 2001 landete die Raumsonde *NEAR-Shoemaker* auf dem Asteroiden Eros, der rund 33 km lang ist. Sie übertrug 69 Bilder von dessen Oberfläche.

NATUR

★ ASTEROID MIT KÜRZESTER UMLAUFZEIT
Der Asteroid 2004 JG6 umkreist die Sonne in 184,46 Tagen. Er wurde von Brian Skiff (USA) am Lowell Observatory in Flagstaff, Arizona (USA), entdeckt und am 13. Mai 2004 bekannt gegeben. Der Durchmesser des Asteroiden liegt zwischen 500 und 1.000 m.

★ HÖCHSTER BERGRÜCKEN IM SONNENSYSTEM
Am 31. Dezember 2004 zeigten mit der *Cassini-Huygens*-Kamera vom Saturnmond Iapetus aufgenommene Bilder einen riesigen Bergrücken, der mindestens 1.300 km lang ist und um rund 20 km über die Oberfläche hinausragt. Iapetus hat nur einen Radius von 718 km und damit einen Umfang von rund 4.500 km.

★ AM STÄRKSTEN REFLEKTIERENDER KÖRPER IM SONNENSYSTEM
Enceladus, ein kleiner Saturnmond, reflektiert rund 90 Prozent des Sonnenlichts, das ihn erhellt, und damit mehr als frisch gefallener Schnee.

HEISSESTER PLANET
Die Venus hat mit einer Durchschnittstemperatur von rund 480 °C die heißeste Oberfläche aller Planeten des Sonnensystems. Ein Mensch würde auf der Venus zugleich von Druck zerschmettert, von der Hitze verbrannt, von der Schwefelsäure zersetzt und vom Kohlendioxid erstickt werden. Die Venus ist auch der **Planet mit dem längsten Tag**, er misst 243,16 Erdentage.

★ VULKANISCH AKTIVSTER KÖRPER IM SONNENSYSTEM
1979 von der NASA-Sonde *Voyager 1* gemachte Aufnahmen des Jupitermondes Io zeigen nach Vulkanausbrüchen enorme Rauchwolken, die hunderte von Kilometern ins All aufsteigen. Die Aktivität auf Io wird durch Gezeitenenergie innerhalb des Mondes erzeugt, die wiederum das Resultat von Gravitationseinwirkungen zwischen Jupiter, Io und Europa (einem weiteren Jupitermond) ist. Die US-Amerikanerin Rosaly Lopes hat 71 aktive Vulkane auf Io entdeckt, womit sie zur **Entdeckerin der meisten aktiven Vulkane** wurde.

HÖCHSTAUFLÖSENDE MARS-KAMERA

Das unten gezeigte Bild wurde von der Pancam-Kamera des Marsrovers *Opportunity* aufgenommen (Bild links). Die Pancam ist die höchstauflösende Kamera, die je auf der Oberfläche eines Planeten verwendet wurde. Sie kann bei 3 m vom Rover entfernten Objekten Einzelheiten von 1 mm pro Pixel erkennen. Obwohl die Marsrover *Spirit* und *Opportunity* nur ein paar Monate überdauern sollten, waren sie im März 2005 noch immer funktionstüchtig und werden hoffentlich den Weg zur Erforschung des roten Planeten durch den Menschen ebnen.

WISSENSCHAFT & TECHNIK
DAS UNIVERSUM

ENTFERNTESTES SCHWARZES LOCH

Das nach heutigem Kenntnisstand am weitesten entfernte Schwarze Loch befindet sich im Zentrum des Quasars SDSS J1148+5251. Dieser Quasar besitzt eine Rotverschiebung von 6,41, was einer Entfernung von rund 13 Mrd. Lichtjahren entspricht. Das supermassenreiche Schwarze Loch hat Messungen zufolge etwa 3 Mrd. Mal die Masse der Sonne. Für diese Beobachtungen wurde das United Kingdom Infrared Telescope (UKIRT) auf Hawaii verwendet. Die Ergebnisse wurden am 20. März 2003 veröffentlicht.

Begriffserklärungen

In der Astronomie bezeichnen die Begriffe Helligkeit und Leuchtkraft zwei verschiedene Dinge.
Die **Helligkeit** ist ein Maß dafür, wie viel Licht man mit den Augen sieht und ist abhängig sowohl von der Entfernung als auch davon, wie viel Licht ein Körper produziert.
Die **Leuchtkraft** ist ein Maß dafür, wie stark ein Körper tatsächlich leuchtet, unabhängig von seiner Entfernung zur Erde.

HELLIGKEIT

NEBEL
Der Orionnebel ist der hellste galaktische Nebel und hat eine scheinbare Größe von 4. Er befindet sich im „Schwertgehänge" des Sternbildes Orion und ist mit bloßem Auge sichtbar.

SUPERNOVA-ÜBERREST
Der Krebsnebel oder Crab-Nebel (M1) im Sternbild Stier hat eine Größenklasse von 8,4. Er besteht aus einer riesigen Wolke von Gas und Trümmern und breitet sich rasch mit einer Geschwindigkeit von rund 1.800 km/s aus. Er entstand, wie von chinesischen Astronomen beobachtet, aus einem Stern, der im Jahre 1054 n. Chr. in einer Supernova explodierte. Diese Explosion war so hell, dass sie 23 Tage lang mit bloßem Auge bei Tageslicht erkennbar war.

OFFENER STERNHAUFEN
Die Plejaden (M45), auch unter den Namen Sieben Schwestern oder Siebengestirn bekannt, befinden sich im Sternbild Stier und bestehen aus ca. 500 einzelnen Sternen. Sie bedecken eine Fläche mit einer Ausdehnung von ca. 20 Lichtjahren und sind durchschnittlich 380 Lichtjahre entfernt. Selbst aus großen Städten mit leichter Luftverschmutzung sind sechs dieser Sterne mit bloßem Auge zu erkennen.

KUGELSTERNHAUFEN
Der hellste Kugelsternhaufen am Himmel ist Omega Centauri im südlichen Sternbild Centaurus. Mit einer scheinbaren Größe von 3,6 ist er mit bloßem Auge leicht erkennbar und ähnelt einem dunstigen Stern. Omega Centauri besteht aus mehreren Millionen Einzelsternen und befindet sich in einem Hof aus ca. 140 solcher Sternhaufen, der unsere Galaxie (die Milchstraße) umgibt.

LEUCHTKRAFT

SUPERSTAR DER GALAXIE
Beobachtungen des 45.000 Lichtjahre entfernten Himmelskörpers LBV 1806-20 deuten darauf hin, dass er fünf- bis 40 Mio.-mal stärker leuchtet als die Sonne. Seine Masse beträgt mindestens das 150fache der Sonnenmasse, sein Durchmesser mindestens dem 200fachen der Sonne.

OBJEKT
Der Quasar (quasistellares Objekt) APM08279+5255 wurde im März 1998 von Astronomen auf La Palma (E) mit dem 2,5-m-Isaac-Newton-Teleskop (INT) entdeckt. Er ist vier bis fünf Mrd.-mal heller als die Sonne und wahrscheinlich mehr als zehnmal heller als jeder andere bekannte Quasar. Die meisten Astronomen halten Quasare für eine Art Galaxie, in deren Mitte sich ein energiereiches, supermassenreiches Schwarzes Loch befindet.

← GRÖSSTES WELTRAUMTELESKOP

Das umgerechnet rund 2 Mrd. EUR teure Weltraumteleskop Hubble der NASA wiegt 11 t, ist 13,1 m lang und besitzt einen Spiegeldurchmesser von 240 cm. Es wurde am 24. April 1990 durch die Raumfähre *Discovery* in einer Höhe von 613 km in die Erdumlaufbahn gebracht. Die NASA hat den Beschluss gefasst, keine weiteren bemannten Reparaturmissionen zu Hubble zu riskieren, so dass es nur noch so lange funktionieren wird, bis seine Instrumente ausfallen.

GUINNESS WORLD RECORDS BUCH 2006

GRÖSSE

★ STERNBEBEN

Ein Sternbeben auf einem so genannten Neutronenstern oder „Soft Gamma Repeater" mit der Bezeichnung SGR 1806-20 verursachte einen Gammastrahlenausbruch mit einer Intensität von 10.000 Billionen Billionen Billionen Watt. Der auch als Magnetar bezeichnete Himmelskörper besteht aus einem Neutronenball mit einem Durchmesser von ca. 20 km, besitzt jedoch eine Masse, die in etwa der der Sonne entspricht, und dreht sich alle 7,5 Sekunden um die eigene Achse. Er befindet sich rund 50.000 Lichtjahre entfernt auf der anderen Seite unserer Galaxie. Hätte sich dieser Vorgang zehn oder weniger Lichtjahre von der Erde entfernt abgespielt, dann wäre es möglicherweise zu einem Massensterben gekommen. Der Blitz wurde am 27. Dezember 2004 registriert.

★ DIAMANT IM UNIVERSUM

Der erste unmittelbare Beweis dafür, dass das Innere so genannter Weißer Zwerge zu riesigen Diamanten kristallisiert, wurde im Februar 2004 veröffentlicht. Aus Beobachtungen von BPM 37093 schlussfolgerten Astronomen des Harvard-Smithsonian Centers für Astrophysik, Massachusetts (USA), dass der Weiße Zwerg aus Kohlenstoff zu einem Diamanten mit einem Durchmesser von ca. 4.000 km kristallisiert war.

★ STRUKTUR IM UNIVERSUM

Ein Team von Astronomen unter Leitung von Richard Gott III. und Mario Juric (beide USA) von der Princeton University, New Jersey (USA), entdeckte eine riesige, etwa 1,37 Mrd. Lichtjahre lange Mauer aus Galaxien. Sie verwendeten für ihre Arbeit Daten aus dem Sloan Digital Sky Survey, in dem die Lage von mehr als einer Million Galaxien verzeichnet ist. Ihre Entdeckung wurde im Oktober 2003 veröffentlicht.

★ GRÖSSTE PLANETEN-ZERSTÖRUNG →

In einer durch das Weltraumteleskop Hubble aufgenommenen Zeitrafferserie ist erkennbar, dass die den Stern V838 Monocerotis umgebenden Staubhüllen im Januar 2002 durch einen vom Stern ausgehenden grellen Lichtblitz erhellt werden, der dabei 600.000-mal so hell erstrahlte wie üblich. Einige Astronomen vermuten, dass dieser einzigartige Ausbruch auf die Energie zurückzuführen ist, die freigesetzt wurde, als drei riesige, den Stern umkreisende Gasplaneten durch den Stern verschlungen und zerstört wurden. Ein derartiges kosmisches Ereignis wurde bereits vorhergesagt, allerdings noch nie beobachtet.

★ ALKOHOL-NEBEL

Bei Beobachtungen der Molekülwolke Sagittarius B2 im Jahr 1970 wurden enorme Mengen gasförmigen Alkohols entdeckt. Wäre es möglich, ihn zu verflüssigen, würde man dazu einen Behälter mit einem Fassungsvermögen von einer Mrd. Mrd. Mrd. l benötigen. Da der Nebel einen Durchmesser von 150 Lichtjahren hat, wäre ein Gasvolumen von der Größe der Erde erforderlich, um ein Glas Wein zu erhalten.

★ MIT BLOSSEM AUGE SICHTBARER NEBEL

Der Tarantula-Nebel ist so groß und hell, dass er mit bloßem Auge erkennbar ist, obwohl seine Entfernung 170.000 Lichtjahre beträgt. Die riesige, leuchtende Gaswolke hat einen Durchmesser von ca. 1.000 Lichtjahren.

Februar 2004

Dezember 2002

Oktober 2002

September 2002

Mai 2002

← ERSTE SPIRALFÖRMIGE GALAXIE

Die Strudel- oder Whirlpool-Galaxie (M51), hier abgebildet auf einem der berühmtesten, mit dem Weltraumteleskop Hubble aufgenommenen Fotos, war das erste Himmelsobjekt, bei dem eine Spiralform nachgewiesen wurde. Diese Entdeckung stammt von William Parsons, 3. Earl of Rosse (IRL), aus dem Jahr 1845. Dazu verwendete Parsons auf Birr Castle, Grafschaft Offaly (IRL), sein eigenes Teleskop, das den Beinamen *Leviathan* trug und zur damaligen Zeit das größte der Welt war.

WISSENSCHAFT & TECHNIK
RAUMFAHRT

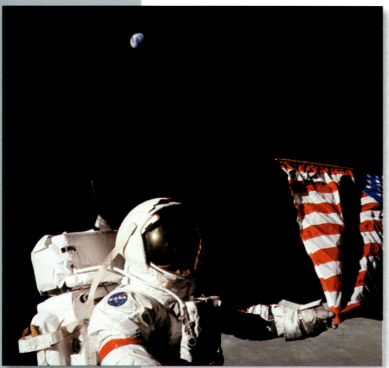

Hinweis: In den Texten bezeichnet die Abkürzung UdSSR die Union der Sozialistischen Sowjetrepubliken, die von 1917 bis 1991 existierte.

Die Abkürzung GUS steht für Gemeinschaft Unabhängiger Staaten, einen am 8. Dezember 1991 gegründeten Staatenbund ehemaliger Teilrepubliken der aufgelösten UdSSR.

STS (Space Transportation System) = Der ursprüngliche Name für das Space-Shuttle-Programm der NASA.

★ LÄNGSTER MONDSPAZIERGANG

Bei ihrer zweiten Exkursion auf die Mondoberfläche im Rahmen der *Apollo-17*-Mission am 12. Dezember 1972 verbrachten die US-Astronauten Eugene Cernan (Bild) und Harrison Schmitt 7 Stunden 37 Minuten außerhalb ihrer Mondfähre *Challenger*. In dieser Zeit legten sie 20,4 km zurück und entnahmen geologische Proben in der Region südlich und westlich ihres Landeplatzes im Taurus-Littrow-Tal.

ERSTER BEMANNTER RAUMFLUG
Der Kosmonaut und Fliegermajor Juri Alexejewitsch Gagarin (UdSSR) flog am 12. April 1961 mit der Raumkapsel *Wostok 1* als erster Mensch in den Weltraum. Die größte Höhe während des 40.868,6 km langen Fluges betrug 327 km, die Spitzengeschwindigkeit lag bei 28.260 km/h.

ERSTE MENSCHEN AUF DEM MOND
Neil Armstrong (USA), Kommandant der Mission *Apollo 11*, betrat als erster Mensch die Oberfläche des Mondes. Dies geschah am 21. Juli 1969 um 2:56:15 Uhr (Greenwich-Zeit) im Mare Tranquillitatis. Edwin „Buzz" Aldrin jr. (USA) folgte ihm aus der Mondlandefähre *Eagle*, während das von Michael Collins gesteuerte Mutterschiff *Columbia* weiter den Erdtrabanten umkreiste.

ERSTER WELTRAUM-SPAZIERGANG
Oberstleutnant Alexej Archipowitsch Leonow (UdSSR) war am 18. März 1965 der erste Mensch, der im Weltraum eine EVA (extravehicular activity) wagte, bekannter als „Weltraumspaziergang".

ERSTE FRAU IM WELTALL
Junior-Leutnant Valentina Tereschkowa (UdSSR) startete am 16. Juni 1963 um 9.30 Uhr (Greenwich-Zeit) mit *Wostok 6* vom Weltraumbahnhof Baikonur in Kasachstan (UdSSR). Sie landete am 19. Juni um 8.20 Uhr nach einer Flugdauer von 2 Tagen 22 Stunden 50 Minuten und 48 Erdumrundungen (1.971.000 km).

GRÖSSTE ENTFERNUNG VON DER ERDE
Die Besatzung von *Apollo 13* (Jim Lovell, Fred Haise und John Swigert, alle USA) entfernten sich am 15. April 1970 nie wieder erreichte 400.171 km von der Erde und 254 km vom Mond.

LANGLEBIGSTE RAUMSTATION
Das *Mir*-Kernmodul der gleichnamigen Weltraumstation (UdSSR/RUS) wurde am 20. Februar 1986 auf eine Erdumlaufbahn geschickt. Im Lauf der folgenden zehn Jahre kamen fünf weitere Module und ein Andockport für die US-Weltraumfähren hinzu. Die Weltraumstation wurde am 23. März 2001 aus ihrer Umlaufbahn geholt und durch einen kontrollierten Wiedereintritt in die Erdatmosphäre über dem Pazifischen Ozean zerstört. In den 15 Betriebsjahren der Station hielten sich dort über 100 Menschen auf.

★ AM SCHWERSTEN BEWAFFNETE RAUMSTATION
Sajut 3 (UdSSR, Start am 25. Juni 1974) war die einzige bewaffnete Raumstation. Für Verteidigungszwecke war sie mit einer Nudelmann 23-mm-Kanone ausgerüstet. Obwohl sie nie im Ernstfall eingesetzt wurde, gab es am 24. Januar 1975 einen Testbeschuss, bei dem ein Satellit gezielt zerstört wurde.

MEISTE MENSCHEN ZEITGLEICH IM WELTRAUM
Am 14. März 1995 befanden sich sieben Amerikaner an Bord der Weltraumfähre STS 67 *Endeavour*, die Weltraumstation *Mir* war mit drei GUS-Kosmonauten besetzt, und mit *Sojus TM21* waren zwei Kosmonauten sowie ein US-Astronaut unterwegs – insgesamt hielten sich also 13 Menschen gleichzeitig im Weltall auf.

← GRÖSSTE RAUMSCHIFF-BESATZUNG

Zwei Raumfähren starteten mit einer aus acht Mitgliedern bestehenden Besatzung in den Weltraum: STS-61A *Challenger*, gestartet am 30. Oktober 1985; und STS-71 *Atlantis*, die am 7. Juli 1995 an der Raumstation *Mir* andockte. Das Bild zeigt Crew-Mitglieder von *Atlantis* und *Mir*.

LÄNGSTE ZEIT
IM WELTRAUM

Der russische Kosmonaut Sergej Awdejew (Bild oben) verbrachte zwischen Juli 1992 und Juli 1999 bei drei Aufenthalten in der Weltraumstation *Mir* insgesamt 747 Tage 14 h 22 min im Weltraum. Dabei erlebte Awdejew gleichzeitig die **größte Zeitdilatation** eines Menschen. Als direkte Folge der Zeit, die er in der niedrigen Erdumlaufbahn mit einer Geschwindigkeit von rund 27.000 km/h relativ zur übrigen Welt verbrachte, unternahm er im Endeffekt – entsprechend der Relativitätstheorie Albert Einsteins – eine Zeitreise von einer fünfzigstel Sekunde in die Zukunft.

LÄNGSTER BEMANNTER RAUMFLUG

Walerij Poljakow (RUS) flog am 8. Januar 1994 mit *Sojus TM18* zur Weltraumstation *Mir* und kehrte erst am 22. März 1995 mit *Sojus TM20* zur Erde zurück. Er verbrachte 437 Tage 17 Stunden 58 Minuten im Weltraum.

MEISTGENUTZTES RAUMSCHIFF

Die NASA-Weltraumfähre *Discovery* startete am 10. August 2001 um 16.10 Uhr CDT (Central Daylight Time; zentrale US-Sommerzeit). Ziel des *Discovery*-Fluges STS-105 war es, eine neue Besatzung zur *Internationalen Weltraumstation* zu bringen und das *Leonardo*-Gepäckmodul abzuliefern. Es war die 30. Reise der *Discovery*, die am 30. August 1984 zu ihrem ersten Einsatz aufgebrochen war.

★ LANGJÄHRIGSTER ASTRONAUT

John Young (USA) wurde im September 1962 von der NASA als Astronaut ausgewählt. Seither umrundete er mit zwei *Gemini*-Missionen die Erde, absolvierte zwei *Apollo*-Missionen (10 und 16) und war 1981 Kommandant von STS 1, dem ersten Flug der Weltraumfähre *Columbia*. Bei seinem sechsten Raumflug war er Kommandant des STS 9 – erneut mit der *Columbia*. Bis zu seiner Pensionierung im Dezember 2004 hatte er den Status eines aktiven Astronauten inne.

★ GRÖSSTER RAUM IM WELTALL

Der größte einzelne je ins Weltall entsandte, bewohnbare Raum war die Raumstation *Skylab* der NASA (USA), die am 14. Mai 1973 gestartet wurde. Diese zylinderförmige Raumstation besaß Innenmaße von 14,66 m Länge und 6,7 m Durchmesser, sodass ein bewohnbarer Rauminhalt von 295,23 m³ entstand.

★ LÄNGSTER SOLO-RAUMFLUG

Der längste Raumflug mit einer einzigen Person an Bord war der Flug des sowjetischen Kosmonauten Walerij Eykowskij mit *Wostok 5*. Er startete am 14. Juni 1963 und landete am 19. Juni. Die Gesamtflugzeit betrug 4 Tage 23 Stunden 7 Minuten.

★ ERSTER PRIVAT FINANZIERTER BEMANNTER RAUMFLUG

Das vom Unternehmen Scaled Composites der Luftfahrtlegende Burt Rutan entwickelte und gebaute *SpaceShipOne* trat bei seinem ersten Suborbitalflug am 21. Juni 2004 in den Weltraum ein. Gesteuert wurde es dabei durch den Astronauten Mike Melvill (USA).

Weltraumpremieren

Erster Mensch im Weltall: Juri Gagarin (UdSSR), 12. April 1961

Erste Frau im Weltall: Walentina Tereschkowa (UdSSR), 16. Juni 1963

Erster Weltraumspaziergang: Alexeij Leonow (UdSSR), 18. März 1965

Erstes Rendezvous im Weltall: *Gemini 6* und *7* (USA), 16. Dezember 1965

Erstes Andockmanöver im Weltall: Neil Armstrong und David Scott (USA), 16. März 1966

Erste internationale Weltraummission: Testprojekt *Apollo-Sojus* (USA und UdSSR), 15. bis 24. Juli 1975

Erster Weltraumspaziergang ohne Sicherungsleine: Captain Bruce McCandless II (USA), 7. Februar 1984

Erste Britin im Weltall: Helen Sharman, 18. Mai 1991

★ NEUER REKORD ★ VERBESSERTER REKORD WWW.GUINNESSWORLDRECORDS.COM

WISSENSCHAFT & TECHNIK
KOMMUNIKATION

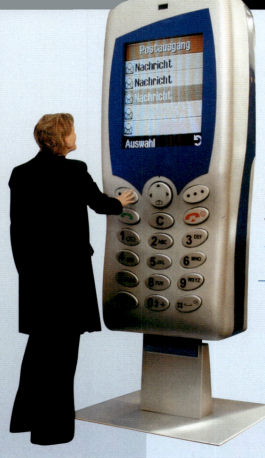

★ GRÖSSTES MOBILTELEFON

Das Maxi Handy ist 2,05 x 0,83 x 0,45 m groß und wurde am 7. Juni 2004 im Rahmen der Infotour „einfach mobil" im Bayreuther Rotmain-Center (D) gezeigt. Es ist aus Holz, Polyester und Metall gefertigt und mit einem TFT-Bildschirm ausgestattet. Das Gerät ist voll funktionstüchtig und in der Lage, SMS- und MMS-Nachrichten zu versenden und zu empfangen.

The razor-toothed piranhas of the genera serrasalmus and pygocentrus are the most ferocious freshwater fish in the world. In reality they seldom attack a human.

Gelingt es Ihnen, den obigen Text schneller als der derzeitige Rekordinhaber zu tippen? Wenn ja, dann lesen Sie auf Seite 10, was Sie tun müssen, um Rekordhalter zu werden.

★ SCHNELLSTE TEXTNACHRICHT
Kimberly Yeo Sue Fern aus Singapur tippte am 27. Juni 2004 im Rahmen des Singtel SMS Shootout-Wettbewerbs in Singapur einen vorgegebenen, 160 Zeichen langen Text innerhalb von 43,2 Sekunden in ihr Mobiltelefon. Versuche, diesen Rekord zu brechen, müssen auf dem Text der Seite 39 des GUINNESS WORLD RECORDS BUCH 1996 basieren (siehe links).

ERSTES MOBILTELEFON
Die Idee zu einem tragbaren Telefon entstand zwar im Jahr 1947 in den Lucent Technologies' Bell Labs in New Jersey (USA), aber das erste gebrauchsfähige tragbare Telefon erfand Martin Cooper (USA) von Motorola. Er rief damit am 3. April 1973 Joel Engel an, seinen Rivalen und Leiter der Forschungsabteilung bei Bell Labs. Das erste kommerzielle Mobilfunknetz nahm 1979 in Japan den Betrieb auf.

★ MEISTE MOBILFUNKKUNDEN
Die Vodafone Group Plc. hat mit 151,8 Mio. (Stand: 31. Dezember 2004) weltweit die meisten Mobilfunkkunden.

★ DAUERHAFTESTE HANDYNUMMER
David Contorno (USA) besitzt und nutzt seit dem 2. August 1985 ein und dieselbe Handynummer. Sein erstes Funktelefon war ein Gerät der Marke Ameritech AC140. Seinem Netzbetreiber Ameritech Mobile Communications ist er seither treu geblieben.

GRÖSSTE TELEFONKONFERENZ
Howard Dean (USA), einer der Präsidentschaftskandidaten der Demokratischen Partei für die US-Präsidentenwahl im Jahr 2004, hielt am 29. September 2003 in Los Angeles, Kalifornien (USA), eine Telefonkonferenz mit seinen Anhängern ab. Mindestens zehn Sekunden lang nahm die Rekordzahl von 3.466 Gesprächspartnern an dieser Konferenzschaltung teil.

★ ÄLTESTER BILDSCHIRMTEXT-DIENST
Ceefax wurde am 28. September 1974 in Großbritannien von der BBC eingeführt. BBC-Techniker entwickelten das System mit dem Ziel, gehörlosen Menschen Untertitel zugänglich zu machen. Sie nutzten dazu einige der freien Zeilen, die im analogen TV-Signal zur Verfügung stehen, um Texte und einfache Grafiken einzublenden.

ERSTER GEOSTATIONÄRER KOMMUNIKATIONSSATELLIT
Syncom 3 wurde am 19. August 1964 von Cape Canaveral, Florida (USA), aus gestartet und in seine 35.788 km über der Erde gelegene Umlaufbahn befördert. In dieser Höhe benötigte der Satellit exakt 24 Stunden, um den Planeten zu umrunden, und erschien daher vom Boden aus stationär. Heute gibt es in der geostationären Umlaufbahn mehr als

★ GRÖSSTES NETZWERK ZUR KOMMUNIKATIONS-ÜBERWACHUNG

Das von den Geheimdiensten der USA, Großbritanniens, Australiens, Neuseelands und Kanadas betriebene elektronische Abhörnetzwerk Echelon wurde 1947 von diesen Nationen mit dem Ziel ins Leben gerufen, Geheimdienstdaten auszutauschen. Nach Schätzungen einiger Beobachter können damit ca. 90 Prozent des gesamten Internetverkehrs abgefangen sowie die weltweiten Telefon- und Satellitenverbindungen überwacht werden. Abgebildet sind die riesigen, golfballähnlichen Satellitenabdeckungen auf der Luftwaffenbasis Menwith Hill bei Narrowgate, North Yorkshire (GB).

★ NEUER REKORD ★ VERBESSERTER REKORD

Die erste Form der direkten Telekommunikation war das Morse-Alphabet. Können Sie die erste Mitteilung loben) entziffern, die im Mai 1844 von Washington D.C. nach Baltimore, Maryland (USA), gesendet wurde?

← ERSTER KOMMUNIKATIONS-SATELLIT

Echo 1 (gelegentlich auch als Echo 1A bezeichnet), ein Ballon mit einem Durchmesser von 30 m, startete am 10. Juli 1962 in Cape Canaveral in Florida (USA). Eine reflektierende Aluminiumschicht auf dem Ballon ermöglichte die passive Reflektion von Radio- und Fernsehsignalen zur Erde zurück. Der Betrieb wurde am 24. Mai 1968 eingestellt.

★ LANGSTRECKEN- KOMMUNIKATION

Das unbemannte Raumschiff Voyager 1 (USA) wurde 1977 ins äußere Sonnensystem geschickt. Im Februar 2005 befand es sich mehr als 14 Mrd. km von der Sonne entfernt. In dieser Entfernung benötigen Funkbefehle, die von der Erde aus mit Lichtgeschwindigkeit ausgesandt werden, 13 Stunden, bis sie das Raumschiff erreichen.

★ SCHNELLSTE MORSEÜBERTRAGUNG

Am 6. Mai 2003 übermittelte Andrej Bindasow (BY) innerhalb einer Minute erfolgreich 216 aus gemischtem Text bestehende Morsecodes.

★ GRÖSSTER ZIVILER KOMMUNIKATIONSSATELLIT

Der von Boeing (USA) gebaute Anik F2 wurde im Juli 2004 gestartet und dient der Bereitstellung von Breitband-Internetverbindungen in Kanada und den USA. Er hat einen Durchmesser von 47,9 m, ein Startgewicht von 5.950 kg und ein Fluggewicht von 3.805 kg. Anik F2 wird 15 Jahre lang in Betrieb sein.

GRÖSSTE LIVE-RADIOÜBER- TRAGUNG VIA SATELLIT

Ana Anns Debütsingle „Ride" wurde am 13. Februar 2002 aus den Räumlichkeiten von Worldspace in London (GB) zum Worldspace-Satelliten AfriStar übertragen und von dort nach Westeuropa, ganz Afrika und in den Nahen Osten ausgestrahlt.

GRÖSSTES FAXGERÄT

Die WideCom Group, Inc. mit Sitz in Mississauga, Ontario (CDN), ist Hersteller des Faxgerätes WIDEfax 36, mit dem man Dokumente bis zu einer Breite von 91 cm drucken, kopieren und übertragen kann.

↑ STÄRKSTES FUNKSIG- NAL INS ALL

Am 16. November 1974 schickten Wissenschaftler mit dem Arecibo Radioteleskop in Puerto Rico ein Funksignal aus Binärzeichen an den Kugelsternhaufen M 13 im Sternbild Herkules. Die Botschaft enthielt grundlegende Informationen über die Menschheit und war, bei einer Trägerfrequenz von 2.380 MHz, 169 Sekunden lang. Die Nachricht wird in etwa 25.000 Jahren ankommen. Sollte jemand antworten, wird es erneut 25.000 Jahre dauern, bis wir davon erfahren.

WISSENSCHAFT & TECHNIK
INTERNET

★ LÄNGSTE DRAHTLOSE VERBINDUNG

Im Juli 2004 gelang es Ben Corrado, Andy Meng und Justin Rigling (alle USA), in der Wüste vor Las Vegas (USA) zwischen zwei PCs im Abstand von 88,6 km eine drahtlose Verbindung herzustellen. Dazu verwendeten sie selbst gebaute Antennen (siehe Bild) sowie das drahtlose Protokoll 802.11b. Damit gewannen sie 2004 den DefCon Wi-Fi Shootout, einen alljährlich abgehaltenen Wettbewerb zur Erzielung hoher Reichweiten mit 802.11b-Antennen.

★ GRÖSSTES DIGITALES PANORAMAFOTO

Bildexperten von TNO (NL) haben ein gigantisches digitales Online-Panoramafoto von der Delfter Altstadt (NL) erzeugt. Das Bild hat eine Größe von 2,5 Gigapixel und besteht aus 600 vom selben Standort aus aufgenommenen Einzelfotos, die im Juli 2004 in drei Tagen zusammengefügt wurden. Das Gesamtbild ist unter www.guinnessworldrecords.com/panorama zu bewundern.

★ GRÖSSTE INTERNET-HANDELSPLATTFORM

Das 1995 gegründete Unternehmen eBay (USA) betreibt eine Website, über die Privatpersonen aus der ganzen Welt Dinge kaufen und verkaufen können. 2004 nutzten 56,1 Mio. Menschen diese Möglichkeit, um etwas zu kaufen, zu verkaufen oder ein Gebot abzugeben. Ende 2004 hatte eBay weltweit 135,5 Mio. registrierte Nutzer.

★ SPITZENGESCHWINDIGKEIT IM INTERNET2

Hinter der Bezeichnung Internet2 steht ein Konsortium von 202 Universitäten, die gemeinsam an der Entwicklung der nächsten Internet-Generation arbeiten. Ein aus Mitarbeitern von der Universität Tokio, Fujitsu Computer Technologies und WIDE Project (alle J) bestehendes Team übertrug am 9. November 2004 innerhalb von zehn Minuten eine Datenmenge von 541 Gigabyte (das entspricht mehr als 100 DVD-Filmen) über eine Netzwerkverbindung von 20.645 km Länge. Die Datenübertragungsrate lag somit bei 148.850 Terabit-m/sec und wurde mithilfe des IPv4-Standards (Internet Protokoll Version 4) erreicht.

★ GRÖSSTE ONLINE-COMPUTERSPIELGEMEINSCHAFT

Im August 2004 hatte Sony PlayStation 2 mehr als 1,4 Mio. registrierte Nutzer. Der Internetdienst für Computerspiele ging im August 2002 ins Netz und wächst täglich um ca. 1.400 Anwender.

INTERKONTINENTALE INTERNET-VERBINDUNG MIT DER GRÖSSTEN KAPAZITÄT

Die Internetrouten zwischen Europa und den USA/Kanada hatten im Jahr 2003 eine Bandbreite von 386.221 Mbps (Megabit pro Sekunde). An zweiter Stelle kamen die Verbindungen zwischen den USA/Kanada und dem asiatisch-pazifischen Raum mit einer Bandbreite von 103.282,3 Mbps. Die geringste Kapazität stand mit 1.351,5 Mbps für Verbindungen zwischen den USA/Kanada und Afrika zur Verfügung.

★ TIEFSTE INTERNET-LIVE-ÜBERTRAGUNG

Am 24. Juli 2001 waren im Internet Live-Bilder des 1941 gesunkenen britischen Schlachtkreuzers HMS *Hood* zu sehen, die von einem ferngesteuerten Fahrzeug aus in 2.800 m Tiefe am Grund der Dänemarkstraße zwischen Grönland und Island aufgenommen wurden. Vorausgegangen war die Entdeckung des Wracks durch David Mearns (GB) von Bluewater Recoveries Ltd. (GB) im Rahmen einer von ITN Factual für den Sender Channel 4 (GB) organisierten Expedition.

GUINNESS WORLD RECORDS BUCH 2006

GARY THUERK

Am 3. Mai 1978 verschickte Gary Thuerk (USA) die erste „Spam" (unerwünschte E-Mail, die meist für ein Produkt oder eine Dienstleistung wirbt) über ARPAnet (Advanced Research Projects Agency), das als Vorgänger des Internet gilt.

Aus welchem Grund haben Sie Ihre erste Spam-Mail auf den Weg gebracht?
Ich wollte Menschen im Westen der USA erreichen, um sie über unseren Großrechner zu informieren.

Wie viele Adressen standen dabei in Ihrem Verteiler?
Mehr als 400, das waren ca. 25 Prozent der gesamten damaligen Online-Nutzer der Welt. Wir bezogen die Namen aus einem gedruckten Telefonbuch und tippten sie ein!

Was halten Sie heute von Spam?
Ich bekomme nicht viele Spam-Nachrichten, weil ich meine Kontaktdaten nicht im Internet, z.B. in Chat-Rooms, hinterlasse. Viele Leute verschicken auch Witze im Freundeskreis mit sichtbarer Empfängerliste, sodass Spammer problemlos Zugriff auf diese Daten haben.

Geben Ihnen manche Leute die Schuld für das heutige Spam-Aufkommen?
Ja, es kommt vor, dass mich jemand dafür verantwortlich macht. Aber wenn wir darüber ins Gespräch kommen, müssen wir am Ende meistens darüber lachen.

Fühlen Sie sich schuldig?
Nein, natürlich nicht. Wenn Sie mit dem Flugzeug fliegen und die Fluggesellschaft Ihr Gepäck nicht ans Ziel befördert, dann geben Sie ja auch nicht den Gebrüdern Wright die Schuld!

Warum heißen unerwünschte E-Mails eigentlich „Spam"?
Das geht auf einen Sketch der Komikertruppe Monty Python zurück. Jemand, der ihn gesehen hatte, sah gerade seine E-Mails durch und beklagte sich darüber, dass er regelrecht „zugespammt" würde. Daraufhin begannen die Anwesenden den Spam-Song von Monty Python anzustimmen.

Wenn Sie eine Kopie der ersten Spam-Mail und eine Nachricht von Gary zugesandt bekommen möchten, dann schicken Sie ihm eine E-Mail – oder überhäufen Sie ihn mit Spams – unter:
garythuerk@guinness
worldrecords.com

ERSTE JPEG-DATEIEN

Die ersten im Jpeg-Format komprimierten Bilddateien waren vier digitale Testbilder mit den Namen „Boats", „Barbara" (beide abgebildet), „Toys" und „Zelda", die am 18. Juni 1987 in Kopenhagen (DK) erzeugt wurden. Jpeg wurde von der Joint Photographic Experts Group als Standard für die Technologie der digitalen Bildkomprimierung entwickelt und findet im Internet und bei Digitalkameras Anwendung.

ERSTE E-MAIL
Ray Tomlinson, Entwickler im Computerunternehmen Bolt, Beranek and Newman in Cambridge, Massachusetts (USA), verschickte im Jahr 1971 die erste E-Mail. Mit diesem Experiment wollte er testen, ob er zwei Computer dazu bringen konnte, eine Nachricht auszutauschen. Die erste E-Mail lautete: „QWERTYUIOP", was den obersten Buchstabenreihe der Tastatur in englischsprachigen Ländern entspricht.

GRÖSSTE WITZABSTIMMUNG IM INTERNET
„Laughlab" war ein Internet-Experiment zum Thema Humor. Der britische Psychologe Richard Wiseman von der University of Hertfordshire in Hatfield (GB) und die British Association for the Advancement of Science zeichneten gemeinsam dafür verantwortlich. Von September 2001 bis Oktober 2002 schickten Menschen aus aller Welt mehr als 40.000 Witze ein. Für den besten Witz der Welt wurden über 2 Mio. Stimmen abgegeben. Der Siegerwitz ist auf www.guinnessworldrecords.com/joke nachzulesen.

★ GRÖSSTE INTERNET-SUCHMASCHINE
Mit mehr als 8 Mrd. Seiten verfügt Google über den größten, ständig aktualisierten Website-Index aller Suchmaschinen weltweit. Gegründet wurde das Unternehmen im September 1988 von Larry Page (USA) und Sergej Brin (RUS) mit einer aus vier Mitarbeitern bestehenden Belegschaft. Der erste Firmensitz befand sich in einer Garage in Menlo Park, Kalifornien (USA).

★ GRÖSSTER MOBILER INTERNET-PROVIDER
NTT DoCoMo (J) ist mit mehr als 43,24 Mio. Nutzern des Dienstes i-mode (Stand: Januar 2005) der weltweit größte mobile Internet-Provider.

ERSTE COMPUTER-FERNVERBINDUNG
Der erste Anlauf zur Fernverbindung zweier Computer wurde am 29. Oktober 1969 um ca. 10.30 Uhr Pazifischer Zeit unternommen. Informatiker der University of California, Los Angeles (USA), versuchten dabei, sich an einem Computer im Stanford Research Institute anzumelden. Beim ersten Mal hatten sie zwar keinen Erfolg, doch der zweite Versuch (Originalskizze im Bild) kurz darauf gelang schließlich.

★ NEUER REKORD   ★ VERBESSERTER REKORD

WISSENSCHAFT & TECHNIK
ENERGIE

★ LÄNGSTE KETTE AUS STROMKABELN
Am 14./15. Juni 2003 wurde eine aus Verlängerungskabeln bestehende, 14.690 m lange Kette zusammengefügt, die von Thal nach Stattegg (A) reichte. Nachdem sie vollständig verbunden war, wurde Strom darauf geschaltet, woraufhin am anderen Ende eine Leuchttafel aufleuchtete.

★ HÖCHSTE ENERGIEAUSBEUTE DURCH KERNFUSION
Die höchste Energieausbeute durch Kernfusion lag bei 16 mW und wurde 1997 mithilfe des Tokamak-Kernfusionsreaktors Joint European Torus (JET) in Culham, Oxfordshire (GB), erzielt. Abgebildet ist der ringförmige Reaktor während der Fusion (links) und davor (rechts).

GRÖSSE

ERDGASVORKOMMEN
Das 1966 entdeckte Erdgas- und Kondensatfeld Urengoy in Sibirien (RUS) birgt Reserven im Umfang von schätzungsweise 8 Billionen m³. Aus diesem Gasfeld stammt mehr als ein Drittel der gesamten jährlichen Gasproduktion Russlands.

★ UMSPANNWERK
Shin-Noda in Chiba (J) liefert eine Maximalleistung von 7.860 MVA und ging mit dieser Kapazität am 19. Mai 1995 in Betrieb. Das Umspannwerk wird von der Tokyo Electric Power Company (TEPCO) betrieben und besteht seit 1961. Es versorgt den Osten Tokios und den Norden der Präfektur Chiba.

★ WASSERKRAFTWERK
Das Wasserkraftwerk Itaipu an der Grenze zwischen Paraguay und Brasilien ist in der Lage, 12.600 Megawatt (MW) Strom zu erzeugen. Das würde ausreichen, um den US-Bundesstaat Kalifornien mit Elektrizität zu versorgen. Die Anlage wurde 1985 in Betrieb genommen und im März 1991 auf die derzeitige Kapazität erweitert.

★ KERNKRAFTWERK
Das Kernkraftwerk Kashiwazaki Kariwa an der Nordküste der Insel Honshu (J) hat eine Gesamtleistung von 8.212 MW.

ENERGIEPRODUZENT (LAND)
Die USA sind der größte Produzent kommerzieller Energie. 2001 belief sich die Gesamterzeugung einschließlich fester, flüssiger und gasförmiger Brennstoffe sowie Primärstrom auf 75.295 PJ.

WINDGENERATOR
Der Generator Mod-5B in Oahu auf Hawaii (USA) besitzt zwei gigantische Rotoren mit einer Länge von 97,5 m von einer Spitze zur anderen. Damit sind sie so lang wie ein 25-Etagen-Gebäude hoch ist. Die Turbine wurde im August 1987 errichtet und im Auftrag des US-Ministeriums für Energie durch das Unternehmen Boeing gefertigt. Die Kosten betrugen umgerechnet 42 Mio. EUR. Bei Windgeschwindigkeiten von 51 km/h produziert die Anlage 3.200 kW.

LEISTUNG

★ GEZEITENKRAFTWERK
Das Gezeitenkraftwerk La Rance in der den Gezeiten ausgesetzten Mündung des Flusses La Rance ist seit 1966 in Betrieb. Die 24 Turbinen erzeugen eine Stromleistung von 240 mW und werden durch den Wechsel der Gezeiten angetrieben.

★ NEUER REKORD   ★ VERBESSERTER REKORD

★ BATTERIE
Das Battery Energy Storage System (Batterie-Energie-Speichersystem) der Golden Valley Electric Association (USA) in Alaska (USA) nahm seinen Betrieb im November 2003 auf. Am 10. Dezember 2003 erfolgte im Rahmen eines Tests der Maximallast eine Entladung von 46 MW über einen Zeitraum von 5 Minuten. Das Ziel der Anlage besteht darin, die örtliche Bevölkerung vor Leistungsverlusten im Falle von Unterbrechungen in der Hauptstromversorgung zu schützen.

★ AUFWINDKRAFTWERK
Der Prototyp eines Aufwindkraftwerks der Firma Enviromission (AUS) in Manzanares (E) erzeugte im Testbetrieb zwischen 1982 und 1989 eine maximale Stromleistung von 50 kW. Es bestand aus großflächigen Treibhäusern, in denen sich die von der Sonne aufgeheizte Luft nach oben, durch einen 200 m hohen Turm ausdehnte und dabei Turbinen antrieb.

VERSCHIEDENES

★ LÄNGSTER MENSCHLICHER STROMKREIS
250 Personen leiteten kurzzeitig elektrischen Strom (zwischen 200 Milliampere und 2 Ampere) und brachten damit eine Lampe zum Aufleuchten. Dieses Experiment wurde am 21. November 2004 im Rahmen der TV-Show *Zapped* von YAP Screenhouse Productions (GB) im Harrogate International Centre, Harrogate, North Yorkshire (GB), öffentlich demonstriert.

★ LÄNGSTE UNUNTERBROCHENE BETRIEBSDAUER EINES KRAFTWERKS
Unit 4 des durch die Stanwell Corporation betriebenen Kraftwerks Stanwell Power Station in Queensland (AUS) war vom 8. September 1999 bis zum 16. August 2002 ohne Unterbrechung in Betrieb. Dies ergibt eine unterbrechungsfreie Betriebsdauer von 1.073 Tagen.

★ LÄNGSTE BETRIEBSDAUER EINES KERNKRAFTWERKS
Der Kernreaktor in Obninsk (RUS) war vom 27. Juni 1954 bis zu seiner Stilllegung am 30. April 2002 in Betrieb. Dabei handelte es sich um den ersten funktionierenden Kernreaktor der Welt.

★ KLEINSTE DIREKT-METHANOL-BRENNSTOFFZELLE
Im Juni 2004 stellte Toshiba (J) seinen Prototyp einer Direkt-Methanol-Brennstoffzelle vor, die für den Einsatz in der Mobiltechnologie, z.B. bei Mobiltelefonen, entwickelt wurde. Mit einer Größe von lediglich 22 x 56 x 4,5 mm und einem Gewicht von 8,5 g ist sie in der Lage, mit einer Befüllung von 2 cm³ hochkonzentriertem Methanol einen MP3-Player ca. 20 Stunden lang mit Strom zu versorgen.

★ LEISTUNGSFÄHIGSTES SOLARTURMKRAFTWERK
Solar II in der Mojave-Wüste von Kalifornien (USA) besteht aus 1.800 gekrümmten Heliostat-Spiegeln, die das Sonnenlicht zu einem zentralen Heizelement reflektieren. Dabei wird Elektrizität mit einer Maximalleistung von 10 MW erzeugt.

GRÖSSTER WINDPARK ↑
Die Firma Pacific Gas and Electric Company betreibt am Altamont Pass, Kalifornien (USA), einen Windpark mit 7.300 Windgeneratoren auf einer Fläche von 140 km². Die Turbinen haben seit 1981 mehr als 6 Mrd. kWh Strom erzeugt. Das reicht aus, um 800.000 Haushalte in Kalifornien ein Jahr lang mit Strom zu versorgen.

Glossar
kWh: Kilowattstunde – 1 Kilowatt (1.000 Watt) Energieverbrauch pro Stunde
MVA: Megavolt-Ampere – Maßeinheit des elektrischen Stroms
MW: Megawatt (1 Mio. Watt)
PJ: Petajoule = Joule x 10¹⁵ (Joule = SI-Einheit der Arbeit, Energie und Wärmemenge)

WWW.GUINNESSWORLDRECORDS.COM

WISSENSCHAFT & TECHNIK
WISSENSCHAFT

★ KUGELFÖRMIGSTES KÜNSTLICHES OBJEKT

Die bislang perfektesten von Menschenhand geschaffenen Kugeln sind die für die NASA-Sonde Gravity Probe B hergestellten Gyroskope, d.h. Hochpräzisionskreisel aus geschmolzenem Quarz. An Bord befinden sich vier dieser Kugeln mit einem Durchmesser von jeweils 3,81 cm. Sie weichen durchschnittlich $1,8 \times 10^{-7}$ des Durchmessers von der mathematisch perfekten Kugelform ab, d.h. würde man sie maßstäblich bis auf die Dimensionen der Erde vergrößern, lägen die maximalen Unebenheiten bei einer Höhe von 1,5 m.

ORIGINALGRÖSSE

GESCHWINDIGKEIT

ATOMUHR

Ein Team von Physikern hat unter der Leitung von Scott Diddams am National Institute of Standards and Technology (USA) eine Atomuhr konstruiert, die etwa eine Billiarde (10^{15}) Mal pro Sekunde „tickt". Man hofft, dass sie eine Genauigkeit bis auf 1 Sekunde in 100 Mio. Jahren aufweist. Das würde über das Gesamtalter des Universums lediglich eine Abweichung von wenigen Minuten bedeuten.

★ MATERIE IM UNIVERSUM

Die schnellsten Objekte sind aus extrem heißem Plasma bestehende, so genannte Blasare, die aus Schwarzen Löchern im Zentrum enorm aktiver Galaxien ausgestoßen werden. Sie können eine mit dem Planeten Jupiter vergleichbare Masse aufweisen und bewegen sich Beobachtungen zufolge mit einem Tempo von 99,99 Prozent der Lichtgeschwindigkeit.

MAXIMALGRÖSSE

★ ZENTRIFUGE

Die Zentrifuge TsF-18 im Kosmonauten-Ausbildungszentrum Juri Gagarin in Star City bei Moskau (RUS) besitzt einen 18 m langen Rotor und kann bis zu 30 G bei einer Nutzlast von 350 kg simulieren.

VAN-DE-GRAAFF-GENERATOR

Ein 1931 im Massachusetts Institute of Technology MIT (USA) gebauter Van-de-Graaff-Generator besteht aus zwei Säulen, auf denen jeweils eine hohle Aluminiumkugel mit einem Durchmesser von je 4,5 m sitzt.

★ SCHWERSTES GEWOGENES OBJEKT

Am 23. Januar 2004 wurde die Revolving Service Structure (RSS) der Startplattform 39B im Kennedy Space Center der NASA in Florida (USA) an 21 Hängepunkten angehoben. Dabei ermittelte man für die RSS eine Masse von 2.423 t. Das Unterfangen wurde durch die Unternehmen Industrial Steel, Inc. (USA) und Buffalo Hydraulic (USA) ausgeführt.

★ LEICHTESTES GEWOGENES OBJEKT

Wissenschaftler der Cornell University (USA) ist es gelungen, mithilfe einer aus winzigen schwingenden Auslegern bestehenden Nanowaage eine Masse von lediglich 6,3 Attogramm (Gramm $\times 10^{-18}$) physikalisch zu bestimmen. Das Projekt wurde von Professor Harold Craighead und Rob Ilic (beide USA) durchgeführt und im April 2004 veröffentlicht.

★ NEUER REKORD ★ VERBESSERTER REKORD

← GRÖSSTE VAKUUMKAMMER

Die Space Power Facility im Glenn Research Center der NASA, Plum Brook Station, Sandusky, Ohio (USA), besitzt einen Durchmesser von 30 m und eine Höhe von 37 m. Darin lässt sich ein Vakuum von 10^{-6} Torr schaffen, Sonneneinstrahlung mithilfe von 4 Megawatt starken Quarz-Heizlampen simulieren sowie eine Temperatur von bis zu minus 195,5 °C erzeugen. Die Kammer dient dazu, die Leistung von Ausrüstungsgegenständen für die Raumfahrt vor dem Start in den Weltraum zu erproben.

MINIMALGRÖSSE

★ ATOMUHR
Im August 2004 stellte das National Institute for Standards and Technology (NIST) in Boulder, Colorado (USA), den Prototyp einer Atomuhr von der Größe eines Reiskorns vor. Der Cäsium-Atomuhr-Chip besitzt ein Volumen von weniger als 10 mm³, benötigt lediglich 75 Milliwatt Strom und weist eine Genauigkeit bis auf eine Sekunde innerhalb von 300 Jahren auf.

★ HOMINIDEN
Am 28. Oktober 2004 gaben indonesische und australische Wissenschaftler in der Zeitschrift Nature die Entdeckung des kleinsten bekannten Vertreters der Familie der Hominiden bekannt. Die Überreste dieser Art wurden in einer Höhle bei Liang Bua auf der Insel Flores entdeckt und als Homo floresiensis bezeichnet. Die Vertreter dieser Spezies waren nur 1 m groß und lebten wie seit 13.000 Jahren auf Flores. Das bedeutet, dass sie zur gleichen Zeit existierten wie der moderne Mensch, zu dem sie höchstwahrscheinlich Kontakte unterhielten.

★ NANORÖHRCHEN
Ein aus einer einwandigen Kohlenstoff-Nanoröhre gefertigtes Teströhrchen ist lediglich 2 Mikrometer lang und 1,5 Nanometer breit, woraus sich ein Innenvolumen von nur 3,5 Zeptolitern (3,5 x 10^{-21} l) ergibt, d.h. ein Billionstel eines Billionstel Milliliters. Hergestellt wurde es von einem Wissenschaftlerteam des Department of Materials an der Oxford University (GB). Die Bekanntgabe erfolgte im Dezember 2004.

★ EINHEIT DER ZEIT
Die kleinste Einheit der Zeit ist die Planck-Zeit (10^{-43} sec). Damit bezeichnet man die Zeit, die das Licht – mit einer Geschwindigkeit von 3 x 10^8 m/s das **schnellste Objekt** – benötigt, um die **kürzeste Strecke** – die Planck-Länge von 1,6 x 10^{-35} m – zu überwinden.

GEWICHT

★ FESTSTOFF MIT DER GERINGSTEN DICHTE
Im Lawrence Livermore National Laboratory, Kalifornien (USA), wurde ein Aerogel mit einer Dichte von lediglich 1 mg/cm³ hergestellt. Dieses Aerogel, das am 10. April 2003 vorgestellt wurde, hat eine geringere Dichte als Luft (1,2 mg/cm³) und ist mit bloßem Auge nicht zu erkennen.

VERSCHIEDENES

★ LÄNGSTES PENDEL
Die längsten Pendel waren zwei Klaviersaiten der Stärke 24 mit einer Länge von je 1.353,3 m. Sie wurden im September 1901 von Studenten des Michigan College of Mining in den Schacht Nr. 4 der Tamarack Mines, Michigan (USA), hinuntergelassen.

★ HÖCHSTE TEMPERATUR
Es wird angenommen, dass das Universum zum Zeitpunkt des Urknalls vor 13,7 Mrd. Jahren eine unendliche Temperatur aufwies, da es als einzelner, unendlich kleiner und dichter Punkt existierte. Nur 10^{-43} Sekunden – die Planck-Zeit – später war es auf ca. 1.032 K abgekühlt und hatte sich auf eine Größe von 10^{-33} cm ausgedehnt.

EXAKTESTES KILOGRAMM

Das Kilogramm ist die einzige SI-Grundeinheit, deren Definition noch immer auf einem physikalischen Prototyp beruht – einem 1889 aus Platin und Iridium gefertigten Zylinder, der im Bureau International des Poids et Mesures (BIPM) in Sèvres bei Paris (F) aufbewahrt wird. Derzeit unternehmen Wissenschaftler den Versuch, die Definition des Kilogramms zu ändern und sie mit den immer präziser werdenden Messungen der Planckschen Konstante zu verbinden. ↙

WWW.GUINNESSWORLDRECORDS.COM

115

→ **WISSENSCHAFT & TECHNIK**
TECHNIK

★ STÄRKSTES MENSCHLICHES AUSSENSKELETT

Das Berkeley Lower Extremity Exoskeleton (BLEEX) wurde mit dem Ziel entwickelt, Kraft und Ausdauer zu verstärken. Eine integrierte Energiequelle treibt hydraulische Muskeln an und ermöglicht dem „Träger" auf diese Weise, zusätzlich zu dem 45 kg wiegenden Außenskelett einen 32 kg schweren Rucksack zu tragen, was sich jedoch wie eine Last von lediglich 2,2 kg anfühlt. BLEEX wurde von der University of California, Berkeley, Kalifornien (USA), entwickelt und durch die Defense Advanced Research Project Agency (DARPA, USA) finanziert. Vorgestellt wurde das Ergebnis im März 2004.

COMPUTER

ÄLTESTE COMPUTERMAUS
Die Computermaus wurde 1964 von Douglas Engelbart (USA) erfunden. Im Patent wird sie als „X-Y position indicator for a display system" bezeichnet. Den Spitznamen Maus erhielt sie wegen der Ähnlichkeit des Kabels mit einem Schwanz.

ERSTER MIKROPROZESSOR
Der von der Firma Intel (USA) entwickelte Chip 4004 stand im Januar 1971 erstmals zur Verfügung. Dieser erste Einzel-Hauptprozessor (CPU) besaß die Größe eines Daumennagels und verfügte über die gleiche Rechenleistung wie der erste elektronische Computer namens ENIAC, der ein ganzes Zimmer ausfüllte. Der Chip 4004 bestand aus 2.300 Transistoren und konnte rund 100.000 Befehle pro Sekunde ausführen.

★ SCHNELLSTER COMPUTER
Der Supercomputer-Prototyp Blue-Gene/L wurde von IBM (USA) gebaut und ist in der Lage, 70,72 Billionen Rechenoperationen pro Sekunde auszuführen (70,72 Teraflops).

TON & BILD

★ HANDY MIT DEM GRÖSSTEN SPEICHER
Das im September 2004 von Samsung (ROK) eingeführte Mobiltelefon SPH-V5400 kann Daten im Umfang von 1,5 GB speichern. Es ist das erste Handy, das mit einer eigenen internen Festplatte ausgestattet ist.

★ HOCHAUFLÖSENDSTE HANDY-KAMERA
Die in ein Mobiltelefon integrierte Digitalkamera mit der höchsten Auflösung ist das Gerät SCH-S250. Damit lassen sich Bilder in einer Qualität von 5 Megapixel aufnehmen. Die Markteinführung in Südkorea erfolgte im Oktober 2004 durch die Firma Samsung (ROK).

★ GRÖSSTES LED-DISPLAY
Das größte LED-Display der Welt ist 57 m breit und 63 m hoch und besitzt eine Fläche von 3.591 m². Es befindet sich an einer Seitenwand des Bürogebäudes der Firma Aurora Ltd. in Shanghai (CHN) und wurde im September 2003 fertig gestellt.

★ GRÖSSTER TV-BILDSCHIRM
Ein von Panasonic SS Marketing Co. Ltd. gebauter TV-Bildschirm misst 59,90 x 11,13 m und hat eine sichtbare Bildfläche von 667,09 m². Der Einbau im Suminoe Rennbootstadion von Osaka (J) wurde am 31. März 2004 abgeschlossen.

ORIGINALGRÖSSE

← KLEINSTER PC

OQO (USA) gelang die Entwicklung eines voll funktionstüchtigen PCs, der über einen Prozessor mit 1 GHz Taktfrequenz, einer 10 GB oder 20 GB großen Festplatte sowie 256 MB Arbeitsspeicher verfügt und auf dem die Vollversion des Betriebssystems Windows XP von Microsoft läuft. Das Gerät ist 10,4 x 7,3 x 2,2 cm groß und wiegt weniger als 225 g. Es wurde am 16. April 2002 auf der Windows Hardware Engineering Conference 2002 der Firma Microsoft in New Orleans, Louisiana (USA), vorgestellt.

★ NEUER REKORD   ★ VERBESSERTER REKORD

★ LEISTUNGS- ↑ FÄHIGSTES IONEN- TRIEBWERK IN DER RAUMFAHRT

Das am 24. Oktober 1998 gestartete Raumschiff *Deep Space 1* der NASA wurde mithilfe eines revolutionären Antriebs an seinen Zielort, den Kometen Borrelly, befördert. Aus dem Triebwerk wurde ein Strahl ionisierter Xenon-Atome mit einer Geschwindigkeit von 35 km/s ausgestoßen, wodurch eine Schubkraft von 0,09 Newton entstand. Das entspricht der Kraft, die von einem auf einem Handteller liegenden Blatt Papier ausgeht. Das Ionentriebwerk war zehnmal effizienter als eine chemische Rakete und während der Mission 16.265 Stunden in Betrieb.

★ MODERNSTER PROJEKTOR IN EINEM PLANETARIUM

Mit MEGASTAR-2 Cosmos lassen sich gleichzeitig 5 Mio. Sterne in der Kuppel eines Planetariums projizieren. Das Gerät wurde von Takayuki Ohira (J) entwickelt und im Juli 2004 im National Museum of Emerging Science and Innovation, Tokio (J), installiert. Es wiegt 50 kg und hat eine Höhe von 60 cm, sodass es sich problemlos mit dem Auto transportieren lässt.

VERSCHIEDENES

GRÖSSTE ENTFERNUNG ZWISCHEN PATIENT UND OPERATEUR

Am 7. September 2001 wurde Madeleine Schaal (F) mithilfe eines Roboters in einem Operationssaal in Strasbourg (F) die Gallenblase entfernt, wobei sich die operierenden Ärzte Jacques Marescaux und Michel Gagner in New York City (USA) befanden. Die Operation wurde über eine abgesicherte Glasfaserverbindung mithilfe des Operationsroboters ZEUS durchgeführt. Die Distanz betrug insgesamt 6.222 km.

★ PERSON MIT DEN MEISTEN PATENTEN

Shunpei Yamazaki (J), Präsident der Firma Semiconductor Energy Laboratory Co. Ltd. (J), war mit Stand 31. Mai 2004 Inhaber von insgesamt 3.245 Patenten.

★ LÄNGSTE LEINE IM WELTALL

Die US-Satelliten *SEDS-1* und *SEDS-2* waren in ihrer Umlaufbahn mit einer 20 km langen Sicherungsleine versehen. Die Leine wurde schließlich durch Weltraumtrümmer beschädigt. Sie waren zudem die ersten künstlich geschaffenen Objekte im Weltraum, die vom Boden aus als Linie statt als Punkt sichtbar waren.

★ GRÖSSTE KRIMINALISTISCHE DNA-DATENBANK

Mit Stand 31. März 2004 umfasste die nationale DNA-Datenbank Großbritanniens 2.527.723 DNA-Profile von 2.249.678 Personen. Sie wurde im April 1995 durch den Forensic Science Service (GB) ins Leben gerufen und war die weltweit erste geheimdienstlich genutzte nationale DNA-Datenbank.

★ SCHNELLFÜSSIGER → HUMANOIDER ROBOTER

ASIMO – Advanced Step in Innovative Mobility – ist ein seit dem Jahr 2000 von Honda (J) entwickelter und immer weiter modifizierter Prototyp einer Serie menschenähnlicher Roboter. Diese sollen in Zukunft dazu dienen, dem Menschen zu helfen. Im Dezember 2004 gab Honda bekannt, dass ASIMO so weit verbessert wurde, dass er in der Lage ist, mit einer Geschwindigkeit von 3 km/h zu gehen.

WWW.GUINNESSWORLDRECORDS.COM

→ POLITIK & GESELLSCHAFT

GRÖSSTE ALLJÄHRLICHE LEBENSMITTELSCHLACHT

Am letzten Mittwoch im August findet alljährlich in der Stadt Buñol bei Valencia (E) das Tomatenfestival *La Tomatina* statt. 1999 bewarfen sich etwa 25.000 Menschen bei dieser gigantischen Lebensmittelschlacht eine Stunde lang mit insgesamt rund 125 t Tomaten. Die roten Früchte werden mit Lkw angeliefert, auf die Straßen gekippt und von den Werfern dort aufgelesen. Nach Beendigung der Schlacht sind die Straßen und sämtliche Teilnehmer über und über mit glitschiger Tomatenmasse beschmiert. Flüsse von Tomatensaft ergießen sich teilweise bis zu 30 cm tief durch die Stadt, bis die Feuerwehr am Ende alles abspült – einschließlich der Menschen.

→ | **INHALT**

LAUF DES LEBENS	120
WELTBEVÖLKERUNG	122
TOURISMUS	124
FEIERN & FESTE	126
POLITIK	128
VERBRECHEN	130
KULTOBJEKTE	132

WWW.GUINNESSWORLDRECORDS.COM

POLITIK & GESELLSCHAFT
LAUF DES LEBENS

★ BRAUT MIT DEN MEISTEN BRAUTJUNGFERN
Christa Rasanayagam (CDN) wurde bei ihrer Hochzeit mit Arulanantham Suresh Joachim (AUS), die am 6. September 2003 in der katholischen Kirche Christ the King in Mississauga, Ontario (CDN), stattfand, von 79 Brautjungfern im Alter von 1 bis 79 Jahren begleitet.

★ BRÄUTIGAM MIT DEN MEISTEN TRAUZEUGEN
Am 6. September 2003 wurde Arulanantham Suresh Joachim (AUS) bei seiner Hochzeit mit Christa Rasanayagam (CND) in der katholischen Kirche Christ the King in Mississauga, Ontario (CDN), von 47 Trauzeugen im Alter zwischen 2 und 63 Jahren begleitet.

FRUCHTBARKEITSRATEN
(durchschnittliche Kinderzahl pro Frau, 2000–2005)

★ **Höchste ...**
1	Niger	8.00
2	Somalia	7.25
3	Angola	7.20
4	Guinea-Bissau	7.10
	Uganda	7.10

★ **... und niedrigste**
1	Hongkong	1.00
2	Bulgarien	1.10
	Lettland	1.10
	Macau	1.10
5	Russland	1.14

Quelle: The Economist

GEBURT & TOD

★ BEVÖLKERUNG MIT HÖCHSTEM KINDERANTEIL
Im Jahr 2003 waren 50,8 Prozent der Bevölkerung Ugandas unter 15 Jahre alt. Abgesehen von der Vatikanstadt war Italien, wo im gleichen Jahr nur 14 Prozent der Bevölkerung unter 15 waren, das Land mit dem ★ **geringsten Kinderanteil**.

GEBURTENRATEN
Im Jahr 2002 verzeichneten Lettland und Georgien mit nur acht Lebendgeburten pro 1.000 Einwohner die **niedrigsten Geburtenraten**. Weltweit betrug der Durchschnitt im gleichen Jahr 21. Die Länder mit den **höchsten Geburtenraten** im Jahr 2002 waren Somalia und Sierra Leone mit je 50 Lebendgeburten auf 1.000 Einwohner.

★ NATÜRLICHES BEVÖLKERUNGSWACHSTUM
Somalia ist das Land mit dem ★ **höchsten natürlichen Bevölkerungswachstum** (Geburten minus Todesfälle). 2002 wurde dort das Wachstum auf 32 je 1.000 Einwohner geschätzt, während der Durchschnitt im gleichen Jahr weltweit bei 12 je 1.000 Einwohner lag.

Mit einem Wachstum von minus 6 je 1.000 Einwohner hatten Lettland und die Ukraine im selben Zeitraum das ★ **niedrigste natürliche Bevölkerungswachstum** (bzw. die schnellste Bevölkerungsabnahme).

★ KINDERSTERBLICHKEIT
Mit 3,44 Todesfällen pro 1.000 Lebendgeburten hat Schweden (Stand: Dezember 2003) die ★ **geringste Kindersterblichkeit** (d.h. die wenigsten Todesfälle von Kindern unter einem Jahr).

Angola hatte die ★ **höchste Rate** im gleichen Jahr mit 191,44 Todesfällen pro 1.000 Lebendgeburten.

★ STERBERATEN
Den jüngsten Daten zufolge hatten Sierra Leone und Malawi im Jahr 2002 mit schätzungsweise 25 Todesfällen pro 1.000 Einwohner die ★ **höchsten Sterberaten**. Weltweit lag der Durchschnitt im selben Jahr bei neun. Die ★ **niedrigsten Sterberaten**, mit drei Todesfällen je 1.000 Einwohner, hatten 2002 Kuwait und der Oman zu verzeichnen.

HÄUFIGSTE TODESURSACHE
Herz- und Kreislauferkrankungen sind in den Industrieländern gegenwärtig für über die Hälfte aller Todesfälle verantwortlich. Am häufigsten sind Herzinfarkte und Schlaganfälle aufgrund von Durchblutungsstörungen, die gewöhnlich auf Veränderungen der Arterienwände zurückzuführen sind.

HÄUFIGSTE URSACHE FÜR SEKUNDENTOD
Erkrankungen der Herzkranzgefäße sind die häufigste Ursache für einen plötzlichen Tod. Rauchen, Bluthochdruck und ein hoher Cholesterinspiegel sind die Hauptrisikofaktoren für den Menschen.

★ SELBSTMORDRATE
Das Land mit der ★ **höchsten Suizidrate** ist Litauen, wo zufolge der jüngsten Zahlen der Weltgesundheitsorganisation WHO im Jahr 2000 pro 100.000 Einwohner 91,7 Menschen – 75,6 männliche und 16,1 weibliche Personen – Selbstmord begingen.

Die ★ **niedrigsten Selbstmordraten** haben der Weltgesundheitsorganisation zufolge die Länder Antigua & Barbuda (1995), die Dominikanische Republik (1994), Saint Kitts & Nevis (1995) sowie Saint Vincent & die Grenadinen (1986), wobei in den in Klammern angegebenen Jahren kein einziger Fall zu beklagen war.

LÄNGSTES TESTAMENT
Das Testament von Frederica Evelyn Stilwell Cook (USA) – beglaubigt im Somerset House in London (GB) am 2. November 1925 – bestand aus vier gebundenen Bänden mit insgesamt 95.940 Wörtern. Darin ging es um Eigentum im Wert von umgerechnet 77.048 EUR.

★ NEUER REKORD   ★ VERBESSERTER REKORD

★ ÄLTESTES NOCH LEBENDES EHEPAAR
Am 18. Mai 1926 heiratete Tadao Watanabe (J, geb. 3. September 1898) Minoru Mita (J, geb. 14. Mai 1907). Die beiden, die 106 Jahre 188 Tage bzw. 97 Jahre 298 Tage alt sind, bringen es zusammen auf 204 Jahre 121 Tage. Außerdem waren sie am 10. März 2005 78 Jahre 296 Tage verheiratet, womit sie den Rekord für die **längste Ehe eines noch lebenden Paares** innehaben.

BUND FÜRS LEBEN

LÄNGSTE EHE
Sir Temulji Bhicaji Nariman und Lady Nariman waren von 1853 bis 1940, also 86 Jahre lang, miteinander verheiratet. Die Hochzeit fand statt, als die beiden – Cousin und Cousine – fünf Jahre alt waren. Sir Temulji (geb. 3. September 1848) starb im August 1940 in Bombay (IND) im Alter von 91 Jahren 11 Monaten.

Lazarus Rowe und Molly Webber, die beide 1725 geboren wurden, heirateten 1743. Bis zu Mollys Tod im Juni 1829 in Limington, Maine (USA), war das Paar ebenfalls 86 Jahre lang verheiratet.

★ MEISTE TRAUVERSPRECHEN DESSELBEN PAARES
Lauren Lubeck Blair und David E. Hough Blair (beide USA) gaben einander am 16. August 2004 in der Lighthouse Lounge im Boardwalk Hotel & Casino in Las Vegas, Nevada (USA), zum 83. Mal das Jawort.

★ MEISTE BRAUTSTRÄUSSE GEFANGEN
Stephanie Monyak (USA) hat seit 1983 bei von ihr besuchten Hochzeiten insgesamt elf Brautsträuße gefangen.

MEISTE MONOGAME EHEN EINER FRAU
Linda Essex (USA) ist mit 23 Ehen die am häufigsten monogam verheiratete Frau. Ihre jüngste Ehe war die im Juni 1996 mit Glynn „Scotty" Wolfe, dem Rekordhalter für die meisten monogamen Ehen eines Mannes. Wolfe starb zehn Tage vor ihrem ersten Hochzeitstag.

HÖCHSTE SCHEIDUNGSRATE
Den UN zufolge sind die Malediven mit jährlich 10,97 Scheidungen je 1.000 Einwohner das Land mit der höchsten Scheidungsrate. Es folgen Weißrussland mit 4,63 und die USA mit 4,34 Scheidungen.

★ EHESCHLIESSUNG IN GRÖSSTER HÖHE
Am 10. August 2003 heiratete der Astronaut Yuri Malenchenko (UA), der sich in einer Höhe von 396 km befand, seine Braut Ekaterina Dmitriev (USA). Die Zeremonie wurde per Videokonferenz durchgeführt, wobei die Braut in Houston, Texas (USA), weilte und der Bräutigam sich als Kommandeur der Expedition-7-Mission auf dem Weg zur Internationalen Weltraumstation befand. Da ihr Mann nicht persönlich anwesend sein konnte, musste Ekaterina Dmitriev sich mit einer Pappfigur von ihm begnügen.

★ NIEDRIGSTE EHESCHLIESSUNGSRATE
1994, dem Jahr, aus dem die neuesten Daten vorliegen, gab es in der Dominikanischen Republik nur zwei Eheschließungen je 1.000 Einwohner.

★ HEIRATSFREUDIGSTES LAND
In Antigua & Barbuda gab es 1998 die meisten Eheschließungen. Die Rate betrug 22,1 je 1.000 Einwohner.

→ POLITIK & GESELLSCHAFT
WELTBEVÖLKERUNG

Bevölkerungsreichstes Land: China (1.298.847.624)

Bevölkerungsärmstes Land: Vatikanstadt (921)

Größtes Land: Russland (Einw.: 143.782.338; 17.075.400 km²)

Kleinstes Land: Vatikanstadt (0,44 km²)

★ HÖCHSTE INFLATIONSRATE

Im Jahr 2003 hatte Zimbabwe eine Inflationsrate von 385 Prozent. 1998 kostete z.B. ein Brot umgerechnet 0,01 EUR, im Jahr 2003 bereits 0,40 EUR. Das Land mit der **niedrigsten Inflationsrate** ist Hongkong, wo die Verbraucherpreise 2003 um 2,6 Prozent fielen.

STÄDTE

ÄLTESTE HAUPTSTADT
Damaskus (Dimaschk esch-Scham) in Syrien ist seit etwa 2500 v. Chr. besiedelt.

AM WEITESTEN VOM MEER ENTFERNTE STADT
Urumqi, Hauptstadt der chinesischen Provinz Xinjiang Uygur, liegt 2.500 km von der nächsten Küste entfernt.

STADT MIT DEM GRÖSSTEN AUSLÄNDERANTEIL
2001 waren 59 Prozent der Bevölkerung von Miami, Florida (USA), im Ausland Gebürtige.

LEBENSHALTUNGSKOSTEN

★ HÖCHSTES BRUTTOVOLKSEINKOMMEN
Nach Angaben der Weltbank vom September 2004 war Luxemburg im Jahr 2003 mit umgerechnet 33.854 EUR das Land mit dem höchsten Bruttovolkseinkommen pro Kopf. Das Bruttovolkseinkommen (BVE) ist der Gesamtwert aller Waren und Dienstleistungen, die von einem Land innerhalb eines Jahres erbracht werden, geteilt durch die Anzahl seiner Einwohner. Äthiopien hatte im Jahr 2003 mit umgerechnet 69,34 EUR das ★ **niedrigste BVE pro Kopf**.

← ★ HERKUNFTSLAND DER MEISTEN FLÜCHTLINGE

Das Land, aus dem die meisten Asylbewerber stammen, ist Afghanistan. Nach Angaben des UN-Hochkommissariats für Flüchtlinge (UNHCR) aus dem Jahr 2003 stellten 2,1 Mio. Afghanen in 74 Ländern einen Antrag auf politisches Asyl. Das macht 22 Prozent der weltweit gestellten Anträge aus.

HÖCHSTER STEUERSATZ
In Dänemark beläuft sich der Höchststeuersatz für persönliches Einkommen auf 62,9 Prozent, der Mindeststeuersatz auf 43,7 Prozent (Stand: Juni 2003). Bahrain und Katar haben den **niedrigsten Steuersatz**. Er liegt unabhängig vom Einkommen bei null Prozent.

★ HÖCHSTE RÜSTUNGSAUSGABEN PRO KOPF
Im Jahr 2003 beliefen sich die Rüstungsausgaben in Israel auf umgerechnet 1.129,90 EUR pro Kopf. Nach Angaben des CIA World Factbook ist Island das Land mit den ★ **niedrigsten Rüstungsausgaben**, nämlich mit gar keinen (Stand: Dezember 2003).

GEOGRAFIE

★ SCHNELLST WACHSENDES LAND DURCH LANDGEWINNUNG (IM VERHÄLTNIS ZUR URSPRÜNGLICHEN GRÖSSE)
1960 betrug die Gesamtfläche von Singapur 581,5 km²; seitdem sind über 100 km² hinzugekommen, eine Zunahme des ursprünglichen Gebietes um 17 Prozent.

★ AM DICHTESTEN BEWALDETES LAND
Im Jahr 2000 waren 95,7 Prozent der Cook-Inseln im Südpazifik von Wald bedeckt.

★ NEUER REKORD   ★ VERBESSERTER REKORD

★ HÖCHSTE LEBENSHALTUNGSKOSTEN
Nach Angaben des „Worldwide Cost of Living Survey" der Economist Intelligence Unit – in der die Kosten eines breiten Spektrums von Waren und Dienstleistungen verglichen werden – ist Tokio die teuerste Stadt der Welt. In Teheran, der Hauptstadt des Iran, sind die ★ **Lebenshaltungskosten am niedrigsten**.

★ GRÖSSTE NACH EINER PERSON BENANNTE LANDFLÄCHE
Nord- und Südamerika mit einer Gesamtfläche von 42.495.751 km² wurden beide nach dem im 15. Jahrhundert lebenden italienischen Seefahrer Amerigo Vespucci benannt.

BEVÖLKERUNGEN

★ LAND MIT DEN MEISTEN ANTRÄGEN AUF POLITISCHES ASYL
Laut Zahlen des Hochkommissariats der Vereinten Nationen für Flüchtlinge (UNHCR) wurden im Jahr 2003 in Pakistan 1,1 Mio. Asylanträge gestellt, mehr als in jedem anderen Land der Welt.

★ MEISTE ARBEITSSTUNDEN (INDUSTRIELÄNDER)
Laut Angaben des Employment Outlook Report 2004 der Organization for Economic Co operation and Development (OECD) sind die Bürger Südkoreas die fleißigsten aller Industriestaaten. Im Jahr 2003 arbeitete dort jeder Arbeitnehmer (ohne Selbstständige) insgesamt 2.390 Stunden, das sind bei einem angenommenen Jahresurlaub von vier Wochen rund 50 Stunden pro Woche.

GRÖSSTER MÄNNERMANGEL
Das Land mit dem größten Männermangel ist Lettland, wo im Jahr 2002 53,97 Prozent der Bevölkerung weiblich und 46,03 Prozent männlich waren.
Das Land mit dem ★ **größten Frauenmangel** sind die Vereinigten Arabischen Emirate mit einem männlichen Bevölkerungsanteil von 67,63 Prozent und einem weiblichen von 32,37 Prozent (Stand: 2001).

VERSCHIEDENES

★ HÖCHSTE ARBEITSLOSENQUOTE
Schätzungen zufolge hatten im Jahr 2003 85 Prozent der arbeitsfähigen Bevölkerung Liberias keinen Arbeitsplatz. Demgegenüber hatten Nauru und Andorra im Jahr 2002 die **niedrigste Arbeitslosenquote** mit null Prozent.

★ MEISTE VERKEHRSTOTE
In Mauritius gab es im Jahr 2000 43,9 Verkehrstote pro 100.000 Einwohner.

★ KORRUPTESTES LAND
Nach Angaben des Corruption Perceptions Index von Transparency International ist Bangladesch das korrupteste Land der Welt (Stand: Oktober 2004).

★ AM WENIGSTEN KORRUPTES LAND
Nach Angaben des Corruption Perceptions Index von Transparency International ist Finnland das am wenigsten korrupte Land (Stand: Oktober 2004). Der Index vergleicht den Missbrauch der Macht in öffentlichen Ämtern in 146 Ländern und beruht auf Erfahrungen von einheimischen und ausländischen Geschäftsleuten und Analytikern.

Lebensqualität (Städte)
(basierend auf verschiedenen Faktoren von Freizeitangeboten bis hin zu politischer Stabilität)

Höchste ...
1 Zürich, Schweiz
  Genf, Schweiz
3 Vancouver, Kanada
  Wien, Österreich
5 Auckland, Neuseeland
  Bern, Schweiz
  Kopenhagen, Dänemark
  Frankfurt, Deutschland
  Sydney, Australien

... und niedrigste
1 Bagdad, Irak
2 Bangui, Zentralafrikanische Republik
3 Brazzaville, Republik Kongo
4 Pointe-Noire, Republik Kongo
  Khartoum, Sudan
6 Sanaa, Jemen
  Ouagadougou, Burkina Faso
  Nouakchott, Mauretanien
  N'Djamena, Tschad

Quelle: The Economist

POLITIK & GESELLSCHAFT
TOURISMUS

GRÖSSTES → KREUZFAHRTUNTERNEHMEN

Der größte Kreuzfahrtanbieter ist mit zwölf verschiedenen Marken, mehr als 77 Schiffen und 128.000 Schlafplätzen das Unternehmen Carnival. 2003 fusionierte die Carnival Corporation mit P&O Princess plc., sodass zu den Marken des Unternehmens nunmehr auch Carnival Cruise Lines, Princess Cruises, P&O Cruises und Windstar Cruises gehören. Abgebildet ist eines der Schiffe, die *Carnival Valor*, vor Miami Beach auf dem Weg zum Hafen von Miami.

Top Ten der beliebtesten Auslandsreiseziele (meiste Besucher 2003)

10. Kanada – 17,5 Mio.
9. Deutschland – 18,4 Mio.
8. Mexiko – 18,7 Mio.
7. Österreich – 19,1 Mio.
6. Großbritannien – 24,7 Mio.
5. China – 33 Mio.
4. Italien – 39,6 Mio.
3. USA – 41,2 Mio.
2. Spanien – 51,8 Mio.
1. Frankreich – 75 Mio.

★ BELIEBTESTES REISEZIEL

Im Jahr 2003 zog Frankreich nach Angaben der Welttourismusorganisation (WTO) 75 Mio. internationale Besucher an.

LAND

DICHTESTES STRASSENNETZ

Die frühere portugiesische Kolonie Macau, heute Sonderverwaltungsregion Chinas, verfügt über eine Straßenlänge von 19,6 km pro km² Landfläche. Zum Vergleich: Die USA, die das **weltgrößte Straßennetz** besitzen, weisen aufgrund ihrer enormen Größe lediglich eine Dichte von 0,69 km pro km² auf. Von den vollständig souveränen Staaten der Welt hat Malta mit 7,1 km pro km² das dichteste Straßennetz.

★ FAHRZEUGREICHSTES STRASSENNETZ

In Hongkong gibt es pro km Straßenlänge 286,7 registrierte Kraftfahrzeuge. Somit sind die dortigen Straßen theoretisch die fahrzeugreichsten der Welt. An zweiter Stelle folgen die Vereinigten Arabischen Emirate mit 231,6 Fahrzeugen pro km, während die USA aufgrund ihrer enormen Größe und ihres riesigen Straßennetzes mit 34,1 Fahrzeugen pro km lediglich Platz 42 einnehmen.

LAND MIT DEM BEFAHRENSTEN STRASSENNETZ

Indonesiens Straßen sind die am stärksten frequentierten der Welt. Pro Jahr werden für jeden Kilometer des landesweiten Straßennetzes 8 Mio. km gefahren.

LÄNGSTE BUSROUTE

Die „Befreierroute" ist 9.660 km lang und wird durch das Unternehmen Expreso Internacional Ormeño SA aus Lima (PE) bedient. Sie verbindet Caracas (YV) und Buenos Aires (RA) miteinander. Auf dem Weg passiert sie die Hauptstädte sechs südamerikanischer Länder. Die gesamte Tour dauert inklusive Pausen 214 Stunden (8 Tage 22 Stunden).

MEER

★ FREQUENTIERTESTER HAFEN HINSICHTLICH FRACHTGUT

Im Jahr 2004 wurden im Hafen von Singapur insgesamt 393 Mio. t Frachtgut abgewickelt. Dabei entfielen 223 Mio. t auf Containerfracht und 129 Mio. t auf Erdöl. Der Rest bestand aus „konventioneller" Fracht und Nicht-Öl-Massenschüttgut.

ERSTE ÖFFENTLICHE LUFTKISSENBOOT-VERKEHRSLINIE

Von Juli bis September 1962 verkehrten Luftkissenboote in der Mündung des Flusses Dee zwischen Rhyl, Denbighshire und Wallasey, Merseyside (GB).

GRÖSSTES ZIVILES LUFTKISSENBOOT

Die SRN4 Mk III, ein ziviles Luftkissenboot britischer Bauart, wiegt 310 t und bietet Platz für 418 Passagiere und 60 Fahrzeuge. Es ist 56,38 m lang und erreicht eine Spitzengeschwindigkeit von 65 Knoten (120 km/h). Seit dem Jahr 2000 wird es nicht mehr auf dem Ärmelkanal eingesetzt; stattdessen verkehren dort nun langsamere, aber wirtschaftlichere Katamarane des Typs Seacat.

★ NEUER REKORD   ★ VERBESSERTER REKORD

LUFT

★ MEISTE LINIENFLÜGE INNERHALB VON 30 TAGEN
Michael Bartlett (GB) flog zwischen dem 18. Oktober und 17. November 1993 mit einem von der nationalen belgischen Fluggesellschaft Sabena ausgestellten Monatspass 128-mal von London nach Brüssel bzw. umgekehrt. Die aneinander gehefteten Einzeltickets ergaben eine Länge von 25,3 m. Insgesamt legte er in jenem Monat eine Strecke von 41.771 km zurück.

MEISTE LINIENFLÜGE INNERHALB EINER WOCHE
Tae Oka (J) absolvierte vom 14. bis 20. Februar 2002 in 7 Tagen 70 Flüge mit Thai Airways International. Dabei handelte es sich ausschließlich um Inlandsflüge zwischen den thailändischen Flughäfen Chiang Mai, Chiang Rai und Mae Hong Son.

★ FLUGHAFEN MIT DEN MEISTEN FLÜGEN
Auf dem O'Hare International Airport in Chicago im US-Bundesstaat Illinois wurden 2003 insgesamt 928.691 Starts und Landungen registriert. Damit ist er nach Angaben des Airports Council International (ACI) der weltweit am stärksten frequentierte Flughafen im Hinblick auf die Flugzeugbewegungen.

★ MEISTE INNERHALB EINES JAHRES GENUTZTE FLUGGESELLSCHAFTEN
John Bougen und James Irving (beide NZ) flogen vom 28. August 2002 bis 12. Februar 2003 im Rahmen ihrer Weltreise mit 104 verschiedenen Fluggesellschaften. Ihre Reise begann und endete in Auckland (NZ) und führte sie durch 191 Länder. Damit gelang ihnen auch der Rekord für die **meisten in sechs Monaten besuchten souveränen Staaten** (191 der 193 souveränen Staaten der Welt innerhalb von 167 Tagen 15 Stunden 39 Minuten). Während desselben Rekordversuchs nutzten sie 242 Flüge in 54 Flugzeugtypen und stellten noch einen dritten Rekord auf – den der **meisten Flüge auf einer einzigen Reise**. Den Regeln entsprechend besuchten sie keinen der 191 Flughäfen mehrfach und kehrten bis zum Ende der Reise nicht nach Neuseeland zurück.

MEISTE ÜBERSCHALLFLÜGE MIT EINEM PASSAGIERFLUGZEUG
Bis Februar 2003 unternahm Fred Finn (GB) 718 Atlantiküberquerungen mit der Concorde. Sein erster Flug fand am 26. Mai 1976 statt; zur Erinnerung daran bewahrt er noch immer den Kofferanhänger auf.

★ LÄNGSTER KOMMERZIELLER LINIENFLUG
Ein von Singapore Airlines angebotener Flug zwischen Singapur und New York City (USA) überwindet eine Strecke von ca. 16.600 km. Auf diesem 18-stündigen Flug wird der mit 181 Sitzen ausgestattete Airbus A340-500 eingesetzt.

MAURIZIO GIULIANO

Maurizio Giuliano (I/GB, geb. am 24. Februar 1975) hatte am 20. Februar 2004 im Alter von 28 Jahren 361 Tagen alle 193 souveränen Staaten der Welt besucht.

Haben Sie sich von Anfang an vorgenommen, als jüngster Mensch alle souveränen Staaten zu bereisen?
Nein, obwohl das Überqueren von Grenzen schon spannend ist ... Meine Motivation zu reisen ist der Wunsch, andere Kulturen und Mentalitäten, andere Völker kennen zu lernen.

Gab es ein Land, bei dem es besonders schwierig war hineinzukommen?
Ja, Nordkorea war auf alle Fälle der härteste Brocken. Nachdem ich schon seit langem versucht hatte, ein Visum zu bekommen, durfte ich im Jahr 2000 endlich einreisen. Ein ganzes Jahr hatte ich es per E-Mail und Fax bei Botschaften in verschiedensten Teilen der Welt immer wieder versucht, bis man mir 2000 endlich mitteilte, dass mein Visum genehmigt worden sei.

Wie viele Pässe besitzen Sie?
Ich habe insgesamt 42 – 12 britische und 30 italienische.

Warum so viele?
Es ist sehr hilfreich, wenn man immer mindestens zwei gültige Pässe besitzt, denn wenn man seinen Pass zur Beantragung eines Visums einschickt, kann es unter Umständen recht lange dauern, bis man ihn zurückerhält. Außerdem achte ich darauf, dass meine Visa und Einreisestempel so ästhetisch wie möglich angeordnet sind. Ich will nicht, dass alle Stempel auf eine einzige Seite gequetscht werden. Normalerweise habe ich drei bis vier Stempel auf einer Seite. Da ich in vielen Ländern mehr als einmal war, habe ich dafür auch zusätzliche Stempel.

★ SPENDABELSTE TOURISTEN
Im Jahr 2003 gaben die Deutschen nach Angaben der Welttourismusorganisation (WTO) in ihrem Auslandsurlaub umgerechnet 53,8 Mrd. EUR aus. Nicht eingerechnet sind die Flugkosten. Die Amerikaner, 2002 noch Spitzenreiter, kamen an zweiter Stelle mit umgerechnet 47 Mrd. EUR. Den dritten Platz belegten die Briten mit umgerechnet 40,3 Mrd. EUR.

POLITIK & GESELLSCHAFT
FEIERN & FESTE

← ★ GRÖSSTES ELEFANTENBÜFETT
Bei der alljährlichen Elefantenparade in der Provinz Surin (THA) versammelten sich im Jahr 2003 269 Asiatische Elefanten, um über 50 t Obst und Gemüse zu verputzen, die für sie auf Tischen mit Seidentischdecken ausgebreitet waren.

Nahrungsmittel-festivals:

Februar: **Krabben-Festival**, San Francisco (USA)

März: **Blutwurst-Festival**, Mortagne au Perche (F)

April: **Ahornsirup-Festival**, Saint-Georges (CDN)

Mai: **Käserollen-Festival**, Stilton (GB)

Juli: **Babynahrungs-Festival**, Freemont, Michigan (USA)

September: **Mondkuchen-Festival**, (SGP)

Oktober: **Trüffel-Festival**, Alba (I), und **Dattelfest**, Erfoud (MA)

November: **Kirsch-Festival**, Ficksburg (RSA)

Dezember: **Radieschen-Nacht**, Oaxaca (MEX)

RELIGIÖSE FESTE

MEISTE RELIGIÖSE OBERHÄUPTER
Der Millennium-Weltfriedensgipfel religiöser und spiritueller Oberhäupter, an dem 1.000 Delegierte teilnahmen, fand vom 28. bis 31. August 2000 im UN-Hauptquartier in New York City (USA) statt.

GRÖSSTE ZUSAMMENKUNFT VON SIKHS
Vom 13. bis 17. April 1999 versammelten sich beim Gurdwara (Sikh-Tempel) Anandpur Sahib im Pandschab (IND) über 8 Mio. Sikhs, um das 300-jährige Bestehen des Sikh Khalsa, einer Bruderschaft der Sikh-Religion, zu feiern. Am 13. April, dem Tag des Vaisakhi-Festivals, versammelten sich dort über 3,5 Mio. Menschen, um der Gründung des Sikh Khalsa zu gedenken.

MEISTE MUSLIMISCHE PILGER
Die alljährliche Pilgerreise (Hadsch) ins saudiarabische Mekka zieht mehr Menschen an als jede andere islamische Mission, nämlich durchschnittlich zwei Millionen pro Jahr aus 140 Ländern.

MEISTE CHRISTLICHE PILGER
Das Haus der Jungfrau Maria im italienischen Loretto besuchen jährlich 3,5 Mio. Pilger (Touristen nicht gezählt) – dreimal so viele wie Lourdes (F).

MEISTE HINDUISTISCHE PILGER
Alle zwölf Jahre versammeln sich während des Pilgerfests Kumbha Mela am Zusammenfluss von Ganges und Jumna (Yamuna) im indischen Bundesstaat Uttar Pradesh Gläubige, um in den Flüssen zu baden. 1995 besuchte die Rekordzahl von rund 20 Mio. Pilgern das Fest.

ESSEN

GRÖSSTES TAMALE-FESTIVAL
Das jährlich in Indio, Kalifornien (USA), während der Weihnachtszeit stattfindende Tamale-Festival lockte bei seiner elften Auflage im Dezember 2002 mehr als 154.000 Besucher an. Tamale ist ein mexikanisches Gericht aus verschiedenen Käsesorten, Chilipulver, Maismehl, Schweineschmalz und Hühnerbrühe.

GRÖSSTES FORMELLES ABENDESSEN
Am 28. April 2001 nahmen am Earl's Court in London (GB) 11.483 Menschen an einem formellen Abendessen teil, das von der Vodafone Group gesponsert wurde. Das Event wurde von der Skybridge Group organisiert und die Speisen und Getränke von Beeton Rumford Ltd. geliefert.

★ GRÖSSTES PICKNICK
Während des Mai-Festivals am 2. Mai 1999 versammelten sich 8.000 Menschen auf dem Plaza de Espana in Santa Cruz auf Teneriffa (E), um von zu Hause mitgebrachtes Essen zu verspeisen.

GRÖSSTES → FROSCHSCHENKEL-FESTIVAL
Das in Fellsmere in Florida (USA) stattfindende Fellsmere Frog Leg Festival lockte vom 18. bis 21. Januar 2001 75.000 Besucher an. In diesen vier Tagen wurden 13.200 Speisenden insgesamt über 3.000 kg in Teig ausgebackene Froschschenkel kostenlos serviert.

GUINNESS WORLD RECORDS BUCH 2006

← GRÖSSTE HAARSPENDEN

Jeder Pilger zum Tirupati-Tempel in Andhra Pradesh (IND) bringt sein Haar als Opfergabe dar. Alljährlich spenden rund 6,5 Mio. Menschen ihr Haar, die Haarauktionen für Spendenfonds erbringen umgerechnet über 1,69 Mio. EUR pro Jahr. Der Tempel lockt im Durchschnitt 30.000 Besucher pro Tag an. 600 Friseure sind dort rund um die Uhr damit beschäftigt, den Pilgern die Haare zu scheren. Die Haare werden an Perückenmacher sowie Chemie- und Düngemittelfabriken versteigert.

GRÖSSTES RELIGIÖSES FEST
Aus Anlass seiner Mönchsweihe lud Atul Dalpatlal Shah am 2. Juni 1991 in Ahmedabad (IND) 150.000 Gäste zu einem Fest ein.

GRÖSSTES KNOBLAUCH-FESTIVAL
Das dreitägige Gilroy Garlic Festival, das alljährlich in Gilroy, Kalifornien (USA), stattfindet, lockt mit seinen mit Knoblauch gewürzten Speisen, die von Fleisch bis zu Eis reichen, an die 130.000 Menschen an.

GRÖSSTES HOCHZEITS-BANKETT
Jayalalitha Jayaram (IND), Filmstar und ehemalige Chefministerin des indischen Bundesstaates Tamil Nadu, gab am 7. September 1995 auf einem 20 Hektar großen Anwesen in Madras (IND) anlässlich der Hochzeit ihres Pflegesohnes einen Empfang mit Bankett für mehr als 150.000 Gäste. Die Hochzeit soll umgerechnet über 16.432.689 EUR gekostet haben.

★ GRÖSSTES FRÜHSTÜCK
Zur Feier des 40. Geburtstags von Nutella® versammelten sich am 29. Mai 2005 27.854 Personen in der Arena AufSchalke in Gelsenkirchen (D), um ein gemeinsames Frühstück zu verspeisen.

LÄNGSTER DURCHGEHENDER TISCH
Am 22. März 1998 deckte ein Partyservice-Team für 15.000 Menschen einen Tisch, der sich über 5,05 km entlang der neu errichteten Vasco-da-Gama-Brücke in Lissabon (P) erstreckte – mit 18 km Europas längste Brücke.

TRINKEN

GRÖSSTES BIERFEST
Zwischen dem 20. September und dem 5. Oktober 2003 verzeichnete das Münchner Oktoberfest (D) 6,3 Mio. Besucher. Auf einem Festgelände, das so groß war wie fünf Fußballfelder, wurden elf Bierzelte aufgebaut, in denen die Rekordmenge von 6,1 Mio. l Bier verkauft wurde.

GRÖSSTE WHISKYPROBE
Am 24. November 2001 nahmen im World Trade Centre in Stockholm (S) 1.210 Menschen an einer Whiskyprobe teil. Jeder von ihnen probierte fünf unterschiedliche Sorten.

GRÖSSTE WEINPROBE
Am 22. November 1986 leerten rund 4.000 Weintrinker bei einer Weinprobe 9.360 Flaschen Wein. Die Veranstaltung wurde vom regionalen Fernsehsender KQED in San Francisco, Kalifornien (USA), gesponsert.

GRÖSSTER GLEICHZEITIGER TRINKSPRUCH
Insgesamt 462.572 Menschen versammelten sich am 23. Februar 2001 um 23 Uhr (Ostküstenzeit) in Pubs, Restaurants, Bars und Konzertsälen überall in den USA, um den Great-Guinness-Trinkspruch auszubringen.

→ **WO BEFINDET SICH DER GRÖSSTE RELIGIÖSE THEMENPARK DER WELT?**

DIE ANTWORT STEHT AUF S. 206

GRÖSSTE CLOWNSVERSAMMLUNG →

1991 besuchten 850 Clowns, davon 430 aus Nordamerika, die alljährlich stattfindende Clownstagung in Bognor Regis in West Sussex (GB). Die Tagung wird seit 1946 von Clowns International abgehalten, der **größten** und **ältesten Clownsorganisation** der Welt.

★ NEUER REKORD ★ VERBESSERTER REKORD   WWW.GUINNESSWORLDRECORDS.COM

→ POLITIK & GESELLSCHAFT
POLITIK

★ MEISTE IN EINEM JAHR
ABGEGEBENE WÄHLERSTIMMEN

Im Jahr 2004 wurden insgesamt 58 Präsidentschafts- und Parlamentswahlen abgehalten, zu denen mehr als 1,1 Mrd. Wähler aufgerufen waren. Den Auftakt bildete die Präsidentschaftswahl am 4. Januar in Georgien. Die letzte war die dritte Runde der ukrainischen Präsidentschaftswahlen am 26. Dezember. Die Bilder zeigen Wähler in Indien (oben), auf den Philippinen (Mitte) und in Südafrika (unten).

REGIERUNGEN

★ STIMMREKORD BEI LANDESWEITEN WAHLEN
Vom 20. April bis 10. Mai 2004 wurden in Indien insgesamt 387,8 Millionen Stimmen abgegeben, um die 543 Mitglieder der 14. Lok Sabha (die so genannte Volkskammer, die das Unterhaus der indischen Legislative bildet) zu wählen. Am 13. Mai räumte die Bharatiya-Janata-Partei (BJP) ihre Niederlage gegenüber der neuen Regierungspartei ein – dem Indian National Congress (INC) unter Premierminister Manmohan Singh.

★ NIEDRIGSTES WAHLALTER
Im Iran gilt das allgemeine Wahlrecht bereits ab einem Alter von 15 Jahren.

★ HÖCHSTBEZAHLTER PREMIERMINISTER
Im August 2000 erhielt der damalige Premierminister Singapurs Goh Chok Tong eine Erhöhung seiner jährlichen Bezüge um 14 Prozent auf umgerechnet 1,1 Mio. EUR. Der derzeitige Premierminister Lee Hsien Loong wurde am 12. August 2004 vereidigt.

★ REICHSTER MINISTERPRÄSIDENT
Der Ministerpräsident Italiens, Silvio Berlusconi, hat nach Angaben des Wirtschaftsmagazins *Forbes* des Jahres 2004 ein Privatvermögen von umgerechnet rund 7,5 Mrd. EUR angehäuft.

★ JÜNGSTER PREMIERMINISTER BEI ERNENNUNG
Roosevelt Skerritt (geb. am 8. Juni 1972) wurde am 8. Januar 2004 im Alter von nur 31 Jahren zum Premierminister von Dominica berufen.

Der **älteste lebende Premierminister** ist König Fahd bin Abdul Aziz (geb. 1921), der am 13. Juni 1982 König Saudi-Arabiens wurde.

Der **älteste Premierminister bei seiner Ernennung** war Morarji Ranchhodji Desai (IND, 1896–1995), der sein Amt im März 1977 im Alter von 81 Jahren antrat. Er bekleidete diesen Posten bis 1979.

JÜNGSTER PRÄSIDENT BEI ERNENNUNG
Jean-Claude Duvalier (geb. am 3. Juli 1951) wurde am 22. April 1971 im Alter von 19 Jahren 293 Tagen Nachfolger seines Vaters François Duvalier im Amt des Präsidenten Haitis auf Lebenszeit. Er war bis 1986 im Amt.

AM LÄNGSTEN AMTIERENDES STAATSOBERHAUPT
Fidel Castro (geb. am 13. August 1927), Präsident des kubanischen Staatsrates, steht als Revolutionsführer an der Spitze des Inselstaates, seitdem seine Guerillabewegung am 26. Juli 1959 die Militärdiktatur unter Fulgencio Batista beendete.

★ MEISTE GESCHWISTER AN DER MACHT
In Saudi-Arabien besetzen fünf Geschwister wichtige Regierungsämter. Das derzeitige Staatsoberhaupt

ist König Fahd bin Abdul Aziz, der jedoch wegen einer Krankheit seines Halbbruders Kronprinz Abdullah bin Abdul Aziz neben seiner Regentschaft zusätzlich 1. Stellvertreter des Premierministers und Befehlshaber der Nationalgarde ist. Der leibliche Bruder des Königs, Prinz Sultan bin Abdul Aziz, ist 2. Stellvertreter des Premierministers und Minister für Verteidigung und Luftfahrt. Weitere (leibliche) Brüder sind Prinz Nayef bin Abdul Aziz (Innenminister) und Prinz Salman bin Abdul Aziz (Gouverneur von Riad).

AM LÄNGSTEN AMTIERENDE PREMIERMINISTERIN

Sirimavo Bandaranaike war 17 Jahre 208 Tage Premierministerin Sri Lankas. Sie bekleidete dieses Amt vom 21. Juli 1960 bis 25. März 1965, vom 29. Mai 1970 bis 22. Juli 1977 und schließlich vom 12. November 1994 bis 10. August 2000. Bandaranaike war zugleich die weltweit **erste Frau, die das Amt eines Premierministers ausübte**.

MONARCHIE

★ REICHSTER MONARCH

König Fahd bin Abdul Aziz (KSA) besitzt nach Schätzungen des Wirtschaftsmagazin *Forbes* aus dem Jahr 2004 ein Privatvermögen von umgerechnet 19 Mrd. EUR.

DERZEIT JÜNGSTES →
STAATSOBERHAUPT

Das jüngste derzeit im Amt befindliche republikanische Staatsoberhaupt ist Lt. Yahya Jammeh (geb. am 25. Mai 1965), der nach einem Militärputsch am 26. Juli 1994 Präsident des Provisorischen Militärrates und Staatsoberhaupt Gambias wurde. Am 27. September 1996 wurde er nach der Rückkehr des Landes zur Zivilregierung zum Präsidenten gewählt. Präsident Jammeh wurde am 18. Oktober 2001 für weitere fünf Jahre wiedergewählt.

★ GRÖSSTE KÖNIGLICHE FAMILIE

Im Jahre 2002 gehörten zum Königshaus Al-Saud in Saudi-Arabien mehr als 4.000 Prinzen und 30.000 andere Verwandte. Das Königreich wurde 1932 von König Abdul Aziz Ibn Saud gegründet. Seine 17 Ehefrauen schenkten ihm 44 Söhne, von denen vier das Königreich seit dem Tod des Vaters 1953 regierten.

LÄNGSTE REGENTSCHAFT

Minhti, König von Arakan (heute Teil von Myanmar), soll 95 Jahre lang von 1279 bis 1374 regiert haben.
Die **längste dokumentierte Regentschaft eines Monarchen** ist jedoch die von Pepi II. (auch bekannt als Neferkare), einem König der 6. Dynastie des alten Ägypten. Seine Herrschaft begann ca. 2246 v. Chr., als er sechs Jahre alt war, und soll rund 94 Jahre gedauert haben.

LÄNGSTE AKTUELLE REGENTSCHAFT

Bhumibol Adulyadej, König von Thailand (geb. am 5. Dezember 1927), bestieg nach dem Tod seines älteren Bruders am 9. Juni 1946 den Thron.
Der **langlebigste Monarch** ist der König von Kambodscha, Norodom Sihanouk (geb. am 31. Oktober 1922), der am 16. April 1941 König wurde. Er dankte am 2. März 1955 ab und kehrte am 24. September 1993 auf den Thron zurück.

→ **AUS WELCHEM LAND KOMMEN DIE SPENDABELSTEN TOURISTEN?**

DIE ANTWORT STEHT AUF S. 125

★ STAATS-HAUSHALTE

Die Pitcairn-Inseln im Südpazifik hatten 2003 die weltweit **niedrigsten Haushaltsausgaben** mit umgerechnet 675.238 EUR – einschließlich Investitionsaufwand.
Die **höchsten Haushaltsausgaben** hatten (basierend auf Zahlen des Jahres 2002) mit umgerechnet rund 2 Billionen EUR die USA zu verzeichnen.

KÖNIG MSWATI III.

König Mswati III. von Swaziland war erst 18 Jahre und 6 Tage alt, als er den Thron bestieg. GUINNESS WORLD RECORDS erzählte er, wie es ist, der jüngste herrschende Monarch der Welt zu sein.

Was war es für ein Gefühl, in so jungen Jahren König von Swaziland zu werden?
Es ist natürlich eine große Verantwortung. Ich war sehr jung und besaß keinerlei Erfahrung. Ich bin meiner Mutter und meinen Beratern sehr dankbar für ihre unschätzbare Unterstützung und ihre wertvollen Hinweise.

Wie sieht ein typischer Tag im Leben eines Königs aus?
Es gibt immer eine Menge zu tun und viele Probleme zu lösen, sowohl auf menschlicher als auch auf Regierungsebene. Ein Swazi-König muss für sein Volk sorgen, ihm Unterstützung geben und für die Menschen ansprechbar sein.

Was ist das Schwierigste daran, König zu sein?
Die große Verantwortung für die Nation und die Herausforderung, immer die richtige Entscheidung für die Zukunft zu treffen.

Welchen Beruf würden Sie am liebsten ausüben, wenn Sie nicht König wären?
Um ehrlich zu sein, habe ich mir nie ernsthaft Gedanken über eine andere Laufbahn gemacht. Wahrscheinlich bin ich einfach zum König geboren. Ich übernahm dieses Amt bereits in meiner Jugend und habe mich seither voll und ganz darauf konzentriert. König zu sein ist in meinen Augen eine göttliche Berufung.

Wer ist Ihr Vorbild oder wen bewundern Sie?
Es gibt viele Menschen, vor denen ich Respekt habe. Jeder Mensch hat eigene Stärken, und deshalb kann man von verschiedenen Menschen auch verschiedene Dinge lernen.

Was sind die größten Herausforderungen, vor denen Swaziland derzeit steht?
Unsere größten Herausforderungen sind Arbeitslosigkeit, Armut und Aids. Wir reagieren auf diese Probleme jedoch mit unterschiedlichen Programmen, die so gestaltet sind, dass sie die Menschen an der Basis erreichen.

★ **NEUER REKORD**   ★ **VERBESSERTER REKORD**   WWW.GUINNESSWORLDRECORDS.COM

→ POLITIK & GESELLSCHAFT
VERBRECHEN

LÄNGSTE EINZELHAFT →

Mordecai Vanunu (IL) hat fast zwölf Jahre in völliger Isolation in seiner Gefängniszelle verbracht – die längste bekannte Einzelhaft der Neuzeit. Der 1954 geborene Vanunu wurde des Landesverrats schuldig gesprochen, weil er Informationen über Israels Atomprogramm an die britische Zeitung Sunday Times weitergegeben hatte. Er saß von 1986 bis März 1998 in Einzelhaft. Vanunu war zu insgesamt 18 Jahren Haft verurteilt worden und blieb daher bis zu seiner endgültigen Entlassung am 21. April 2004 inhaftiert.

STRAFEN

★ LÄNGSTE GEFÄNGNISSTRAFE FÜR COMPUTERHACKER

Am 16. Dezember 2004 wurde Brian Salcedo (USA) in Charlotte, North Carolina (USA), zu neun Jahren Gefängnis verurteilt. Salcedo hatte sich im August 2004 der Verabredung zu Straftaten und zahlreicher Hacking-Delikte schuldig bekannt, nachdem er versucht hatte, Kreditkarteninformationen aus den Computersystemen von Loewes Hardwareläden (USA) zu stehlen.

LÄNGSTE GEFÄNGNISSTRAFE FÜR BETRUG

Chamoy Thipyaso (THA) und sieben ihrer Komplizen wurden am 27. Juli 1989 vom Strafgericht in Bangkok (THA) zu je 141.078 Jahren verurteilt. Die „Königin der Unterwelt", wie man sie nannte, überredete über 16.000 Thais, ihre Ersparnisse in ein Pyramidensystem zu stecken. Die Regierung schloss Thipyasos Unternehmen, dessen Wert mit umgerechnet 157.935.320 EUR angegeben wurde, nachdem es eine Bedrohung für das thailändische Bankwesen darstellte.

★ KÜRZESTE GESCHWORENENBERATUNG

Am 22. Juli 2004 wurde Nicholas Clive McAllister (NZ) nach nur einminütiger Beratung der Geschworenen des Bezirksgerichts in Greymouth an der Westküste Neuseelands von der Anklage, Canabispflanzen zu züchten, freigesprochen. Die Geschworenen konnten in der kurzen Zeit nicht einmal ihre Plätze am Beratungstisch einnehmen.

★ HÖCHSTER BUSSGELDBESCHEID

Jussi Salonoja (FIN) bekam im Februar 2004 einen Bußgeldbescheid von umgerechnet 171.816 EUR, weil er mit 80 km/h durch eine 40-km/h-Zone in Helsinki (F) gebrettert war. Gemäß der finnischen Gesetzgebung werden die Bußgelder im Verhältnis zum Jahreseinkommen festgesetzt, und er verdiente als Erbe eines Würstchenimperiums umgerechnet rund 8,48 Mio. EUR.

DIEBSTAHL

GRÖSSTER KUNSTDIEBSTAHL

Am 14. April 1991 wurden 20 Gemälde im Wert von umgerechnet 385,52 Mio. EUR aus dem Van-Gogh-Museum in Amsterdam (NL) gestohlen. Sie wurden jedoch nur 35 Minuten später in einem in der Nähe des Museums abgestellten Wagen wiedergefunden.

WERTVOLLSTES GESTOHLENES OBJEKT

Obwohl ihr Wert niemals offiziell geschätzt wurde, dürfte Leonardo da Vincis Mona Lisa wohl der wertvollste Gegenstand sein, der je gestohlen wurde. Sie verschwand am 21. August 1911 aus dem Louvre in Paris (F) und tauchte 1913 in Italien wieder auf. Vincenzo Perugia (I) wurde des Diebstahls bezichtigt.

GRÖSSTES GESTOHLENES OBJEKT

In der mondlosen Nacht des 5. Juni 1966 durchtrennte N. William Kennedy während eines wilden Hafenarbeiter-Streiks in der Wolfes Cove auf dem St.-Lorenz-Seeweg (CDN) die Taue des 10.639 t schweren SS Orient Trader. Das Schiff trieb zu einem wartenden, völlig abgedunkelten Schlepper und wurde nach Spanien gebracht.

★ NEUER REKORD   ★ VERBESSERTER REKORD

GRÖSSTER POSTRAUB
Am 8. August 1963 wurde ein Postzug des General Post Office überfallen und bei der Bridego Bridge nahe Mentmore (GB) ausgeraubt. Die Bande entkam mit 120 Postsäcken, die Banknoten enthielten, die in London vernichtet werden sollten. Nur knapp 500.000 EUR der Beute im Wert von umgerechnet 3.901.251 EUR konnten sichergestellt werden.

GRÖSSTER JUWELENDIEBSTAHL
Am 15./16. Februar 2003, einem Wochenende, wurden im Diamond Centre in Antwerpen (B) bei einem Überfall Juwelen im Wert von umgerechnet rund 77 Mio. EUR gestohlen. Obwohl 123 der 160 Tresorräume geleert wurden, gab es kein Anzeichen für einen Einbruch. Der Alarm ging nicht los und an den bombensicheren Türen der Tresorräume hatte sich niemand zu schaffen gemacht.

★ ÄLTESTER BANKRÄUBER
Am 23. Januar 2004 wurde J. L. Hunter Rountree im Alter von 92 Jahren zu 151 Monaten Gefängnis verurteilt, nachdem er sich schuldig bekannt hatte, am 12. August 2003 aus einer Bank in Texas (USA) umgerechnet 1.540 EUR gestohlen zu haben. In einem Zeitungsinterview sagte er: „Eine Bank, mit der ich Geschäfte gemacht hatte, trieb mich in den Bankrott. Seitdem mochte ich Banken nicht mehr... Ich beschloss, es ihnen heimzuzahlen. Und das habe ich."

MORD

MEISTE VON EINEM MANN BEGANGENE MORDE
Beim Prozess gegen Behram, den „Indischen Thug", stellte sich heraus, dass er zwischen 1790 und 1840 mit gelben und weißen Stoffstreifen oder „ruhmal" im Distrikt Oudh (jetzt Uttar Pradesh, IND) mindestens 931 Opfer stranguliert hatte. Die Thugs („Diebe") waren eine Mordbande, die ab etwa 1550 ganz Indien unsicher machte, bis ihr Mitte der 1830er Jahre das Handwerk gelegt werden konnte.

MEISTE VON EINER FRAU BEGANGENE MORDE
Elizabeth Bathori (H), die Vampirismus bei Mädchen und jungen Frauen praktizierte, hält den Rekord für die meisten von einer Frau der westlichen Welt begangenen Morde. Im 15. Jh. tötete sie über 600 Jungfrauen, um ihr Blut zu trinken und darin zu baden. Als man der Gräfin auf die Spur kam, wurde sie von 1610 bis zu ihrem Tod im Jahr 1614 in ihrem Schloss eingesperrt.

MEISTE VON EINEM SERIENKILLER BEGANGENE MORDE
Der furchtbarste Serienkiller der Neuzeit ist Pedro López (CO), der gestanden hatte, in Kolumbien, Peru und Ecuador 300 Mädchen vergewaltigt und getötet zu haben. 1980 wurde das „Monster der Anden" in Ecuador des Mordes in 57 Fällen angeklagt und zu einer lebenslänglichen Freiheitsstrafe verurteilt.

TODESSTRAFE

HINRICHTUNGEN

Meiste Hinrichtungen	China	726 rechtsgültige Hinrichtungen im Jahr 2003, laut Amnesty Int.
Meiste Hinrichtungen pro Kopf	Saudi-Arabien	1.409 Hinrichtungen von 1980 bis 2002, d.h. eine pro 208.772 Staatsbürger
Beliebteste Hinrichtungsmethode	Exekutionskommando	Praktiziert in 73 Ländern und einzige Methode in 45; es folgt Erhängen, praktiziert in 58 Ländern
Erste Hinrichtung durch Spritze	7. Dezember 1983	C. Brooke (USA), Huntsville, Texas (USA)
Erste Hinrichtung durch elektrischen Stuhl	8. August 1890	William Kemmler (USA), Auburn-Gefängnis, New York (USA)
Meiste Hinrichtungen durch den Strang	38 Sioux-Indianer	Erhängt am 26. Dezember 1862 an einem Galgen außerhalb von Mankato, Minnesota (USA)
Erste Abschaffung der Todesstrafe	1798	Liechtenstein

TODESTRAKT

Größte Anzahl	3.471	35 Staaten der USA (Stand: 2004)
Längste Zeit im Todestrakt	39 Jahre	Sadamichi Hirasawa (J, 1893–1987) blieb bis Lebensende im Sendai-Gefängnis (J), nachdem er zwölf Bankangestellte vergiftet hatte
Längste Zeit im Todestrakt für einen Hund	8 Jahre, 190 Tage	Word, ein Lhasa-Apso, eingekerkert wegen Beißens in Seattle, Washington (USA)

MÖRDERISCHE SCHWESTERN
Die Schwestern Delina und María de Jesús Gonzáles (MEX), die Mädchen entführten, um sie in Bordellen arbeiten zu lassen, haben nachweislich mindestens 90 ihrer Opfer getötet. Die Schwestern wurden 1964 zu 40 Jahren Gefängnis verurteilt.

LAND MIT DER HÖCHSTEN MORDRATE
Den Vereinten Nationen zufolge war Indien von 1998 bis 2000 mit 37.170 Morden das Land mit den meisten Mordfällen. Kolumbien hingegen hat mit 65 Morden pro 100.000 Menschen die höchste Rate für vorsätzlichen Mord.

→ **IN WELCHEM LAND LIEGT DIE LEBENSERWARTUNG MIT 36,9 JAHREN WELTWEIT AM NIEDRIGSTEN?**

DIE ANTWORT STEHT AUF S. 122

GRÖSSTE ↘ VERBRECHERBANDEN
Interpol zufolge hat die Jahrhunderte alte Gang „Six Great Triads of China" weltweit mindestens 100.000 Mitglieder. (Abgebildet sind verdächtige Mitglieder einer Hongkonger Triadengang.)

Was die Profite anbelangt, ist die Mafia mit einem geschätzten Profit von 57,78 Mrd. EUR im März 1986 der **größte organisierte Verbrecherring**. Die Mafia hat die Exekutive, Judikative und Legislative der USA infiltriert. Ihre ca. 5.000 Mitglieder, die 25 von „Der Kommission" geleiteten „Familien" angehören, haben zu tun mit Glücksspielen, Erpressung, Rauschgifthandel, Schwarzhandel, Kreditgeschäften und Prostitution.

→ **POLITIK & GESELLSCHAFT**
KULTOBJEKTE

TEUERSTER IM HANDEL
ERHÄLTLICHER HAUSROBOTER
Am 23. Januar 2000 präsentierte das japanische Unternehmen Thames in Tokio (J) seinen TMSUK IV-Roboter. Der 82 kg schwere Roboter ist 1,2 m groß und kostete ursprünglich umgerechnet 34.518 EUR, was derzeit einer Summe von umgerechnet rund 38.145 EUR entspricht. Der Roboter kann Besorgungen erledigen, Menschen massieren, per Telefon ferngesteuert werden und ist völlig gehorsam.

★ TEUERSTER FLIPPER
Ein im Februar 1992 gebauter Flipper, ein Einzelstück, ist in Los Angeles, Kalifornien (USA), für 120.000 US-Dollar (heute umgerechnet 125.406 EUR) verkauft worden.

ORIGINALGRÖSSE

KOMPLIZIERTESTE ARMBANDUHR
Die Armbanduhr von Willy Ernst Sturzenegger (CH), Territorial Earl of Arran, eine Piguet/Muller/Gerber Grand Complication, hat 1.116 Einzelteile. Die letzten fügte der Schweizer Meisteruhrmacher Paul Gerber hinzu.

TEUERSTES HANDY
Ein von David Morris International (GB) entworfenes Handy wurde 1996 für umgerechnet 98.768 EUR verkauft. Das Einzelstück aus 18-karätigem Gold hat ein mit rosa und weißen Diamanten überzogenes Tastenfeld.

TEUERSTES BRETTSPIEL
Eine Luxusversion von *Outrage!*, bei dem es darum geht, die Kronjuwelen aus dem Londoner Tower (GB) zu stehlen, wird im Einzelhandel für umgerechnet 11.852 EUR verkauft. Zu dieser Version gehören exakte Minireproduktionen der Kronjuwelen aus 18-karätigem Gold mit echten Diamanten, Rubinen, Smaragden und Saphiren. Nur 20 Exemplare wurden je produziert.

TEUERSTE HOTELSUITE
Im Jahr 2003 konnte man die Imperial Suite im President Wilson Hotel in Genf (CH) für umgerechnet 27.922 EUR pro Nacht reservieren. Das entspricht derzeit umgerechnet rund 28.877 EUR. Zu der Suite, die ein gesamtes Stockwerk einnimmt, führt ein Privatfahrstuhl. Sie hat vier Schlafzimmer mit Blick auf den Genfer See. Im Speisezimmer haben 26 Personen Platz, im Wohnzimmer 40 Personen, und alle Fenster und Türen sind kugelsicher.

WERTVOLLSTE BRIEFTASCHE
Eine diamantbesetzte Kreation aus Krokodilleder mit Platinecken von Louis Quatorze in Paris (F) und Mikimoto of Tokyo (J) wurde im September 1984 für umgerechnet 57.644 EUR verkauft. Das entspricht derzeit umgerechnet rund 100.565 EUR.

★ TEUERSTER HELM
Am 28. April 2004 wurde bei Christie's in London (GB) ein phrygisch-chaldikischer Bronzehelm aus dem 4. Jh. v. Chr. für den Rekordpreis von umgerechnet 213.915 EUR an einen britischen Sammler verkauft.

★ GRÖSSTER GESCHLIFFENER DIAMANT
Der größte geschliffene Diamant der Welt ist ein namenloser Fancy Black mit kleinen roten Diamantkristallen. Er hat 555,55 Karat und es dauerte mehrere Jahre bis zum Juni 2004, seine 55 Facetten zu schleifen. Ran Gorenstein (B) gab diese Kreation in Auftrag. Die wiederholte Verwendung der Zahl Fünf ist in der islamischen Welt von kultureller Bedeutung.

★ NEUER REKORD ☆ VERBESSERTER REKORD

ZEHN WERTVOLLSTE GEGENSTÄNDE AUS UNSEREM REKORD-ARCHIV

KATEGORIE	BESCHREIBUNG	BEZAHLTER PREIS	VERKAUFSORT	VERKAUFSDATUM
1. Juwelensammlung	Im Besitz der Herzogin von Windsor	umgerechnet EUR 46.516.746	Sotheby's, Genf (CH)	3. April 1987
2. ★ Möbelstück	Italienische Badminton-Vitrine, 8. Jh.	umgerechnet EUR 28.213.915	Christie's, London (GB)	9. Dezember 2004
3. Illustrierte Handschrift	Leonardo da Vincis *Codex Hammer*. Nach Verkauf umbenannt in *Codex Leicester*, den Originaltitel	umgerechnet EUR 23.732.567	Christie's, New York City (USA)	11. November 1994
4. Edelstein	Birnenförmiger, lupenreiner Diamant (Klasse D) mit 100,10 Karat; nach Verkauf *Star of the Season* genannt	umgerechnet EUR 12.759.974	Sotheby's, Genf (CH)	17. Mai 1995
5. Auto	1931er Bugatti Typ 41 „Royale" Sports Coupé	umgerechnet EUR 11,55 Mio.	NA	12. April 1990
6. Uhr	Patek-Phillipe-Uhr, genannt Supercomplication, die Henry Graves jr. (USA) gehörte	umgerechnet EUR 8.477.155	Sotheby's, New York City (USA)	2. Dezember 1999
7. Briefmarkensammlung (ein Käufer)	Kanai-Sammlung mit 183 Seiten klassische Mauritius-Marken	umgerechnet EUR 7.690.910	(CH)	3. November 1993
8. Buch	Eine vierbändige Original-Subskribenten-Ausgabe von J. J. Audubons *The Birds of America*	umgerechnet EUR 6.782.110	Christie's, New York City (USA)	10. März 2000
9. Dinosaurierknochen	Größtes und vollständigstes *Tyrannosaurus-rex*-Skelett, bekannt als „Sue"	umgerechnet EUR 6.443.100	Sotheby's, New York City (USA)	4. Oktober 1997
10. Pferd	Sechs Jahre alte Zuchtstute, genannt *Cash Run*	umgerechnet EUR 5.470.375	Lexington, Kentucky (USA)	3. November 2003

ORIGINALGRÖSSE

KOSTBARSTER KEKS

Bei Christie's in London (GB) wurde am 18. April 2000 ein Keks aus der gescheiterten Südpolexpedition von Sir Ernest Shackleton 1907–1909 für umgerechnet 7.315 EUR versteigert. Der Käufer war der Kunsthändler Johnny Van Haeften (GB), dessen Großonkel Sir Philip Brocklehurst ein Mitglied von Shackletons Team war.

WERTVOLLSTES BRIEFMARKEN-SAMMLERSTÜCK

Ein von 1847 datierter Brief an Weinhändler in Bordeaux, frankiert mit 1d und 2d Erstausgabenbriefmarken aus Mauritius, wurde anonym in weniger als einer Minute für umgerechnet 3.139.814,30 EUR erworben. Die Versteigerung fand unter Leitung des Genfer Auktionators David Feldman (IRL) am 3. November 1993 in Zürich (CH) statt. Feldman hat am 8. November 1996 in Genf (CH) auch die **wertvollste Briefmarke**, die schwedische „Treskilling" Yellow, versteigert, und zwar für umgerechnet 1.714.618,20 EUR.

WERTVOLLSTER BASEBALL

Am 12. Januar 1999 wurde im Auktionshaus Guernsey's in New York City (USA) ein Baseball für umgerechnet 2,35 Mio. EUR einschließlich der Provision an Todd McFarlane verkauft. Mit dem Ball hatte Mark McGwire (St. Louis Cardinals) in seiner Rekordsaison 1998 seinen 70. und letzten Homerun geschlagen.

☆ WERTVOLLSTE GITARRE

Eric Claptons (GB) „Blackie", eine Fender Stratocaster, wurde am 24. Juni 2004 bei Christie's in New York (USA) für umgerechnet 737.271 EUR an die US-Kette The Guitar Centre verkauft. „Blackie" wurde aus Teilen verschiedener in Nashville, Tennessee, gekaufter Strats zusammengesetzt.

WERTVOLLSTE BASEBALLKARTE

Eine seltene Karte aus dem Jahr 1909, bekannt als T206 Honus Wagner, wurde am 15. Juli 2000 während einer eBay-Auktion für umgerechnet 974.651,35 EUR an Brian Seigal (USA) verkauft.

ORIGINALGRÖSSE

WWW.GUINNESSWORLDRECORDS.COM

KUNST & UNTERHALTUNG

HÖCHSTE EINNAHMEN
EINES TRICKFILMS AM ERSTEN AUFFÜHRUNGSTAG

Die Unglaublichen (USA, 2004) spielte am ersten Spieltag am 5. November 2004 umgerechnet 15,79 Mio. EUR in 3.933 Kinos in den USA ein und schlägt damit den vorherigen Rekord, den *Shrek 2 – Der tollkühne Held kehrt zurück* (USA, 2004) am 19. Mai 2004 mit 9,09 Mio. EUR aufgestellt hatte.

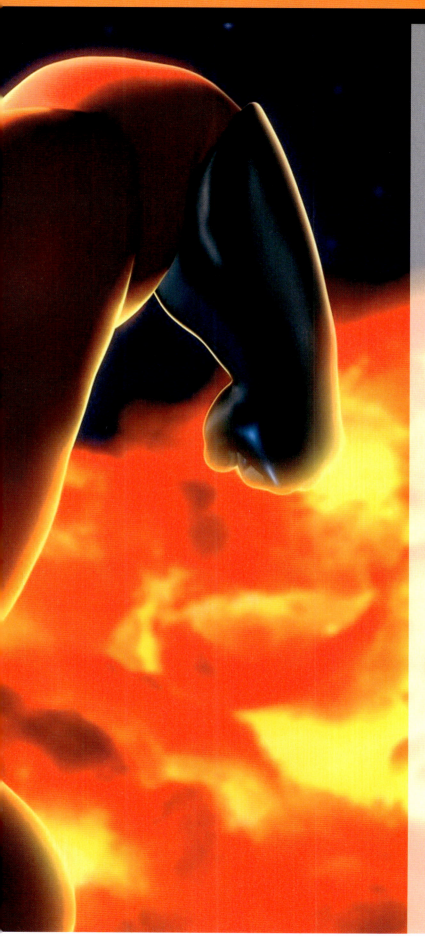

→ | **INHALT**

KUNST & SKULPTUREN	136
DRUCKSACHEN	138
LITERATUR & SPRACHE	140
KINO	142
FILM	144
FILMSTARS	146
STUNTS & EFFEKTE	148
TV STARS	160
TV SHOWS & WERBUNG	162
DIGITALE MUSIK	164
CHARTSSTÜRMER	166
MUSIKSTARS	168
MUSIKREKORDE	170
THEATER & BÜHNE	172
ZIRKUS	174
MAGIE & ILLUSION	176
COMPUTERSPIELE	178

WWW.GUINNESSWORLDRECORDS.COM

KUNST & UNTERHALTUNG
KUNST & SKULPTUREN

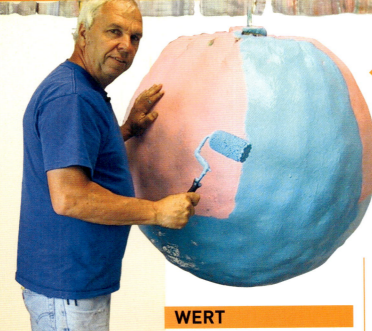

Bohrprobe von Carmichaels Farbball!

★ MEISTE FARBSCHICHTEN AUF EINEM BALL
Michael Carmichael und seine Frau Glenda aus Alexandria, Indiana (USA), haben rund 18.000 Farbschichten auf einen Baseball aufgetragen. Seit 1977, als sie den Ball zum ersten Mal anmalten, haben sie fast täglich zwei Farbschichten hinzugefügt, sodass der Ball im Juni 2004 einen Umfang von 2,77 m hatte. Die Anzahl der Schichten wurde geschätzt, indem man eine Bohrprobe (s. oben) nahm und diese in 1.200 facher Vergrößerung analysierte.

Große Bälle
Alexandria, Illinois, Heimat des größten bemalten Balls, beansprucht für sich auch den Rekord für den **größten Haarball** der Welt! 1992 wurde aus den Abwasserkanälen der Stadt ein „Haarball von der Größe einer Ziege" gezogen. Er hat sich inzwischen zersetzt, aber eine Replik desselben wird um die Weihnachtszeit oft durch die Stadt getragen. Andere Bälle mit Rekordgröße:
Frischhaltefolie: Andy Martell (CDN) schuf einen Ball aus Frischhaltefolie mit einem Umfang von 228,5 cm und einem Gewicht von 70,3 kg.
Folie: Richard Romans (USA) Ball aus Aluminiumfolie wog am 17. September 1987 732,5 kg.
Kordel: J. C. Paynes (USA) Ball aus Kordel hatte einen Umfang von 12,65 m.

WERT

WERTVOLLSTES VERKAUFTES GEMÄLDE (PRIVAT)
Das Seestück *Lost on the Grand Banks* von Homer Winslow (USA) wurde am 6. Mai 1998 für umgerechnet über 23,11 Mio. EUR an Bill Gates (USA) verkauft.

★ WERTVOLLSTE MONDLANDSCHAFT
Die teuerste Mondlandschaft stammt vom US-Astronauten Alan Bean, dem Piloten der Mondlandefähre *Apollo 12* und Kommandanten von *Skylab 2*. Das Bild zeigt, wie Bean, der sich als eine Kombination aus Astronaut, Forscher und Künstler bezeichnet, einem amerikanischen Fußball hinterherjagt, den der Kommandant der *Apollo 12*, Pete Conrad, auf den Mond wirft. Das Gemälde, das den Titel *If We Could Do It All Over Again – Are You Ready For Some Football?* trägt, wurde 2004 für umgerechnet 140.511,28 EUR verkauft.

★ WERTVOLLSTE VERKAUFTE SKULPTUR (AUKTION)
Am 7. Mai 2002 wurde bei Christie's in New York City (USA) die Bronzeskulptur *Danaïde* (1913) von Constantin Brancusi (RO) für umgerechnet 13.991.447 EUR verkauft. Sie stellt eine Figur aus der griechischen Mythologie dar. Die Danaïden waren die 50 Töchter von König Danaos von Argos (GR).

WERTVOLLSTE SKULPTUR EINES LEBENDEN KÜNSTLERS
Am 15. Mai 2001 wurde die 1988 von Jeff Koons (USA) geschaffene Porzellanskulptur *Michael Jackson and Bubbles* bei Sotheby's in New York City (USA) für umgerechnet 4.373.796 EUR verkauft. Die in Gold und Weiß gehaltene Skulptur zeigt Michael Jackson auf einem Rosenbett mit seinem Lieblingsaffen im Arm.

WERTVOLLSTE HAFTNOTIZ
Eine Haftnotiz mit einer *After Rembrandt* genannten Pastell- und Kohlezeichnung wurde am 20. Dezember 2000 für umgerechnet 948 EUR online verkauft. Der Künstler R. B. Kitaj (USA) gehörte zu einer Gruppe berühmter Persönlichkeiten, die eingeladen waren, zum 20. Geburtstag des berühmten Klebezettels Mini-Meisterwerke für wohltätige Zwecke zu schaffen.

GRÖSSE

★ GRÖSSTE STEINSKULPTUR
God of Longevity, eine Steinskulptur im Meng-Shan-Gebirge in Shandong (CHN), ist so groß, dass sie noch aus einer Entfernung von 30 km zu sehen ist. Die Skulptur ist 218 m hoch, 200 m breit, sie trägt in der einen Hand einen langen Stock und in der anderen einen Pfirsich.

GRÖSSTE HOLZSKULPTUR
Zwischen Januar und August 1999 schnitzte der Hamburger G.P. Reichelt (D) aus einem einzigen Stück Holz eine 1,5 m lange und 64 cm hohe Arche Noah. Das Schiff, bei dessen Entstehung ihm Ida Bagus Jiwartem (Bali) assistierte, beherbergte 71 geschnitzte Tierpaare.

GRÖSSTE SEIFENSKULPTUR →
Im September 2003 stellte der Künstler Bev Kirk (USA) in Cincinnati, Ohio (USA), die Skulptur eines geflügelten Schweins mit dem Titel *Sudsie, A Boar of Soap* her. Sudsie wurde aus einem 1,5 x 1,5 x 1,8 m großen Stück Ivory-Seife hergestellt und wiegt 3.175 kg, was 26.666 Ivory-Seifenstücken entspricht.

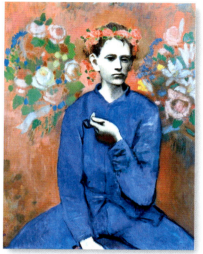

★ WERTVOLLSTES GEMÄLDE

Pablo Picassos (E) *Garçon à la Pipe* (1905) ging am 5. Mai 2004 bei Sotheby's in New York City (USA) für umgerechnet 80,12 Mio. EUR an einen anonymen Käufer. Einschließlich der Käuferprämie kostete das Gemälde die Rekordsumme von umgerechnet 80.258.870 EUR. (Es ist auch das Bild in diesem Buch, dessen Reproduktion am teuersten war!)

★ GRÖSSTES INNENWANDGEMÄLDE

Eine Gruppe von Personen, die am 30. Juni 2004 zu gemeinnütziger Arbeit verurteilt worden waren, malte ein Wandgemälde, das alle Innenwände und Decken des Police and Citizens' Youth Club in Bernie, Tasmanien (AUS), bedeckte. Die Arbeit nahm 18 Monate in Anspruch und wurde von einem professionellen Wandmaler koordiniert. Das 727,52 m² große Gemälde zeigt einen Querschnitt von Tasmanien.

Das **größte Außenwandgemälde** ist das *Pueblo-Levee-Projekt*, das 3,21 km lang und 17,67 m hoch ist und sich entlang des Arkansas in Pueblo, Colorado (USA), erstreckt.

★ GRÖSSTES WANDGEMÄLDE AUS MÜNZEN

Das Personal eines PennySaver-Ladens in Rancho Cordova, Kalifornien (USA), schuf ein Wandgemälde, das aus 100.000 Pennies besteht. Es ist 17,8 m² groß und wurde im März 2004 fertig gestellt.

★ GRÖSSTES ZAHLENGEMÄLDE

Der Wohltätigkeitsverein für Kinder des Great Ormond Street Hospital gestaltete am 5. April 2004 zugunsten des Krankenhauses beim Lindt Easter Bunny Event im Londoner Hyde Park (GB) nach dem Prinzip „Malen nach Zahlen" ein Bild, das eine Fläche von 400 m² bedeckte.

★ PFLASTERMALEREI

Am 12. Juni 2004 malten die Mitglieder der Pfadfindergruppe Oosterhof-Niej Begin in Rijssen (NL) mit Kreide ein 3.298,95 m² großes Straßengemälde.

★ GRÖSSTES SANDBILD

Vom 15. bis 22. Mai 2004 gestalteten die Mönche des Buddhistentempels Golden Pagoda in der Expo-Halle Singapur ein 12,24 m x 12,24 m großes Bild aus Sand.

★ WACKELPETER-MOSAIK

Eine Gruppe von Studenten der Imperial College Singapore Society in London (GB) gestaltete am 21. Februar 2004 ein 12,8 x 19,8 m großes Wackelpeter-Mosaik. Das aus 16.125 Stücker bestehende Mosaik zeigt die Flagge Singapurs.

★ KAUGUMMI-MOSAIK

Am 17. August 2004 kreierten TBWA Digerati und ID Productions zusammen mit SABC 1 und Cadbury's Chappies (alle RSA) in Johannesburg (RSA) ein Mosaik aus rund 100.000 engewickelten Kaugummis. Das Mosaik, dessen Herstellung fünf Tage dauerte und das 19,4 m² groß war, zeigte ein Porträt des ersten schwarzen südafrikanischen Präsidenten Nelson Mandela.

★ AUTOMOSAIK

Am 17. April 2004 wurde in Villafranca di Verona (I) aus einer Sammlung von 192 Mini-Cars das Mini-Logo hergestellt. Das Mosaik bedeckte eine Fläche von 4.950 m².

★ GRÖSSTER CARTOON-STRIP

Der Cartoon-Strip, den Norm Suchar (USA) und die Kunstabteilung der Gentry High School in Indianola, Mississippi (USA), am 7. Juni 2003 präsentierten, maß 41,15 x 14,56 m und zeigte den an verschiedene Zeitungen gleichzeitig verkauften Comic-Strip Lucky Cow von Mark Pett (USA).

Der ★ **längste Comic-Strip eines Teams** hatte die Länge von 238,4 m. 596 Künstler zeichneten ihn während der Frankfurter Buchmesse (D) vom 10. bis 12. Oktober 2003.

★ TEUERSTES ELEFANTENGEMÄLDE

Das teuerste von einer Elefantengruppe gemalte Bild ist *Cold Wind, Swirling Mist, Charming Lanna I*, das am 19. Februar 2005 im Elefantencamp Maesa in Chiang Mai (THA) für umgerechnet 30.049 EUR an Panit Warin (Sinanta) verkauft wurde.

★ NEUER REKORD ★ VERBESSERTER REKORD WWW.GUINNESSWORLDRECORDS.COM

137

KUNST & UNTERHALTUNG
DRUCKSACHEN

★ **GRÖSSTER KATALOG** →

Eine Kopie des Bon-Prix-S2-Modekatalogs *Voila!* hatte 212 Seiten und maß 1,2 m x 1,5 m, als sie am 30. August 2003 in Hamburg (D) präsentiert wurde.

Älteste Autorinnen
Sarah Louise Delany und A. Elizabeth Delany (beide USA)
Buch: *The Delany Sisters' Book of Everyday Wisdom*
Veröffentlicht: 1994
Alter bei Veröffentlichung: Sarah Louise, 105; A. Elizabeth, 103

Ältester Autor
Constantine Kallias (GR)
Buch: *A Glance of My Life*
Veröffentlicht: 2003
Alter bei Veröffentlichung: 101

Jüngste Autorin
Dorothy Straight (USA)
Buch: *How the World Began*
Veröffentlicht: 1964
Alter bei Veröffentlichung: vier

Jüngster Autor
Dennis Vollmer (USA)
Buch: *Joshua Disobeys*
Veröffentlicht: 1987
Alter bei Veröffentlichung: sechs

★ **ÄLTESTES BEKANNTES PAPIER**

In Wuwei in der Provinz Gansu (CHN) fand man ein Stück Papier, das aus dem Jahr 150 stammen soll. Es besteht aus Baumwollfetzen.

Papier, so wie wir es heute kennen (d. h., ein Blatt, das mithilfe von Wasser als Suspension auf einem Sieb gewonnen wird), wurde um das Jahr 100 in China erfunden. Die Erfindung wird gewöhnlich einem Gerichtsbeamten namens Ts'ai Lun zugeschrieben.

BÜCHER

REICHSTE AUTORIN
Laut Angaben der *Forbes*-Liste 2005 der reichsten Menschen der Welt hat die Harry-Potter-Autorin J. K. Rowling (GB) ein Reinvermögen von umgerechnet 770 Mio. EUR. Das geschätzte Jahreseinkommen der Autorin von Juni 2003 bis Juni 2004 belief sich auf umgerechnet 113,25 Mio. EUR — das **höchste Jahreseinkommen einer Kinderbuchautorin**. Im Jahr 2003 wurden 60 Mio. Harry-Potter-Bücher verkauft, und bislang wurden weltweit 250 Mio. Bücher der Reihe abgesetzt.

★ **KLEINSTES GEDRUCKTES BUCH**
1996 gab Anatolij Konenko (RUS) eine Ausgabe von *Das Chamäleon* des russischen Autors Anton Tschechow heraus, das 0,9 x 0,9 mm maß. Das Buch besteht aus 30 Seiten, hat drei Farbabbildungen und elf Zeilen Text pro Seite. Das Werk wurde in einer limitierten Auflage von 100 Exemplaren gedruckt, die Hälfte in Englisch, die Hälfte in Russisch. Es ist in Gold, Silber und Leder gebunden und mit Seidenfäden broschiert. Jedes Exemplar kostet umgerechnet 385 EUR.

MEISTE LEERE SEITEN IN EINEM BUCH
Am 9. September 1999 veröffentlichte die Universitätsdozentin für schöne Künste, Anne Lydiat (GB), das 52-seitige *Sprachlos*. Alle Seiten sind leer und sollen der Autorin zufolge „einen feministischen Ort, an dem Ruhe herrscht" darstellen.

MEIST VERKAUFTES KOCHBUCH
Seit 1950 wurde *Betty Crocker's Quick and Easy Cookbook* 50 Mio. Mal verkauft.

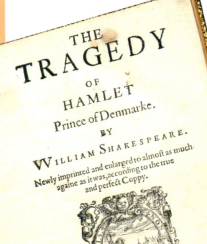

← ★ **MEIST VERFILMTER AUTOR**
Die Stücke von William Shakespeare (England, 1564–1616) wurden für 420 Kino- und Fernsehfilme adaptiert. Mit 79 Versionen übte *Hamlet* den größten Reiz auf Filmemacher aus, gefolgt von *Romeo und Julia* mit 52 und *Macbeth* mit 36 Versionen. Die jüngsten Verfilmungen sind *Huapango* (MEX, 2004), eine moderne Version von *Othello*, und *Der Kaufmann von Venedig* (USA/I/L/GB, 2004) mit Al Pacino (USA) als Shylock.

← ★ GRÖSSTE BIBLIOTHEK

Die Library of Congress in Washington D.C. (USA) enthält über 128 Mio. Artikel, darunter rund 29 Mio. Bücher, 2,7 Mio. Tonaufnahmen, 12 Mio. Fotos, 4 Mio. Karten und 57 Mio. Manuskripte, die sich auf etwa 853 Regalkilometern befinden. Die Bibliothek wurde am 24. April 1800 gegründet.

★ HÖCHSTE STRAFGEBÜHR FÜR EIN BIBLIOTHEKSBUCH

Für den im April 1955 von Emily Canellos-Simms (USA) in der Kewanee Public Library in Illinois (USA) ausgeliehenen Gedichtband war eine Strafgebühr von umgerechnet rund 266 EUR fällig. Emily fand das Buch 47 Jahre später im Haus ihrer Mutter und überreichte der Bibliothek einen Scheck über diese Gebühren.

LÄNGSTE BIBLIOTHEKSAUSLEIHE

Colonel Robert Walpole (GB) lieh 1667 oder 1668 im Sidney Sussex College in Cambridge (GB) ein Buch über den Erzbischof von Bremen-Hamburg aus. Prof. Sir John Plumb (GB) fand das Buch 288 Jahre später in der Bibliothek des damaligen Marquis von Cholmondeley in Houghton Hall, Norfolk (GB). Bei der Rückgabe wurde keine Strafgebühr erhoben.

ZEITSCHRIFTEN & ZEITUNGEN

★ GRÖSSTE ZEITSCHRIFT

Eine am 14. Oktober 2003 bei der Jewellery Arabia 2003 in Manama, Bahrain, von Naiem Jbara (VAE) geschaffene vergrößerte Version der Zeitschrift *Day & Night Jewellery and Watches* hatte 188 Seiten und maß 70 x 100 cm. Von ihr wurden 150 Exemplare gedruckt.

★ AN MEISTE ZEITUNGEN VERKAUFTE KOLUMNE

Ann Landers' (USA) Ratgeberkolumne erschien in über 1.200 Zeitungen mit einer geschätzten Leserschaft von 90 Mio. Sie schrieb auch Kolumnen für Internetseiten.

★ LÄNGSTE ZEIT ALS KOLUMNIST BEI EINER ZEITUNG

Jack Ingram (GB) schrieb vom 29. Dezember 1933 bis zu seiner letzten Kolumne am 5. Februar 2004 71 Jahre lang allwöchentlich Artikel über „Pfandfinder und Pfadfinderei" für den *Heywood Advertiser*.

MEISTE BEI EINER ZEITUNG UNTERGEBRACHTE LESERBRIEFE

2003 wurden in der Kashmir Times 80 Leserbriefe von Subhash Chandra Agrawal (IND) veröffentlicht, die ★ meisten in einem Jahr in einer überregionalen Zeitung veröffentlichten Leserbriefe. Seit Anfang der 80er Jahre erschienen auch 319 Leserbriefe von Subhash in der Hindustan Times, die ★ meisten Leserbriefe in einer Zeitung im Verlauf des Lebens. Madhu Agrawal (IND) brachte es im Jahr 2003 auf 334 Leserbriefe in 23 führenden indischen Zeitungen mit einer Auflage von über 50.000 und hält damit den Rekord für die ★ meisten in einem Jahr in verschiedenen Zeitungen veröffentlichten Leserbriefe.

BIBLIOTHEKEN

★ HÖCHSTE STRAFGEBÜHR

Beverly Goldman (USA) wurde im Januar 2000 ins Gefängnis gesperrt, weil sie es in sieben Fällen versäumt hatte, Bibliotheksbücher zurückzugeben. Sie wurde festgenommen, nachdem die Bibliothek in Clearwater, Florida (USA), über 16 Monate versucht hatte, überfälliges Material im Wert von umgerechnet knapp 100 EUR zurückzuerhalten.

★ MEISTE → PLATZIERUNGEN IN EINER BESTSELLER-LISTE GLEICHZEITIG

Der Autor Ian Rankin (GB) gelangte am 26. Februar 1999 mit seinem Buch *Dead Souls* an die Spitze der schottischen Bestsellerliste und hatte sieben weitere Titel in den Top 10. Am 12. März desselben Jahren waren elf seiner Bücher in den Top 20.

★ NEUER REKORD   ★ VERBESSERTER REKORD   WWW.GUINNESSWORLDRECORDS.COM

KUNST & UNTERHALTUNG
LITERATUR & SPRACHE

★ UMFASSENDSTE FIKTIONALE SPRACHE

Obwohl sich nicht sagen lässt, wie viele Leute die Klingon-Sprache sprechen, die der Linguist Mark Okrand (USA) für die *Star-Trek*-Reihe erfunden hat, ist sie zweifellos die am meisten genutzte Sprache ihrer Art. Teilnehmer von *Star-Trek*-Versammlungen unterhalten sich häufig in dieser Sprache, und neben einem Klingon-Wörterbuch gibt es Übersetzungen von *Hamlet*, *Viel Lärm um nichts* und dem *Gilgamesch*-Epos. Amazon.com führt mindestens vier weitere ganz oder in Teilen in Klingon geschriebene Bücher auf, und auch die Suchmaschine Google gibt es in Klingon. Die größte Beleidigung in dieser fiktionalen Sprache ist „Hab SoSlI' Quch!" – „Deine Mutter hat eine glatte Stirn!"

Hab SoSlI' Quch!

GEBÄRDENKUNDIGER GORILLA

Im Jahr 1972 brachte Dr. Francine Patterson (USA) einem Gorillaweibchen namens Koko die amerikanische Gebärdensprache Ameslan bei. Koko hatte ein aktives Vokabular von über 1.000 Zeichen und verstand rund 2.000 Wörter des gesprochenen Englisch. Sie konnte sich auf die Vergangenheit und die Zukunft beziehen, argumentieren, scherzen und lügen. Als Dr. Patterson sie fragte, ob sie ein Tier oder eine Person sei, antwortete Koko: „Schöner Tier Gorilla".

KÜRZESTES ALPHABET

Das auf Bougainville, Papua-Neuguinea, gesprochene Rotokas hat nur elf Buchstaben, und zwar sechs Konsonanten (g, k, p, ř, t/s, v) und fünf Vokale: a, e, i, o, u.

LÄNGSTES ALPHABET

Mit 74 Buchstaben (einschließlich einiger nicht mehr verwendeter) ist Khmer (Kambodschanisch) die Sprache mit dem längsten Alphabet.

★ SCHNELLSTER ECHTZEIT-GERICHTSREPORTER (STENOGRAFIERMASCHINE)

Mark Kislingbury (USA) ist der Geschwindigkeits- und Echtzeit-Meister der National Court Reporters Association. Bei der Versammlung der Vereinigung im Sommer 2003 tippte er mit einer Geschwindigkeit von 360 Wörtern pro Minute und einer Genauigkeit von 92 Prozent.

SPRACHE MIT DEN MEISTEN KONSONANTEN

Die Sprache mit den meisten unterschiedlichen konsonantischen Lauten (81) war die der Ubykhs im Kaukasus. Die Ubykh-Sprecher wanderten im 19. Jh. vom Kaukasus in die Türkei ein, der letzte kompetente Sprecher, Tevfik Esenç, starb im Oktober 1992 in Istanbul (TR).

LÄNGSTER WISSENSCHAFTLICHER NAME

Das Tryptophan-Synthetase-A-Protein, ein aus 257 Aminosäuren bestehendes Enzym, hat einen 1.913 Buchstaben langen Namen.

SCHWER AUSZUSPRECHEN UND SCHWER ZU SCHREIBEN – DIE LÄNGSTEN WÖRTER

Japanisch – chinchinmogamaga **(16)**: „auf einem Bein hüpfen, Himmel-und-Hölle-Spiel"
Kastilisch (offizielle Sprache Spaniens) – superextraordinarísimo **(22)**: „sehr außergewöhnlich"
Französisch – anticonstitutionnellement **(25)**: „antikonstitutionell"
Italienisch – precipitevolissimevolmente **(26)**: „so schnell wie möglich"
Portugiesisch – inconstitucionalissimamente **(27)**: „im höchsten Maße verfassungswidrig"
Isländisch – hæcstaréttarmalaflutningsmaður **(30)**: „oberster Gerichtsanwalt"
Russisch – ryentgyenoelyektrokardiografichyeskogo **(33 kyrillische Buchstaben)** – transkribiert **38 Buchstaben**: „von dem Röntgenstrahlen-Elektrokardiograf"
Deutsch – Rechtsschutzversicherungsgesellschaften **(39)**
Ungarisch – megszentségteleníthetetlenségeskedéseitékért **(44)**: „für deine ungewöhnlichen Handlungen"
Englisch – pneumonoultramicroscopicsilicovolcano-coniosis (-koniosis) **(45)**: „eine Lungenkrankheit, verursacht durch das Einatmen feinen Silikonstaubs"
Niederländisch – kindercarnavalsoptochtvoorbereidingswerkzaamheden **(49)**: „Vorbereitungsaktivitäten für einen Kinder-Karnevalsumzug"
Dänisch – speciallægepraksisplanlægningsstabiliseringsperiode **(51)**: „die Stabilisierungsperiode der Planung von Praxen für Spezialärzte"
Finnisch – lentokonesuihkuturbiinimoottoriapumekaanikkoaliupseerioppilas **(61)**: „angehender Stabsunteroffizier, der als für die Flugzeug-Turbinenmotoren verantwortlicher Hilfsmechaniker tätig ist"
Schwedisch – nordöstersjökustartilleriflygspaningssimulatoranläggningsmateriel-underhållsuppföljningssystemdiskussionsinläggsförberedelse-arbeten **(130)**: „Vorbereitende Maßnahmen zu einem Diskussionsbeitrag über ein Wartungssystem und den Materialbedarf für Flugsimulatoren der Küstenartillerie im nordöstlichen Teil der Ostsee"

★ NEUER REKORD   ★ VERBESSERTER REKORD

★ SPRACHE MIT DEN WENIGSTEN SPRECHERN
Nach Angaben der ethnologischen Datenbank für Sprachen sind über 400 Sprachen der Welt beinahe ausgestorben, was bedeutet, dass „nur noch eine kleine Anzahl älterer Sprecher lebt". Man geht davon aus, dass alle zwei Wochen eine Sprache ausstirbt.

★ OFFIZIELLE SPRACHE IN DER GRÖSSTEN ANZAHL VON LÄNDERN
Englisch ist in 56 Ländern, d.h. in mehr als einem Viertel aller UN-Mitgliedsstaaten eine offizielle Sprache, in diesen Ländern jedoch nicht unbedingt die am meisten gesprochene oder die einzige Sprache.

★ GRÖSSTES SCRABBLE-BRETT
Das Srabble-Brett, das zum fünfzigsten Geburtstag des Spiels hergestellt wurde, hat eine Fläche von 30 m² und kam am 13. Oktober 1998 im Wembley-Stadion in London (GB) zum Einsatz. Britische Scrabble-Champions unterstützten die beiden Teams von Armee und Marine. Die Buchstabenplatten aus verstärktem Fiberglas waren 1,5 m² groß und mussten von je zwei Personen manövriert werden.

★ SPRACHE MIT DEN MEISTEN SCHNALZLAUTEN
Das von den Khoisan-Stämmen Südafrikas gesprochene !Xú enthält 48 unterschiedliche Schnalzlaute.

★ ÄLTESTES ALPHABET
Das früheste Beispiel eines Alphabets – d.h. eines Schriftsystems, bei dem Symbole Laute statt Begriffe repräsentieren – stammt aus der Zeit um 1800 v. Chr. Es wurde Anfang der 90er Jahre von den Archäologen der Yale University John und Deborah Darnell in Wadi el Hol bei Luxor (ET) gefunden, wo es in Kalkstein eingeritzt war. (Es handelt sich aber nicht um den ältesten Schriftfund.)

AM MEISTEN GESPROCHENE SPRACHE
Chinesisch wird von mehr als 1,1 Mrd. Menschen gesprochen. Die „Allgemeinsprache" (Putonghua) ist die Standardform des Chinesischen, deren Aussprache auf der in Peking basiert.

MEISTE UND WENIGSTE VOKALE
Sedang, eine vietnamesische Sprache, hat 55 unterschiedliche Vokale. Im Gegensatz dazu hat die kaukasische Sprache Abkhazian nur zwei Vokale.

LÄNGSTER ORTSNAME
In seiner wissenschaftlich korrekten Transkription hat Krungthep Mahanakhon, der offizielle 167-buchstabige Name der thailändischen Hauptstadt Bangkok 175 Buchstaben. Die offizielle Kurzversion (ohne Großbuchstaben, denn die gibt es nicht in Thai) besteht aus sechs Wörtern und 111 Buchstaben: krungthephphramahanakhon bowonratanakosin mahintharayuthaya mahadilokphiphobnovpharad radchataniburirom udomsantisug.

GEBRÄUCHLICHSTER SPRACHLAUT
Keiner bekannten Sprache der Welt fehlt der Vokal „a".

★ SELTENSTER SPRACHLAUT
Der seltenste Sprachlaut ist das tschechische „ř", das beschrieben wird als gerollter postalveolarer Frikativ. Er kommt in sehr wenigen Sprachen vor und wird von tschechischen Kindern als Letztes beherrscht.

PRÄGNANTESTES WORT
Das Wort, dessen „knappe" Definition für jeden Lexikografen die größte Herausforderung darstellt, ist das feuerländische (südlichstes Argentinien und Chile) Wort mamihlapinatapai mit der Bedeutung: „einander ansehen in der Hoffnung, dass der jeweils andere anbietet, etwas zu tun, was sich beide Parteien wünschen, jedoch nicht bereit sind zu tun".

Längstes Wort in der englischen Sprache ...

... mit in umgekehrter alphabetischer Reihenfolge angeordneten Buchstaben
Spoonfeed (9 Buchstaben)

... das nur aus Vokalen besteht
Euouae (6). Es ist gebildet aus den Vokalen von „seculorum amen", einem religiösen Lied

... das abwechselnd aus Konsonanten und Vokalen besteht
Honorificabilitudinitatibus (27). Es bedeutet „mit Ehrenhaftigkeit" (ein Unsinnwort aus der mittelalterlichen Literatur)

... mit in alphabetischer Reihenfolge angeordneten Buchstaben
Aegilops (8), eine Pflanzenfamilie

... mit nur einem Vokal
Strengths (9)

... ohne einen der fünf Hauptvokale
Twyndyllyngs (12), eine archaische Schreibweise des Wortes „twin"

Kürzestes Wort im Englischen, das alle fünf Hauptvokale enthält
Eunoia (6). Ein selten verwendeter medizinischer Begriff, er bedeutet: ein normaler Gesundheitszustand

DIE MEIST GESPROCHENEN SPRACHEN DER WELT

1. Chinesisch (Mandarin) – 915 Mio. Sprecher
2. Englisch – 354 Mio.
3. Spanisch – 325 Mio.
4. Hindi – 300 Mio.
5. Arabisch – 272 Mio.
6. Bengali – 194 Mio.
7. Portugiesisch – 170 Mio.
8. Russisch – 164 Mio.
9. Japanisch – 125 Mio.
10. Deutsch – 108 Mio.

KUNST & UNTERHALTUNG
KINO

GRÖSSTE FEST INSTALLIERTE KINOLEINWAND
Das Panasonic-IMAX-Filmtheater in Darling Harbour, Sydney (AUS), besitzt mit 35,72 x 29,57 m – die zweifache Breite eines Basketballfeldes – die größte fest installierte Leinwand der Welt. Es kann 540 Besucher aufnehmen.

GRÖSSE

KINOKOMPLEX MIT DEN MEISTEN SITZPLÄTZEN
Im Kinepolis Madrid, dem größten Kinokomplex der Welt, der am 17. September 1998 in Spanien eröffnet wurde, finden insgesamt 9.200 Menschen Platz. Er hat 25 Filmsäle mit einer Kapazität zwischen 211 und 996 Zuschauern.

DRIVE-IN MIT DEN MEISTEN LEINWÄNDEN
Das Thunderbird Drive-in (auch bekannt als Swap Shop Drive-in) in Fort Lauderdale, Florida (USA), eröffnete am 22. November 1963 mit einer Leinwand. Mittlerweile verfügt es über 13 unterschiedlich große Leinwände.

★ MEISTE FILME IM JAHR
Indien produziert mehr Spielfilme als jedes andere Land. Im Jahr 2002 wurde mit 1.200 Filmen ein neuer Rekord aufgestellt. 1994 wurden 754 Filme in der Rekordzahl von 16 Sprachen produziert.

ERSTES ...

★ KINO DER WELT
Am 28. Dezember 1895 wurde unter der Leitung von Clément Maurice (F) das Cinématographe Lumière im Salon Indien in Paris (F) eröffnet. Den 35 Zuschauern, die jeder einen Franc bezahlten, wurde u.a. *L'Arrivée d'un Train en Gare* (F, 1895) von den Brüdern Lumière gezeigt.

DRIVE-IN-KINO
Das erste Patent für ein Autokino wurde am 16. Mai 1933 Richard Hollingshead (USA) erteilt. Sein erstes Drive-in eröffnete er am 6. Juni 1933 auf einem Gelände für 400 Autos in Camden, New Jersey (USA), wo der Film *Wife Beware* (USA, 1933) gezeigt wurde.

RUNDUM-KINO
Das erste Rundum-Kino liegt im „Park der Bilder" im Futuroscope in der Nähe von Poitiers (F). Es besteht aus neun Projektoren und ebenso vielen Leinwänden mit einer Gesamtfläche von 272 m². Damit können neun elektronisch synchronisierte Filme mit einem Blickwinkel von 360° abgespielt werden.

MEISTE ...

JÄHRLICHE KINOBESUCHER (ABSOLUT)
Die meisten Kinobesucher wurden im Jahr 1929 in den USA gezählt, und zwar 4,49 Mrd.

★ KINOBESUCHER (AKTUELL)
Jüngsten Zahlen zufolge gingen 2001 in Indien 2,8 Mrd. Menschen ins Kino.

★ JÄHRLICHE KINOBESUCHE PRO KOPF
Im Jahr 2004 hielten die Isländer mit im Durchschnitt je 5,45 Kinobesuchen in 46 Kinos weltweit den Rekord für die meisten Kinobesuche pro Kopf. Diese Zahl basiert auf einer Bevölkerungszahl von 280.798.

→ **WER VERDIENTE UMGERECHNET 715.001 EUR PRO MINUTE FÜR SEINEN AUFTRITT IN EINEM WERBESPOT?**

DIE ANTWORT STEHT AUF S. 162

Größte Drive-In-Kinos
Das Algiers Drive-in in Detroit, Michigan (USA), das am 15. August 1956 eröffnet und 1985 wieder geschlossen wurde, hatte eine 65,8 m breite Leinwand mit einer Fläche von 445,9 m², die **größte Drive-in-Leinwand aller Zeiten**.

Mit 1.200 Sitzen ist das All-Weather Drive-in in Copiague, New York (USA), das **größte Drive-in-Kino bezüglich der Besucherkapazität**.

Das Troy Drive-in in Detroit, Michigan (USA), und das Panther Drive-in in Lufkin, Texas (USA), sind, gemessen an der **Auto-Kapazität** – jeweils 3.000 – die größten Drive-in-Kinos.

ÄLTESTES ALS SOLCHES ERBAUTES KINO IN BETRIEB
Das Electric in London (GB) eröffnete am 24. Februar 1911. Es wurde 1910 von Gilbert Seymour Valentin entworfen und hatte 600 Plätze. Das unter Denkmalschutz stehende Gebäude wurde in den 1980er-Jahren geschlossen, am 22. Februar 2001 jedoch mit 240 Plätzen wieder eröffnet.

★ NEUER REKORD   ★ VERBESSERTER REKORD

LÄNGE

PLATZIERUNG IN DEN FILMCHARTS
Der Film *Titanic* (USA, 1997) blieb vom 19. Dezember 1997 bis 25. September 1998, 281 Tage lang, in den US-Filmcharts.

IM KINO ZU SEHEN
Der Film *The Burning of the Red Lotus Temple* (CHN, 1928–1931), der auf Shang K'ai-jans Zeitungsserie „Strange Tales of the Adventurer in the Wild Country" basierte, wurde von der Star Film Co. über einen Zeitraum von drei Jahren in 18 Teilen mit Spielfilmlänge herausgebracht. Obwohl er öffentlich nie in seiner Gesamtlänge von 27 Stunden gezeigt wurde, führten einige Kinos sechs Episoden in Folge vor.

NONSTOP-FILMVORFÜHRUNG
Vom 29. bis 31. Mai 1983 fand im Variety Arts Center in Hollywood (USA) ein 50-stündiger „B-Film-Marathon" statt. Das Ticket, mit dem die Zuschauer 37 Low-Budget-Klassiker sehen konnten, kostete damals umgerechnet 11,55 EUR.

VERSCHIEDENES

★ **LAND MIT DEN MEISTEN KINOLEINWÄNDEN**
Jüngsten Statistiken zufolge hat China 65.500 Kinoleinwände. Zum Vergleich: USA 35.280, Deutschland 4.854, Großbritannien 3.402.

IM DUCHSCHNITT TEUERSTE KINOKARTEN
Den Rekord für die teuersten Eintrittspreise hält Japan, wo eine Kinokarte im Durchschnitt umgerechnet 8,32 EUR kostet.

Die ★ **günstigsten Kinobesuche** kann man in Indien erleben, wo man im Durchschnitt umgerechnet 0,15 EUR bezahlt.

★ **LAND MIT DEN WENIGSTEN KINOS PRO EINWOHNER**
In Surinam, einem Land mit 436.494 Einwohnern, gibt es nur ein Kino, und zwar in der Hauptstadt Paramaribo. 1997 besuchten insgesamt 103.626 Zuschauer dieses Kino.

KLEINSTES ALS SOLCHES ERBAUTES KINO

Das Cinema dei Piccoli wurde 1934 von Alfredo Annibali (I) im Park der Villa Borghese in Rome (I) erbaut. Heute nimmt es eine Fläche von 71,52 m² ein. Ursprünglich hieß es das Topolino Cinema. Dort war ein 9,5 mm Projektor vom Typ Pathé-Baby im Einsatz und Betttücher dienten als Leinwand. Die Hintergrundmusik kam von 78 U/Min.-Schallplatten. Nach der Renovierung 1991 hat das Kino 63 Sitze, eine 5 x 2,5 m große Leinwand, Stereosound sowie eine Klimaanlage.

DERZEIT GRÖSSTES KINO

← Die Radio City Music Hall in New York City (USA; Abb. links), die am 27. Dezember 1932 eröffnet wurde, hat derzeit 5.910 Sitzplätze (früher 5.945).

Das **größte je gebaute Kino nach Plätzen** war das Roxy, ebenfalls in New York City (USA). Es wurde für umgerechnet 9,24 Mio. EUR gebaut und hatte bei seiner Eröffnung am 11. März 1927 6.214 Sitze. Das Kino beschäftigte 16 Filmvorführer, ein Orchester mit 110 Musikern und vier Dirigenten sowie drei Organisten, die aus dem Orchestergraben emporstiegen und gleichzeitig auf einer Kimball-Orgel spielten. Es schloss am 29. März 1960 und wurde im gleichen Jahr noch abgerissen.

Das **kleinste Kino nach Plätzen**, das regelmäßig gewerbsmäßig betrieben wird, ist The Screen Room auf der Broad Street in Nottingham (GB) mit 21 Plätzen. Das Kino, das Steven Metcalf (GB) gehört, wurde am 27. September 2002 mit dem Film *Lost in La Mancha* (CDN, 2002) eröffnet.

WWW.GUINNESSWORLDRECORDS.COM

KUNST & UNTERHALTUNG
FILM

★ GRÖSSTER FILMSTART IN EINEM EINZELNEN LAND
← *Harry Potter und der Gefangene von Azkaban* (USA, 2004) lief am 4. Juni 2004 in 3.855 Kinos in den USA an und hatte damit den größten Filmstart aller Zeiten.

HÖCHSTE BRUTTOEINNAHMEN AM ERSTEN TAG
Der Film *Matrix Reloaded* (USA, 2003) spülte an seinem ersten Spieltag am 15. Mai 2003 insgesamt umgerechnet 32,74 Mio. EUR in 3.603 Kinokassen.

★ HÖCHSTE BRUTTOEINNAHMEN EINES DOKUMENTARFILMS AM ERSTEN WOCHENENDE
Fahrenheit 9/11 (USA, 2004) ist der erste Dokumentarfilm, der am Premierenwochenende (25.–27. Juni 2004) mit Einnahmen von umgerechnet 16,79 Mio. EUR an die Spitze der US-Box-Office-Chart gelangte.

★ HÖCHSTE BRUTTOEINNAHMEN EINES ANIMATIONSFILMS
Mit Einnahmen von umgerechnet 15,79 Mio. EUR in 3.933 Kinos brach der Film *Die Unglaublichen* (USA, 2004) am ersten Vorführtag, dem 5. November 2004, den von *Shrek 2* (USA, 2004) am 19. Mai 2004 aufgestellten Rekord von 9,09 Mio. EUR.

→ WELCHER HOLLYWOOD-SUPERSTAR HÄLT DEN REKORD FÜR DIE HÖCHSTEN GESAMTEINNAHMEN AUS DEM TICKETVERKAUF?

DIE ANTWORT STEHT AUF S. 146

REKORDEINNAHMEN

★ HÖCHSTE TICKETERLÖSE (INFLATIONSBEREINIGT)
Die steigenden Kinokarten-Preise haben zur Folge, dass die größten Kassenschlager aller Zeiten fast alle neueren Datums sind. Dennoch hält der Film *Vom Winde verweht* (USA, 1939), der an den Kinokassen weltweit umgerechnet nur 303,1 Mio. EUR. einspielte, die Spitzenposition, da dieser Betrag einem inflationsbereinigten Bruttoerlös von umgerechnet 4,13 Mrd. EUR entspricht.

Alleine in den USA wurden für *Vom Winde verweht* 283.100.000 Kinokarten verkauft, verglichen mit 130.900.000 für *Titanic* (USA, 1997).

HÖCHSTE EINNAHMEN AUS DEM TICKETVERKAUF
Titanic (USA, 1997) war der erste Film, der weltweit über eine Mrd. US-Dollar einbrachte. Insgesamt belief sich der Bruttoerlös auf umgerechnet 1,41 Mrd. EUR. Er verzeichnet auch die höchsten Einnahmen während der ersten zehn Wochen: Weltweit umgerechnet 707,75 Mio. EUR.

HÖCHSTE BRUTTOEINNAHMEN FÜR EINEN ANIMATIONSFILM
Shrek 2 (USA, 2004) spielte am ersten Vorführungswochenende am 22. Mai 2004 schätzungsweise umgerechnet 80,36 Mio. EUR ein und damit mehr als sein Vorgänger *Shrek* (USA, 2001), der am Wochenende vom 19. Mai 2001 umgerechnet 33,28 Mio. EUR einbrachte. Der Film wurde am Mittwoch, dem 19. Mai 2004, auf 3.737 Leinwänden uraufgeführt und schon am darauf folgenden Wochenende (Freitag bis Sonntag, 21. bis 23. Mai) auf 4.163.

HÖCHSTE TICKETERLÖSE NACH JAHRZEHNTEN

JAHRZEHNT	FILMTITEL	TICKETERLÖS	RANG
1910er Jahre	Mickey (USA, 1918)	umgerechnet EUR 13.868.556*	10.
1920er Jahre	Die große Parade (USA, 1925)	umgerechnet EUR 16.950.458*	9.
1930er Jahre	Vom Winde verweht (USA, 1939)	umgerechnet EUR 303.105.015	5.
1940er Jahre	Bambi (USA, 1942)	umgerechnet EUR 206.487.402	6.
1950er Jahre	Susi und Strolch (USA, 1955)	umgerechnet EUR 72.116.495*	8.
1960er Jahre	101 Dalmatiner (USA, 1961)	umgerechnet EUR 166.330.236	7.
1970er Jahre	Star Wars (USA, 1977)	umgerechnet EUR 614.837.820	3.
1980er Jahre	ET – Der Außerirdische (USA, 1982)	umgerechnet EUR 543.034.547	4.
1990er Jahre	Titanic (USA, 1997)	umgerechnet EUR 1.413.179.340	1.
2000–2010	Der Herr der Ringe. Die Rückkehr des Königs (USA/NZ, 2003)	umgerechnet EUR 870.035.636	2.

*Zahlen liegen nur für die USA vor

★ NEUER REKORD ★ VERBESSERTER REKORD

URAUFFÜHRUNGEN

★ GRÖSSTE GLEICHZEITIGE FILMPREMIERE
Matrix Revolutions (USA, 2003) von Warner Bros. lief am 5. November 2003 in 10.013 Filmtheatern in 94 Ländern gleichzeitig an.

★ GLEICHZEITIGE ERST-AUFFÜHRUNG EINES DOKUMENTARFILMS IN DEN MEISTEN KINOS
Michael Moores *Fahrenheit 9/11* (USA, 2004) wurde am 25. Juni 2004 in 868 Kinos gleichzeitig uraufgeführt und spielte am ersten Wochenende umgerechnet 18.430.261 EUR ein. Demgegenüber hatte Moores vorhergehender Film *Bowling for Columbine* (USA, 2002) nur in acht Kinos Premiere mit Bruttoeinnahmen am ersten Wochenende von umgerechnet 161.143 EUR.

★ ERSTVORFÜHRUNG EINES ANIMATIONSFILMS IN DEN MEISTEN KINOS
Shark Tale (USA, 2004) wurde am 1. Oktober 2004 in 4.016 Kinos in den USA gleichzeitig uraufgeführt und brach damit den Rekord von *Shrek 2* (USA, 2004) vom 19. Mai 2004.

★ MEISTE KOPIEN EINES FILMS
Warner Bros. brachte *Matrix Reloaded* (USA, 2003) in einer Auflage von 8.517 Kopien heraus, als der Film am 15. Mai 2003 in 3.603 Kinos in den USA uraufgeführt wurde.

★ VORFÜHRUNG EINES FILMS IN EINER REKORDZAHL VON KINOS IN EINEM LAND
Die Anzahl der Kinos, in denen der Film *Shrek 2* (USA, 2004) zu sehen war, stieg am 21. Mai 2004 (zwei Tage nach seiner Erstvorführung) in den USA von 3.737 (vgl. Eintrag zuvor) auf 4.163. Kein anderer Film wurde je in so vielen Kinos gleichzeitig vorgeführt.

SCHNELLSTE UMSÄTZE

SCHNELLSTE 100 MIO. DOLLAR IM TICKETVERKAUF
Zwei Filme haben die 100-Mio.-Dollar-Marke in drei Tagen überschritten. Der erste war *Spider-Man* (USA, 2002; damals umgerechnet 101,24 Mio. EUR), der am 3. Mai 2002 in 3.615 Kinos anlief, der zweite *Matrix Reloaded* (USA, 2003; damals umgerechnet 92,35 Mio. EUR), der am 5. Mai 2003 in 3.603 Kinos anlief.

SCHNELLSTE 100 MIO. DOLLAR IM TICKETVERKAUF FÜR EINEN ANIMATIONSFILM
Findet Nemo (USA, 2003), der computeranimierte Film von Walt Disney und den Pixar Animation Studios, erreichte nur acht Tage nach seiner Uraufführung am 30. Mai 2003 in 3.374 Kinos die 100-Mio.-Dollar-Marke (damals umgerechnet 77,04 Mio. EUR).

ERFOLGREICHSTE FILME

★ RELIGIÖS
Die Passion Christi (USA, 2004) umgerechnet 465.598.274 EUR

★ ANIMATION
Findet Nemo (USA, 2003) umgerechnet 650.589.413 EUR

★ MUSICAL
Grease (USA, 1978) umgerechnet 298.723.715 EUR

★ DRAMA
Titanic (USA, 1978) umgerechnet 1.413.179.340 EUR

★ ACTION
Jurassic Park (USA, 1993) umgerechnet 708.889.704 EUR

HORROR
Der Exorzist (USA, 1973) umgerechnet 9.245.705 EUR

★ VERBRECHER/GANGSTER
Ocean's Eleven (USA 2001) umgerechnet 343.771.086 EUR

★ KRIEG
Der Soldat James Ryan (USA, 1998) umgerechnet 371.059.123 EUR

★ TV-ADAPTATION
Mission Impossible II (USA, 2000) umgerechnet 420.217.274 EUR

★ THRILLER
The Sixth Sense (USA, 1999) umgerechnet 506.664.612 EUR

★ SCIENCE-FICTION
Star Wars: Episode I – Die dunkle Bedrohung (USA, 1999) umgerechnet 711.254.198 EUR

WWW.GUINNESSWORLDRECORDS.COM

KUNST & UNTERHALTUNG
FILMSTARS

★ MEISTE ÖFFENTLICHE AUFTRITTE IN 12 STUNDEN

Am 22. Februar 2005 hatte Will Smith (USA) in 12 Stunden drei öffentliche Werbeauftritte für einen Film. Er stellte in Kinos in Manchester (unten), Birmingham (Mitte) und London (oben), (GB), den Film *Hitch* (USA, 2005) vor, wobei er, wie in den Rekordregeln festgelegt, den roten Teppich abschritt und Autogramme gab.

Die ★ **bestbezahlte Schauspielerin** im Jahr 2003 war Cameron Diaz (USA) mit schätzungsweise umgerechnet 25,42 Mio. EUR.

★ HÖCHSTE TICKETEINNAHMEN EINES SCHAUSPIELERS

Bis Februar 2005 hatte Harrison Ford (USA) in 27 Filmen mitgespielt, bei denen die Ticketeinnahmen insgesamt umgerechnet 2.596.242.363 EUR betrugen. Zehn der Filme brachten umgerechnet mehr als 154 Mio. EUR ein.

Den Rekord für die ★ **höchsten Ticketeinnahmen einer Schauspielerin** hält Julia Roberts (USA), die seit 1987 in 33 Filmen mit Gesamtticketeinnahmen von 2,265 Mrd. EUR mitspielte.

EINNAHMEN

★ HÖCHSTES JAHRESEINKOMMEN EINES FILMSCHAUSPIELERS

Mel Gibson (USA) verdiente laut des US-Magazins *Forbes* im Jahr 2003 schätzungsweise umgerechnet 162 Mio. EUR.

AUSZEICHNUNGEN

★ MEISTE OSCAR-NOMINIERUNGEN EINES SCHAUSPIELERS FÜR DIE BESTE REGIE IM SELBEN FILM

Woody Allen (USA) wurde fünfmal für Filme, in denen er auch eine Hauptrolle spielte, für die Kategorie beste Regie nominiert: *Der Stadtneurotiker* (USA, 1977), *Innenleben* (USA, 1978), *Broadway Danny Rose* (USA, 1984), *Hannah und ihre Schwestern* (USA, 1986) und *Verbrechen und andere Kleinigkeiten* (USA, 1989). Die sechste Nominierung für die beste Regie erhielt er für den Film *Bullets over Broadway* (USA, 1993), in dem er nicht mitspielte.

MEISTE STERNE AUF DEM HOLLYWOOD WALK OF FAME

Fünf Sterne hat Gene Autry (USA) – der „Singende Cowboy" – auf dem Hollywood Walk of Fame, und zwar in den Kategorien Aufnahme, Film, Fernsehen, Radio und Theater.

★ MEISTE GOLDEN-GLOBE-NOMINIERUNGEN EINES SCHAUSPIELERS

Jack Lemmon (USA) wurde zwischen 1960 und 2000 22-mal für einen Golden Globe nominiert. Außerdem erhielt er 1991 den Cecil B. DeMille Award und 1994 – gemeinsam mit der gesamten Besetzung von *Short Cuts* (USA, 1993) – einen Special Award für das beste Ensemble.

★ MEISTE OSCARS EINES SCHAUSPIELERS FÜR DIE BESTE REGIE

Clint Eastwood (USA) hat zweimal für Filme, in denen er auch mitspielte, den Oscar für die beste Regie gewonnen – am 29. März 1993 für *Erbarmungslos* (USA, 1992) und am 27. Februar 2005 für *Million Dollar Baby* (USA, 2004). Insgesamt war er in dieser Kategorie dreimal nominiert; das zweite Mal im Jahr 2004 für den Film *Mystic River* (USA, 2003), in dem er nicht auftrat.

ÄLTESTE OSCAR-NOMINIERTE & -GEWINNER

NAME	ALTER	FILM	KATEGORIE	NOMINIERT/GEWONNEN
★ Gloria Stuart (USA)	87 Jahre 221 Tage	Titanic (USA, 1997)	Beste Nebendarstellerin	Nominiert 10.2.1998
Ralph Richardson (GB)	82 Jahre 49 Tage	Greystoke: The Legend of Tarzan (GB, 1984)	Bester Nebendarsteller	Posthum nominiert 6.2.1985
Jessica Tandy (GB)	80 Jahre 295 Tage	Miss Daisy und ihr Chauffeur (USA, 1989)	Beste Schauspielerin	Gewonnen 29.3.1990
George Burns (USA)	80 Jahre 68 Tage	Die Sonny-Boys (USA, 1975)	Bester Nebendarsteller	Gewonnen 29.3.1976
Richard Farnsworth (USA)	79 Jahre 167 Tage	Eine wahre Geschichte (USA, 1999)	Bester Schauspieler	Nominiert 15.2.2000
★ Peggy Ashcroft (GB)	77 Jahre 93 Tage	Reise nach Indien (GB/USA, 1984)	Beste Nebendarstellerin	Gewonnen 25.3.1985
Henry Fonda (USA)	76 Jahre 317 Tage	Am goldenen See (USA, 1981)	Bester Schauspieler	Gewonnen 29.3.1982

JÜNGSTE OSCAR-NOMINIERTE & -GEWINNER

NAME	ALTER	FILM	KATEGORIE	NOMINIERT/GEWONNEN
★ Jackie Cooper (USA)	9 Jahre 20 Tage	Skippy (USA, 1931)	Bester Schauspieler	Nominiert 5.10.1931
Tatum O'Neal (USA)	10 Jahre 148 Tage	Paper Moon (USA, 1973)	Beste Nebendarstellerin	Gewonnen 2.4.1974
Keisha Castle-Hughes (NZ)	13 Jahre 309 Tage	Whale Rider (NZ/D, 2002)	Beste Schauspielerin	Nominiert 27.1.2004
Timothy Hutton (USA)	20 Jahre 227 Tage	Eine ganz normale Familie (USA, 1980)	Beste Nebendarstellerin	Gewonnen 31.3.1981
Marlee Matlin (USA)	21 Jahre 218 Tage	Gottes vergessene Kinder (USA, 1986)	Beste Schauspielerin	Gewonnen 30.3.1987
☆ Adrien Brody (USA)	29 Jahre 343 Tage	Der Pianist (F/D/GB/P, 2002)	Bester Schauspieler	Gewonnen 23.3.2003

★ MEISTE GOLDEN-GLOBE NOMINIERUNGEN EINER SCHAUSPIELERIN

Meryl Streep (USA) wurde zwischen 1979 und 2004 insgesamt 19-mal für einen Golden Globe nominiert und gewann ihn fünfmal (1980, 1982, 1983, 2003 und 2004).

ALTER

★ ÄLTESTER GOLDEN-GLOBE-GEWINNER

Henry Fonda (USA, 1905–1982) war 76 Jahre 259 Tage alt, als ihm am 30. Januar 1982 für seine Rolle als Norman Thayer jr. in Am goldenen See (USA, 1981) der Golden Globe als bester Schauspieler verliehen wurde.

★ ÄLTESTE GOLDEN-GLOBE-GEWINNERIN

Jessica Tandy (GB, 1909–1994) war 80 Jahre 227 Tage alt, als sie am 20. Januar 1990 für ihre Rolle in Miss Daisy und ihr Chauffeur (USA, 1989) den Golden Globe als beste Schauspielerin erhielt.

VERSCHIEDENES

★ GRÖSSTER SCHAUSPIELER IN EINER HAUPTROLLE

Diesen Rekord teilen sich zwei 1,94 m große Schauspieler: Christopher Lee (GB), der seit 1958 die meisten großen Rollen als Bösewicht verkörpert, und Vince Vaughn (USA), der seit den 90er Jahren Filmrollen spielt.

Mit 1,82 m sind Margaux Hemingway, Sigourney Weaver, Geena Davis (alle USA) und Brigitte Nielson (DK) die **größten Schauspielerinnen in einer Hauptrolle**.

★ ERSTE MIT OSCAR AUSGEZEICHNETE CO-STARS

Bei den Academy Awards 1934 im Biltmore Hotel in Hollywood, Kalifornien (USA), am 27. Februar 1935 gingen der Oscar für die beste Schauspielerin und den besten Schauspieler an die beiden Hauptdarsteller Clark Gable und Claudette Colbert (beide USA) für ihre Rollen in Es geschah in einer Nacht (USA, 1934). In jüngster Zeit waren die beiden Hauptdarsteller, denen dies gelang, Jack Nicholson und Helen Hunt (beide USA), die am 23. März 1998 einen Oscar für Besser geht's nicht (USA, 1997) erhielten.

★ EINZIGE MIT EINEM OSCAR AUSGEZEICHNETE LAIENDARSTELLER

Harold Russell (CDN), Veteran des Zweiten Weltkrieges, der in Die besten Jahre unseres Lebens (USA, 1946) den handlosen Ex-Soldaten spielte (er verlor im Krieg beide Arme), und der kambodschanische Flüchtling Dr. Haing S. Ngor, der in Schreiendes Land (GB, 1984) ein Opfer des kambodschanischen Pol-Pot-Regimes spielte, erhielten einen Oscar als bester Nebendarsteller.

★ JÜNGSTER GEWINNER DES OSCARS ALS BESTER SCHAUSPIELER

Adrien Brody (USA, geb. 14. April 1973) erhielt am 23. März 2003 im Alter von 29 Jahren 343 Tagen den Oscar als bester Schauspieler für seine Rolle als Wladyslaw Szpilman in Der Pianist (F/ D/GB/P, 2002), Regie Roman Polanski.

★ NEUER REKORD ☆ VERBESSERTER REKORD WWW.GUINNESSWORLDRECORDS.COM 147

KUNST & UNTERHALTUNG
STUNTS & EFFEKTE

★ LÄNGSTER → FILM IN PERFORMANCE-CAPTURE-TECHNIK

Der Polarexpress (USA, 2004) ist der erste Film, der vollständig mit der Performance-Capture-Technik gedreht wurde, bei der die Bewegungen der Schauspieler digital aufgenommen und in Computeranimation umgewandelt werden. Der Film mit einer Laufzeit von 93 Minuten lief am 10. November 2004 an. Der umgerechnet 127 Mio. EUR teure Film basiert auf einem Kinderbuch von Chris Van Allsburg (USA), Tom Hanks (USA) spielt darin fünf Personen.

STUNTS

★ ERSTER STUNTMAN IM FILM
Der erste Stuntman war Frank Hanaway (USA), ehemaliges Mitglied der US-Kavallerie. Er bekam eine Rolle im Film *Der große Eisenbahnüberfall* (USA, 1903) von Edwin S. Porter (Italien/USA), da er in der Lage war, sich vom Pferd fallen zu lassen, ohne sich zu verletzen.

MEISTBESCHÄFTIGTER FILM-STUNTMAN
In seiner fünf Jahrzehnte umspannenden Karriere war Vic Armstrong (GB) Stuntman, Stunt-Koordinator und Regisseur in mehr als 250 Filmen. Er doubelte bisher jeden Hauptdarsteller der James-Bond-Serie.

LÄNGSTER SPRUNG IN EINEM AUTO DURCH EIGENEN MOTORANTRIEB
Bei einem Stunt für *Das ausgekochte Schlitzohr ist wieder auf Achse* (USA, 1980) raste Gary Davis (USA) mit einem umgebauten Plymouth mit 128 km/h auf eine Rampe, die gegen die Rückseite eines zweistöckigen Autotransporters gelehnt war und flog 49,6 m weit, ehe er wieder sicher landete.

★ GRÖSSTER GRÖSSENUNTERSCHIED IN STUNTROLLEN
Stuntman Riky Ash (GB) ist 1,59 m groß und hat Personen gedoubelt, die 86 cm größer waren.

GRÖSSTE EXPLOSION
Für den Film *Explosiv – Blown Away* (USA, 1994) wurde eine Explosion inszeniert, bei der ein abgetakeltes Schiff neben einer alten Werft in East Boston (USA) mit 2.727 l Treibstoff und 32 Bomben zu je 450 g Gewicht gefüllt wurde. Die Explosion dauerte neun Sekunden.

HÖCHSTER FREIER FALL
Dar Robinson (USA) sprang im freien Fall 335 m weit von einem Vorsprung an der Spitze des CN Tower in Toronto (CDN) bei einem Stunt für *Am Highpoint flippt die Meute aus* (CDN, 1979). Nach sechs Sekunden im freien Fall öffnete sich sein Fallschirm nur 91 m über dem Boden.

← KLEINSTER STUNTMAN

Kiran Shah (GB) ist nach einer Messung am 20. Oktober 2003 mit 1,263 m der kleinste professionelle Film-Stuntman. Er erschien seit 1976 in 52 Filmen und hat in 31 davon Stunts gedoubelt, darunter auch (für Aufnahmen aus weiter Ferne) für Christopher Reeve (USA) in *Superman* (GB, 1978) und *Superman II* (GB, 1980) und kürzlich für Elijah Wood (USA) in der Trilogie *Der Herr der Ringe* (NZ/USA, 2001–2003).

← ★ MEISTE KNOCHEN
IM LAUF DES LEBENS GEBROCHEN

Evel Knievel (USA, eig. Robert Craig Knievel), Pionier des Motorrad-Weitspringens, hatte bis Ende 1975 bereits 433 Knochenbrüche erlitten. Im Winter 1976 wurde er bei einer Fernsehaufzeichnung schwer verletzt, als er versuchte, im Amphitheater in Chicago über ein Becken voller Haie zu springen. Knievel erlitt eine Gehirnerschütterung und brach sich beide Arme. Daraufhin beschloss er, in Zukunft auf größere Vorführungen zu verzichten.

SPEZIALEFFEKTE

★ MEISTE DIGITALKÜNSTLER IN EINEM FILM

Ein Team von 320 Spezialeffekt-Künstlern arbeitete an *Sky Captain and the World of Tomorrow* (USA/GB/I, 2004), dem ersten Hollywood-Spielfilm, der vollständig mit der Blue-Screen-Technik gedreht wurde. Die digitalen Effekte wurden nachträglich eingefügt. Unter der Regie von Kerry Conran (GB) und mit Jude Law (GB) und Gwyneth Paltrow (USA) in den Hauptrollen wurde der 106-Minuten-Streifen in 26 Tagen vor der blauen Leinwand abgedreht. Insgesamt wurden in einem Zeitraum von acht Monaten für den Film über 2.000 digitale Bilder produziert.

GRÖSSTES FILMBUDGET FÜR SPEZIALEFFEKTE

Insgesamt umgerechnet 5 Mio. EUR umfasste das Budget für Spezialeffekte beim Film *2001: Odyssee im Weltraum* (USA, 1968), das waren über 60 Prozent der Gesamtproduktionskosten von 8,1 Mio. EUR. Im Jahr 2005 entspricht das umgerechnet etwa 37,8 Mio. EUR.

LÄNGSTER STOP-MOTION-SPIELFILM

Chicken Run – Hennen rennen (GB, 2000), bei dem Peter Lord und Nick Park (beide GB) Regie führten, hat eine Laufzeit von 82 Minuten und besteht aus 118.080 Einstellungen, die mit der Stop-Motion-Technik aufgenommen wurden. Ein normaler, mit Live-Action gedrehter Spielfilm besteht aus 500 bis 1.000 Einstellungen.

★ MEISTE OSCAR-NOMINIERUNGEN FÜR SPEZIALEFFEKTE

Dennis Muren (USA) wurde zwölfmal für den Academy Award für Spezialeffekte nominiert, zuerst im Jahr 1983 für den Film *Der Drachentöter* (USA, 1981) und zuletzt im Jahr 2004 für *Hulk* (USA, 2003).

Zusätzlich zu den **meisten Oscars für Spezialeffekte**, insgesamt sechs, hat er auch zwei Oscars für besondere Verdienste gewonnen, 1981 für *Star Wars: Episode V – Das Imperium schlägt zurück* (USA, 1980) und 1984 für *Star Wars: Episode VI – Die Rückkehr der Jedi-Ritter* (USA, 1983), ebenso wie den Technical Achievement Award im Jahr 1982.

GRÖSSTER IM FILM VERWENDETER KAMERAKRAN

Um alle Winkel der 236 m langen Kulisse für den Film *Titanic* (USA, 1997) zu erreichen, wurde ein Kran, der normalerweise eine Reichweite von 24 m hat, so umgebaut, dass er fast 61 m weit reichte, und auf die Kranplattform wurde eine Kamera mit Kreisel montiert. Der Kran konnte in einem Wasserbecken auf Schienen entlang des Schiffes bewegt werden.

Titanic hatte auch das **größte Budget für Stunts** – umgerechnet über 23 Mio. EUR des Gesamtbudgets von umgerechnet 154 Mio. EUR wurde für Stunts aufgewendet.

MEISTE FESTBILDKAMERAS IN EINER SEQUENZ

Bei einer „Bullet-Time-Aufnahme" (extrem schnelle Kamerafahrt bei extrem langsamer Zeitlupe) in *Matrix* (USA, 1999) setzten die Regisseure Larry und Andy Wachowski (beide USA) 120 speziell dafür angepasste Kameras ein, um einen Schwenk um den Protagonisten Neo zu simulieren, als er den Kugeln eines Verfolgers ausweicht. Der Effekt wird häufig auch „Time-Slicing" genannt.

WEITESTER SPEEDBOAT-SPRUNG IN EINEM FILM

In einer Stuntsequenz in *Leben und sterben lassen* (GB, 1973), in der James Bond in einem 1972er Glastron GT-150 Speedboat durch die Sümpfe von Louisiana gejagt wird und über eine Straße springt, stellte Jerry Comeaux (USA) mit einer Distanz von 36,5 m einen Weltrekord auf.

↙

★ NEUER REKORD ★ VERBESSERTER REKORD

★ HAMBURGER →

Auf der Speisekarte von Denny's Beer Barrel Pub, Inc., in Clearfield, Pennsylvania (USA), wird für umgerechnet 18,45 EUR der mit 4 kg größte Hamburger der Welt angeboten. Wer ihn innerhalb von drei Stunden verputzen kann, erhält sein Geld zurück und einen Gutschein über umgerechnet 50 EUR für künftige Besuche. Außerdem wird sein Name auf einer Tafel verewigt. Bislang allerdings hat es noch keiner geschafft.

→ ★ GOLFTEE

HARIBO GmbH & Co KG hat ein 3,30 m langes Golftee aus Holz mit einem Kopfdurchmesser von 74,5 cm und einer Schaftbreite von 30 cm kreiert. Das Golftee aus Fichtenholz wurde im Juli 2004 als Teil der HARIBO Children and Young Persons Golf Series fertig gestellt.

★ SURFBOARD

Nev Hyman (AUS) baute ein 12 m langes, 3 m breites und 30 cm dickes Surfboard, das am 5. März 2005 bei Snapper Rocks in Queensland (AUS) erstmals zum Einsatz kam. Zu seiner Herstellung wurden 300 l Harz und beinahe eine halbe Tonne Schaum benötigt. Es wog fast 800 kg.

★ SKATEBOARD →

Das WBS (World's Biggest Skateboard) von Foundation Skateboards ist 3,66 m lang, 1,2 m breit, 0,76 m hoch und wurde von Tod Swank, Greg Winter, Dana Hard und Damon Mills (alle USA) in San Diego (USA) entworfen und gebaut. Seine Räder sind Autoreifen, und es hat maßstabgerecht vergrößerte Achsen, die sich wie bei normal großen Skateboards neigen, wenn eine Boardseite belastet wird.

★ POPCORNMASCHINE →

Greg Scott Abbott (alias Rev Gadget), Wink Eller, Lisa Lejohn, Eric Scarlett, Christoff Koon und Charles Cretors (alle USA) bauten in Santa Clarita, Kalifornien (USA), innerhalb von fünf Tagen eine 6,77 m hohe, 2,92 m breite und 2,46 m tiefe Popcornmaschine, die im Juni 2004 in der Fernsehshow BIG! des Discovery Channel vorgestellt wurde.

★ SCHERE →

Die größte funktionsfähige Schere stellte Mike Stephenson (USA) im Juli 2001 her. Sie maß geschlossen von der Spitze bis zum Griff 0,9 m und aufgeklappt von Klingenspitze zu Klingenspitze 0,82 m.

★ GUMMI-BANDBALL →

John J. Bain (USA) stellte einen Ball aus Gummiband her, der, als er am 22. Oktober 2003 in Delaware (USA) gewogen wurde, ein Gewicht von 1.415,2 kg hatte. Sein Umfang betrug 4,59 m.

★ GRÖSSTE SKULPTUR

B of the Bang von Thomas Heatherwick (GB) ist **55 m** hoch und wurde am 12. Januar 2005 in Manchester (GB) von dem Athleten Linford Christie (GB) enthüllt. Die Skulptur verdankt ihren Namen einem Zitat von Christie, der sagte, er habe die Startlöcher nicht erst beim „bang" (Knall) der Startpistole verlassen, sondern bereits beim „B of the Bang" (K vom Knall). Die Skulptur ist höher – und geneigter – als der Schiefe Turm von Pisa!

LUFTVERKEHRS-KONTROLLTURM

Der **130 m** hohe Tower am Kuala Lumpur International Airport (KLIA) in Malaysia, von einem einheimischen Architekten entworfen, ist der höchste Luftverkehrs-Kontrollturm der Welt. Seine Form ist einer riesigen olympischen Fackel nachempfunden. In diesem Turm sind Radarsysteme und ein Hightech-Luftraumüberwachungssystem untergebracht.

AUSSICHTSRAD

Das Riesenrad „British Airways London Eye" der Architekten David Marks und Julia Barfield (beide GB) hat einen Durchmesser und eine Höhe von **135 m**. Es steht in den Jubilee Gardens an Londons South Bank (GB) und unternahm seinen „Jungfernflug" am 1. Februar 2000. Der Normalbetrieb wurde einen Monat später aufgenommen.

KRANKENHAUS

Der 34-stöckige und **142,6 m** hohe Guy's Tower des Guy's Hospital in London (GB) ist das höchste Krankenhaus der Welt. Es wurde 1974 fertig gestellt.

KIRCHTURM

Den höchsten Kirchturm der Welt hat das Ulmer Münster (D). Das Gebäude, mit dessen Bau 1377 begonnen wurde, stammt aus der Frühgotik. Der Turm an der Westfassade wurde erst 1890 vollendet und ist **160,9 m** hoch. (Zum Vergleich: Der Kölner Dom misst 157,38m.)

FAHNENMAST

Der Fahnenmast in Panmunjom (COR) nahe der Grenze zu Südkorea, an dem eine 30 m lange Fahne weht, ist **160 m** hoch. Er ist das Ergebnis eines Propagandakriegs zwischen den beiden Ländern und soll die Reaktion auf einen in einem nahe gelegenen südkoreanischen Dorf errichteten hohen Fahnenmast gewesen sein.

PYRAMIDE

Die höchste Pyramide der Welt ist die Cheopspyramide in Giseh (ET), auch bekannt als die Große Pyramide. Als sie vor rund 4.500 Jahren erbaut wurde, war sie 146,7 m hoch. Inzwischen ist sie jedoch durch Erosion und Vandalismus auf **137,5 m** geschrumpft. (Zum Vergleich: Das Empire State Building misst ohne Fernsehturm 381 m.)

SPEZIAL
KOLOSSALE KONSTRUKTIONEN

Was ist höher: das Empire State Building oder die Große Pyramide von Giseh? Überragt der höchste dokumentierte Eisberg das London Eye genannte Riesenrad? Lässt der größte Baum der Welt die Freiheitsstatue klein erscheinen?

Auf dieser Sonderseite werden eine Reihe von Konstruktionen, jeweils die größte ihrer Art, beschrieben, um einen besseren Vergleich einiger bekannter – und einiger weniger bekannter – Objekte zu ermöglichen. Die meisten sind vom Menschen geschaffen, aber auch einige natürliche Riesen wie der höchste Eisberg und der größte Baum werden aufgeführt, die oft viel größer sind, als man sich gemeinhin vorstellt.

Schließlich betrachten wir zwei im Bau befindliche Superkonstruktionen – den Freedom Tower an der Stätte des ehemaligen World Trade Center in New York City (USA) und den Burj Dubai in den Vereinigten Arabischen Emiraten, bald die höchsten Gebäude der Welt. Aber für wie lange?

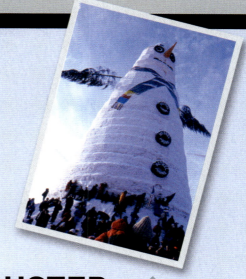

HÖCHSTER SCHNEEMANN

Einwohner von Bethel, Maine (USA), und Gemeinden aus der Umgebung bauten in einem Zeitraum von 14 Tagen einen **34,63 m** hohen Schneemann. Er wurde am 17. Februar 1999 vollendet.

TRILITHEN
Der höchste der Trilithen („drei Steine") in Stonehenge südlich der Salisbury Plain (GB) ist **6,7 m** hoch, wobei sich noch weitere 2,4 m unter der Erde befinden. Die Sandsteinblöcke wiegen über 45 t, und es wären 550 Personen nötig, um sie bei einer Steigung von nur 9° von der Stelle zu bewegen.

KAKTUS (ARMLOS)
Der armlose Kaktus in Cave Creek, Arizona (USA), den Hube Yates im April 1978 vermaß, war **24 m** hoch. Im Juli 1986 kippte er im Alter von rund 150 Jahren bei einem Sturm um.

MONOLITHISCHER OBELISK
Die einst 36 m hohe Spitzsäule (griechisch obeliskos) des altägyptischen Königs Tuthmosis III., die auf der Piazza San Giovanni in Laterano, Rom (I), wieder aufgebaut wurde, ist nun **32,81 m** hoch.

SCHNEEMANN
34,63 m (siehe Abbildung oben)

FREIHEITSSTATUE
92,99 m

WEIHNACHTSBAUM
Eine **67,36 m** hohe Douglastanne (*Pseudotsga menziesii*) wurde im Dezember 1950 im Northgate Shopping Center in Seattle, Washington (USA), aufgestellt und geschmückt.

SKULPTUR
55 m (siehe Abbildung oben)

BAUM
Der höchste lebende Baum ist der Stratosphere Giant, ein Küsten-Mammutbaum (*Sequoia sempervirens*), den Chris Atkins (USA) im August 2000 im Humboldt Redwoods State Park in Kalifornien (USA) entdeckte. Der Baum war im Juli 2004 **112,7 m** hoch, überragte die Freiheitsstatue also um 19,69 m.

LÄNGSTE STURZFAHRT
„The Giant Drop" in Dreamworld, Queensland (AUS), fällt aus einer Höhe von **119 m** herab und verschafft den Besuchern fünf Sekunden im freien Fall, ehe sie von elektromagnetischen Bremsen zum Halten gebracht werden

STATUE
Eine **120 m** hohe Buddhastatue aus Bronze wurde im Januar 1993 in Tokio (J) fertig gestellt.

ROLLERCOASTER
„Kingda Ka" im Six Flags Great Adventure in der Nähe von Jackson, New Jersey (USA), die im Frühjahr 2005 eröffnet wurde, erreicht eine Höhe von **127,4 m** und ist damit die höchste Achterbahn der Welt. Mit einer Spitzengeschwindigkeit von 206 km/h nur wenige Sekunden nach dem Start ist sie auch **die schnellste**.

FAHNENMAST OHNE AUSLEGER
Der höchste Fahnenmast ohne Ausleger ist **126,8 m** hoch und wurde von der Trident Support Corporation (JOR) errichtet.

SPEZIAL
GROSSE DINGE

→ STIEFEL

Der größte Lederstiefel der Welt wurde von den Angestellten der Red Wing Shoe Company in ihrer Firma in Red Wing, Minnesota (USA), gefertigt und am 5. Februar 2005 präsentiert. Der Stiefel ist 6 m lang – was in Europa Schuhgröße 859 entsprechen würde –, 2,1 m breit, 4,8 m hoch, wiegt 1.043 kg und besteht aus 80 Häuten.

★ MAUSE-FALLE ↓

Am 5. November 2003 präsentierte Truly Nolen, eine Schädlingsbekämpfungsfirma mit Sitz in den USA, in Miami Gardens, Florida (USA), eine 3,53 m lange und 1,67 m breite Mausefalle.

→ SPEZIAL
X-GAMES

★ MEISTE MEDAILLEN BEIM SNOWBOARD-SUPERPIPE-WETTBEWERB

Danny Kass (USA) hat in der Disziplin Snowboard-Superpipe insgesamt vier Medaillen gewonnen: Gold im Jahr 2001, Silber 2003 und 2004 sowie Bronze 2005.

★ MEISTE VON EINEM EINZELNEN GEWONNENE MEDAILLEN

Dave Mirra (USA) hat insgesamt 18 X-Games-Medaillen in der Disziplin Bike Stunt gewonnen.

★ MEISTE GOLDMEDAILLEN EINES EINZELNEN

Dave Mirra (USA) hält auch den Rekord für die meisten von einem Einzelnen bei den X-Games gewonnenen Goldmedaillen, und zwar 13 in der Kategorie Bike Stunt.

→ EIN
MIT R
DEM J
MEDAI
DER X-
SICH A

DIE GESCHICHTE DER X-GAMES

Die X-Games (ursprünglich Extreme-Games genannt) fanden erstmals im Juli 1995 auf Rhode Island und in Vermont (USA) statt und werden seit dieser Zeit alljährlich durchgeführt. Die ersten Winter-X-Games gab es 1997 im Snow Summit Mountain Resort in Kalifornien (USA). Die X-Games sind eine Erfindung des TV-Sportsenders ESPN (Entertainment and Sports Programming Network), der ein internationales Forum für Actionsport-Athleten schaffen wollte. Die Popularität dieser Spiele nimmt weltweit zu, sodass mittlerweile die Topathleten in zahlreichen Qualifikationsrunden um die begrenzten Plätze bei den X-Games kämpfen.

→ EINE VOLLSTÄNDIGE LISTE DER MEDAILLENREKORDE BEI DEN X-GAMES FINDET SICH IN DER SPORTREFERENZ AB S. 258

X-GAMES – SOMMERSPIELE

SKATEBOARD
★ STREET PARK – ein Betonkurs mit Treppen, Geländern, Wällen und Vorsprüngen
★ BIG AIR – über die Abschlusskante aus einer Höhe von 18–24 m herunterrollen und über ein Gap zwischen zwei Kanten springen, um in einer 8-m-Quarterpipe zu landen
★ VERT – Big Air und Tricks, ausgeführt von einer Halfpipe aus
★ VERT BEST TRICK – bester Halfpipe-Trick

MOTO X
($125 \text{ cm}^3/250 \text{ cm}^3$ DIRT BIKES)
★ STEP-UP – ein 7,6 m langer Anlauf auf eine vertikale Sandfläche, die als Startrampe für einen Hochsprung über eine Latte genutzt wird
★ BEST TRICK – ein Sprungtrick von einer riesigen Erdrampe aus

★ FREESTYLE – Tricks mit Sprüngen von Rampe zu Erdhügel und von Erdhügel zu Erdhügel
★ SUPER MOTO – eine Kombination aus Straßenrennen, Motocross und Freestyle auf einer Erd- und Asphaltbahn

BIKE STUNT (BMX)
★ VERT – Big Air und Tricks von einer Halfpipe aus
★ PARK – Tricks über Rampe, Sub Box, Schräge und Geländer

AGGRESSIVE INLINE SKATE
★ VERT – Big Air und Tricks von einer Halfpipe aus
★ SURFING THE GAME – zwei Teams kämpfen um Gesamtsieg
★ WAKEBOARD – Sprünge und Tricks im Kielwasser eines Bootes in einem Kurs von Wasserhindernissen

MEISTE GEWONNENE SNOWBOARD-MEDAILLEN (FRAUEN)

Barrett Christy (USA) gewann bei den X-Games die Rekordzahl von zehn Medaillen.

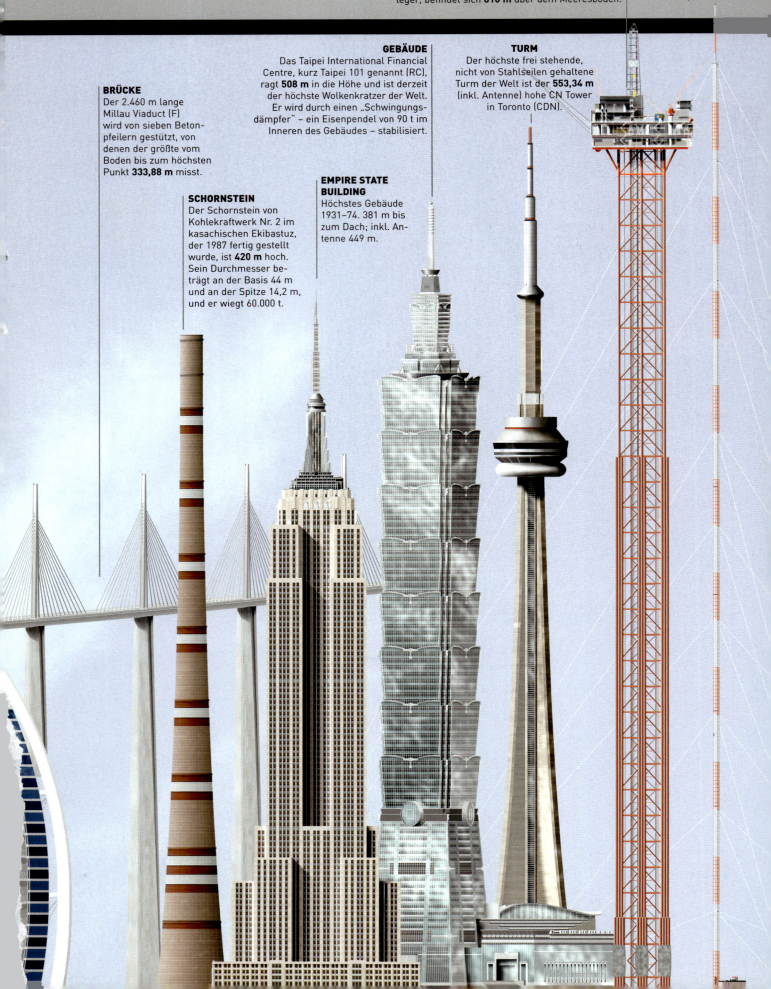

FREI STEHENDE KONSTRUKTION
Die Öl- und Gasbohrplattform Petronius, die sich 570 m über dem Meeresgrund im Golf von Mexiko befindet, wurde am 21. Juli 2000 in Betrieb genommen. Der höchste Punkt der Plattform, der Ausleger, befindet sich **610 m** über dem Meeresboden.

KONSTRUKTION
Der KVLY-Fernsehturm in North Dakota (USA), ein von Seilen gehaltener Fernsehübertragungsmast, ist **629 m** hoch.

GEBÄUDE
Das Taipei International Financial Centre, kurz Taipei 101 genannt (RC), ragt **508 m** in die Höhe und ist derzeit der höchste Wolkenkratzer der Welt. Er wird durch einen „Schwingungsdämpfer" – ein Eisenpendel von 90 t im Inneren des Gebäudes – stabilisiert.

TURM
Der höchste frei stehende, nicht von Stahlseilen gehaltene Turm der Welt ist der **553,34 m** (inkl. Antenne) hohe CN Tower in Toronto (CDN).

BRÜCKE
Der 2.460 m lange Millau Viaduct (F) wird von sieben Betonpfeilern gestützt, von denen der größte vom Boden bis zum höchsten Punkt **333,88 m** misst.

SCHORNSTEIN
Der Schornstein von Kohlekraftwerk Nr. 2 im kasachischen Ekibastuz, der 1987 fertig gestellt wurde, ist **420 m** hoch. Sein Durchmesser beträgt an der Basis 44 m und an der Spitze 14,2 m, und er wiegt 60.000 t.

EMPIRE STATE BUILDING
Höchstes Gebäude 1931–74. 381 m bis zum Dach; inkl. Antenne 449 m.

IST DER HIMMEL DIE GRENZE?

Zwar ist Taipei 101 in Taiwan das derzeit **höchste Gebäude der Welt**, doch zwei im Bau befindliche Wolkenkratzer werden dafür sorgen, dass er diesen Titel nicht einmal fünf Jahre behalten wird. Der Freedom Tower (Zeichnung, rechts) in New York soll die symbolische Höhe von **1.776 Fuß (541 m)** haben – 1776 war das Jahr der amerikanischen Unabhängigkeitserklärung. Doch noch vor seiner Fertigstellung im Jahr 2008 könnte diese Höhe von einem riesigen Monster überboten werden, dem **größten je vom Menschen errichteten Gebäude**. Der Burj Dubai („Dubai-Turm", Zeichnung, links), VAE, soll **705 m** hoch werden und wird alle anderen Gebäude überragen, gleichgültig wo sie sich befinden und wie sie konstruiert sind.

WOHNGEBÄUDE
Das höchste reine Wohngebäude der Welt ist der 21st Century Tower in Dubai (VAE) mit 55 Stockwerken, rund 400 Wohnungen und einer Höhe von **269 m**. Es wurde im Jahr 2003 fertig gestellt.

MINARETT
Das höchste Minarett der Welt, das zur Moschee Hassan II. in Casablanca (MA) gehört, ist **200 m** hoch. Die Baukosten betrugen umgerechnet 395,64 Mio. EUR.

HOTEL
Das 15 km südlich von Dubai (VAE) gelegene Hotel Burj Al Arab („Der arabische Turm"), in dem es ausschließlich Suiten gibt, maß am 26. Oktober 1999 vom Boden bis zur Mastspitze **320,94 m**. Das höchste Hotel der Welt ist wie ein Segel geformt und wurde auf einer künstlichen Insel errichtet. Die Stützpfeiler ragen 40 m tief in den Meeresboden.

EISBERG
Ein 1958 vom US-Eisbrecher *East Wind* vor der Westküste Grönlands gesichteter Eisberg war **167 m** hoch (und damit höher als das Ulmer Münster).

MONUMENT
Der aus rostfreiem Stahl erbaute Gateway Arch in St. Louis, Missouri (USA), ist ein Bogen mit einer Spannweite von **192 m** und einer ebenso großen Höhe. Er wurde am 28. Oktober 1965 zum Gedenken an die Expansion in den Westen nach dem Louisiana Purchase von 1803 vollendet. Der Bogen wurde 1947 vom finnisch-amerikanischen Architekten Eero Saarinen entworfen.

OBELISK
Das Washington Monument in Washington D.C. (USA) ist **169 m** hoch und wurde 1884 zu Ehren von George Washington, dem ersten Präsidenten der Vereinigten Staaten, vollendet. Ein Obelisk ist ein vierkantiger Steinpfeiler, der sich nach oben verjüngt und in einer pyramidenartigen Spitze endet.

★ MEISTE ↗
GEWONNENE MOTO-X-EINZELMEDAILLEN
Brian Deegan (USA), bekannt als Metal Mulisha, hat im Verlauf seiner Karriere in der Disziplin Moto X insgesamt neun Medaillen bei den X-Games gewonnen (davon zwei Goldmedaillen).

← ★ JÜNGSTER ATHLET
Takeshi Yasutoko (J) war 11 Jahre 50 Tage alt, als er 1998 in der Disziplin Aggressive Inline Skate Vert erstmals bei den X-Games antrat.

INTERVIEW
AN SCHECKLER,
NSTEN GOLD-
LLENGEWINNER
GAMES, FINDET
UF S. 13

ERSTER „900"
AUF EINEM SKATEBOARD
Skateboard-Legende Tony Hawk (USA) gelang am 27. Juni 1999 bei den X-Games in San Francisco, Kalifornien (USA), als Erstem der so genannte „900" (zweieinhalb Umdrehungen in der Luft) Der „900" (so genannt, weil der Skater sich um 900° dreht) ist einer der schwierigsten Kunststücke beim Skateboarding. Hawk gelang dieser Trick bei seinem elften Versuch an jenem Abend.

↓

TONY HAWK

„Birdman" Tony Hawk (USA, links) hat bei den X-Games 16 Skateboard-Goldmedaillen gewonnen und war auch der Erste, der einen „900" schaffte (siehe links).

Was ist es für ein Gefühl, ein Guinness-Weltrekordhalter zu sein?
Es ist fantastisch! Wenn man mir als Kind erzählt hätte, ich würde in dieses Buch aufgenommen, vor allem für Skateboarding, hätte ich es nicht geglaubt. Es ist eine große Ehre.

Was ist Ihre bislang größte Leistung?
Als ich zum ersten Mal in einem Wettbewerb den „900" schaffte. Auf diesen Trick habe ich am längsten hingearbeitet – bis dahin wohl um die fünf Jahre. Geplant hatte ich ihn schon lange vorher, doch nie den Mut, ihn auszuführen. Seitdem war mir der Gedanke an die Ausführung ein ständiger Ansporn. Darüber hinaus war es großartig, in der Serie *Die Simpsons* aufzutreten. Dadurch wirst du zu einer Kultfigur, vor allem wenn du die eigene Person darstellst.

Haben Sie je damit gerechnet, so viel zu erreichen?
Ich kann es noch immer nicht glauben, dass ich mit Skateboarding meinen Lebensunterhalt verdiene. Ich bin schon Skateboard gefahren, als dieser Sport noch nicht so bekannt war und es schwierig war, damit Geld zu verdienen. Jetzt ist dieser Sport bekannter und attraktiver denn je, und ich treibe ihn noch immer – nur in einem größeren Maßstab!

Welchen Rat geben Sie Jugendlichen, die mit dieser Sportart beginnen wollen?
Lasst euch nicht entmutigen – es dauert lange, diese Dinge zu erlernen. Und genießt es. Tut es nicht, nur weil ihr denkt, damit könne man berühmt oder reich werden, denn man muss bei dieser Sportart Spaß haben, um erfolgreich zu sein.

★ MEISTE MEDAILLEN BEIM SNOCROSS (MÄNNER) →

Blair Morgan (CDN) hat beim Snocross die Rekordzahl von sieben Medaillen gewonnen. 2001, 2002, 2003 und 2005 gewann er Gold, 1999 und 2000 Silber und 2004 Bronze. 2005 gewann er die Goldmedaille, obwohl er sich gerade erst von einem Rücken- und Beinbruch erholt hatte.

X-GAMES – WINTERSPIELE

MOTO X
★ BEST TRICK – Trick auf mittlerer Höhe über einer Lücke zwischen Absprung und Landerampe

SKI
★ SKIER X – Fahrer folgen einem Abfahrtskurs

★ SLOPESTYLE – Tricks, die auf einem Hinderniskurs mit Geländern und Rampen ausgeführt werden

★ SUPERPIPE – Tricks von einer Halfpipe aus

SNOCROSS
Eine Kombination aus Bahn- und Querfeldeinrennen

SNOWBOARD
SNOWBOARDER X – Fahrer folgen einem Abfahrtskurs
★ SLOPESTYLE – (siehe SKI)
★ SUPERPIPE – (siehe SKI)

ULTRACROSS
Eine Abfahrts-Paarstaffel mit einem Ski- und einem Snowboardfahrer

★ MEISTE MEDAILLEN BEIM SKIFAHREN

Jon Olsson (S) hat zwischen 2002 und 2005 bei den Winter-X-Games acht Medaillen im Skifahren gewonnen: vier in der Disziplin Superpipe und vier in der Disziplin Slopestyle.

HÖCHSTER MOTOCROSS-STEP-UP-SPRUNG

Tommy Clowers (USA) gelang bei den X-Games im August 2000 mit 10,67 m der bisher höchste Motocross-Step-Up-Sprung. Bei diesem Motorrad-„Hochsprung" müssen die Fahrer eine Latte überqueren, die auf einer steilen Absprungrampe angebracht ist. Dieser Rekord entspricht in etwa einem Sprung auf das Dach eines zweistöckigen Gebäudes.

★ NEUER REKORD　　★ VERBESSERTER REKORD　　WWW.GUINNESSWORLDRECORDS.COM

KUNST & UNTERHALTUNG
TV-STARS

★ MEISTE STUNDEN VOR DER KAMERA

Der Moderator Regis Philbin (USA) hat 15.188 Stunden vor der Kamera zugebracht. Das ist im Durchschnitt fast eine Stunde täglich in jedem Jahr seiner 46-jährigen Karriere bis zum 20. August 2004.

★ JÜNGSTER SCHAUSPIELER, DER FÜR EINEN EMMY NOMINIERT WURDE

Im Alter von 15 Jahren wurde Frankie Muniz (USA) im Jahre 2001 für seine Rolle als Malcolm in der Serie *Malcolm mittendrin* (FOX, USA) in der Kategorie Comedy-Serie als herausragender Hauptdarsteller für einen Emmy Award nominiert.

ERSTE PERSON IN EINER BRITISCHEN FERNSEHWERBUNG

Am 22. September 1955 – dem ersten Sendeabend des Independent Television in Großbritannien – trat Meg Smith (GB) in einem 60-Sekunden-Werbespot für Gibbs-Zahnpasta auf. Sie war aus 80 Schauspielerinnen ausgewählt worden und damit die erste Reklamedarstellerin in Großbritannien.

LANGLEBIGSTE STARS IN DER FERNSEHWERBUNG

Die Werbekampagne mit Schimpansen von PG-Tips-Tee begann 1956. Es folgten über 100 Werbespots, der letzte wurde 1994 gesendet. Für die Schimpansen, die umgerechnet über 1.500 EUR für jeden Werbespot bekamen, richtete das Unternehmen eine Pensionskasse ein.

★ LÄNGSTE FERNSEHKARRIERE EINES FERNSEHTIERS

George die Landschildkröte war erstmalig im Mai 1982 im Kinderprogramm *Blue Peter* (BBC, GB) zu sehen und hatte 22 Jahre später, am 14. April 2004, ihren letzten Auftritt.

LÄNGSTE ZEIT IN DERSELBEN ROLLE IN EINER TV-SERIE

Helen Wagner (USA) spielt seit der ersten Ausstrahlung am 2. April 1956 die Rolle der Nancy Hughes McClosky in *As the World Turns* (CBS, USA).

DAVID HASSELHOFF

David Hasselhoff (USA) spielte die Hauptrolle in Baywatch – der weltweit am meisten gesehenen Fernsehsendung, die im Jahr 1996 wöchentlich von rund 1,1 Mrd. Zuschauern verfolgt wurde.

Was ist das für ein Gefühl, im GUINNESS WORLD RECORDS BUCH zu stehen?
Das ist wirklich cool, meine Kinder kamen und zeigten es mir: „Papa, du bist hier auf Seite 193." Das bedeutete mir umso mehr, weil meine Kinder mir die Nachricht überbrachten. Sie waren wirklich stolz darauf.

Warum war Ihrer Meinung nach Baywatch so beliebt?
Jemand sagte einmal zu mir: „Die ganze Welt sieht Amerika als den großen Rettungsschwimmer für die Welt." Dem stimme ich irgendwie zu. Baywatch kam einfach zur richtigen Zeit ... Die Welt sah Amerika symbolisch als Lebensretter, und wir verbreiteten diese Botschaft über das Fernsehen auf der ganzen Welt.

Worauf sind Sie am meisten stolz?
Am meisten erfüllt mich mit Stolz, dass ich den Namen „Hasselhoff" gerettet habe, denn in der Highschool hat er mir eine Menge Probleme bereitet. Jetzt kann ich meinem Vater in die Augen blicken und sagen: „Den Namen, den du mir gegeben hast, kennen jetzt eine Milliarde Menschen." Wir gehen durch eine Straße in Südafrika, China oder Vietnam, und die Menschen sagen „David Hasselhoff"– und ich grinse einfach.

Was müssen unsere Leser tun, um ebenfalls erfolgreich zu sein?
Wenn ihr fühlt, dass ihr talentiert seid, wenn ihr einen Traum habt, verfolgt ihn; ihr braucht eine Vision. Konzentriert euch auf das, was ihr wollt, und bleibt dran. Und dann macht es einfach.

★ NEUER REKORD ★ VERBESSERTER REKORD

TV-SPITZENVERDIENER

ERSTER VIRTUELLER TV-MODERATOR
„Maddy" moderierte gemeinsam mit den menschlichen Moderatoren am 27. März 2002 Tomorrow's World (BBC, GB) in Echtzeit. Maddy wurde von der Digital Animations Group in Glasgow (GB) kreiert.

★ HÖCHSTE STRAFE FÜR EINEN FERNSEHSENDER
Die Kontrollbehörde Federal Communications Commission (USA) belegte den Sender CBS Television Network mit einer Strafe in Höhe von umgerechnet 424.000 EUR für die Übertragung des Halbzeit-Auftritts von Janet Jackson und Justin Timberlake (beide USA) beim American Super Bowl am 1. Februar 2004, bei dem Janet Jackson mit entblößter rechter Brust zu sehen war.

LÄNGSTER FILMKUSS IN EINER FERNSEHSERIE
3 Minuten 15 Sekunden dauerte der Kuss, der in der Serie Hollyoaks (Channel 4, GB) am 2. Juli 2002 gesendet wurde. Er war Teil der Handlung, bei der die Filmcharaktere Ellie Hunter und Ben Davies, gespielt von Sarah Baxendale und Marcus Patric (beide GB), einen Kuss-Wettbewerb gewannen.

LÄNGSTES TALKSHOW-MARATHON
Sowohl Zoltán Kováry (H) als auch Vador Lladó (E) waren 30 Stunden lang auf Sendung. Kováry interviewte einen Gast nach dem anderen und sendete von 16 Uhr am 13. Februar 2003 bis 22 Uhr am 14. Februar 2003 im Studio von Fix.tv in Budapest (H). Lladó tat dasselbe für Flaix TV vom 3. bis zum 4. Mai 2002 in Barcelona (E).

LANGLEBIGSTER FERNSEHMODERATOR
Bis auf zwei Episoden wurde die monatlich ausgestrahlte Sendung Sky at Night (BBC, GB) seit dem 24. April 1957 ununterbrochen von Patrick Moore (GB) moderiert. Im Dezember 2002 waren 600 Sendungen ausgestrahlt worden. Damit ist dies die am **längsten bestehende Fernsehsendung mit demselben Moderator**.

GRÖSSTES HAUS IN HOLLYWOOD

Das Haus in Hollywood mit der Adresse 594 Mapleton Drive hat 123 Zimmer und nimmt eine Fläche von 5.253 m² ein. Es gehört Aaron Spelling (USA), dem produktivsten Produzenten von Fernsehserien, wie zum Beispiel 3 Engel für Charlie und Beverley Hills 90210. Der Wert des Hauses wird gegenwärtig auf umgerechnet 28,5 Mio. EUR geschätzt. Zum Haus gehören eine Sporthalle, eine Bowling- und eine Rollschuhbahn. Das „Herrenhaus", wie es die Familie Spelling nennt, steht an der Stelle, wo früher das Haus des Sängers Bing Crosby (USA) stand. Spelling hatte es gekauft und abgerissen.

★ FERNSEHKOCH
Jamie Oliver (GB), umgerechnet 7,1 Mio. EUR 2004.

TV-NACHRICHTENMODERATORIN (IM JAHR)
Katie Couric (USA), umgerechnet 19 Mio. EUR

★ KINDERSTAR
Hilary Duff (USA), umgerechnet 11,8 Mio. EUR 2003.

★ PREISRICHTER EINER TV-TALENTSHOW (IM JAHR)
Simon Cowell (GB), umgerechnet 26,7 Mio. EUR 2004.

★ MODERATOR IM REALITY-TV
Donald Trump (USA), umgerechnet 5,4 Mio. EUR für seine Auftritte in The Apprentice, 2003–2004.

TV-SCHAUSPIELERIN (IM JAHR)
Helen Hunt, umgerechnet 24 Mio. EUR 1999.

★ STAR EINER REALITY-SHOW (EIGENE SHOW)
Jessica Simpson (hier mit Ehemann), umgerechnet 3,1 Mio. EUR 2003.

★ TV-STYLISTEN
Kyan Douglas, Ted Allen, Carson Kressley, Jai Rodriguez und Thom Filicia (alle USA), Stars in Queer Eye for the Straight Guy, umgerechnet 3,1 Mio. EUR 2003.

TALKMASTERIN
Oprah Winfrey (USA), umgerechnet 162 Mio. EUR 2003.

★ TV-PRODUZENT
David E. Kelley (USA), der „Erfinder" von Ally McBeal, nahm umgerechnet 230 Mio. EUR bei einem Sechsjahresabschluss im Jahr 2000 ein

TV-SCHAUSPIELER
Ray Romano (USA), umgerechnet 1,4 Mio. EUR je Episode von Alle lieben Raymond 2004/2005.

KUNST & UNTERHALTUNG
TV SHOWS & WERBUNG

← TEUERSTE DOKUMENTARSERIE PRO MINUTE
Die Produktion der Serie *Walking with Dinosaurs*, die zeigte, wie die Dinosaurier lebten, sich fortpflanzten und ausstarben, kostete umgerechnet über 55.816 EUR pro Minute. Die Arbeiten an den sechs jeweils 27-minütigen Folgen dauerten über zwei Jahre und verschlangen umgerechnet 9 Mio. EUR.

★ MEISTE HOCHZEITEN IN EINER TV-SOAP
Seit der Premiere der britischen *Coronation Street* im Dezember 1960 wurden in dieser Serie 59 Hochzeiten gefeiert.

★ LÄNGSTE UNUNTERBROCHENE FILMAUFNAHME
Die längste ununterbrochen gefilmte Filmsequenz – die gesamte Folge von *C.I.D.* von 111 Minuten – wurde am 8. Oktober 2004 von B. P. Singh (IND) in Mumbai (IND) gefilmt und am 7. November 2004 ausgestrahlt.

BESTÄNDIGSTE ...

ZEICHENTRICKSERIE
Die Simpsons (FOX, USA) Premiere: 17. Dezember 1989; Folgen: 352 am 15. Mai 2005

KINDERPROGRAMM
Bozo the Clown (WGN TV, USA) Premiere: 1949; Folgen: über 150.000 im August 2001

SCIENCEFICTION-SERIE
Doctor Who (BBC, GB) Premiere: 23. November 1963; Folgen: 709 (173 Geschichten) am 18. Juni 2005

SEIFENOPER
Guiding Light (CBS, USA) Premiere: 30. Juni 1952; Folgen: 14.613 am 25. Februar 2005

TALENT-SHOW
Opportunity Knocks (ITV, GB/BBC, GB) Premiere: 1956; Folgen: unbekannt

MAGIC-SHOW
Magicland (WMC-TV, USA) Premiere: Januar 1966; Folgen: 1.200 im Januar 1989

KOMÖDIE
Last of the Summer Wine (BBC, GB) Premiere: 12. November 1973; Folgen: 235 am 18. April 2004

TV-SHOWS

★ ERSTE ANIMATIONSSHOW ZUR HAUPTSENDEZEIT
Die Flintstones von William Hanna und Joseph Barbera wurden erstmals im September 1960 vom Fernsehsender ABC (USA) ausgestrahlt.

GRÖSSTE PRODUZENTEN VON SEIFENOPERN
Brasilien, Mexiko and Puerto Rico produzieren die meisten „telenovelos" mit durchschnittlich mehr als 100 Folgen für ganz Lateinamerika, Italien und Portugal.

★ AM HÄUFIGSTEN HINTEREINANDER IN EINER SPIELSHOW GEWONNEN
Ian Lygo (GB) feierte im Dezember 1998 in der Spielshow *100 %* 75 Siege. Lygo hält auch den Rekord für die ★ **meisten in einer TV-Spielshow besiegten Gegner**, und zwar 150.

MEISTE TEILNEHMER BEI EINER TV-QUIZSHOW
Bei den All-Japan High-School Quiz Championships, die am 31. Dezember 1983 auf NTV ausgestrahlt wurden, nahmen 80.799 Menschen teil.

MEISTE TEILNEHMER BEI EINER TV-QUIZSERIE
An der Quizshow *Trans-America Ultra Quiz*, die von 1977 bis 1993, also 16 Jahre lang, ausgestrahlt wurde, nahmen insgesamt 213.430 Kandidaten teil. Nur 31 Kandidaten schafften es bis zur letzten Frage.

MEISTE ZUSCHAUER EINER KOMÖDIE
Mit rund 125 Mio. Zuschauern erzielte die letzte Folge von *M*A*S*H*, die am 28. Februar 1983 ausgestrahlt wurde, einen neuen Zuschauerrekord.

MEISTE ZUSCHAUER EINER TV-SERIE
1996 zog die Fernsehserie *Baywatch* auf dem Höhepunkt ihrer Popularität wöchentlich mehr als 1,1 Mrd. Zuschauer in 142 Ländern an. Die auf jedem Kontinent mit Ausnahme der Antarktis gezeigte Serie wurde in 148 Ländern ausgestrahlt und in 44 Sprachen übersetzt.

★ ERSTE FERNSEHSERIE IN FARBE
The World Is Yours hatte am 26. Juni 1951 Premiere. Da jedoch die Mehrzahl der Haushalte in den USA damals noch Schwarzweiß-Empfänger hatten, konnten viele von ihnen die Serie erst nach Einführung von Farbfernsehern im Dezember 1953 sehen.

★ TEUERSTE FERNSEHWERBUNG (PRODUKTION) →
Die Produktionskosten für einen vierminütigen Film von Regisseur Baz Luhrmann (AUS), in dem für das Parfüm Chanel No.5 geworben wurde, betrugen umgerechnet 26,68 Mio. EUR. Der Werbespot mit Nicole Kidman (AUS) als Schauspielerin im Stil von Marilyn Monroe, die von Paparazzi verfolgt wird, hatte am 1. November 2004 in den Kinos der USA und am 11. November 2004 im US-Fernsehen Premiere. Kidman soll mit diesem Werbespot umgerechnet 2,85 Mio. EUR verdient haben, also 715.617 EUR pro Minute – das **höchste Honorar pro Minute eines Schauspielers für einen TV-Werbespot**.

★ NEUER REKORD   ★ VERBESSERTER REKORD

★ HÖCHSTE WERBERATE FÜR EINE FERNSEHSERIE

Im Durchschnitt umgerechnet 1,5 Mio. EUR kostete ein 30-sekündiger Werbespot während der einstündigen letzten Folge von *Friends*, die am 6. Mai 2004 in den USA ausgestrahlt wurde.

WERBUNG

GRÖSSTE GLEICHZEITIGE ERSTSENDUNG EINES TV-WERBESPOTS
Die Ford Motor Company sendete ihren Global-Anthem-Werbespot am 1. November 1999 um 21.00 Uhr Ortszeit auf mehr als 140 Regionalsendern in 190 Ländern. Der Spot mit Charlotte Church (GB) und allen sieben Ford-Automarken wurde in neun Ländern gedreht.

MEISTE FERNSEHSPOTS FÜR EIN PRODUKT WÄHREND EINER SENDUNG
Am 17. August 1996 sendete Castlemaine XXXX während einer Sendung auf ITV (GB) neun unterschiedliche Werbespots, und zwar je drei während jeder der drei Werbepausen.

HÖCHSTER WERBETARIF
Der höchste Werbetarif betrug umgerechnet 3,11 Mio. EUR für 30 Sekunden der Hauptsendezeit des Senders NBC während der 35. Super-Bowl-Übertragung am 28. Januar 2001.

ERSTER WERBESPOT IM WELTALL
Am 22. August 1997 zeigte die Werbekampagne für Tnuva-Milch den Kosmonauten Wasily Tsibliyew (RUS), wie er an Bord der russischen Raumstation Mir Milch trinkt.

MEISTE WERBESPOTS MIT EINEM FIRMENGRÜNDER
Zwischen 1989 und 2002 trat Dave Thomas, der Gründer von Wendy's Old Fashioned Hamburger Restaurants, 652-mal in Werbespots für sein Unternehmen auf.

ERSTE WERBUNG IM ÖFFENTLICHEN FERNSEHEN
Die erste Werbung im öffentlichen Fernsehen wurde am 27. Juni 1941 auf NBCs Sender WNBT in New York (USA) ausgestrahlt. Geworben wurde für eine Bulova-Uhr.

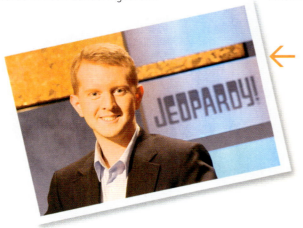

★ GRÖSSTER BEI EINER TV-SHOW GEWONNENER BARGELDPREIS
Ken Jennings (USA) räumte bei *Jeopardy* umgerechnet 1.942.137 EUR ab, indem er während der 75 zwischen dem 2. Juni und 30. November 2004 ausgestrahlten Sendungen 74 Spiele gewann. Jennings besiegte 149 Gegner und beantwortete insgesamt über 2.000 Fragen richtig.

BESTÄNDIGSTE POP-TV-SHOW
Die erste Ausgabe der *Top of the Pops* (BBC, GB) wurde am 1. Januar 1964 von Jimmy Savile (oben) moderiert. Dabei traten unter anderem auf: Dusty Springfield, die Rolling Stones, die Dave Clark Five, die Swinging Blue Jeans und die Hollies. Die Beatles sowie Cliff Richard und die Shadows waren in Filmbeiträgen zu sehen. Im Januar 2005 feierte die Show ihr 41. Sendejahr. Zu den Moderatoren der Sendung gehörten u.a. auch Bruno Brooks, Anthea Turner und Gary Davis (Mitte, von links nach rechts) sowie Fearne Cotton und Reggie Yates (unten).

WWW.GUINNESSWORLDRECORDS.COM

→ KUNST & UNTERHALTUNG
DIGITALE MUSIK

Was ist digitale Musik?

• Musik wurde traditionell physisch, d.h. auf festen Trägern aufgenommen und gespeichert, wie beispielsweise in den Rillen von Vinyl-Schallplatten oder den Magnetbändern von Audiokassetten.

• Digitale Musik existiert hingegen in einem Binär-Digitalformat, das sich aus den Elementen 0 und 1 zusammensetzt. Dieser so entstehende Code erfüllt den gleichen Zweck wie die Rillen einer Schallplatte.

• Da digitale Musik in Form von Daten vorliegt, lässt sie sich auf dem Computer speichern und wiedergeben – häufig als MP3-Datei.

• Durch die rasante Entwicklung des PC-Sektors sowie das enorme Wachstum des Internet können digitale Musiktitel inzwischen problemlos um die ganze Welt und von einem Gerätetyp zum anderen übertragen werden.

• Es ist leichter als je zuvor, sich mit seiner Lieblingsmusik zu versorgen. Bei dieser neuen Form des Musikkonsums sind allerdings auch umfangreiche (urheber-)rechtliche Regelungen zu treffen und zu beachten.

VERKAUFSZAHLEN

★ BESTVERKAUFTE DOWNLOAD-SINGLE INNERHALB EINER WOCHE IN GB
„Dogz Don't Kill People Wabbits Do" von Mouldy Looking Stain verkaufte sich im Oktober 2004 in Großbritannien innerhalb einer einzigen Woche mehr als 7.000-Mal.

★ BESTVERKAUFTE DOWNLOAD-SINGLE IN DEN USA
„Hey Ya" von OutKast (USA) ist der einzige Download-Titel, der von der Recording Industry Association of America (RIAA) einen Mehrfach-Platinpreis für Verkaufszahlen von über 400.000 Stück verliehen bekam (Stand: Oktober 2004).

ERSTE NUR PER DOWNLOAD ERHÄLTLICHE HITSINGLE
Die erste Single, die nur über den Verkauf als Download-Single in die US Hot 100 Charts gelangte, war im März 2003 „Peacekeeper" von Fleetwood Mac (GB/USA).

ERSTE MILLIONENFACH VERKAUFTE CD
Die erste CD, die sich weltweit eine Mio. Mal verkaufte, war 1986 *Brothers in Arms* von den Dire Straits. Anschließend erreichte sie allein in Europa Verkaufszahlen von über einer Million.

←★ BESTVERKAUFTE DOWNLOAD-SINGLE IN GROSSBRITANNIEN
„(Is This The Way To) Amarillo" von Tony Christie (links) featuring Peter Kay (rechts, beide GB) kam am 14. März 2005 auf den Markt. Die bisherigen Download-Verkaufszahlen liegen bei 57.804.

★ GRÖSSTE ILLEGALE MUSIKTAUSCHBÖRSE ←
Vor der 2001 nach einer Klage der RIAA erfolgten Schließung hatte die illegale Musiktauschbörse Napster (USA) mehr als 70 Mio. Nutzer. Der durch den Studenten Shawn Fanning (USA) gegründete Dienst gab den Mitgliedern die Möglichkeit, kostenlos MP3-Musikdateien online zu tauschen. Das Foto zeigt Shawn (ganz links) mit seinem Anwalt David Boiesat am 2. März 2001 bei einer Pressekonferenz vor dem Gerichtsgebäude im kalifornischen San Francisco (USA). 2003 wagte Napster einen Neustart als legaler Service.

TECHNOLOGIE

★ ÄLTESTES DIGITALES MEHRSPUR-TONSTUDIO
Die Sound 80 Studios in Minneapolis, Minnesota (USA), wurden 1970 gebaut und waren das erste digitale Mehrspur-Tonstudio. Es wurde in Zusammenarbeit mit der Firma 3M betrieben, von der die mehrspurige digitale Aufnahmetechnik entwickelt wurde. Heute ist der Studiokomplex Teil der Orfield Laboratories.

★ ERSTER DURCH KÜNSTLER GEGRÜNDETER INTERNET-DIENSTANBIETER
BowieNet (www.davidbowie.com, USA) ist der erste durch einen Musiker gegründete Internet Service Provider (ISP) und wurde am 1. September 1998 von David Bowie (GB) und Ultrastar Internet Services ins Leben gerufen.

★ ERSTE MP3-DATEI
Der Begriff MP3 steht für MPEG Audio Layer-3 und ist ein sehr verbreiteter Dateityp für Digitalmusik. Es handelt sich dabei ausschließlich um Audio-Dateien. Sie entstanden aus dem Format MPEG-1,

★ NEUER REKORD ★ VERBESSERTER REKORD

GRÖSSTER ONLINE MUSIC STORE →

Die größte Online-Sammlung legal herunterladbarer Musiktitel ist iTunes von Apple. Seit dem Start 2003 ist der Titel-Katalog auf über eine Mio. Stücke angewachsen, die kostenpflichtig via Internet heruntergeladen werden können.

einem meist über das Internet genutzten Verfahren zur Video-Komprimierung in niedriger Bandbreite. Die Entwicklung von MP3 begann 1987 im Fraunhofer-Institut für Integrierte Schaltungen (D). 1992 erfolgte die Anerkennung als weltweiter Standard durch die International Standards Organization.

ERSTE CD
Der CD-Standard wurde erstmals 1980 von Philips (NL) und Sony (J) angeregt und 1981 durch ein Standardisierungskomitee bestätigt. Die ersten CDs kamen in Europa und Japan im Herbst 1982 und in den USA 1983 auf den Markt. Allein im ersten Jahr wurden dort 800.000 Stück verkauft. Die mit einem Laserstrahl beschriebenen und wiedergegebenen Medien haben sich zum Standard in der Heimelektronik- und Computerbranche entwickelt.

LEISTUNGS-FÄHIGSTE MULTIMEDIA-JUKEBOX

Die bislang leistungsfähigste Multimedia-Jukebox ist die AV380 mit einer Festplattenkapazität von 80 GB. Mit dem von Archos (F) gebauten Gerät lassen sich sowohl MP3-Musikdateien als auch Videos im Format MPEG4 speichern und wiedergeben. Die Markteinführung von AV380 erfolgte im August 2003. Die 80 GB große Festplatte reicht aus, um ca. 2.000 Musik-CDs, 160 Stunden TV oder rund 120 DVD-Filme in voller Länge zu speichern.

★ BESTVERKAUFTER SYNTHESIZER
Der beliebteste digitale Synthesizer aller Zeiten ist die Music Workstation Korg M1, von der seit 1988 250.000 Stück hergestellt wurden.

INTERNETRADIO

ERSTE INTERNET-RADIO-SENDUNG
Die erste Radiosendung im Internet war „Geek of the Week", produziert von Internet Talk Radio (USA) und erstmals zu hören am 1. April 1993. Die Sendung wurde von Carl Malumud (USA) entwickelt und basierte auf der MBONE-Technologie (IP Multicast Backbone on the Internet). Das Programm bestand hauptsächlich aus Interviews und richtete sich an die Mitglieder der im Entstehen begriffenen Internet-Gemeinde. Den Hörern zugänglich gemacht wurde die Sendung via FTP (File Transfer Protocol).

★ ERSTER INTERNETRADIOSENDER
Als erster Radiosender, der rund um die Uhr übers Internet sendete, übertrug Radio HK (USA) erstmals im Februar 1995 Musik. Ins Leben gerufen wurde der Sender von Norman Hajjar (USA) in Kalifornien (USA). Er basierte auf einem CUSeeME-Webconferencing Reflector, der mit einer in einer Endlosschleife laufenden, benutzererstellten Audio-CD verbunden war.

★ BESTVERKAUFTE DOWNLOAD-SINGLE INNERHALB EINER WOCHE IN DEN USA

„Hollaback Girl" von Gwen Stefani (USA) verkaufte sich in der Woche bis zum 7. Mai 2005 58.500-mal.

KUNST & UNTERHALTUNG
CHARTSSTÜRMER

★ **MEISTE KRAFTAUSDRÜCKE AUF EINER NR.-1-SINGLE**

Eamons (Eamon Doyle, USA) Single „F*** It (I Don't Want You Back)", die Anfang 2004 an die Spitze der Single-Charts in den USA, Großbritannien und Australien sowie zahlreicher europäischer Charts gelangte, enthielt 33 Kraftausdrücke.

★ **SCHLECHT VERKAUFTESTE US-NR.-1-SINGLE**

Die Single „Dreams" der Zweitplatzierten bei *American Idol 3*, Diana DeGarmo (USA), kletterte im September 2004 auf Platz 1 der US-Single-Charts, obwohl die wöchentlichen Verkäufe unter 3.000 Exemplaren lagen.

★ **SCNNELLST VERKAUFTE ALBUMREIHE**

Das 57. Album der weltweit **erfolgreichsten Albumreihe** *Now!* wurde 2004 in der ersten Aprilwoche 334.345-mal verkauft.

★ **ÄLTESTE SINGLE AUF PLATZ 1 DER US-SINGLE-CHARTS**

Im Juli 2004 war „That's Alright" von Elvis Presley (USA) die meistverkaufte Single in den USA. Der Song, der auch unter die Top 3 in Großbritannien kam, wurde 1954, also 50 Jahre zuvor, aufgenommen und ohne viel Erfolg veröffentlicht.

★ **BESTES DEBÜT IN DEN US-SINGLE-CHARTS**

Die einzige Künstlerin, die bei ihrem Debüt in den US-Hot-100 sofort Platz 1 belegte, ist Fantasia Barrino (USA), die Gewinnerin von *American Idol 3*, und zwar am 10. Juli 2004 mit „I Believe".

MEISTE WOCHEN GLEICHZEITIG AUF PLATZ 1 & 2 DER US-SINGLE-CHARTS

OutKast (USA) besetzten vom 20. Dezember 2003 bis 7. Februar 2004 mit „Hey Ya!" und „The Way You Move" acht Wochen lang gleichzeitig Platz 1 und 2 der US-Single-Charts.

★ **SCHLECHT VERKAUFTESTE BRITISCHE NR.-1-SINGLE**

Von „Call On Me" von Eric Prydz (S) wurden in der Woche bis zum 30. Oktober 2004 nur 21.749 Exemplare verkauft, obwohl der Song auf Platz 1 der britischen Single-Charts stand.

MEISTE BRITISCHE SINGLESTARTS AUF NR. 1

Zwischen dem 1. Mai 1999 und den Leuten ankommt, aber du weißt nicht, wie erfolgreich du sein wirst.

MEISTVERKAUFTES ALBUM ALLER ZEITEN

Thriller von Michael Jackson (USA) ist seit 1982 weltweit über 51 Mio. Mal verkauft worden.

ANDRE „3000" BENJAMIN

Andre 3000 (alias Andre Benjamin, USA) ist die eine Hälfte von OutKast, die den Rekord für die meisten Wochen auf Platz 1 & 2 der US-Single-Charts halten.

Wollten Sie schon immer Musiker werden?
Nein, in erster Linie bin ich darstellender Künstler. Erst in der Highschool habe ich begonnen, mich für Musik zu interessieren.

Was ist das Beste an Ihrem Job?
Eine Idee hören und sehen zu können und sie dann einer breiten Öffentlichkeit nahe zu bringen.

Haben Sie zu Beginn Ihrer musikalischen Karriere geglaubt, dass Sie so erfolgreich sein würden?
Nein, du hoffst, dass deine Musik bei

Was war Ihr größter Erfolg als Musiker?
Den Punkt zu erreichen, an dem die Zuhörer über etwas Neues und Provozierendes genauso aus dem Häuschen gerieten wie ich.

Welchen Rat würden Sie jungen Menschen geben, die Musiker werden möchten?
Dafür zu sorgen, dass ihnen das, was sie tun, Spaß macht. Das Geschäft genauso zu erlernen wie auch die Kunst. Den eigenen Wert zu kennen. Vielseitigkeit. Die Musik auch als Hobby zu betrachten, weil es im heutigen Klima schwer ist, viel Geld damit zu verdienen.

GUINNESS WORLD RECORDS BUCH **2006**

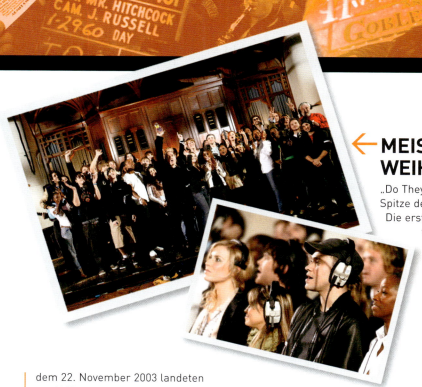

← MEISTE SPITZENPLATZIERUNGEN EINES WEIHNACHTSLIEDS IN DEN BRIT-CHARTS

„Do They Know It's Christmas?" hat es dreimal zur Weihnachtszeit an die Spitze der britischen Single-Charts geschafft – 1984, 1989 und 2004. Die erste Version wurde damals allein in Großbritannien 3,6 Mio. Mal verkauft, die jüngste Version von Band Aid 20 war 2004 mit über 1 Mio. Exemplaren die meistverkaufte britische Single. Sie wurde von Bob Geldof (IRL) und Midge Ure (GB) geschrieben.

dem 22. November 2003 landeten zwölf Singles der Gruppe Westlife, zu der Shane Filan, Nicky Byrne, Bryan McFadden, Mark Feehily und Kian Egan gehören (alle IRL), gleich nach ihrem Erscheinen auf Platz 1 der britischen Charts.

★ MEISTE NEUZUGÄNGE IN DEN BRITISCHEN SINGLE-CHARTS

Am 16. Oktober 2004 gab es die Rekordzahl von 17 Neuzugängen in den britischen Top-40-Single-Charts.

★ MEISTE NEUZUGÄNGE IN DEN US-ALBUM-CHARTS

Am 16. Oktober 2004 gab es elf Neuzugänge in den US-Top-20-Album-Charts.

★ MEISTE PLATZIERUNGEN IN DEN US-ADULT-CONTEMPORARY-CHARTS

Im September 2004 schaffte es Elton John (GB) mit dem Track „Answer in the Sky" zum 64. Mal in die US-Adult-Contemporary-Charts.

Barbra Streisand (USA) war dort 63-mal vertreten und ist damit die **Sängerin mit den meisten Platzierungen** in dieser Chart.

★ MULTINATIONALSTE GRUPPE AN DER SPITZE DER BRITISCHEN ALBUM-CHARTS

Die Mitglieder der Gruppe Il Divo gehörten vier verschiedenen Nationalitäten an, als ihr Album *Il Divo* am 13. November 2004 die Nummer 1 wurde. Das Quartett besteht aus Carlos Marin (E), David Miller (USA), Urs Buhler (CH) und Seb Izambard (F). Das Album ist eine Mischung aus klassischer Musik und Popmusik, gesungen in Englisch, Spanisch und Italienisch.

LÄNGSTE ZEITSPANNE ZWISCHEN ZWEI SINGLE-PLATZIERUNGEN

Louis Armstrong (USA, 1901–1971) schaffte es am 6. April 1946 erstmals in eine Billboard-Chart. Zuletzt gelang ihm der Sprung in die Charts 1988, 17 Jahre nach seinem Tod, mit „What a Wonderful World" aus dem Film-Soundtrack zu *Good Morning Vietnam* (USA, 1987). Armstrong hatte auch über 50 Hits vor dem „offiziellen" Chartbeginn im Jahr 1940, von denen der erste „Muskrat Ramble" aus dem Jahr 1926 war. Zwischen seinem ersten und seinem letzten Hit lagen also 62 Jahre.

★ ERFOLGREICHSTER BRITISCHER SONGTITEL

Der erfolgreichste Songtitel in den britischen Single-Charts ist „Angel", der es elfmal unter die Top 40 schaffte, zuletzt in der Version von The Corrs (IRL) im September 2004.

→ **WO FINDET ALLJÄHRLICH DAS GRÖSSTE JAZZ-FESTIVAL DER WELT STATT?**

DIE ANTWORT STEHT AUF S. 171

★ LÄNGSTE ZEIT AUF PLATZ 1 DER US-SINGLE-CHARTS IN EINEM JAHR →

Usher (Usher Raymond IV, USA) hielt sich 2004 28 Wochen lang an der Spitze der US-Single-Charts.

★ NEUER REKORD   ★ VERBESSERTER REKORD

KUNST & UNTERHALTUNG
MUSIKSTARS

★ HÖCHSTE CHART-PLATZIERUNGEN FÜR GLEICHZEITIG VERÖFFENTLICHTE US-ALBEN

Zwei Alben des Rap-Künstlers Nelly (alias Cornell Haynes, USA) – *Suit* und *Sweat* – schafften im Oktober 2004 gleichzeitig den Sprung auf Platz 1 und Platz 2 der US-Album-Charts.

→ WELCHES ALBUM WURDE SEIT SEINER VERÖFFENTLICHUNG IM JAHR 1982 51 MIO. MAL VERKAUFT?

DIE ANTWORT STEHT AUF S. 166

ERFOLGREICH...

★ MEISTVERKAUFTES CONTEMPORARY-JAZZ-ALBUM
Das Album *Come Away With Me* von Norah Jones (USA) stand 143 Wochen hintereinander an der Spitze der US-Contemporary-Jazz-Charts und wurde weltweit 16 Mio. Mal verkauft. Es schaffte im März 2002 sofort den Sprung auf Platz eins, bevor es im Dezember 2004 auf Platz 2 abrutschte.

MEISTVERKAUFTES WELTMUSIK-ALBUM
Das 1998 mit einem Grammy ausgezeichnete Album *Buena Vista Social Club* (Kuba, 1997) fand weltweit über 4 Mio. Käufer.

ERFOLGREICHSTE LATIN-KÜNSTLERIN
Gloria Estefan (C) hat Schätzungen ihrer Plattenfirma zufolge weltweit über 70 Mio. Alben verkauft. Sie hat es auf acht Gold-Alben in den USA gebracht, von denen vier über 3 Mio. Käufer fanden: *Primitive Love* (1985), *Let It Loose* (1987), *Cuts Both Ways* (1989) und *Greatest Hits* (1992).

ERFOLGREICHSTER LATIN-KÜNSTLER
Der Sänger Julio Iglesias (E) soll inzwischen weltweit über 200 Mio. Alben verkauft haben. Sein Album *Julio* (1983) war das erste fremdsprachige Album, das in den USA mehr als 2 Mio. Mal verkauft wurde, und das einzige fremdsprachliche Album, das es dort auf Doppel-Platin brachte.

ERFOLGREICHSTER RAPPER
Die Rap-Legende 2Pac (alias Tupac Shakur, USA) hat mittlerweile in den USA 36 Mio. Alben verkauft. Er hatte nach seinem Tod (im Alter von 25 Jahren im September 1996) mehr Hits als zu seinen Lebzeiten, einschließlich dreier Nr.-1-Alben.

★ LÄNGSTES VERZEICHNIS DER MITWIRKENDEN AUF EINER SINGLE
Die Single „Was Ist Passiert?", die am 20. Oktober 2003 von PUR (D) veröffentlicht wurde, führt die Namen von 1.491 Leuten auf. Sie ließen sich alle über die Website der Band registrieren.

★ MEISTE ÖFFENTLICHE AUFTRITTE EINES POPSTARS IN 24 STUNDEN

Rachel Stevens (GB) hatte am 8. und 9. September 2004 sieben öffentliche Auftritte. Die von ihr besuchten Städte waren in dieser Reihenfolge: Salford, Liverpool, Stoke-on-Trent, Birmingham, Bristol, Oxford und London. Alle Auftritte dauerten mindestens eine Viertelstunde.

★ MEISTE ALBEN HINTEREINANDER VON EINEM KÜNSTLER SIGNIERT

Am 6. und 7. Juli 2004 signierte Yahir Othön Parra (MEX) auf dem Plaza Cuicuilco in Mexico City die Rekordzahl von 2.852 Exemplaren seines Albums *Otra historia de amor*. Er signierte 8 Stunden 13 Minuten 49 Sekunden lang CDs.

...UND SEHR TEUER

TEUERSTES POPSTAR-OUTFIT
Das Outfit, das Geri Halliwell (GB) 1997 beim Auftritt der Spice Girls bei den BRIT Awards trug, wurde am 16. September 1998 für umgerechnet 61.088 EUR bei Sotheby's in London (GB) verkauft. Das Outfit war eine Kreation der Schwester der Sängerin, Karen Davis, die ein Mieder mit der britischen Flagge darauf nähte.

TEUERSTES MUSIKVIDEO
Die Produktion des Videos zur Hitsingle „Scream" (1995) von Michael und Janet Jackson, bei dem Mark Romanek (USA) Regie führte, kostete umgerechnet 5,4 Mio. EUR.

★ JÜNGSTE KÜNSTLERIN AN DER SPITZE DER BRITISCHEN ALBUM-CHARTS

Joss Stone (GB) schaffte am 9. Oktober 2004, im Alter von 17 Jahren 181 Tagen, mit ihrem zweiten Album *Mind, Body & Soul* den Sprung auf Platz 1.

ERFOLGREICHSTES MUSIKVIDEO
Von Michael Jacksons 1983 veröffentlichtem *The Making of Michael Jackson's Thriller*-Video wurden über 900.000 Kopien verkauft.

AUSGEZEICHNET...

★ MEISTE BRIT AWARDS EINES SOLOKÜNSTLERS
Robbie Williams (GB) hat 15 BRIT (British Record Industry Trust) Awards gewonnen. Die jüngste Auszeichnung erhielt er am 10. Februar 2005 für den besten Song (der letzten 25 Jahre), und zwar für „Angels".

MEISTE GRAMMYS EINER KÜNSTLERIN
Aretha Franklin (USA) hat die Rekordzahl von 15 Grammys gewonnen, zum ersten Mal 1967 für den besten R&B-Gesang mit „Respect". Mit elf Grammys zwischen 1967 und 1987 gewann sie auch die meisten Grammys für die beste weibliche R&B-Darbietung.

MEISTE GRAMMYS FÜR EINEN MUSIKER
Der Dirigent Sir Georg Solti (GB) gewann zwischen 1958 und 1997 31 Grammys (einschließlich einem Special Trustees Award im Jahr 1967).

MEISTE BRIT AWARDS EINER GRUPPE IN EINEM JAHR
Blur gewann 1995 vier BRIT Awards. Damals gehörten zu der 1988 gegründeten Gruppe Damon Albarn, Graham Coxon, Alex James und Dave Rowntree (alle GB).

MEISTE GRAMMYS EINES SOLO-POPKÜNSTLERS
Stevie Wonder (USA) hat seit 1973 19 Grammys gewonnen, darunter sechsmal die Auszeichnung für den besten R&B-Gesang eines Mannes.

MEISTE GRAMMYS EINER GRUPPE IN EINEM JAHR
Die in den 60er Jahren gegründete Rockgruppe Santana gewann am 23. Februar 2000 acht Grammys.

MEISTE GRAMMYS EINES SOLOKÜNSTLERS IN EINEM JAHR
Michael Jackson (USA) gewann 1984 acht Grammys.

GRÖSSTE MIT EINEM GRAMMY AUSGEZEICHNETE GRUPPE
Die 46 Mitglieder des Chicago Symphony Orchestra gewannen im Februar 1978 mit ihrer Aufnahme von Verdis *Requiem* einen Grammy für Best Choral Performance Classical.

★ NEUER REKORD ★ VERBESSERTER REKORD

KUNST & UNTERHALTUNG
MUSIKREKORDE

Menschlicher Stimmumfang (den Bezeichnungen sind die beim Klavier verwendeten zugrunde gelegt)

1. **Größter Umfang einer Frau:** Neun Oktaven, G2–G10, Georgia Brown (BR), 18. August 2004

2. **Höchster Ton einer Frau:** Georgia Browns G10 – eher eine Frequenz als ein Ton, verifiziert mithilfe eines Klaviers, einer Geige und einer Hammondorgel

3. **Größter Umfang eines Mannes:** Sechs Oktaven, Tim Storms (USA)

4. **Höchster Ton eines Mannes:** D7 (vier Ds über eingestrichenem C), Adam Lopez (AUS), 17. März 2003

5. **Höchster Ton im klassischen Repertoire:** G6 (3 Gs über eingestrichenem C) in „Popoli di Tessaglia", einer Konzertarie von Mozart (A, 1756–1791)

6. **Tiefster Ton im klassischen Repertoire:** Tiefes D (drei Ds unter eingestrichenem C) in Osmins Arie in Mozarts *Die Entführung aus dem Serail*

7. **Tiefster Ton:** Tim Storms' B-2, fast zwei Oktaven unter dem tiefsten Ton des Klaviers

Anmerkung: Die hellen Tasten auf der Tastatur (links) zeigen den Tonumfang eines Standard-Klaviers mit 88 Tasten. Die grauen stehen für Tonhöhen außerhalb dieses Bereichs

STIMMKÜNSTLER

SCHNELLSTER RAP-MC
Rebel XD alias Seandale Price (USA) ist der schnellste Rap-Künstler der Welt. Am 24. Juni rappte er 683 Silben in 54,501 Sekunden, das heißt knapp über 12,5 Silben pro Sekunde, und brach damit seinen 1992 aufgestellten Rekord von 674 Silben in 54,9 Sekunden oder 12,2 Silben pro Sekunde.

★ AM LÄNGSTEN GEHALTENER TON
David McFetridge (IRL) hielt am 29. Juli 2003 während der *Big Toe Radio Show* in London (GB), einem Radioprogramm für Kinder, einen einzigen Ton 29,03 Sekunden lang. McFetridge stand genau einen Meter vom Messinstrument entfernt und wählte selbst die Tonhöhe, die von zwei qualifizierten Musikexperten auf minimalste Abweichungen vom Ausgangston überprüft wurde.

MARATHONS

★ ELVIS
Franz Nübel (D) veranstaltete vom 29. bis 30. Januar 2004 in Kall (D) einen Singmarathon mit Elvis-Presley-Liedern, der 42 Stunden 16 Minuten 8 Sekunden dauerte.

★ RADIO DJ
Arulanantham Suresh Joachim (AUS) war vom 23. bis 28. Juni 2003 120 Stunden lang im Geethavaani Tamil Radio in Scarborough, Ontario (CDN), auf Sendung.

★ LÄNGSTES KONZERT EINER GRUPPE

Vom 20. bis 22. Februar 2004 spielten die Grand Boys – alias Paul Bromley, John Griffin, Bob und Robert Kelly, Alan Marshall, Adrian Robertson, Colin Sinclair und Alan Stewart (alle GB) – 42 h 38 min lang im Smith's Restaurant in Stirling (GB).

CLUB DJ
Die mit 74 Stunden längste Session als DJ mixte Martin Boss (USA) vom 1. bis 4. Februar 2002 im Vinyl Frontier in Orlando, Florida (USA).

★ KARAOKE
Mark Pearson (GB) sang am 25./26. Juni 2004 in Keighley (GB) 25 Stunden 45 Minuten lang. Die ★ **längste Karaoke-Session einer Gruppe** dauerte 100 Stunden vom 26. bis 30. Dezember 2004. Es waren 399 Personen im Guangzhou Victory Plaza (CHN) aktiv beteiligt.

GRÖSSTE MUSIKINSTRUMENTE-ENSEMBLES

INSTRUMENT	ANZAHL	ORT	DATUM
Glocke (Glockenspiel)	10.000	Gdansk (PL)	31. Dezember 2000
Geige	4.000	London (GB)	15. Juni 1925
Blockflöte	3.337	Hongkong (CHN)	4. März 2001
Schlagzeug	3.140	Hongkong (CHN)	13. Juli 2003
Panflöte	2.317	La Paz (BOL)	24. Oktober 2004
Kazoo	1.791	Quincy (USA)	30. Juni 2004
Erhu	1.490	Jiangsu (CHN)	17. Oktober 2004
Gitarre	1.322	Vancouver (CDN)	7. Mai 1994
Cello	1.103	Kobe (J)	29. November 1998
Mundharmonika	851	Poznań (PL)	13. September 2003
Shamisen	815	Tokio (J)	27. November 1999

★ NEUER REKORD   ★ VERBESSERTER REKORD

MEISTE ...

★ DJs (STAFFEL)
Am 18. Juni mixten im D-Train, Bridge & Tunnel Club in London (GB) 59 DJs hintereinander je eine Schallplatte. Jeder DJ spielte eine Schallplatte, einer nach der andern, wobei jeder Mix fortlaufend, synchron und auf professionellem Niveau ausgeführt wurde.

★ PLATTENTELLER BEIM MIX
DJ Trixta (Andrew Cooper, GB) verwendete am 26. September 2002 bei einem Synchronmix im Phoenix Centre in Exeter, Devon (GB), sechs Schallplatten auf sechs Plattentellern.

★ INSTRUMENTE IM KONZERT
Kinder der Grundschule Caistor, Lincolnshire (GB), spielten bei einem Konzert am 3. Juli 2002 insgesamt 147 verschiedene Musikinstrumente. Das Stück mit dem Titel *Caistor Symphony* dauerte 30 Minuten.

★ AUFTRITTE IN 12 STUNDEN
KANSAS CITY – Hamburgs Kultband! (D) spielte am 4. Dezember 2004 in Hamburg (D) in zwölf Stunden sechsundzwanzig 15-minütige Gigs. Unterstützt von drei Road-Crews von „Get A Hand", trieb die Band auf diese Weise 1.068.48 EUR für die Wohltätigkeitsorganisation „Hamburg Leuchtfeuer" auf.

GRÖSSE

★ GRÖSSTES GLOCKENSPIEL
Ein Glockenspiel besteht aus an einem Rahmen befestigten Messingglocken und wird mit Tastatur und Pedalen gespielt. Das größte (Minimum 23 Glocken) ist das fünf Oktaven umfassende Hyechon-College-Glockenspiel in Seo-ku, Taejon (ROK), mit 78 Glocken. Die schwerste Glocke, die Bourdonbell, wiegt 10 t.

GRÖSSTE BAND
Am 28. Juni 1964 versammelte sich die Rekordzahl von 20.100 Mitgliedern des Norges Musikkorps Forbund im Ullevaal-Stadion in Oslo (N).

★ LÄNGSTE WIDMUNG AUF EINER SINGLE
Die längste Widmung auf einer Single umfasst 1.491 Namen auf der Aufnahme von „Was ist passiert?", die die Band PUR (D) am 20. Oktober 2003 veröffentlichte.

★ GRÖSSTE MENSCHLICHE BEATBOX
Am 3. Juni 2002 bildeten 116 Menschen, die meisten von ihnen Anwohner der Laburnham Road in Maidenhead, Berkshire (GB), eine menschliche Beatbox. Sie schlugen über 3 Minuten lang einen vorgegebenen Rhythmus.

GRÖSSTE ORGEL
Das größte und **lauteste Musikinstrument** aller Zeiten ist die heute nicht mehr voll funktionsfähige Auditorium-Orgel in Atlantic City, New Jersey (USA). Als sie 1930 fertig gestellt wurde, hatte sie zwei Spieltische, 1.477 Register und 33.112 Orgelpfeifen. Die Orgel hatte einen Tonumfang von sieben Oktaven und die Lautstärke von 25 Blasorchestern.

★ GRÖSSTES JAZZ-FESTIVAL
Das größte Jazz-Festival der Welt ist das *Festival International de Jazz de Montréal* in Québec (CDN). Bei seiner 25. Auflage im Juli 2004 lockte es 1.913.868 Menschen an.

★ MUSIKUNTERRICHT MIT DEN MEISTEN TEILNEHMERN
Len Collins (GB) erteilte am 11. Mai 2004 in der Middleton Hall in Milton Keynes, Buckinghamshire (GB), 211 Schülern gleichzeitig Gitarrenunterricht.

GRÖSSTES ORCHESTER
6.452 Musiker, Mitglieder des Vancouver Symphony Orchestra und Musikstudenten aus British Columbia (CDN), spielten am 15. Mai 2000 in Vancouver (CDN) 9 Minuten 44 Sekunden lang *Ten Minutes of Nine*.

GRÖSSTES → SCHLAGZEUG-ENSEMBLE
Am 13. Juli 2003 kamen im Victoria Park in Hongkong (CHN) zur Eröffnungsfeier des Hong Kong Drum Festival 3.140 Schlagzeuger zusammen. Zu denen, die die Gruppe anführten, gehörte das 100-köpfige Schlagzeug-Ensemble des Hong Kong Chinese Orchestra.

★ GRÖSSTE SPIELBARE BAR-CHIMES
Die von George Barbar (RL) gebaute und am 17. Juni 2004 beim Byblos-off-Festival in Byblos (RL) gespielte Bar-Chimes war 15 m lang und bestand aus 1.000 Klangstäben, deren Länge von 5,1 cm bis 105 cm reichte. Sie waren an 20 hölzernen Stangen befestigt und diese wiederum an 20 Beckenständern.

→ KUNST & UNTERHALTUNG
THEATER & BÜHNE

★ MEISTE GLEICHZEITIGE INSZENIERUNGEN EINES MUSICALS
Im Februar 2005 wurde das Musical *Mamma Mia!* weltweit in zwölf verschiedenen Inszenierungen gleichzeitig gespielt, davon neun Hausinszenierungen (GB; zwei in den USA; E; J; S; D; CDN; NL) und drei auf Tourneen in Europa, Südafrika und in den USA. Das Musical *Les Misérables* von Cameron Mackintosh hatte mit weltweit gleichzeitig 15 die meisten gleichzeitigen Inszenierungen aller Zeiten.

MUSICAL

Meiste Nominierungen für den Tony Award
★ **Darsteller:** 8, Jason Robards (USA), 1957–1978
★ **Darstellerin:** 10, Julie Harris (USA), 1952–1997
Theaterstück: je 9 für *Angels in America: Millennium Approaches* (1993) und *Indiscretions* (1995)
★ **Theaterstück (keinen Preis erhalten):** 9 *Indiscretions* (1995)
★ **Musical (keinen Preis erhalten):** je 11 für *Chicago* (1976) und *Steel Pier* (1997)

→ WELCHER POPSTAR HATTE DIE MEISTEN ÖFFENTLICHEN AUFTRITTE INNERHALB VON 24 STUNDEN?

DIE ANTWORT STEHT AUF S. 168

★ KÜRZESTE LAUFZEIT IM WESTEND
Das Musical *Oscar Wilde* wurde nach der Premiere am 22. Oktober 2004 abgesetzt, nachdem für den zweiten Abend im Shaw Theatre in London (GB) nur fünf Karten verkauft worden waren. Das Theater bietet 466 Zuschauern Platz.

★ BESTBEZAHLTER SCHAUSPIELER IN EINEM BROADWAY-MUSICAL
Michael Crawford (GB) soll einen Vertrag über umgerechnet 139.000 EUR pro Woche für die Rolle des Grafen von Krolock in der Broadway-Inszenierung von *Tanz der Vampire* erhalten haben. Die Premiere fand am 9. Dezember 2002 im Minskoff Theatre in New York City (USA) statt. Die letzte Vorstellung lief am 25. Januar 2003. Für das Stück gab es mehr Vorpremieren (61) als Vorstellungen (56), damit hält es den Rekord als größte Theaterpleite.

★ FLEISSIGSTER KOMPONIST
Gemeinsam mit verschiedenen Mitarbeitern schrieb Richard Rodgers (USA) in einer sechs Jahrzehnte umspannenden Laufbahn 51 Musicals für Theater und Film, von *You'd Be Surprised* (1920) bis hin zu *I Remember Mama* (1979). Sein wahrscheinlich beliebtestes Stück war *South Pacific*, das 1949 erstmals auf die Bühne kam und 1958 verfilmt wurde (*Süd-Pazifik*). Der Soundtrack hält den Rekord für **die meisten Wochen auf Platz 1 der britischen Album-Charts**, nämlich 70.

TEUERSTE BÜHNENPRODUKTION IM WESTEND
Die Inszenierung von *Chitty Chitty Bang Bang* der Eon Productions, die am 16. April 2002 im Londoner Palladium (GB) mit Michael Ball (GB) in der Hauptrolle Premiere hatte, kostete umgerechnet 9,19 Mio. EUR und schlägt damit den bisherigen Rekord von *Cats* mit umgerechnet 8,89 Mio. EUR vom 11. Mai 1981.

MEISTE TONY AWARDS FÜR EIN MUSICAL
The Producers gewann zwölf Preise nach 15 Nominierungen, – darunter auch für das beste Musical – bei der Verleihung der Tony Awards im Jahre 2001. Unter der Regie von Susan Stroman (USA) brachen sie damit den bisherigen Rekord von zehn Preisen, den *Hello Dolly!* seit 1964 hielt.

HÖCHSTE EINNAHMEN AN DER THEATERKASSE
Seit der Premiere in London am 9. Oktober 1986 hat *Das Phantom der Oper* von Andrew Lloyd Webber in über 65.000 Vorstellungen in 20 Ländern umgerechnet mehr als 2,96 Mrd. EUR eingespielt.

★ GRÖSSTES BUDGET (PRE-PRODUCTION) →
Das größte Budget einer Bühnenaufführung vor ihrer Weltpremiere waren die bisher umgerechnet über 17,35 Mio. EUR für das Musical *The Lord of the Rings* unter der Regie von Matthew Warchus (GB). Das von Kevin Wallace Ltd. produzierte Musical soll im Jahr 2006 im Prince of Wales Theatre in Toronto (Ontario, CDN) Premiere haben.

THEATER

★ MEISTE ROLLEN EINES SCHAUSPIELERS IN EINER EINZELNEN INSZENIERUNG
Laxman Deshpande (IND) spielt alle 52 Rollen im dreistündigen Ein-Mann-Stück *Varhad Nighalay Londonla*. Seit der ersten bezahlten Vorstellung im Dezember 1979 in Aurangabad (IND) hat er das Stück 2.125-mal aufgeführt.

★ SCHNELLSTE INSZENIERUNG
Am 27. September 2003 studierte das Ensemble der Musical Society der Dundee University in Zusammenarbeit mit Apex Productions *Seven Brides for Seven Brothers* am Gardyne Theatre in Dundee (GB) in der Rekordzeit von 23 Stunden 30 Minuten ein. In der Zeit fanden Vorsprechen, Rollenverteilung und Proben statt, gleichzeitig wurden die Werbekampagne, das Bühnenbild, Ausstattung und Kostüme entwickelt und realisiert.

★ MEISTE STÜCKE EINES AUTORS GLEICHZEITIG AM BROADWAY
186 Tage lang, vom 21. Dezember 1966 bis zum 25. Juni 1967, liefen vier Stücke von Neil Simon (USA) am Broadway: *Barfuß im Park* im Biltmore (23. Oktober 1963 bis 25. Juni 1967), *Ein seltsames Paar* im Eugene O'Neill (1. August 1966 bis 2. Juli 1967), *Ein Mädchen wie das Sternenbanner* im Plymouth (21. Dezember 1966 bis 5. August 1967) und *Sweet Charity at the Palace* (9. Januar 1966 bis 15. Juli 1967).

★ LÄNGSTE LAUFZEIT EINER KOMÖDIE
Seit seiner Premiere beim Fringe-Festival im schottischen Edinburgh (GB) am 18. August 1979 wurde das Stück *NewsRevue* in London (GB) im Kings Head Theatre (1979), im Gate Theatre (1980–85) und im Canal Café Theatre (1985 bis heute) gespielt. Gleichzeitig wurde es für das Fringe-Festival in Edinburgh jedes Jahr neu inszeniert.

MEISTE THEATERAUFTRITTE AN EINEM EINZIGEN ABEND
Am 24. Februar 2004 übernahm Jerry Hall (USA) an einem einzigen Abend in sechs verschiedenen Theaterinszenierungen im Londoner Westend anerkannte, im Drehbuch vorgesehene Rollen.

★ JÜNGSTER THEATERREGISSEUR IM WESTEND
Gary Sullivan (GB) war 20 Jahre 152 Tage alt, als am 18. März 2001 sein Varieté-Stück *Energy* im Her Majesty's Theatre in London (GB) aufgeführt wurde. Dabei traten 200 Menschen, darunter Solosänger, Tanz- und Musikgruppen sowie Chöre auf.

★ GRÖSSTER VERANSTALTER FÜR LIVE-UNTERHALTUNG
Clear Channel Entertainment Inc. ist der weltgrößte Veranstalter von Live-Unterhaltung, der z. B. Konzerte, Tourneen von Broadwaystücken und Sportveranstaltungen produziert, bewirbt und durchführt. Das Unternehmen ist in 65 Ländern aktiv und setzte im Jahr 2003 umgerechnet 2,039 Mrd. EUR um.

GRÖSSTE THEATERBESETZUNG
Insgesamt 2.100 Kinder erschienen beim Finale des Varieté-Galaabends der Rolf Harris Schools auf der Bühne, der im November 1985 in Sydney (AUS) stattfand.

★ TEUERSTE BÜHNENPRODUKTION AM BROADWAY
Die Bühnenfassung des Disneyfilms *Der König der Löwen* (1994) ist die teuerste Theaterinszenierung aller Zeiten. Die Kosten für die Broadwayshow – die am 13. November 1997 Premiere hatte – werden auf umgerechnet 11,56 Mio. EUR geschätzt.

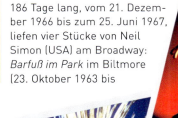

Jerry Halls Terminplan am 24. Februar 2004

Das Phantom der Oper
Rolle: Monsieur André
Auftritt: 19:30 Uhr
Abgang: 19:40 Uhr

Les Misérables
Rolle: eine Prostituierte
Auftritt: 19:59 Uhr
Abgang: 20:04 Uhr

Fame
Rolle: Mr. Myers
Auftritt: 20:30 Uhr
Abgang: 20:35 Uhr

Blood Brothers
Rolle: Brenda
Auftritt: 20:55 Uhr
Abgang: 21:00 Uhr

Anything Goes
Rolle: einer von sechs „Swings"
Auftritt: 21:25 Uhr
Abgang: 21:40 Uhr

Chitty Chitty Bang Bang
Rolle: Mitglied im 24-köpfigen Ensemble
Auftritt: 22:09 Uhr
Abgang: 22:18 Uhr

**Gesamtzeit:
2 Stunden 42 Minuten**

★ NEUER REKORD ★ VERBESSERTER REKORD

→ KUNST & UNTERHALTUNG
ZIRKUS

★ MEISTE GEICHZEITIGE STELZENGEHER
Anlässlich des Festes zum 20. Geburtstag des Cirque du Soleil am 16. Juni 2004 legten 544 Zirkusmitarbeiter im Hauptquartier in Montreal, Quebec (CDN), gleichzeitig eine Entfernung von 100 m auf Stelzen zurück.

Jonglieren (Dauer)
Drei Gegenstände:
Terry Cole (GB),
11 h 4 min 22 sec (1995)

★ **Drei Gegenstände unter Wasser:** Ashrita Furman (USA), 48 h 36 min (2002)

★ **Drei Leichtathletikkugeln:** Milan Roskopf (SK), 52,02 sec (2002)

Fünf Keulen:
Anthony Gatto (USA),
45 min 2 sec (1989)

GRÖSSE

WANDERZIRKUSZELT
Der Ringling Bros. and Barnum & Bailey Circus (USA) reiste mit einem Zirkuszelt von 8.492 m² Fläche. Es bestand aus einem runden Dach von 61 m Durchmesser und fünf mittleren Bahnen von je 18 m Breite. Das Zelt ging von 1921 bis 1924 auf Tournee. Die Grundfläche der größten heutigen Zirkuszelte ist nur etwa halb so groß.

ZIRKUSZELTE
Die beiden größten Zelte haben Dächer von 120,7 x 37,8 m, etwas länger und schmaler als ein American-Football-Feld. Sie gehören dem Carson and Barnes Circus sowie dem Clyde Beatty-Cole Brothers' Circus (beide USA). Das Carson-and-Barnes-Zirkuszelt wird über einen Rekordzeitraum von 36 aufeinander folgenden Wochen siebenmal pro Woche auf- und wieder abgebaut. Im Clyde-Beatty-Cole-Brothers'-Zelt finden 3.000 Zuschauer Platz.

ZUSCHAUER IM ZIRKUSZELT
16.702 Zuschauer (davon 15.686 zahlende) besuchten am 13. September 1924 in Concordia, Kansas (USA), den Ringling Bros. and Barnum & Bailey Circus.

LÖWENDRESSUR
„Captain" Alfred Schneider (GB) hatte 1925 im Bertram Mills' Circus 70 Löwen in einem Käfig ohne fremde Hilfe unter Kontrolle und fütterte sie.

MEISTE EISBÄREN
Willy Hagenbeck (D) arbeitete 1904 bei einer Dressur im Zirkus Paul Busch in Berlin (D) mit 70 Eisbären.

CLOWNSSCHUHE
Zirkusclown Coco (LV, geb. Nicolai Poliakoff) trug Riesenschuhe der Größe 58.

LAUFZEIT

★ LÄNGSTLAUFENDE SHOW
Die „Greatest Show on Earth" des Ringling Bros. and Barnum & Bailey Circus läuft seit 135 Jahren. Barnum begann die Show 1870 und fusionierte 1919 mit den Ringling Brothers.

LÄNGSTE ZEIT ALS ZIRKUS-KAPELLMEISTER
Merle Evans (USA) arbeitete 50 Jahre lang für den Ringling Bros. and Barnum & Bailey Circus. Von 1919 bis 1969 war er in etwa 30.000 Vorstellungen Kapellmeister.

★ MEISTE AUFEINANDER FOLGENDE SALTI DURCH FUSSJONGLAGE
Am 15. Februar 2003 schaffte Stiv Bello (I) bei ihrem Auftritt in „Varekai", der Nordamerikatournee des Cirque du Soleil, in San Jose, Kalifornien (USA), durch Fußjonglage seines Bruders Roni 45 aufeinander folgende Salti.

174 GUINNESS WORLD RECORDS BUCH **2006**

MEISTE...

★ **SALTI DURCH FUSS-JONGLAGE IN 30 SEKUNDEN**
Am 15. Februar 2003 schaffte Stiv Bello, einer der Bello Brothers, durch Fußjonglage seines Bruders Roni (I, Abb. unten) während einer Vorstellung in Kalifornien (USA) in 30 Sekunden die Rekordzahl von 38 aufeinander folgenden Salti.

★ **ZIRKUSELEFANTEN**
In den 1920er- und 1930er Jahren ging der Ringling Bros. and Barnum & Bailey Circus mit 55 Elefanten auf Tournee durch die USA. 1890, auf der Tournee des Barnum & Bailey Circus durch die USA, traten mit 263 Artisten und rund 175 Tieren die **meisten Darsteller in einer Zirkusshow** auf.

★ **ZIRKUSNUMMERN**
Zwischen 1927 und 1937 entwickelten Charlie Cairoli (I) und sein Vater vom Cirque Medrano in Paris (F) mehr als 700 verschiedene Zirkusnummern. Cairoli spielte dann 40 aufeinander folgende Saisons, ohne eine Nummer zu wiederholen.

★ **SATTELROLLEN**
Am 1. September 2004 schafften Ami Miller (GB) und die Funky Fools in Newcastle-Upon-Tyne (GB) in einer Minute 19 Sattelrollen auf dem Pferd.

JONGLIEREN UND FLASHS

GEGENSTÄNDE	ANZAHL	REKORDHALTER	DATUM
Bälle (Jonglage)	10	Enrico Rastelli (I)	1920
		Bruce Sarafian (USA)	1996
Bälle (Flash)	12	Bruce Sarafian (USA)	1995
Bälle (Dotzen)	10	Tim Nolan (USA)	1998
Brennende Fackeln	7	Anthony Gatto (USA)	1989
Keulen	7	Albert Petrovski (UdSSR)	1963
		Sorin Munteanu (RO)	1975
		Jack Bremlov (CZ)	1985
		Albert Lucas (USA)	1996
		Anthony Gatto (USA)	1988
		Bruce Tiemann (USA)	1995
Keulen (Flash)	8	Anthony Gatto (USA)	1989
		Scott Sorensen (USA)	1995
Batons	7	Françoise Rochais (F)	1999
Ringe	11	Albert Petrovski (UdSSR)	1963
		Eugene Belaur (UdSSR)	1968
		Sergei Ignatov (UdSSR)	1973
Ringe (Flash)	13	Albert Lucas (USA)	2002

Anmerkung: Bei der **Jonglage** ist die Anzahl der Fänge gleich der Anzahl der Gegenstände multipliziert mit der Anzahl der Hände. Beim **Flash** ist die Anzahl der Fänge mindestens gleich der Anzahl der Gegenstände, aber geringer als beim Jonglieren.

★ **AUFEINANDER FOLGENDE DRAHTSEILSPRÜNGE**
Am 26. April 2004 schaffte Juan Pedro Carrillo (USA) im Zelt des Big Apple Circus in Massachusetts (USA) 1.323 aufeinander folgende Seilsprünge auf einem 8,2 m hohen Drahtseil.

★ **GESCHLUCKTE SCHWERTER**
13 Schwerter schluckte Natasha Verushka (USA) am 3. September 2004 bei der 3. Annual Sideshow Gathering and Sword Swallowers Convention in Wilkes-Barre, Pennsylvania (USA).

WEITESTER...

★ **FLUG EINES MENSCHLICHEN PFEILS**
Am 27. Dezember 1995 flog Vesta Gueschkova (BG) durch einen Schuss aus einer Armbrust im Ringling Bros. and Barnum & Bailey Circus in Tampa, Florida (USA), 22,9 m weit.

★ **SCHNELLSTE 10 KM BEIM JONGLIEREN MIT DREI GEGENSTÄNDEN**
In 41 Minuten 18 Sekunden lief Paul-Erik Lillholm (N) am 9. Juli 2000 in Skansemyrer, Bergen (N), eine Strecke von 10 km, während er drei Bohnensäcke jonglierte, ohne sie fallen zu lassen.

FEUERSCHLUCKEN

Robert Milton (GB, Abb.) spuckte für die ★ **höchste Flamme** das Feuer 4,10 m hoch. Den Rekord für die **weiteste Distanz** von 9,4 m schaffte Reg Morris (GB) am 29. Oktober 1986.

Längste Zeit: Matthew „Matt the Knife" Cassiere (USA) hielt am 30. Oktober 2004 eine brennende Fackel 23 Sekunden lang zwischen den Zähnen.

Antti Karvinen (FIN) löschte am 9. Oktober 2000 mit dem Mund 36 Fackeln, um den Rekord der ★ **meisten mit dem Mund in einer Minute gelöschten Fackeln** aufzustellen.

★ NEUER REKORD ★ VERBESSERTER REKORD   WWW.GUINNESSWORLDRECORDS.COM

→ KUNST & UNTERHALTUNG
MAGIE & ILLUSION

★ **ERSTE MAGIER-GESELLSCHAFT AUF EINER BRIEFMARKE**
Die britische Royal Mail gab am 15. März 2005 eine aus fünf Briefmarken bestehende Serie heraus. Damit wurde an den 100. Geburtstag des Magic Circle (GB) erinnert, einer der ältesten Zauberervereinigungen der Welt. Diese Markenserie beinhaltet noch eine weitere Premiere: Es handelt sich dabei um so genannte Rubbelmarken. Wenn man mit einer Münze darüber reibt, wird ein Bild sichtbar, das entweder „Kopf" oder „Zahl" zeigt.

★ **GESCHICK-TESTER VERWANDLUNGS-KÜNSTLER**
Arturo Brachetti (I) wechselte von 2001 bis 2002 im Laufe von 250 Vorstellungen der Show *L'Homme Aux Mille Visages* in Paris (F) 22.500-mal sein Kostüm. Sein schnellster Umkleideakt, bei dem er – für das Publikum vollständig sichtbar – seinen schwarzen Frack gegen einen weißen tauschte, dauerte inklusive Schuhwechsel zwei Sekunden.

★ **MEISTE ZAUBERSHOWS ZUGLEICH IN EINER STADT**
Ohne Revue- und Varieté-Aufführungen wurden mit Stand 1. März 2005 gleichzeitig elf Zaubershows in Las Vegas, Nevada (USA), gezeigt.

★ **GRÖSSTE AUSSTELLUNG VON ZAUBERER-PLAKATEN**
Die Ausstellung der Sammlung von Norm und Lupa Nielsen (beide USA) umfasst 587 lithographierte Zauberer-Plakate. Zur 1991 begonnenen Sammlung gehören 34 Houdini-Poster (14 davon sind kolorierte Lithographien) und 64 verschiedene Lithographien von Chung Ling Soo.

★ **WERT-VOLLSTES ZAUBERER-PLAKAT** →
Eine Lithographie der Wasserfolter-Zelle Houdinis von Strobridge wurde am 30. Oktober 2004 in Las Vegas (USA) für umgerechnet 42.000 EUR an David Copperfield (USA) verkauft.
Eine von Dangerfield (GB) gedruckte Lithographie der Wasserfolter-Zelle Houdinis (siehe Bild) wurde am 25. Mai 2000 bei Christie's, London (GB), von Norm Nielsen (USA) für umgerechnet 34.000 EUR erworben.

★ **GRÖSSTES LITHOGRAPHIERTES ZAUBERER-PLAKAT**
Ein 1895 von der Strobridge Lithograph Company (USA) für Frederick Bancroft (USA) gedrucktes und aus 28 Einzelblättern bestehendes Plakat war 2,74 x 7,62 m groß.

★ **ENTFESSELUNGSKUNST IN REKORDHÖHE**
Scott Hammell (CDN) gelang es am 13. August 2003, sich aus einer Zwangsjacke zu befreien, während er kopfüber an einem Seil hing, das unterhalb der Gondel eines Heißluftballons angebracht war. Der Ballon befand sich dabei in 2.194,5 m Höhe über Knoxville, Tennessee (USA). Das Seil hing in einer Länge von 15,24 m aus der Ballongondel herab.

★ **TÖDLICHSTER ZAUBERTRICK**
Bei einem als Kugelfang bezeichneten Zaubertrick kamen mindestens elf Menschen ums Leben. Dabei wird mindestens eine mit einer markierten Kugel geladene Pistole auf einen Zauberer abgefeuert, der die Kugel scheinbar mit dem Mund oder auf einem Teller fängt. Obwohl dieses Kunststück mit illusionistischen Elementen arbeitet, ist es außerordentlich gefährlich. Der berühmteste Todesfall betraf Chung Ling Soo (USA), der am 23. März 1918 bei diesem Trick auf der Bühne des Wood Green Empire, London (GB), erschossen wurde.

★ **REKORD-ROLLTRICK MIT MEHREREN MÜNZEN**
Jeff McBride (USA) ließ gleichzeitig acht Silberdollar-Münzen um die Finger beider Hände rollen (vier Münzen pro Hand). Dabei arbeitete er mit

MEISTE LEBENDE TIERE IN EINER ZAUBERSHOW
Penn & Teller (USA) brachten in ihrer 1990 aufgezeichneten Fernsehsendung *Don't Try This At Home* über 80.000 Bienen auf die Bühne.

DAVID COPPERFIELD

David Copperfield (USA) hält elf Guinness-Weltrekorde – mehr als jeder andere Magier. Bei uns spricht er über seine Leistungen.

Wer beeinflusste Sie in Ihrem Entschluss, Magier zu werden?
Die Zauberei war etwas, wofür ich schon immer ein Gespür und offensichtlich auch Talent hatte. Ich liebe Filme und all das Fantastische und Wundersame, das sie vermitteln, aber es war die Zauberei, die mir besonders lag. Also versuchte ich, beides zu verbinden. Deshalb will ich an dieser Stelle viele Filmschaffende nennen, u.a. Walt Disney, Orson Welles, Frank Capra und Victor Fleming.

Was sind Ihre liebsten Zaubertricks?
Ich bin sehr stolz auf „Flying", insbesondere den Flug in die Plexiglas-Box. Außerdem mag ich die Todessäge und die Lotterie-Nummer mit dem scheinbar vom Publikum umringten Auto.

Auf welche Leistung Ihrer bisherigen Karriere blicken Sie mit dem größten Stolz?
Am meisten mit Stolz erfüllt mich das Project Magic. Es ist ein von mir entwickeltes Programm, bei dem die Zauberei als Therapieform für Menschen mit Behinderungen eingesetzt wird. Derzeit wird es in rund tausend Kliniken in mehr als 30 Ländern der Welt eingesetzt.

Können Sie sich vorstellen, sich jemals zur Ruhe zu setzen oder kürzer zu treten?
Warum sollte ich? Meine Arbeit macht mir Spaß. Bei jeder Show kann ich einer meiner Leidenschaften frönen. Weshalb sollte ich das aufgeben?

Was ist es für ein Gefühl, Inhaber von Guinness-Weltrekorden zu sein?
Es ist eine große Ehre, sich in Gesellschaft des schnellsten Baked-Beans-Essers zu befinden! Ich erinnere mich noch, wie ich als Kind das *Guinness World Records* Buch gelesen habe. Es ist schon etwas Besonderes, darin erwähnt zu werden.

David Copperfields Guinness-Weltrekorde

1. ★ Solo-Künstler mit den meisten weltweit verkauften Tickets
2. ★ Zauberer mit den höchsten Einnahmen in seiner Karriere
3. ★ Höchste Broadway-Einnahmen in einer Woche
4. ★ Meiste Broadway-Besucher in einer Woche
5. ★ Zauberer mit dem größten internationalen Fernsehpublikum
6. ★ Meiste Zaubershows in einem Jahr
7. ★ Größte Privatsammlung von Artefakten der Zauberkunst
8. ★ Wertvollstes Zauberer-Plakat
9. ★ Größtes Arbeitsarchiv eines Zauberers
10. ★ Zauberer mit dem höchsten Jahreseinkommen
11. ★ Größte je auf der Bühne gezeigte Illusion

der klassischen Münzrolltechnik und schaffte am 17. Juli 2004 im Magical Arts Center, Las Vegas, Nevada (USA), innerhalb von 5 Minuten 43 Sekunden jeweils 18 aufeinander folgende Umläufe.

★ MEISTE WELTWEIT VERKAUFTE TICKETS EINES SOLO-KÜNSTLERS
Im Zeitraum von 1984 bis 2004 verkaufte der Magier David Copperfield (USA) ca. 39.690.000 Eintrittskarten für seine Shows.

★ MEISTE ZAUBERER-GENERATIONEN
Die Familie Bamberg umfasst sechs Generationen, die sich seit über 200 Jahren der Zauberkunst verschrieben haben.

TRADITIONSREICHSTES MAGISCHES THEATER
John Nevil Maskelyne und George Cooke (beide GB) waren Gründer, Produzenten und Stars des vom 26. Mai 1873 bis 10. Dezember 1904 bestehenden magischen Theaters Maskelyne & Cooke in der Egyptian Hall, Piccadilly, London (GB). Nachdem sie in die St. George's Hall verlegt worden war, setzte die Familie Maskelyne die täglichen Aufführungen bis zum 14. Oktober 1933 fort.

TEUERSTE ZAUBERSHOW AUF DER BÜHNE
Umgerechnet über 21 Mio. EUR kostete die Show mit Siegfried und Roy, als sie am 1. Februar 1990 im Mirage in Las Vegas (USA) auf die Bühne kam. Siegfried Fischbacher und Roy Horn (beide D) boten eine Show mit über einem Dutzend wilder Tiere und einem mechanischen feuerspeienden Drachen. Die Show wurde nach der 5.750sten Aufführung am 3. Oktober 2003 eingestellt.

SCHNELLSTE VERWANDLUNG
The Pendragons (USA) präsentieren Houdinis Verwandlungsillusion in verblüffender Geschwindigkeit. Jonathan Pendragon wird in einen Koffer eingeschlossen, seine Frau Charlotte steht darauf und verbirgt sich hinter einem Vorhang. Wenn dieser nach nur 0,25 Sekunden wieder fällt, ist Charlotte im Koffer eingeschlossen.

NIEDRIGSTE BEFREIUNG →

Robert Gallup (USA) wurde mit Fußfesseln, Handschellen und Ketten in einem verschlossenen Postsack in einen Käfig mit einer Grundfläche von 0,74 m² eingesperrt und dann aus einem Flugzeug aus 5.485 m Höhe über der Mojave-Wüste in Kalifornien (USA) abgeworfen. Bei einer Zeit von einer Minute bis zum Aufprall und einer Geschwindigkeit von 240 km/h befreite er sich so schnell, dass er seinen außen am Käfig angebrachten Fallschirm erreichen und in 366 m Höhe – nur fünf Sekunden vor dem Aufprall – auslösen konnte, um sicher zu landen.

★ NEUER REKORD ★ VERBESSERTER REKORD WWW.GUINNESSWORLDRECORDS.COM

→ **KUNST & UNTERHALTUNG**
COMPUTERSPIELE

★ NEUER REKORD   ★ VERBESSERTER REKORD

← ★ **KOMPLEXESTE FIGUR IN EINEM COMPUTERSPIEL**

In *Black and White II* von den Lionhead Studios, das Ende 2005 erscheinen soll, kontrolliert der Spieler eine Figur, die eine Kreatur mit künstlicher Intelligenz trainiert. Während des Spiels lernt die Kreatur vom Spieler und entwickelt eine eigene Persönlichkeit. Das Gedächtnis einer ausgereiften Kreatur kann bis zu 1.2 MB Festplattenplatz belegen.

★ WERTVOLLSTES VIRTUELLES OBJEKT ↓

Am 11. Dezember 2004 bezahlte David Storey (AUS) alias Deathifier umgerechnet 265.000 PED (Project Entropia Dollar) für eine Insel im MMORPG (massively multi-player online role-playing game) *Project Entropia*. Da das Spiel einen realen Wechselkurs zwischen virtuellem und realem Geld zulässt, wurde die Amethera Treasure Island an Deathifier für den Gegenwert von umgerechnet 20.418 EUR versteigert.

★ MEIST VERBREITETES COMPUTERSPIEL

Tetris wurde 1987 von Alexey Pajitnov (UdSSR, heute RUS) erfunden und gilt als eine der originellsten und einfachsten Ideen in der Geschichte der Spiele. Seit seiner Veröffentlichung wurde *Tetris* für mehr als 70 unterschiedliche Plattformen umgesetzt, zum Beispiel auch für Handys.

★ GRÖSSTES TETRISSPIEL

Im November 1995 verwandelten Studenten der Universität für Technologie in Delft (NL) das Gebäude der Fakultät für Elektrotechnik in eine Riesenversion des Computerspiels *Tetris*. Sie installierten eine Reihe Lichter (die aus- und angingen und so die fallenden Blöcke darstellten) in jedem Raum des 96 m hohen Gebäudes. Insgesamt ging das Riesen-*Tetris* über 15 Stockwerke, jedes zehn Zimmer breit, und bot eine bespielbare Fläche von rund 2.000 m².

★ GRÖSSTE VIDEOSPIELHALLE

Im Jahr 1984 hatte die Gran Prix Race-O-Rama Arcade in Fort Lauderdale, Florida (USA), 844 Video-Automatenspiele aufgestellt. Bis zum Jahr 1986 stieg diese Zahl auf etwa 950. Dann wurde das Gebäude abgerissen, um Platz für einen neuen Highway zu schaffen. Danach wurde es an einem anderen Ort in Fort Lauderdale wieder aufgebaut und bietet nun rund 1.200 Spiele in verschiedenen Gebäuden.

★ GRÖSSTER BARGELDPREIS EINES EINZELSPIELERS BEI EINEM SPIELETURNIER

Am 19. Oktober 2004 gewann Meng „RocketBoy" Yang (CHN) umgerechnet 96.000 EUR, nachdem er Jonathan „Fatal1ty" Wendell im ACON Fatal1ty Shoot-out an der Großen Mauer in China besiegt hatte.

★ GRÖSSTE LAN-PARTY

DreamHack Winter 2004 war die größte Local Area Network Party der Welt. Sie fand vom 25. bis zum 28. November 2004 in Jönköping (S) statt. Insgesamt 5.272 Spieler und maximal 5.852 Computer nahmen an der von Martin Öjes und Kenny Eklund (beide S) organisierten LAN-Party teil.

★ AM LÄNGSTEN WIRKENDER PROFESSIONELLER COMPUTERSPIEL-STATISTIKER

Walter Day (USA), Begründer von Twin Galaxies, hält seit 1982 die weltbesten High Scores von Computerspielen fest. Damals hatte er seine High-Scores-Statistik erstmals der Öffentlichkeit zugänglich gemacht. Seitdem verfolgt er die High Scores und wird von den meisten größeren Computerspielherstellern anerkannt.

★ GRÖSSTER BARGELDPREIS BEI EINEM SPIELETURNIER

Die Cyberathlete Professional League (CPL) begann mit der Organisation professioneller Computerspielturniere im Jahr 1997. Beim CPL-Turnier in Texas (USA) im August 2004 wurden umgerechnet 192.620 EUR an die Spieler als Preisgeld vergeben.

★ MEISTE ACTION-GAME-SPIELER AN EINEM EINZIGEN SERVER

Am 27. November 2004 unterstützte ein Team von Microsoft und Unisys (beide S) 1.073 Computerspieler, die *Counterstrike* auf einem einzigen Unisys ES7000-Server spielten. Das Ereignis fand im Rahmen des DreamHack Winter 2004 in Jönköping (S) statt.

ERSTES...

★ GRÖSSTES ONLINE-BSP
Laut Recherchen von Prof. Edward Castronova an der Indiana University (USA) hat das Königreich Norrath im Spiel *Everquest* ein Bruttosozialprodukt von umgerechnet 1.746 EUR pro Kopf. Diese Zahl basiert auf einem Wechselkurs zwischen den virtuellen Norrath-Goldmünzen, die auf Online-Auktionsseiten verkauft werden, und realen Währungen auf der Welt. Damit belegt das Königreich Norrath den 73. Platz in der Weltwirtschaft, zwischen der realen Wirtschaft der Türkei (BSP pro Kopf: umgerechnet 1.888 EUR) und Ghanas (BSP pro Kopf: umgerechnet 1.675 EUR).

HÖCHSTENTWICKELTER SCHLACHTFELD-SIMULATOR
Der technisch ausgereifteste Schlachtfeld-Computersimulator ist der Combined Arms Tactical Trainer. Er ist in Warminster (GB) und in Sennelager (D) installiert und kann über 850 Personen gleichzeitig in einem realistischen Gefechtsszenario mit Fahrzeugen, Flugzeugen, Soldaten und Waffen schulen. Es können Gefechtsgebiete von über 10.000 km² simuliert werden. Der Simulator wurde am 1. September 2002 in Betrieb genommen.

★ HÖCHSTE ENTWICKLUNGSKOSTEN EINES COMPUTERSPIELS
Die Geschichte in *Enter the Matrix* (Atari, 2003) verläuft parallel zu den Matrix-Filmen und enthält Originalmaterial, das von den Brüdern Wachoski (USA) geschrieben wurde. Im Spiel kommen zwei Stunden Original-Live-Sequenzen vor, die nicht im Film zu sehen waren. Die Entwicklungskosten für dieses Spiel sollen sich auf umgerechnet über 23 Mio. EUR belaufen haben.

★ AM LÄNGSTEN BESTEHENDES ABO-SPIEL
Ultima Online wurde im Mai 1997 von Electronic Arts erstmals veröffentlicht und ist ein Prototyp für die neu entstehende Kategorie der MMORPGs (Massively Multi-player Online Role-Playing Game). Es wird inzwischen von Millionen Spielern in über 100 Ländern gespielt.

ERFOLGREICHSTES MÜNZAUTOMATENSPIEL
Seit seiner Veröffentlichung 1981 bis 1987 wurden insgesamt 293.822 PAC-MAN-Spielautomaten weltweit gebaut und aufgestellt. Das von Tohru Iwatani (J) bei Namco entwickelte Spiel soll im Laufe seiner 25-jährigen Geschichte über 10 Mrd. Mal gespielt worden sein.

★ ERSTES PERFECT SCORE BEI PAC-MAN
Die erste Person, die jemals ein Perfect Score bei PAC-MAN erreichte, war Billy Mitchell (USA). Am 3. Juli 1999 spielte er mit einem Vierteldollar das Spiel fast sechs Stunden lang durchgehend und fraß alle Punkte, „Kraftpillen", blauen Gespenster und Früchte auf jedem der 256 Level. Danach geht dem Spiel der Speicher aus und es endet mit einem geteilten Bildschirm. Billy brauchte nur ein Leben, und sein Perfect Score am Schluss betrug 3.333.360 Punkte.

★ MEIST- → VERKAUFTE KONSOLENSPIELE
PlayStation 2: Laut Screen Digest am meisten verkauft: *Grand Theft Auto Vice City* s. Abb.) mit 9 Mio. verkauften Exemplaren bis Dezember 2003.
GameCube: Von *Mario Sunshine* wurden bis Dezember 2003 3,5 Mio. Stück verkauft.
Xbox: Von *Halo* wurden bis Dezember 2003 4 Mio. Spiele verkauft.

COMPUTERSPIEL
Spacewar! (1961–62)
MIT, USA (unten)

VIDEO-ARKADESPIEL
Computer Space (1971)
Von Nolan Bushnell (USA), Gründer von Atari

PLATTFORM-ARKADESPIEL
Donkey Kong (1981)
Nintendo

★ MULTI-USER DUNGEON (MUD)
MUD1 (1980)
Entwickelt von Roy Trubshaw (GB) an der Essex University

★ LASERDISK-SPIEL IN „FULL-ANIMATION"
Dragon's Lair (1983)
Cinematronics (oben)

★ GOD-GAME
Populous (1989) von Peter Molyneux (GB) von Bullfrog

★ ECHTZEIT-STRATEGIESPIEL (RTS)
Dune 2 (1992) von Westwood, USA

★ FIRST-PERSON-SHOOTER (PC-VERSION)
Wolfenstein 3D (1992/3) von ID Software, USA

★ MMORPG (MASSIVELY MULTI-PLAYER ONLINE ROLE-PLAYING GAME)
Meridian 59 (1996) von 3DO Studios, USA

ARCHITEKTUR & TECHNIK

★ HÖCHSTE BRÜCKE
VOM BODEN BIS ZUM HÖCHSTEN PUNKT

Das Millau-Viadukt in Frankreich wurde gebaut, um den Schwerlastverkehr aus der Altstadt von Millau zu verbannen. Es erstreckt sich über eine Länge von 2.460 m und überspannt den Fluss Tarn im Zentralmassiv. Die Brücke wird von sieben Betonpfeilern getragen, von denen der größte vom Boden bis zur Spitze 343 m misst. Das ist mehr als doppelt so hoch wie die ursprüngliche Höhe der großen Pyramide von Giseh (ET). Das Bauwerk wurde von Foster & Partners (GB) geplant und im Dezember 2004 eingeweiht.

→ INHALT

MASCHINEN	182
AUTOS	184
ZWEIRÄDER	186
EISENBAHNEN	188
SCHIFFE	190
LUFTFAHRT	192
GEBÄUDE	194
BAUWERKE	196
VERGNÜGUNGSPARKS	198

SPEZIAL
KOLOSSALE KONSTRUKTIONEN   153

ARCHITEKTUR & TECHNIK
MASCHINEN

GRÖSSTES LAND-FAHRZEUG

Das größte Landfahrzeug ist der 14.196 t schwere, 220 m lange und bis zu 94,5 m hohe Großschaufelradbagger RB293, der täglich bis zu 240.000 m³ Erde umsetzen kann. Die 18 Schaufeln – jede mit einem Fassungsvermögen von 6.600 l – sind vorne am Fahrzeug an der Außenseite eines riesigen Rades (dem Schaufelrad) befestigt, das so groß ist wie ein vierstöckiges Gebäude. Im Maßstab des hier gezeigten Bildes wäre ein Mensch nur wenig größer als der Punkt am Ende dieses Satzes.

→ WELCHES IST DAS SCHNELLSTE SERIENMOTORRAD DER WELT?

DIE ANTWORT STEHT AUF S. 186

GRÖSSE

GRÖSSTER KRANKENWAGEN
Articulated Alligator Jumbulances sind 18 m lang. Mit diesen riesigen vom Across Trust (GB) eingesetzten Fahrzeugen werden Kranke und Behinderte transportiert, die in Europa Urlaub machen oder auf Pilgerfahrt gehen.

GRÖSSTER AUTOMOTOR
Drei Serienwagen haben Motoren mit einem Hubraum von 13,5 l: der US Pierce-Arrow 6-66-Raceabout, produziert von 1912–1918, der US-Peerless 6-60, produziert von 1912–1914, und der Fageol von 1918. Trotz ihrer Größe waren diese Riesen verglichen mit ihren modernen Pendants sehr ineffizient. Der derzeit **größte Serienwagen-Motor** ist der V10-Motor des Dodge Viper SRT-10 mit einem Hubraum von 8,275 l. Er hat eine Leistung von 373 kW (500 PS) und ein Drehmoment von 712 Nm – genug, um ihn in vier Sekunden auf 96,5 km/h zu beschleunigen.

GRÖSSTER DREHBARER „PEDESTAL CRANE"
Der drehbare „Pedestal Crane" in der Yantai-Raffles-Werft in China kann an seinem Haupthaken 2.000 t in eine Höhe von 95 m und mit seinem zweiten Ausleger 200 t bis zu 135 m hoch heben. Er wurde für den Bau von Ölplattformen und großen Schiffen entwickelt.
Der **höchste Turmkran** ist der Kroll K-10000, der ein Gewicht von 120 t in einem Radius von 82 m heben kann (d.h. die Entfernung von der Haupttragesäule zum angehobenen Gewicht). Der Turmkran Kroll K-10000 ragt – montiert auf einem Zylinder mit nur 12 m Durchmesser – 120 m hoch auf. Er kommt ohne Haltekabel aus, hat aber ein Gegengewicht von 223 Tonnen auf seinem 84 m langen Tragebalken.

★ GRÖSSTER DIESELMOTOR
Der 14 Zylinder Zweitakt-Dieselmotor Wärtsila Sulzer RTA96C hat eine Höchstleistung von 80.080 kW (108.920 PS), wiegt 2.300 t und ist 13,5 m hoch und 27,3 m breit. Jeder der Motorkolben hat einen Durchmesser von 960 mm und einen Hub von 2,5 m. Der Wärtsila Sulzer RTA96C findet in den größten Containerschiffen der Welt Verwendung.

GRÖSSTER SCHÜRFKÜBELBAGGER
Big Muskie, eine fahrbare Erdbewegungsmaschine mit einem Gewicht von 13.200 t – fast so viel wie 10.000 Limousinen – hat, so-

← ★ RENNFAHRZEUGE
Die an der FIA European Truck Racing Championship teilnehmenden Lastwagen wiegen mindestens 5.500 kg. Sie haben in der Regel einen 12-l-Motor mit Turboaufladung und mit einer Leistung von über 746 kW (1.000 PS) sowie einem Drehmoment von 3.000 Nm. Aus Sicherheitsgründen beträgt ihre Spitzengeschwindigkeit dennoch nur 160 km/h.

★ AUTOMATISIERTE PARKEINRICHTUNG

In den 48 m hohen „Autotürmen" in der Volkswagenstadt Wolfsburg (D) finden je 400 Autos Platz. Autokäufer können beobachten, wie ihr neuer Wagen mittels eines automatisierten Systems, das sich mit einer Geschwindigkeit von bis zu 2 m/s fortbewegt, aus einem der 20 Stockwerke hohen Türme (Nebenbild, links) geholt und bereitgestellt wird.

lange er in Betrieb war, 3,6 Mio. m³ Erde umgesetzt. Das ist fast die doppelte Menge dessen, was beim Bau des Panama-Kanals ausgehoben wurde.

★ GRÖSSTER MULDENKIPPER

Der Liebherr T 282 B hat eine Ladekapazität von 363 t. Er ist 14,5 m lang, 8,8 m breit, 7,4 m hoch und hat ein Eigengewicht von über 200 t. Seine Reifen sind doppelt so hoch wie ein durchschnittlich großer Mensch.

GRÖSSTER MONSTER-TRUCK

Bigfoot 5 ist 4,7 m hoch, hat 3 m hohe Reifen und wiegt 17.236 kg. Der 1986 von Bob Chandler aus St. Louis (USA) als einer von einer Serie von 17 Monster-Trucks gebaute Truck steht jetzt in St. Louis (USA) und kommt gelegentlich bei Veranstaltungen in der näheren Umgebung zum Einsatz.

★ GRÖSSTER TRAKTOR

1978 baute Northern Manufacturing of Havre in Montana (USA) einen Traktor mit einem Eigengewicht von 43 t. Der Big Bud 16V-747A, von dem es nur ein Exemplar gibt, hat eine Leistung von 670 kW (900 PS), einen 16 Zylinder-, 24-l-Doppelturbo-Detroit-Diesel-Motor und acht riesige Reifen mit einem Durchmesser von 2,4 m.

Den Rekord für den **leistungsstärksten Traktor** halten der John Deere 9620T und der Caterpillar Challenger MT865 mit je 373 kW (500 PS). Der 9620T hat Vierradantrieb und ein Eigengewicht von 17.69 t. Der MT865 hat einen 14,6-l-Motor und fährt auf Schienen.

GRÖSSTE TUNNEL-BOHRMASCHINE

Die zur Grabung des 7 km langen Groene-Hart-Tunnels von Amsterdam nach Rotterdam (NL) verwendete Bohrmaschine hat einen Durchmesser von 14,87 m, ist 120 m lang und wiegt 3.520 t.

★ LÄNGSTES DREIRAD

Auf der 5,94 m langen Anaconda finden bis zu zehn Personen Platz. Sie wurde von Stephen McGill (USA) gebaut, wiegt 644 kg und besteht aus einer 1998er Harley-Davidson Electra-Glide mit einem speziell angefertigten Heck. Sie ist für den Straßenverkehr zugelassen.

★ NEUER REKORD ★ VERBESSERTER REKORD WWW.GUINNESSWORLDRECORDS.COM

ARCHITEKTUR & TECHNIK
AUTOS

★ SCHNELLSTES SERIENAUTO
Ein Koenigsegg CCR erzielte am 28. Februar 2005 auf dem Nardo Prototipo-Testgelände in Italien über einen Kilometer eine Durchschnittsgeschwindigkeit von 387,866 km/h. Das 806-PS (601-kW)-Superauto, das von einem Alu-V8-Motor angetrieben wird, wurde dabei von dem Testfahrer Loris Bicocchi (I) gefahren.

KUNSTSTÜCKE

AUF SEITENRÄDERN
Die größte Distanz, die in einem auf die Seite gekippten Auto auf zwei Rädern zurückgelegt wurde, liegt bei 345,6 km. Sven-Eric Soderman (S) legte am 25. September 1999 auf dem Flughafen in Dalarna (S) bei einer 10 Stunden 38 Minuten dauernden Veranstaltung 108 Runden auf einer 3,2 km langen Strecke zurück.

PRODUKTION

★ MEISTPRODUZIERTES KRAFTFAHRZEUG
Von der Ford F-Serie wurden über 29,3 Mio. Pickups produziert, mehr als von irgendeinem anderen Fahrzeugtyp. Der erste der Serie, der F1, kam 1948 auf den Markt. Ein F-150-Lkw lieferte die Karosserie für den Original-Bigfoot Monstertruck. Zwischen 800.000 und 900.000 Lkw der Serie F werden jährlich hauptsächlich in Nordamerika verkauft, das ist fast ein Achtel der Ford-Umsätze weltweit.

★ MEISTPRODUZIERTER PKW
Der Toyota Corolla wurde weltweit über 28,2 Mio. Mal produziert. Das Fahrzeug selbst wurde jedoch insgesamt neunmal umgestaltet, seit der erste im Jahre 1966 auf den Markt kam, und kann genaugenommen nicht mehr als dasselbe Auto bezeichnet werden.

★ SPARSAMSTES AUTO
Am 29. August 2004 erzielte das Team FANCY CAROL-NOK (J) beim Super Mileage Autowettbewerb 2004 im Hiroshima License Centre (J) über eine Strecke von 19,2 km einen Spritverbrauch von 0,0245 l/100 km.

★ AM MEISTEN VERKAUFTES HYBRIDAUTO
Über 250.000 Toyota Prius Hybridautos wurden seit 1997 weltweit verkauft. 2004 meldete Toyota, dass die weltweite Produktion von 10.000 auf 15.000 Stück monatlich gesteigert werden soll, um die wachsende Nachfrage, insbesondere auf dem US-Markt, zu befriedigen. Dort wird allein im Jahr 2005 ein Absatz von 100.000 Stück erwartet.

★ MEISTVERKAUFTER ZWEISITZIGER SPORTWAGEN
Die Mazda Motor Corporation (J) hat über 700.000 Mazda Roadster (in Nordamerika als Miata und in Europa als MX-5 bekannt) produziert. Der offene Zweisitzer wurde erstmals im April 1989 hergestellt.

★ LÄNGSTER RAMPENSPRUNG MIT WOHNWAGEN
Stuntman Derek Lea (GB) sprang am 5. Mai 2004 in Bentwaters Parks, Suffolk (GB), in einem Auto mit angehängtem normalen Wohnwagen 57,2 m weit. Die Aktion wurde für die Motorsportsendung *5th Gear* aufgezeichnet.

LÄNGSTER KONTROLLIERTER POWERSLIDE
Am 29. Juli 2001 führte Simon de Banke (GB) auf dem MIRA-Testgelände in Nuneaton (GB) einen 2 Stunden 11 Minuten 18 Sekunden dauernden Powerslide aus. Er fuhr dabei einen Subaru Impreza WRX 2001 auf einem Schotterbelag, der sich bei Nässe ähnlich verhält wie verdichteter Schnee.

★ SCHNELLSTE ZEHN 360°-UMDREHUNGEN IN EINEM AUTO
Am 11. September 2004 gelangen Russ Swift (GB) zehn 360°-Umdrehungen in 16,07 Sekunden. Der Rekord wurde in den London Studios (GB) bei *Guinness World Records: 50 Years, 50 Records* in einem Mitsubishi Lancer Evo VIII aufgestellt.

GUINNESS WORLD RECORDS BUCH 2006

★ LÄNGSTER BESITZ

John P. O'Hara (USA) kaufte im Juni 1953 einen neuen Chevrolet Bel-Air in Detroit, Michigan (USA), und besitzt das Auto heute noch, das übrigens fast neuwertig ist.

TEUERSTES NUMMERNSCHILD

Das Nummernschild mit der Nummer 9 wurde am 19. März 1994 von der Regierung von Hongkong für umgerechnet 1,3 Mio. EUR an Albert Yeung Sau-shing (CHN) versteigert. Im Kantonesischen wird das Wort „Neun" genauso ausgesprochen wie das Wort „Hund": Das galt 1994, im Jahr des Hundes, als Glücksbringer.

★ MEISTE 360°-UMDREHUNGEN VON DEMSELBEN FAHRER

Terry Grant (GB) ließ bei der MPH'04 Show in Earl's Court in London (GB) am 20. November 2004 drei Autos 360°-Umdrehungen (Donuts) vollführen.

GESCHWINDIGKEIT

★ WOHNWAGEN

Am 24. Oktober 2003 erzielte ein Mercedes-Benz S600 mit Eugene Herbert (RSA) am Steuer auf der Hoedspruit Air Force Base (RSA) eine Geschwindigkeit von 223,881 km/h, während er einen normalen Wohnwagen zog. Der Rekordversuch wurde von Risk Administrative Consultants organisiert.

★ AUTO MIT DIESELMOTOR

Am 25. August 1973 erreichte Virgil W. Snyder (USA) in Bonneville Salt Flats, Utah (USA), mit dem stromlinienförmigen Fahrzeug *Thermo King-Wynns* 379,4 km/h.

★ FAHRZEUG MIT RADANTRIEB

Al Teague (USA) erreichte am 21. August 1991 in Bonneville Salt Flats, Utah (USA), mit dem *Spirit of '76* eine Durchschnittsgeschwindigkeit von 659,808 km/h in zwei Läufen, wobei die Spitzengeschwindigkeit bei 696,331 km/h lag.

VERSCHIEDENES

GRÖSSTES SERIENAUTO

Der Bugatti „Royale" Typ 41, der auch „Golden Bugatti" genannt wird, wurde 1927 gebaut und ist über 6,7 m lang. Allein die Motorhaube hat eine Länge von rund 2,1 m.

LÄNGSTES AUTO

Jay Ohrberg (USA) entwickelte eine 30,5 m lange, 26-rädrige Limousine, in der unter anderem ein Swimmingpool mit Sprungbrett, ein riesiges Wasserbett und ein Hubschrauberlandeplatz Platz finden.

★ STÄRKSTES SERIENAUTO

Der Bugatti Veyron, der ab September 2005 produziert werden soll, erreicht mit seinem 8-l-16-Zylinder-Motor mit vier Turboladern angeblich eine Leistung von 736 kW. Die Spitzengeschwindigkeit ist noch nicht offiziell ermittelt worden, doch Bugatti geht von über 400 km/h aus.

★ ÄLTESTE FAHRGEMEINSCHAFT

M. te Lindert, A. Hogendoorn, J. Kalisvaart und J. J Kooy (alle NL) gehören seit dem 1. Januar 1972 einer Fahrgemeinschaft an, die zwischen ihren Wohnungen und ihrem Arbeitsplatz pendelt.

★ GRÖSSTER SERIEN-PICKUP

Der 7300 CXT der International Truck & Engine Company (USA) ist mit einem Gewicht von 6.577 kg der weltgrößte Standard-Pickup. Obwohl er 6,55 m lang und 2,74 m hoch ist, reicht ein normaler Führerschein, um ihn zu fahren.

★ NEUER REKORD   ★ VERBESSERTER REKORD

ARCHITEKTUR & TECHNIK
ZWEIRÄDER

★ LEISTUNGSSTÄRKSTES SERIEN-MOTORRAD

Der Rolls-Royce-Allison-Gasturbinenmotor des umgerechnet 150.000 EUR teuren Motorrads MTT Turbine Superbike hat nach Angaben des Herstellers eine maximale Leistung von 213 kW (286 PS) mit einem Drehmoment von 576 Nm bei 2.000 U/min. Damit ist das Superbike das leistungsstärkste Motorrad, das je in Serie hergestellt wurde.

Definitionen

cm³: Kubikzentimeter. Maßeinheit des Volumens zur Angabe der Größe von Motoren.

kW: Kilowatt. Maßeinheit der Leistung (früher PS).

Nm: Newtonmeter. Maßeinheit des Drehmoments. Ein Newton ist die Kraft, die benötigt wird, um für eine Masse von 1 kg eine Beschleunigung von 1 m/sec zu erreichen.

Drehmoment: Physikalische Größe zur Angabe der „Drehkraft", die ein Motor auf seine Kurbelwelle ausüben kann und somit auf die Räder eines Fahrzeugs.

MOTORRÄDER

★ LÄNGSTE QUAD-FAHRT AUF ZWEI RÄDERN
Ron Flerlage (USA) schaffte mit seinem Quad 19,3 km seitlich gekippt auf zwei Rädern. Diesen Rekord stellte er am 5. Oktober 2003 auf dem Sportplatz der Scott High School, Covington, Kentucky (USA), auf.

★ HÖCHSTE QUAD-GESCHWINDIGKEIT
Graham „G-Force" Hicks (GB) erreichte am 14. August 2004 auf dem Airforce-Stützpunkt Wittering (GB) mit seinem Quad eine Geschwindigkeit von 214,07 km/h. Da Hicks taub und blind ist, fuhr Brian Sharman (GB) als Sozius mit und gab ihm über ein Berührungssystem Fahranweisungen.

★ HÖCHSTE RÜCKWÄRTSGESCHWINDIGKEIT
Dave Coates (GB) erreichte am 28. Oktober 2002 auf dem Flugplatz von Elvington, Yorkshire (GB), eine Geschwindigkeit von 244,1 km/h. Dabei saß er mit dem Rücken zum Lenker.

★ SCHNELLSTER WHEELIE (1 KILOMETER)
Dave Rogers (GB) fuhr am 28. Oktober 2002 auf dem Flugplatz von Elvington, Yorkshire (GB), 1.000 m auf dem Hinterrad seines Motorrades. Dabei erreichte er eine Geschwindigkeit von 220,3 km/h.

★ LEISTUNGSSTÄRKSTES SERIEN-MOTORRAD MIT KOLBENMOTOR
Nach Herstellerangaben ist das leistungsstärkste derzeit produzierte Motorrad mit Kolbenantrieb die Kawasaki Ninja ZX-12R mit einem Hubraum von 1.198 cm³ und einer Ausgangsleistung von 131 kW (175 PS) ohne Ram-Air-System und 140 kW (187 PS) mit Ram-Air-System. Die Konkurrenten Honda, Suzuki und Yamaha stellen allerdings ebenfalls Sportmaschinen mit einer ausgewiesenen Ausgangsleistung von mehr als 127 kW (170 PS) her.

★ TEUERSTES SERIEN-MOTORRAD
Das mit einem Rolls-Royce-Allison-Gasturbinenmotor ausgestattete Motorrad MTT Turbine Superbike kam 2004 für einen Preis von umgerechnet 150.000 EUR auf den Markt.

★ GRÖSSTER BURN-OUT-WETTBEWERB
Insgesamt 37 Motorräder nahmen am 28. August 2004 an einem durch den IBM Motorbiking-Klub in Heidesheim (D) organisierten Burn-Out-Wettbewerb teil. Bei einem Burn-Out lässt man das Hinterrad der Maschine im Stand rotieren, sodass der Gummi verbrennt und Rauch entsteht.

★ MEISTE MITFAHRER BEI EINEM QUAD-WHEELIE
Roger LeBlanc (CDN) vollführte am 15. Mai 2004 auf dem Riverglade Speedway, New Brunswick (CDN), mit einer Original-Honda 350 Fourtrax ATV einen Wheelie über 50 m mit 16 Mitfahrern.

GESCHWINDIGKEITSREKORDE
* alle Rekorde: Fédération Internationale de Motocyclisme
** Durchschnittsgeschwindigkeiten über 1 km (Fliegender Start)

KLASSE*	FAHRER	MOTORRAD	ORT	DATUM	GESCHWINDIGKEIT**
★ 50 cm³	Jan Huberts (NL)	Casal Plompen	Lelystad (NL)	03.08.81	224,580 km/h
★ 125 cm³	AJ Smit (NL)	Cagiva Plompen	Lelystad (NL)	03.08.81	257,113 km/h
★ 250 cm³	Fabrizio Braccini Lazari (I)	Aprilia	Nardo (I)	27.08.95	254,021 km/h
★ 500 cm³	Ron Haslam (GB)	Honda Elf 3	Nardo (I)	14.09.86	278,853 km/h
★ 1.000 cm³	Christian Le Liard (F)	Holda Elf	Nardo (I)	14.09.86	306,491 km/h
★ 1.300 cm³	Nicolas Brisset (F)	Suzuki GSX	Nardo (I)	23.06.02	338,221 km/h
Absolut	Dave Campos (USA)	Easyriders	Bonneville (USA)	14.07.90	518,450 km/h

★ SCHNELLSTES MOTORISIERTES MONOWHEEL

Kerry McLean (USA) erreichte am 10. Januar 2001 auf dem Irwindale Speedway, Kalifornien (USA), mit seinem Monowheel eine Geschwindigkeit von 91,7 km/h. Das Gefährt hat einen Durchmesser von 1,22 m und wird von einem Schneemobil-Motor mit 340 cm³ angetrieben, der eine Leistung von 30 kW (40 PS) erzeugt. Das Monowheel besteht aus einem großen Rad, das von innen angetrieben wird und in dessen Mitte Fahrer und Motor sitzen.

★ LÄNGSTE GABEL

William Longest, Rick Dozer, Bill Decker und Rob Moore (alle USA) haben eine fahrtüchtige Chopper-Maschine gebaut, **das längste Motorrad der Welt**, dessen Gabel 4,57 m lang ist. An seinem höchsten Punkt ist das Monstrum 1,8 m hoch, der Radstand beträgt 8,9 m. William Longest befuhr damit am 15. Juni 2003 eine öffentliche Straße bei Georgetown in Kentucky (USA).

★ MEISTE PIROUETTEN AUF EINEM MOTORRAD IN 30 SEKUNDEN

Horst Hoffmann (D) vollführte am 23. Januar 2004 in Köln (D) bei der Show *Guinness World Records: Die Größten Weltrekorde* auf dem Hinterrad seines Motorrads innerhalb von 30 Sekunden 16 Pirouetten.

FAHRRÄDER

★ LÄNGSTES FAHRRAD

Das längste echte Fahrrad – mit nur zwei Rädern und keinerlei Stützvorrichtungen – ist 28,1 m lang und wurde von Maschinenbau-Studenten der Technischen Universität Delft (NL) gebaut. Am 11. Dezember 2002 wurde es in Delft 100 m weit gefahren.

★ HÖCHSTES FAHRRAD

Terry Goertzen (CDN) fuhr am 16. Juni 2004 mit einem echten, 5,55 m hohen Fahrrad ohne Stützvorrichtungen auf dem Gelände der North Kildonan Mennonite Brethren Church (CDN) 300 m weit.

★ GRÖSSTES FAHRZEUG MIT PEDALANTRIEB

Jacques Frechette (CDN) konstruierte ein pedalgetriebenes Fahrzeug, das Platz für 74 Fahrer bietet. Es wurde am 31. Juli 2004 über 3,5 km durch die Stadt Laurierville in Quebec (CDN) gesteuert. Darüber hinaus trugen 72 der 74 Mitfahrer den gleichen Familiennamen: Bergeron.

★ TIEFSTE RADPARTIE UNTER WASSER

Vittorio Innocente (I) radelte am 23. Juli 2002 in Genua (I) bis in eine Tiefe von 52,5 m auf den Meeresgrund. Dabei verwendete er eine Tauchausrüstung und ein handelsübliches Mountainbike, das mit kleinen Bleigewichten und einem Plastikflügel hinter dem Sattel versehen war. Zur Verringerung des Auftriebs wurden die Reifen mit Wasser gefüllt.

Am 4. Mai 2003 stellte Innocente darüber hinaus den Rekord für **die weiteste Unterwasserfahrt mit dem Fahrrad** auf. Dabei radelte er 2 km weit auf dem Grund des Naviglio-Kanals in Mailand (I), wofür er 36 Minuten 38,15 Sekunden benötigte.

★ LEICHTESTES RENNRAD

Sub 4.0 ist ein fahrtüchtiges Rennrad in Originalgröße. Es wurde von Mirko Glöckner (D) gebaut und wiegt nur 3,89 kg. Der Carbonfaser-Rahmen hat ein Gewicht von 873 g, die Einzelkomponenten bestehen aus Aluminium, Titan und Carbonfaser.

★ SCHNELLSTER FAHRRAD-WHEELIE

Bobby Root (USA) erreichte auf dem Hinterrad seines Fahrrads eine Geschwindigkeit von 138,56 km/h. Dieser Rekord wurde am 31. Januar 2001 in Palmdale, Kalifornien (USA), im Rahmen der Show *Guinness World Records: Primetime* aufgestellt. **Die höchste je mit einem Fahrrad erzielte Geschwindigkeit** liegt bei 268,831 km/h.

WEITESTE IN EINER STUNDE FREIHÄNDIG GEFAHRENE STRECKE

Shai Hadar (IL) legte am 18. Oktober 2002 in einer Stunde die Strecke von 20,8 km auf dem Gelände des Wingate-Instituts bei Netanya (IL) zurück, ohne dass seine Hände den Lenker berührten.

FAHRRAD-BALANCEAKT

Rudi Jan Jozef De Greef (B) hielt sich am 19. November 1982 in Meensel-Kiezegem (B) insgesamt 10 Stunden lang – ohne jegliche Hilfsmittel – im Stand auf seinem Fahrrad.

★ SCHNELLSTER BERG-AB-WHEELIE (FLIEGENDER START)

Gilles Cruchaud (CH) befuhr am 12. Juli 2004 in Col de l'Aiguillon (CH) eine bergab verlaufende Strecke von 500 m auf dem Hinterrad seines Fahrrades in 26,341 Sekunden. Seine Durchschnittsgeschwindigkeit betrug dabei 68,33 km/h.

ARCHITEKTUR & TECHNIK
EISENBAHNEN

IMMER GERADEAUS

Die Trans-Australian-Line über die Nullarbor-Ebene verläuft 297 Meilen lang schnurgerade, wenn auch nicht immer eben, von Meile 496 – zwischen Nurina und Loongana, Westaustralien – bis Meile 793 – zwischen Ooldea und Watson, Südaustralien. Das Wort „nullarbor" bedeutet wörtlich „keine Bäume", denn auf dieser praktisch unbewohnten Kalkstein-Hochebene gibt es kaum Vegetation.

★ MEISTGENUTZTES NATIONALES BAHNNETZ

Im Jahr 2003 beförderten Japans Bahnen rund 8,6 Mrd. Fahrgäste. Damit war der Internationalen Eisenbahngewerkschaft (UIC) zufolge das japanische Bahnnetz im Personenverkehr das meistgenutzte der Welt. An zweiter Stelle lag Indien mit 5,2 Mrd. Fahrgästen, an dritter Deutschland mit fast 1,7 Mrd.

★ MEISTGENUTZTE EISENBAHNGESELLSCHAFT

Im Jahr 2003 beförderte die East Japan Railway Company 5.846 Mrd. Fahrgäste, d.h. im Durchschnitt 16 Mio. pro Tag. Das Bahnnetz des Unternehmens im Osten Japans, einschließlich des Großraums Tokio, verfügt über eine Gesamtschienenlänge von 7.530 km.

★ MEISTGENUTZTE U-BAHN

Die Metro in Moskau (RUS) befördert täglich 8 bis 9 Mio. Fahrgäste, die U-Bahn in New York City (USA), dem **ausgedehntesten städtischen Bahnsystem**, 4,5 Mio. und die Londoner U-Bahn, das **älteste U-Bahn-System** der Welt, knapp 3 Mio.

★ EIFRIGSTE BAHNFAHRER

Jeder Schweizer legt im Durchschnitt alljährlich 2.077 km mit der Bahn zurück, knapp gefolgt von den Japanern, die es auf 1.900 km pro Jahr bringen.

★ KLEINSTER PANZERZUG

Während des Zweiten Weltkrieges wurde die Romney, Hythe & Dymchurch Railway, die eine Spurbreite von 381 mm hat und zwischen Hythe und Dungeness entlang der Küste von Kent (GB) verläuft, von der britischen Regierung requiriert. Sowohl zu Verteidigungszwecken als auch zum Schutz von Zügen, die Kriegsgüter transportierten, wurden die Dampflokomotive *Hercules* und mehrere Waggons stahlgepanzert und der Zug mit Maschinengewehren ausgerüstet. Mit einer Spurbreite, die knapp ein Viertel der Standardspurbreite beträgt, sind die Lokomotiven und Wagen entsprechend klein.

★ HÖCHSTGELEGENER EISENBAHNTUNNEL

Der in 4.905 m Höhe gelegene Eisenbahntunnel Fenghuo Mount an der Quinghai-Tibet-Bahnlinie befindet sich im Quinghai-Tibet-Hochland zwischen China und Tibet. Er ist 1.338 m lang und wurde zwischen dem 18. Oktober 2001 und dem 30. September 2003 gebaut.

★ GRÖSSTES HOCHGESCHWINDIGKEITS-BAHNNETZ

Der Internationalen Eisenbahngewerkschaft UIC zufolge hat Japan mit 2.700 km an in Betrieb oder im Bau befindlichen Hochgeschwindigkeitsschienen das größte Hochgeschwindigkeits-Bahnnetz der Welt. Japan eröffnete 1964 zwischen Tokio und Osaka die erste Hochgeschwindigkeits-Bahnlinie der Welt.

SCHNELLSTE DAMPFLOKOMOTIVE

Die „Klasse A4" Nr. 4468 *Mallard* der London North Eastern Railway erreichte am 3. Juli 1938 auf der Strecke nach Stoke Bank nahe Essendine zwischen Grantham, Lincolnshire, und Peterborough, Cambridgeshire (GB), eine Geschwindigkeit von 201 km/h. Dabei zog sie sieben Waggons mit einem Gesamtgewicht von 243 t.

SCHNELLSTER REISEZUG (DURCHSCHNITTS-GESCHWINDIGKEIT)

Die Hochgeschwindigkeitszüge der Serie 500 Nozomi (Shinkansen) von der West Japan Railway fahren auf der 192 km langen Strecke zwischen

★ SCHNELLSTER PROPELLERZUG

Der vom deutschen Ingenieur Franz Kruckenberg gebaute „Bahn-Zeppelin" erreichte am 21. Juni 1931 während einer Testfahrt zwischen Hamburg und Berlin (D) eine Geschwindigkeit von 230 km/h. Der Zug erhielt seinen Spitznamen wegen des großen Propellers, der hinter den Personenwagen montiert war, und wegen seiner Konstruktion aus Leichtmetall und Segeltuch. Er hatte einen 433-kW-BMW-Flugzeugmotor, kam aber nie zum regulären Einsatz.

★ NEUER REKORD   ✦ VERBESSERTER REKORD

LÄNGSTE
ZUGFAHRT OHNE UMSTEIGEN

Es gibt eine direkte Zugverbindung von Moskau (RUS) nach Pjöngjang (PRK). Jede Woche legt ein Zug diese 10.214 km lange Strecke zurück, die in Teilen über die berühmte Transsibirische Eisenbahnlinie führt. Die Fahrt dauert 7 Tage 20 Stunden 25 Minuten. Auf dem Bild rechts ist die Transsibirische Eisenbahn als dünne Querlinie dargestellt; der dunkle Bereich nahe dem Zentrum dieser Linie ist die russische Stadt Omsk.

Hiroshima und Kokura auf der Insel Honshu (J) mit einer Durchschnittsgeschwindigkeit von 261,8 km/h.

SCHNELLSTER ZUG IM ÖFFENTLICHEN NAHVERKEHR

Die Magnetschwebebahn, die den Shanghai International Airport (CHN) mit dem Bankenviertel der Stadt verbindet, erreicht auf der 30 km langen Strecke eine Spitzengeschwindigkeit von 431 km/h. Der Zug startete am 31. Dezember 2002 zu seiner Jungfernfahrt.

SCHNELLSTE MAGNETSCHWEBEBAHN

Die MLX01, eine bemannte Magnetschwebebahn, die von der Central Japan Railway Company und dem Railway Technical Research Institute betrieben wird, erreichte am 2. Dezember 2003 auf der Teststrecke in der Präfektur Yamanashi (J) eine Geschwindigkeit von 581 km/h.

★ ERSTE SCHWEBEBAHN IM ÖFFENTLICHEN NAHVERKEHR

Von 1984 bis 1995 verband eine Magnetschwebebahn den Birmingham International Airport und die 600 m entfernt gelegene Birmingham International Interchange in den West Midlands (GB). Sie wurde wegen der hohen Ersatzteilkosten aus dem Verkehr gezogen.

HÖCHSTE GESCHWINDIGKEIT AUF EINEM STAATLICHEN SCHIENENNETZ

Am 18. Mai 1990 erreichte der TGV-Atlantique (Nr. 325), ein Hochgeschwindigkeitszug der französischen SNCF, auf einem staatlichen Schienennetz (im Gegensatz zu einer Teststrecke) zwischen Courtalain und Tours (F) eine Geschwindigkeit von 515,3 km/h.

SCHNELLSTER DIESELZUG

Am 1. November 1987 erreichte ein InterCity 125 der British Rail bei einer Testfahrt zwischen Darlington und York (GB) eine Geschwindigkeit von 238 km/h.

SCHWERSTER GÜTERZUG

Ein Güterzug der EHP Iron Ore (AUS) wog am 21. Juni 2001 99.732,1 t. Mit einer Länge von 7,35 km war er auch der **längste Güterzug aller Zeiten**.

SCHNELLSTES FAHRZEUG AUF SCHIENEN (RAKETENSCHLITTEN)

Ein vierstufiges Raketenschlitten-System beschleunigte am 30. April 2003 auf der Holloman-Hochgeschwindigkeits-Teststrecke der Holloman-Luftwaffenbasis in New Mexico (USA) in 6,031 Sekunden eine 87 kg schwere Nutzlast auf eine Geschwindigkeit von 2.886 m/s. Das entspricht 10.385 km/h.

WWW.GUINNESSWORLDRECORDS.COM

ARCHITEKTUR & TECHNIK
SCHIFFE

← ★ LÄNGSTE SLUP

Das 75,2 m lange Luxusschiff *Mirabella V* ist die längste Slup oder das längste einmastige Segelboot der Welt. Das hochmoderne Schiff hat einen Kompositrumpf, einen 150 t schweren Hubkiel und mit 90 m den **höchsten Mast der Welt**.

GRÖSSE

★ PASSAGIERKAPAZITÄT
Die Schiffe mit der größten Passagierkapazität sind die Schwesterschiffe der Staten-Island-Fähre (New York City, USA) *Andrew J Barberi* und *Samuel I Newhouse*. Jedes fasst 6.000 Passagiere, ist 95 m lang und 21 m breit und erreicht eine Geschwindigkeit von 16 Knoten (30 km/h).

★ TROCKENFRACHTER
Die *Berge Stahl* kann 364.767 t Fracht (meist Eisenerz) laden. Der Frachter, der Bergesen in Norwegen gehört, ist 343 m lang und 63,5 m breit.

PASSAGIERSCHIFF
Die *Queen Mary 2* der Cunard Line, die im Januar 2004 auf Jungfernfahrt ging, ist 345 m lang und 41 m breit. Mit fast 150.000 BRT ist die *Queen Mary 2* fast dreimal so groß wie die *Titanic* und fasst 2.620 Passagiere sowie 1.253 Personen Besatzung.

★ BOHRSCHIFFE
Die *Discoverer Enterprise*, *Discoverer Spirit* und *Discoverer Deep Seas* verdrängen je 103.000 t. Sie gehören Transocean, Inc. (USA), können in Wassertiefen von mehr als 3.050 m eingesetzt werden und bis zu Tiefen von 10.650 m bohren. Die Schiffe sind 255 m lang und 38 m breit.

EISBRECHER
Die 306,9 m lange SS *Manhattan* wurde in einen 152.407 t schweren Eisbrecher umgebaut und mit einem 2,7 m dicken Stahlpanzer verkleidet. Sie hat 9,1 m Tiefgang und eine Länge von 204 m. Im August 1969 unternahm sie eine Hin- und Rückreise durch die Nordwestpassage.

★ RETTUNGSAKTION EINES EINZELNEN SCHIFFES
Während des Koreakrieges evakuierte der Frachter SS *Meredith Victory* in nur einer Fahrt zwischen dem 22. und 25. Dezember 1950 14.000 zivile Flüchtlinge aus Hungnam in Nordkorea nach Pusan in Südkorea.

FRACHTSCHIFF
Der Öltanker *Jahre Viking* (früher *Happy Giant* und *Seawise Giant*) kann 564.763 t Fracht, Kraftstoff und Vorräte (Gesamtzuladung) laden. Er ist 458,45 m lang, 68,8 m breit und hat einen Tiefgang von 24,61 m.

PRIVATJACHT
Die saudiarabische königliche Jacht *Abdul Aziz* ist 147 m lang. Sie wurde am 22. Juni 1984 auf der Vospers-Werft in Southampton (GB) fertig gestellt und 1987 auf einen Wert von umgerechnet über 77 Mio. EUR geschätzt.

★ RENN-TRIMARAN (JACHT)
Der Trimaran *Geronimo* von Olivier de Kersauson (F) ist 34 m lang und 22 m breit. Er wurde zwischen 1999 und 2001 in der Multiplast-Werft in Vannes (F) gebaut.

GESCHWINDIGKEITSREKORDE AUF DEM WASSER

REKORD	PILOT/KAPITÄN (NATIONALITÄT)	SCHIFFSNAME (DATUM)	GESCHWINDIGKEIT KNOTEN / KM/H
Muskelkraftbetriebenes Wasserfahrzeug	Mark Drela (USA)	Decavitator (1991)	18,5 / 34,2
Passagierschiff	(USA)	United States (1952)	44 / 81,4
Zerstörer (Kriegsschiff)	(F)	Le Terrible (1935)	45,25 / 83,42
Segelschiff	Simon McKeon (AUS)	Yellow Pages Endeavour (1993)	46,5 / 86,1
Windsurfer	Finian Maynard (IRL)	–	46,82 / 86,71
Aquabike (PWC)	Forrest Smith (USA)	Yamaha GP1200R (2002)	122,79 km/h
Propellerboot	Dave Villwock (USA)	Miss Budweiser (2004)	354,84 km/h
Größte Geschw. überhaupt	Ken Warby (AUS)	Spirit of Australia (1977)	275,97 / 511,1

★ GRÖSSTER TRANSPORTER MIT OFFENEM LADEDECK

Der Halbtaucher *Blue Marlin* hat ein flaches, offenes Ladedeck von 178,2 m Länge und 63 m Breite und kann übergroße Frachten mit einem Gewicht von 76.061 t laden. Der riesige Transporter, der von Dockwise in den Niederlanden betrieben wird, kann seine Transportplattform bis auf 16 m Tiefe absenken, um riesiges Frachtgut aufzunehmen – vornehmlich Öl- und Gasplattformen, unter denen er in Position gebracht wird.

GESCHWINDIGKEIT

★ PASSAGIERSCHIFF

Die SS *United States* erreichte bei der Erprobung auf See Geschwindigkeiten von über 44 Knoten (81,4 km/h) und kreuzte 1952 mit einer Durchschnittsgeschwindigkeit von 34,51 Knoten (63,9 km/h) durch den Atlantik. Sie war 301,9 m lang, aber aufgrund ihres geringen Gewichts (für den Bau wurde Aluminium verwendet) und ihrer starken 180.000 kW-Motoren sehr schnell.

★ GESEGELTE GESCHWINDIGKEIT

Am 13. November 2004 erreichte der Windsurfer *Finian Maynard* (IRL) bei Saintes-Maries-de-la-Mer (F) die Rekordgeschwindigkeit unter Segel von 46,82 Knoten (86,71 km/h). Im Vergleich dazu erreicht das **schnellste Tier über lange Distanzen an Land**, die Gabelhornantilope (*Antilocapra americana*), Geschwindigkeiten von 56 km/h.

★ WEITESTE STRECKE EINER MONOHULL-JACHT IN 24 STUNDEN

Die Monohull-Jacht *Mari-Cha IV* (ein Rumpf) legte am 6./7. Oktober 2003 mit ihrem Skipper Robert Miller (GB) und einer 24-köpfigen Besatzung segelnd eine Entfernung von 525,7 Seemeilen (973,59 km) zurück.

WEITESTE GESEGELTE STRECKE IN 24 STUNDEN

Vom 12. bis 13. Juni 2002 legte der 33,5 m lange Katamaran *Maiden 2* im Nordatlantik innerhalb von 24 Stunden segelnd 694,78 Seemeilen (1.286,73 km) zurück – mehr als 1,2-mal die Gesamtlänge Großbritanniens.

★ SCHNELLSTES PROPELLERBOOT

Dave Villwock (USA) erreichte am 13. März 2004 in der Thermalito Afterbay in Oroville Kalifornien (USA), mit seinem Rennboot *Miss Budweiser*, einem Tragflächenboot in der freien Klasse, die Rekordgeschwindigkeit von 354,849 km/h. Das Boot wurde angetrieben von einem Turbinenmotor eines Chinook-Helikopters vom Typ T-55 L-7, der auf 1 976 kW klassifiziert wurde.

★ ÄLTESTES ZUGELASSENES KRIEGSSCHIFF

Die USS *Constitution* – auch bekannt als „Old Ironsides" – ist seit dem 21. Oktober 1797 als Schiff der US-Marine eingetragen mit einer Stammbesatzung zwischen 50 und 80 Marinesoldaten. Der Heimathafen der *Constitution*, die noch gelegentlich Fahrten unternimmt, ist Charlestown in Massachusetts (USA).

SCHIFFSGRÖSSEN IM VERGLEICH
1 cm = 130 m

Abdul Aziz, größte Privatjacht
Länge: 147 m

Blue Marlin, größter Transporter mit offenem Ladedeck
Länge: 178,2 m

Titanic
Länge: 269 m

Queen Mary 2, größtes Passagierschiff
Länge: 345 m

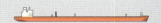
Jahre Viking, größtes Frachtschiff
Länge: 458,45 m

★ NEUER REKORD   ★ VERBESSERTER REKORD   WWW.GUINNESSWORLDRECORDS.COM

→ ARCHITEKTUR & TECHNIK
LUFTFAHRT

GRÖSSTES VOLUMEN
EINES FRACHTFLUGZEUGS

Der Airbus A300-600ST Supertransporter „Beluga" hat einen Frachtraum mit einem Volumen von 1.400 m^3, einer Länge von 37,7 m sowie einer maximalen Höhe und Breite von 7,1 m. Er kann Nutzlasten mit einem Gewicht von maximal 47 t aufnehmen. Die schematische Darstellung (siehe Nebenbild) zeigt, wie das Flugzeug von vorn beladen wird.

Geschwindigkeitsrekorde

★ **Paraglider:** Edel Energy 30 / Patrick Berod (F) 28,26 km/h

★ **Drachenflieger:** Moyes Delta Gliders Litespeed 4 / Tomas Suchanek (CZ) 50,81 km/h

★ **Ultraleichtflugzeug:** B-612 / Pavel Skarytka (CZ) 194,2 km/h

★ **Segelflugzeug:** Jantor STD11 / Horacio Miranda (RA) 249,09 km/h

Hubschrauber: Westland Lynx / John Trevor Eggington (GB) 400,86 km/h

Serien-Düsenflugzeug: Lockheed Martin SR-71 / Capt. E. Joersz und Maj. G. Morgan (beide USA) 3.529,56 km/h

Raketenflugzeug: X-15A2 / Pete Knight (USA) 7.274 km/h

★ **Luftstrahltriebwerk-Flugzeug:** X-43A / unbemannt 10.300 km/h

FLÜGE

MAXIMALE HÖHE EINES FLUGZEUGS
Der Höhenrekord der Fédération Aéronautique Internationale (FAI) liegt bei 37.650 m und wurde am 31. August 1977 von Alexander Fedotow (UdSSR) aufgestellt. Er startete mit einer stark modifizierten MiG-25 „Foxbat" (Bezeichnung E266M) vom Podmoskownoje Aerodrome (RUS).

MAXIMALER HÖHENFLUG EINES HUBSCHRAUBERS
Jean Bouletan (F) erreichte am 21. Juni 1972 mit einem Hubschrauber des Typs Aérospatiale SA315B „Lama" über Istres (F) eine Höhe von 12.442 m.

SCHNELLSTES FLUGZEUG MIT LUFTSTRAHLTRIEBWERK
Am 16. November 2004 erreichte das unbemannte NASA-Flugzeug Hyper-X (X-43A) Mach 9,68 – das ist nahezu das Zehnfache der Schallgeschwindigkeit. Es wurde von einem Flugzeug des Typs B52-B mithilfe einer Pegasus-Rakete in eine Höhe von 33.000 m katapultiert. Dort zündete das „Scramjet"-Flugzeug sein Triebwerk. Anschließend stürzte es in den Pazifik.

★ LÄNGSTER FLUG EINES MODELLFLUGZEUGS
Maynard Hill, Barrett Foster und David Brown (alle USA) steuerten vom 9. bis 11. August 2003 ein funkgesteuertes Modellflugzeug mit Kolbenmotor über eine Distanz von 3.030 km von Cape Spear, Neufundland (CDN), nach Mannin Beach (IRL). Die Flugzeit betrug 38 Stunden und wurde nicht durch Nachtanken oder Landungen unterbrochen.

ERSTER FLUG MIT EINEM STRAHLTRIEBWERK
Den ersten Flug mit einer Düsenmaschine unternahm am 27. August 1939 Testpilot Erich Warsitz (D) mit einer Heinkel He 178 vom extra angelegten Flugplatz in Neuhardenberg (D). Der Antrieb war ein 378 kg schwerer Heinkel-He-S3b-Strahlturbinenmotor.

HÖCHSTER FLUG IM HEISSLUFTBALLON
Am 6. Juni 1988 erreichte Per Lindstrand (GB) in einem Colt-600-Heißluftballon über Laredo (US-Bundesstaat Texas) eine Höhe von 19.811 m.

MAXIMALE HÖHE EINES BALLONS
Die größte, von einem bemannten Ballon je erreichte Höhe beträgt 34.668 m. Diesen Rekord erzielten am 4. Mai 1961 Commander Malcolm D. Ross und Lieutenant Commander Victor A. Prather von der US-Navy über dem Golf von Mexiko. Ihr druckloser, gasgefüllter Ballon aus Polyethylen trug den Namen *Lee Lewis Memorial*.

SCHWERSTES FLUGZEUG

Das Flugzeug mit dem größten Standard-Startgewicht ist mit 600 t die Antonov An-225 „Mrija" (Traum). Von diesen Giganten wurden lediglich zwei Stück gebaut. Sie weist eine Spannweite von 88,4 m auf – das entspricht beinahe der Länge von vier Tennisplätzen – und wurde ursprünglich für den Transport der russischen Raumfähre Buran zur Startrampe entwickelt. Die „Mrija" ist eine Schwergut-Version des gängigen Frachtflugzeugs Antonov An-124 „Ruslan".

HÖCHSTE FLUGHÖHE
EINES PROPELLERFLUGZEUGS

Helios, ein unbemanntes Nurflügelflugzeugs, das mit Sonnenenergie betrieben wird, erreichte am 13. August 2001 über der Hawaii-Insel Kauai eine Höhe von 29.524 m. Der von der NASA in Auftrag gegebene Prototyp wurde von der Firma AeroVironment Inc. im kalifornischen Monrovia (USA) entwickelt. *Helios* ist ein neuer Typ langsam und in großer Höhe fliegender Flugzeuge, die – so die Hersteller – eine Alternative zu Kommunikationssatelliten bieten sollen.

GRÖSSE & GEWICHT

★ GRÖSSTE DOPPELDECKER
Die größten Doppeldecker waren die 1918 von der Curtiss Company gebauten Maschinen NC 1-4 mit einer Spannweite von je 38,4 m, einer Länge von 20,8 m und einem Fluggewicht von 12.000 kg.

Der **größte noch genutzte Doppeldecker** ist die Antonov An-2/An-3 mit einer Spannweite von 18,8 m und einem maximalen Startgewicht von 5.800 kg. Sie fasst zwölf Personen und wurde erstmals 1947 gebaut.

★ GRÖSSTES FLUGBOOT
Die Martin JRM-3 „Mars" besitzt eine Spannweite von 61 m und ein maximales Startgewicht von 73.500 kg. In den 1940er Jahren baute die Firma Glenn L. Martin fünf Stück davon für die US-Navy, wovon zwei noch immer bei der kanadischen Firma Flying Tankers im Einsatz sind.

★ GRÖSSTER DELTAFLÜGEL
Der Nuklearbomber der Königlich-Britischen Luftwaffe (RAF) Avro B2 „Vulcan" mit Deltaflügel hatte eine Spannweite 33,8 m und erreichte eine Spitzengeschwindigkeit von 1.038 km/h. Er wurde 1958 in Dienst genommen und 1986 endgültig aus dem Verkehr gezogen.

SCHWERSTES SERIENFLUGZEUG
Die ukrainische Frachtmaschine Antonov An-124 „Ruslan" hat ein maximales Startgewicht von 405 t und kann 1.014 m³ Nutzlast aufnehmen.

LÄNGSTES IM DIENST BEFINDLICHES PASSAGIERFLUGZEUG
Der Airbus A340-600 ist 75,3 m lang. Er hat ein maximales Startgewicht von 365 t, eine Spannweite von 63,45 m und bietet Platz für bis zu 419 Passagiere.

★ GRÖSSTES FLIEGENDES TELESKOP
Das Stratosphären-Observatorium für Infrarot-Astronomie der NASA ist eine Boeing 747SP, die mit einem Infrarot-Teleskop ausgestattet ist, dessen Hauptspiegel einen Durchmesser von 2,7 m aufweist. Der erste erfolgreiche Test fand am 18. August 2004 statt.

GRÖSSTES PASSAGIERFLUGZEUG
Die Boeing 747-400 besitzt eine Spannweite von 64,4 m, eine Länge von 70,6 m und ein maximales Startgewicht von 396,89 t. Der voraussichtlich ab 2007 den Flugbetrieb aufnehmende Airbus A380, der im April 2005 seinen Jungfernflug erfolgreich absolviert hat, wird allerdings eine Spannweite von 79,8 m, eine Länge von 73 m und ein maximales Startgewicht von 560 t haben.

GRÖSSTES IN BETRIEB BEFINDLICHES LUFTSCHIFF
Der von der Firma Zeppelin Luftschifftechnik Deutschland produzierte, 75 m lange Zeppelin NT hat ein Hüllenvolumen vor 8.225 m³ und kann 14 Personen befördern. Die **größten Luftschiffe der Welt** waren die 231,9 t schwere *Hindenburg* (LZ 129) und die *Graf Zeppelin II* (LZ 130). Beide hatten eine Länge von 245 m.

GRÖSSTER SERIENHUBSCHRAUBER
Der fünfsitzige russische Hubschrauber Mil Mi-26 hat ein maximales Startgewicht von 56.000 kg. Leer wiegt er 28.200 kg, seine Gesamtlänge beträgt 40,03 m. Der achtblättrige Hauptrotor hat einen Durchmesser von 32 m und wird von zwei 8.500 kW-Turbinenmotoren angetrieben.

Flugzeuggrößenvergleiche
1 cm = 10 m

Antonov An-2
Größter Doppeldecker im Dienst
Spannweite: 18,8 m

Avro B2 Vulcan
Größtes Deltaflügel-Flugzeug
Spannweite: 33,8 m

Airbus A380
Größtes Passagierflugzeug
Spannweite: 79,8 m

Antonov An-225
Schwerstes Flugzeug
Spannweite: 88,4 m

Hindenburg (LZ 129) oben und **Graf Zeppelin II**
Größtes Luftschiff
Länge: 245 m

★ NEUER REKORD   ★ VERBESSERTER REKORD   WWW.GUINNESSWORLDRECORDS.COM

ARCHITEKTUR & TECHNIK
GEBÄUDE

HÖCHSTES HOTEL
Das 15 km südlich von Dubai (VAE) gelegene Hotel Burj Al Arab („Der arabische Turm"), in dem es ausschließlich Suiten gibt, maß am 26. Oktober 1999 vom Boden bis zur Mastspitze 320,94 m. Zu sehen ist hier sein Hubschrauberlandeplatz, der 2005 für einen Schaukampf zwischen Roger Federer (CH) und Andre Agassi (USA) kurzfristig in einen Tennisplatz verwandelt wurde.

★ GRÖSSTER KUPPELBAU
Obwohl er streng genommen keine echte „Kuppel" hat, d.h. nicht freitragend ist, ist der Millennium Dome in Greenwich, London (GB), der größte Kuppelbau. Er hat einen Gesamtdurchmesser von 365 m, einen Innendurchmesser von 320 m und eine Dachhöhe von 50 m. Er besteht aus einer Polytetrafluorethylen- (PTFE-)beschichteten Glasfasermembran, die an zwölf 95 m hohen Stahlmasten aufgehängt und 80.000 m² groß ist.

GRÖSSTES VERWALTUNGSGEBÄUDE
Das Pentagon in Arlington, Virginia (USA), hat eine Grundfläche von 604.000 m². Seine Außenwände haben eine Länge von 281 m und sein Umfang beträgt etwa 1.405 m. Die Korridore ziehen sich über insgesamt 28 km hin. 7.754 Fenster gibt es in diesem Gebäude zu putzen, in dem über 26.000 Militärs und Zivilpersonen arbeiten.

★ SCHNELLSTER LIFT
Zwei im Taipei 101, dem in Taipeh (RC) gelegenen **höchsten Gebäude der Welt**, von Toshiba Elevator and Building Systems (J) installierte Hochgeschwindigkeitslifts erreichen 1.010 m/Min. Die Lifte brauchen vom Erdgeschoss bis zum 89. Stock in 382 m Höhe nur 40 Sekunden und haben Systeme, die den atmosphärischen Druck regulieren, damit es für die Ohren der Fahrgäste nicht unangenehm ist.

★ GRÖSSTES MEHRZWECK-GEBÄUDE
Das Berjaya Times Square KL in Kuala Lumpur (MAL) hat bei einer Gesamtgrundfläche von 678.000 m² ein 320.000 m² großes Shoppingcenter, einen überdachten Themenpark und zwei Bürotürme mit 48 Stockwerken. Der Gebäudekomplex wurde 2003 eröffnet.

★ HÖCHSTES UNBEWOHNTES GEBÄUDE
Zwar hatte es die vollständige Höhe von 330 m erreicht, doch dann wurden die Bauarbeiten am Hotel Ryugyong in Pjöngjang (COR) 1992 eingestellt. Es liegt auf Platz 18 der höchsten Gebäude der Welt und wäre nach Fertigstellung das höchste Hotel der Welt.

★ ERSTES GEBÄUDE MIT EINEM SICHERHEITSLIFT
Am 23. März 1857 wurde im Kaufhaus Haughwout in New York City (USA) der erste moderne „Sicherheitslift" in Betrieb genommen. Er wurde von Elisha Otis installiert und von einer Dampfmaschine betrieben.

★ NEUER REKORD   ★ VERBESSERTER REKORD

★ VERLEGUNG DES SCHWERSTEN GEBÄUDES
Vom 25. Mai bis 3. Juni 2004 wurde das zehnstöckige, 13.254 t schwere Talent Exchange Centre in Wuzhou, Guangxi (CHN), mittels eines speziell angefertigten Rollensystems um 30,2 m verlegt. Die Verlegung wurde von Dalian Jiuding Special Construction Engineering in einem Tempo von 3–7 m pro Tag ausgeführt. Die Bewohner lebten und arbeiteten währenddessen weiterhin in dem Gebäude.

★ HÖCHSTE MOSCHEE ÜBER DEM BODEN
Die Prinz-Abdulla-Moschee in der 77. Etage des Kingdom Centre in Riad (KSA) liegt 183 m über dem Boden und wurde am 5. Juli 2004 fertig gestellt.

★ GRÖSSTES UNTERIRDISCHES SHOPPINGCENTER
Das PATH Walkway in Toronto (CDN) hat Einkaufspassagen, die sich über 27 km erstrecken und in denen rund 1.200 Geschäfte und Dienstleistungsfirmen eine Fläche von 371.600 m² einnehmen. Über 50 Gebäude, fünf U-Bahn-Stationen und ein Bahnhof sind von diesem Center aus erreichbar.

★ GRÖSSTES KALEIDOSKOP
Der Nagoya City Pavilion „Earth Tower", der zur Expo 2005 in Aichi in der Nähe von Nagoya (J) errichtet wurde, ist 47 m hoch und projiziert für die Besucher unten im dreieckigen Turm ein 40 m großes Kaleidoskop.

★ HÖCHSTES KRANKENHAUSGEBÄUDE
Der 34-stöckige Guy's Tower des Guy's Hospital in London (GB) ist 142,6 m hoch.

★ GRÖSSTE MEMBRANSTRUKTUR
Der Odate Jukai Dome in Odate (J) ist ein kuppelförmiges Gebäude, dessen längste Achse 178 m und dessen kürzeste Achse 157 m misst. Es besteht aus einer undurchsichtigen Membran, die über einen Rahmen aus 25.000 Zedern gespannt ist.

GRÖSSTES HEILIGTUM
Die Tempelanlage Angkor Wat in Kambodscha, die zwischen 1113 und 1150 vom König der Khmer, Suryavarman II., zu Ehren des hinduistischen Gottes Vishnu erbaut wurde, umfasst eine Fläche von 1300 x 1500 m und ist von einem 200 m breiten Wassergraben umgeben. Die Anlage gehört zur ehemaligen Hauptstadt des Khmer-Reiches, der Tempelstadt Angkor. Bevor sie 1431 aufgegeben wurde, lebten dort 80.000 Menschen. Die gesamte Stadt mit ihren 72 Hauptmonumenten erstreckt sich über 24,8 km.

GRÖSSTE PYRAMIDE
Die größte Pyramide und das **größte Bauwerk aller Zeiten** ist die Quetzalcóatl-Pyramide bei Cholula de Rivadavia, 100 km südöstlich von Mexico City (MEX). Sie ist 54 m hoch und hat eine Grundfläche von fast 18,2 ha. Das Gesamtvolumen wird auf 3,3 Mio. m³ geschätzt. Die Cheops-Pyramide, die **höchste Pyramide der Welt**, hat dagegen lediglich ein Volumen von 2,4 Mio. m³.

GRÖSSTE NOCH ERHALTENE ZIKKURAT
Die Zikkurat von Ur (jetzt Muqayyar, IRQ) ist zwar nicht die größte Zikkurat (rechteckiger Stufentempel) aller Zeiten, aber die größte noch erhaltene. Sie hat eine Grundfläche von 61 x 45,7 m, besitzt drei Stufen und wird von einem Tempel gekrönt. Die erste Stufe und ein Teil der zweiten sind noch erhalten und insgesamt 18 m hoch. Die Zikkurat wurde während der Herrschaft von Urnammu (ca. 2113–2095) erbaut.

★ GRÖSSTE FREITRAGENDE DACHKONSTRUKTION
Der riesige Stahlbogen, der im neuen Wembley-Stadion in London (GB) das Dach der Nordtribüne trägt, hat eine Spannweite von 315 m. Hier entsteht die größte freitragende Dachkonstruktion der Welt. Er wiegt 1.750 t und hat einen Durchmesser von 7 m. Der Eiffelturm ist nur um Weniges höher als die Spannweite des Stahlbogens.

→ EIN VERGLEICH DER HÖCHSTEN BAUWERKE DER WELT FINDET SICH AUF S. 153

→ ARCHITEKTUR & TECHNIK
BAUWERKE

LÄNGSTE TIBETISCHE BRÜCKE

Die Brücke, welche die italienischen Inseln Procida und Vivara verbindet, hat eine Spannweite von 362 m. Sie wurde am 15. Juli 2001 fertig gestellt.

HÖHE

HÖCHSTE BRÜCKE
Die höchste Brücke der Welt überspannt die Royal Gorge, die 321 m tiefe Schlucht des Arkansas in Colorado (USA). Der Bau der Hängebrücke mit einer Hauptspannweite von 268 m dauerte sechs Monate. Am 6. Dezember 1929 wurde sie fertig gestellt.

HÖCHSTER DAMM
Der 300 m hohe Nurek-Damm über den Vakhsh (TJ) ist derzeit der höchste Damm. Diesen Rang wird ihm jedoch mit 335 m der Rogunskaya-Damm, der ebenfalls über den Vakhsh führt, streitig machen, dessen Fertigstellung sich wegen der Auflösung der ehemaligen Sowjetunion verzögert hat.

HÖCHSTE STAUMAUER
Die 285 m hohe Staumauer Grande Dixence in der Schweiz entstand zwischen 1953 und 1961. Sie ist 700 m lang, und für den Bau wurden 5.960.000 m^3 Beton verwendet.

HÖCHST GELEGENER DAMM
Die Bailey-Brücke, eine Behelfsbrücke, die im August 1982 in 5.602 m Höhe über den Khardungla-Pass in Ladakh (IND) errichtet wurde und einst die höchste Straßenbrücke der Welt war, wurde Mitte der 90er Jahre aufgrund von Lawinenschäden durch einen Damm ersetzt.

GRÖSSE

★ GRÖSSTE STURMFLUTWEHR
Der Oosterscheldedam im Südwesten der Niederlande ist die größte Sturmflutwehr der Welt. Sie verfügt auf ihrer Gesamtlänge von 9 km über 65 Betonpfeiler und 62 Stahltore.

GRÖSSTER STAUSEE (VOLUMEN)
Der volumenmäßig größte Stausee der Welt ist der Bratskoye-Stausee am Angara in Russland mit einem Volumen von 169,3 km^3 und einer Flächenausdehnung von 5.470 km^2.

GRÖSSTER STAUSEE (FLÄCHENAUSDEHNUNG)
Der flächenmäßig größte Stausee der Welt ist der durch den 1965 fertig gestellten Akosombo-Damm gebildete Volta-See in Ghana. 1969 bedeckte er eine Fläche von 8.482 km^2. Seine Uferlinie erstreckt sich über 7.250 km.

GRÖSSTER KÜHLTURM
Der mit 180 m höchste Kühlturm der Welt steht neben dem Atomkraftwerk in Uentrop (D). Er wurde 1976 fertig gestellt.

GRÖSSTER STRASSENTUNNEL (DURCHMESSER)
Der Straßentunnel quer durch Yerba Buena Island, San Francisco, Kalifornien (USA), ist 24 m breit, 17 m hoch und 165 m lang. Jeden Tag passieren über 280.000 Fahrzeuge die beiden Ebenen.

★ NEUER REKORD   ★ VERBESSERTER REKORD

DIE GROSSE MAUER →

Der Hauptteil der Chinesischen Mauer ist 3.460 km lang – fast dreimal so lang wie Großbritannien. Hinzu kommen 3.530 km an Verzweigungen und Teilabschnitten. Die Mauer, mit deren Bau unter Kaiser Qin Shi Huangdi (221–210 v. Chr.) begonnen wurde, verläuft von Shanhaiguan am Golf von Bo-Hai bis nach Yumenguan und Yangguan und wurde bis ins 16. Jh. hinein ständig erneuert. Ihre Höhe variiert zwischen 4,5 und 12 m. Rund 51,5 km der Mauer wurden seit 1966 zerstört, ein Teil der Mauer wurde im Juli 1979 gesprengt, um Platz für einen Damm zu schaffen.

LÄNGE

LÄNGSTES STRASSEN- UND EISENBAHN-BRÜCKEN-SYSTEM

Die Seto-Ohashi-Brücke in Japan besteht aus sechs Brückenabschnitten und ist insgesamt 9,4 km lang.

LÄNGSTE BETONTRÄGERBRÜCKE

Die Raftsundet-Brücke in Norwegen ist 298 m lang – fast so lang wie vier aneinander gereihte Jumbojets 747. Sie verbindet die größten Inseln der Lofoten und wurde 1997 fertig gestellt.

LÄNGSTE AUSLEGERBRÜCKE

Die Pont de Quebec über den Sankt-Lorenz-Strom in Kanada hat einen 549 m langen Auslegerbogen. Ihre Gesamtlänge beträgt 987 m. Eine Gleisstrecke und zwei Fahrbahnen führen über sie. Die Brücke, mit deren Bau man 1899 begann, wurde am 3. Dezember 1917 für den Verkehr freigegeben.

LÄNGSTE HÄNGEBRÜCKE (STRASSE UND EISENBAHN)

Die Tsing-Ma-Brücke in Hongkong (CHN) wurde im Mai 1997 offiziell eröffnet. Sie hat eine Hauptspannweite von 1.377 m – die größte Spannweite einer Hängebrücke für den Straßen- und Eisenbahnverkehr –, eine Breite von 40 m und eine Länge von 2,2 km. Die Durchfahrtshöhe beträgt 62 m, und der Turm ist 206 m hoch.

LÄNGSTE FLOSSBRÜCKE

Die Second Lake Washington Bridge im Bundesstaat Washington (USA) hat eine Gesamtlänge von 3,8 km mit einem schwimmenden Abschnitt von 2.291 m. Sie wurde im August 1963 fertig gestellt.

LÄNGSTE STAHLBOGENBRÜCKE

Die Lupu-Brücke in Shanghai (CHN), die über den Huangpu führt, hat eine Spannweite von 550 m. Die Brücke, für deren Bau man drei Jahre brauchte, wurde am 28. Juni 2003 eröffnet.

LÄNGSTE HOLZBRÜCKE

Die Lake Pontchartrain Railroad Trestle in Louisiana (USA), die aus mit Teeröl imprägnierten Gelbkiefer-Balken besteht, ist 9,36 km lang. Die Brücke, mit deren Bau man im Februar 1382 begann, wurde im September desselben Jahres fertig gestellt und 1883 eröffnet. Damals war sie 34,6 km lang.

LÄNGSTER DAMM

Der Damm Second Lake Pontchartrain, der Mandeville und Metairie in Louisiana (USA) verbindet, ist 38,42 km lang.

LÄNGSTE BETON-STAUMAUER

Die Betonstaumauer Grand Coulee (Baubeginn: 1933; Inbetriebnahme: 22. März 1941) am Columbia River, Washington State (USA), hat ein Betonvolumen von 8.092.000 m³ bei einem Gewicht von 19.595.000 t. Die Baukosten für die 1942 fertig gestellte Staumauer, die 1.272 m lang und 168 m hoch ist, betrugen damals rund 43 Mio. EUR.

GRÖSSTE SPANNWEITE EINER HÄNGEBRÜCKE

Die Hauptspannweite der Akashi-Kaikyo-Straßenbrücke, die Honshu und Shikoku (J) miteinander verbindet, beträgt 1.990,8 m. Die Gesamtlänge der Brücke beträgt 3.911,1 m.

→ ARCHITEKTUR & TECHNIK
VERGNÜGUNGSPARKS

← ÄLTESTE UNUNTER-BROCHEN BETRIEBENE ACHTERBAHN
Die „Scenic Railway" im Luna Park in St. Kilda, Melbourne (AUS), wurde am 13. Dezember 1912 eröffnet und ist seitdem in Betrieb.

GRÖSSE

★ GRÖSSTER THEMENPARK-BETREIBER
Walt Disney Parks & Resorts, dessen Parks nach Angaben des Magazins *Amusement Business* im Jahr 2004 schätzungsweise 101 Mio. Menschen anlockte, ist der weltweit größte Betreiber von Themenparks. Im Vergleich dazu hat Frankreich, das ★ beliebteste Touristenziel, jährlich nur rund 75 Mio. internationale Touristen. Im Jahr 2004 wurden acht der Top-Ten-Themenparks der Welt von Disney betrieben.

GRÖSSTER INDOOR-VERGNÜGUNGSPARK
Das 37.200 m² große Galaxyland in der West Edmonton Mall in Alberta (CDN) hat 30 Spielbuden und 27 Fahrgeschäfte und Attraktionen.

GRÖSSTER RELIGIÖSER THEMENPARK
Die Holy Land Experience, ein 6,07 ha großer Themenpark in Orlando, Florida (USA), eröffnete am 5. Februar 2001. Er ist eine Nachbildung Jerusalems (IL) in der Zeit von 1450 v. Chr. bis 66 n. Chr.

GRÖSSTES AUSSICHTS-RIESENRAD
Das von den Architekten David Marks und Julia Barfield (beide GB) entworfene „British Airways London Eye" mit einen Durchmesser von 135 m unternahm am 1. Februar 2000 in den Jubilee Gardens an der Londoner South Bank seine Jungfernfahrt. Der Normalbetrieb begann im März.

GRÖSSTES WELLENBAD
Nach Angaben der World Waterpark Association ist das oft als künstliches Meer bezeichnete größte Wellenbad 16.000 m² groß und befindet sich im Siam Park in Bangkok (THA).

LÄNGE

LÄNGSTE ACHTERBAHN
Der „Steel Dragon 2000" wurde am 1. August 2000 im Nagashima Spaland in Mie (J) eröffnet. Mit 2.479 m ist er die längste Achterbahn mit vollem Umlauf und erreicht eine Höhe von 95 m sowie eine Spitzengeschwindigkeit von 149 km/h.

★ LÄNGSTE FLIEGEND-ACHTERBAHN
„Batwing" im Six Flags America in Maryland (USA) und „X-Flight" in Geauga Lake, Ohio (USA), sind beide 1.018 m lang. Fliegende Achterbahnen sind Fahrgeschäfte, bei denen die Fahrgäste unter dem Fahrgestell hängen, sodass sie das Gefühl haben zu fliegen.

★ LÄNGSTE STEHEND-ACHTERBAHN
„Riddler's Revenge" im Six Flags Magic Mountain in Kalifornien (USA) ist 1.332 m lang. Die Fahrgäste sitzen nicht, sondern stehen, und diese Achterbahn ist mit einer Spitzengeschwindigkeit von 104,6 km/h auch die schnellste ihrer Art.

LÄNGSTE HOLZACHTERBAHN
Die 1979 in Paramount's Kings Island in Ohio (USA) gebaute Achterbahn „Beast" ist mit 2.286 m die längste traditionelle Holzachterbahn. Die Fahrten, bei denen eine Spitzengeschwindigkeit von 104 km/h erreicht wird, dauern 3 Minuten 40 Sekunden.

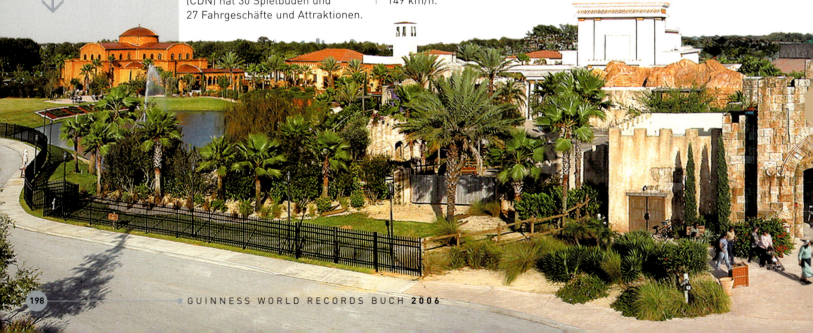

★ NEUER REKORD   ★ VERBESSERTER REKORD

MENGE

MEISTE FAHRGESCHÄFTE IN EINEM VERGNÜGUNGSPARK
Der Cedar Point Amusement Park in Sandusky, Ohio (USA), wurde 1870 eröffnet und hat insgesamt 68 verschiedene Fahrgeschäfte – mehr als jeder andere Themen- oder Vergnügungspark der Welt.

★ MEISTBESUCHTER THEMENPARK
Der meistbesuchte Themenpark der Welt ist „Magic Kingdom" in Walt Disney World in Florida (USA), der nach Angaben des Magazins *Amusement Business 2004* über 15,1 Mio. Besucher anlockte. An zweiter Stelle lag Disneyland in Anaheim, Kalifornien (USA), mit 13,36 Mio. Gästen und Tokyo Disneyland in Japan mit 13,2 Mio. Besuchern.

★ SCHNELLSTE ACHTERBAHN →
„Kingda Ka" im Six Flags Great Adventure in der Nähe von Jackson, New Jersey (USA), die im Frühjahr 2005 eröffnet wurde, hat eine Spitzengeschwindigkeit von 206 km/h. Sie erreicht eine Höhe von 127,4 m und ist damit auch die ★ höchste Achterbahn der Welt.

THEMENPARK MIT DEN MEISTEN ACHTERBAHNEN
Six Flags Magic Mountain in Valencia, Kalifornien, und Cedar Point in der Nähe von Sandusky, Ohio (USA), weihten beide 2003 die 16. Achterbahn ein und halten damit gemeinsam den Rekord für die meisten Achterbahnen in einem Themenpark.

★ MEISTE NACKTE IN EINEM FAHRGESCHÄFT
Am 27. August 2004 fuhren 32 nackte Menschen mit der „Nemesis" im Alton Towers, Staffordshire (GB), für *Guinness World Records: 50 Years, 50 Records* (GB).

← ERSTES RIESENRAD
Das Riesenrad wurde von George Washington Gale Ferris jr. (USA, 1859–1896) entworfen und aus Anlass der World's Columbian Exposition von 1893 in Chicago, Illinois (USA), für eine Summe von umgerechnet 296.633 EUR gebaut. Es war 80 m hoch und hatte einen Umfang von 240 m.

ROY VOCKING
Roy Vocking ist Vizepräsident der Intamin AG, eines führenden Achterbahn-Herstellers.

Was kostet eine hochwertige Achterbahn?
Einschließlich der Werkskosten, zusätzlicher Ausstattung und der Park-Infrastruktur ist man schnell bei über 10 Mio. $ (umgerechnet 7,7 Mio. EUR).

Wie werden Achterbahnen entwickelt?
Wir entwickeln viele Ideen zusammen mit bekannten Parks in den USA und Großbritannien, die uns bitten, ihnen Neuerungen vorzustellen oder uns eine Idee vortragen, um zu sehen, ob sie umsetzbar ist.

Wie läuft die Arbeit an einem Entwurf ab?
Es läuft alles über Computer. Die Gesamtentwicklung kann schnell hunderttausende Dollar kosten, selbst für eine einfache Achterbahn.

Welches ist die größte Herausforderung beim Entwurf einer Achterbahn?
Kunden zu finden, die bereit sind, das erste Exemplar einer neuen Achterbahn zu kaufen. Man weiß einfach nicht, ob das Fahrgeschäft der Öffentlichkeit gefallen wird.

Was kommt als Nächstes?
Viele Parks haben aufgrund des Wachstums nahe gelegener Städte Platz- und Lärmprobleme, mit denen wir uns auseinandersetzen müssen. Je mehr man uns einschränkt, desto interessanter werden unsere Fahrgeschäfte werden. Wir sind dabei, einige sensationelle Fahrgeschäfte zu entwickeln, die Aufsehen erregen werden.

199

SPORT & SPIELE

→ INHALT

FLUGSPORT	202
AMERICAN FOOTBALL	204
TIER- & REITSPORT	206
LEICHTATHLETIK	208
BALLSPORT	212
BASEBALL	216
BASKETBALL	218
KAMPFSPORT	220
KRICKET	222
RADSPORT	224
FUSSBALL	226
GOLF	230
EISHOCKEY	232
MOTORSPORT	234
OLYMPISCHE SPIELE	238
RACKETSPORT	240
RUGBY	242
ZIELSPORT	244
TENNIS	246
EXOTISCHE SPORTARTEN	248
WASSERSPORT	250
WINTERSPORT	254
SPORTREFERENZ	258

SPEZIAL

X-GAMES	157

LÄNGSTER SKATEBOARD-RAMPENSPRUNG

Skateboard-Profi Danny Way (USA) zeigte am 8. August 2004 bei den zehnten X-Games in Los Angeles, Kalifornien (USA), einen 24-m-Air von einer Megarampe. Danny hält mit 5,56 m auch den Rekord für den **höchsten Skateboard-Air aus einer Quarterpipe**, aufgestellt in einer 6-m-Pipe beim Point X Camp in der Nähe von Aguanga, Kalifornien (USA), am 17. April 2002. *Mehr X-Games-Rekorde finden sich auf Seite 157.*

WWW.GUINNESSWORLDRECORDS.COM

SPORT & SPIELE
FLUGSPORT

MEISTE TANDEM-FALLSCHIRMABSPRÜNGE IN 24 STUNDEN
Bei einer Charity-Trust-Wohltätigkeitsveranstaltung für Kinder kam es am 28. Juni 2004 über dem Hibaldstow Airfield in Lincolnshire (GB) zu insgesamt 128 Tandem-Fallschirmabsprüngen.

Definitionen von Fluggeräten nach der Fédération Aéronautique Internationale (FAI)

Flugdrachen: ein Segelfluggerät, das der Pilot tragen und mit dem er nur durch den Einsatz seiner Beine starten und landen kann

Gleitschirm: ein Flugdrachen ohne feste Verstrebungen

Ultraleichtflugzeug: ein- oder zweisitziges Flugzeug mit definierter Abflugmasse und günstigem Verhältnis von Gewicht und Auftriebsfläche

Segelflugzeug: Luftfahrzeug mit fest installierten Flügeln, das schwerer als Luft ist, Auftrieb durch Bewegung erzielt, dauerhaften Flug ermöglicht und über keinen eigenen Antrieb verfügt

KUNSTFLUG

MEISTE WELTMEISTERTITEL
Petr Jirmus (CSSR, heute: CZ) ist der einzige Pilot, der zwei Weltmeistertitel gewann. Er siegte 1984 und 1986.

★ ÄLTESTER WELTMEISTER
Henry Haigh (USA, geb. am 12. Dezember 1924) gewann 1988 im Alter von 64 Jahren den Weltmeistertitel.

BALLONFAHREN

★ LÄNGSTE SOLOFAHRT
Steve Fossett (USA) fuhr vom 19. Juni bis zum 4. Juli 2002 mit seinem Ballon *Bud Light Spirit of Freedom* in 14 Tagen 19 Stunden 50 Minuten alleine um die Welt.

SEGELFLIEGEN

SCHNELLSTE SEGELFLIEGER
James und Thomas Payne (beide USA) erreichten die von der Fédération Aéronautique Internationale (FAI) offiziell anerkannte Höchstgeschwindigkeit für Segelflugzeuge von 247,49 km/h am 3. März 1999 über California City (USA). Sie waren auf einem Rundflug über 500 km, den sie ebenfalls in Rekordzeit absolvierten.

Schnellste Frau in einem Segelflugzeug war Pamela Kurstjens-Hawkins (GB), die auf einem 100-km-Dreieckskurs über McCaffrey's Airfield (AUS) am 14. Dezember 2002 159,06 km/h erreichte.

DRACHENFLIEGEN

DRACHEN-ÜBERFLIEGER
Der US-Amerikaner Larry Tudor stieg am 4. August 1985 mit seinem Flugdrachen über Owens Valley, Kalifornien (USA), auf eine Rekord-Höhe von 4.343 m.

Die Britin Judy Leden ist die **Überfliegerin bei den Frauen**. Ihre Gipfelhöhe von 3.970 m erreichte sie am 1. Dezember 1992 über dem südafrikanischen Kuruman.

★ HÖCHSTE GESCHWINDIGKEIT
Thomas Suchanek (CZ) erreichte am 15. Dezember 2000 auf einem 25-km-Dreieckskurs über Riverside (AUS) eine Spitzengeschwindigkeit von 50,81 km/h.

Jenny Ganderton (AUS) ist die ★ **Geschwindigkeits-Rekordhalterin** bei den Frauen über dieselbe Distanz. Am 14. Februar 1990 kam sie in Forbes, Neu-Südwales (AUS), auf eine Spitzengeschwindigkeit von 26 km/h.

★ ERSTE WELTMEISTERSCHAFT FÜR HEISSLUFTBALLONS
Diese Art des Ballonfahrens wurde 1961 in den USA wieder aufgenommen, und die ersten Weltmeisterschaften gab es vom 10. bis 17. Februar 1973 in Albuquerque, New Mexico (USA). Zum größten Massenstart von Heißluftballons kam es bei der WM 2000, als innerhalb einer Stunde 329 Ballons aufstiegen.

GRÖSSTER SIMULTAN-MASSEN-ABSPRUNG AUS EINEM HEISS-LUFTBALLON

20 Mitglieder des Paraclubs Flevo aus Lelystad (NL) sprangen am 10. Mai 2003 über Markelo (NL) aus einer Höhe von 2.000 m aus einem Heißluftballon ab.

ESTRID GEERTSEN

Estrid Geertsen (DK, geb. am 1. August 1904) wurde am 30. September 2004 zur ältesten Tandem-Fallschirmspringerin aller Zeiten. Zum Zeitpunkt ihres Absprungs aus 4.000 m Höhe über der dänischen Stadt Roskilde war sie 100 Jahre 60 Tage alt.

Was war das für ein Gefühl?
Der Fallschirm machte sehr viel Krach, aber es war trotzdem eine großartige Erfahrung.

Was inspirierte Sie zu Ihrem ersten Sprung?
Ich hatte in einer Zeitung gelesen, dass eine amerikanische Frau diesen Rekord hielt, und wollte mein Möglichstes tun, um den Rekord nach Dänemark zu holen.

Hatten Sie vor dem Absprung Angst?
Überhaupt nicht – vergessen Sie nicht: Ich bin 100 Jahre alt!

Was hält Ihre Familie von diesem Hobby?
Sie finden es wunderbar. Zuerst wollte ich ihnen gar nichts sagen, weil ich glaubte, sie würden versuchen, es mir auszureden.

Wollen Sie denn weiterhin springen?
Nur wenn mir jemand den Rekord abnimmt!

FALLSCHIRM-SPRINGEN

GRÖSSTE FORMATION IM FREIEN FALL

357 Fallschirmspringer aus mehr als 40 Ländern bildeten am 6. Februar 2004 über Takhli (THA) eine Formation im freien Fall. Der Rekordversuch wurde vom World Team '04 organisiert, als Teil der von der thailändischen Luftwaffe gesponserten Royal Sky Celebration, die dem thailändischen Königshaus gewidmet war.

LÄNGSTER FREIER FALL (INOFFIZIELL)

Captain Joseph W. Kittinger (USA) absolvierte mit 25.820 Höhenmetern den längsten freien Fall, der keine offizielle Anerkennung durch die FAI fand. Er sprang am 16. August 1960 über Tularosa, New Mexico (USA), in einer Höhe von 31.330 m aus einem Ballon und fiel 4 Minuten 37 Sekunden lang, bis sich sein Fallschirm automatisch öffnete. In der dünnen Luft der Stratosphäre erreichte er bei einer Höhe von 27.400 m eine Höchstgeschwindigkeit von 1.006 km/h und war damit (in dieser Höhe) sogar etwas schneller als der Schall.

GLEITSCHIRMFLIEGEN

★ LÄNGSTER FLUG (TANDEM)

André Luis Grosso Fleury und Claudia Otila Guimaraes Ribeiro (beide BR) flogen am 17. Oktober 2003 nonstop 299,7 km von Patu nach Varzea da Cacimba (BR).

★ MEISTE MOTORGLEIT-SCHIRME IN DER LUFT

Über dem Fantasy of Flight Museum in Polk City, Florida (USA), tummelten sich am 12. April 2003 zeitgleich 78 Motorgleitschirme.

SKYDIVING

SCHNELLSTE SPRINGER IM FREIEN FALL

Michael Brooke (F) ist seit dem Wettkampf beim Millennium Speed Skydiving über Gap (F) am 19. September 1999 mit einer Geschwindigkeit von 524,13 km/h der schnellste Fallschirmspringer aller Zeiten. Beim Speed Skydiving springen die Aktiven in 4.000 m Höhe aus einem Flugzeug und beschleunigen ihren Fall, indem sie mit dem Kopf voran eine fast senkrechte Körperhaltung einnehmen. In der von 2.700 bis 1.700 Höhenmetern reichenden „Messzone" wird dann die Geschwindigkeit ermittelt.

Lucia Bottari (I) erreichte am 16. September 2002 in Bottens (CH) bei einem Speed-Skydiving-Wettbewerb eine Geschwindigkeit von 432,12 km/h: **Rekord im Frauen-Freifallspringen**.

★ MEISTE ABSPRÜNGE INNERHALB VON 24 STUNDEN →

Jay Stokes (USA) schaffte am 11. und 12. November 2003 über Lake Elsinore, Kalifornien (USA), 534 Fallschirmabsprünge innerhalb von 24 Stunden, das bedeutet: Jay musste alle 2 Minuten 42 Sekunden einen neuen Absprung wagen.

★ NEUER REKORD   ★ VERBESSERTER REKORD   WWW.GUINNESSWORLDRECORDS.COM

SPORT & SPIELE
AMERICAN FOOTBALL

★ LÄNGSTE → SIEGESSERIE IN DER NFL

Die New England Patriots gewannen vom 28. September 2003 bis zum 24. Oktober 2004 18 NFL-Pflichtspiele nacheinander. Das Bild zeigt den Patriots-Chefcoach Bill Belichick (USA) nach dem Sieg seiner Mannschaft bei der 38. Superbowl, die am 1. Februar 2004 in Houston, Texas (USA), ausgespielt wurde, mit dem Vince-Lombardi-Pokal.

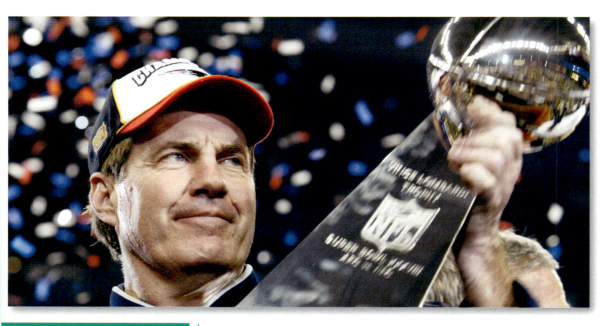

NFL

HÖCHSTES ERGEBNIS IN EINEM PFLICHTSPIEL DER LIGA
Die Washington Redskins sammelten am 27. November 1966 in Washington D.C. (USA) 72 Punkte gegen die New York Giants (41 Punkte). Die Gesamtpunktzahl von 113 ist ebenfalls NFL-Rekord.

★ LÄNGSTER RETURN NACH EINEM ABGEFANGENEN BALL
Ed Reed (USA) erlief am 7. November 2004 einen Return von 106 Yards für die Baltimore Ravens nach einem abgefangenen Ball der Cleveland Browns.

★ MEISTE SIEGE EINES TRAINERS IN DER NACHSAISON
Zwei NFL-Coaches gewannen je zehn Spiele in der Nachsaison, nach Abschluss der eigentlichen Punktrunde: Vince Lombardi, dem Coach der Green Bay Packers, gelang dies in den Jahren 1961 bis 1967. Bill Belichick (USA), der Trainer der New England Patriots, stellt diesen Rekord mit zehn Siegen von 1994 bis 2005 ein. Im direkten Vergleich hat Belichick mit zehn Siegen bei einer Niederlage gegenüber Lombardis zehn Siegen und zwei Niederlagen die bessere Gesamtbilanz.

MEISTE ABGEFANGENE PÄSSE
Paul Krause (USA), ein Free Safety von der Universität Iowa (USA), fing die meisten Pässe ab. Er brachte es in 16 NFL-Spielzeiten bei den Washington Redskins (1964–1967) und den Minnesota Vikings (1968–1979) auf insgesamt 81 Steals.

GRÖSSTER RAUMGEWINN DURCH EINEN AUFGENOMMENEN PASS
Ein Raumgewinn von 99 Yards durch die Aufnahme und Verwertung eines Passes ist in den Annalen der NFL bisher achtmal verzeichnet, und jede dieser Aktionen führte zu einem Touchdown. Der aktuellste Fall war ein Pass von Brett Favre für Robert Brooks (beide: Green Bay Packers) im Spiel gegen die Chicago Bears am 11. September 1995.

NFL-REKORDMEISTER
Die Green Bay Packers sind mit insgesamt zwölf Titeln Rekordmeister der NFL. Sie sammelten ihre Meisterehren in den Jahren 1929–1931, 1936, 1939, 1944, 1961, 1962, 1965–1967 und 1996.

★ MEISTE IN EINEM SPIEL AUFGENOMMENE PÄSSE
Terrell Owens (USA) von den San Francisco 49ers nahm am 17. Dezember 2000 im Spiel gegen die Chicago Bears 20 Pässe auf.

GRÖSSTER RAUMGEWINN EINES RECEIVERS IN EINER SAISON
Jerry Rice (USA) von den San Francisco 49ers erzielte als Receiver in der Saison 1995 einen Gesamt-Raumgewinn von 1.848 Yards.

BESTÄNDIGSTER SPIELER
George Blanda (USA) brachte es in 26 NFL-Spielzeiten (ebenfalls ein Rekord) auf die unerreichte Gesamtzahl von 340 Einsätzen für die Chicago Bears (1949–1958), Baltimore Colts (1959), Houston Oilers (1960–1966) und Oakland Raiders (1967–1975).

★ BESTBEZAHLTER SPIELER

Michael Vick (USA), Quarterback der Atlanta Falcons, unterschrieb am 23. Dezember 2004 einen Zehn-Jahres-Vertrag, der ihm umgerechnet rund 100 Mio. EUR einbrachte, darunter eine Bonuszahlung für die Unterzeichnung in Höhe von 20,8 Mio. EUR.

★ MEISTE AUF-GENOMMENE PÄSSE

Drei Spieler teilen sich den Rekord von jeweils elf in einem Superbowl aufgenommenen Pässen: Dan Ross (USA) von den Cincinnati Bengals (1982), Jerry Rice von den San Francisco 49ers (1989) und (der hier abgebildete) Deion Branch (USA) von den New England Patriots (2005).

★ SCHLECHTES-TER SAISON-START EINER NFL-MANN-SCHAFT

Die Tampa Bay Buccaneers spielten erstmals 1976 in der NFL und mussten in ihrer Debütsaison zunächst eine Serie von 26 aufeinander folgenden Niederlagen hinnehmen.

★ MEISTE TOUCHDOWN-PÄSSE IN EINER SAISON

Peyton Manning (USA) von den Indianapolis Colts gelangen in der Saison 2004 insgesamt 49 Touchdown-Pässe.

★ MEISTE TOUCHDOWNS IM LAUF EINER KARRIERE

Jerry Rice (San Francisco 49ers, Oakland Raiders und Seattle Seahawks) gelangen von 1985 bis 2004 insgesamt 197 Touchdowns in Spielen der NFL. Er hält auch die Superbowl-Karriererekorde für die **höchste Punktzahl eines Spielers** (48), den **größten Raumgewinn eines Receivers** (589 Yards) und die **meisten aufgenommenen Pässe** (33).

MEISTE TOUCHDOWNS IN EINEM SPIEL

Drei Spielern gelangen jeweils sechs Touchdowns in einem Spiel der NFL: Ernie Nevers (USA) für die Chicago Cardinals gegen die Chicago Bears am 28. November 1929, William Jones für die Cleveland Browns gegen die Chicago Bears am 25. November 1951 und Gale Sayers für die Chicago Bears gegen die San Francisco 49ers am 12. Dezember 1965.

GRÖSSTER RAUMGEWINN DURCH LÄUFE EINES QUARTERBACKS IN EINEM SPIEL

Quarterback Michael Vick (USA) von den Atlanta Falcons erlief beim 30:24-Sieg seines Teams gegen die Minnesota Vikings am 1. Dezember 2002 in Minneapolis (USA) einen Raumgewinn von 173 Yards.

★ GRÖSSTER RAUMGEWINN DURCH LÄUFE MIT DEM BALL

Emmitt Smith (USA) lief von 1990 bis 2004 für die Dallas Cowboys und die Arizona Cardinals einen Raumgewinn von 18.355 Yards mit dem Ball heraus.

SUPERBOWL

HÖCHSTER SIEG

Die San Francisco 49ers besiegten bei der Superbowl vom 28. Januar 1990 in New Orleans (USA) die Denver Broncos mit 55:10, die höchste Siegerpunktzahl aller Zeiten.

LÄNGSTER TOUCHDOWN

Muhsin Muhammad (USA) von den Carolina Panthers nutzte bei der 38. Superbowl am 1. Februar 2004 einen Pass seines Quarterbacks zu einem 85-Yard-Touchdown.

MEISTE AUSZEICHNUNGEN ALS BESTER SPIELER BEI EINER SUPERBOWL

Joe Montana, der Quarterback der San Francisco 49ers, wurde dreimal als bester Spieler (MVP) einer Superbowl-Begegnung ausgezeichnet: 1982, 1985 und 1990.

★ MEISTE PUNKTE IN EINEM SUPERBOWL-SPIELABSCHNITT

Die New England Patriots und die Carolina Panthers brachten es allein im vierten Viertel der 38. Superbowl gemeinsam auf 37 Punkte, mehr als die Hälfte der Gesamtpunktzahl im ganzen Spiel. Endstand der am 1. Februar 2004 in Houston, Texas (USA), ausgetragenen Partie: 32:29 für die Patriots.

★ NEUER REKORD ★ VERBESSERTER REKORD

SPORT & SPIELE
TIER- & REITSPORT

← ★ LÄNGSTER RITT AUF EINEM MECHANISCHEN RODEOBULLEN

Warren Morgan (GB, links) hielt sich am 27. Juli 2002 im AltonTowers Theme Park in Staffordshire (GB) 1 Minute 42,62 Sekunden auf einem mechanischen Rodeobullen. Dabei muss der Kandidat zunächst 8 Sekunden lang auf Stufe 1 im Sattel bleiben, danach weitere 8 Sekunden auf jeder folgenden Stufe, bis schließlich die höchste Stufe (vorgeschriebene Einstellung: 50 Hz) erreicht ist, für die dann keine Zeitbeschränkung mehr gilt und auf der sich der Reiter möglichst lange halten muss.

HUNDERENNEN

★ LÄNGSTE SIEGESSERIE
Ballyregan Bob (GB) gewann vom 15. April 1985 bis zum 9. Dezember 1986 nacheinander 32 Windhundrennen.

★ HÖCHSTES PREISGELD BEIM HUNDERENNEN
Das höchst dotierte Windhundrennen der Welt ist das Great American Greyhound Futurity Race, das jedes Jahr auf dem Woodlands Racetrack in Kansas (USA) ausgetragen wird. Am 28. Mai 2001 (bei der achten Veranstaltung dieser Art) wurde ein Nettogewinn von umgerechnet 265.632 EUR ausgeschüttet. Der dickste Brocken, 119.535 EUR, ging an den Sieger Tom S. Green Mile.

SCHNELLSTER WINDHUND
Star Title erreichte am 5. März 1994 in Wyong, Neu-Südwales (AUS), mit 67,32 km/h die höchste jemals bei einem Windhund gemessene Geschwindigkeit.

DRESSURREITEN

★ MEISTE WM-EINZELTITEL
Dr. Reiner Klimke (BRD) gewann mit Mehmed (1974) und Ahlerich (1982) zwei WM-Einzeltitel im Dressurreiten. Isabell Werth (D) holte sich mit Gigolo (1994 und 1998) ebenfalls zwei Titel.

MEISTE MANNSCHAFTS-WM-TITEL
Deutschland gewann von 1966 bis 2002 insgesamt neun Mannschafts-Weltmeistertitel (von 1968 bis 1990 als Bundesrepublik Deutschland).

★ LÄNGSTER PFERDEKUTSCHENKORSO
Insgesamt 208 Pferdekutschen fuhren am 1. August 2004 in einem 5,7 km langen Korso durch die Straßen von Lingen (D). Der Dressurklub Hanekenfähr organisierte dieses Ereignis im Rahmen des Internationalen Dressurfestivals der Stadt.

PFERDERENNEN

MEISTE SIEGE IM VERLAUF EINER KARRIERE
Laffit Pincay jr. (USA) gelangen in seiner fast vierzig Jahre umfassenden Reiterkarriere von seinem ersten Erfolg am 16. Mai 1964 bis zum 1. März 2003 insgesamt 9.531 Siege.

ÄLTESTES SIEGERPFERD
Jockey Brian Boulton (GB) ritt den reinrassigen 19 Jahre alte Araber Al-Dschabal am 9. Juni 2002 beim Three Horseshoes Handicap Stakes in Barbury Castle, Wiltshire (GB), zum Sieg. Die Streckenlänge betrug sechs Furlongs (eine Dreiviertelmeile, ca. 1.200 m). Besitzerin war Andrea Boulton (GB).

GRÖSSTES FELD
Beim Grand-National-Hindernisrennen in Aintree (GB) waren am 22. März 1929 66 Pferde am Start. Das größte Teilnehmerfeld bei einem Flachrennen gab es am 13. März 1948 beim Lincolnshire Handicap in Lincoln (GB) mit 58 Pferden.

★ ERFOLGREICHSTER HINDERNISREITER
Tony McCoy (GB) siegte von 1992 bis 2004 bei insgesamt 2.211 Hindernisrennen. Ein weiterer Rekord sind seine 289 Siege in der Saison 2001/2002.

RODEO

★ HÖCHSTES EINKOMMEN BEI EINER VERANSTALTUNG
Ty Murray (USA) sicherte sich bei einer einzigen Rodeoveranstaltung, dem National Finals

← HÖCHSTES EINKOMMEN EINES RODEO-REITERS
Ty Murray (USA) gewann in seiner von 1989 bis 2002 dauernden Profikarriere ein Gesamtpreisgeld in Höhe von umgerechnet 2.258.452 EUR.

GUINNESS WORLD RECORDS BUCH 2006

★ NEUER REKORD ★ VERBESSERTER REKORD

REKORDE BEI FLACHRENNEN

RENNEN (ERSTES)	SCHNELLSTE ZEIT/PFERD	MEISTE SIEGE/JOCKEY	MEISTE SIEGE/TRAINER
Epsom Derby (1780)	2 min 32,3 sec, Lammtarra (1995)	9, Lester Piggott (GB), 1954–83	7, Robert Robson (GB), 1793–1823
Prix de L'Arc de Triomphe (1920)	2 min 24,6 sec, Peintre Célèbre (1997)	4, Jacques Doyasbère (F), 1942–51 4, Frédéric Head (F), 1966–79 4, Yves Saint Martin (F), 1970–84 4, Pat Eddery (IR), 1980–87	5, Andre Fabre (F), 1987–98
Dubai World Cup (1996)	1 min 59,5 sec, Dubai Millennium (2000)	4, Jerry Bailey (USA), 1996–2003	4, Saeed bin Suroor (UAE), 1999–2003
VRC Melbourne Cup (1861)	3 min 16,3 sec, Kingston Rule (1990)	4, Bobby Lewis (AUS), 1902–27 4, Harry White (AUS), 1974–79	11, Bart Cummings (AUS), 1965–99
Kentucky Derby (1875)	1 min 59,4 sec, Secretariat (1973)	5, Eddie Arcaro (USA), 1938–52 5, Bill Hartack (USA), 1957–69	6, Ben Jones (USA), 1938–52

Rodeo in Las Vegas, Nevada (USA), ein Preisgeld in Höhe von umgerechnet 96.172 EUR.

MEISTE ALL-AROUND WM-TITEL

Ty Murray (USA) gewann von 1989 bis 1998 bei den Weltmeisterschaften der Professional Rodeo Cowboy Association (PRCA) insgesamt sieben All-Around-Titel. Die Auszeichnung wird an denjenigen Reiter vergeben, der innerhalb einer Saison bei zwei oder mehr Veranstaltungen das höchste Preisgeld erzielt hat.

★ MEISTE KOMBINATIONS-WM-TITEL

Jim Shoulders (USA) gewann bei den PRCA-Weltmeisterschaften von 1949 bis 1959 insgesamt 16 Titel in der Kombination.

HÖCHSTES PREISGELD BEI EINEM EINZELNEN RENNEN

Beim Dubai World Cup in Dubai (VAE) gibt es ein Gesamtpreisgeld von umgerechnet 4,62 Mio. EUR zu gewinnen, davon geht mehr als Hälfte, nämlich 2,77 Mio. EUR, an den Sieger. Das Bild zeigt Jockey Jerry Bailey auf Balletto, einem Pferd, das aus den Vereinigten Arabischen Emiraten stammt.

★ HÖCHSTES EINKOMMEN EINES JUNGPROFIS

Will Lowe (USA) gewann 2002 in seinem ersten Profijahr im Wettbewerb ohne Sattel ein Gesamtpreisgeld von umgerechnet 115.333 EUR.

★ MEISTE WM-TITEL

Guy Allen (USA) gewann insgesamt 18 Weltmeistertitel im Steer Roping. Dabei werden Kälber mit dem Lasso eingefangen. Er siegte 1977, 1980, 1982, 1984, 1989, 1991 bis 2001 (elf Siege nacheinander sind ebenfalls Rekord), 2003 und 2004.

SPRINGREITEN

HÖCHSTER SPRUNG ÜBER EIN HINDERNIS

Alberto Larraguibel Morales (RCH) übersprang mit seinem Pferd Huaso (vorheriger Name: Faithful) am 5. Februar 1949 in Viña del Mar (RCH) ein Hindernis von 2,47 m Höhe. Das ist der von der Fédération Equestre Internationale (FEI) offiziell anerkannte Hochsprungrekord für Pferde.

WEITESTER SPRUNG

Der offizielle FEI-Weitsprungrekord über einen Wassergraben steht bei 8,40 m. André Ferreira (RSA) gelang dieser Rekordsatz mit seinem Pferd Something am 25. April 1975 in Johannesburg (RSA).

MEISTE WM-TITEL (MÄNNER)

Zwei Reiter gewannen jeweils zwei WM-Einzeltitel im Springreiten: Hans Günter Winkler (D) siegte 1954 und 1955, Raimondo D'Inzeo (I) war 1956 und 1960 erfolgreich.

MEISTE WM-TITEL (FRAUEN)

Janou Tissot (F) holte sich auf Rocket (1970 und 1974) ebenfalls zwei WM-Einzeltitel im Springreiten.

★ MEISTE WM-EINZELTITEL IN DER VIELSEITIGKEITSPRÜFUNG

Bruce Davidson (USA) gewann mit Irish Cap (1974) und Midnight Tango (1978) zwei WM-Einzeltitel in der Vielseitigkeitsprüfung. Blyth Tait (NZ, oben) stellte diesen Rekord mit Siegen auf Messiah (1990) und Ready Teddy (1998) ein.

SPORT & SPIELE
LEICHTATHLETIK 1

← WEITESTER DREISPRUNG (FRAUEN)

Tatjana Lebedewa (RUS) gewann am 6. März 2004 bei den Hallenweltmeisterschaften in Budapest (H) den Dreisprungwettbewerb mit der neuen Weltrekordweite von 15,36 m.

CROSSLAUF

MEISTE WM-EINZELTITEL (MÄNNER)
John Ngugi und Paul Tergat (beide EAK) sammelten 1986–1989 und 1992 bzw. 1995–1999 jeweils fünf WM-Einzeltitel im Crosslauf.

MEISTE WM-EINZELTITEL (FRAUEN)
Grete Waitz (N) gewann von 1978–1981 sowie 1983 insgesamt fünf Einzeltitel im Crosslauf.

★ MEISTE MANNSCHAFTS-WM-TITEL (MÄNNER)
An Kenias Team war kein Vorbeikommen: Die Läufer aus Ostafrika gewannen von 1986 bis 2003 18-mal nacheinander den Mannschaftsweltmeistertitel im Crosslauf.

MEISTE MANNSCHAFTS-WM-TITEL (FRAUEN)
Die UdSSR-Frauenmannschaft holte sich 1976, 1977, 1980–1982 und 1988–1990 insgesamt achtmal den Weltmeistertitel im Crosslauf.

OLYMPISCHE SPIELE

MEISTE MEDAILLEN IN DER LEICHTATHLETIK (MÄNNER)
Paavo Nurmi (FIN) gewann bei den Olympischen Spielen von 1920, 1924 und 1928 insgesamt zwölf Medaillen: neunmal Gold und dreimal Silber.

MEISTE MEDAILLEN IN DER LEICHTATHLETIK (FRAUEN)
Merlene Ottey (JA) sammelte 1980, 1984, 1992, 1996 und 2000 insgesamt acht olympische Medaillen: dreimal Silber und fünfmal Bronze.

MEISTE GOLDMEDAILLEN (FRAUEN)
Vier Athletinnen gewannen in der olympischen Leichtathletik jeweils vier Goldmedaillen: Francina Blankers-Koen (NL) siegte 1948 über 100 m, 200 m, 80 m Hürden und mit der 4 x 100-m-Staffel. Elizabeth Cuthbert (AUS) gewann 1956 über 100 m, 200 m und mit der 4 x 100-m-Staffel sowie 1964 über 400 m. Bärbel Wöckel (geb. Eckert, DDR) war 1976 und 1980 jeweils über 200 m und mit der 4 x 100-m-Staffel erfolgreich. Evelyn Ashford (USA) siegte 1984 über 100 m 1984, 1988 und 1992 dreimal in Folge mit der 4 x 100-m-Staffel.

WELTMEISTERSCHAFTEN

MEISTE GOLDMEDAILLEN
Leichtathletik-Weltmeisterschaften gibt es erst seit 1983. Erster Austragungsort war Helsinki (FIN). Michael Johnson (USA) holte sich in neun Jahren ebenso viele WM-Goldmedaillen: Er siegte über 200 m (1991, 1995), 400 m (1993, 1995, 1997 und 1999) und mit der 4 x 400-m-Staffel (1993, 1995, 1999).

Gail Devers (USA) gewann mit fünf Titeln die **meisten Goldmedaillen bei den Frauen**: über 100 m (1993), 100 m Hürden (1993, 1995 und 1999) und mit der 4 x 100-m-Staffel (1997).

MEISTE MEDAILLEN (MÄNNER)
Carl Lewis (USA) gewann bei Leichtathletikweltmeisterschaften von 1983 bis 1993 insgesamt zehn Medaillen. Acht davon waren aus Gold: 100 m, Weitsprung und 4 x 100-m-Staffel (1983); 100 m, Weitsprung und 4 x 100-m-Staffel (1987); 100 m und 4 x 100-m-Staffel (1991). Außerdem holte Lewis je einmal Silber (Weitsprung, 1991) und Bronze (200 m, 1993).

MEISTE MEDAILLEN (FRAUEN)
Merlene Ottey (JA) gewann von 1983 bis 1997 insgesamt 14 WM-Medaillen: dreimal Gold, viermal Silber und siebenmal Bronze.

→ WIE ALT WAR DER/DIE JÜNGSTE OLYMPIASIEGER(IN) ALLER ZEITEN?

DIE ANTWORT STEHT AUF S. 239

EINE VOLLSTÄNDIGE LISTE DER LEICHTATHLETIK-REKORDE BIETEN DIE SEITEN 258–269

★ MEISTE TEILNEHMERLÄNDER BEI DEN HALBMARATHON-WELTMEISTERSCHAFTEN →

Bei den 13. Halbmarathon-Weltmeisterschaften in Neu-Delhi (IND) gingen am 3. Oktober 2004 Athleten aus 64 Nationen an den Start.

GUINNESS WORLD RECORDS BUCH 2006

★ NEUER REKORD   ★ VERBESSERTER REKORD

★ GRÖSSTES MARATHON-TEILNEHMERFELD

37.257 Läuferinnen und Läufer gingen am 7. November 2004 beim New-York-City-Marathon an den Start, 36.562 von ihnen kamen ins Ziel. Das Bild zeigt den Start an der Verrazano-Narrows-Brücke. Beim ersten New-York-City-Marathon 1970 im Central Park kamen nur 55 Aktive ins Ziel. 1976, zur 200-Jahr-Feier der USA, wurde beschlossen, die Strecke auf die Straßen der Stadt zu verlegen.

★ MEISTE GOLDMEDAILLEN IN EINZELWETTBEWERBEN
Iván Pedroso (C) gewann fünfmal nacheinander den Weltmeistertitel im Weitsprung: 1993, 1995, 1997, 1999 und 2001.

Die **meisten Goldmedaillen in den Frauenwettbewerben** holten sich mit jeweils fünf Siegen Stefka Kostadinova (BG), die den Hochsprung 1985, 1987, 1989, 1993 und 1997 gewann, und Maria Mutola (MOC), die im 800-m-Lauf 1993, 1995, 1997, 2001 und 2003 nicht zu schlagen war.

VERSCHIEDENES

★ ÄLTESTES STRASSENRENNEN
Das Red Hose Five Mile Race in Carnwath (GB) wird seit 1508 jährlich ausgetragen. Seinen Namen verdankt es dem ursprünglichen Siegerpreis: einem Paar Strümpfe („hose"), das traditionell in Rot gehalten ist.

★ GRÖSSTES STAFFELRENNEN
Am Batavieren-Staffelrennen, einem jährlich ausgetragenen Wettbewerb, der von Nimwegen nach Enschede (NL) führt, beteiligten sich am 24. April 2004 insgesamt 7.375 Aktive.

SCHNELLSTE 100-MEILEN-STAFFEL (ZEHNER-TEAMS)
Zehn Kadetten des 2331 Squadron Air Training Corps (GB) erreichten am 21. September 2003 bei einem Staffellauf über 100 Meilen im St. Ivo Outdoor Centre in Cambridgeshire (GB) eine Zeit von 10 Stunden 21 Minuten 35 Sekunden.

MEISTE WELTREKORDE AN EINEM TAG
Jesse Owens (USA) stellte am 25. Mai 1935 in Ann Arbor, Michigan (USA), innerhalb von 45 Minuten sechs Weltrekorde auf. Die Chronologie der Rekorde: Um **15.15 Uhr** lief er 100 Yards (91,4 m) in 9,4 Sekunden (1), um **15.25 Uhr** sprang er 8,13 m weit (2), um **15.45 Uhr** sprintete er 220 Yards in 20,3 Sekunden (3) und stellte gleichzeitig einen neuen 200-m-Weltrekord auf (4), und um **16 Uhr** schaffte er die 220 Yards über die Hürden in 22,6 Sekunden (5) und damit auch einen Rekord über 200 m Hürden (6).

MEISTE ZIELANKÜNFTE BEI EINEM FÜNF-KM-STRASSENRENNEN
Insgesamt 35.957 Aktive kamen am 6. Juni 1998 ins Ziel des 5 km langen „Race for the Cure" in Washington D.C. (USA). Veranstalter war die Susan-G.-Komen-Brustkrebsstiftung.

★ LÄNGSTES JÄHRLICH AUSGETRAGENES RENNEN
Das Sri-Chinmoy-Rennen wird jedes Jahr in Jamaica, New York (USA), ausgetragen und führt über 4.989 km (3.100 Meilen). Die Bestzeit von 42 Tagen 13 Stunden 24 Minuten 3 Sekunden erreichte Wolfgang Schwerk (D) 2002.

LÄNGSTE SIEGESSERIE IN EINEM LAUFWETTBEWERB
Edwin Corley Moses (USA) dominierte die 400 m Hürden fast zehn Jahre lang. Seine Rekordserie von 122 aufeinander folgenden Wettkampfsiegen begann am 2. September 1977 und endete erst am 4. Juni 1987 in Madrid (E) mit einer Niederlage gegen Danny Harris (USA).

LÄNGSTE SIEGESSERIE IN EINEM TECHNIK-WETTBEWERB
Iolanda Balas (RO) war im Hochsprung der Frauen von 1956 bis 1967 nicht zu schlagen: Sie gewann 150 Wettkämpfe nacheinander.

SCHNELLSTER 1.000-METER-LAUF RÜCKWÄRTS
Thomas Dold (D) lief am 13. Juli 2003 in Messkirch (D) die 1.000 Meter rückwärts in einer Zeit von 3 Minuten 36,07 Sekunden.

SCHNELLSTES 10-KM-STRASSENRENNEN IN EINEM KAMELKOSTÜM FÜR ZWEI PERSONEN
Simon Wiles und Les Morton (beide GB) traten am 2. Dezember 2001 beim 10-km-Straßenrennen in Loxley, Sheffield (GB) in einem Kamelkostüm an und kamen nach 44 Minuten 2 Sekunden ins Ziel.

HÖCHSTE MARATHONSTRECKE
Der Everest Marathon wird in Gorak Shep (NEP) auf einer Höhe von 5.212 m über dem Meeresspiegel gestartet und endet in Namche Bazar (NEP) in 3.444 m Höhe. Rekordhalter bei den Männern ist seit dem Jahr 2000 Hari Roka (NEP) mit 3 Stunden 50 Minuten 23 Sekunden, den Frauenrekord hält seit 1997 Anne Stentiford (GB) mit 5 Stunden 16 Minuten 3 Sekunden. Der Everest Marathon wurde erstmals am 27. November 1987 ausgetragen.

SPORT & SPIELE
LEICHTATHLETIK 2

← HÖCHSTER STABHOCHSPRUNG
Der Stabhochspringer Sergei Bubka (UA) überquerte am 21. Februar 1993 in Donezk (UA) eine Höhe von 6,15 m.
Jelena Isinbajewa (RUS, links) stellte am 6. März 2005 in Madrid mit einem Sprung über 4,90 m einen neuen ★ **Hallenweltrekord der Frauen** auf.

AUSDAUERLAUF

★ LÄNGSTE LEBENS-LAUF-STRECKE EINES MANNES
Ron Hill (GB) war 1969 Europameister und 1970 Commonwealthmeister im Marathonlauf und trainierte seit dem 20. Dezember 1964 an jedem Tag. Sein Trainingstagebuch dokumentiert für die Zeit vom 3. September 1956 bis zum 23. März 2005 eine Gesamtlaufstrecke von mehr als 234.177 km. Hill absolvierte 115 Marathonläufe, blieb in allen Rennen mit Ausnahme des letzten unter 2 Stunden 52 Minuten und ging in 88 Ländern an den Start.

★ LÄNGSTE LEBENS-LAUF-STRECKE EINER FRAU
Kathy Pycior (USA) blieb seit dem 31. Dezember 1980 nicht einen Tag ohne Training. In der Zeit vom 1. Januar 1981 bis zum 30. Juni 2004 legte sie insgesamt 78.305 km zurück.

LÄNGSTES RENNEN ALLER ZEITEN
Das längste jemals gelaufene Rennen führte im Jahr 1929 über 5.850 km quer durch den nordamerikanischen Kontinent von New York City (USA) bis nach Los Angeles. Der Sieger Johnny Salo (FIN) war vom 31. März bis zum 17. Juni unterwegs und lief an diesen 79 Tagen insgesamt 525 Stunden 57 Minuten 20 Sekunden lang, was einer Durchschnittsgeschwindigkeit von 11,12 km/h entspricht. Nach einem Kopf-an-Kopf-Rennen betrug der knappe Vorsprung des Siegers auf den Zweitplatzierten Pietro „Peter" Gavuzzi (GB) schließlich nur 2 Minuten 47 Sekunden.

HALBMARATHON

SCHNELLSTER (MÄNNER)
Die schnellste Halbmarathonzeit auf einem regelgerecht vermessenen Kurs lief Paul Tergat (EAK), der am 26. März 2000 in Lissabon (P) nach 59 Minuten 5 Sekunden ins Ziel kam. Die offiziell von der IAAF anerkannte Weltbestzeit, gelaufen am 4. April 1998 in Mailand (I), hält mit 59 Minuten 17 Sekunden ebenfalls Paul Tergat.

SCHNELLSTER (FRAUEN)
Masako Chiba (J) gelang am 19. Januar 1997 in Tokio (J) mit 66 Minuten 43 Sekunden eine neue Halbmarathon-Weltbestzeit bei den Frauen.

GRÖSSTER
Der Teilnehmerrekord für Halbmarathonrennen datiert vom 22. Oktober 2000, als beim BUPA Great North Run von Newcastle-upon-Tyne nach South Shields (GB) 36.822 Läuferinnen und Läufer ins Ziel kamen. Gemeldet waren insgesamt 50.173 Aktive.

★ TIEFSTER
Elf Läufer drehten am 4. März 2004 auf der 2.438 m langen und 212 m unter der Erdoberfläche angelegten Laufstrecke im Salzbergwerk Bochnia (PL) achteinhalb Runden.

★ MEISTE EINZELSIEGE BEI HALBMARATHON-WELTMEISTERSCHAFTEN
Zwei Läuferinnen holten sich in dieser Disziplin jeweils

ÄLTESTER BEDEUTENDER MARATHONLAUF
Der Boston Marathon wurde erstmals am 19. April 1897 ausgetragen, damals über eine Distanz von 39 km. John A. Kelley (USA) nahm von 1928 bis 1992 61-mal teil und kam 1935 und 1945 als Erster ins Ziel.

drei Titel: Tegla Loroupe (EAK) ging 1997, 1998 und 1999 als Erste durchs Ziel, Paula Radcliffe (GB) dominierte in den folgenden drei Jahren.

★ MEISTE MANNSCHAFTS-SIEGE BEI HALBMARATHON-WELTMEISTERSCHAFTEN

Kenias Mannschaft gewann bei den Halbmarathon-Weltmeisterschaften achtmal den Wettbewerb der Männer: 1992–1995, 1997, 2000, 2002 und 2004.

Die **meisten Goldmedaillen bei den Frauen** holten die Läuferinnen aus Rumänien: insgesamt sechs in den Jahren 1993–1997 sowie 2000.

★ MEISTE EINZELMEDAILLEN BEI HALBMARATHON-WELTMEISTERSCHAFTEN

Lidia Simon-Slavuteanu (RO) gewann von 1996 bis 2000 bei den Halbmarathon-Weltmeisterschaften insgesamt acht Medaillen: dreimal Gold und einmal Silber mit der Mannschaft, einmal Silber und dreimal Bronze in der Einzelwertung.

SCHNELLSTER HALB-MARATHON-EILMARSCH

William MacLennan (GB) schaffte am 25. März 2001 beim Redcar-Halbmarathon in North Yorkshire (GB) die 21,1 km in voller militärischer Kampfausrüstung und mit einem 18 kg schweren Rucksack in 1 Stunde 43 Minuten 42 Sekunden.

← SCHNELLSTE SIEGERIN BEIM HAWAII IRONMAN

Ironwoman Paula Newby-Fraser (ZW) kam 1992 beim Hawaii Ironman mit einer Zeit von 8 Stunden 55 Minuten 28 Sekunden ins Ziel. Sie ist außerdem **Rekordsiegerin dieses Wettbewerbs**, ihre acht Erfolge datieren von 1986, 1988, 1989, 1991–1994 und 1996.

MARATHONLÄUFE

BESTE GESAMTZEIT FÜR MARATHONLÄUFE AUF ALLEN KONTINENTEN (MÄNNER)

Tim Rogers (GB) kam bei sieben Marathonläufen auf allen Erdteilen (Nord- und Südamerika jeweils ein Kontinent) auf die Rekord-Gesamtzeit von 34 Stunden 23 Minuten 8 Sekunden. Er vollbrachte diese Leistung in nur 99 Tagen vom 13. Februar bis zum 23. Mai 1999: ebenfalls ein Rekord für den **kürzesten Zeitraum**.

★ BESTE GESAMTZEIT FÜR MARATHONLÄUFE AUF ALLEN KONTINENTEN (FRAUEN)

Amie Dworecki (USA) schaffte in der Zeit vom 25. Februar 2002 bis zum 2. August 2003 sieben Marathonläufe auf allen Erdteilen in einer Gesamtzeit von 32 Stunden 24 Minuten 29 Sekunden. Die 523 Tage zwischen dem ersten und letzten Rennen sind ebenfalls ein Rekord: der ★ **kürzeste Zeitraum**, den eine Läuferin für diese Leistung benötigte.

★ MEISTE MARATHONLÄUFE

Horst Preisler (D) lief von 1974 bis zum 31. Dezember 2004 insgesamt 949 Rennen, die mindestens über 42,195 km führten.

★ NÖRDLICHSTER MARATHON

Der Nordpolmarathon wird seit 2002 jährlich ausgetragen. Die Association of International Marathons and Road Races (AIMS) hat die Strecke, die am geografischen Nordpol liegt, geprüft und anerkannt. Die bisher schnellste Zeit bei den Männern lief Sean Burch (USA) mit 3 Stunden 43 Minuten 17 Sekunden, die schnellste Frau war mit 7 Stunden 55 Minuten 32 Sekunden Stevie Matthews (GB).

TRIATHLON

MEISTE SIEGE BEIM IRONMAN AUF HAWAII (MÄNNER)

Dave Scott (USA) gewann den auf Hawaii ausgetragenen Ironman-Triathlon sechsmal: 1980, 1982–1984, 1986 und 1987. Er teilt sich diesen Rekord inzwischen mit Mark Allen (USA), der mit seinen Siegen von 1989–1993 und 1995 zu ihm aufschloss.

SCHNELLSTE SIEGERZEIT BEIM IRONMAN AUF HAWAII (MÄNNER)

Luc van Lierde (B) kam 1996 in der Rekordzeit von 8 Stunden 4 Minuten 8 Sekunden ins Ziel.

★ TRIATHLON-REKORDWELTMEISTER

Simon Lessing (GB) gewann viermal den Triathlon-Weltmeistertitel: 1992, 1995, 1996 und 1998. Neben seinen Siegen sammelte er auch noch die größte Gesamtzahl von WM-Medaillen, denn es kamen noch zweimal Silber (1993 und 1999) und einmal Bronze (1997) hinzu.

Anmerkung: Ein Triathlon ist ein Wettbewerb, der drei unterschiedliche Sportarten beinhaltet, die nacheinander zu absolvieren sind.

Teilnehmer am Ironman-Triathlon auf Hawaii (USA) beginnen mit 3,8 km Meeresschwimmen, darauf folgen 180 km Radfahren und zum Schluss absolvieren sie einen Marathon über 42 km.

★ NEUER REKORD ★ VERBESSERTER REKORD   WWW.GUINNESSWORLDRECORDS.COM

SPORT & SPIELE
BALLSPORT 1

← MEISTE CHAMPIONS' TROPHYS IM FRAUEN-HOCKEY

Das Team von Australien gewann die seit 1987 ausgespielte Champions' Trophy im Frauen-Hockey bisher sechsmal: 1991, 1993, 1995, 1997, 1999 und 2003. Das Bild zeigt die Australierin Wendy Alcorn (ganz links).

★ MEISTE TITEL BEI DER WORLD TOUR

Sinjin Smith und Randy Stoklos (beide USA) gewannen vier Titel bei der Beachvolleyball-World-Tour der Männer: 1989, 1990, 1992 und 1993.

Die ★ meisten Titel bei den Frauen gewannen Shelda Bede und Adriana Behar (beide BRA). Sie waren 1997–2001 sowie 2004 sechsmal erfolgreich.

AUSTRALIAN FOOTBALL (AFL)

Die Brownlow Medal wird seit 1924 nach einem Punktesystem jedes Jahr an den „besten und fairsten Spieler" der AFL vergeben. Die Entscheidung treffen die Schiedsrichter. Benannt ist die begehrteste Auszeichnung im Australian Football nach Charles Brownlow, einem ehemaligen Spieler und Vorsitzenden des Geelong Football Club.

★ MEISTE BROWNLOW MEDALS

Drei Spieler brachten es in der Australian Football League (AFL) bisher auf je drei Brownlow Medals: Haydn Bunton (1931, 1932 und 1935), Dick Reynolds (1934, 1937 und 1938) und Ian Stewart (1965, 1966 und 1971; alle AUS).

★ REKORDMEISTER (SPIELER)

Michael Tuck (AUS) gewann mit dem Team von Hawthorn von 1967 bis 1991 insgesamt sieben Meistertitel in der AFL.

REKORDSPIELER

Michael Tuck (AUS) spielte von 1972–1991 426-mal für Hawthorn in der AFL.

REKORDMEISTER (TEAMS)

Zwei Teams brachten es bisher auf insgesamt 16 Titel in der AFL Premiership: Carlton von 1906 bis 1995 und Essendon von 1897 bis 2000.

BEACHVOLLEYBALL

★ MEISTE WM-TITEL (MÄNNER)

Das brasilianische Duo gewann bisher dreimal den WM-Titel im Beachvolleyball der Männer: 1997, 1999 und 2003.

CANADIAN FOOTBALL (CFL)

★ HÖCHSTES ERGEBNIS BEI EINEM ENDSPIEL UM DEN GREY CUP

Die Saskatchewan Roughriders besiegten im Grey-Cup-Finale von 1989 die Hamilton Tiger-Cats knapp mit 43:40. Das Gesamtergebnis von 83 Punkten blieb bis heute unerreicht.

★ GRÖSSTER RAUMGEWINN ALS RECEIVER IN EINEM SPIEL

Hal Patterson (USA) erspielte als Receiver der Montreal Alouettes am 29. September 1956 im Spiel gegen die Hamilton Tiger-Cats einen Gesamtraumgewinn von 338 Yards (309 m).

← HÖCHSTE GELDSTRAFEN NACH EINEM EINZELNEN AFL-SPIEL

Nach einem Spiel zwischen den Western Bulldogs und St. Kilda wurden am 4. Mai 2003 jeweils neun Spieler aus beiden Mannschaften mit einer Geldstrafe belegt, aber nur ein Spieler wurde für drei Begegnungen gesperrt: der Bulldogs-Spieler Ryan Hargrave (links), der seinen Kontrahenten Heath Black (beide AUS) von St. Kilda bei einer Rauferei ins Gesicht getreten hatte. Die Bußgelder von umgerechnet insgesamt rund 41.750 EUR sind AFL-Rekord für ein einzelnes Spiel.

★ NEUER REKORD   ★ VERBESSERTER REKORD

★ MEISTE AUFEINANDER FOLGENDE SIEGE BEIM AFL GRAND FINAL →

Die Brisbane Lions gewannen das AFL Grand Final von 2001 bis 2003 dreimal nacheinander. Die Lions entstanden aus der ersten Fusion zweier AFL-Klubs überhaupt, bei der sich die Brisbane Bears mit den Fitzroy Lions zusammenschlossen. Der neue Klub formierte sich 1996 und beteiligte sich ab 1997 an nationalen Wettbewerben.

LÄNGSTES FIELD GOAL
Paul McCallum (CDN) von den Saskatchewan Roughriders gelang am 27. Oktober 2001 in einem Spiel gegen die Edmonton Eskimos ein Field Goal aus einer Entfernung von 62 Yards (57 m).

HOCKEY

MEISTE SIEGE BEI DER CHAMPIONS' TROPHY (MÄNNER)
Deutschland erzielte 1986–1988 (damals noch mit einer westdeutschen Mannschaft) 1991, 1992, 1995, 1997 und 2001 insgesamt acht Erfolge bei der Champions' Trophy.

HÖCHSTER SIEG IN EINEM FRAUENHOCKEY-LÄNDERSPIEL
England feierte mit einem 23:0 gegen Frankreich am 23. Februar 1923 in Merton (GB) den höchsten Sieg im internationalen Frauenhockey.

★ BESTER TORJÄGER IN LÄNDERSPIELEN
Sohail Abbas (PK) erzielte in seinen Hockey-Länderspielen von 1998 bis 2004 insgesamt 274 Tore.

GRÖSSTE ZUSCHAUERZAHL BEI EINEM HOCKEYSPIEL
65.165 Zuschauer sahen am 11. März 1978 im Londoner Wembleystadion das Hockey-Länderspiel zwischen England und den USA.

GAELIC FOOTBALL

★ HÖCHSTE GESAMTPUNKTZAHL IN EINEM MEISTERSCHAFTS-ENDSPIEL
Auf ein Gesamtergebnis von 45 Punkten brachten es 1973 die beiden Finalisten im Endspiel um die irische Hurling-Meisterschaft. Das Team aus der Grafschaft Cork besiegte Galway mit 26 (3-17)* zu 19 (2-13).

★ SERIEN-MEISTER
Das Team von Wexford gewann von 1915 bis 1918 viermal nacheinander den Landesmeistertitel im Gaelic Football. Die Mannschaft aus Kerry stellte den Rekord später dann mit zwei Vierer-Serien zweimal ein. Sie holte den Titel von 1929 bis 1932 und von 1978 bis 1981.

HANDBALL

MEISTE HANDBALL-TARGETS INNERHALB VON 30 SEKUNDEN
Jonas Källman (S) traf am 27. November 2001 in Stockholm (S) innerhalb von 30 Sekunden acht Handball-Targets (ins Tor gehängte Scheiben mit einem Loch von der Größe eines Handballs, die zum Zielwurftraining dienen).

← MEISTE WM-TITEL IM MÄNNER-HALLENHANDBALL
Die Mannschaft Rumäniens wurde viermal Weltmeister im Hallenhandball der Männer: 1961, 1964, 1970 und 1974. Das Team Schwedens stellte diesen Rekord 1999 mit seinem vierten WM-Erfolg ein, der auf die Siege von 1954, 1958 und 1990 folgte. Das Bild zeigt den schwedischen Kapitän Stefan Lovgren, der den Erfolg von 1999 feiert.

*Anmerkung: Bei den Rekordergebnissen im Gaelic Football wird zuerst die Gesamtpunktzahl genannt. Dann folgen die Tore (3 Punkte) bzw. Einzelpunkte, die getrennt und in Klammern verzeichnet werden.

→ WELCHES BALLSPIEL GILT ALS DAS SCHNELLSTE DER WELT?

DIE ANTWORT STEHT AUF S. 215

WWW.GUINNESSWORLDRECORDS.COM

213

SPORT & SPIELE
BALLSPORT 2

→ WIE SCHNELL FLOG DER SCHNELLSTE FEDERBALL ALLER ZEITEN?

DIE ANTWORT STEHT AUF S. 240

MEISTE COMMONWEALTH-MEISTERTITEL IM NETBALL

Netball stand bisher zweimal auf dem Veranstaltungsprogramm der Commonwealth-Spiele: 1998 in Kuala Lumpur (MAL), 2002 dann in Manchester (GB). Australien gewann beide Turniere. Das Bild zeigt eine Szene aus dem Finale 2002: Sherelle McMahon (AUS, links) im Duell mit Sherly Clarke (NZ).

*Anmerkung: Bei den Hurling-Rekorden wird zunächst das Gesamtergebnis genannt. Die drei Punkte zählenden Tore sowie die Einzelpunkte werden getrennt und in Klammern aufgeführt.

HURLING

★ **HÖCHSTES GESAMTERGEBNIS IN EINEM MEISTERSCHAFTS-ENDSPIEL**
Auf insgesamt 64 Punkte brachten es 1970 in Dublin (IRL) die Teams aus den Grafschaften Cork und Wexford beim Endspiel um die irische Meisterschaft. Den größeren Punkteanteil steuerte Cork bei, das mit 39 (6-21)* zu 25 (5-10) gewann.

HÖCHSTE PUNKTZAHL EINER MANNSCHAFT IN EINEM MEISTERSCHAFTS-ENDSPIEL
Beim All-Ireland Final von 1989 im Croke Park zu Dublin (IRL) besiegte Tipperary die Mannschaft von Antrim mit 41 (4-29) zu 18 (3-9).

★ **NIEDRIGSTES ERGEBNIS IN EINEM MEISTERSCHAFTS-ENDSPIEL**
Die wenigsten Treffer in einem Meisterschafts-Endspiel im Hurling gab es im Jahr 1887 beim ersten Finale in Birr (IRL). Tipperary (1-1) besiegte das gänzlich erfolglose Galway mit 4:0.

★ **MEISTE IRISCHE MEISTERTITEL**
Cork ist mit 29 Titeln aus den Jahren 1890 bis 2004 irischer Rekordmeister im Hurling.

KORFBALL

HÖCHSTES ERGEBNIS IN EINEM KORFBALL-WM-FINALE
Die Niederlande besiegten im Endspiel der Korfballweltmeisterschaft 1999 Belgien mit 23:11.

★ **GRÖSSTES TURNIER**
Eine Rekordzahl von 2.571 Männern und Frauen beteiligte sich am 14. Juni 2003 am internationalen Kom Keukens/Ten Donck-Jugendkorfballturnier in Ridderkerk (NL).

MEISTE WM-TITEL
Die Niederlande gewannen in den Jahren 1978, 1984, 1987, 1995, 1999 und 2003 insgesamt sechs Korfball-Weltmeistertitel.

LACROSSE

WEITESTER WURF
Barnet Quinn aus Ottawa (CDN) gelang in einem Lacrosse-Match am 10. September 1892 ein Wurf von 148,91 m Länge.

★ **MEISTE HALLEN-WELTMEISTERTITEL**
Die erste Lacrosse-Hallenweltmeisterschaft wurde 2003 in Ontario (CDN) ausgetragen. Kanada holte sich mit einem 21:4-Erfolg gegen die Iroquois Nationals den Titel. Die Weltmeistermannschaft blieb im gesamten Turnier unbesiegt.

← **BESTÄNDIGSTER SPIELER IM CANADIAN FOOTBALL**
Lui Passaglia (CDN) brachte es in Diensten der British Columbia Lions (BC Lions) von 1976 bis 2000 auf die Rekordzahl von 408 Einsätzen in der CFL. Auch die 3.991 Punkte, die er in dieser Zeit erzielte, sind Liga-Rekord.

★ NEUER REKORD ★ VERBESSERTER REKORD

← RASANTESTES BALLSPIEL
Die höchste jemals in einem Ballspiel gemessene Geschwindigkeit waren die 302 km/h des Spielgeräts in einem Jai-Alai-Match, der lateinamerikanischen Variante von Pelota.

NETBALL

HÖCHSTER WM-SIEG
Das Team von den Cook-Inseln besiegte am 9. Juli 1991 bei den Netball-Weltmeisterschaften in Sydney (AUS) die Mannschaft von Vanuatu mit 120:38.

MEISTE WM-TITEL
Australien sammelte insgesamt acht Netball-Weltmeistertitel. Das Team vom fünften Kontinent war 1963, 1971, 1975, 1979, 1983, 1991, 1995 und 1999 erfolgreich.

ERFOLGREICHSTE PUNKTE-SAMMLERIN BEI EINER WELTMEISTERSCHAFT
Irene van Dyk (RSA) brachte es bei der Netball-WM 1995 auf insgesamt 543 Treffer.

SHINTY

★ SERIENSIEGER BEIM CAMANACHD CUP
Das schottische Team aus Kingussie gewann den Camanachd Cup von 1997 bis 2003 siebenmal nacheinander.

TREFFSICHERSTES TEAM BEI EINEM CAMANACHD-CUP-ENDSPIEL
Im Endspiel von 1997 in Fort William in den schottischen Highlands deklassierte das Team von Kingussie die Kontrahenten aus Newtonmore mit 12:1.

VOLLEYBALL

★ LÄNGSTE ABFOLGE VON ZUSPIELEN
Eine Serie von 29 aufeinander folgenden Zuspielen mit einem Beachvolleyball – eine Berührung pro Person – gelang am 1. Juli 2004 auf dem Set von *L'Été de Tous les Records* in Biscarosse (F).

★ MEISTE WELTMEISTER-TITEL (MÄNNER)
Die UdSSR gewann in den Jahren 1949, 1952, 1960, 1962 1978 und 1982 insgesamt sechs WM-Titel im Männer-Volleyball.

★ MEISTE WELTMEISTER-TITEL (FRAUEN)
Die Volleyballerinner der UdSSR holten sich insgesamt fünf WM-Titel. Sie siegten 1952, 1956, 1960, 1970 und 1990.

★ SERIEN-WELTMEISTER (MÄNNER)
Italiens Männerteam gewann dreimal nacheinander den Volleyball-Weltmeistertitel: 1990 in Brasilien, 1994 in Griechenland und 1998 in Japan.

↑ CFL-REKORD-MEISTER
Die Toronto Argonauts gewannen bisher 15-mal den Grey Cup, der dem Meister der CFL verliehen wird. Sie waren 1914, 1921, 1933, 1937, 1938, 1945–1947, 1950, 1952, 1983, 1991, 1996, 1997 und 2004 die Besten. Im Bild Damon Allen (USA), der den Cup nach dem Sieg von 2004 präsentiert.

REKORDWELT-MEISTERINNEN IM BEACHVOLLEYBALL →
Das brasilianische Duo gewann bisher drei Weltmeistertitel im Beachvolleyball der Frauen: 1997, 1999 und 2001. Das Bild zeigt Shelda Bede (links) und Adriana Behar, die hier im September 2004 ihren Sieg in einem Halbfinalspiel der World Tour in Rio de Janeiro (BR) feiern.

SPORT & SPIELE
BASEBALL

← ★ MEISTE BASE HITS IN EINER MAJOR-LEAGUE-SAISON
Ichiro Suzuki (J) gelangen in der Saison 2004 für die Seattle Mariners insgesamt 262 Base Hits.

MEISTE SIEGE IN DER WORLD SERIES
Die New York Yankees gewannen von 1923 bis 2000 26-mal die Baseball World Series. Dieser Wettbewerb wird seit 1903 – anfangs inoffiziell, seit 1905 offiziell – zwischen den Erstplatzierten der National League und der American League ausgetragen.

MEISTE AUFEINANDER FOLGENDE SPIELE
Cal Ripken jr. (USA) war vom 30. Mai 1982 bis zum 19. September 1998 in 2.632 aufeinander folgenden Spielen der Major League für die Baltimore Orioles im Einsatz.

MEISTE RUNS-BATTED-IN EINER SAISON
Hack Wilson (USA) holte als Batter in der Saison 1930 191 Runs für die Chicago Cubs heraus. Henry Aaron (USA) erspielte als Batter während seiner Laufbahn in der MLB von 1954 bis 1976 mit 2.297 Runs für die Milwaukee Braves **die meisten Runs einer Karriere**.

MEISTE RUNS IN EINER SAISON DER MAJOR LEAGUE
Billy Hamilton (USA) gelangen in der Saison 1894 192 Runs für die Philadelphia Phillies.

★ MEISTE DOUBLES IN EINER MLB-SAISON
Earl Webb (USA) gelangen in der Saison 1931 67 Doubles für die Boston Red Sox.

MEISTE DOUBLES IN EINER MLB-KARRIERE
Tris Speaker (USA) schaffte von 1907 bis 1928 in der MLB insgesamt 792 Doubles. Er spielte in dieser Zeit für die Boston Red Sox, die Cleveland Indians, die Washington Senators und die Philadelphia Athletics.

★ MEISTE TRIPLES IN EINER MLB-SAISON
Chief Wilson (USA) brachte es in der Saison 1912 auf 36 Triples für die Pittsburgh Pirates.

MEISTE TRIPLES IN EINER MLB-KARRIERE
Sam Crawford (USA) erspielte in Diensten der Cincinnati Reds und der Detroit Tigers von 1899 bis 1917 insgesamt 309 Triples.

WEITESTER HOMERUN-SCHLAG
Mickey Mantle (USA) schlug den Ball am 10. September 1960 im Briggs Stadium in Detroit (USA) 193 m weit. Den Treffer, der natürlich zu einem Homerun führte, landete er für die New York Yankees in einem Spiel gegen die Detroit Tigers.

MEISTE HOMERUNS IN EINER SAISON
Barry Bonds (USA) schlug in der Saison 2001 insgesamt 73 Homeruns für die San Francisco Giants – eine bis heute unübertroffene Leistung.

MEISTE HOMERUNS IM LAUF EINER KARRIERE
Hank Aaron (USA) gelangen insgesamt 755 Homeruns: 733 für die Milwaukee (1954–1965) sowie die Atlanta Braves (1966–1974) in der National League und 22 weitere für die Milwaukee Brewers in der American League (1975–1976). Am 8. April 1974 übertraf er den alten Rekord (714 Homeruns) von George Herman „Babe" Ruth, den dieser seit 1935 fast vierzig Jahre lang gehalten hatte.

★ HÖCHSTES SLUGGING PERCENTAGE IN EINER SAISON
Barry Bonds erreichte in der Saison 2001 in Diensten der San Francisco Giants ein Slugging Percentage von .863. Dieser Gradmesser für den Erfolg eines Batters ergibt sich aus dem Quotienten der Gesamtzahl der herausgespielten Bases, die durch die Gesamtzahl der Auftritte „at bats" geteilt wird.

Geschichte des Baseballspiels
Baseball hat sich entwickelt aus den englischen Spielen Kricket und Rounders, doch sind die Wurzeln des Spiels in der amerikanischen Gründerzeit unklar. Die ersten Regeln wurden für den Knickerbocker Club of New York 1845 von Alexander Cartwright (USA) veröffentlicht, der auch als „Vater des modernen Baseball" gilt. Professionell gespielt wird in den USA seit 1865.

★ SCHNELLSTE ZUSCHAUERTOURNEE DURCH ALLE MAJOR-LEAGUE-STADIEN →
Joe Pfeiffer aus Irvine im US-Bundesstaat Kalifornien sah innerhalb von 30 Tagen, in der Zeit vom 22. Juli bis zum 20. August 2004, je ein vollständiges Baseballspiel in allen 30 Stadien der Major League in den USA und Kanada. Er begann seine Reise in San Francisco in Kalifornien und war in Houston/Texas schließlich am Ziel.

★ NEUER REKORD   ★ VERBESSERTER REKORD

★ HÖCHSTES SLUGGING PERCENTAGE IN DER GESCHICHTE DER MLB
Babe Ruth (USA) erreichte in seiner von 1914 bis 1935 dauernden MLB-Karriere für die Boston Red Sox und die New York Yankees ein Slugging Percentage von .690.

HÖCHSTES BATTING AVERAGE IM LAUF EINER KARRIERE
Tyrus Raymond „Ty" Cobb schaffte für die Detroit Tigers und die Philadelphia Athletics von 1905 bis 1928 ein Batting Average von .367.

MEISTE BASE HITS IN EINER MLB-KARRIERE
Peter Rose (USA) gelangen während seiner Major-League-Laufbahn insgesamt 4.256 Base Hits. Rose spielte von 1963 bis 1986 für die Cincinnati Reds, die Philadelphia Phillies und die Montreal Expos.

MEISTE TOTAL BASES
Hank Aaron (USA) brachte es von 1954 bis 1976 auf die Rekordzahl von 6.856 Total Bases.

MEISTE INNINGS ALS PITCHER
Cy Young (USA) trat von 1890 bis 1911 zu insgesamt 7.356 Innings als Pitcher an.

MEISTE SIEGE ALS PITCHER
Cy Young (USA) gewann als Pitcher von 1890 bis 1911 insgesamt 511 Spiele in der Major League. In dieser Zeit war er für die Cleveland Spiders, St. Louis Perfectos/Cardinals, die Boston Americans/Somersets/Pilgrims/Red Sox, die Cleveland Naps und die Boston Braves aktiv.

MEISTE ML-EINSÄTZE ALS PITCHER →
Jesse Orosco (USA) brachte es bis zum Ende der Saison 2003 auf insgesamt 1.251 Einsätze als Pitcher in der Major League. Im Lauf seiner Karriere war er für die New York Mets, die LA Dodgers, Cleveland Indians, Milwaukee Brewers, Baltimore Orioles, St. Louis Cardinals, Minnesota Twins, New York Yankees und die San Diego Padres aktiv.

★ MEISTE NIEDERLAGEN ALS PITCHER
Cy Young verlor von 1890 bis 1911 als Pitcher insgesamt 316 NLB-Matches.

★ MEISTE GERETTETE SPIELE ALS RELIEF PITCHER
Als „Retter" gilt ein Relief Pitcher, wenn er der letzte Pitcher ist, der in einem gewonnenen Spiel für seine Mannschaft antritt. Lee Smith (USA) „rettete" seinen diversen Teams in der Rolle des Relief Pitchers von 1980 bis 1997 insgesamt 478 Spiele. Er trat dabei für die Chicago Cubs, Boston Red Sox, St. Louis Cardinals, New York Yankees, Baltimore Orioles, California Angels, Cincinnati Reds und die Montreal Expos an.

★ GEFÄHRLICHSTER PITCHER
Der Pitcher Gus Weyhing (USA) traf mit seinen Würfen von 1887 bis 1901 insgesamt 277 Batter. Seine Klubs waren die Philadelphia Athletics, Brooklyn Ward's Wonders, Philadelphia Phillies, Louisville Colonels, Pittsburgh Pirates, Washington Senators, St. Louis Cardinals, Brooklyn Superbas, Cincinnati Reds und die Cleveland Blues.

→ FÜR WELCHEN BETRAG WECHSELTE DIE TEUERSTE BASEBALLKARTE DEN BESITZER?
DIE ANTWORT STEHT AUF S. 133

MEISTE AUSZEICHNUNGEN ALS BESTER SPIELER DER SAISON →
Barry Bonds wurde siebenmal als Most Valuable Player (MVP) der Saison ausgezeichnet. Kein anderer Spieler in der Major League brachte es auf so viele Spitzenplatzierungen. Bonds lag 1990, 1992, 1993 und 2001–2003 in der MVP-Wertung vorn und holte sich schließlich 2004 als Spieler der San Francisco Giants seinen siebten Ehrentitel.

SPORT & SPIELE
BASKETBALL

★ LÄNGSTE SPERRE IN DER NBA FÜR EINEN REGELVERSTOSS AUF DEM SPIELFELD
Ron Artest (USA, ganz links) von den Indiana Pacers musste nach einem Vorfall in einem Spiel seines Teams gegen die Detroit Pistons am 19. November 2004 eine Sperre von 72 Tagen hinnehmen, die längste Sperre gegen einen Einzelspieler in der NBA, die nicht auf Drogenmissbrauch zurückging. Artest wurde von den restlichen Saisonspielen ausgeschlossen, weil er eine Prügelei angezettelt hatte, bei der Spieler der Pacers mit Fans der Pistons aneinander gerieten.

MEISTE ERSPIELTE KORBTREFFER IN EINER NBA-SAISON
Wilt Chamberlain (USA) erzielte in der NBA-Saison 1961/62 für die Philadelphia Warriors 1.597 Korbtreffer aus dem Spiel heraus. Chamberlain wurde 1996 zu einem der 50 bedeutendsten Spieler in der Geschichte der NBA gewählt.

MEISTE KORBVORLAGEN IN EINER NBA-LAUFBAHN
Bester Vorbereiter aller Zeiten in der NBA ist John Stockton (USA). In seinen 19 Spielzeiten bei den Utah Jazz gab er von 1984 bis 2003 in 1.504 Spielen insgesamt 15.806 Vorlagen für erfolgreiche Korbwürfe.

Geschichte des Basketballspiels
Dr. James Naismith (CDN) erfand das Basketballspiel im Jahr 1891 in Springfield, Massachusetts (USA). Es war ein Versuch, seinen Schützlingen an der dortigen YMCA School for Christian Workers während der langen Wintermonate eine sinnvolle sportliche Betätigung anzubieten. Naismith stellte einige einfache Regeln auf und befestigte auf beiden Seiten der Schulsporthalle Pfirsichkörbe am unteren Rand der Balkonbrüstung. Gespielt wurde mit einem Fußball. Einer der Schüler kam dann auf die Bezeichnung „Basketball", und nach dem ersten offiziellen Wettkampf am 20. Januar 1892 verbreitete sich das neue Sportspiel rasch im ganzen Land.

HÖCHSTER NBA-PUNKTEDURCHSCHNITT
Michael Jordan (USA) erreichte mit 30,1 Zählern den höchsten Punktedurchschnitt aller Spieler, die im Verlauf ihrer NBA-Karriere mehr als 10.000 Punkte gesammelt haben, die Mindestzahl, ab der ein Durchschnitt für die Rangliste ermittelt wird. Jordans Langzeitbilanz ergibt sich aus 32.292 Punkten in 1.072 Spielen für die Chicago Bulls (1984–1998) und die Washington Wizards (2001–2003).

MEISTE REBOUNDS IN EINER NBA-LAUFBAHN
Wilt Chamberlain (USA) räumte unter dem Korb am gründlichsten auf: Er sammelte während seiner NBA-Karriere in 1.045 Spielen insgesamt 23.924 Rebounds für die Philadelphia Warriors (1959–1962), die San Francisco Warriors (1962–1964), die Philadelphia 76ers (1964–1968) und die Los Angeles Lakers (1968–1973).

MEISTE BLOCKS IN EINER NBA-LAUFBAHN
Hakeem Olajuwon (USA) brachte es in 1.238 Spielen für die Houston Rockets (1984–2001) und die Toronto Raptors (2001–2002) auf insgesamt 3.830 Blocks.

MEISTE AUFEINANDER FOLGENDE SPIELE IN DER NBA
A. C. Green (USA) war fast 15 Jahre lang im NBA-Dauereinsatz für die Los Angeles Lakers, Phoenix Suns, Dallas Mavericks und Miami Heat. Vom 19. November 1986 bis zum 20. März 2001 lief er bei 1.177 Begegnungen auf und verpasste in dieser Zeit kein einziges Pflichtspiel.

★ MEISTE DREIPUNKTEWÜRFE IN EINER NBA-LAUFBAHN
Reggie Miller (USA) versenkte von 1987 bis 2005 für die Indiana Pacers 2.491 Dreier im gegnerischen Korb. Er hält auch den NBA-Saisonrekord für Dreipunktewürfe eines Rookies: Als Jungprofi gelangen ihm 1987/88 auf Anhieb 61 Dreier.

GUINNESS WORLD RECORDS BUCH 2006

LÄNGSTE
SPIELZEIT IN EINER NBA-LAUFBAHN →

Kareem Abdul-Jabbar (USA) spielte im Lauf seiner von 1969 bis 1989 dauernden NBA-Karriere insgesamt 57.446 Minuten lang.

HÖCHSTER PUNKTEDURCHSCHNITT IN EINER SAISON
Wilt Chamberlain (USA) gelangen in der NBA-Saison 1961/62 für die Philadelphia Warriors im Schnitt 50,4 Punkte pro Spiel.

★ WEITESTES DAUER-DRIBBLING INNERHALB VON 24 STUNDEN
Tyler Curiel (USA) dribbelte am 15. und 16. Dezember 2003 in der Tulane University in New Orleans, Louisiana (USA), einen Basketball innerhalb von 24 Stunden über eine Entfernung von 174,46 km.

★ MEISTE FREIWÜRFE IN EINER NBA-LAUFBAHN
Karl Malone (USA) erhielt in seiner Zeit bei den Utah Jazz (1985–2003) und den Los Angeles Lakers (2003–2004) in 1.476 Spielen insgesamt 9.787 Freiwürfe zugesprochen.

MEISTE PUNKTE IN ALL-STAR-BEGEGNUNGEN DER NBA
Bei den Treffen der Besten traf Michael Jordan am besten. Insgesamt brachte er es in seinen 14 All-Star-Begegnungen in der NBA auf 262 Punkte. Beim 14. und letzten Auftritt in diesem Rahmen sammelte er am 9. Februar 2003 in Atlanta, Georgia (USA), noch einmal 20 Punkte.

LÄNGSTE SIEGESSERIE IN DER NBA
Die Los Angeles Lakers gewannen vom 5. November 1971 bis zum 7. Januar 1972 33 NBA-Spiele nacheinander.

HÖCHSTE PUNKTZAHL EINES SPIELERS IN EINEM NBA-SPIEL
Wilt Chamberlain (USA) erzielte am 2. März 1962 für die Philadelphia Warriors gegen die New York Knicks 100 Punkte.

MEISTE SPIELE IN EINER NBA-LAUFBAHN
Robert Parish absolvierte im Verlauf seiner NBA-Karriere von 1976 bis 1997 insgesamt 1.611 Pflichtspiele.

NBA-REKORDMEISTER
Die Boston Celtics sammelten die Rekordanzahl von 16 NBA-Titeln. Sie gewannen die Meisterschaft 1957, 1959–1966, 1968, 1969, 1974, 1976, 1981, 1984 und 1986.

★ WEITESTER ERFOLGREICHER KORBWURF IN EINEM FRAUENSPIEL
Allyson Fasnacht (USA) traf am 6. Dezember 2002 im Salem Civic Center in Salem, Virginia (USA), aus einer Entfernung von 24,85 m in den gegnerischen Korb. Sie erzielte diesen Treffer für die Glenvar Highlanders in einem Match gegen das Team von J.J. Kelly.

★ WEITESTER SLAM-DUNK-SPRUNG VOM TRAMPOLIN
Jonathon Thibout (F) gelang am 3. August 2004 ein Slam Dunk, bei dem er von einem Trampolin absprang, das 5,86 m vom Brett entfernt war.

BASKETBALL AUF EINEM FINGER
Zhao Guang (CHN) rotierte am 29. Januar 2003 in Shenyang (CHN) einen Basketball 3 Stunden 59 Minuten lang auf einem Finger.

→ WIE LANGE DAUERTE DIE SCHNELLSTE ZUSCHAUERTOURNEE DURCH ALLE MAJOR-LEAGUE-BASEBALL-STADIEN, BEI DER AN ALLEN ORTEN JEWEILS EIN KOMPLETTES SPIEL VERFOLGT WURDE?

DIE ANTWORT STEHT AUF S. 216

★ MEISTE NBA-SIEGE FÜR EINEN COACH
Bei den Feierlichkeiten zum Goldenen Jubiläum der NBA wurde Lenny Wilkens (USA) 1996 als einer der zehn bedeutendsten Coaches in der Geschichte des US-Profibasketballs geehrt. Als NBA-Coach hat er die Rekordzahl von 1.315 Spielen gewonnen. Er ist außerdem einer von zwei Männern, die sowohl als Spieler wie auch als Trainer in die Basketball Hall of Fame aufgenommen wurden.

★ NEUER REKORD   ★ VERBESSERTER REKORD   WWW.GUINNESSWORLDRECORDS.COM

→ SPORT & SPIELE
KAMPFSPORT

↑ ★ **MEISTE WM-TITEL IM KUMITE-KARATE (MÄNNER)**
Zwei Teams sammelten bei den seit 1970 ausgetragenen Mannschafts-Weltmeisterschaften im Kumite-Karate der Männer jeweils sechs Titel: Großbritannien siegte 1975, 1982, 1984, 1986, 1988 und 1990, Frankreich war 1972, 1994, 1996, 1998, 2000 und 2004 erfolgreich. Das japanische Wort Karate bedeutet „offene Hand". Kumite („Sparring") ist eine Freistil-Kampfform des Karatesports. Das Bild zeigt die Mannschaft Frankreichs nach ihrem Titelgewinn bei den 17. Weltmeisterschaften am 19. November 2004.

BOXEN

AM LÄNGSTEN AMTIERENDER SCHWERGEWICHTS-WELTMEISTER
Joe Louis (USA) war 11 Jahre 252 Tage lang Boxweltmeister im Schwergewicht. Er behielt den Titel nach seinem K.-o.-Sieg über James Joseph Braddock (USA) am 22. Juni 1937 bis zu seinem Rücktritt am 1. März 1949.

MEISTE NIEDERSCHLÄGE IN EINEM KAMPF
Vic Toweel (RSA) schickte Danny O'Sullivan (GB) am 2. Dezember 1950 in Johannesburg (RSA) bei einem Weltmeisterschaftskampf im Bantamgewicht im Verlauf von zehn Runden 14-mal auf die Bretter.

KÜRZESTER WELTMEISTERSCHAFTSKAMPF
Gerald McClellan (USA) besiegte Jay Bell (USA) am 7. August 1993 in Puerto Rico in einem WM-Titelkampf des World Boxing Council (WBC) im Mittelgewicht bereits nach 20 Sekunden.

MEISTE COMEBACKS EINES WELTMEISTERS
„Sugar" Ray Robinson (USA) gewann den Boxweltmeistertitel im Mittelgewicht insgesamt fünfmal. Sein Sieg gegen Carmen Basilio (USA) am 25. März 1958 im Chicago Stadium bedeutete das vierte Comeback als Champion in dieser Gewichtsklasse.

★ FLEISSIGSTER ANSAGER IM LAUF EINER WOCHE
Hank Kropinski (USA) sagte bei den US-Boxmeisterschaften in Colorado Springs, Colorado, vom 16. bis zum 21. März 1998 insgesamt 240 Kämpfe an.

ÄLTESTER RINGER-WETTKAMPF →
Das seit 1460 bestehende Kirkpinar Ringer-Fest ist der älteste ohne Unterbrechung abgehaltene sportliche Wettkampf der Welt. Der gegenwärtige Austragungsort ist die Halbinsel Sarayici (TR).

JUDO

MEISTE WÜRFE INNERHALB EINER STUNDE DURCH EIN KÄMPFERPAAR
Dale Moore und Nigel Townsend (beide GB) führten am 23. Februar 2002 im Esporta Health Club in Chiswick Park, London (GB), innerhalb einer Stunde 3.786 Judowürfe aus.

MEISTE WÜRFE INNERHALB VON ZEHN STUNDEN
Csaba Mezei und Zoltán Farkas (beide H) vom Judoteam aus Szany (H) gelangen am 1. Mai 2003 in der Sporthalle ihres Heimatortes Szany innerhalb von zehn Stunden 57.603 Judowürfe. Als Partner bei diesem Rekordversuch dienten ihnen 27 Mitglieder ihres Klubs.

KARATE

MEISTE TEILNEHMER BEI EINER WELTMEISTERSCHAFT
Bei den 9. Karateweltmeisterschaften kämpften 1988 in Kairo (ET) insgesamt 1.157 Aktive um die Titel.

MEISTE KICKS MIT EINEM BEIN INNERHALB EINER MINUTE
Fabián Cuenca Pirotti (E) gelangen am 11. November 2001 auf dem Set von El Show de los Records in Madrid (E) innerhalb einer Minute 128 Karatetritte, die mit nur einem Bein ausgeführt wurden.

GUINNESS WORLD RECORDS BUCH **2006**

★ NEUER REKORD   ★ VERBESSERTER REKORD

★ GRÖSSTES TURNIER IM MONGOLISCHEN RINGEN →

Insgesamt 2.048 Aktive beteiligten sich an einem Turnier im mongolischen Ringen, das in Bayanwula, Xiwuzhumu-qinqi, in der Inneren Mongolei (CHN) vom 28. Juli bis zum 1. August 2004 ausgetragen wurde.

MEISTE EINZEL-WM-TITEL IM KUMITE-KARATE

Guusje van Mourik (NL) gewann insgesamt vier Einzel-Weltmeistertitel im Kumite-Karate der Frauen. Sie siegte 1982, 1984, 1986 und 1988 jeweils in der Klasse über 60 kg.

KICKBOXEN

MEISTE WM-TITEL

Don „The Dragon" Wilson (USA) sammelte von 1980 bis 1999 elf Weltmeistertitel im Kickboxen in drei verschiedenen Gewichtsklassen (Leicht-Schwergewicht, Super-Leicht-Schwergewicht und Cruisergewicht) und unter dem Dach von sechs verschiedenen Verbänden. Diese Organisationen waren die World Kickboxing Association (WKA), Standardized Tournaments And Ratings (STAR), Karate International Council of Kickboxing (KICK), International Sport Karate Association (ISKA), Professional Kickboxing Organization (PKO) und die International Kickboxing Federation (IKF).

RINGEN

★ GRÖSSTE ZUSCHAUERZAHL

190.000 Menschen versammelten sich am 29. April 1995 zum Internationalen Sport- und Kulturfest für den Frieden im Zentralstadion von Pjöngjang, der Hauptstadt Nordkoreas.

GRÖSSTER UND SCHWERSTER SUMO-GROSSMEISTER

Der auf Hawaii geborene Chad Rowan alias Akebono (USA) erhielt im Januar 1993 als erster ausländischer *Rikishi* (Sumoringer) die Würde eines *Yokozuna* (Großmeister), den höchsten Rang im Sumo-Ringen. Er ist mit 2,04 m der größte und mit einem Gewicht von 227 kg auch der schwerste *Yokozuna* aller Zeiten.

LÄNGSTE SIEGESSERIE EINES SUMO-GROSSMEISTERS

Der *Yokozuna* Sadaji Akiyoshi (J) alias Futabayama gewann von 1937 bis 1939 69 Kämpfe nacheinander.

VERSCHIEDENES

★ MEISTE MIT EINEM NUNCHAKU ZERBROCHENE TONPLATTEN IN EINER MINUTE

Thierry Guyon (F) zerbrach innerhalb einer Minute mit einem Nunchaku (einem japanischen Kampfsportgerät) 51 Tonplatten. Diesen Rekord schaffte er am 2. August 2004 auf dem Set von *L'Été de Tous les Records* in Bénodet (F).

★ MEISTE SPEEDBALL-TREFFER IN EINER MINUTE

Michael Benham (AUS) landete am 7. Mai 2001 im Crown Casino von Melbourne (AUS) 373 Treffer am Speedball innerhalb einer Minute.

★ MEISTE VOLLKONTAKT-TRITTE IN EINER STUNDE

Suzanne Nobles (USA) schaffte am 22. Mai 2004 im Deep Creek Baptist Church Gymnasium in Chesapeake, Virginia (USA), 2.180 Vollkontakt-Tritte innerhalb einer Stunde.

★ GRÖSSTES GESAMTGEWICHT BEI EINEM WM-KAMPF

Titelverteidiger Witali Klitschko (UA, unten rechts) und Herausforderer Danny Williams (GB, links im Bild) brachten bei ihrem Kampf um den Schwergewichtstitel des World Boxing Council (WBC) am 11. Dezember 2004 im Mandalay Bay Resort in Las Vegas, Nevada (USA), zusammen 235,8 kg auf die Waage. Klitschko steuerte 113,3 kg bei, Williams lag beim Wiegen mit 122,5 kg vorn. Im Kampf setzte sich dann der Titelverteidiger durch: Williams ging in der achten Runde k. o.

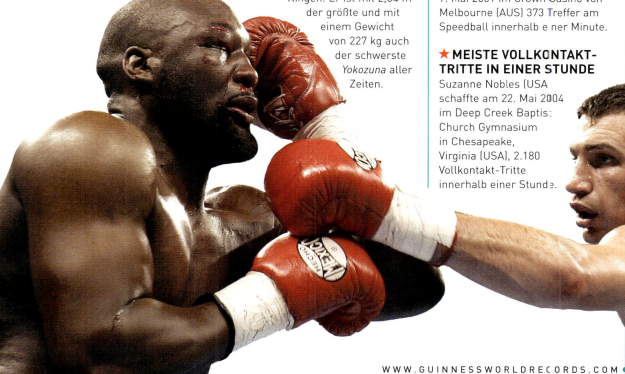

WWW.GUINNESSWORLDRECORDS.COM

SPORT & SPIELE
KRICKET

← ★ MEISTE CENTURIES IN EINTÄGIGEN LÄNDERSPIELEN

Sachin Tendulkar (IND) schaffte von 1989 bis 2005 in 342 eintägigen Länderspielen insgesamt 37 Centuries.

★ MEISTE RUNS IM LAUF EINER KARRIERE (EINTÄGIGE LÄNDERSPIELE)

Sachin Tendulkar (IND) gelangen in 342 eintägigen Länderspielen von 1989 bis 2005 insgesamt 13.497 Runs. Er erreichte ein Batting Average von 44,84.

★ MEISTE RUNS IN EINEM LÄNDERSPIEL-OVER

Brian Lara (TT) erzielte für die West Indies in einem Länderspiel gegen Südafrika im Wanderers-Stadion in Johannesburg (RSA) am 14. Dezember 2003 28 Runs in einem einzigen Over. Laras Kontrahent bei dieser Serie war Südafrikas Bowler Robin Peterson, und die Punktefolge lautete 4, 6, 6, 4, 4, 4. Insgesamt kam Lara in diesem Innings auf 202 Runs.

★ BESTE PARTNER AM SCHLAG (EINTÄGIGE LÄNDERSPIELE)

Indiens Kapitän Sachin Tendulkar (186*) und sein Partner am Schlag Rahul Dravid (153) kamen bei einem eintägigen Länderspiel gegen Neuseeland am 8. November 1999 auf insgesamt 331 Runs, was für beide Batsmen zugleich eine persönliche Bestleistung in Länderspielen mit einer begrenzten Zahl von Overs war.

★ BESTES EINZELERGEBNIS IN EINEM LÄNDERSPIEL-INNINGS

Brian Lara (TT) sammelte beim Länderspiel zwischen den West Indies und England, das vom 10. bis 12. April 2004 auf dem Antigua Recreation Ground in St. John's, Antigua, stattfand, in einem einzigen Innings 400 Punkte und war dabei immer noch im Spiel („not out"). Im Lauf dieser Rekordserie schlug er vier Sechser und 43 Vierer, das Mannschaftsergebnis lag bei 751 Punkten (nur fünf verlorene Wickets).

→ WER SCHOSS DIE MEISTEN TORE IM INTERNATIONALEN FUSSBALL – EIN MANN ODER EINE FRAU?

DIE ANTWORT STEHT AUF S. 226

BATTING

HÖCHSTES BATTING AVERAGE IN LÄNDERSPIELEN

Sir Don Bradman (AUS) erreichte mit 99,94 Zählern das höchste Batting Average im internationalen Kricket: In 52 Länderspielen für Australien gelangen ihm von 1928 bis 1948 insgesamt 6.996 Runs in 80 Innings, davon zehnmal „not out", die bei der Durchschnittsberechnung nicht gewertet werden.

MEISTE „DUCKS" IN LÄNDERSPIELEN

Dem Jamaikaner Courtney Walsh gebührt die zweifelhafte Ehre des Rekordes an „Ducks" (Auftritten als Batter ohne jeden zählbaren Erfolg) bei Länderspielen. In 185 Innings von November 1984 bis April 2001 lautete Walshs Ergebnis 43-mal: null.

MEISTE RUNS BEI LÄNDERSPIELEN

Allan Border (AUS) brachte es in 156 Länderspielen von 1978 bis 1994 auf 11.174 Runs und erzielte einen Batting-Durchschnitt von 50,56.

← ERFAHRENSTER LÄNDERSPIEL-SCHIEDSRICHTER

Steve Bucknor (JA) fungierte von 1989 bis 2005 in 102 Länderspielen als Umpire.

GUINNESS WORLD RECORDS BUCH 2006

★ NEUER REKORD   ★ VERBESSERTER REKORD

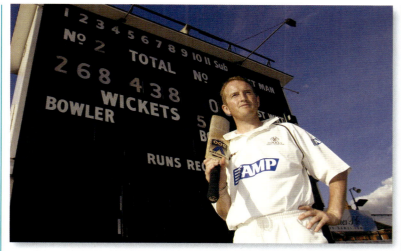

★ HÖCHSTES INNINGS IM LIMITED OVERS MATCH
Surrey kam in einem Limited 50-Over Match der Cheltenham and Gloucester Trophy gegen Glamorgan am 19. Juni 2002 im Oval in London (GB) auf 438 Runs. Das Bild zeigt Surreys Batsman Alistair Brown (GB), dessen auf der Anzeigetafel zu sehendes Einzelergebnis von 268 Runs zugleich auch das höchste Innings eines Einzelspielers in einem Limited Overs Match ist.

★ MEISTE CENTURIES IN LÄNDERSPIELEN
Zwei indischen Batsmen gelangen bei Länderspielen jeweils 34 Centuries (100 oder mehr Runs in einem Innings) für ihr Team. Sunil Gavaskar (IND) schaffte diese Leistung im Zeitraum von 1971 bis 1987, sein Landsmann Sachin Tendulkar zog nach einer ebenfalls 16 Jahre dauernden Serie (1989 bis 2005) gleich.

BOWLING

HÄRTESTER WURF
Auf elektronisch gemessene 161,3 km/h beschleunigte der Bowler Shoaib Akhtar (PK) sein Spielgerät am 22. Februar 2003, als er beim World Cup in Newlands, Kapstadt (RSA), mit Pakistan gegen England antrat. Der Pressechef des World Cup erklärte zu diesem Vorgang: „Der ICC [der internationale Verband] hat stets die Ansicht vertreten, dass die verschiedenen weltweit eingesetzten Messgeräte nicht einheitlich genug sind, um einer bestimmten Leistung offizielle Anerkennung zu verschaffen." Dennoch glauben viele Experten, dass dies der härteste Wurf aller Zeiten war.

WICKET-KEEPING

BESTER FÄNGER UNTER DEN WICKET-KEEPERN BEI LÄNDERSPIELEN
Ian Healy (AUS) fing als Wicket-Keeper in 119 Länderspielen für Australien von 1988 bis 1999 insgesamt 366 Bälle.

EFFEKTIVSTER WICKET-KEEPER IN LÄNDERSPIELEN
Ian Healy schaltete in seinen 119 Länderspielen für Australien von 1988 bis 1999 insgesamt 395 gegnerische Schlagmänner aus, 366 davon durch gefangene Bälle, 29 durch Stumping.

MEISTE STUMPINGS DURCH EINEN WICKET-KEEPER IN LÄNDERSPIELEN
Wicket-Keeper William Oldfield (AUS) brachte es in 54 Länderspielen von 1920 bis 1937 auf insgesamt 52 Stumpings. Zum Stumping kommt es, wenn der Batsman außerhalb der Schlagmallinie erwischt wird – wenn er sich z. B. beim Laufen verschätzt.

MANNSCHAFTEN

HÖCHSTES LÄNDERSPIEL-ERGEBNIS
Sri Lanka schaffte bei der Begegnung mit Indien vom 4. bis 6. August 1997 in Colombo (CL) die Rekordgesamtzahl von 952 Runs und verlor dabei nur sechs Wickets. England kam gegen Australien am 20., 22. und 23. August 1938 im Oval in London bei einer Spielzeit von 15 Stunden 17 Minuten auf 903 Runs und verlor nur sieben Wickets. Das Spiel wurde wegen Einseitigkeit vorzeitig beendet.

MEISTE WM-TITEL
Australien holte sich 1987, 1999 und 2003 den WM-Titel. Der World Cup im Kricket wurde 1975 erstmals ausgespielt und findet alle vier Jahre statt.

VERSCHIEDENES

★ BESTÄNDIGSTER SCHRIFTFÜHRER
Mike Garwood (GB, geb. am 24. Februar 1928) protokolliert seit 50 Jahren kontinuierlich die Ergebnislisten für den Old Minchendenians Cricket Club in Southgate (GB).

★ ERFAHRENSTER INTERNATIONALER (EINTÄGIGE LÄNDERSPIELE)
Wasim Akram (PK) trat von 1984 bis 2003 für sein Team zu 356 eintägigen Länderspielen an.

MEISTE EXTRAPUNKTE IN EINTÄGIGEN LÄNDERSPIELEN
Zwei Teams verschafften ihren Kontrahenten in eintägigen Länderspielen jeweils 59 Extrapunkte: zunächst die West Indies am 7. Januar 1989 in Brisbane (AUS) ihrem Gegner Pakistan (acht Byes, zehn Leg-Byes, vier No-Balls und 37 Wides); Schottland zog gleich, als es der Mannschaft Pakistans am 20. Mai 1999 in Chester-le-Street in der Grafschaft Durham (GB) mit fünf Byes, sechs Leg-Byes, 15 No-Balls und 33 Wides entgegenkam.

Kricket-Fachbegriffe
* Dies zeigt ein „Not out"-Ergebnis an.
Bye: Ball, der vom Batsman und vom Wicket-Keeper verfehlt wird und für einen Run genutzt werden kann
Duck: Null Punkte für einen Batsman
Leg-Bye: Ball, der den Körper des Schlagmanns trifft und von dort für den Wicket-Keeper unerreichbar abprallt
No-Ball: Bowler hat nicht regelgerecht geworfen. Wurf wird wiederholt, das Team am Schlag erhält einen Punkt
Wide: Ball wird so geworfen, dass er für den Schlagmann unerreichbar ist. Der Wurf muss wiederholt werden, das Team am Schlag erhält einen Schlag gutgeschrieben.

★ MEISTE ZERSTÖRTE WICKETS
Shane Warne (AUS) zerstörte in 123 Länderspielen von August 1992 bis März 2005 insgesamt 583 Wickets und ließ dabei im Schnitt nur 25,51 Runs pro Wicket zu.

WWW.GUINNESSWORLDRECORDS.COM

SPORT & SPIELE
RADSPORT

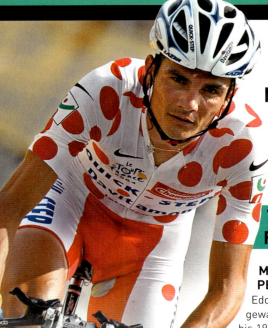

← ★ KLETTERKÖNIG: MEISTE SIEGE IN DER TOUR-BERGWERTUNG
Der „beste Kletterer" der Tour de France trägt ein rot gepunktetes Trikot und den Ehrentitel König der Berge. Richard Virenque (F) gewann dieses Trikot von 1994 bis 2004 insgesamt siebenmal.

TOUR DE FRANCE

MEISTE ETAPPENSIEGE
Eddy Merckx (B) gewann von 1969 bis 1978 insgesamt 34 Etappen bei der Tour de France.

KNAPPSTE ENTSCHEIDUNG
Greg LeMond (USA) siegte bei der Tour de France des Jahres 1989 gegen den Franzosen Laurent Fignon nach 23 Renntagen (vom 1. bis 23. Juli) und 3.267 gefahrenen Kilometern mit ganzen 8 Sekunden Vorsprung. LeMond erreichte das Ziel in Paris mit einer Gesamtzeit von 87 Stunden 38 Minuten 55 Sekunden.

JÜNGSTER TOUR-SIEGER
Henri Cornet (F) gewann die Tour de France 1904 im Alter von 19 Jahren 350 Tagen. Cornet lag im Endklassement zunächst auf Platz fünf, erhielt aber den Sieg zugesprochen, nachdem die vier Erstplatzierten – Maurice Garin, Lucien Pothier, César Garin und Hippolyte Aucouturier (alle F) – disqualifiziert worden waren.

ÄLTESTER SIEGER
Firmin Lambot (B) gewann die Tour de France 1922 im Alter von 36 Jahren 4 Monaten.

SCHNELLSTE TOUR ALLER ZEITEN
Bei seinem Tour-Sieg 1999 erreichte Lance Armstrong (USA) eine Durchschnittsgeschwindigkeit von 40,276 km/h.
Bei der **schnellsten Tour-Etappe aller Zeiten** schaffte der Tagessieger Mario Cippolini (I) auf der 4. Teilstrecke am 7. Juli 1999 ein Stundenmittel von 50,355 km/h.

GRÖSSTES SPORTPUBLIKUM WELTWEIT
Nach Schätzungen versammeln sich Jahr für Jahr über einen Zeitraum von drei Wochen insgesamt rund zehn Millionen Menschen an der Strecke der Tour de France.

→ **WER FUHR DEN SCHNELLSTEN FAHRRAD-WHEELIE?**

DIE ANTWORT STEHT AUF S. 187

LANGE STRECKEN

★ SCHNELLSTE ZEIT FÜR EINE NORD-SÜD-DURCHQUERUNG SÜDAMERIKAS
Giampietro Marion (I) befuhr das südamerikanische Stück des Pan-American Highway in nur 59 Tagen. Die Reise begann am 17. September 2000 in Chigorodo (CO) und endete am 15. November in Ushuaia (RA).

GRÖSSTE IN 24 STUNDEN MIT DEM RAD ZURÜCKGELEGTE ENTFERNUNG
Michael Secrest (USA) legte am 26. und 27. April 1990 auf dem Phoenix International Raceway, Arizona (USA), mithilfe eines Schrittmachers innerhalb von 24 Stunden eine Strecke von 1.958,196 km auf dem Fahrrad zurück. Ohne Schrittmacher schaffte Secrest am 23. und 24. Oktober 1997 im Olympic Velodrome der California State University in Carson (USA) in Tagesfrist eine Strecke von 857,36 km: ebenfalls Weltrekord.

LÄNGSTE RÜCKWÄRTSFAHRT INNERHALB EINER STUNDE
Markus Riese (D) legte am 24. Mai 2003 auf dem Vereinsgelände des VC Darmstadt 1899 innerhalb einer Stunde 29,1 km in Rückwärtsfahrt zurück.

WELTREKORDE IM BAHNRADFAHREN

MÄNNER	ZEIT/DISTANZ	NAME/NATIONALITÄT	ORT	DATUM
200 m	9,865	Curt Harnett (CDN)	Bogota (CO)	28. September 1995
500 m	25,850	Arnaud Duble (F)	La Paz (BOL)	10. Oktober 2001
1 km	58,875	Arnaud Tournant (F)	La Paz (BOL)	10. Oktober 2001
4 km	4:11,114	Chris Boardman (GB)	Manchester (GB)	29. August 1996
4-km-Mannschaftsverfolgung	3:56,610	Australien (Graeme Brown, Brett Lancaster, Bradley McGee, Luke Roberts, rechts im Bild)	Athen (GR)	22. August 2004
1 Stunde	49,441 km	Chris Boardman (GB)	Manchester (GB)	27. August 1996
FRAUEN	ZEIT/DISTANZ	NAME/NATIONALITÄT	ORT	DATUM
200 m	10,831	Olga Sljusarewa (RUS)	Moskau (RUS)	25. April 1993
500 m	29,655	Erika Salumäe (UdSSR; heute: EST)	Moskau (RUS)	6. August 1987
3 km	3:24,357	Sarah Ulmer (NZ)	Athen (GR)	22. August 2004
1 Stunde	48,159 km	Jeannie Longo-Ciprelli (F)	Mexico City (MEX)	26. Oktober 1996

GUINNESS WORLD RECORDS BUCH 2006

LANCE ARMSTRONG

Lance Armstrong (USA) gewann von 1999 bis 2004 sechsmal nacheinander die Tour de France. Im Oktober 1996 war bei ihm Hodenkrebs diagnostiziert worden, seine Überlebenschance wurde daraufhin mit weniger als 50 Prozent angegeben. Gegen alle Prognosen holte er sich bei seinem Comeback auf der ersten Tour de France nach seiner Genesung das Gelbe Trikot und den Gesamtsieg.

Wer hat Sie in Ihrer Jugend am meisten beeinflusst?
Das ist leicht zu beantworten – meine Mutter! Wenn ich einen Radfahrer nennen müsste, den ich am meisten bewundere, würde ich Eddy Merckx wählen. Er ist mein Idol und der größte Radrennfahrer aller Zeiten.

Wollten Sie von Anfang an Profiradrennfahrer werden?
Ich fing als Triathlet an, wechselte als Jugendlicher dann aber zum Radsport.

Rechneten Sie zu Beginn Ihrer Karriere mit so großen Erfolgen?
Ich wusste, dass ich Erfolg haben würde, aber ich hätte nie gedacht, dass ich so weit kommen würde, wie ich es jetzt glücklicherweise geschafft habe.

Was war Ihre größte Leistung im Radsport?
Zweifellos die sechs Siege bei der Tour de France. Die Tour ist mein Lieblingsrennen.

Wie motivieren Sie sich nach diesen erstaunlichen Erfolgen in jeder Saison aufs Neue?
Jede Saison ist für mich ein Neuanfang. Wenn die neue Saison beginnt, spielt das, was im vergangenen Jahr geschehen ist, keine Rolle mehr.

Welchen Rat würden Sie jungen Sportlern und Sportlerinnen geben?
Seht nichts als selbstverständlich an!

MOUNTAINBIKING

★ MEISTE QUERFELDEIN-WM-TITEL (MÄNNER)
Thomas Frischknecht (CH) gewann drei Querfeldein-WM-Titel: 1992, 1993 und 1995.

★ MEISTE QUERFELDEIN-WM-TITEL (FRAUEN)
Juli Furtado (USA) gewann drei Querfeldein-WM-Titel im Mountainbiking der Frauen. Sie siegte 1993 bis 1995. Alison Sydor (CDN) stellte diesen Rekord mit ihren Erfolgen von 1996 bis 1999 ein.

★ MEISTE WM-TITEL IN DER MOUNTAINBIKE-ABFAHRT (FRAUEN)
Anne-Caroline Chausson (F) gewann insgesamt elf WM-Titel in der Mountainbike-Abfahrt der Frauen – drei davon bei den Juniorinnen (1993–1995) und acht weitere, von 1996–2003, bei den Seniorinnen.

★ MEISTE WM-TITEL IN DER MOUNTAINBIKE-ABFAHRT (MÄNNER)
Nicolas Vouilloz (F) fuhr 1995, 1996 sowie 1998 bis 2000 zu insgesamt fünf WM-Titeln in der Mountainbike-Abfahrt der Männer.

VERSCHIEDENES

★ MEISTE WM-TITEL IM QUERFELDEIN-RADFAHREN
Zwei Frauen holten sich je zwei WM-Titel im Querfeldein-Radfahren: Hanka Kupfernagel (D) war 2000 und 2001 die Beste, Laurence Leboucher (F) zog mit ihren Erfolgen von 2002 und 2004 gleich.

★ STANDFAHRRAD-MARATHON
Niels Rietveld und Edwin Snijders (beide NL) traten im Sportstudio Buiten, Almere (NL), vom 30. April bis zum 3. Mai 2004 77 Stunden 15 Minuten lang simultan in die Pedale ihrer Standfahrräder.

★ GRÖSSTER IN 24 STUNDEN MIT DEM RAD ÜBERWUNDENER HÖHENUNTERSCHIED
Alessandro Forni (I) bewältigte am 19. und 20. Oktober 2002 in Trento (I) mit dem Fahrrad in 24 Stunden einen Höhenunterschied von 17.612 m. Er drehte 23 Runden auf einer 22,8 km langen Strecke, die vom tiefsten bis zum höchsten Punkt einen Unterschied von 770,5 m aufwies.

★ MEISTE GYRATOR-UMDREHUNGEN IN EINER MINUTE
Sam Foakes (GB) schaffte am 20. Juli 2004 im Büro von Guinness World Records in London (GB) 33 Gyrator-Umdrehungen mit dem BMX-Rad innerhalb einer Minute.

MEISTE TRIALS-WELTMEISTERTITEL (MÄNNER)

Zwei Fahrer gewannen bisher zwei Elite-Trials-Weltmeistertitel: Marco Hösel (D) siegte 1999 und 2002, und Benito Ros Charral (E, im Bild) zog mit seinen Erfolgen von 2003 und 2004 gleich.

★ NEUER REKORD   ★ VERBESSERTER REKORD   WWW.GUINNESSWORLDRECORDS.COM

SPORT & SPIELE
FUSSBALL 1

← ERFOLGREICHSTE TORSCHÜTZIN IN LÄNDERSPIELEN

Mia Hamm (USA) traf bei 276 Länderspielen für ihr Team 158-mal ins gegnerische Tor. Hamm absolvierte 1987 im Alter von 15 Jahren bereits ihr erstes Länderspiel. 2001 und 2002 wurde sie von der FIFA zur Weltfußballerin des Jahres gewählt. Nach dem Olympiasieg in Athen 2004 und einer Abschiedstournee mit der US-Auswahl trat sie im Dezember 2004 vom aktiven Fußballsport zurück.

TORE UND LÄNDERSPIELE

REKORD-INTERNATIONALE
Kristine Lilly (USA) kam von 1987 bis Juni 2005 auf 295 Länderspiel-Einsätze für die Frauen-Nationalmannschaft der USA. Den **Rekord bei den Männern** hält Claudio Suarez (MEX) mit 172 Länderspielen von 1992 bis 2004.

HÖCHSTE LÄNDERSPIELERGEBNISSE
Australien besiegte Amerikanisch-Samoa am 11. April 2001 in einem WM-Qualifikationsspiel in Coffs Harbour (AUS) mit 31:0.
Den **höchsten Sieg im internationalen Frauenfußball**, ein 21:0, können gleich vier Teams für sich in Anspruch nehmen: Japan besiegte Guam am 5. Dezember 1997 in Guangzhou (Kanton, CHN) mit diesem Ergebnis. Drei Mannschaften zogen nach, zunächst Kanada am 28. August 1998 im Centennial Park in Toronto (CDN) gegen Puerto Rico, dann am 9. Oktober 1998 im Mount-Smart-Stadion in Auckland (NZ), zunächst Australien gegen Amerikanisch-Samoa, dann Neuseeland gegen Samoa.

INTERNATIONALE TURNIERE

REKORD-EUROPAMEISTER
Deutschland gewann dreimal den Europameistertitel: 1972, 1980 und 1996 (die ersten beiden Male als BRD). Die **meisten Europameistertitel der Frauen**, ausgetragen seit 1984, gewann ebenfalls Deutschland. Es holte sechs Titel (1989, 1991, 1995, 1997, 2001 und 2005).

MEISTE AFRIKA-MEISTERTITEL
Drei Nationalteams sammelten bisher je vier Siege beim Afrika-Cup: Ghana (1963, 1965, 1978 und 1982), Ägypten (1957, 1959, 1986 und 1998) und Kamerun (1984, 1988, 2000 und 2002).

MEISTE SÜDAMERIKA-MEISTERSCHAFTEN
Die Auswahl Argentiniens gewann von 1910 bis 1993 15-mal die südamerikanische Meisterschaft (seit 1975 bekannt als Copa Americana).

SCHNELLSTER HATTRICK IN EINEM LÄNDERSPIEL
Der japanische Nationalspieler Masashi Nakayama schaffte am 16. Februar 2000 in der Qualifikation für den Asien-Cup gegen Brunei innerhalb von 3 Minuten 15 Sekunden einen Hattrick. Nakayama traf nach 1 Minute, 2 Minuten sowie 3 Minuten 15 Sekunden Spieldauer und verbesserte damit den über 60 Jahre alten Rekord des Engländers George William Hall, der am 16. November 1938 in Manchester (GB) gegen Irland innerhalb von genau dreieinhalb Minuten dreimal getroffen hatte.

Fußball contra Soccer
Mit der Gründung der Football Association in England entstand im Jahr 1863 nach der Trennung von Rugby Football und Association Football die erste Fußballorganisation der Welt. Die internationale Organisation Fédération Internationale de Football Association (FIFA) wurde 1904 von sieben Gründungsmitgliedern ins Leben gerufen: Von Anfang an dabei waren Frankreich, Spanien, Belgien, die Niederlande, Dänemark, Schweden und die Schweiz. Der Name „Soccer", unter dem die Sportart in einigen Ländern der Welt bekannt ist, entstand aus der Verkürzung von „Association" zu „Assoc", woraus dann schließlich „Soccer" wurde.

★ ERFOLG- → REICHSTER TORSCHÜTZE IN LÄNDERSPIELEN

Ali Daei (IR, rechts im Bild) schoss in bisher 138 Länderspielen für den Iran von 1993 bis Ende Mai 2005 104 Tore.

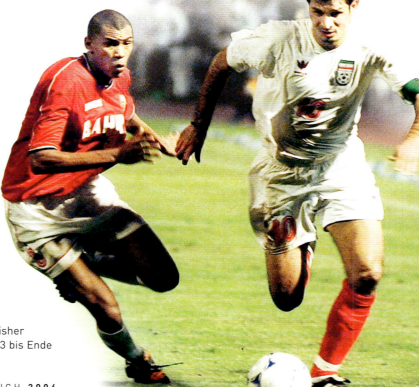

★ MEISTE ASIEN-MEISTER-TITEL

Der Iran (1968, 1972 und 1976), Saudi-Arabien (1984, 1988 und 1996) sowie Japan (1992, 2000 und 2004, hier im Bild) gewannen bisher je dreimal den Asian Cup für Fußball-Nationalmannschaften.

WELTMEISTERSCHAFTEN

★ MEISTE ELFER ABGEWEHRT
Zwei Torhüter wehrten bei WM-Finalturnieren, in denen Spiele nach Verlängerung durch Elfmeterschießen entschieden wurden, jeweils vier gegnerische Versuche ab: „Toni" Schumacher (D) 1982 und 1886 sowie Sergio Goycochea (RA) 1990.

MEISTE ZUSCHAUER BEI EINEM FUSSBALLSPIEL
199.854 Zuschauer sahen am 16. Juli 1950 im Maracanã-Stadion in Rio de Janeiro (BR) das entscheidende WM-Finalrundenspiel zwischen Uruguay und Brasilien.

ERFOLGREICHSTER TORSCHÜTZE BEI EINER WM-ENDRUNDE
Just Fontaine (F) schoss bei der WM-Endrunde 1958 in Schweden 13 Tore.

★ MEISTE TORE EINES SPIELERS IN EINEM WM-ENDRUNDENMATCH
Oleg Salenko (RUS) traf beim WM-Gruppenspiel seiner Mannschaft am 28. Juni 1994 im Stanford Stadium in San Francisco (USA) fünfmal ins Tor von Kamerun.

★ LÄNGSTE ZEIT OHNE GEGENTOR BEI EINER WM-ENDRUNDE
Italiens Torhüter Walter Zenga blieb bei der WM-Endrunde 1990 in seinem Heimatland 518 Minuten lang ohne Gegentor.

ERFOLGREICHSTER TORSCHÜTZE IN EINEM LÄNDERSPIEL
Der Australier Archie Thompson steuerte zum 31:0-Rekordsieg seines Teams in einem WM-Qualifikationsspiel gegen Amerikanisch-Samoa am 11. April 2001 in Coffs Harbour, Neusüdwales (AUS), die Rekordtorquote von 13 Treffern bei.

★ MEISTE FUSSBALL-WM-ENDRUNDEN-TEILNAHMEN

Brasilien nahm von 1930 bis 2002 an allen bisherigen 17 Endrundenturnieren der Fußballweltmeisterschaft teil. Das Bild zeigt die Mannschaft von 1958 beim Anhören der Nationalhymnen vor dem Endspiel gegen Schweden. Brasilien gewann dieses Finale mit 5:2 (das torreichste WM-Finale aller Zeiten) und holte sich seinen ersten WM-Titel.

BALLKONTROLLE

REKORD	DAUER/ZAHL	INHABER(IN)	ORT	DATUM
Füße, Beine, Kopf (Männer)	19:30.00	Martinho Eduardo Orige (BR)	Ararangua (BR)	2.–3. August 2003
Füße, Beine, Kopf (Frauen)	7:05.25	Cláudia Martini (BR)	Caxias do Sul (BR)	12. Juli 1996
Kopf	8:12.25	Goderdzi Macharadse (GE)	Tiflis (GE)	26. Mai 1996
Kopf, im Sitzen	3:59.00	Andrzej Kukla (PL)	Biala Podlaska (PL)	20. März 1998
Brust	30.29	Amadou Gueye (F)	Paris (F)	7. September 2001
★ Im Liegen	8.27	Thomas Lundman (S)	Bankery (S)	30. Oktober 2004
★ Auf der Stirn kreisen lassen	12.9	Tommy Baker (GB)	Newcastle (GB)	4. Dezember 2004
Schnellster Marathonlauf mit Jonglage	7:18.55	Jan Skorkovsky (CZ)	Prag (CZ)	8. Juli 1990
Meiste Berüh. in 1 Min. (Männer)	266	Ferdie Adoboe (USA)	Blaine, Minnesota (USA)	19. Juli 2000
Meiste Berüh. in 1 Min. (Frauen)	269	Tasha-Nicole Terani (USA)	Atlanta, Georgia (USA)	4. September 2003
Meiste Berüh. in 30 Sek. (Männer)	141	Ferdie Adoboe (USA)	New York City (USA)	27. August 2003
Meiste Berüh. in 30 Sek. (Frauen)	137	Tasha-Nicole Terani (USA)	New York City (USA)	27. August 2003
Größte Balljongleurgruppe	446	FA Centres of Excellence Festival	Warwick (GB)	19. Juni 1999

★ NEUER REKORD ★ VERBESSERTER REKORD WWW.GUINNESSWORLDRECORDS.COM

SPORT & SPIELE
FUSSBALL 2

★ HÖCHSTE GESAMTTREFFERZAHL IN EINEM SPIEL DER CHAMPIONS LEAGUE
Bei der bisher torreichsten Begegnung in der Champions League erzielten die beiden Teams am 5. November 2003 insgesamt elf Treffer: Der AS Monaco besiegte im Stade Louis II in Monaco (MC) die Elf von Deportivo La Coruña (E) mit 8:3. Das Bild zeigt Monacos Stürmer Dado Prso (HR) im Duell mit La Coruñas Verteidiger Jorge Andrade.

SCHNELLSTES TOR IN DER CHAMPIONS LEAGUE
Gilberto Silva (BR) markierte am 25. September 2002 in Eindhoven (NL) einen Treffer nach 20,07 Sekunden beim 4:0-Erfolg seines Klubs Arsenal London (GB) gegen den PSV Eindhoven.

★ MEISTE SIEGE IM FA CUP
Manchester United (GB) gewann elfmal den FA Cup, den englischen Pokalwettbewerb: 1909, 1948, 1963, 1977, 1983, 1985, 1990, 1994, 1996, 1999 und 2004.

★ LÄNGSTE BEGEGNUNG IM FA CUP
Beim Pokalkampf zwischen Alvechurch und Oxford City (beide GB) waren im November 1971 sechs Spiele und insgesamt elf Stunden nötig, um einen Sieger zu ermitteln. Die Begegnungen endeten 2:2, 1:1, 1:1, 0:0 und 0:0, bis sich Alvechurch schließlich mit 1:0 durchsetzte.

HÖCHSTES ERGEBNIS IN EINEM NATIONALEN POKALENDSPIEL
Lausanne Sports besiegte 1935 im Schweizer Pokalendspiel Nordstern Basel mit 10:0 und verlor zwei Jahre später mit dem gleichen Ergebnis ebenfalls im Pokalfinale gegen Grasshoppers Zürich.

★ TRADITIONSREICHSTES WOHLTÄTIGKEITSSPIEL
Das Spiel um den Football Association Charity Shield wurde erstmals 1908 ausgetragen, seit 1924 alljährlich und stets im Londoner Wembley-Stadion. In jüngster Zeit zog man ins Millennium Stadium im walisischen Cardiff um.

CHAMPIONS LEAGUE

MEISTE EUROPAPOKALSIEGE IM LANDESMEISTERWETTBEWERB
Real Madrid (E) gewann neunmal den Europapokal der Landesmeister (ab der Saison 1992/93: Champions League): 1956–1960, 1966, 1998, 2000 und 2002.

LÄNGSTE SIEGESSERIE IN DER CHAMPIONS LEAGUE
Der FC Barcelona (E) gewann in der Champions-League-Saison 2002/03 elf Spiele nacheinander. Die Katalanen erspielten sich vom Saisonstart an eine makellose Bilanz, bis es schließlich gegen Inter Mailand (I) zu einem torlosen Unentschieden kam.

ANDERE WETTBEWERBE

★ LÄNGSTE SPIELZEIT OHNE GEGENTOR IN DER ERSTEN ENGLISCHEN LIGA
Peter Cech (CZ), der Torwart des FC Chelsea (GB), blieb in Premiership-Pflichtspielen vom 27. November 2004 bis zum 2. Februar 2005 insgesamt 781 Minuten lang ohne Gegentor.

MEISTE NATIONALE TITEL
Die Glasgow Rangers (GB) gewannen von 1891 bis 2003 insgesamt 50 Meistertitel in der 1. schottischen Division und bei den Premier Division Championships.

→ WIE HEISST DER BESTBEZAHLTE SPIELER IM AMERICAN FOOTBALL?

DIE ANTWORT STEHT AUF S. 204

★ MEISTE TORE IN DER ERSTEN ENGLISCHEN LIGA
Alan Shearer (GB) erzielte mit bisher 250 Treffern die meisten Tore in der ersten englischen Liga. Er begann seine Karriere bei Southampton, wechselte dann zu den Blackburn Rovers und schließlich, im Juli 1996, für die damalige Rekordsumme von heute rund 23,1 Mio. EUR zu Newcastle United. Shearer spielt dort immer noch und schießt nach wie vor Tore.

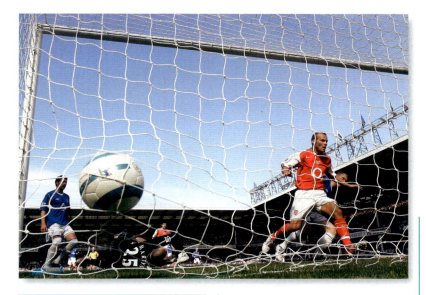

← ★ LÄNGSTE SERIE OHNE NIEDERLAGE IN DER ERSTEN ENGLISCHEN LIGA

Arsenal London gelang in der englischen Premier League in der Zeit vom 7. Mai 2003 bis zum 16. Oktober 2004 eine Rekordserie von 49 aufeinander folgenden Spielen ohne Niederlage. Diese Gesamtbilanz ergab sich aus den letzten beiden Spielen der Saison 2002/03, 38 ohne Niederlage absolvierten Auftritten in der kompletten Saison 2003/04 sowie aus den ersten neun Begegnungen der Spielzeit 2004/05.

VERSCHIEDENES

★ DIENSTÄLTESTER KLUB-MANAGER
Roly Howard (GB), der Manager des Marine Football Club, stand bei einem Spiel am 12. August 1972 erstmals in Diensten seines Vereins und blieb bis zur Saison 2004/05, seiner 33. und letzten Spielzeit, im Amt.

TEUERSTER SPIELER-TRANSFER ALLER ZEITEN
Für den am 9. Juli 2001 vollzogenen Wechsel Zinedine Zidanes (F) von Juventus Turin zu Real Madrid bezahlte sein neuer Verein eine Transfersumme von umgerechnet 69,7 Mio. EUR.

SCHNELLSTE TOURNEE DURCH ALLE PROFILIGA-STADIEN IN ENGLAND UND WALES
Ken Ferris brauchte für seine Rundreise durch alle 92 Stadien der vier Profifußballligen in England und Wales, wo er sich jeweils ein Spiel ansah, nur 237 Tage. Die Reise begann am 10. September 1994 bei Carlisle United und war am 6. Mai 1995 mit einem Match des FC Everton abgeschlossen.

MEISTE ABLEHNUNGS-SCHREIBEN AUF BEWERBUNG FÜR MANAGERPOSTEN
Richard Dixon (GB) sammelte bisher 29 Ablehnungsschreiben auf Bewerbungen für Posten als Manager von Fußballteams. Dixon bewirbt sich nur um Jobs, die vakant sind, und kann mittlerweile Briefe von Vereinen wie Tottenham Hotspur, Manchester United und Atlético Madrid sowie von den Nationalmannschaften Englands und Zyperns vorweisen.

★ LÄNGSTE TOURNEE EINES KLUBS
Der Lenton Griffins Footclub Club (GB) trat innerhalb eines Monats, vom 3. Juli bis zum 3. August 2004, in zwölf Ländern an. Auf dem Tourneeplan standen Begegnungen in Wales, Belgien, Luxemburg, Italien, Deutschland, Österreich, Liechtenstein, in der Schweiz, Frankreich, Andorra, Spanien und Marokko.

★ JÜNGSTE HATTRICK-SCHÜTZIN IM FRAUENFUSSBALL
Amy Wilding (GB) erzielte am 30. März 2003 in Croydon Surrey (GB), im Alter von 15 Jahren 220 Tagen einen Hattrick für die Camberley Town Ladies zum Nachteil der CTC Ladies.

SCHNELLSTES TOR
Eine ganze Reihe von Spielern beanspruchte bisher einen Torerfolg innerhalb von bis zu drei Sekunden nach dem Anpfiff für sich. Der schnellste Torschütze, der einen Videobeweis vorlegen konnte, war Ricardo Olivera (ROU). Er traf am 26. Dezember 1998 im Stadion José Enrique Rodó in Soriano (ROU) bereits nach 2,8 Sekunden für Río Negro ins Tor von Soriano.

★ REKORD-MEISTER IM US-FUSSBALL
DC United (USA) sammelte 1996, 1997, 1999 und 2004 insgesamt vier Meistertitel in der Major League Soccer. In der Bildmitte: DC-Starspieler Freddy Adu (USA).
↙

★ NEUER REKORD   ★ VERBESSERTER REKORD   WWW.GUINNESSWORLDRECORDS.COM   229

SPORT & SPIELE
GOLF

★ MEISTE PLATZRUNDEN IN VERSCHIEDENEN LÄNDERN AN EINEM TAG

Eric Kirchner und Patrick Herresthal (beide D) spielten am 19. Juni 2004 sechs vollständige 18er-Platzrunden auf Anlagen in sechs verschiedenen Ländern: Golfpark Riefensberg (A), Golfclub Waldkirch (CH), Golf de Soufflenheim (F), Five Nations Golfclub (B), Golf de Clervaux (L) und Golfclub Heddesheim (D).

→ WIE GROSS IST DER GRÖSSTE GOLFTEE DER WELT?

DIE ANTWORT STEHT AUF S. 151

MEISTE SIEGE BEIM WORLD TEAM CUP
Die USA gewannen den seit 1953 – anfangs als Canada Cup – ausgetragenen World Team Cup von 1955 bis 2000 insgesamt 23-mal.

MEISTE SIEGE BEI DEN US OPEN
Willie Anderson, Bobby Jones jr., Ben Hogan und Jack Nicklaus (alle USA) gewannen je viermal die US Open. Anderson siegte 1901 sowie 1903–1905, Jones war 1923, 1926, 1929 und 1930 erfolgreich, Hogan 1948, 1950, 1951 und 1953. Nicklaus gesellte sich mit seinen Siegen 1962, 1967, 1972 und 1980 zu den Vierfach-Gewinnern.

★ MEISTE WORLD-MATCH-PLAY-TITEL EINES SPIELERS
Ernie Els (RSA) sammelte von 1994–1996 und von 2002–2004 insgesamt sechs Titel im World Match Play.

MEISTE SIEGE BEI DEN US MASTERS
Jack Nicklaus (USA) gewann das Masters-Turnier sechsmal. Er siegte 1963, 1965, 1966, 1972, 1975 und 1986. Im Jahr 1972 wurde er zum **ersten Spieler mit Karriere-Einnahmen von zwei Millionen US-Dollar (ca. 1,54 Mio. EUR)**. 1986 gewann er mit 46 Jahren sein letztes Masters-Turnier und wurde damit zum (bis heute) **ältesten Masters-Sieger**.

MEISTE SIEGE BEIM SOLHEIM CUP
Der Solheim Cup versammelt alle zwei Jahre die besten Profispielerinnen aus Europa und den USA. Bei dem seit 1990 ausgetragenen Turnier war die US-Mannschaft bisher fünfmal erfolgreich: 1990, 1994, 1996, 1998 und 2002. Europa gewann dreimal: 1992, 2000 und 2003.

★ GRÖSSTE ZWISCHEN ZWEI PLATZRUNDEN ZURÜCK-GELEGTE ENTFERNUNG
John Knobel (AUS) spielte am 15. September 2004 zwei komplette 18er-Platzrunden: die erste im Coast Golf Club in Sydney (AUS), die zweite im 14.843 km entfernten White Pines Golf Club in Bensenville, Illinois (USA), wobei man berücksichtigen muss, dass Knobel sozusagen in der Zeit „zurückflog".

★ ÜBERLEGENSTER SIEG BEI EINEM MAJOR-TURNIER
Tiger Woods (USA) gewann die US Open 2000 mit einem Vorsprung von 15 Schlägen. Für die Schlussrunde benötigte er 67 Schläge, was ihm mit den Ergebnissen der übrigen Runden (65, 69, 71) ein Gesamtresultat von 272 (12 unter Par) einbrachte, den überlegensten Sieg aller Zeiten bei einem Major-Turnier.

★ NEUER REKORD   ★ VERBESSERTER REKORD

MEISTE SIEGE BEIM RYDER CUP →

Das erste Match zwischen Profigolfern aus USA und Europa (vor 1979: Großbritannien) fand 1927 statt. Bisher (Stand: 2004) waren die USA 24-mal erfolgreich, die Europäer neunmal. Zwei Begegnungen endeten unentschieden. Das Bild zeigt Ben Crenshaw, den Kapitän des USA-Teams, der am 26. September 1999 in Brookline, Massachusetts (USA), den Siegerpokal entgegennimmt.

HÖCHSTES PGA-KARRIEREEINKOMMEN
Tiger Woods (USA) verdiente in der Turnierserie der US-Profiorganisation PGA von August 1996 bis Januar 2005 die Rekordsumme von umgerechnet insgesamt 35.716.938 EUR.

BESTE 18-LOCH-RUNDE IM FRAUENGOLF
Annika Sörenstam (S) gelang am 16. März 2001 im Moon Valley Country Club in Phoenix, Arizona (USA), eine Runde mit 59 Schlägen – die beste 18-Loch-Runde aller Zeiten im Frauengolf, gespielt beim 2001 Standard Register PING Turnier.

★ SCHNELLSTE RUNDE IN EINEM FOURBALL-MATCH
Eine Fourball-Gruppe, die aus Kenny Crawford, Colin Gerard, John Henderson und Joe McParland (alle GB) bestand, absolvierte am 12. Juni 2004 auf dem Torrance Course im St. Andrews Bay Golf Resort & Spa in St. Andrews, Fife (GB), eine 18er-Runde in 1 Stunde 32 Minuten 48 Sekunden.

GRÖSSTES GOLF-TRAINING
Andrew Carnall (GB), ein auch für PGA-Turniere zugelassener Golfprofi, unterwies am 26. September 2003 in Chesterfield, Derbyshire (GB), insgesamt 478 Personen in der Kunst des Golfspiels.

MEISTE AUFEINANDER FOLGENDE HOLE-IN-ONE-SCHLÄGE
Es gibt mindestens 20 dokumentierte Fälle von zwei aufeinander folgenden „Hole-in-one-"Schlägen. Das spektakulärste Beispiel war der einzigartige „Doppel-Albatros" von Norman L. Manley (USA), der diesem Spieler am 2. September 1964 auf der Anlage des Del Valle Country Clubs in Saugus, Kalifornien (USA), gelang: Am 7. (Par-4; 301 m) und am 8. Loch (Par-4; 265 m) traf er mit jeweils einem Schlag ins Ziel.

Sue Prell (AUS) war die erste Frau, der zwei Hole-in-one-Schläge nacheinander gelangen: Sie war am 29. Mai 1977 im Chatswood Golf Club in Sydney (AUS) am 13. und 14. Loch jeweils mit einem Schlag erfolgreich.

WEITESTER SCHLAG AUF EINER HÖHE UNTER 1.000 M
Karl Woodward (GB) gelang am 30. Juni 1999 auf der Golf-del-Sur-Anlage in Teneriffa (E) ein Schlag über 373 m.

★ MEISTE INNERHALB EINER WOCHE GESPIELTE LÖCHER MIT CART
Troy Grant (AUS) spielte vom 3. bis zum 10. Februar 2004 im Tenterfield Golf Club, New South Wales (AUS), 1.800 Löcher, benutzte für diesen Rekord allerdings ein Cart.

★ GRÖSSTE PARADE VON GOLF-CARTS
Insgesamt 1.138 Golf-Carts formierten sich am 15. März 2004 in der Pensionärssiedlung Timber Pines in Spring Hill, Florida (USA), zur größten Cart-Parade aller Zeiten.

Golf-Fachausdrücke
Albatros: Ein Ergebnis von drei Schlägen unter Par für ein bestimmtes Loch. Wird auch als Double Eagle bezeichnet
Handicap: Die Zahl der Schläge, die ein Spieler als Vorgabe erhält, um eine Runde dem Platzstandard entsprechend beenden zu können.
Hole-in-one: Ein Ball, der vom Abschlag (Tee) aus direkt ins Loch befördert wird. Diese Aktion wird auch als „Ace" (Ass) bezeichnet.
Par: Die Anzahl der Schläge, die ein Spieler mit einem niedrigen Handicap normalerweise für ein Loch oder eine ganze Platzrunde brauchen sollte. Basis sind die Schläge, die man braucht, um das Grün zu erreichen, plus zwei Schläge fürs Putten.
Scratch: Ein Spieler ohne Handicap, der eine Platzrunde dem Standard entsprechend absolvieren kann.

★ GRÖSSTE GOLFANLAGE
Der Mission Hills Golf Club in Shenzen (CHN) etwa 30 km nördlich von Hongkong (CHN) verfügt seit April 2004 über zehn voll ausgebaute 18-Loch-Plätze. Die geräumigen Umkleidekabinen bieten außerdem bis zu 3.000 Gästen Platz.

231

SPORT & SPIELE
EISHOCKEY

Geschichte der NHL/ Trophäen und Auszeichnungen

Die erste Eishockey-Liga in Kanada nahm 1885 den Spielbetrieb auf und bestand aus vier Mannschaften. Seit 1892 wird um den Stanley Cup gespielt, der nach Lord Stanley of Preston, dem damaligen britischen Generalgouverneur von Kanada, benannt ist. Diesen Pokal erhält das Team, das aus den Play-off-Spielen als Sieger hervorgegangen ist. Das erste Punktspiel der National Hockey League (NHL) wurde am 19. Dezember 1917 ausgetragen.

Heute vergibt die NHL zahlreiche Siegerpokale und Trophäen. Eine Auswahl:

Art Ross Trophy: Meiste Scorerpunkte in der NHL

Bill Masterton Memorial Trophy: Beharrlichkeit und sportlich faires Verhalten

Calder Memorial Trophy: Bester Jungprofi (Rookie) der Saison

Clarence S. Campbell Bowl: Meister der Western Conference

Conn Smythe Trophy: Bester Spieler (Most Valuable Player) in den Stanley Cup Play-offs

(Fortsetzung rechts)

← MEISTE HATTRICKS IN EINER NHL-LAUFBAHN

Wayne Gretzky (CDN) erzielte im Verlauf seiner NHL-Karriere von 1979 bis 1999 insgesamt 50 Hattricks für die Edmonton Oilers, Los Angeles Kings, St. Louis Blues und New York Rangers.

BESTER TORJÄGER IN EINEM SPIEL

Joe Malone (CDN) erzielte am 31. Januar 1920 in Quebec (CDN) sieben Treffer für die Quebec Bulldogs gegen die Toronto St. Patricks.

NHL

★ TORHUNGRIGSTE MANNSCHAFT IN EINEM SPIEL

Die Montreal Canadiens besiegten die Quebec Bulldogs am 3. März 1920 mit 16:3.

TORHUNGRIGSTE MANNSCHAFT IN EINER SAISON

Die Edmonton Oilers trafen in der Saison 1983/84 446-mal ins gegnerische Tor. Die Mannschaft erreichte in jener Saison auch die Rekordzahl von 1.182 Scoring-Punkten.

★ SCHNELLSTER HATTRICK

Bill Mosienko (CDN) gelang am 23. März 1952 innerhalb von 21 Sekunden ein Hattrick für die Chicago Blackhawks zum Nachteil der New York Rangers.

MEISTE SIEGE IN EINER NHL-LAUFBAHN (TORWART)

Patrick Roy (CDN) verbuchte bis zum Ende der Punktspielsaison 2003 in seiner Rekordstatistik 551 Siege in Spielen der NHL. Zu diesem Zeitpunkt spielte er für die Colorado Avalanche. Begonnen hatte seine Profilaufbahn 1985 bei den Montreal Canadiens.

MEISTE TORE EINES SPIELERS IN EINER NFL-SAISON

Wayne Gretzky (CDN) erzielte in der NHL-Saison 1981/82 für die Edmonton Oilers 92 Treffer.

MEISTE TORE EINES JUNGPROFIS IN EINER NFL-SAISON

Teemu Selanne (FIN) traf in seinem ersten Profijahr 1992/93 für die Winnipeg Jets 76-mal ins gegnerische Tor.

MEISTE ZU-NULL-SPIELE IN EINER TORWARTLAUFBAHN

Terry Sawchuk (CDN) ließ während seiner von 1949 bis 1970 dauernden NHL-Karriere (971 NHL-Einsätze) 103-mal keinen gegnerischen Treffer zu. Er spielte in dieser Zeit für die Detroit Red Wings, die Boston Bruins, die Toronto Maple Leafs, die L. A. Kings und die New York Rangers.

★ MEISTE LADY-BYNG-TROPHÄEN

Frank Boucher (CDN) von den New York Rangers erhielt insgesamt siebenmal (1928–1931 und 1933–1935) die Lady Byng Memorial Trophy.

MEISTE STRAFMINUTEN IN EINER NFL-LAUFBAHN

Dave „Tiger" Williams wurde von 1971 bis 1988 in 17 Spielzeiten insgesamt 3.966 Minuten lang auf die Strafbank gesetzt. In dieser Zeit spielte Williams für die Toronto Maple

★ ALS PROFI FÜR DIE MEISTEN TEAMS →

Zwei NHL-Profis, die ihre Karriere bei den Vancouver Canucks begannen, spielten jeweils für zehn Teams der National Hockey League: J. J. Daigneault (CDN, Foto) verließ die Canucks zum Ende der Saison 1985/86 und spielte danach für die Philadelphia Flyers, Montreal Canadiens, St. Louis Blues, Pittsburgh Penguins, Anaheim Mighty Ducks, New York Islanders, Nashville Predators, Phoenix Coyotes und die Minnesota Wild.

Michael Petit (CDN) kehrte den Canucks während der Spielzeit 1987/88 den Rücken und ging im weiteren Verlauf seiner Karriere für die New York Rangers, Quebec Nordiques, Toronto Maple Leafs, Calgary Flames, Los Angeles Kings, Tampa Bay Lightning, Edmonton Oilers, Philadelphia Flyers und die Phoenix Coyotes aufs Eis.

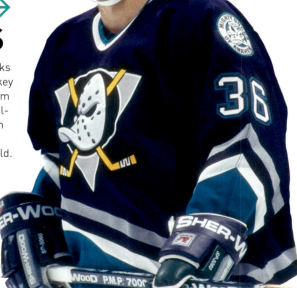

★ NEUER REKORD   ★ VERBESSERTER REKORD

★ MEISTE WM-TITEL (MÄNNER)

Kanada gewann insgesamt 23 Weltmeistertitel im Eishockey der Männer. Das Ahornblatt-Team siegte 1920, 1924, 1928, 1930–1932, 1934, 1935, 1937–1939, 1948, 1950–1952, 1955, 1958, 1959, 1961, 1994, 1997, 2003 und 2004.

VERSCHIEDENES

★ MEISTE SPIELER BEI EINEM EISHOCKEY-TURNIER
An der Quikcard Edmonton Minor Hockey Week in Edmonton (CDN) beteiligten sich vom 10. bis zum 19. Januar 2003 471 Mannschaften mit insgesamt 7.127 Spielern.

★ BESTÄNDIGSTER SPIELER ALLER ZEITEN
John Burnosky (USA) begann 1929 mit dem Eishockeyspiel und blieb 76 Jahre lang dabei.

HÖCHSTER SIEG
Australien besiegte Neuseeland am 15. März 1987 in Perth (AUS) mit 58:0.

★ MEISTE WM-TITEL (FRAUEN)
Eishockey-Weltmeisterschaften der Frauen werden seit 1990 ausgetragen. Kanada war bisher achtmal erfolgreich: 1990, 1992, 1994, 1997, 1999, 2000, 2001 und 2004.

Frank J. Selke Trophy: Bester Defensive Forward in der NHL

Hart Memorial Trophy: Bester Spieler der NHL

Jack Adams Award: Coach des Jahres

James Norris Memorial Trophy: Bester Verteidiger der NHL

King Clancy Memorial Trophy: Führungsqualitäten und humanitäres Engagement

Lady Byng Memorial Trophy: Besonders ehrenhaftes Verhalten

Lester B. Pearson Award: Von der Spielergewerkschaft NHLPA ausgewählter Bester Spieler der NHL

Lester Patrick Trophy: Außergewöhnliche Verdienste um das Eishockeyspiel in den USA

Maurice Richard Trophy: Erfolgreichster Torschütze in der NHL

Presidents' Trophy: Beste Gesamtbilanz

Prince of Wales Trophy: Meister der Eastern Conference

Vezina Trophy: Bester Torhüter der NHL

William M. Jennings Trophy: Torhüter, der die wenigsten Treffer zuließ

Leafs, die Vancouver Canucks, die Detroit Red Wings, die Los Angeles Kings und die inzwischen aufgelösten Hartford Whalers.

ERFOLGREICHSTE MANNSCHAFT IM STANLEY CUP
Die Montreal Canadiens gewannen 24-mal den Stanley Cup: 1916, 1924, 1930, 1931, 1944, 1946, 1953, 1956 bis 1960, 1965, 1966, 1968, 1969, 1971, 1973, 1976 bis 1979, 1986 und 1993. Die Mannschaft stand insgesamt 32-mal im Endspiel – ebenfalls ein Rekord.

GEFRAGTESTER ALL-STAR-AKTEUR IN DER NHL
Gordie Howe (CDN) wurde als Spieler der Detroit Red Wings von 1946 bis 1979 insgesamt 21-mal zu All-Star-Begegnungen der National Hockey League eingeladen. Zwölfmal stand er dabei im ersten, neunmal im zweiten Team.

MEISTE ZEITSTRAFEN GEGEN EINEN SPIELER IN EINEM NHL-MATCH
Chris Nilan (USA) erhielt am 31. März 1991 bei seinem Einsatz für die Boston Bruins gegen die Hartford Whalers insgesamt zehn Zeitstrafen zudiktiert. Sein Sündenregister umfasste sechs kleine (2 Minuten), zwei große (5 Minuten) und eine Disziplinarstrafe (10 Minuten), bevor er schließlich für den Rest des Spieles ausgeschlossen wurde.

★ MEISTE STRAFMINUTEN IN EINER PLAY-OFF-BEGEGNUNG
Dave „The Hammer" Schultz (CDN) von den Philadelphia Flyers handelte sich am 22. April 1976 bei einer Stanley Cup Play-off-Partie gegen die Toronto Maple Leafs insgesamt 42 Strafminuten ein.

ERFOLGREICHSTE TORJÄGER IM STANLEY CUP
Fünf Spieler, allesamt Kanadier, erzielten in einem Spiel um den Stanley Cup jeweils fünf Tore: Newsy Lalonde am 1. März 1919 für die Montreal Canadiens gegen die Ottawa Senators, Maurice Richard am 23. März 1944 für die Montreal Canadiens gegen die Toronto Maple Leafs, Darryl Sittler am 22. April 1976 für die Toronto Maple Leafs gegen die Philadelphia Flyers, Reggie Leach am 6. Mai 1976 für die Philadelphia Flyers gegen die Boston Bruins und zuletzt Mario Lemieux (im Bild) am 25. April 1989 für die Pittsburgh Penguins über die Philadelphia Flyers.

SPORT & SPIELE
MOTORSPORT 1

★ MEISTE SIEGE EINES KONSTRUKTEURS IN EINER F-1-SAISON
Die Flitzer von McLaren (GB, 1988) und Ferrari (I, 2002 und 2004) sammelten jeweils 15 Grand-Prix-Siege für einen Konstrukteur in einer Formel-1-Saison.

★ SCHNELLSTE ZEIT BEIM DRAG RACING
Greg Anderson (USA) schaffte mit seinem Pro Stock Car am 10. Februar 2004 in Concord, North Carolina (USA), die 440-Yard-Strecke in 6,661 Sekunden.

★ SCHNELLSTE ZEIT MIT EINEM FUNNY-CAR-DRAGSTER
John Force (USA) schaffte am 10. März 2004 in Yorba Linda, Kalifornien (USA), mit seinem Funny-Car-Dragster die 440-Yard-Strecke in 4,665 Sekunden. Funny Cars sind hinterradgetriebene Dragsters mit einem mächtigen Frontmotor und riesigen, auffälligen Hinterrädern.

★ SCHNELLSTE 440 YARDS MIT EINEM PRO STOCK CAR
Greg Anderson (USA) erreichte mit seinem Pro Stock Car am 10. Februar 2004 in Concord (USA) eine Spitzengeschwindigkeit von 334,34 km/h. Pro Stock Cars sind mit einem Kolbenmotor ausgerüstet, der mit herkömmlichem Benzin betrieben wird.

HÖCHSTE GESCHWINDIGKEIT MIT EINEM DRAG RACING PRO STOCK MOTORBIKE
Matt Hines (USA) erreichte im Mai 2001 auf einem Pro Stock Motorbike der Marke Suzuki in Englishtown (USA) eine Spitzengeschwindigkeit von 312,37 km/h.

★ SCHNELLSTE ZEIT AUF EINEM DRAG RACING PRO STOCK MOTORBIKE
Andrew Hines (USA) legte mit seiner Harley V-rod die 440-Yard-Strecke am 19. Juni 2004 in Brownsburg (USA) in 7,016 Sekunden zurück.

DRAG RACING

★ HÖCHSTE GESCHWINDIGKEIT EINES TOP-FUEL-RACERS
Brandon Bernstein (USA) erreichte am 22. Mai 2004 auf einer 440-Yard-Strecke (402 m) in Lake Forest, Kalifornien (USA), mit einem McKinney-Dragster eine Endgeschwindigkeit von 536,57 km/h.

SCHNELLSTE 440 YARDS MIT EINEM TOP-FUEL-DRAGSTER
Anthony Schumacher (USA) schaffte am 4. Oktober 2003 in Long Grove, Illinois (USA), mit einem McKinney-Dragster die 440 Yards in 4,441 Sekunden. Top-Fuel-Fahrzeuge werden mit einem Gemisch aus 90 Prozent Nitromethan und 10 Prozent Methanol (Rennalkohol) betrieben. Der Motor entwickelt damit eine Leistung von rund 8.000 PS, etwa das 2,4-fache eines herkömmlichen, mit normalem Treibstoff betankten Kolbenmotors.

↙ MEISTE GRAND-PRIX-SIEGE EINES FAHRERS IN DER FORMEL 1
Michael Schumacher (D) fuhr in seiner Formel-1-Karriere von 1991 bis Mitte Juni 2005 insgesamt 83 Grand-Prix-Siege heraus. Er ist mit seinen sieben Titeln von 1994, 1995 sowie 2000–2004 auch **Rekordweltmeister der Formel 1**.

★ HÖCHSTE GESCHWINDIGKEIT MIT EINEM FUNNY-CAR-DRAGSTER

John Force (USA) erreichte mit einem Funny-Car-Dragster der Marke Ford am 10. März 2004 in Yorba Linda, Kalifornien (USA), auf der 440-Yard-Strecke bei stehendem Start eine Endgeschwindigkeit von 536,84 km/h.

FORMEL 1

★ HÖCHSTE DURCHSCHNITTSGESCHWINDIGKEIT BEI EINEM GRAND PRIX
Michael Schumacher (D) erreichte am 14. September 2003 beim Großen Preis von Italien in Monza eine Durchschnittsgeschwindigkeit von 247,585 km/h.

★ LÄNGSTE SIEGESSERIE BEI GRAND-PRIX-RENNEN
Der Ferrari-Pilot Alberto Ascari (I) gewann 1952 und 1953 neun Grand-Prix-Rennen nacheinander. Er siegte in allen sechs Rennen der Saison 1952, ließ die Konkurrenz auch bei den ersten drei Wettbewerben 1953 hinter sich und holte sich in beiden Jahren den Weltmeistertitel.

★ MEISTE KONSTRUKTEURS-WELTMEISTERTITEL
Ferrari gewann bisher 14 Konstrukteurs-Weltmeistertitel in der Formel 1, und zwar in den Jahren 1961, 1964, 1975–1977, 1979, 1982, 1983 und 1999–2004.

☆ HÖCHSTE PUNKTZAHL EINES KONSTRUKTEURS IN EINER FORMEL-1-SAISON
Die beiden Piloten des Ferrari-Teams erreichten in der Formel-1-Saison 2004 die Rekord-Gesamtpunktzahl von 262 Weltmeisterschaftspunkten.

★ HÖCHSTE PUNKTZAHL EINES FAHRERS IN EINER FORMEL-1-SAISON
Michael Schumacher (D) sammelte bei seinem Titelgewinn in der Formel-1-Saison 2004 die Rekordzahl von 148 Punkten.

★ MEISTE GRAND-PRIX-SIEGE EINES HERSTELLERS
Die Marke Ferrari sammelte bisher 166 Siege in Grand-Prix-Rennen der Formel 1.

★ JÜNGSTER FORMEL-1-FAHRER AUF EINEM PUNKTERANG
Jenson Button (GB, geb. am 19. Januar 1980) belegte beim Großen Preis von Brasilien am 26. März 2000 im Alter von 20 Jahren 67 Tagen den sechsten Platz, wofür er einen WM-Punkt erhielt.

MOTORRAD-WELTMEISTERSCHAFTEN

MEISTE WM-TITEL IN DER 50-CM^3-KLASSE
Angel Roldán Nieto (E) gewann in den Jahren 1969, 1970, 1972 und 1975–1977 sechsmal den Weltmeistertitel in der 50-cm^3-Klasse.

MEISTE WM-TITEL IN DER 80-CM^3-KLASSE
Jorge Martinez (E) gewann von 1986 bis 1988 dreimal nacheinander den Weltmeistertitel in der 80-cm^3-Klasse, der nur von 1984 bis 1989 vergeben wurde.

MEISTE WM-TITEL IN DER 125-CM^3-KLASSE
Seine sieben WM-Titel in der 125-cm^3-Klasse holte sich Angel Roldán Nieto (E) in den Jahren 1971, 1972, 1979 sowie 1981–1984.

MEISTE WM-TITEL IN DER 250-CM^3-KLASSE
Phil Read (GB) fuhr 1964, 1965, 1968 und 1971 zu insgesamt vier WM-Titeln in der 250-cm^3-Klasse. Max Biaggi (I) stellte diesen Rekord mit seiner Titelserie von 1994 bis 1997 ein.

→ WIE SCHNELL FÄHRT DAS SCHNELLSTE SERIENFAHRZEUG DER WELT?

DIE ANTWORT STEHT AUF S. 184

★ JÜNGSTER SIEGER IN EINEM WM-RENNEN DER FORMEL 1

Der Renault-Pilot Fernando Alonso (E, geb. am 29. Juli 1981) war 22 Jahre 26 Tage jung, als er am 24. August 2003 den Großen Preis von Ungarn gewann, ein Weltmeisterschaftsrennen der Formel 1. Das Foto entstand im April desselben Jahres, nach Alonsos 3. Platz beim Großen Preis von Brasilien.

★ NEUER REKORD   ☆ VERBESSERTER REKORD   WWW.GUINNESSWORLDRECORDS.COM

SPORT & SPIELE
MOTORSPORT 2

★ MEISTE RENNSIEGE
← EINES KONSTRUKTEURS
Der Motorradhersteller Ducati (I) gewann von 1988 bis 2004 insgesamt 235 Weltmeisterschaftsrennen in der Superbike-Klasse. Rennen um die Superbike-WM werden seit 1988 ausgetragen. Im Bild: Carlos Checa (E).

NASCAR

MEISTE AUFEINANDER FOLGENDE TITEL
Insgesamt acht Fahrer gewannen bei der NASCAR (National Association for Stock Car Auto Racing)-Rennserie zwei aufeinander folgende Meistertitel, doch nur Cale Yarborough (USA) gelangen in den Jahren 1976–1978 drei Gesamtsiege nacheinander.

★ MEISTE TITEL EINES FAHRZEUGBESITZERS
Richard Petty (USA) gewann von 1964 bis 1979 insgesamt sechs NASCAR-Titel. Junior Johnson und Richard Childress (beide USA) machten von 1976 bis 1985 und von 1986 bis 1994 ebenfalls das halbe Dutzend voll.

MEISTE TITEL EINES FAHRERS
Richard Petty (USA) gewann von 1964 bis 1979 insgesamt sieben NASCAR-Titel. Dale Earnhardt (USA) stellte diesen Rekord mit sieben Titeln von 1980 bis 1994 ein.

MEISTE SIEGE IN EINER SAISON
Richard Petty gewann in der NASCAR-Saison 1967 insgesamt 27 Rennen. Mit **zehn Siegen nacheinander** setzte er im gleichen Jahr eine weitere Rekordmarke.

★ MEISTE TITEL FÜR EINE AUTOMARKE
Die Firma Chevrolet (USA) lieferte von 1957 bis 2001 insgesamt 21-mal das Siegerfahrzeug für die NASCAR-Meisterschaft.

RALLYE

★ MEISTE SIEGE IN DER LKW-WERTUNG BEI PARIS-DAKAR
Karel Loprais (CZ, früher: CSSR) gewann bei der Rallye Paris-Dakar sechsmal die Lkw-Wertung: 1988, 1994, 1995, 1998, 1999 und 2001.

MEISTE SIEGE IN DER MOTORRAD-WERTUNG BEI PARIS-DAKAR
Stéphane Peterhansel (F) entschied bei der Rallye Paris-Dakar sechsmal die Motorrad-Wertung für sich: 1991–1993, 1995, 1997 und 1998 kam er jeweils schneller durch die Wüste als die gesamte Konkurrenz.

JÜNGSTER FAHRER BEI DER RALLYE-WELTMEISTERSCHAFT
Jari-Matti Latvala (FIN) war erst 18 Jahre 61 Tage alt, als er am 6. Juni 2003 in Athen (GR) zur drei Tage dauernden 50. Akropolis-Rallye antrat.

★ MEISTE SIEGE BEI RENNEN ZUR RALLYE-WELTMEISTERSCHAFT
Carlos Sainz (E) gewann von 1990 bis 2004 insgesamt 26 Rallye-Weltmeisterschaftsrennen.

MEISTE WM-SIEGE EINES FAHRZEUGHERSTELLERS
Die italienische Autofirma Lancia sammelte von 1972 bis 1992 insgesamt elf Rallye-Weltmeistertitel.

★ LÄNGSTE RALLYE ALLER ZEITEN
Die London-Sydney-Rallye führte 1977 über eine Strecke von 31.107 km. Als Sieger gingen am 28. September 1977 Andrew Cowan, Colin Malkin und Michael Broad (alle GB) mit ihrem Mercedes 280E durchs Ziel.

MEISTE SIEGE IN DER PKW-WERTUNG DER RALLYE PARIS-DAKAR
Ari Vatanen (FIN) gewann bei der Rallye Paris-Dakar viermal die Pkw-Wertung. Sein erster Sieg fiel ins Jahr 1987, 1989–1991 war er dreimal nacheinander der Schnellste. ↓

★ NEUER REKORD ★ VERBESSERTER REKORD

HÖCHSTES EINKOMMEN IM LAUF EINER NASCAR-KARRIERE

Jeff Gordon (USA) gewann im Lauf seiner von 1992 bis 2005 dauernden NASCAR-Karriere die Rekordsumme von umgerechnet 51.588.450 EUR.

SUPERBIKE

MEISTE POLE POSITIONS EINES KONSTRUKTEURS BEI WM-RENNEN
Fahrzeuge der Firma Ducati (I) standen bei Superbike-WM-Rennen von 1988 bis 2005 insgesamt 126-mal auf der Pole Position.

MEISTE SUPERBIKE-WM-TITEL EINES FAHRERS
Carl Fogarty (GB) gewann viermal den Weltmeistertitel in der Superbike-Klasse. Er siegte 1994, 1995, 1998 und 1999.

★ **MEISTE WM-TITEL EINES KONSTRUKTEURS**
Die Firma Ducati (I) gewann von 1991–1996 und von 1998–2004 13 Superbike-Weltmeistertitel.

VERSCHIEDENES

★ **JÜNGSTER STOCK-CAR-PILOT**
Amanda „A K" Stroud (USA, geb. am 21. März 1989) nahm in der Saison 2001 auf dem Hickory Motor Speedway in North Carolina (USA) bereits im zarten Alter von zwölf Jahren regelmäßig an Rennen um Papa John's Pizza Pro-Cup teil.

★ **ÄLTESTER RENNFAHRER**
Der US-Schauspieler Paul Newman (geb. am 26. Januar 1926) nahm am 5. und 6. Februar 2005 im Alter von 80 Jahren 10 Tagen am Rolex-24-Stunden-Rennen auf dem Daytona International Speedway in Florida (USA) teil. Sein Team fuhr einen Wagen mit langem Namen, ein Pixar/Newman-Prod/Silverstone-Racing/Ford-Crawford-Modell.

★ **MEISTE INNERHALB VON 24 STUNDEN ABSOLVIERTE RENNEN**
Fiona Leggate (GB) fuhr am 25. Juli 2004 auf dem Kurs von Silverstone, Northamptonshire (GB), fünf Autorennen innerhalb von 24 Stunden. Diese Rennen fanden im Rahmen des MG Car Club Silverstone MG 80 Race Meetings statt. Leggate zeigte aufsteigende Form und gewann ihren letzten Wettbewerb.

CART-REKORDMEISTER
Der Wettbewerb um die US-Automobilmeisterschaft läuft gegenwärtig als Fed-Ex Series Championship. Rekordmeister ist mit sieben Titeln A. J. Foyt jr. (USA). Er siegte 1960, 1961, 1963, 1964, 1967, 1975 und 1979.

MEISTE SIEGE BEI DEN 500 MEILEN VON INDIANAPOLIS
Drei Fahrer gingen bei den 500 Meilen von Indianapolis je viermal als Sieger durchs Ziel: A. J. Foyt jr. (USA; 1961, 1964, 1967 und 1977), Al Unser sen. (USA; 1970, 1971, 1978 und 1987) und Rick Mears (USA; 1979, 1984, 1988 und 1991).

MEISTE SIEGE BEIM 24-STUNDEN-RENNEN VON LE MANS →

Jacky Ickx (B) ging beim 24-Stunden-Rennen von Le Mans sechsmal als Erster durchs Ziel. Er siegte 1969, 1975–1977, 1981 und 1982. Tom Kristensen (DK, im Bild) stellte diesen Rekord mit seinen Siegen von 1997 und 2000–2004 ein.

→ WIE STARK IST DAS STÄRKSTE SERIENMOTORRAD?

DIE ANTWORT STEHT AUF S. 186

WWW.GUINNESSWORLDRECORDS.COM

SPORT & SPIELE
OLYMPISCHE SPIELE

← MEISTE MEDAILLEN BEI OLYMPISCHEN WINTERSPIELEN (NATIONENWERTUNG)

Die deutsche Mannschaft gewann bei den XIX. Olympischen Winterspielen 2002 in Salt Lake City (USA) insgesamt 35 Medaillen. Das Bild links zeigt Stephan Hocke, ein Mitglied der siegreichen deutschen Skisprung-Mannschaft.

Die Olympischen Zwischenspiele von 1906
Eigentlich waren die Olympischen Zwischenspiele von 1906 als Auftaktveranstaltung zu Interimswettbewerben gedacht, die alle vier Jahre in Athen (GR) ausgetragen werden sollten. Sie blieben jedoch die einzigen Spiele dieser Art. Sie sollten die Lücke zwischen den regulären olympischen Großereignissen füllen (1904, 1908, 1912 usw.; die Zeitspanne von vier Jahren wurde als Olympiade bezeichnet). Terminprobleme führten jedoch zur Aufgabe der Zwischenspiele. Die Medaillen, die bei den Spielen von 1906 errungen wurden, finden beim Internationalen Olympischen Komitee (IOC) keine Anerkennung mehr. (Außerdem fielen während der beiden Weltkriege die für 1916, 1940 und 1944 geplanten regulären Olympischen Spiele aus.)

EINZELWETTBEWERB

MEISTE MEDAILLEN
Die Turnerin Larisa Latynina (UdSSR, heute: UA) gewann bei Olympischen Spielen von 1956 bis 1964 insgesamt 18 Medaillen: neunmal Gold, fünfmal Silber und viermal Bronze.

Erfolgreichster Medaillensammler bei den Männern war der Turner Nikolai Andrianow (UdSSR), der es von 1972 bis 1980 auf siebenmal Gold, fünfmal Silber und dreimal Bronze brachte.

MEISTE GOLDMEDAILLEN
Drei Athleten gewannen bei Olympischen Spielen jeweils neun Goldmedaillen: Der Leichtathlet Paavo Nurmi (FIN) siegte 1920 dreimal, 1924 fünfmal und 1928 einmal; Mark Spitz (USA) erschwamm sich 1968 zwei und 1972 sieben Olympiasiege; Carl Lewis (USA) gesellte sich mit vier Siegen 1984, je zwei Siegen 1988 und 1992 und einem Erfolg von 1996 als zweiter Leichtathlet zum Neunerklub. Berücksichtigt man auch die Olympischen Zwischenspiele von 1906 in Athen (GR) (siehe Erklärung auf der linken Seite), wird Raymond Ewry (USA) mit insgesamt zehn Goldmedaillen zum alleinigen Rekordhalter. Er siegte 1900 und 1904 je dreimal und 1906 und 1908 je zweimal. Ewry gewann stets ohne Anlauf, im Hoch-, Weit- und Dreisprung aus dem Stand. (Diese drei Disziplinen wurden nach 1912 aus dem olympischen Programm gestrichen.)

Larisa Latynina (UdSSR, heute: UA) holte in den Turnwettbewerben dreier Olympischer Spiele mit neun Medaillen die **meisten Medaillen bei den Frauen**: 1956 gewann sie viermal, 1960 dreimal und 1964 zweimal Gold.

LÄNGSTE SIEGESSERIEN
Al Oerter und Carl Lewis (beide USA) gewannen als einzige Olympioniken viermal nacheinander den gleichen Wettbewerb: Oerter dominierte von 1956 bis 1968 im Diskuswerfen, Lewis von 1984 bis 1996 im Weitsprung. Wenn man auch die Olympischen Zwischenspiele von 1906 berücksichtigt, kommt noch ein dritter Rekordhalter hinzu: Raymond Ewry (USA) gewann 1900, 1904, 1906 und 1908 je viermal nacheinander den Standweit- und Standhochsprung. Paul Elvstrøm (DK) gewann zwar von 1948 bis 1960 bei vier aufeinander folgenden Spielen als Einzelsegler, doch in dieser Zeit gab es eine Veränderung der Bootsklasse: Er siegte 1948 mit dem Firefly-Boot, von 1952 bis 1960 dann mit dem Finn-Dinghi.

★ LÄNGSTE MEDAILLENSERIE IN EINER DISZIPLIN
Georg Hackl (D) gewann von 1988 bis 2002 bei fünf aufeinander folgenden Spielen eine Medaille im Rodelwettbewerb.

LÄNGSTE OLYMPISCHE WETTKAMPFKARRIERE
Vier Sportler beteiligten sich über einen Zeitraum von vierzig Jahren hinweg an Olympischen Spielen: Der Fechter Dr. Ivan Joseph Martin

← ★ MEISTE OLYMPIASIEGE INSGESAMT (NATIONENWERTUNG)

Die Teams der USA gewannen bei Olympischen Sommer- und Winterspielen von 1896 bis 2004 insgesamt 976 Goldmedaillen. Das Foto zeigt (von links) Tina Thompson, Tamika Catchings, Lisa Leslie und Ruth Riley, vier Spielerinnen des US-Frauenbasketballteams, das am 28. August 2004 in Athen erfolgreich war, nach der Medaillenverleihung.

★ NEUER REKORD   ★ VERBESSERTER REKORD

Osiier (DK, 1908–1932 und 1948) sowie die Segler Magnus Andreas Thulstrup Clasen Konow (N, 1908–1920, 1928 und 1936–1948), Paul Elvstrøm (DK, 1948–1960, 1968, 1972, 1984 und 1988) und Durward Randolph Knowles (GB, damals: BS, 1948–1972 und 1988).

Auf einen Zeitraum von 28 Jahren aktiver Teilnahme bei den **Frauenwettbewerben** brachten es die Dressurreiterinnen Anne Jessica Ransehousen (geb. Newberry, USA), die 1960, 1964 und 1988 antrat, und Christilot Hanson-Boylen (CDN), die 1964–1976, 1984 und 1992 in den Parcours ging.

LÄNDERWERTUNG

MEISTE GOLDMEDAILLEN BEI SOMMERSPIELEN
Die USA sammelten 1984 bei den XXIII. Olympischen Sommerspielen in Los Angeles, Kalifornien (USA), insgesamt 83 Goldmedaillen. Die USA gewannen auch die ★ **meisten Goldmedaillen bei allen bisherigen Sommerspielen** (907), die ★ **meisten Medaillen bei Sommer- und Winterspielen insgesamt** (2.399) sowie die ★ **meisten Medaillen bei Sommerspielen** (2.215).

★ MEISTE LÄNDER MIT OLYMPIASIEGEN (SOMMERSPIELE)
Bei den Sommerspielen der XXVIII. Olympiade 2004 in Athen (GR) gab es mehr Siegerländer als jemals zuvor: Sportler aus 57 Nationen gewannen Gold. Insgesamt wurden bei den Spielen 2004 931 Medaillen vergeben (303-mal Gold, 301-mal Silber und 327-mal Bronze): ebenfalls olympischer Rekord.

★ MEISTE SIEGERLÄNDER BEI WINTERSPIELEN
Achtzehn Länder stellten bei den XIX. Olympischen Winterspielen 2002 in Salt Lake City, Utah (USA), mindestens einen Sieger oder eine Siegerin. Auch bei der Zahl der Länder mit Medaillengewinnern gab es in Salt Lake City einen neuen Rekord: Teams aus 25 Nationen nahmen mindestens einmal Edelmetall mit nach Hause.

ERFOLGREICHSTES LAND BEI WINTERSPIELEN
Norwegen gewann bei den Olympischen Winterspielen von 1924 bis 2002 insgesamt 263 Medaillen (darunter 94-mal Gold).

VERSCHIEDENES

GRÖSSTE ZUSCHAUERZAHL
Insgesamt 5.797.923 Zuschauerinnen und Zuschauer sahen die Wettbewerbe der Olympischen Sommerspiele 1984 in Los Angeles (USA): olympischer Rekord.

GRÖSSTE TEILNEHMERZAHL BEI OLYMPISCHEN SPIELEN
An den **Olympischer Sommerspielen 2000 in Sydney** (AUS) nahmen insgesamt 10.651 Aktive teil, darunter 4.069 Frauen.

Die **Winterspiele 2002 in Salt Lake City** (USA) lockten 2.550 Aktive aus 77 Ländern an.

★ VIELFÄLTIGSTES PROGRAMM
Bei den Olympischen Sommerspielen in Athen 2004 standen insgesamt 301 Wettbewerbe auf dem Programm.

↑
★ **MEISTE TEILNEHMERLÄNDER BEI OLYMPISCHEN SOMMERSPIELEN**

Die Nationalen Olympischen Komitees von insgesamt 201 Ländern beteiligten sich an den vom 13. bis 29. August 2004 in Athen ausgetragenen Sommerspielen mit einer eigenen Mannschaft.

← ★ **MEISTE MEDAILLEN EINES SCHWIMMERS BEI EINER VERANSTALTUNG**

Der Schwimmer Michael Phelps (USA) sammelte bei den Olympischen Spielen in Athen (GR) 2004 sechsmal Gold (100 m und 200 m Schmetterling, 200 m und 400 m Lagen, 4 x 200 m Freistil und 4 x 100 m Lagen) und zweimal Bronze (200 m Freistil und 4 x 100 m Freistil).

WWW.GUINNESSWORLDRECORDS.COM

→ SPORT & SPIELE
RACKETSPORT

MEISTE MANNSCHAFTS-WM-TITEL (HERREN) →

Der Swaythling Cup, die Mannschafts-Weltmeistertrophäe im Herren-Tischtennis, wird seit 1926 vergeben. Rekordsieger ist mit 14 Titeln die Mannschaft aus China, die 1961, 1963, 1965, 1971, 1975, 1977, 1981, 1983, 1985, 1987, 1995, 1997, 2001 und 2004 erfolgreich war. Bei den bisher letzten Titelkämpfen entstand dieses Foto.

→ WELCHER TENNISSPIELER HAT DEN HÄRTESTEN AUFSCHLAG?

DIE ANTWORT STEHT AUF S. 246

BADMINTON

MEISTE EINZEL-WM-TITEL
Vier chinesische Akteure gewannen jeweils zwei Einzel-Weltmeistertitel im Badminton: Bei den Männern war Yang Yang 1987 und 1989 erfolgreich.
Je zwei Titel im Damen-Einzel gewannen Li Lingwei (1983 und 1989), Han Aiping (1985 und 1987) und Ye Zhaoying (1995 und 1997).

MEISTE MANNSCHAFTS-WM-TITEL (HERREN)
Indonesien gewann insgesamt 13-mal den Thomas Cup, die Badminton-Mannschaftsweltmeisterschaft der Herren. Die Auswahl des Inselreiches gewann 1958, 1961, 1964, 1970, 1973, 1976, 1979, 1984, 1994, 1996, 1998, 2000 und 2002.

MEISTE MANNSCHAFTS-WM-TITEL (MIXED)
China gewann bisher viermal den Sudirman Cup, den Mannschafts-WM-Titel im Badminton-Mixed. Das Team aus dem Reich der Mitte siegte 1995, 1997, 1999 und 2001.

MEISTE WORLD-CUP-EINZELSIEGE (DAMEN)
Susi Susanti (RI) gewann fünf World-Cup-Einzelwettbewerbe im Damen-Badminton. Sie war 1989, 1993, 1994, 1996 und 1997 erfolgreich.

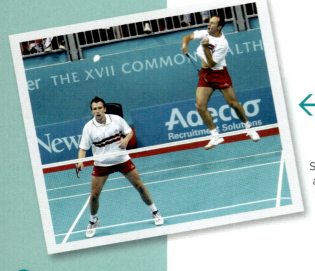

← SCHNELLSTER FEDERBALL

Simon Archer (GB, links im Bild) schmetterte am 5. November 1996 bei Messversuchen im Warwickshire Racquets and Health Club in Coventry (GB) einen Federball mit der Rekordgeschwindigkeit von 260 km/h.

RACQUETBALL

★ MEISTE DOPPEL-WM-TITEL EINER SPIELERIN
Jackie Paraiso (USA) gewann von 1990 bis 2004 sechs Weltmeistertitel im Racquetball-Doppel der Damen.

★ MEISTE EINZEL-WM-TITEL (DAMEN)
Michelle Gould (USA) und Cheryl Gudinas (USA) gewannen je drei WM-Titel im Racquetball-Dameneinzel. Gould war 1992, 1994 und 1996 erfolgreich, Gudinas zog mit ihren Erfolgen von 2000, 2002 und 2004 gleich.

★ ERFOLGREICHSTES WM-HERRENDOPPEL
Doug Ganim und Dan Obremski (beide USA) wurden 1988 und 1990 Weltmeister im Racquetball-Herrendoppel. Ebenfalls zwei WM-Titel erspielte sich das Duo Adam Karp und Bill Sell (beide USA) mit den beiden Erfolgen von 1996 und 1998.

★ MEISTE WM-TITEL IM HERRENEINZEL
Drei Spieler sicherten sich je zwei WM-Titel im Herreneinzel: Egan Inoue (USA) gewann 1986 und 1990, Sherman Greenfeld (CDN) 1994 und 1998, und Jack Huczek (USA) setzte sich 2002 und 2004 durch.

GUINNESS WORLD RECORDS BUCH 2006

★ NEUER REKORD   ★ VERBESSERTER REKORD

Badminton wird mit einem Federball auf einem Court und über ein (bei normgerechten Wettkämpfen 1,55 m) hohes Netz gespielt. Wie beim Tennis gibt es fünf Disziplinen: Herren- und Dameneinzel, Herren- und Damendoppel sowie Mixed (gemischtes Doppel).

Racquetball wird hauptsächlich in den USA gespielt. Es ist ein Hallenspiel, bei dem Schläger und ein Hohlgummiball benutzt werden. Alle Seitenwände, Boden und Decke gehören zum Spielfeld.

Real Tennis oder auch Court Tennis (s. Abb.) ist das Ursprungsspiel, aus dem sich das Rasentennis entwickelte. Das Spielgerät ist ein Ball, der in Handarbeit aus Kork oder Filz hergestellt und mit Stoff umwickelt wird. Der Court hat vier Wände, drei davon sind schräg geneigt.

Squash ähnelt dem Racquetball und wird ebenfalls in der Halle gespielt, allerdings mit etwas größeren Schlägern und einem weicheren Hohlgummiball.

Tischtennis, auch Pingpong genannt, wird auf einer rechteckigen Platte gespielt. Die Spieler benutzen Schläger mit Kunststoffbelägen und einen Zelluloidball.

REAL TENNIS (COURT TENNIS)

MEISTE WM-EINZELTITEL (DAMEN)
Penny Lumley (geb. Fellows, GB) gewann die seit 1985 ausgetragenen Real-Tennis-Weltmeisterschaften der Frauen sechsmal: 1989, 1991, 1995, 1997, 1999 und 2003.

★ ERFOLGREICHSTES DAMENDOPPEL BEI WELTMEISTERSCHAFTEN
Penny Lumley und Sue Haswell (beide GB) gewannen dreimal (1995, 1997 und 1999) den Doppel-Weltmeistertitel im Real Tennis der Damen.

MEISTE EINZELTITEL BEI WELTMEISTERSCHAFTEN (HERREN)
Pierre Etchebaster (F) verteidigte seinen Einzelweltmeistertitel von 1928 bis 1952 achtmal. Jacques Edmond Barre (F) hatte den Weltmeistertitel am längsten inne: Er dominierte von 1829 bis 1862, allerdings in einer Zeit, in der noch nicht alljährlich um den Titel gespielt wurde.

★ HÖCHSTES PREISGELD BEI EINEM TURNIER
Rob Fahey (AUS) erhielt für seinen Einzel-Sieg bei den Weltmeisterschaften im Real Tennis am 20. Mai 2004 in Newport, Rhode Island (USA), ein Preisgeld von umgerechnet 44.226 EUR.

SQUASH

MEISTE MANNSCHAFTS-WELTMEISTERTITEL (HERREN)
Australien ist mit acht Titelerfolgen Mannschafts-Rekordweltmeister im Squash der Männer. Das Team siegte 1967, 1969, 1971, 1973, 1989, 1991, 2001 und 2003.

MEISTE PROFI-EINZEL-WELTMEISTERTITEL (DAMEN)
Sarah Fitzgerald (AUS) gewann fünf Squash-Weltmeistertitel im Dameneinzel der Berufsspielerinnen. Ihre Erfolge bei den World Open feierte sie 1996–1998 sowie 2001 und 2002.

★ MEISTE MANNSCHAFTS-WELTMEISTERTITEL (DAMEN)
Australien ist auch im Squash-Mannschaftswettbewerb der Damen Rekordweltmeister. Die acht Siege des australischen Teams datieren von 1981, 1983, 1992, 1994, 1996, 1998, 2002 und 2004.

MEISTE → MANNSCHAFTS-WM-TITEL (DAMEN)
China siegte von 1984 bis 2004 neunmal beim Uber Cup, der seit 1956 ausgetragenen Mannschafts-Weltmeisterschaft im Damen-Badminton. Das Bild zeigt Dai Yun, die am 20. Mai 2000 die Trophäe entgegennahm.

TISCHTENNIS

★ MEISTE MANNSCHAFTS-WM-TITEL (DAMEN)
Die Damen aus China holten sich den seit 1926 vergebenen Corbillon Cup, die Mannschafts-WM-Trophäe im Tischtennis, bisher 16-mal. Nach den ersten Siegen von 1965 und 1971 gewannen sie von 1975 bis 1989 bei den alle zwei Jahre ausgetragenen Titelkämpfen achtmal in Folge und dominierten auch 1993, 1995, 1997, 2000, 2001 und 2004.

WWW.GUINNESSWORLDRECORDS.COM

SPORT & SPIELE
RUGBY

★ MEISTE TITEL BEI DER IRB SEVENS SERIES →

Neuseeland gewann alle fünf seit 1999 jährlich ausgespielten Titel in der Turnierserie des International Rugby Board für Siebener-Mannschaften. Diese Wettkampfserie besteht aus sieben bis elf Einzelturnieren für Siebener-Teams, die in jeder Saison rund um den Globus ausgetragen werden. Das Bild zeigt Neuseelands Kapitän Orene Ai'i beim Haka, einem traditionellen Tanz der Maori, mit dem der Gegner herausgefordert wird. Er feiert den 34:5-Erfolg seiner Mannschaft über Argentinien am 13. Februar 2005 im Endspiel des Turniers von Los Angeles, das in Carson, Kalifornien (USA), ausgetragen wurde.

RUGBY LEAGUE

MEISTE TITEL IN DER NATIONAL RUGBY LEAGUE (NRL)

Die Brisbane Broncos gewannen 1998 und 2000 den Meistertitel in der National Rugby League. Die NRL ist Australiens höchste Spielklasse nach den Regeln der Rugby League.

CHALLENGE-CUP-REKORDSIEGER

Die Mannschaft von Wigan (GB) war beim Rugby League Challenge Cup insgesamt 17-mal erfolgreich. Sie gewann diesen Wettbewerb 1924, 1929, 1948, 1951, 1958, 1959, 1965, 1985, 1988–1995 und 2002.

MEISTE TITEL IN DER SUPER LEAGUE

St. Helens gewann bisher vier Meistertitel in der Super League: 1996, 1999, 2000 und 2002. Die 1996 gegründete Super League ist Großbritanniens höchste Spielklasse nach den Regeln der Rugby League.

HÖCHSTES LÄNDERSPIELERGEBNIS

Australien besiegte Russland am 4. November 2000 in Hull (GB) in einem Weltmeisterschaftsspiel der Rugby League mit 110:4.

SCHNELLSTER HATTRICK

Chris Thorman (GB) von den Huddersfield Giants gelang beim Halbfinale des Buddies National League Cup in Doncaster, South Yorkshire (GB), am 19. Mai 2002 innerhalb von 6 Minuten 54 Sekunden nach Spielbeginn ein Hattrick: drei Versuche nacheinander zum Nachteil der Doncaster Dragons.

RUGBY UNION

★ JÜNGSTE NATIONALSPIELER

Ninian Jamieson Finlay (1858–1936) und Charles Reid (1864–1909), zwei Schüler der Edinburgh Academy, waren kalendarisch jeweils 17 Jahre 36 Tage alt, als sie für Schottland in den Jahren 1875 bzw. 1881 gegen England spielten. Da jedoch Finlay bis zu seinem ersten Länderspiel ein Schaltjahr weniger erlebte, muss ihm der Rekord zugeschrieben werden. Semi Taupeaafe war 1989 bei seinem ersten Länderspiel für Tonga, in dem es gegen Westsamoa ging, angeblich erst 16 Jahre alt.

★ TRADITIONSREICHSTER WETTBEWERB DER RUGBY UNION

Der United Hospitals Cup wird seit 1875 zwischen Mannschaften von Krankenhäusern und medizinischen Ausbildungsstätten ausgetragen.

★ MEISTE SIEGE BEI DER STATE ← OF ORIGIN WETTKAMPFSERIE

Die Mannschaft von Neusüdwales gewann von 1980 bis 2004 elfmal die State of Origin Wettkampfserie der australischen Rugbyliga. Das Bild zeigt Brad Fittler, den Kapitän der Mannschaft von Neusüdwales (AUS).

GUINNESS WORLD RECORDS BUCH 2006

★ NEUER REKORD   ★ VERBESSERTER REKORD

HÖCHSTER SIEG IN EINEM WM-SPIEL DER RUGBY UNION
Die Gastgebernation Australien besiegte Namibia am 25. Oktober 2003 in Adelaide (AUS) in einem Spiel um den Weltmeistertitel der Rugby Union mit 142:0.

★ MEISTE TRI-NATIONS-TITEL
Das Team Neuseelands gewann fünfmal den Tri-Nations-Wettbewerb: 1996, 1997, 1999, 2002 und 2003. Australien (2000, 2001) und Südafrika (1998 und 2004) waren je zweimal erfolgreich. Die Mannschaften von Australien, Neuseeland und Südafrika kämpfen seit 1996 jährlich um diesen Titel.

MEISTE SIX-NATIONS-TITEL
Der Six-Nations-Wettbewerb trat mit der erstmaligen Teilnahme Italiens im Jahr 2000 an die Stelle des historischen Five-Nations-Turniers. England gewann mit drei Gesamtsiegen bisher die meisten Titel. Das englische Team siegte 2000 und 2001 (schaffte aber in beiden Jahren nicht den Gram Slam, einen Sieg gegen alle fünf Gegner) sowie 2003, als es alle fünf Gegner bezwingen konnte.

★ MEISTE SUPER-12-TITEL
Ein Dutzend Mannschaften aus Australien, Südafrika und Neuseeland tritt Jahr für Jahr beim Super-12-Turnier an. Die Canterbury Crusaders (NZ) sind mit vier Titeln aus den Jahren 1998 bis 2000 sowie 2002 die bisherigen Rekordsieger.

SCHNELLSTER VERSUCH BEI EINER WELTMEISTERSCHAFT
Elton Flatley (AUS) gelang am 18. Oktober 2003 im Suncorp-Stadion in Brisbane (AUS) beim Weltmeisterschaftsspiel gegen Rumänien bereits nach 18 Sekunden ein Versuch.

MEISTE VERSUCHE IN LÄNDERSPIELEN
David Campese (AUS) erzielte in 101 Spielen für sein Land von 1982 bis 1996 insgesamt 64 Versuche.

MEISTE INTERNATIONALE AUFTRITTE FÜR GROSSBRITANNIEN UND IRLAND
William James „Willie John" McBride (IRL) ist der Spieler mit den meisten Länderspielen für zwei Teams: Er trat 17-mal für die Britischen Inseln und 63-mal für Irland an.

REKORD-INTERNATIONALER
Jason Leonard (GB) absolvierte von 1990 bis 2004 114 Länderspiele für England.

BESTER PUNKTESAMMLER IN LÄNDERSPIELEN
Neil Jenkins (GB) erzielte von 1991 bis zum März 2001 in 87 Länderspielen insgesamt 1.049 Punkte: 41 Punkte in vier Spielen für die British Lions, aber den Löwenanteil von 1.008 Punkten in 83 Spielen für Wales.

IRB SEVENS

MEISTE AUFTRITTE BEI IRB-TURNIEREN IM SIEBENER-RUGBY
Shane Thompson (CDN) brachte es von 1999 bis 2005 auf 46 Einsätze bei Turnieren des International Rugby Board für Siebener-Mannschaften.

BESTER PUNKTESAMMLER BEI SIEBENER-RUGBY-TURNIEREN DES IRB
Ben Gollings (GB) sammelte von 1999 bis 2005 bei Siebener-Rugby-Turnieren des IRB insgesamt 1.120 Punkte für England.

MEISTE VERSUCHE BEI SIEBENER-RUGBY-TURNIEREN DES IRB
Karl Te'Nana (NZ) gelangen von 1999 bis 2004 bei IRB-Siebener-Turnieren insgesamt 113 Versuche.

★ MEISTE SIEGE BEIM ← HEINEKEN CUP
Zwei Mannschaften feierten bisher je zwei Siege beim Heineken Cup, dem seit 1995 ausgetragenen wichtigsten Rugby-Wettbewerb für europäische Vereinsmannschaften: Das Team aus Toulouse (F) holte sich den Pokal 1996 und 2003, die Leicester Tigers (GB) packten 2001 und 2002 am erfolgreichsten zu. Links im Bild: Leicesters Kapitän Martin Johnson (GB).

↑ MEISTE TORE IN EINEM SPIEL DES SIX-NATIONS-WETTBEWERBS
Jonny Wilkinson (GB) gelangen am 17. Februar 2001 in Twickenham, London (GB), beim Six-Nations-Spiel Englands gegen Italien 13 Tore für sein Team: neun Erhöhungen und vier Straftritte. Wilkinson hält auch den **Punkterekord für Einzelspieler in einer Six-Nations-Saison**. In den fünf Begegnungen des Jahres 2000 kam er auf insgesamt 78 Punkte, die er mit 12 gelungenen Erhöhungen und 18 Straftritten sammelte.

WWW.GUINNESSWORLDRECORDS.COM

SPORT & SPIELE
ZIELSPORT

WEITESTER
BOGENSCHUSS MIT DEN FÜSSEN
Claudia Gomez (RA) brachte am 15. November 2001 im Studio von *El Show de los Récord* in Madrid (E) einen Pfeil über eine Entfernung von 5,50 m ins Ziel und nahm dabei nur ihre Füße zu Hilfe.

→ EINE LISTE DER WELTREKORDE IM BOGENSCHIESSEN, DIE VON DER FÉDÉRATION INTERNATIONALE DE TIR À L'ARC (FITA) ANERKANNT WERDEN, STEHEN IM SPORTERGEBNISTEIL AB S. 258

★ MEISTE TREFFER IN DIE SCHEIBENMITTE INNERHALB VON 90 SEKUNDEN
Jeremie Masson (F) platzierte am 15. Juli 2004 in Argeles Gazost (F) aus 18 m Entfernung innerhalb von 90 Sekunden drei Pfeile in der Scheibenmitte.

MEISTE DURCH EINEN ARMBRUSTSCHUSS ABGEFEUERTE PFEILE
Ross und Elisa Hartzell (beide USA) lösten am 18. Dezember 1998 mit einem Armbrustschuss neun Pfeile gleichzeitig aus, wobei der letzte davon ein festgelegtes Ziel traf. Dieses Kunststück gelang ihnen im Studio von *Guinness World Records: Primetime* in Los Angeles (USA).

BOGENSCHIESSEN

★ GRÖSSTE ZUGKRAFT
Mark Stretton (GB) spannte am 15. August 2004 beim The Bath Archers in der Grafschaft Somerset (GB) einen Langbogen bis zur maximalen Zugkraft von 90 kg. Eingelegt war ein Pfeil von 82,5 cm Länge.

KROCKET

MEISTE LANDESMEISTERTITEL
Bob Jackson (NZ) gewann bei den offenen neuseeländischen Krocketmeisterschaften 14-mal den Einzeltitel. Er siegte 1975, 1978, 1982–1984, 1989, 1991, 1992, 1995, 1997–1999, 2002 und 2003.

MEISTE WM-EINZELTITEL
Robert Fulford (GB) sammelte bei Krocket-Weltmeisterschaften insgesamt fünf Einzelsiege: 1990, 1992, 1994, 1997 und 2002.

DARTS

JÜNGSTER SPIELER BEI EINEM TURNIERWETTKAMPF
Nick Stoekenbroek (NL, geb. am 11. Mai 1989) trat mit zwölf Jahren vom 5. bis 7. Februar 2002 bei den offenen niederländischen Darts-Meisterschaften in Veldhoven (NL) an.

★ HÖCHSTE PUNKTZAHL MIT TREFFERN IM INNEREN UND ÄUSSEREN BULL'S EYE IN ZWEI MINUTEN
Den beiden Franzosen Josette Kerdraon und Yannick Geay gelang am 5. August 2004 auf dem Set von *L'Été De Tous Les Records* in Bénodet (F) mit 475 Punkten innerhalb von zwei Minuten ein neuer Rekord (15 x 25 und 2 x 50).

★ GRÖSSTES ELEKTRONISCHES DARTS-TURNIER
An einem Turnier, das vom 26. bis 28. März 2004 in Barcelona (E) ausgetragen wurde, beteiligten sich 5.099 Einzelspieler.

100.001 PUNKTE MIT DEN WENIGSTEN PFEILEN
Chris Gray (GB) schaffte am 27. April 1993 im Dolphin Pub, Cromer, Norfolk (GB), mit nur 3.579 Pfeilen 100.001 Punkte.

KLEINKALIBER 50 M LIEGEND (MÄNNER)
Zahlreiche Schützen haben in dieser Disziplin die Höchstzahl von 600 Ringen erreicht, doch bei dieser Rechnung fehlt noch das „Finale", die Punkte, die in einer abschließenden Runde vergeben werden. Die acht besten Schützen qualifizieren sich für ein Finale mit weiteren zehn Schuss; dieses Ergebnis wird in Zehntelpunkten berechnet und dem Ergebnis des Wettkampfs hinzugefügt. Den Weltrekord von 704,8 Ringen einschließlich der Finalrunde erzielte Christian Klees (D) bei den Olympischen Spielen 1996 in Atlanta (USA).

← SCHNELLSTES 147ER-BREAK BEI EINEM SNOOKER-PROFITURNIER

Ronnie O'Sullivan (GB) gelang bei den Snooker-Profiweltmeisterschaften in Sheffield (GB) am 21. April 1997 ein 147er-Break in 5 Minuten 20 Sekunden.

SNOOKER

HÖCHSTES BREAK
Wally West (GB) erreichte im Oktober 1976 bei einem Match im Hounslow Lucania, Middlesex (GB), ein 151er-Break. Zu diesem Break gehört ein freier Ball, durch den ein „zusätzlicher" roter Ball entsteht, wobei alle 15 Roten noch auf dem Tisch sind. Unter diesen Umständen ist ein maximales Break von 155 möglich.

JÜNGSTER WELTMEISTER
Stephen Hendry (GB, geb. am 13. Januar 1969) wurde am 29. April 1990 im Alter von 21 Jahren 106 Tagen Snooker-Weltmeister der Profis.

JÜNGSTER SPIELER MIT EINEM 147ER-BREAK
Ronnie O'Sullivan (GB, geb. am 5. Dezember 1975) gelang am 13. März 1991 bei den englischen Amateurmeisterschaften in Aldershot, Hampshire (GB), im Alter von 15 Jahren 98 Tagen als jüngstem Spieler aller Zeiten ein (unter normalen Umständen) maximales Break mit 147 Punkten.

POOL-BILLARD

★ MEISTE WELTMEISTERTITEL
Ralph Greenleaf (USA) holte sich von 1919 bis 1937 insgesamt 19 Profi-Weltmeistertitel im Pool-Billard.

ZÜGIGSTES ABRÄUMEN AN EINEM US-TISCH (MÄNNER)
Dave Pearson (GB) räumte einen Satz von 15 Pool-Bällen am 4. April 1997 in Pepper's Bar and Grill in Windsor, Ontario (CDN), innerhalb von 26,5 Sekunden ab.

★ SCHNELLSTES ABRÄUMEN AN ZWEI TISCHEN (MÄNNER)
Dave Pearson (GB) versenkte am 14. Oktober 2002 in Natick, Massachusetts (USA), zwei Sätze von 15 Pool-Bällen nacheinander in 1 Minute 22 Sekunden.

VERSCHIEDENES

★ MEISTE WM-TITEL IM CASTING (FRAUEN) (ZIEL- UND WEITWERFEN MIT ANGEL UND SCHNUR)
Jana Maisel (D) gewann von 1990 bis 2002 bei Weltmeisterschaften der International Casting Sport Federation 36 Goldmedaillen. Allein bei Welttitelkämpfen sammelte sie insgesamt 46 Medaillen. Bei Europameisterschaften zog sie weitere 42 Edelmetallplaketten an Land, darunter 30 in Gold.

★ MEISTE CASTS INNERHALB VON 24 STUNDEN
Brent Olgers (USA) schaffte am 9. und 10. Juli 1999 am Michigan-See in Chicago, Illinois (USA), 6.358 Casts innerhalb von 24 Stunden.

★ SCHNELLSTE 25ER-SERIE BEIM TONTAUBENSCHIESSEN
Jose Lopes (F) traf am 12. Juli 2004 am Set von L'Été De Tous Les Records in Argeles Gazost (F) 25 Tontaubenziele innerhalb von 1 Minute 11 Sekunden.

★ HÖCHSTE PUNKTZAHL INNERHALB VON 24 STUNDEN AUF EINER BOWLINGBAHN
Zwölf Bowler schafften am 20. und 21. Februar 2004 auf nur einer Bahn des REVS Bowling & Entertainment Centre in Burnaby, British Columbia (CDN), ein Ergebnis von 37.129 Pins innerhalb von 24 Stunden.

ISSF

Schießen mit **Kleinkaliber-** und **Luftgewehr**, **Pistole** oder **Schrotflinte** ist seit 1896 eine olympische Sportart und wird von der International Shooting Sport Federation (ISSF) betreut. Der Dachverband führt Rekordlisten für Männer, Frauen und Mannschaften. In den **Gewehr-**, **Pistolen-** und **Laufende-Scheibe-Wettbewerben** schießen die Wettkämpfer auf runde, schwarze Zielscheiben, die auf einen weißen Hintergrund aufgedruckt sind. Das Ziel ist in zehn konzentrisch angeordnete Trefferzonen oder Ringe aufgeteilt. Die Treffer werden elektronisch erfasst, und ein Computersystem ordnet jedem Schuss eine Punktzahl zu. Bei den mit der **Schrotflinte ausgetragenen Wettbewerben im Tontaubenschießen** wird jeder Treffer, der eine sichtbare Spur am Ziel hinterlässt, als ein Punkt gewertet.

→ EINE LISTE DER EINZELWETTBEWERBE, FÜR DIE ISSF BEI OLYMPISCHEN SPIELEN ZUSTÄNDIG IST, STEHT IM SPORT-ERGEBNISTEIL AB S. 258

MEISTE DARTS-WELTMEISTERTITEL →

Phil Taylor (GB) sammelte im Lauf seiner Karriere insgesamt zwölf Darts-WM-Titel. 1990 und 1992 war er zunächst Champion der World Darts Organization (WDO). Unter dem Dach des Professional Darts Council (PDC) siegte er dann von 1995–2002 sowie 2004 und 2005.

★ NEUER REKORD ★ VERBESSERTER REKORD WWW.GUINNESSWORLDRECORDS.COM

→ SPORT
TENNIS

ROGER FEDERER

Die Nummer 1 der Tennis-Weltrangliste der Herren – und Rekordgewinner von 16 aufeinander folgenden Open-Turnieren – berichtet über seine beeindruckenden Leistungen.

Wer war als Kind Ihr Vorbild?
Ich habe zwei Sportler sehr bewundert. Der eine war Michael Jordan und der andere Björn Borg.

Was halten Sie für ihren größten Erfolg im Tennis?
Das sind ganz sicher die Siege bei drei Grand-Slam-Turnieren, im Masters Cup sowie sechs weiteren Wettkämpfen plus lediglich sechs Niederlagen im gesamten Jahr ... und das alles in einem Jahr (2004).

Wie sehen Ihre Ziele für die Zukunft aus?
Die Nummer 1 bleiben ... und Wimbledon ist immer ein Ziel! Ich werde mich auch für wohltätige Zwecke engagieren. Dazu habe ich die Roger-Federer-Stiftung gegründet, die sich um die Sportförderung für junge Leute kümmert und Projekte für benachteiligte Kinder finanziert, für die ich mich gern stärker einsetzen möchte. Auf jeden Fall möchte ich auf die eine oder andere Weise weiterhin im Sport arbeiten.

Welchen Rat würden Sie jungen Sportlerinnen und Sportlern geben?
Man erlebt Höhen und Tiefen und lernt viel aus Rückschlägen. Man muss sich langfristige Ziele setzen und mit Liebe bei der Sache sein. Außerdem braucht man viel Unterstützung von Eltern und Verwandten.

↑
★ MEISTE FINALSIEGE IN FOLGE

Zwischen Oktober 2003 und Februar 2005 gewann Roger Federer (CH) 16 aufeinander folgende Finalspiele von Open-Turnieren: in Wien, den Masters Cup, die Australian Open, Dubai, das Indian Wells Masters, das Hamburg Masters, Halle, Wimbledon, Gstaad, das Canadian Masters, die US-Open, Bangkok, den Masters Cup, die Qatar Open, Rotterdam und die Dubai Open.

GRAND-SLAM-TURNIERE

MEISTE TURNIERSIEGE (EINZEL)
Margaret Court (AUS) gewann von 1960 bis 1973 bei Grand-Slam-Turnieren insgesamt 24 Einzeltitel.

MEISTE TURNIERSIEGE (DOPPEL)
Zwei Damenteams gewannen jeweils 20 Grand-Slam-Turniere: Althea Louise Brough und Margaret Evelyn Du Pont (beide USA) zwischen 1942 und 1957 sowie Pam Shriver und Martina Navratilova (beide USA) von 1981 bis 1989.

Der **Rekord bei den Grand-Slam-Siegen im Herren-Doppel** liegt bei zwölf und wurde von John Newcombe und Tony Roche (beide AUS) zwischen 1965 und 1976 erzielt.

★ LÄNGSTES MATCH
Fabrice Santoro and Aranud Clément (beide F) spielten 2004 in der ersten Runde der French Open 6 Stunden 33 Minuten.

MEISTE WIMBLEDON-SIEGE (EINZEL)
Pete Sampras (USA) gewann in Wimbledon siebenmal das Herreneinzel: 1993 bis 1995 und 1997 bis 2000.

Die **meisten Damen-Einzelsiege in Wimbledon** holte Martina Navratilova (USA) mit insgesamt neun. Sie gewann 1978, 1979, 1982 bis 1987 und 1990.

MEISTE WIMBLEDON-SIEGE (DOPPEL)
Todd Woodbridge (AUS) gewann zwischen 1993 und 2004 neunmal das Herrendoppel von Wimbledon. Die ersten sechs Titel holte er zusammen mit Mark Woodforde (AUS), die letzten drei mit Jonas Bjorkman (S).

★ HÄRTESTER AUFSCHLAG →

Den härtesten Aufschlag bei den Damen (gemessen mit moderner Technik) besitzt Venus Williams (USA). Sie schlug am 16. Oktober 1998 in Zürich (CH) mit 205 km/h auf. ★ **Den härtesten Aufschlag bei den Herren** erreichte Andy Roddick (USA) am 11. Juni 2004 im Queen's Club, London (GB), mit 246,2 km/h.

MEISTE SIEGE BEI DEN US-OPEN (EINZEL)
Den Rekord von sieben Einzeltiteln bei den US-Open teilen sich drei Herren: Richard Sears (USA) 1881 bis 1887; William Larned (USA) 1901, 1902 und 1907 bis 1911 sowie Bill Tilden (USA) 1920 bis 1925 und 1929.

Den **Damen-Rekord** mit acht Einzelsiegen hält Molla Mallory (geb. Bjurstedt, N) mit Siegen 1915 bis 1918, 1920 bis 1922 sowie 1926.

MEISTE SIEGE BEI DEN FRENCH OPEN (EINZEL)
Der Schwede Björn Borg gewann bei den French Open in den Jahren 1974, 1975 und 1978 bis 1981 insgesamt sechs Einzeltitel.

Chris Evert (USA) gewann siebenmal den Titel im **Dameneinzel**: 1974, 1975, 1979, 1980, 1983, 1985 und 1986.

MEISTE SIEGE BEI DEN AUSTRALIAN OPEN (EINZEL)
Roy Emerson (AUS) gewann im Herreneinzel sechsmal die Australian Open: 1961 und 1963 bis 1967.

Bei den **Damen** holte die Australierin Margaret Court 1960 bis 1966, 1969 bis 1971 sowie 1973 insgesamt elfmal den Einzeltitel.

DAVIS-CUP

MEISTE DAVIS-CUP-SIEGE
Die USA gewannen von 1900 bis 1995 insgesamt 31-mal den Davis-Cup, die Internationale Mannschaftsmeisterschaft im Herrentennis.

ÄLTESTER SPIELER IM DAVIS-CUP
Yaka-Garonfin Koptigan (RT) spielte am 27. Mai 2001 im Alter von 59 Jahren 147 Tagen ein Davis-Cup-Match gegen Mauritius.

Der **älteste Tennisspieler der Welt** ist José Guadalupe Leal Lemus (MEX, geb. am 13. Dezember 1902). Er begann im Jahre 1925 und spielt auch mit 102 Jahren noch immer regelmäßig.

JÜNGSTER SPIELER IM DAVIS-CUP
Kenny Banzer (FL) spielte am 16. Februar 2000 im Alter von 14 Jahren 5 Tagen im Davis-Cup gegen Algerien.

JÜNGSTE WIMBLEDON-SIEGER

NAME	LAND	ALTER	JAHR
Herren			
Boris Becker	D	17 Jahre 227 Tage	1985
Wilfred Baddely	GB	19 Jahre 174 Tage	1891
Sidney Wood	USA	19 Jahre 245 Tage	1931
Björn Borg	S	20 Jahre 22 Tage	1976
Ellsworth Vines	USA	20 Jahre 278 Tage	1932
Damen			
Charlotte Dod	GB	15 Jahre 285 Tage	1887
Martina Hingis	CH	16 Jahre 278 Tage	1997
Maria Sharapova (rechts)	RUS	17 Jahre 75 Tage	2004
Maureen Connolly	USA	17 Jahre 292 Tage	1952
May Sutton	USA	18 Jahre 286 Tage	1905

VERMISCHTES

LÄNGSTES TENNISEINZEL
Christian Albrecht Barschel und Hauke Daene (beide D) lieferten sich am 12. und 13. September 2003 im Tennisklub Mölln (D) das längste nach Wettkampfregeln ausgetragene Tennismatch aller Zeiten. Es dauerte 25 Stunden 25 Minuten. Dabei wurden 36 Sätze ausgetragen.

★ LÄNGSTES TENNISDOPPEL
Das längste Tennisdoppel nach Wettkampfregeln eines Teams gegen jedermann dauerte 33 Stunden 33 Minuten 33 Sekunden und wurde von Christian Albrecht Barschel und Hauke Daene (beide D) zwischen dem 13. und 15. August 2004 im Tennisklub Mölln (D) bestritten.

★ MEISTE MENSCHEN JONGLIEREN TENNISBÄLLE AUF SCHLÄGERN
Die Rekordzahl von Menschen, die auf Tennisschlägern an einem Ort gleichzeitig Tennisbälle auf und ab hüpfen ließen, liegt bei 258 und wurde am 11. März 2004 im Devonport Tennis Club, Devonport, Tasmanien (AUS), erreicht.

LÄNGSTES TRAININGSMARATHON
Butch Heffernan (AUS) erteilte vom 23. bis 25. November 2001 im Next Generation Club in Brierley Hill, Dudley, West Midlands (GB), 52 Stunden lang Tennisunterricht.

MEISTE TENNISBÄLLE IN EINER HAND
Francisco Peinado Toledo (E) hielt am 18. September 2003 in Valencia (E) 10 Sekunden lang 18 Tennisbälle in seiner linken Hand.

ÄLTESTER BALLJUNGE
Manny Hershkowitz (USA) arbeitete im September 1999 im Alter von 82 Jahren bei den US-Open in Flushing Meadows, New York (USA), als Balljunge.

DIE TENNIS-„GRAND SLAMS"
Der Begriff „Grand Slam" wurde zum ersten Mal 1933 verwendet und bezeichnete die vier wichtigsten Tennis-Turniere des Jahres:

Australian Open (Melbourne, AUS), erstmals ausgetragen 1905, Hartplatz, Januar

Tournoi de Roland-Garros (French Open) (Paris, F), erstmals ausgetragen 1891, Sand, Mai/Juni

Wimbledon (London, GB), erstmals ausgetragen 1877, Rasen, Juni/Juli

US-Open (New York City, USA), erstmals ausgetragen 1881, Hartplatz, August/September

★ MEISTE VEREINSMEISTERSCHAFTEN
Die ★ **meisten Siege einer Einzelperson bei Vereinsmeisterschaften desselben Clubs** errang Stuart Foster (GB). Er gewann zwischen 1987 und 2004 insgesamt 16-mal (und hält zudem den Rekord für zehn aufeinander folgende Siege) im Leverstock Green Lawn Tennis Club, Hemel Hempstead (GB). Darüber hinaus hält er Rekorde für die ★ **meisten Meisterschaftssiege im Herrendoppel** mit 17 Siegen zwischen 1988 und 2004 mit seinem Spielpartner Graham Fish (GB) sowie für die ★ **meisten Siege im gemischten Doppel** – elf – zwischen 1985 und 2001.

 NEUER REKORD ★ VERBESSERTER REKORD WWW.GUINNESSWORLDRECORDS.COM

SPORT & SPIELE
EXOTISCHE SPORTARTEN

SCHNELLSTE KOHLEN-SCHLEPPER

David Jones stellte am 1. April 1991 bei der alljährlichen Coal Carrying Championship in Gawthorpe (GB) eine neue Bestzeit auf: Er brachte seinen 50 kg schweren Kohlensack auf der 1.012,5 m langen Strecke nach 4 Minuten 6 Sekunden ins Ziel.

Ruth Clegg (GB) schaffte beim Meisterschaftsrennen am 6. April 2002 dieselbe Strecke mit einem 20-kg-Sack in 5 Minuten 4 Sekunden und wurde damit zur **schnellsten Kohlensackträgerin** in der Geschichte dieses Wettbewerbs.

WEITESTER SATZ BEIM DYNO CLIMBING

Matt Heason (GB) schaffte am 20. April 2002 im Edge Climbing Centre in Sheffield (GB) einen 2,60 m langen Sprung bergauf. Beim Dyno Climbing springen die Kletterer ohne Zwischenhalt von einem Griffpaar zum nächsthöheren.

Die ★ **Bestleistung bei den Frauen** stellte Anne-Laure Chevrier (F) am 5. August 2004 in Benodet (F) mit 1,95 m auf.

★ MEISTE WM-TITEL IM ELEFANTENPOLO

Die Tiger Top Tuskers (NEP) erspielten sich bisher achtmal den Weltmeistertitel im Elefantenpolo. Sie setzten sich 1983–1985, 1987, 1992, 1998, 2000 und 2003 gegen die schwergewichtige Konkurrenz durch.

★ SCHNELLSTE 100 M AUF EINEM SPACEHOPPER

Ashrita Furman (USA) legte am 16. November 2004 im Flushing Meadow Park im New Yorker Stadtteil Queens auf einem Spacehopper 100 m in 30,2 Sekunden zurück. Das ist ein Gummiball von etwa 70 cm Durchmesser – eigentlich ein Kinder-Spielgerät – mit zwei Handgriffen, auch Hüpfball genannt.

★ MEISTE KABADDI-WM-TITEL

Das Team aus Indien besiegte den Iran im Finale der einzigen bisher ausgetragenen Kabaddi-Weltmeisterschaften am 21. November 2004 mit 55:27. Das Spiel fand im South Kanara Sports Club in Mumbai (IND) statt. Kabaddi ist ein Lauf- und Fangspiel zwischen zwei Zwölfer-Mannschaften, das auf einem etwa 12 x 10 m großen Feld ausgetragen wird.

★ MEISTE AUFEINANDER FOLGENDE TRITTE MIT ZWEI FOOTBAGS

Juha-Matti Rytilahti (FIN) gelangen am 30. September 2001 im Messezentrum von Turku (FIN) 68 aufeinander folgende Tritte mit zwei Footbags, für die er nur einen Fuß benutzte.

← REKORDWELTMEISTER IM TOE WRESTLING

Alan Nash (GB) gewann fünfmal den Weltmeistertitel im Toe Wrestling (etwa: „Zehendrücken") der Männer: 1994, 1996, 1997, 2000 und 2002. Karen Davies (GB) sicherte sich von 1999–2002 viermal nacheinander den **Titel im Frauenwettbewerb**. Die Meisterschaften werden alljährlich am ersten Samstag im Juni im Ye Olde Royal Oak in Wetton, Staffordshire (GB), ausgetragen. Die Kontrahenten müssen den Fuß des Gegenübers auf die andere Seite eines als „Toerack" bezeichneten, für diesen speziellen Zweck konstruierten Kampfringes drücken und dürfen dabei nur die Zehen einsetzen. Rekordmeister Nash (Spitzname: „Nasty") widerfuhr außerdem noch die Ehre des Ritterschlags durch Seine Majestät König Leo I. von Redonda (West Indies).

★ NEUER REKORD   ★ VERBESSERTER REKORD

★ LÄNGSTE SIEGESSERIE BEI DER WM IM MOORSCHNORCHELN

Steve Griffiths (GB; 1985–1987) und Philip John (GB; 2002–2004, oben im Bild) gewannen je dreimal nacheinander diesen begehrten Weltmeistertitel.

★ MEISTE TEILNEHMER BEI DER WELTMEISTERSCHAFT IM MOORSCHNORCHELN
An der Moorschnorchel-WM, die am 30. August 2004 im Torfmoor von Waen Rhydd im walisischen Ort Llanwrtyd Wells (GB) ausgetragen wurde, nahm die Rekordzahl von 146 Moorschwimmern teil.

★ REKORDWELTMEISTER IM HUFEISENWERFEN
Ted Allen und Alan Francis (beide USA) holten sich je zehn Weltmeistertitel im Hufeisenwerfen. Dieser Wettbewerb wurde zunächst in unregelmäßigen Zeitabständen, seit 1946 dann jährlich ausgetragen. Allen gewann 1933–1940 viermal (in wechselnden Intervallen), 1946, 1953, 1955–1957 und 1959, und Francis bewies 1989, 1993, 1995–1999, 2001, 2003 und 2004 die sicherste Hand und zog mit seinem Vorgänger gleich.

★ GRÖSSTE AN LAND GERUDERTE ENTFERNUNG
Rob Bryant (USA) legte an Land eine Strecke von 5.278,5 km mit einem eigens für ihn konstruierten Rudergerät zurück. Er startete am 2. April 1990 in Los Angeles (USA) und kam am 30. Juli 1990 in der US-Hauptstadt Washington an.

★ MEISTE TISCHUMRUNDUNGEN BEIM TABLE WRESTLING
Die Akteure beim Table Wrestling müssen eine 360-Grad-Runde um eine Tischplatte vollführen (auf Ober- und Unterseite), ohne den Boden zu berühren. Weltrekordhalter Chris Sturman (GB) schaffte am 10. Juli 1999 elf Tischumrundungen innerhalb einer Minute.

★ GRÖSSTE UMDREHUNG AUF EINER KIIKING-SCHAUKEL

Andrus Aasamäe (EST) gelang am 21. August 2004 in Haapsalu (EST) eine volle Umdrehung auf einer Kiiking-Schaukel mit 7,02 m langen Stangen. Die **Bestleistung bei den Frauen** hält Kätlin Kink (EST), die am 19. Juli 2003 in Palmse (EST) mit 5,93 m langen Stangen den richtigen Dreh fand.

★ LÄNGSTES HUMAN-TABLE-FOOTBALL-SPIEL
Ein Wettspiel im Human Table Football ging am 12. August 2004 in Foz do Arelho Beach (P) über die Marathondistanz von 24 Stunden. Dabei werden die Akteure (bis zu 4) an horizontalen Stangen festgebunden, an denen sie sich, wie die Figuren beim Tischkicker, hin- und herbewegen können. Das Spielfeld ist von einem Plastikrand umgeben, an beiden Enden sind Plastiktore eingebaut. Das Ganze sieht wirklich aus wie ein „Riesenkicker".

← MEISTE WM-TITEL IM ERBSENSCHIESSEN

Mark Fordham (GB) ist siebenfacher Weltmeister im Erbsenschießen. Er gewann den Wettbewerb 1977, 1978, 1981, 1983–1985 und 1992. Mit seinem dritten Sieg in Folge stellte er Mitte der achtziger Jahre außerdem den Rekord für die **meisten WM-Titel nacheinander** auf, der vom hier abgebildeten David Hollis mit Siegen von 1999–2001 eingestellt wurde. Letzterer war zugleich der **jüngste Weltmeister aller Zeiten** in diesem Wettbewerb, denn beim ersten Titelgewinn war er erst 13 Jahre alt. Die Weltmeisterschaften im Erbsenschießen werden alljährlich in Witcham, Cambridgeshire (GB), ausgetragen. Das Spielziel besteht darin, aus einer Entfernung von 3,2 m eine mit einer Kittschicht überzogene Scheibe von der Größe eines Dartboards zu treffen. Für Treffer im inneren Ring gibt es fünf Punkte, für den mittleren Ring drei Punkte und für den äußeren Ring einen Punkt.

Was ist Kiiking? Kiiking ist ein Sport, der sich im Baltikum und den skandinavischen Ländern entwickelt hat. Das Ziel der sportlichen Tätigkeit ist eine vollständige Umdrehung um 360 Grad auf einer Schaukel mit enormen Abmessungen. Das Kriterium für Rekorde ist die Länge der Stangen, an denen der Schaukelsitz befestigt ist: je länger die Stangen, desto größer die Leistung.

WWW.GUINNESSWORLDRECORDS.COM

SPORT & SPIELE
WASSERSPORT 1

HÖCHSTER SPRUNG MIT HYDRO-FOIL-TRAGFLÜGELFAHRZEUG →
Billy Rossini (USA, rechts) erreichte mit einem Hydrofoil-Tragflügelfahrzeug, eine Art „Sitz-Wasserski", am 1. August 2004 auf dem Lake Norman in North Carolina (USA) eine Sprunghöhe von 7,01 m. Ein Hydrofoil besteht aus einer langen, unter einem Brett installierten Kielflosse. Auf dem Brett sitzt der Pilot auf einer Art Stuhl.

MEISTE AUSZEICHNUNGEN ALS LEBENSRETTER
Die Royal Life Saving Society verlieh Eric Deakin aus Hightown, Merseyside (GB), von 1954 bis 2004 insgesamt 250 Auszeichnungen als Lebensretter.

Kanusport-Fachbegriffe
C: Canadier: ein (meist offenes) Kanu, das kniend und mit einem Stechpaddel gefahren wird, auf stehenden Gewässern und auf Wildwasser

K: Kajak: ein Boot, dessen Sitzluke mit einer Spritzdecke verschlossen wird. Es wird sitzend und mit einem Doppelpaddel gefahren

Die Zahl, die auf den Buchstaben folgt (C4, K2 usw.), zeigt an, ob es sich um ein Einer-, Zweier- oder Viererboot handelt

JETSKI

★ MEISTE ROLLEN INNERHALB VON ZWEI MINUTEN
Fred Guerreiro (F) schaffte mit seinem Jetski am 15. Juli 2004 bei einer Demonstration für L'Été De Tous Les Records in Argeles Gazost (F) zehn Rollen in zwei Minuten.

★ MEISTE JETSKI-TITEL
Marc Sickerling (D) wurde von der International Jet Ski Boating Association achtmal zum Europameister (1991–1994, 1998 und 2001–2003) und dreimal zum Weltmeister (1993–1995) gekürt. Außerdem erhielt er dreimal den WM-Titel (1996–1997 und 2002) sowie viermal den Europameistertitel (1997–1998 und 2002–2003) der Union Internationale Motonautique.

KANUSPORT

MEISTE WM-TITEL UND OLYMPIASIEGE
Birgit Fischer (DDR/D) gewann von 1979 bis 2004 acht olympische Goldmedaillen und 29 Weltmeistertitel.

Drei Kanuten brachten es auf je 13 Siege bei Weltmeisterschaften und Olympischen Spielen: Gert Fredriksson (S, 1948–1960), Rüdiger Helm (DDR, 1976–1983) und Ivan Patzaichin (RO, 1968–1984)

MEISTE OLYMPISCHE GOLDMEDAILLEN (MÄNNER)
Gert Fredriksson (S) gewann von 1948 bis 1960 insgesamt sechs olympische Goldmedaillen.

LÄNGSTE KANUFAHRT MIT TRAGESTRECKEN
Verlen Kruger und Steven Landick (beide USA) legten mit ihrem Kanu vom 29. April 1980 bis zum 15. Dezember 1983 eine Strecke von 45.129 km zurück. Die Reise begann in Red Rock, Montana (USA), und endete in Lansing, Michigan (USA). Die beiden Kanuten bewältigten alle Tragestrecken aus eigener Kraft.

HÖCHSTE BEFAHRENE WASSERFALLSTRECKE
Tao Berman (USA) bewältigte am 23. August 1999 am Upper Johnstone Canyon-Wasserfall im Banff-Nationalpark in Alberta (CDN) einen Höhenunterschied von 30 m in 2,4 Sekunden.

LÄNGSTES RENNEN
Das von der kanadischen Regierung ausgeschriebene Centennial Voyageur Canoe Pageant and Race startete am 24. Mai 1967 in Rocky Mountain House in der Provinz Alberta und endete am 4. September 1967 nach 5.283 km auf dem Ausstellungsgelände der Expo 67 in Montréal (CDN). Die zehn beteiligten Kanus repräsentierten je eine(s) der kanadi-

BESTÄNDIGSTER SURFER →
Dale Webster (USA) war seit dem 2. September 1975 jeden Tag als Surfer aktiv. Der 10.407te Tag auf dem Meer war am 29. Februar 2004 erreicht. Webster legte sich selbst die Bedingung auf, dass zu einem richtigen „Wellenritt" jeweils mindestens drei Wellen in Richtung Strand gehören, die es nacheinander zu erwischen gilt.

MEISTE OLYMPISCHE GOLDMEDAILLEN IM KANUSPORT (FRAUEN)

Birgit Fischer (DDR/D) gewann von 1980 bis 2004 insgesamt acht Goldmedaillen. Hinzu kommen noch viermal Silber, insgesamt gewann sie zwölf Medaillen, ebenfalls Rekord.

schen Provinzen und Territorien. Es siegte das Boot *Radisson* der Provinz Manitoba.

SCHNELLSTE NORDATLANTIKÜBERQUERUNG IN EINEM EINERKAJAK

Peter Bray (GB) überquerte den Nordatlantik in einem hochseetüchtigen Einerkajak ohne fremde Hilfe in 76 Tagen. Er war vom 22. Juni bis 5. September 2001 auf See.

SCHNELLSTE 100 ESKIMOROLLEN IM EINERKAJAK

Ray Hudspith (GB) schaffte am 3. März 1991 im Killingworth Leisure Centre, Tyne and Wear (GB), 100 Eskimorollen in 3 Minuten 7,25 Minuten.

★ MEISTE ESKIMOROLLEN IM ZWEIERKAJAK INNERHALB EINER MINUTE

Drei Teams schafften bisher 26 Eskimorollen mit dem Zweierkajak innerhalb einer Minute. Bernard Bregeon und Richard Vezzoli (beide F) setzten die neue Bestmarke am 30. Juni 2004 in Biscarrosse (F). Marc Girardin und Frédéric Lascourrèges (beide F) stellten den Rekord am 15. Juli 2004 in Argeles Gazost (F) ein. Als dritte Rekordhalter kamen am 2. August 2004 in Bénodet (F) noch Yann Hascoet und Emmanuel Baclet (beide F) hinzu. Alle drei Bestleistungen wurden am Set von *L'Été De Tous Les Records* aufgestellt, der französischen Ausgabe der GUINNESS WORLD RECORDS Fernsehshow.

★ MEISTE WELTMEISTERTITEL (EINZELBOOTE, MÄNNER)

Vladimir Vala und Jaroslav Slucik (beide SK) gewannen bei von der International Canoe Foundation (ICF) ausgerichteten Wettkämpfen insgesamt vier Weltmeistertitel im Wildwasserfahren. Sie siegten 1996 und 2000 im Zweierkanadier und holten sich 2004 zwei weitere Titel.

★ MEISTE WM-TITEL IN DER MANNSCHAFTSWERTUNG (MÄNNER)

Deutschland gewann bei ICF-Weltmeisterschaften dreimal die Mannschaftswertung: 1996 im Einerkajak sowie 1996 und 2004 im Zweierkanadier.

WASSERSPRINGEN

MEISTE OLYMPISCHE MEDAILLEN

Klaus Dibiasi (I) und Gregory Efthimios Louganis (USA) gewannen bei Olympischen Spielen je fünf Medaillen im Wasserspringen. Dibiasi sammelte von 1964–1976 dreimal Gold und zweimal Silber, Louganis brachte von den Spielen 1976, 1984 und 1988 viermal Gold und einmal Silber mit. Zwei Teilnehmern gelangen jeweils zwei Doppelerfolge im Kunst- und Turmspringen: Patricia Joan McCormick (USA) schaffte dies 1952 und 1956, Greg Louganis 1984 und 1988.

★ MEISTE HIGH-DIVING-WM-TITEL

Orlando Duque (CC) ist mit bisher drei Erfolgen aus den Jahren 2000, 2001 und 2002 Rekordtitelträger der World High Diving Federation.

→ WIE VIELE LEUTE SCHAFFEN AUF EINEM SURFBOARD EINEN GEMEINSAMEN WELLENRITT?

DIE ANTWORT STEHT AUF S. 151

HÖCHSTER KOPFSPRUNG →

Professionelle Wasserspringer aus La Quebrada (das Wort bedeutet „Schlucht" oder „Klamm") in Acapulco (MEX) zeigen dort regelmäßig Kopfsprünge aus einer Höhe von 35 m in nur 3,65 m tiefes Wasser. Da die Felsen an der Wasseroberfläche (vom Absprungpunkt aus gemessen) 6,40 m weit vorspringen, ist an dieser Stelle nicht nur ein Tiefsprung, sondern auch ein 8,22 m weiter Satz nach vorn erforderlich.

★ NEUER REKORD ★ VERBESSERTER REKORD WWW.GUINNESSWORLDRECORDS.COM

SPORT & SPIELE
WASSERSPORT 2

★ WEITESTER WAKEBOARDSPRUNG ÜBER EINE RAMPE

Jerome MacQuart (F) gelang mit einem Satz von 15 m der bisher weiteste Sprung mit einem Wakeboard über eine Rampe. So geschehen am 14. Juli 2004 am Set von *L'Été De Tous Les Records* in Argeles Gazost (F). Ein Wakeboard ist ein kurzer, breiter Wasserski, auf dem sich die Aktiven von einem Motorboot ziehen lassen.

Der Ärmelkanal
Der Ärmelkanal ist der Teil des Atlantischen Ozeans, der auf etwa 550 km Länge Frankreich und Großbritannien trennt. An der engsten Stelle zwischen Dover und Cap Griz-Nez ist er 34 km breit, und die meisten Schwimmer versuchen den berühmten Wasserweg in diesem Bereich zu durchqueren. Der Brite Matthew Webb (1848–1883), ein Kapitän der Handelsmarine, war **der erste Mensch, der den Ärmelkanal schwimmend und ohne Rettungsweste überwand**. Da er nicht geraden Kurs hielt, legte er nach Schätzungen in der 34 km breiten Meerenge eine Gesamtstrecke von rund 61 km zurück und benötigte dafür am 24. und 25. August 1875 eine Zeit von 21 Stunden 45 Minuten. Die **erste Frau, die den Ärmelkanal durchschwamm**, war Gertrude Caroline Ederle (USA). Sie schaffte die Strecke von Frankreich nach England am 6. August 1926 in der damaligen Gesamt-Rekordzeit von 14 Stunden 39 Minuten. Für diese Leistung wurde sie bei ihrer Rückkehr nach New York City (USA) mit einer Konfettiparade geehrt.

RUDERN

MEISTE OLYMPISCHE GOLDMEDAILLEN
Steven Redgrave (GB) gewann fünf olympische Goldmedaillen. Er siegte im Vierer mit Steuermann (1984), im Zweier ohne (1988, 1992 und 1996) und im Vierer ohne Steuermann (2000). Elisabeta Lipa (RO) ist die ★ **erfolgreichste olympische Ruderin** aller Zeiten, von 1984 bis 2004 gewann sie ebenfalls fünfmal Gold.

SCHWIMMEN

LÄNGSTE VON EINER 20-KÖPFIGEN STAFFEL IN 24 STUNDEN ZURÜCKGELEGTE STRECKE
Neuseelands Schwimm-Nationalstaffel schaffte am 9. und 10. Dezember 1983 in Lower Hutt (NZ) innerhalb von 24 Stunden eine Distanz von 182,807 km. Die 160-km-Marke (die 100 Meilen entspricht) wurde nach 20 Stunden 47 Minuten 13 Sekunden erreicht.

SCHNELLSTE ÜBERQUERUNGEN DES ÄRMELKANALS
Die offizielle, von der 1927 gegründeten Channel Swimming Association anerkannte Rekordzeit für das schnellste Durchschwimmen des Ärmelkanals steht bei 7 Stunden 17 Minuten. Chad Hundeby (USA) erreichte sie am 27. September 1994 auf der Strecke von Shakespeare Beach, Dover (GB), nach Cap Gris-Nez (F). Die **schnellste Zeit in Gegenrichtung** gelang Richard Davey (GB) bereits 1988 mit 8 Stunden 5 Minuten. Die US-Nationalstaffel stellte am 1. August 1990 mit 6 Stunden 52 Minuten für die einfache Strecke (von England nach Frankreich) einen neuen **Rekord für Mannschaften** auf und fügte anschließend mit einer Gesamtzeit von 14 Stunden 18 Minuten noch einen **Staffelrekord für den Hin- und Rückweg** hinzu.

GRÖSSTES RENNEN IM MEER
Am größten Wettschwimmen aller Zeiten im Meer, dem The Pier to Pub Swim in Lorne, Victoria (AUS), beteiligten sich am 10. Januar 1998 insgesamt 3.070 Aktive.

LÄNGSTE SCHWIMMSTRECKE AUF OFFENEM MEER
Susie Maroney (AUS) schwamm 197 km weit von Mexiko nach Kuba – die **längste jemals ohne Flossen auf offenem Meer geschwommene Strecke** – und war dabei 38 Stunden 33 Minuten lang unterwegs. Sie kam am 1. Juni 1998 auf Kuba an.

MEISTE WELTMEISTERSCHAFTS-MEDAILLEN
Michael Groß (BRD) gewann von 1982 bis 1990 bei Schwimm-Weltmeisterschaften insgesamt 13 Medaillen: fünfmal Gold, fünfmal Silber und dreimal Bronze.

Die **erfolgreichste WM-Schwimmerin** war Kornelia Ender (DDR), die 1973 und 1975 acht Gold- und zwei Silbermedaillen gewann.

Erfolgreichster Medaillensammler bei einer einzelnen Weltmeisterschaft war Matt Biondi (USA), der 1986 dreimal Gold, einmal Silber und dreimal Bronze erreichte.

Die meisten Weltmeistertitel sicherte sich Ian Thorpe (AUS), der 1998 und 2001 insgesamt acht Goldplaketten einheimste.

MEISTE AUFEINANDER FOLGENDE OLYMPIASIEGE IM SCHWIMMEN
Zwei Schwimmerinnen gewannen dreimal nacheinander dieselbe olympische Disziplin. Dawn Fraser (AUS) siegte 1956, 1960 und 1964 über 100 m Freistil, und Krisztina Egerszegi (H) triumphierte 1988, 1992 und 1996 über 200 m Rücken.

★ ÄLTESTE ÄRMELKANALSCHWIMMER

George Brunstad (USA, geb. am 25. August 1934) schwamm am 29. August 2004 in 15 Stunden 59 Minuten von Dover (GB) nach Sangatte (F). Er war zu diesem Zeitpunkt 70 Jahre 4 Tage alt. Die **älteste Kanalschwimmerin** war Susan Fraenkel (RSA, geb. am 22. April 1948), die diese Strecke im Alter von 46 Jahren 103 Tagen am 24. Juli 1994 in 12 Stunden 5 Minuten bezwang.

GUINNESS WORLD RECORDS BUCH 2006

← MEISTE PROFI-SURFING-WM-TITEL (FRAUEN)
Layne Beachley (AUS) gewann von 1998 bis 2003 sechs Weltmeistertitel der ASP-(Association of Surfing Professionals) Tour.

★ ÄLTESTER BARFUSS-WASSERSKILÄUFER
Der am 22. Januar 1915 geborene George Blair (USA) übte sich am 20. Februar 2005 im Alter von 90 Jahren 29 Tagen auf dem Lake Florence in Winter Haven, Florida (USA), im Barfuß-Wasserskilauf.

WAKEBOARDING

★ MEISTE WM-TITEL
Darin Shapiro (USA) gewann den Wakeboarding-WM-Titel der Männer in den Jahren 1999, 2001 und 2002. Im **Frauen-Wettbewerb** sicherten sich zwei US-Amerikanerinnen je zwei Titel. Tara Hamilton siegte 1998 und 2002, und Meghan Major war 1999 und 2000 erfolgreich.

WASSERBALL

★ MEISTE OLYMPIASIEGE
Ungarn gewann bisher achtmal das olympische Wasserballturnier der Männer. Die Magyaren siegten 1932, 1936, 1952, 1956, 1964, 1976, 2000 und 2004.

Ein olympisches Turnier für Frauenmannschaften gibt es erst seit Sydney 2000. Der erste Titel ging an die australischen Gastgeberinnen, 2004 siegte die italienische Mannschaft.

★ REKORDWELTMEISTER
Weltmeisterschaften im Männerwasserball gibt es seit 1973. Die UdSSR-Mannschaft siegte 1975 und 1982, das Team Russlands gewann 2002.

Der Frauen-Weltmeistertitel wird seit 1986 vergeben, und Italien holte als bisher einziges Team zwei Titel.

★ LÄNDERSPIEL-REKORDTORSCHÜTZE
Deb Handley warf bei den Weltmeisterschaften 1982 in Guayaquil (EC) 13 Tore zum 16:10-Erfolg Australiens über Kanada.

BARFUSS-WASSERSKI

★ MEISTE WM-TITEL (MANNSCHAFT)
Das Team der USA gewann von 1988 bis 2004 neunmal den Mannschafts-WM-Titel im Barfuß-Wasserskilauf.

MEISTE EINZEL-WM-TITEL (FRAUEN)
Zwei Athletinnen gewannen je vier Einzel-WM-Titel im Barfuß-Wasserskilauf: Kim Lampard (AUS) siegte 1980, 1982, 1985 und 1986, und Jennifer Calleri (USA) 1990, 1992, 1994 und 1996.

WILDWASSER-RAFTING

MEISTE WM-TITEL (MÄNNER)
Die World Rafting Challenge Championship wird seit 1995 ausgetragen. Fünffacher Titelträger bei den Männern ist das Team von Slowenien mit einer von 1995 bis 1999 dauernden Siegesserie.

★ MEISTE EINZEL-WM-TITEL IM BARFUSS-WASSERSKI (MÄNNER)
Ron Scarpa (USA) gewann viermal, 1992, 1996, 1998 und 2000, den Einzel-WM-Titel im Barfuß-Wasserskilauf.

★ NEUER REKORD ★ VERBESSERTER REKORD WWW.GUINNESSWORLDRECORDS.COM

→ SPORT & SPIELE
WINTERSPORT 1

★ CURLING – MEISTE → WM-MEDAILLEN

Die Norwegerin Dordi Nordby (im Bild) gewann bei Curling-Weltmeisterschaften von 1989 bis 2004 insgesamt zehn Medaillen: zweimal Gold, dreimal Silber und fünfmal Bronze. Die ★ **meisten Medaillen bei den Männern** sammelte mit neun Eigil Ramsfjell (N). Er holte von 1978 bis 1991 dreimal Gold, zweimal Silber und viermal Bronze.

Cresta Run
Der Cresta Run ist ein abenteuerlich steiler und kurviger Eiskanal, der alljährlich in die natürliche Schneelandschaft des Cresta-Tals in St. Moritz (CH) gefräst wird. Die Strecke ist 1.212 m lang und weist einen Höhenunterschied von 157 m auf. Die Rennschlitten erreichen eine Höchstgeschwindigkeit von knapp 130 km/h, und die Piloten lenken und bremsen ihre federleichten Gefährte mit an den Schuhen befestigten Eisen. Am Cresta Run gibt es zwei Startstellen. Der vollständige Kurs beginnt mit dem „Top", und nur erfahrene Piloten dürfen sich von dort aus in die Eisrinne wagen. Die zweite Startstelle – die Junction – kürzt die Strecke um ein gutes Viertel ab.

BOBFAHREN

★ MEISTE WM-TITEL EINES FRAUENTEAMS
Deutschland gewann bisher drei Weltmeistertitel im Bobfahren der Frauen. Das deutsche Team siegte 2000, 2003 und 2004. Weltmeisterschaften der Frauen gibt es in dieser Sportart erst seit 2000, und seit 2002 treten Frauenteams auch bei Olympischen Winterspielen an.

MEISTE WELTMEISTERTITEL IM BOBSPORT
Eugenio Monti (I) gewann von 1957 bis 1968 elf Bob-Weltmeistertitel. Der erfolgreichste Bobpilot aller Zeiten gewann achtmal mit dem Zweier- und dreimal mit dem Viererbob.

SCHNELLSTE ZEIT AUF DEM CRESTA RUN
Die schnellste auf dem Cresta Run (siehe links) in St. Moritz (CH) jemals gemessene Zeit waren die 50,09 Sekunden des Briten James Sunley am 13. Februar 1999, was einer Durchschnittsgeschwindigkeit von 87,11 km/h entspricht.

CURLING

GRÖSSTES BONSPIEL
Zum Bonspiel von 1988 trafen sich in Winnipeg (CDN) 1.424 Vier-Mann-Teams mit insgesamt 5.696 Aktiven, die 187 Bahnen bespielten. „Bonspiel" bedeutet „Ligaspiel".

★ MEISTE WELTMEISTERTITEL (MÄNNER)
Das Team Kanada ist mit 28 Titelerfolgen aus der Zeit von 1959 bis 2003 Rekordweltmeister im Curling der Männer.

HUNDESCHLITTEN

ÄLTESTE RENNSTRECKE
Der 1.688 km lange Iditarod Trail von Anchorage nach Nome in Alaska (USA) ist der älteste bekannte Reiseweg für Hundeschlitten. Die Route besteht seit 1910, und seit 1967 wird alljährlich ein Rennen ausgetragen.

LÄNGSTE RENNSTRECKE
Der 2.000 km lange Berengia Trail von Esso nach Markowo (RUS) ist Schauplatz des längsten Hundeschlittenrennens der Welt. Das Rennen findet inzwischen jährlich und über die volle Distanz statt. Pawel Lazarew (UdSSR, heute RUS) brachte die Gesamtstrecke 1991 in der Rekordzeit von 10 Tagen 18 Stunden 17 Minuten 56 Sekunden hinter sich. Diese Zeit entspricht einer Durchschnittsgeschwindigkeit von rund 8 km/h.

← ★ EISSCHNELLLAUF: BESTE PUNKTWERTUNG IM VIERKAMPF

Die beste Gesamtpunktzahl bei einem Eisschnelllauf-WM-Vierkampf lief am 7. und 8. Februar 2004 in Hamar (N) Chad Hedrick (USA) heraus, der mit 150,478 Punkten den Titel gewann. Die **beste Punktzahl im Frauen-Wettbewerb** erreichte Gunda Niemann-Stirnemann (D) am 6. und 7. Februar 1999 ebenfalls in Hamar (N), wo sie mit 161,479 Punkten auf Platz 1 lief.

EISKUNST-LAUF – MEISTE WELT- MEISTERTITEL

Die **meisten Weltmeistertitel bei den Frauen** erreichte Sonja Henie (N, Foto), die zwischen 1927 und 1936 zehn Goldmedaillen gewann.

Ulrich Salchow (S) holte mit seinen zehn Weltmeistertiteln 1901–1905 und 1907–1911 die **meisten Titel bei den Männern**.

EISKUNSTLAUF

MEISTE WM-TITEL IM PAARLAUF
Irina Rodnina gewann zehn WM-Titel im seit 1908 ausgetragenen Paarlauf-Wettbewerb, vier davon 1969–1972 mit Alexei Nikolajewitsch Ulanow und sechs weitere 1973–1978 mit ihrem Ehemann Alexander Gennadijewitsch Saizew (alle UdSSR).

Rekordweltmeister im seit 1952 ausgetragenen **Eistanz-Wettbewerb** sind mit sechs Titeln Ludmilla Alexeijewna Pachomowa und ihr Ehemann Alexander Georgijewitsch Gorschkow (beide UdSSR), die 1970–1974 und 1976 den ersten Platz belegten. Das Paar gewann 1976 auch die erste in dieser Disziplin vergebene olympische Goldmedaille.

HÖCHSTE PUNKTWERTUNG
Donald George Jackson (CDN) erhielt bei seiner Weltmeisterkür 1962 in Prag (CSSR, heute: CZ) siebenmal die Bestnote 6,0. Midori Ito (J) holte bei den Weltmeisterschaften 1989 in Paris (F) die **höchste Punktzahl bei den Frauen**: ebenfalls siebenmal die Note 6,0.

JÜNGSTE WELTMEISTERIN
Tara Lipinski (USA, geb. am 10. Juni 1982) war erst 14 Jahre 286 Tage alt, als sie am 22. März 1997 Weltmeisterin im Eiskunstlauf wurde.

★ CURLING MEISTE WELT- MEISTERTITEL (FRAUEN) →

Das Team der kanadischen Frauen sammelte 1980, 1984–1987, 1989, 1993, 1994, 1996, 1997, 2000, 2001 und 2004 insgesamt dreizehn Curling-Weltmeistertitel.

EISSCHNELLLAUF

MEISTE SPRINT-WM-TITEL
Igor Schelesowski (UdSSR/BY) gewann 1985, 1986, 1989 und 1991–1993 insgesamt sechs Weltmeistertitel im Eissprint.

MEISTE WM-TITEL IM GROSSEN VIERKAMPF
Zwei Eisschnellläufer gewannen fünf Titel im großen Vierkampf: Oscar Mathisen (N) 1908, 1909 und 1912–1914, und Clas Thunberg (S) 1923, 1925, 1928, 1929 und 1931.

← REKORDSIEGER BEIM CRESTA RUN

Zwei Athleten waren beim Grand National auf dem Cresta Run in St. Moritz jeweils achtmal erfolgreich: Nino Bibbia (I), der Skeleton-Olympiasieger von 1948 war 1960–1964, 1966, 1968 und 1973 als Erster im Ziel, Franco Gansser (CH) stellte diesen Rekord mit seinen Siegen von 1981, 1983–1986, 1988, 1989 und 1991 ein.

→ WELCHES LAND GEWANN BEI OLYMPISCHEN WINTERSPIELEN DIE MEISTEN MEDAILLEN?

DIE ANTWORT STEHT AUF S. 239

SPORT & SPIELE
WINTERSPORT 2

SKI ALPIN – MEISTE WELTCUPSIEGE IN EINER SAISON

Jeweils 13 Siege in Weltcuprennen einer Saison gelangen Ingemar Stenmark (S, 1978/79) und Hermann Maier (A, rechts im Bild), der die Bestleistung des Schweden in der Saison 2000/01 egalisierte.

Ebenfalls 13 Weltcuprennen in einer Saison (und eine Kombinationswertung) gewann 1988/89 bei den Frauen Vreni Schneider (CH), darunter alle sieben Slalomwettbewerbe jenes Winters.

SKI ALPIN

LÄNGSTES ABFAHRTSRENNEN
Das infernalische Rennen führt von der Spitze des Schilthorns über eine 15,8 km lange Strecke nach Lauterbrunnen (CH). Urs von Allmen (CH) verbesserte 1992 den **Streckenrekord bei den Männern** auf heute noch gültige 13 Minuten 53,4 Sekunden. Christine Sonderegger (CH) gelang im gleichen Rennen mit 17 Minuten 8,42 Sekunden eine **neue Bestzeit bei den Frauen**. Das ★ **Rekordteilnehmerfeld** datiert von 2004: 1.611 Aktive wollten das Inferno erleben.

MEISTE WELTCUPSIEGE (MÄNNER)
Ingemar Stenmark (S) gewann von 1974 bis 1989 die Rekordzahl von 86 Weltcuprennen (46 Riesenslalom- und 40 Slalomrennen, bei einer Gesamtzahl von 287 Rennen, die er bestritt). Ein weiterer Rekord Stenmarks sind die 14 aufeinander folgenden ersten Plätze im Riesenslalom vom 18. März 1978 bis zum 21. Januar 1980. Der alpine Ski-Weltcup wird seit 1967 vergeben.

MEISTE WELTCUPSIEGE (FRAUEN)
Annemarie Moser-Pröll (A) gewann von 1970 bis 1979 insgesamt 62 Weltcuprennen. Von Dezember 1972 bis Januar 1974 fuhr sie in elf Abfahrtsrennen nacheinander auf Platz eins. Außerdem holte sie, ebenfalls ein Rekord, sechsmal den Gesamtweltcup, der anhand einer Punktwertung aus Abfahrt und den verschiedenen Slalomwettbewerben vergeben wird.

FREESTYLE

MEISTE TITEL IM FREESTYLE-WELTCUP
Eric Laboureix (F) sicherte sich fünfmal den seit 1980 vergebenen Freestyle-Weltcup, und zwar in den Jahren 1986–1988, 1990 und 1991. Connie Kissling (CH) gewann von 1983–1992 zehn Freestyle-Weltcuptitel, die **meisten Titel einer Frau**.

← ★ SNOWBOARDING – MEISTE WELTCUPTITEL

Karine Ruby (F) gewann von 1995 bis 2004 20 Weltcuptitel. Den Gesamtweltcup sicherte sie sich in den Jahren 1996–1998 und 2001–2003, im Slalom/Parallelslalom siegte sie 1996–1998 und 2002, im Riesenslalom 1995–1998 und 2001, im Snowboard Cross 1997, 2001, 2003 und 2004 und im Big Air 2004. Mathieu Bozzetto (F) sammelte mit sechs die **meisten Titel bei den Männern**: 1999 und 2000 in der Gesamtwertung und 1999–2002 im Slalom/Parallelslalom.

MEISTE SCHRAUBEN UND SALTI IM FREESTYLE
Matt Chojnacki (USA) gelang am 4. April 2001 im Skigebiet von Winter Park, Colorado (USA), ein Freestyle-Kunstsprung mit vierfachem Rückwärtssalto und vierfacher Schraube.

SKI NORDISCH

MEISTE SKILANGLAUF-WELTMEISTERTITEL (MÄNNER)
Die Geschichte der Weltmeisterschaften im Skilanglauf beginnt 1924 mit den Olympischen Winterspielen in Chamonix (F). Auf 17 Weltmeistertitel (einschließlich der bei Olympischen Spielen ausgetragenen Wettbewerbe) brachte es der am 19. Juni 1967 geborene Norweger Bjørn Dæhlie, der von 1991 bis 1998 zwölf Einzel- und fünf Staffelwettbewerbe gewann. Insgesamt sammelte Dæhlie von 1991 bis 1999 die Rekordzahl von 29 Medaillen.

MEISTE WELTMEISTERTITEL (FRAUEN)
Rekordsiegerin in den Skilanglauf-Frauenwettbewerben ist mit 17 WM-Titeln Jelena Välbe (UdSSR/RUS), die von 1989 bis 1998 zehn Einzel- und sieben Staffelwettkämpfe als Siegerin beendete. Ihre Rekord-Medaillensammlung umfasst 24 Exemplare.

★ WEITESTER → WETTKAMPF-SKISPRUNG
Bjørn-Einar Romøren (N) gelang am 20. März 2005 auf der Skiflugschanze in Planica (SLO) ein Sprung von 239 m. Das Bild zeigt den vorherigen Rekordhalter Matti Hautamäki (FIN) bei den Olympischen Winterspielen 2002 in Salt Lake City (USA).

ERFOLGREICHSTER SKISPRINGER BEI WELTMEISTERSCHAFTEN
Birger Ruud (N) holte sich bei den Skisprungweltmeisterschaften von 1931, 1932 und 1935–1937 insgesamt fünf Titel.

GRÖSSTE AUF LANGLAUFSKIERN IN 24 STUNDEN ZURÜCKGELEGTE STRECKE
Seppo-Juhani Savolainen (FIN) legte am 8. und 9. April 1988 in Saariselkä (FIN) auf Langlaufskiern eine Strecke von 415,5 km zurück.
Kamila Horakova (CZ) erlief am 12. und 13. April 2000 im Canmore Nordic Centre, Alberta (CDN), mit 333 km einen neuen **24-Stunden-Rekord bei den Frauen**.

LÄNGSTES RENNEN
Der alljährlich ausgetragene Wasalauf (Vasaloppet) von Sälen nach Mora (S) führt über 89 km. Die heute noch gültige Bestzeit von 3 Stunden 48 Minuten 55 Sekunden lief Bengt Hassis (S) am 2. März 1986.

SKISPRINGEN

★ **WEITESTER WETTKAMPFSPRUNG EINER FRAU**
Anette Sagen (N) gelang am 14. März 2004 in Oslo (N) ein Sprung von 127,5 m.

★ **WEITESTER SPRUNG AUF EINER MATTENSCHANZE**
Veli-Matti Lindström (FIN) landete am 4. August 2001 bei einem Sprung von der Mattenschanze in Kuusamo (FIN) nach 148 m.

SNOWBOARDING

★ **MEISTE WM-TITEL**
Karine Ruby (F) sammelte sieben WM-Titel: Riesenslalom (1996, 2001), Snowboard Cross (1997, 2001, 2003), olympisches Gold (1998) und Parallelslalom (2001).

SCHNELLSTER SNOWBOARDER
Am 2. Mai 1999 erreichte Darren Powell (AUS) in Les Arcs (F) mit 201,907 km/h die schnellste bei einem Snowboarder gemessene Geschwindigkeit.

← FREESTYLE – MEISTE WELTMEISTERTITEL
Die ersten Freestyle-Skiweltmeisterschaften wurden 1986 in Tignes (F) ausgetragen, in den Disziplinen (Ski-)Ballett, Buckelpiste und Kunstspringen, außerdem gab es einen Kombinationstitel. Edgar Grospiron (F) ist mit drei Titeln der bisherige Rekordsieger. Er gewann 1989 und 1991 den Buckelpisten- und 1995 den Wettbewerb im Kunstspringen. 1992 holte er sich außerdem eine olympische Goldmedaille.
Ebenfalls drei WM-Titel und damit die **meisten Titel bei den Frauen** gewann Candice Gilg (F). In den Jahren 1993, 1995 und 1997 siegte sie im Buckelpistenwettbewerb.

Ski-Fachbegriffe
Nordisch = Skilanglauf und Skispringen

Alpin = Abfahrts- und Slalomwettbewerbe auf stark abschüssiger Strecke

Kunstspringen (Aerial) = Hier heben die Aktiven ab und zeigen Tricks und Sprünge, die in ihrer individuellen Form bewertet werden

→ **WIE LAUTETE DAS HÖCHSTE ERGEBNIS ALLER ZEITEN IN EINEM EISHOCKEY-MATCH?**

DIE ANTWORT STEHT AUF S. 233

★ NEUER REKORD   ★ VERBESSERTER REKORD   WWW.GUINNESSWORLDRECORDS.COM

SPORTREFERENZ 1
BOGENSCHIESSEN (HALLE/FREILUFT), LEICHTATHLETIK (HALLE)

BOGENSCHIESSEN

Jang Yong-ho (ROK) verbesserte am 16. Juni 2003 bei den 42. Weltmeisterschaften im Bogenschießen (Freiluft) den Weltrekord über die 90-m-Distanz auf 337 Punkte.

BOGENSCHIESSEN – FREILUFT

MÄNNER/DISZIPLIN	PUNKTE	REKORDHALTER	ORT	DATUM
FITA-Runde	1.379	Oh Kyo-moon (ROK)	Wonju (ROK)	1. November 2000
90 m	337	Jang Yong-ho (ROK)	New York City (USA)	16. Juni 2003
70 m	347	Choi Young-kwang (ROK)	Hongseong (ROK)	20. August 2002
50 m	351	Kim Kyung-ho (ROK)	Wonju (ROK)	1. September 1997
30 m	360/17	Kye Dong-hyun (ROK)	Cheongju (ROK)	1. September 1997
Mannschafts-Runde	4.074	Jang Yong-ho, Choi Young-kwang, Im Dong-hyun (alle ROK)	New York City (USA)	16. Juli 2003

FRAUEN/DISZIPLIN	PUNKTE	REKORDHALTERIN	ORT	DATUM
★ FITA-Runde	1.405	Park Sung-hyun (ROK)	Cheongju (ROK)	10. Oktober 2004
★ 70 m	351	Park Sung-hyun (ROK)	Cheongju (ROK)	9. Oktober 2004
★ 60 m	351	Kim Yu-mi (ROK)	Cheongju (ROK)	27. August 2004
50 m	350	Park Sung-hyun (ROK)	Yecheon (ROK)	12. März 2003
★ 30 m	360/15	Yun Mi-jin (ROK)	Yecheon (ROK)	27. Oktober 2004
Mannschafts-Runde	4.094	Cho Youn-jeong, Kim Soo-nyung, Lee Eun-kyung (alle ROK)	Barcelona (E)	1. August 1992

LEICHTATHLETIK – TECHNIKDISZIPLINEN (HALLE)

MÄNNER/DISZIPLIN	ERGEBNIS	REKORDHALTER	ORT	DATUM
Hochsprung	2,43 m	Javier Sotomayor (C)	Budapest (H)	4. März 1989
Stabhochsprung	6,15 m	Sergei Bubka (UA)	Donezk (UA)	21. Februar 1993
Weitsprung	8,79 m	Carl Lewis (USA)	New York City (USA)	27. Januar 1984
Dreisprung	17,83 m	Aliecer Urrutia (C)	Sindelfingen (D)	1. März 1997
Kugelstoßen	22,66 m	Randy Barnes (USA)	Los Angeles (USA)	20. Januar 1989
Siebenkampf*	6.476 Punkte	Dan O'Brien (USA)	Toronto (CDN)	13./14. März 1993

FRAUEN/DISZIPLIN	ERGEBNIS	REKORDHALTERIN	ORT	DATUM
Hochsprung	2,07 m	Heike Henkel (D)	Karlsruhe (D)	9. Februar 1992
★ Stabhochsprung	4,90 m	Jelena Isinbajewa (RUS)	Madrid (E)	6. März 2005
Weitsprung	7,37 m	Heike Drechsler (damals DDR)	Wien (A)	13. Februar 1988
★ Dreisprung	15,36 m	Tatjana Lebedewa (RUS)	Budapest (H)	6. März 2004
Kugelstoßen	22,50 m	Helena Fibingerová (damals CSSR)	Jablonec (damals CSSR)	19. Februar 1977
Fünfkampf**	4.991 Punkte	Irina Belowa (RUS)	Berlin (D)	14./15. Februar 1992

*60 m 6,67 sec; Weitsprung 7,84 m; Kugelstoßen 16,02 m; Hochsprung 2,13 m; 60 m Hürden 7,85 sec; Stabhochsprung 5,20 m; 1.000 m 2:57,96 min

**60 m Hürden 8,22 sec; Hochsprung 1,93 m; Kugelstoßen 13,25 m; Weitsprung 6,67 m; 800 m 2:10,26 min

LEICHTATHLETIK – TECHNIKDISZIPLINEN (FREILUFT)

MÄNNER/DISZIPLIN	ERGEBNIS	REKORDHALTER	ORT	DATUM
Hochsprung	2,45 m	Javier Sotomayor (C)	Salamanca (E)	27. Juli 1993
Stabhochsprung	6,14 m	Sergei Bubka (UA)	Sestriere (I)	31. Juli 1994
Weitsprung	8,95 m	Mike Powell (USA)	Tokio (J)	30. August 1991
Dreisprung	18,29 m	Jonathan Edwards (GB)	Göteborg (S)	7. August 1995
Kugelstoßen	23,12 m	Randy Barnes (USA)	Los Angeles (USA)	20. Mai 1990
Diskus	74,08 m	Jürgen Schult (damals DDR)	Neubrandenburg (damals DDR)	6. Juni 1986
Hammerwerfen	86,74 m	Jurij Sedych (UdSSR)	Stuttgart (D)	30. August 1986
Speer	98,48 m	Jan Zelezny (CZ)	Jena (D)	25. Mai 1996
Zehnkampf*	9.026 Punkte	Roman Sebrle (CZ)	Götzis (A)	26./27. Mai 2001

FRAUEN/DISZIPLIN	ERGEBNIS	REKORDHALTERIN	ORT	DATUM
Hochsprung	2,09 m	Stefka Kostadinova (BG)	Rom (I)	30. August 1987
★ Stabhochsprung	4,92 m	Jelena Isinbajewa (RUS)	Brüssel (B)	3. September 2004
Weitsprung	7,52 m	Galina Tschistjakowa (damals UdSSR)	St. Petersburg (damals UdSSR)	1. Juni 1988
Dreisprung	15,50 m	Inessa Krawets (UA)	Göteborg (S)	10. August 1995
Kugelstoßen	22,63 m	Natalja Lisowskaja (damals UdSSR)	Moskau (damals UdSSR)	7. Juni 1987
Diskus	76,80 m	Gabriele Reinsch (damals DDR)	Neubrandenburg (damals DDR)	9. Juli 1988
Speer	71,54 m	Osleidys Menédez (C)	Rethymno (GR)	1. Juli 2001
Siebenkampf**	7.291 Punkte	Jacqueline Joyner-Kersee (USA)	Seoul (ROK)	23./24. September 1988

*100 m 10,64 sec; Weitsprung 8,11 m; Kugelstoßen 15,33 m; Hochsprung 2,12 m; 400 m 47,79 sec; 110 m Hürden 13,92 sec; Diskus 47,92 m; Stabhochsprung 4,80 m; Speer 70,16 m; 1.500 m 4:21,98 min

**100 m Hürden 12,69 sec; Hochsprung 1,86 m; Kugelstoßen 15,80 m; 200 m 22,56 sec; Weitsprung 7,27 m; Speer 45,66 m; 800 m 2:08,51 min

★ NEUER REKORD ★ VERBESSERTER REKORD

5.000 M (MÄNNER) →

Kenenisa Bekele (ETH) feiert einen neuen Weltrekord: Beim Norwich Union Grand Prix in der National Indoor Arena zu Birmingham (GB) lief er die 5.000 m am 20. Februar 2004 in 12:49,60 min.

LEICHTATHLETIK – LAUFWETTBEWERBE (HALLE)

MÄNNER/DISZIPLIN	ERGEBNIS	REKORDHALTER	ORT	DATUM
50 m	5,56	Donovan Bailey (CDN) und	Reno (USA)	9. Februar 1996
		Maurice Greene (USA)	Los Angeles (USA)	3. Februar 1999
60 m	6,39	Maurice Greene (USA) und	Madrid (E)	3. Februar 1998
		Maurice Greene (USA)	Atlanta (USA)	3. März 2001
200 m	19,92	Frank Fredericks (NAM)	Lievin (F)	18. Februar 1996
400 m	44,57	Kerron Clement (USA)	Fayetteville (USA)	12. März 1995
800 m	1:42,67	Wilson Kipketer (DK)	Paris (F)	9. März 1997
1.000 m	2:14,96	Wilson Kipketer (DK)	Birmingham (GB)	20. Februar 2000
1.500 m	3:31,18	Hicham El Guerrouj (MA)	Stuttgart (D)	2. Februar 1997
1 Meile	3:48,45	Hicham El Guerrouj (MA)	Gent (B)	12. Februar 1997
3.000 m	7:24,90	Daniel Komen (EAK)	Budapest (H)	6. Februar 1998
5.000 m	12:49,60	Kenenisa Bekele (ETH)	Birmingham (GB)	20. Februar 2004
50 m Hürden	6,25	Mark McCoy (CDN)	Kobe (J)	5. März 1986
60 m Hürden	7,30	Colin Jackson (GB)	Sindelfingen (D)	6. März 1994
4 x 200-m-Staffel	1:22,11	Großbritannien (Linford Christie, Darren Braithwaite, Ade Mafe, John Regis)	Glasgow (GB)	3. März 1991
4 x 400-m-Staffel	3:02,83	USA (Andre Morris, Dameon Johnson, Deon Minor, Milton Campbell)	Maebashi (J)	7. März 1999
5.000 m Gehen	18:07,08	Michail Schtschennikow (RUS)	Moskau (RUS)	14. Februar 1995
FRAUEN/DISZIPLIN	ERGEBNIS	REKORDHALTERIN	ORT	DATUM
50 m	5,96	Irina Priwalowa (RUS)	Madrid (E)	9. Februar 1995
60 m	6,92	Irina Priwalowa (RUS)	Madrid (E)	11. Februar 1993
			Madrid (E)	9. Februar 1995
200 m	21,87	Merlene Ottey (JA)	Lievin (F)	13. Februar 1993
400 m	49,59	Jarmila Kratochvílová (damals CSSR)	Mailand (I)	7. März 1982
800 m	1:55,82	Jolanda Ceplak (SLO)	Wien (A)	3. März 2002
1.000 m	2:30,94	Maria Mutola (MOC)	Stockholm (S)	25. Februar 1999
1.500 m	3:59,98	Regina Jacobs (USA)	Boston (USA)	2. Februar 2003
1 Meile	4:17,14	Doina Melinte (RO)	East Rutherford (USA)	9. Februar 1990
3.000 m	8:29,15	Berhane Adere (ETH)	Stuttgart (D)	3. Februar 2002
★ 5.000 m	14:32,93	Tirunesh Dibaba (ETH)	Boston (USA)	29. Januar 2005
50 m Hürden	6,58	Cornelia Oschkenat (damals DDR)	Berlin (damals DDR)	20. Februar 1988
60 m Hürden	7,69	Ludmila Engquist (RUS)	Tscheljabinsk (RUS)	4. Februar 1993
★ 4 x 200-m-Staffel	1:32,41	Russland (Jekaterina Kondratjewa, Irina Chabarowa, Juliva Petschonkina, Julia Guschtschina)	Glasgow (GB)	29. Januar 2005
★ 4 x 400-m-Staffel	3:23,88	Russland (Olesja Krasnomowets, Olga Kotljarowa, Tatjana Lewina, Natalja Nasarowa)	Budapest (RO)	7. März 2004
3.000 m Gehen	11:40,33	Claudia Iovan (RO)	Bukarest (RO)	30. Januar 1999

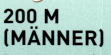

200 M (MÄNNER)

Frank Fredericks (NAM) lief die 200 m am 18. Februar 1996 beim Vittel Du Pas Calais Meeting in Lievin (F) in 19,92 Sekunden.

← 3.000 M (FRAUEN)

Berhane Adere (ETH) schaffte die 3.000 m am 3. Februar 2002 beim Internationalen Leichtathletik-Meeting in der Stuttgarter Schleyer-Halle in 8 Minuten 29,15 Sekunden.

100 M (FRAUEN) →

Die Sprinterin Merlene Ottey (JA) hält seit 1993 mit 21,87 Sekunden nach wie vor den Hallenweltrekord über 200 m. Das Bild zeigt sie bei den Olympischen Spielen 1996 in Atlanta, Georgia (USA).

WWW.GUINNESSWORLDRECORDS.COM

LEICHTATHLETIK LAUFWETTBEWERBE, FREITAUCHEN
SPORTREFERENZ 2

LEICHTATHLETIK – LAUFWETTBEWERBE (FREILUFT)

MÄNNER/DISZIPLIN	ERGEBNIS	REKORDHALTER	ORT	DATUM
100 m	9,77	Asafa Powell (JA)	Athen (GR)	14. Juni 2005
200 m	19,32	Michael Johnson (USA)	Atlanta (USA)	1. August 1996
400 m	43,18	Michael Johnson (USA)	Sevilla (E)	26. August 1999
800 m	1:41,11	Wilson Kipketer (DK)	Köln (D)	24. August 1997
1.000 m	2:11,96	Noah Ngeny (EAK)	Rieti (I)	5. September 1999
1.500 m	3:26,00	Hicham El Guerrouj (MA)	Rom (I)	14. Juli 1998
1 Meile (1.609 m)	3:43,13	Hicham El Guerrouj (MA)	Rom (I)	7. Juli 1999
2.000 m	4:44,79	Hicham El Guerrouj (MA)	Berlin (D)	7. September 1999
3.000 m	7:20,67	Daniel Komen (EAK)	Rieti (I)	1. September 1996
★5.000 m	2:37,35	Kenenisa Bekele (ETH)	Hengelo (NL)	31. Mai 2004
★10.000 m	26:20,31	Kenenisa Bekele (ETH)	Ostrau (CZ)	8. Juni 2004
20.000 m	56:55,60	Arturo Barrios (MEX, inzwischen: USA)	La Flèche (F)	30. März 1991
25.000 m	1:13:55,8	Toshihiko Seko (J)	Christchurch (NZ)	22. März 1981
30.000 m	1:29:18,8	Toshihiko Seko (J)	Christchurch (NZ)	22. März 1981
1 Stunde	21.101 m	Arturo Barrios (MEX, inzwischen: USA)	La Flèche (F)	30. März 1991
110 m Hürden	12,91	Colin Jackson (GB)	Stuttgart (D)	20. August 1993
400 m Hürden	46,78	Kevin Young (USA)	Barcelona (E)	6. August 1992
★3.000 m Hindernis	7:53,63	Saif Saaeed Shaheen (QA)	Brüssel (B)	3. September 2004
4 x 100-m-Staffel	37,40	USA (Michael Marsh, Leroy Burrell, Dennis Mitchell, Carl Lewis)	Barcelona (E)	8. August 1992
		USA (John Drummond jr., Andre Cason, Dennis Mitchell, Leroy Burrell)	Stuttgart (D)	21. August 1993
4 x 200-m-Staffel	1:18,68	Santa Monica Track Club (Michael Marsh, Leroy Burrell, Floyd Heard, Carl Lewis, alle USA)	Walnut (USA)	17. April 1994
4 x 400-m-Staffel	2:54,20	USA (Jerome Young, Antonio Pettigrew, Tyree Washington, Michael Johnson)	New York City (USA)	23. Juli 1998
4 x 800-m-Staffel	7:03,89	GB (Peter Elliott, Garry Cook, Steve Cram, Sebastian Coe)	London (GB)	30. August 1982
4 x 1.500-m-Staffel	14:38,80	BRD (Thomas Wessinghage, Harald Hudak, Michael Lederer, Karl Fleschen)	Köln (D)	17. August 1977

FRAUEN/DISZIPLIN	ERGEBNIS	REKORDHALTERIN	ORT	DATUM
100 m	10,49	Florence Griffith-Joyner (USA)	Indianapolis (USA)	16. Juli 1988
200 m	21,34	Florence Griffith-Joyner (USA)	Seoul (ROK)	29. September 1988
400 m	47,60	Marita Koch (damals DDR)	Canberra (AUS)	6. Oktober 1985
800 m	1:53,28	Jarmila Kratochvílová (damals CSSR)	München (D)	26. Juli 1983
1.000 m	2:28,98	Swetlana Masterkowa (RUS)	Brüssel (B)	23. August 1996
1.500 m	3:50,46	Qu Yunxia (CHN)	Peking (CHN)	11. September 1993
1 Meile (1.609 m)	4:12,56	Swetlana Masterkowa (RUS)	Zürich (CH)	14. August 1996
2.000 m	5:25,36	Sonia O'Sullivan (IRL)	Edinburgh (GB)	8. Juli 1994
3.000 m	8:06,11	Wang Junxia (CHN)	Peking (CHN)	13. September 1993
★5.000 m	14:24,68	Elvan Abeylegesse (TR)	Bergen (N)	11. Juni 2004
10.000 m	29:31,78	Wang Junxia (CHN)	Peking (CHN)	8. September 1993
20.000 m	1:05:26,6	Tegla Loroupe (EAK)	Borgholzhausen (D)	3. September 2000
25.000 m	1:27:05,9	Tegla Loroupe (EAK)	Megerkirchen (D)	21. September 2002
30.000 m	1:45:50,0	Tegla Loroupe (EAK)	Warstein (D)	6. Juni 2003
1 Stunde	18.340 m	Tegla Loroupe (EAK)	Borgholzhausen (D)	7. August 1998
100 m Hürden	12,21	Jordanka Donkova (BG)	Stara Zagora (BG)	20. August 1988
400 m Hürden	52,34	Julija Petschonkina (RUS)	Tula (RUS)	8. August 2003
★3.000 m Hindernis	9:01,59	Gulnara Samitowa (RUS)	Iraklio (GR)	4. Juli 2004
4 x 100-m-Staffel	41,37	DDR (Silke Gladisch, Sabine Rieger, Ingrid Auerswald, Marlies Göhr)	Canberra (AUS)	6. Oktober 1985
4 x 200-m-Staffel	1:27,46	USA (LaTasha Jenkins, Latasha Colander Richardson, Nanceen Perry, Marion Jones)	Philadelphia (USA)	29. April 2000
4 x 400-m-Staffel	3:15,17	UdSSR (Tatjana Ledowskaja, Olga Nasarowa, Maria Pinigina, Olga Bryzgina)	Seoul (ROK)	1. Oktober 1988
4 x 800-m-Staffel	7:50,17	UdSSR (Nadeschda Olisarenko, Ljubow Gurina, Ludmila Borisowa, Irina Podjalowskaja)	Moskau (damals UdSSR)	5. August 1984

100 M (MÄNNER)

Asafa Powell (JA) verbesserte am 14. Juni 2005 in Athen (GR) mit 9,77 Sekunden die alte 100-m-Bestmarke von Tim Montgomery (USA oben) vom 14. September 2002 um eine Hundertstelsekunde.

5.000 M (FRAUEN)

Elvan Abeylegesse (TR) auf dem Weg zu Sieg und Weltrekord: Bei einer IAAF-Veranstaltung in Bergen (N) lief sie die 5.000 m am 11. Juni 2004 in 14 Minuten 24,68 Sekunden.

GUINNESS WORLD RECORDS BUCH 2006

LEICHTATHLETIK – STRASSENRENNEN

MÄNNER/DISZIPLIN	ERGEBNIS	REKORDHALTER	ORT	DATUM
10 km	27:02	Haile Gebrselassie (ETH)	Doha (QA)	11. Dezember 2002
15 km	41:29	Felix Limo (EAK)	Nijmegen (NL)	11. November 2001
20 km	56:18	Paul Tergat (EAK)	Mailand (I)	4. April 1998
Halbmarathon	59:17	Paul Tergat (EAK)	Mailand (I)	4. April 1998
★ 25 km	1:12:45	Paul Kosgei (EAK)	Berlin (D)	9. Mai 2004
★ 30 km	1:28:00	Takayuki Matsumiya (J)	Kumamoto (J)	27. Februar 2005
Marathon	2:04:55	Paul Tergat (EAK)	Berlin (D)	28. September 2003
100 km	6:13:33	Takahiro Sunada (J)	Yubetsu (J)	21. Juni 1998

FRAUEN/DISZIPLIN	ERGEBNIS	REKORDHALTERIN	ORT	DATUM
10 km	30:21	Paula Radcliffe (GB)	San Juan (Puerto Rico, USA)	23. Februar 2003
15 km	46:57	Elana Meyer (RSA)	Kapstadt (RSA)	2. November 1991
20 km	1:03:26	Paula Radcliffe (GB)	Bristol (GB)	6. Oktober 2001
Halbmarathon	1:06:44	Elana Meyer (RSA)	Tokio (J)	15. Januar 1999
25 km	1:22:31	Naoko Takahashi (J)	Berlin (D)	30. September 2001
30 km	1:39:02	Naoko Takahashi (J)	Berlin (D)	30. September 2001
Marathon	2:15:25	Paula Radcliffe (GB)	London (GB)	13. April 2003
100 km	6:33:11	Tomoe Abe (J)	Yufutsu (J)	25. Juni 2000

LEICHTATHLETIK – ULTRALANGSTRECKEN

MÄNNER/STRECKE	ERGEBNIS	REKORDHALTER	ORT	DATUM
100 km	6:10,20	Don Ritchie (GB)	London (GB)	28. Oktober 1978
★ 100 Meilen	11:28,03	Oleg Charitonow (RUS)	London (GB)	2. Oktober 2002
1.000 Meilen	11 Tage 13:54,58	Piotr Silikin (LT)	Nanango (AUS)	11.–23. März 1998
24 Stunden	303,5 km	Yiannis Kouros (AUS)	Adelaide (AUS)	4./5. Oktober 1997
6 Tage	1.022,0 km	Yiannis Kouros (GR)	New York (USA)	2.–8. Juli 1984

FRAUEN/STRECKE	ERGEBNIS	REKORDHALTERIN	ORT	DATUM
★ 100 km	7:14:05,80	Norimi Sakurai (J)	Verona (I)	27. September 2003
★ 100 Meilen	14:25,45	Edit Berces (H)	Verona (I)	21./22. September 2002
1.000 Meilen	13 Tage 01:54,02	Eleanor Robinson (GB)	Nanango (AUS)	11.–24. März 1998
★ 24 Stunden	250,1 km	Edit Berces (H)	Verona (I)	21./22. September 2002
6 Tage	883,6 km	Sandra Barwick (NZ)	Campbelltown (AUS)	18.–24. November 1990

FREITAUCHEN (APNOE)

TIEFTAUCHEN	TIEFE	REKORDHALTER(IN)	ORT	DATUM
★ Männer – Konstantes Gewicht	103 m	Martin Stepanek (CZ)	Spetses-Insel (GR)	10. September 2004
★ Frauen – Konstantes Gewicht	78 m	Mandy-Rae Cruickshank (CDN)	Grand Cayman (GB)	21. März 2004
★ Männer (ohne Flossen) – Konstantes Gewicht	80 m	Martin Stepanek (CZ)	Grand Cayman (GB)	9. April 2005
★ Frauen (ohne Flossen) – Konstantes Gewicht	50 m	Mandy-Rae Cruickshank (CDN)	Grand Cayman (GB)	8. April 2005
★ Männer – Variables Gewicht	136 m	Martin Stepanek (CZ)	Grand Cayman (GB)	14. April 2005
Frauen – Variables Gewicht	122 m	Tanya Streeter (GB)	Turks and Caicos (GB)	21. Juli 2003
★ Männer – No Limits	171 m	Loic Leferme (F)	Nizza (F)	30. Oktober 2004
Frauen – No Limits	160 m	Tanya Streeter (GB)	Turks and Caicos (GB)	17. August 2002
★ Männer – Free Immersion	102 m	Martin Stepanek (CZ)	Grand Cayman (GB)	23. März 2005
★ Frauen – Free Immersion	74 m	Mandy-Rae Cruickshank (CDN)	Grand Cayman (GB)	11. April 2005

STRECKENTAUCHEN	DISTANZ	REKORDHALTER(IN)	ORT	DATUM
Männer (mit Flossen)	200 m	Peter Pedersen (DK)	Randers (DK)	18. Juli 2003
★ Frauen (mit Flossen)	158 m	Johanna Nordblad (FIN)	Limassol (CY)	14. Juni 2004
★ Männer (ohne Flossen)	166 m	Stig Aavail Severinsen (DK)	Aarhus (DK)	19. Juli 2003
★ Frauen (ohne Flossen)	104 m	Renate De Bruyn (NL)	Huy (B)	25. April 2004

ZEITTAUCHEN	ZEIT	REKORDHALTER(IN)	ORT	DATUM
★ Männer (ohne Flossen)	8:58 min	Tom Sietas (D)	Eindhoven (NL)	2. Dezember 2004
★ Frauen (ohne Flossen)	6:31 min	Lotta Ericson (S)	Limassol (CY)	19. Juni 2004

★ NEUER REKORD ★ VERBESSERTER REKORD   WWW.GUINNESSWORLDRECORDS.COM

10 KM (FRAUEN)

Paula Radcliffe (GB) beim Training für ihren Rekordlauf bei einem 10-km-Straßenrennen, das sie am 23. Februar 2003 in 30 Minuten 21 Sekunden absolvierte. Sie hält auch die Rekorde über 20 km sowie über die Marathondistanz.

FREITAUCHEN: NO LIMITS (MÄNNER)

Loic Leferme (F) erreichte am 30. Oktober 2004 in Villefranche-sur-Mer (F) eine Tiefe von 171 m.

RUDERN, EISSCHNELLLAUFEN (400-M- UND KURZBAHN)
SPORTREFERENZ 3

RUDERN: EINER (FRAUEN)

Roumiana Nejkova (BG) gewann bei den Ruder-Weltmeisterschaften in Sevilla (E) am 21. September 2002 die Goldmedaille im Frauen-Einer.

RUDERN

MÄNNER	ZEIT	REKORDHALTER / LAND	ORT	JAHR
Einer	6:36,33	Marcel Hacker (D)	Sevilla (E)	2002
Doppelzweier	6:04,37	Luka Spik, Iztok Cop (SLO)	St. Catharines (CDN)	1999
Doppelvierer	5:37,68	Italien	Indianapolis (USA)	1994
Zweier ohne	6:14,27	Matthew Pinsent, James Cracknell (GB)	Sevilla (E)	2002
Vierer ohne	5:41,35	Deutschland	Sevilla (E)	2002
Zweier mit*	6:42,16	Igor Boraska, Tihomir Frankovic, Milan Razov (HR)	Indianapolis (USA)	1994
Vierer mit*	5:58,96	Deutschland	Wien (A)	1991
★ Achter	5:19,85	USA	Athen (GR)	2004

FRAUEN	ZEIT	REKORDHALTERIN(NEN) / LAND	ORT	JAHR
Einer	7:07,71	Roumiana Nejkova (BG)	Sevilla (E)	2002
Doppelzweier	6:38,78	Georgina und Caroline Evers-Swindell (NZ)	Sevilla (E)	2002
Doppelvierer	6:10,80	Deutschland	Duisburg (D)	1996
Zweier ohne	6:53,80	Georgeta Andrunache, Viorica Susanu (RO)	Sevilla (E)	2002
Vierer ohne*	6:25,47	Kanada	Wien (A)	1991
★ Achter	5:56,55	USA	Athen (GR)	2004

MÄNNER (LEICHTGEWICHT)	ZEIT	REKORDHALTER / LAND	ORT	JAHR
Einer*	6:47,97	Karsten Nielsen (DK)	St. Catharines (CDN)	1999
Doppelzweier	6:10,80	Elia Luini, Leonardo Pettinari (I)	Sevilla (E)	2002
Doppelvierer*	5:45,18	Italien	Montreal (CDN)	1992
Zweier ohne*	6:29,97	Christian Yantani Garces, Miguel Cerda Silva (RCH)	Sevilla (E)	2002
Vierer ohne	5:45,60	Dänemark	Luzern (CH)	1999
Achter*	5:30,24	Deutschland	Montreal (CDN)	1992

FRAUEN (LEICHTGEWICHT)	ZEIT	REKORDHALTERIN(NEN) / LAND	ORT	JAHR
Einer*	7:15,88	Marit van Eupen (NL)	Luzern (CH)	1999
★ Doppelzweier	6:49,90	Sally Newmarch, Amber Halliday (AUS)	Athen (GR)	2004
Doppelvierer*	6:29,55	Australien	Sevilla (E)	2002
Zweier ohne*	7:18,32	Eliza Blair, Justine Joyce (AUS)	Aiguebelette (F)	1997

*Nichtolympische Bootsklasse

→ **WIE VIELE KILOMETER MASS DIE LÄNGSTE JEMALS AN LAND GERUDERTE STRECKE?**

DIE ANTWORT STEHT AUF S. 251

↙ RUDERN: EINER (MÄNNER)

Der Skuller Marcel Hacker (D) bei seinem Sieg am 3. August 2002 in München (D) bei einem Weltcuprennen.

★ NEUER REKORD   ★ VERBESSERTER REKORD

← 10.000-M-EISSCHNELL-LAUF (MÄNNER)

Der Eisschnellläufer Jochem Uytdehaage (NL) unterbot bei seinem 10.000-m-Weltrekordlauf am 22. Februar 2002 im Utah Olympic Oval (USA) mit 12 Minuten 58,92 Sekunden die alte Bestzeit seines Landsmanns Gianni Romme.

EISSCHNELLLAUF – 400-M-BAHN

MÄNNER	ZEIT	REKORDHALTER / LAND	ORT	DATUM
500 m	34,32	Hiroyasu Shimizu (J)	Salt Lake City (USA)	10. März 2001
1.000 m	1:07,18	Gerard van Velde (NL)	Salt Lake City (USA)	16. Februar 2002
★ 1.500 m	1:43,33	Shani Davis (USA)	Salt Lake City (USA)	9. Januar 2005
★ 3.000 m	3:39,02	Chad Hendrick (USA)	Calgary (CDN)	10. März 2005
5.000 m	6:14,66	Jochem Uytdehaage (NL)	Salt Lake City (USA)	9. Februar 2002
10.000 m	12:58,92	Jochem Uytdehaage (NL)	Salt Lake City (USA)	22. Februar 2002

FRAUEN	ZEIT	REKORDHALTERIN / LAND	ORT	DATUM
500 m	37,22	Catriona LeMay Doan (CDN)	Calgary (CDN)	9. Dezember 2001
1.000 m	1:13,83	Christine Witty (USA)	Salt Lake City (USA)	17. Februar 2002
★ 1.500 m	1:53,87	Cindy Klassen (CDN)	Salt Lake City (USA)	9. Januar 2005
3.000 m	3:57,70	Claudia Pechstein (D)	Salt Lake City (USA)	10. Februar 2002
5.000 m	6:46,91	Claudia Pechstein (D)	Salt Lake City (USA)	23. Februar 2002

↑ 1.000-M-EISSCHNELL-LAUF (MÄNNER)

Gerard van Velde (NL) gewann bei den Olympischen Winterspielen in Salt Lake City (USA) am 16. Februar 2002 die Goldmedaille auf der 1.000-m-Strecke. Seine Zeit von 1 Minute 7,18 Sekunden war zugleich ein neuer Weltrekord.

EISCHNELLLAUF – KURZBAHN

MÄNNER	ZEIT	REKORDHALTER / LAND	ORT	DATUM
500 m	41,184	Jean-François Monette (CDN)	Calgary (CDN)	18. Oktober 2003
1.000 m	1:24,674	Jiajun Li (CHN)	Bormio (I)	14. Februar 2004
1.500 m	2:10,639	Ahn Hyun-soo (ROK)	Marquette (USA)	24. Oktober 2003
3.000 m	4:32,646	Ahn Hyun-soo (ROK)	Peking (CHN)	7. Dezember 2003
★ 5.000-m-Staffel	6:39,990	Kanada (Charles Hamelin, Steve Robillard, François-Louis Tremblay, Mathieu Turcotte)	Peking (CHN)	13. März 2005

FRAUEN	ZEIT	REKORDHALTERIN(NEN) / LAND	ORT	DATUM
500 m	43,671	Evgenia Radanova (BG)	Calgary (CDN)	19. Oktober 2001
1.000 m	1:30,483	Byun Chun-sa (ROK)	Budapest (H)	3. Februar 2002
1.500 m	2:18,861	Jung Eun-ju (ROK)	Peking (CHN)	11. Januar 2004
3.000 m	5:01,976	Choi Eun-kyung (ROK)	Calgary (CDN)	22. Oktober 2000
★ 3.000-m-Staffel	4:11,742	Südkorea (Choi Eun-kyung, Kim Min-jee, Byun Chun-sa and Ko Gi-hyun)	Calgary (CDN)	19. Oktober 2003

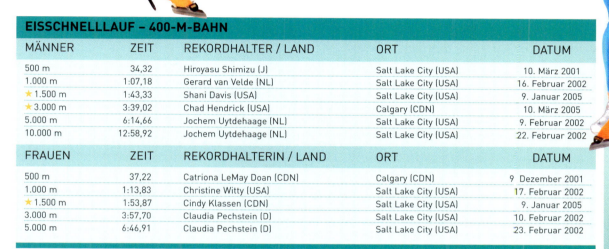

5.000-M-EISSCHNELLLAUF (FRAUEN)

Claudia Pechstein (D) lief bei ihrem Olympiasieg über die 5.000-m-Eisschnelllaufstrecke am 23. Februar 2002 im Utah Olympic Oval in Salt Lake City, Utah (USA), mit einer Zeit von 6 Minuten 46,91 Sekunden ebenfalls einen neuen Weltrekord.

WWW.GUINNESSWORLDRECORDS.COM

→ MARATHON-VERANSTALTUNGEN, SPORTSCHIESSEN
SPORTREFERENZ 4

MARATHON-SPORTVERANSTALTUNGEN

SPORTART	DAUER	REKORDHALTER	ORT	DATUM
★ Basketball	30:12 h	Beatrice Hoops Basketball Organisation (USA)	Beatrice/Nebraska (USA)	6./7. August 2004
Billard (Einzel)	181:08 h	Pierre De Coster (B)	Kampenhout (B)	3.–10. Juni 2003
Billard (Doppel)	45:10 h	Arie Hermans und Jeff Fijneman (NL)	Oosterhout (NL)	12.–14. Februar 2004
★ Bowling (Tenpin)	60:15 h	Giancarlo Tolu (I)	St. George's Bay (M)	17.–19. September 2004
Bowls (Halle)	36 h	Arnos Bowling Club (GB)	Southgate (GB)	20./21. April 2002
★ Bowls (Freiluft)	80:25 h	South Grafton Bowling, Sport and Recreation Club (AUS)	South Grafton/Neusüdwales (AUS)	1.–4. Oktober 2004
★ Curling	30:07 h	Wheat City Curling Club (CDN)	Brandon (CDN)	13./14. März 2004
Darts (Einzel)	72 h	G. Hofstee, A. J. Amerongen und E. Mol (NL)	Borculo (NL)	22.–25. April 2004
★ Eishockey	203 h	Sudbury Angels (CDN)	Azilda (CDN)	3.–11. April 2004
Fußball	25:35 h	Trevor McDonald XI und Elstead Village Idiots (GB)	Reading (GB)	25./26. September 2004
Futsal	25:10 h	Ayuntamiento de Almodóvar del Campo (E)	Puertollano (E)	28./29. Juni 2003
Gewehrschießen	26 h	St. Sebastianus Schützenbruderschaft (D)	Ettringen (D)	20./21. September 2003
Handball	70 h	HV Mighty/Stevo (NL)	Tubbergen (NL)	30. August–2. September 2001
Hockey (Halle)	24 h	Mandel Bloomfield AZA (CDN)	Edmonton (CDN)	28./29. Februar 2004
Hockey (Inline)	24 h	8K Roller Hockey League (USA)	Eastpointe (USA)	13./14. September 2002
★ Hockey (Straße)	30 h	Conroy Ross Partners (CDN)	Edmonton (CDN)	17./18. September 2004
Korfball	26:02 h	Korfball Club de Vinken (NL)	Vinkeveen (NL)	23./24. Mai 2001
Kricket	26:13 h	Cricket Club des Ormes (F)	Dol de Bretagne (F)	21./22. Juni 2003
Netball	54:15 h	Castle View School (GB)	Canvey Island (GB)	22.–24. März 2002
Parasailing	24:10 h	Berne Persson (S)	Graningesjön-See (S)	19./20. Juli 2002
★ Pétanque	27:30 h	Newcastle Pétanque Club (AUS)	Newcastle/Neusüdwales (AUS)	24./25. Januar 2004
Poolbillard (Einzel)	75:19 h	Raf Goossens (B)	Kampenhout (B)	19.–22. Februar 2003
★ Poolbillard (Team)	144 h	Bell Hotel (GB)	Driffield (GB)	2.–8. August 2004
★ Sandsackboxen	36:03 h	Ron Sarchian (USA)	Encino/Kalifornien (USA)	15.–17. Juni 2004
Skilaufen	168 h	Christian Flühr (D)	Tirol (A)	8.–15. März 2003
★ Snowboard	180:34 h	Bernhard Mair (A)	Bad Kleinkirchheim (A)	9.–16. Januar 2004
★ Softball	55:11 h	Ronan's and Burns Blues (IRL)	Dublin (IRL)	30. April–2. Mai 2004
Tennis (Einzel)	25:25 h	Christian Barschel und Hauke Daene (D)	Mölln (D)	12./13. September 2003
Tennis (Doppel)	48:06 h	Kadzielewski/Siupka und Zatorski/Milian (PL)	Gliwice (PL)	30. August–1. September 2002
★ Tennis (Doppel, ein Paar)	33:33 h	Christian Barschel und Hauke Daene (D)	Mölln (D)	13.–15. August 2004
Tennis (Einzelsp.)	52 h	Butch Heffernan (AUS)	Dudley (GB)	23.–25. November 2001
Volleyball	24:10 h	Berufsschule Torgau (D)	Torgau (D)	30. September–1. Oktober 2002
Wasserball	24 h	Rapido 82 Haarlem (NL)	Haarlem (NL)	30. April–1. Mai 1999
Windsurfen	71:30 h	Sergej Naidych (UA)	Simferopol (UA)	6.–9. Juni 2003

Alle hier genannten Rekorde wurden nach Regeln und Richtlinien aufgestellt, die nach 1998 in Kraft traten.

KRICKET-MARATHON

Der Cricket Club des Ormes (F) ging am 21. und 22. Juni 2003 in Dol de Bretagne (F) 26 Stunden 13 Minuten lang ohne Pause seinem Sport nach.

STANDARDGEWEHR (300 M, LIEGEND), FRAUEN-EINZELWETTBEWERB

Die Sportschützin Charlotte Jakobsen (DK) kam bei den Weltmeisterschaften im Juli 2002 in Lahti (FIN) im Standardgewehr-Liegendwettbewerb (300 m) auf 594 Ringe, gewann mit damaligem neuen Weltrekord die Goldmedaille in dieser Disziplin und stellte auch im Dreistellungskampf über 300 m mit 588 Ringen einen (heute noch gültigen) Weltrekord auf.

SPORTSCHIESSEN (NACH DEN REGELN DES INTERNATIONALEN VERBANDES ISSF)

MÄNNER	ERGEBNIS	REKORDHALTER	ORT	DATUM
Laufende Scheibe (10 m, Mix)	391	Manfred Kurzer (D)	Pontevedra (E)	14. März 2001
Standardgew.-Dreistellungskampf (300 m)	1.178	Thomas Jerabek (CZ)	Lahti (FIN)	13. Juli 2002
Standardgewehr (300 m), liegend	600	Harald Stenvaag (N)	Moskau (damals UdSSR)	15. August 1990
	600	Bernd Rücker (D)	Tolmezzo (I)	31. Juli 1994
Standardgewehr (300 m, 3 x 20)	589	Trond Kjoell (N)	Boden (S)	7. Juli 1995
	589	Marcel Bürge (CH)	Lahti (FIN)	16. Juli 2002
Laufende Scheibe (50 m)	596	Nicolai Lapin (damals UdSSR)	Lahti (FIN)	25. Juli 1987
Laufende Scheibe (50 m, Mix)	398	Lubos Racansky (CZ)	Mailand (I)	4. August 1994
Luftpistole (10 m)	593	Sergej Pyschianow (damals UdSSR)	München (D)	13. Oktober 1989
Luftgewehr (10 m)	600	Tevarit Majchacheeap (THA)	Langkawi (THA)	27. Januar 2000
Zentralfeuerpistole (25 m)	590	Afanasijs Kusmins (damals UdSSR)	Zagreb (YU)	15. Juli 1989
	590	Sergej Pyschianow (damals UdSSR)	Moskau (damals UdSSR)	5. August 1990
	590	Michail Nestrujew (RUS)	Kouvola (FIN)	1. Juli 1997
	590	Park Byung-Taek (ROK)	Lahti (FIN)	14. Juli 2002
Doppeltrap	147	Michael Diamond (AUS)	Barcelona (E)	19. Juli 1998
Freie Pistole (50 m)	581	Alexander Melentijew (damals UdSSR)	Moskau (damals UdSSR)	20. Juli 1980
KK-Dreistellungskampf (50 m)	1.186	Rajmond Debevec (SLO)	München (D)	29. August 1992
KK (50 m), liegend	600	Zahlreiche Schützen erreichten dieses Ergebnis		
Standardpistole (25 m)	584	Erich Buljung (USA)	Caracas (YV)	20. August 1983
Trap	125	Giovanni Pellielo (I)	Nicosia/Sizilien (I)	1. April 1994
	125	Ray Ycong (USA)	Lahti (FIN)	9. Juni 1995
	125	Marcello Tittarelli (I)	Suhl (D)	11. Juni 1996
	125	Lance Bade (USA)	Barcelona (E)	23. Juli 1998
★ Schnellfeuerpistole (25 m)	583	Dongming Yang (CHN)	Changwon (ROK)	14. April 2005
	583	Emil Milev (BG)	Ft. Benning (USA)	14. Mai 2005
★ Skeet	124	Vincent Hancock (USA)	Changwon (ROK)	16. April 2005

FRAUEN	ERGEBNIS	REKORDHALTERIN	ORT	DATUM
Laufende Scheibe (10 m)	391	Wu Xuan (CHN)	Lahti (FIN)	6. Juli 2002
Laufende Scheibe (10 m, Mix)	390	Audrey Soquet (F)	Lahti (FIN)	9. Juli 2002
Standardgewehr-Dreistellungskampf (300 m)	588	Charlotte Jakobsen (DK)	Lahti (FIN)	12. Juli 2002
Standardgewehr (300 m), liegend	597	Marie Enquist (S)	Pilsen (CZ)	22. Juli 2003
Luftpistole (10 m)	393	Swetlana Smirnowa (RUS)	München (D)	23. Mai 1998
Luftgewehr (10 m)	400	Zahlreiche Schützinnen erreichten dieses Ergebnis		
Sportpistole (25 m)	594	Diana Iorgova (BG)	Mailand (I)	31. Mai 1994
	594	Tao Luna (CHN)	München (D)	23. August 2002
KK-Dreistellungskampf (50 m)	592	Vesela Letscheva (BG)	München (D)	15. Juni 1995
	592	Shan Hong (CHN)	Mailand (I)	28. Mai 1999
KK (50 m), liegend	597	Marina Bobkowa (RUS)	Barcelona (E)	19. Juli 1998
	597	Olga Dowgun (KZ)	Lahti (FIN)	4. Juli 2002
	597	Olga Dowgun (KZ)	Busan (RP)	4. Oktober 2002
Trap	74	Victoria Chuyko (UA)	Nicosia/Sizilien (I)	23. Juli 1998
★ Skeet	71	Christine Brinker (D)	Changwon (ROK)	15. April 2005
	71	Haley Dunn (USA)	Changwon (ROK)	15. April 2005
	71	Cristina Vitali (I)	Changwon (ROK)	15. April 2005
	71	Ning Wei (CHN)	Changwon (ROK)	15. April 2005

★ NEUER REKORD ★ VERBESSERTER REKORD WWW.GUINNESSWORLDRECORDS.COM

SCHWIMMEN (KURZ-LANGBAHNEN)
SPORTREFERENZ 5

50 M SCHMETTERLING (MÄNNER)

Ian Crocker (USA) geht am 9. Oktober 2004 in einem Zwischenlauf über 50 m Schmetterling bei den Kurzbahn-Schwimmweltmeisterschaften in Indianapolis (USA) in Führung. Einen Tag später gewann er diesen Wettbewerb.

4 X 100 M FREISTIL (FRAUEN)

Die australischen Kraulsprinterinnen Petria Thomas (links), Lisbeth Lenton (Bildmitte) und Alice Mills feuern hier ihre in Führung liegende Mannschaftskameradin Jodie Henry an, die mit diesem Team am 14. August 2004 bei den Olympischen Spielen in Athen (GR) in der 4 x 100-m-Freistilstaffel Gold gewann.

SCHWIMMEN – KURZBAHN (25 M)

MÄNNER	ZEIT	REKORDHALTER	ORT	DATUM
★ 50 m Freistil	21,10	Fred Bousquet (F)	New York City (USA)	25. März 2004
★ 100 m Freistil	46,25	Ian Crocker (USA)	New York City (USA)	27. März 2004
200 m Freistil	1:41,10	Ian Thorpe (AUS)	Berlin (D)	6. Februar 2000
400 m Freistil	3:34,58	Grant Hackett (AUS)	Sydney (AUS)	18. Juli 2002
800 m Freistil	7:25,28	Grant Hackett (AUS)	Perth (AUS)	3. August 2001
1.500 m Freistil	14:10,10	Grant Hackett (AUS)	Perth (AUS)	7. August 2001
4 x 50 m Freistil	1:25,55	Niederlande (Mark Veens, Johan Kenkhuis, Gijs Damen, Pieter van den Hoogenband)	Dublin (IRL)	14. Dezember 2003
4 x 100 m Freistil	3:09,57	Schweden (Johan Nyström, Lars Frolander, Mattias Ohlin, Stefan Nystrand)	Athen (GR)	16. März 2000
4 x 200 m Freistil	6:56,41	Australien (William Kirby, Ian Thorpe, Michael Klim, Grant Hackett)	Perth (AUS)	7. August 2001
★ 50 m Schmetterling	22,71	Ian Crocker (USA)	Indianapolis (USA)	10. Oktober 2004
★ 100 m Schmetterling	49,07	Ian Crocker (USA)	New York (USA)	26. März 2004
200 m Schmetterling	1:50,73	Frank Esposito (F)	Antibes (F)	8. Dezember 2002
50 m Rücken	23,31	Matthew Welsh (AUS)	Melbourne (AUS)	2. September 2002
★ 100 m Rücken	50,32	Peter Marshall (USA)	New York City (USA)	26. März 2004
★ 200 m Rücken	1:50,52	Aaron Peirsol (USA)	Indianapolis (USA)	11. Oktober 2004
50 m Brust	26,20	Oleg Lissogor (UA)	Berlin (D)	26. Januar 2002
100 m Brust	57,47	Ed Moses (USA)	Stockholm (S)	23. Januar 2002
200 m Brust	2:02,92	Ed Moses (USA)	Berlin (D)	17. Januar 2004
★ 100 m Lagen	52,51	Roland Schoeman (RSA)	Stockholm (S)	18. Januar 2005
★ 200 m Lagen	1:53,93	George Bovell (TT)	New York City (USA)	25. März 2004
400 m Lagen	4:02,72	Brian Johns (CDN)	Victoria (CDN)	21. Februar 2003
4 x 50 m Lagen	1:34,46	Deutschland (Thomas Rupprath, Mark Warnecke, Fabian Friedrich, Carsten Dehmlow)	Dublin (IRL)	11. Dezember 2003
★ 4 x 100 m Lagen	3:25,09	USA (Aaron Peirsol, Brendan Hansen, Ian Crocker, Jason Lezak)	Indianapolis (USA)	11. Oktober 2004

FRAUEN	ZEIT	REKORDHALTERIN	ORT	DATUM
50 m Freistil	23,59	Therese Alshammar (S)	Athen (GR)	18. März 2000
100 m Freistil	52,17	Therese Alshammar (S)	Athen (GR)	17. März 2000
200 m Freistil	1:54,04	Lindsay Benko (USA)	Moskau (RUS)	7. April 2002
400 m Freistil	3:59,53	Lindsay Benko (USA)	Berlin (D)	26. Januar 2003
800 m Freistil	8:13,35	Sachiko Yamada (J)	Nishinomya-shi (J)	24. Januar 2004
★ 1.500 m Freistil	15:42,39	Laure Manaudou (F)	La Roche-sur-Yon	9. November 2004
4 x 50 m Freistil	1:37,27	USA (Kara Lynn Joyce, Neka Mabry, Paige Kearns, Andrea Georoff)	Texas (USA)	18. März 2004
4 x 100 m Freistil	3:34,55	China (Le Jingyi, Na Chao, Shan Ying, Nian Yin)	Göteborg (S)	19. April 1997
4 x 200 m Freistil	7:46,30	China (Xu Yanvei, Zhu Yingven, Tang Jingzhi, Yang Yu)	Moskau (RUS)	3. April 2002
50 m Schmetterling	25,36	Anne-Karin Kammerling (S)	Stockholm (S)	25. Januar 2001
100 m Schmetterling	56,34	Natalie Coughlin (USA)	New York City (USA)	22. November 2002
200 m Schmetterling	2:04,04	Yu Yang (CHN)	Berlin (D)	18. Januar 2004
50 m Rücken	26,83	Hui Li (CHN)	Shanghai (CHN)	2. Dezember 2001
100 m Rücken	56,71	Natalie Coughlin (USA)	New York City (USA)	23. November 2002
200 m Rücken	2:03,62	Natalie Coughlin (USA)	New York City (USA)	27. November 2001
50 m Brust	29,96	Emma Igelström (S)	Moskau (RUS)	4. April 2002
★ 100 m Brust	1:04,79	Tara Kirk (USA)	Texas (USA)	19. März 2004
200 m Brust	2:17,75	Leisel Jones (AUS)	Melbourne (AUS)	29. November 2003
100 m Lagen	58,80	Natalie Coughlin (USA)	New York City (USA)	23. November 2003
200 m Lagen	2:07,79	Allison Wagner (USA)	Palma de Mallorca (E)	5. Dezember 1993
400 m Lagen	4:27,83	Jana Klochkowa (UA)	Paris (F)	19. Januar 2002
4 x 50 m Lagen	1:48,31	Schweden (Therese Alshammar, Emma Igelström, Anna-Karin Kammerling, Johanna Sjöberg)	Valencia (E)	16. Dezember 2000
★ 4 x 100 m Lagen	3:54,95	Australien (Sophie Edington, Brooke Hanson, Jessica Schipper, Lisbeth Lenton)	Indianapolis (USA)	9. Oktober 2004

★ NEUER REKORD ☆ VERBESSERTER REKORD

SCHWIMMEN – 50-M-BAHN

MÄNNER	ZEIT	REKORDINHABER	ORT	DATUM
50 m Freistil	21,64	Alexander Popow (RUS)	Moskau (RUS)	16. Juni 2000
100 m Freistil	47,84	Pieter van den Hoogenband (NL)	Sydney (AUS)	19. September 2000
200 m Freistil	1:44,06	Ian Thorpe (AUS)	Fukuoka (J)	25. Juli 2001
400 m Freistil	3:40,08	Ian Thorpe (AUS)	Manchester (GB)	30. Juli 2002
800 m Freistil	7:39,16	Ian Thorpe (AUS)	Fukuoka (J)	24. Juli 2001
1.500 m Freistil	14:34,56	Grant Hackett (AUS)	Fukuoka (J)	29. Juli 2001
★ 4 x 100 m Freistil	3:13,17	Südafrika (Roland Schoeman, Lydon Ferns, Darian Townsend, Ryk Neethling)	Athen (GR)	15. August 2004
4 x 200 m Freistil	7:04,66	Australien (Grant Hackett, Michael Klim, William Kirby, Ian Thorpe)	Fukuoka (J)	27. Juli 2001
★ 50 m Schmetterling	23,30	Ian Crocker (USA)	Austin (USA)	29. Februar 2004
★ 100 m Schmetterling	50,76	Ian Crocker (USA)	Long Beach (USA)	13. Juli 2004
★ 200 m Schmetteling	1:53,93	Michael Phelps (USA)	Barcelona (E)	22. Juli 2003
★ 50 m Rücken	24,80	Thomas Rupprath (D)	Barcelona (E)	27. Juli 2003
★ 100 m Rücken	53,45	Aaron Peirsol (USA)	Athen (GR)	21. August 2004
★ 200 m Rücken	1:54,74	Aaron Peirsol (USA)	Long Beach (USA)	12. Juli 2004
50 m Brust	27,180	Ieg Lisogor (UA)	Berlin (D)	2. August 2002
★ 100 m Brust	59,30	Brendan Hansen (USA)	Long Beach (USA)	8. Juli 2004
★ 200 m Brust	2:09,04	Brendan Hansen (USA)	Long Beach (USA)	11. Juli 2004
200 m Lagen	1:55,94	Michael Phelps (USA)	Maryland (USA)	7. August 2003
★ 400 m Lagen	4:08,26	Michael Phelps (USA)	Athen (GR)	14. August 2004
★ 4 x 100 m Lagen	3:30,68	USA (Aaron Peirsol, Brendon Hanson, Ian Crocker, Jason Lezak)	Athen (GR)	21. August 2004

→ 200 M RÜCKEN (MÄNNER)

Aaron Peirsol (USA) auf dem Weg zum Sieg über 200 m Rücken bei der Olympia-Qualifikation des US-Teams am 12. Juli 2004 in Long Beach/Kalifornien.

FRAUEN	ZEIT	REKORDINHABERIN	ORT	DATUM
50 m Freistil	24,13	Inge de Bruijn (NL)	Sydney (AUS)	22. September 2000
★ 100 m Freistil	53,52	Jodie Henry (AUS)	Athen (GR)	18. August 2004
200 m Freistil	1:56,64	Franziska van Almsick (D)	Berlin (D)	3. August 2002
400 m Freistil	4:03,85	Janet Evans (USA)	Seoul (ROK)	22. September 1988
800 m Freistil	8:16,22	Janet Evans (USA)	Tokio (J)	20. August 1989
1.500 m Freistil	15:52,10	Janet Evans (USA)	Orlando (USA)	26. März 1988
★ 4 x 100 m Freistil	3:35,94	Australien (Alice Mills, Lisbeth Lenton, Petria Thomas, Jodie Henry)	Athen (GR)	4. August 2004
★ 4 x 200 m Freistil	7:53,42	USA (Natalie Coughlin, Carly Piper, Dana Vollmer, Kaitlin Sandeno)	Athen (GR)	18. August 2004
50 m Schmetterling	25,57	Anna-Karin Kammerling (S)	Berlin (D)	31. Juli 2000
100 m Schmetterling	56,61	Inge de Bruijn (NL)	Sydney (AUS)	17. September 2000
200 m Schmetterling	2:05,78	Otylia Jedrejczak (PL)	Berlin (D)	2. August 2002
50 m Rücken	28,25	Sandra Völker (D)	Berlin (D)	17. Juni 2000
100 m Rücken	59,58	Natalie Coughlin (USA)	Fort Lauderdale (USA)	13. August 2002
200 m Rücken	2:06,62	Krisztina Egerszegi (H)	Athen (GR)	25. August 1991
50 m Brust	30,57	Zoe Baker (GB)	Manchester (GB)	30. Juli 2002
100 m Brust	1:06,37	Leisel Jones (AUS)	Barcelona (E)	21. Juli 2003
★ 200 m Brust	2:22,44	Amanda Beard (USA)	Long Beach (USA)	12. Juli 2004
200 m Lagen	2:09,72	Wu Yanyan (CHN)	Shanghai (CHN)	7. Oktober 1997
400 m Lagen	4:33,59	Jana Klochkowa (UA)	Sydney (AUS)	16. September 2000
★ 4 x 100 m Lagen	3:57,32	Australien (Giaan Rooney, Leisel Jones, Petria Thomas, Jodie Henry)	Athen (GR)	21. August 2004

4 X 200 M FREISTIL (FRAUEN)

Carly Piper (links), Natalie Coughlin (Bildmitte) und Dana Vollmer von der 4 x 200-m-Freistilstaffel der USA feiern am 18. August 2004 in Athen (GR) ihren Olympiasieg in diesem Wettbewerb. Kaitlin Sandeno, das vierte Mitglied des Goldquartetts, fehlt auf diesem Bild.

→ WASSERSKI, GEWICHTHEBEN, X-GAMES
SPORTREFERENZ 6

WASSERSKI

MÄNNER	ERGEBNIS	REKORDHALTER	ORT	DATUM
Slalom	1 Boje/9,75-m-Linie	Jeff Rogers (USA) und	Charleston, South Carolina (USA)	31. August 1997
		Andy Mapple (GB) und	Miami, Florida (USA)	4. Oktober 1998
		Jamie Beauchesne (USA)	Charleston, South Carolina (USA)	6. Juli 2003
Figurenlaufen	12.320 Punkte	Nicolas Le Forestier (F)	Chaugey (F)	13. Juli 2003
Skifliegen	91,1 m	Jaret Llewellyn (CDN)	Orlando, Florida (USA)	4. Mai 2000
Springen	71,9 m	Jimmy Siemers (USA)	Lago Santa Fe, Texas (USA)	10. August 2003
Kombination	2.818,01 Punkte	Jaret Llewellyn (CDN)	Seffner, Florida (USA)	29. September 2002

FRAUEN	ERGEBNIS	REKORDHALTERIN	ORT	DATUM
Slalom	1 Boje/10,25-m-Linie	Kristi Overton Johnson (USA)	West Palm Beach, Florida (USA)	14. Sept. 1996
Figurenlaufen	8.630 Punkte	Tawn Larsen Hahn (USA)	Wilmington, Illinois (USA)	11. Juli 1999
Skifliegen	69,4 m	Elena Milakova (RUS)	Pine Mountain, Georgia (USA)	26. Mai 2002
Springen	56,6 m	Elena Milakova (RUS)	Rio Linda, Kalifornien (USA)	27. Juli 2002
★ Kombination	2.903,43 Punkte	Clementine Lucine (F)	Mauzac (F)	8. August 2004

BARFUSSWASSERSKI-WELTREKORDE

MÄNNER	ERGEBNIS	REKORDHALTER	ORT	DATUM
Springen	27,4 m	David Small (GB)	Neusüdwales (AUS)	8. Februar 2004
Slalom	20,5 Überquer. d. Heckwelle in 15 sec	Brian Fuchs (USA)	Neusüdwales (AUS)	April 1994
	Figurenlaufen 9.550 Punkte	David Small (GB)	Neusüdwales (AUS)	5. Februar 2004

FRAUEN	ERGEBNIS	REKORDHALTERIN	ORT	DATUM
Springen	20,6 m	Nadine De Villiers (RSA)	Roodeplaat Dam (RSA)	4. März 2000
Slalom	17,0 Überquer. d. Heckwelle in 15 sec	Nadine De Villiers (RSA)	Wolwekrans (RSA)	5. Januar 2001
Figurenlaufen	4.400 Punkte	Nadine De Villiers (RSA)	Wolwekrans (RSA)	5. Januar 2001

X-GAMES – WINTER

MÄNNER	MEDAILLEN	GEWINNER / NATIONALITÄT
★ Gesamt	10	Barrett Christy (USA)
★ Skilauf (alle Diszipl.)	8	Jon Olsson (S)
★ Snowboard (alle Diszipl.)	10	Barrett Christy (USA)
★ Snocross	7	Blair Morgan (CDN)
★ Ultracross	3	Peter Lind (S) und Xavier de le Rue (F)
★ Moto X	2	Tommy Clowers, Mike Jones, Mike Metzger, Caleb Wyatt (alle USA)

X-GAMES – SOMMER

DISZIPLIN	MEDAILLEN	GEWINNER / NATIONALITÄT
★ Gesamt	18	Dave Mirra (USA)
★ Bike stunt	18	Dave Mirra (USA)
★ Moto X	9	Brian Deegan (USA)
★ Skateboard	16	Tony Hawk (USA)
★ Inlineskating	8	Fabiola da Silva (Brazil)
★ Wakeboard	6	Darin Shapiro (USA)

★ MOTO X

Brian Deegan (USA) gewann die Rekordzahl von neun Medaillen in dieser Sportart. Das Bild zeigt ihn in der ersten Runde des Moto X Freestyle-Wettbewerbs bei den ESPN Extreme X Games am 15. August 2002 im First Union Center in Philadelphia, Pennsylvania (USA).

★ AGGRESSIVE INLINE SKATING

Fabiola da Silva (BR) zeigt hier sein Können bei der Eröffnung der X Games Xperience am 1. Juli 2003 bei Disney's California Adventure im Disneyland-Park in Anaheim, Kalifornien (USA).

WELTREKORDE IM GEWICHTHEBEN – MÄNNER

KLASSE	DISZIPLIN	GEWICHT	REKORDHALTER	ORT	DATUM
56 kg	Stoßen	168 kg	Halil Mutlu (TR)	Trencín (SK)	24. April 2001
	Reißen	138,5 kg	Halil Mutlu (TR)	Antalya (TR)	4. November 2001
	Zweikampf	305,0 kg	Halil Mutlu (TR)	Sydney (AUS)	16. September 2000
62 kg	Stoßen	182,5 kg	Maosheng Le (CHN)	Busan (ROK)	2. Oktober 2002
	Reißen	153 kg	Zhiyong Shi (CHN)	Izmir (TR)	28. Juni 2002
	Zweikampf	325 kg	noch kein Rekord verzeichnet*		
69 kg	Stoßen	197,5 kg	Guozheng Zhang (CHN)	Qinhuangdao (CHN)	11. September 2003
	Reißen	165 kg	Georgi Markov (BG)	Sydney (AUS)	20. September 2000
	Zweikampf	357,5 kg	Galabin Boevski (BG)	Athen (GR)	24. November 1999
77 kg	Stoßen	210 kg	Oleg Perepetschenow (RUS)	Trencín (SK)	27. April 2001
★	Reißen	173,5 kg	Sergej Filimonow (KZ)	Almaty (KZ)	9. April 2004
	Zweikampf	377,5 kg	Plamen Scheljaskow (BG)	Doha (QA)	27. März 2002
85 kg	Stoßen	218 kg	Zhang Yong (CHN)	Tel Aviv (IL)	25. April 1998
	Reißen	182,5 kg	Andrei Ribakov (BG)	Havirov (CZ)	2. Juni 2002
	Zweikampf	395 kg	noch kein Rekord verzeichnet*		
94 kg	Stoßen	232,5 kg	Szymon Kolecki (PL)	Sofia (BG)	29. April 2000
	Reißen	188 kg	Akakios Kakiaschwilis (GR)	Athen (GR)	27. November 1999
	Zweikampf	417 kg	noch kein Rekord verzeichnet*		
105 kg	Stoßen	242 kg	noch kein Rekord verzeichnet*		
	Reißen	198,5 kg	Marcin Dolega (PL)	Havirov (CZ)	4. Juni 2002
	Zweikampf	440 kg	noch kein Rekord verzeichnet*		
★ Über 105 kg	Stoßen	263,5 kg	Hossein Rezazadeh (IR)	Athen (GR)	25. August 2004
	Reißen	213,0 kg	Hossein Rezazadeh (IR)	Qinhuangdao (CHN)	14. September 2003
	Zweikampf	472,5 kg	Hossein Rezazadeh (IR)	Sydney (AUS)	26. September 2000

KLASSE	DISZIPLIN	GEWICHT	REKORDHALTERIN	ORT	DATUM
48 kg	Stoßen	116,5 kg	Zhuo Li (CHN)	Qinhuangdao (CHN)	10. September 2003
★	Reißen	97,5 kg	Nurcan Taylan (TR)	Athen (GR)	4. August 2004
★	Zweikampf	210 kg	Nurcan Taylan (TR)	Athen (GR)	14. August 2004
53 kg	Stoßen	127,5 kg	Xueju Li (CHN)	Busan (ROK)	20. November 2002
	Reißen	102,5 kg	Ri Song Hui (PRK)	Warschau (PL)	1. Oktober 2002
	Zweikampf	225 kg	Yang Xia (CHN)	Sydney (AUS)	18. September 2000
58 kg	Stoßen	133 kg	Caiyan Sun (CHN)	Izmir (TR)	28. Juni 2002
	Reißen	110 kg	Li Wang (CHN)	Bali (RI)	10. August 2003
	Zweikampf	240 kg	Li Wang (CHN)	Bali (RI)	10. August 2003
63 kg	Stoßen	138 kg	Natalia Skakun (UA)	Vancouver (CDN)	18. November 2003
★	Reißen	115 kg	Anna Batsiuschka (BY)	Athen (GR)	18. August 2004
	Zweikampf	247,5 kg	Xia Liu (CHN)	Qinhuangdao (CDN)	12. September 2003
★ 69 kg	Stoßen	153 kg	Chunhong Liu (CHN)	Athen (GR)	19. August 2004
★	Reißen	122,5 kg	Chunhong Liu (CHN)	Athen (GR)	19. August 2004
★	Zweikampf	275 kg	Chunhong Liu (CHN)	Athen (GR)	19. August 2004
75 kg	Stoßen	152,5 kg	Ruiping Sun (CHN)	Busan (ROK)	7. Oktober 2002
★	Reißen	125 kg	Natalia Sabolojnaia (RUS)	Athen (GR)	20. August 2004
★	Zweikampf	272,5 kg	Natalia Sabolojnaia (RUS)	Athen (GR)	20. August 2004
Über 75 kg	Stoßen	182,5 kg	Gonghong Tang (CHN)	Athen (GR)	21. August 2004
	Reißen	137,5 kg	Meiyuan Ding (CHN)	Vancouver (CDN)	21 November 2003
★	Zweikampf	305 kg	Gonghong Tang (CHN)	Athen (GR)	21. August 2004

GEWICHTHEBEN: STOSSEN (ÜBER 105 KG, MÄNNER)

Der Gewichtheber Hossein Rezazadeh (IR) freut sich über seine Goldmedaille im Superschwergewicht (über 105 kg) bei den Olympischen Spielen in Athen am 25. August 2004. Rezazadeh stellte bei seinem Sieg mit 263,5 kg auch einen neuen Weltrekord im Stoßen auf und verbesserte dabei den von ihm selbst gehaltenen alten Rekord um 0,5 kg.

* Der internationale Gewichtheberverband, die International Weightlifting Federation (IWF), führte zum 1. Januar 1998 modifizierte Gewichtsklassen ein. Die bestehenden Weltrekorde waren damit hinfällig. Dies ist die neue Rekordliste mit den weltweit gültigen Standards für die neuen Gewichtsklassen. Ergebnisse von durch die IWF anerkannten Wettkämpfen, die bestehende Rekorde um jeweils 0,5 kg für das Reißen und das Stoßen oder um 2,5 kg in der Zweikampfwertung übertreffen, werden als Weltrekorde anerkannt.

GEWICHTHEBEN: REISSEN (56 KG, MÄNNER)

Halil Mutlu (TR) in Aktion beim Reißen. Er gewann im Sydney Convention and Exhibition Centre bei den Olympischen Spielen 2000 in Sydney die Goldmedaille in der 56-kg-Klasse und hält derzeit alle Weltrekorde in dieser Gewichtsklasse.

★ NEUER REKORD   ★ VERBESSERTER REKORD   WWW.GUINNESSWORLDRECORDS.COM

GUINNESS WORLD RECORDS BUCH 2006
STICHWORTVERZEICHNIS

A

Abendessen, größtes 126
Abfahrtsrennen, längstes 256
Abholung, größte 98
Abo-Spiel, ältestes 179
Achterbahnen 198, 199
Action-Game-Spieler, meiste 178
Adler, größter 86
Aerobic-Klasse, größte 33
Album, meistverkauftes 166
Alphabet 140, 141
Amphibien 79
Anheben, häufigstes 33
Animationsshow, erste 162
Arbeitslosenquote, höchste 123
Arbeitsstunden, meiste 123
Arktisdurchquerung, schnellste 29
Armbanduhr, komplizierteste 132
Ärmelkanal-Überquerungen 252
Armschlingen-Anlegen, schnellstes 38
Asteroidenumlaufzeit, kürzeste 103
Astronaut, langjährigster 107
Asyl-Anträge, meiste 123
Atoll, größtes 75
Atomuhr 114, 115
Auftritte, meiste 171
Aufwindkraftwerk 113
Augen, größte 76
Auslegerbrücke, längste 197
Außenwandgemälde, größtes 137
Australian Football 212, 213
Auto, sparsamstes 184
Auto-Besitz, längster 185
Auto-Dreher 185
Autofahrer, ältester 19
Automotor, größter 182
Autoren 138

B

Baby, kleinstes 15
Backsteindomino, größtes 36
Badewannenschieben 39
Badminton 240
Bahnfahrer, eifrigste 188
Bahnnetz, meistgenutztes 188
Bakterium 92
Balanceakt, längster 42
Ball, größter 136
Ballerina, älteste 19
Ballonhüte, meiste 36
Ballonkette, größte 10
Ballon-Solofahrt, längste 202
Ballspiel, rasantestes 215
Bananen öffnen 60
Bankräuber, ältester 131
Bärenwurf, größter 80
Barfuss-Wasserski 253
Bargeldpreis, größter 178
Baseball, wertvollster 133
Baseballkarte, wertvollste 133
Basejumper, ältester 19
Batterie, stärkste 113
Bauernhof, größter 80
Baum, höchster 153
Baum, höchster 95
Baumbewohner, größter 83
Baumknoten, größter 95
Baumrinde, dickste 95
Beachvolleyball 212, 215
Befreiung, niedrigste 177
Berg, höchster 67
Bergrücken, höchster 103
Bergsteiger, ältester 19
Bestsellerliste 139
Beute, größte 82
Beuteltier 82
Bevölkerungswachstum 120
Bewaldetstes Land 123
Bewegungslos, längste Zeit 42
Bibliothek, größte 139
Bierdeckel, meiste 40, 63
Bierdosen, meiste 63
Bieretiketten, meiste 63
Bierfasswurf, höchster 32

Bierfest, größtes 127
Bierflaschen, meiste 62
Biergläser, meiste 62
Big Macs, meiste 60
Bilddarm, größter 17
Blitzeinschläge, meiste 73
Blumenauktion, größte 96
Blumenteppich, größte 97
Blüten, meiste 96
Bluttransfusion, größte 17
Blutzuckerspiegel, höchster 17
Bobsport 254
Bockspringen 11, 36
Bogenschiessen 244, 258
Bohrschiffe, größte 190
Bonbon, größtes 58
Bowling 223
Boxen 220, 221
Brände, schwerste 99
Brautjungfern, meiste 120
Brautsträuße, meiste 121
Brettspiel, teuerstes 132
Brezel, größte 59
Briefmarke, wertvollste 133
Briefsorten, größte 73
Brieftasche, wertvollste 132
Brit Awards, meiste 169
Brücke 180, 196, 197
Brückenbauer, schnellste 38
Brückensystem, längstes 197
Buch, kleinstes 138
Bücher, meiste 63
Bucht, größte 75
Bügeln, längstes 34
Bühnenproduktion, teuerste 173
Bungee-Sprung, größter 43
Burn-Out-Wettbewerb 187
Büroklammer-Kette 39
Busroute, längste 124
Bußgeldbescheid, höchster 130
Büstenhalter, meiste 40

C

Canadian Football 212, 214
Cantaloupe-Melone, schwerste 96
CD, erste 165
Champions League 228
Cheerleading 36
Chipstüte 59, 62
Christliche Pilger, meiste 126
Clown(s), 19, 127
Clownsschuhe, größte 174
Comic Strip, längster 137
Computer, schnellster 116
Computer-Fernverbindung 111
Computerhacker 130
Computermaus, älteste 116
Cream-Cracker-Essen 61
Crosslauf 208
Cup Stacking 44
Curling 254

D

Dachboden, längste Zeit 43
Dachkonstruktion, größte 195
Damm, höchster 196
Dampflokomotive, schnellste 188
Dampfringe, größte 71
Darts 244
Dauervorlesung 34
Davis-Cup 247
Deltaflügel, größter 193
Diamant, größter 105, 132
Diät, seltsamste 25
Diesel-Auto, schnellstes 185
Dieselmotor, größter 182
Digitales Mehrspur-Tonstudio, ältestes 164
Diner, höchstes 61
Dinosaurier 90, 91
DJ-Marathon, Radio 170
DJ-Staffel 171
Dokumentarserie, teuerste 162
Domino 19, 36, 44, 45
Doppeldecker, größter 193
Dosen-Kette, längste 11

Download-Single, bestverkaufte 164
Drachenfliegen 202
Drahtlose Verbindung, längste 110
Bildschirmtext-Dienst, ältester 108
Drahtseilsprünge, meiste 175
Dreirad, längstes 183
Dreisprung 208
Dressurreiten 206
Drillinge, leichteste 14
Drive-In-Kino 142
Dyno Climbing 248

E

Ehe(n) 121
Eier, meiste 37
Eier, zerquetschte 60
Eierlauf, größter 10, 45
Einzelblüte, größte 94
Einzelhaft, längste 130
Einzelkristall, größter 67
Eisbären, meiste 174
Eisberg, höchster 153
Eisbohrkern 68
Eisbrecher, größter 190
Eisbrocken, größter 73
Eiscremetorte, größte 59
Eisenbahngesellschaft, meistgenutzte 188
Eisenbahntunnel, höchstgelegener 188
Eisfläche, größte 68
Eiskontakt, längster 33
Eiskunstlauf 255
Eisschnelllauf 263
Elefant, ältester 81
Elefantenbaby, größtes 126
Elefantengemälde, teuerstes 137
Elefantenpolo 248
Elvis-Marathon 170
E-Mail, erste 111
Energieproduzent, größter 112
Entenschnabel-Echse 90
Entfesselungskunst 176
Erbsenschiessen 249
Erdaufnahme, fernste 103
Erdgasvorkommen, größtes 112
Erdrutsch, größter 71
Eruptionsvolumen, größtes 70
Eskimorollen, meiste 251
Europapokalsiege Fußball 228
Expeditionsteilnehmerin, jüngste 29

F

Fahnenmast, höchster 153
Fahrrad, höchstes 187
Fahrrad-Wheelie, schnellster 187
Fallschirmspringen 203
Falter, größter 49
Farbfernsehserie, erste 162
Federball, schnellster 240
Federn, längste 87
Fell, dichtestes 85
Fensterputzer, schnellste 41
Fernsehkoch, höchstbezahlter 161
Fernsehmoderator, jüngster 10
Fernsehspots, meiste 163
Fernsehtier, längste Karriere 160
Fernsehwerbung, teuerste 162
Feststoff, geringste Dichte 115
Feuerschlucken 175
Feuerzeuge, meiste 63
Fiktionale Sprache, umfassendste 140
Filmcharts, längste Platzierung 143
Filme, meiste 142
Filmkuss, längster 161
Filmpremiere, größte 145
Filmstart, größter 144
Fingerschnippen, lautestes 40
Fisch, leichtester 78

Fische 78
Fleischfresser, größter 82
Flieger, ausdauerndster 86, 87
Flipper, teuerster 132
Flohhüpfen, schnellstes 57
Flosse, größter 79
Flossenfüßer, tiefster 77
Flugboot, größtes 193
Fluggesellschaften, meistgenutzte 125
Flügel, meiste 31
Flughafen, älteste Flüge 125
Flughafen, ältester 122
Flugzeugbergung, tiefste 76
Flugzeuge 33, 192
Footbag 44
Formel 1 234, 235
Fossilfolge, längste 93
Frachtschiff, größtes 190
Frau(en) 14, 15
Frauenhockey 213
Frauenmangel, größter 123
Freestyle-Skiweltmeister-schaften 257
Fresser, schnellster 82
Frisbee-Staffel 175
Froschschenkel-Festival 126
Frosch-Sprung, weitester 79
Frucht, kleinste 94
Frühstück, größtes 127
Funksignal, stärkstes 109
50-Meter-Rennen, schnellstes 38
Fußabdrücke, längste Linie 10
Fußball-Klub Manager, dienstältester 229
Füße, größte 13

G

Gallenstein, größter 17
Gebäude, größtes 194
Gebäude, höchstes 153
Gebirgszug, längster 67
Geburtenrate, größte 120
Gefängnisstrafe, längste 130
Gefüllte Eistüten, meiste 61
Gegenstände, wertvollste 133
Gehirn, größtes 85
Geleebonbon-Sortieren 60
Gemälde, wertvollstes 136, 137
Generationen, meiste 21
Geräusche, meiste 46
Geschirr, meistes 39
Geschlechtsumwandlungen, meiste 46
Geschluckte Schwerter 175
Geschöpf, einsamstes 89
Geschwister, meiste 20, 28
Geschworenenberatung, kürzeste 130
Gesichter, meiste 39
Gestohlenes Objekt 130, 131
Gewehrwurf, weitester 41
Gewicht, größtes 32
Gewichtheben 269
Gezeitenkraftwerk 113
Giftgaswolke, größte 99
Giftschlange, schwerste 88
Giftstoff, tödlichster 92
Gläser, meiste 40
Gleitschirmflug, längster 203
Gletscher 62
Glockenspiel, größtes 171
Glücksspielgewinn 56
Golden-Globe-Nominierungen, meiste 146
Golf, größter 75
Golfbälle, meiste 63
Golfschläger, meiste 63
Golftee, größtes 150
Gorilla, gebärdenkundigster 140
Grammys, meiste 169
Größtes Hundeheim 80
Gruppenumarmung 36
Gummibandball, größter 150

H

Haarball, größter 136
Haarspende, größte 127
Hafen, frequentiertester 124
Hagelkörner, schwerste 73
Halbmarathon 208, 210, 211

Hals, längster 46
Hamburger, größter 150
Handball 213
Handbike-Reise, längste 27
Händeklatschen, lautestes 40
Handy, teuerstes 132
Handy-Kamera, hochauflösendste 116
Handynummer, älteste 108
Handyspeicher, größer 116
Hängebrücke 197
Hauptstadt, älteste 122
Hausroboter, teuerster 132
Heissluftballon 202
Heißluftballon, höchster 192
Helm, teuerster 133
Herzformation, größte 37
Herz-Lungen-Transplantation 16
Herzschlag, langsamster 85
Himmelskörper 102, 104
Hinduistische Pilger, meiste 126
Hinrichtungen, meiste 131
Hochgeschwindigkeits-Bahnnetz 188
Hochzeits-Bankett, größtes 127
Hollywood-Haus, größtes 161
Holzachterbahn, längste 199
Holzskulptur, größte 137
Hominiden, kleinste 115
Horizontalflieger, schnellster 87
Hörner, dickste 80
Hot Dog, längster 59
Hotel, höchstes 194
Hotel, höchstes 153
Hotelgepäckaufkleber, meiste 63
Hotelsuite, teuerste 132
Hot-Wheels-Track, längster 45
Hubschrauber maximale Höhe 192
Huckepackrennen, schnellstes 56
Hufeisenwerfen 249
Hula-Hoop 34, 44, 45
Hund, kleinster 53
Hunderennen 206
Hundeschlitten 254
Hundewurf, größter 53
Hüpfen, größtes 38
Hurling 214
Hybridauto, meistverkauftes 184
Hybridkatze, größte 81

I

Imitationen, meiste 39
Indoor-Vergnügungspark, größter 198
Inflations-Rate, höchste 122
Inline Skating 268
Innenwandgemälde, größtes 137
Insekt, längstes 49
Instrumente im Konzert, meiste 171
Inszenierung, schnellste 173
Ionentriebwerk, stärkstes 117

J

Jahresringe, meiste 95
Jenga-Turm, schnellster 45
Jetski 250
Jonglieren 175
JPEG-Dateien, erste 111
Judo 220
Juwelendiebstahl, größter 131

K

Kaffee, teuerster 58
Kaffeebecher, größter 58
Kaffeekränzchen, größtes 36
Kaleidoskop, größtes 195
Kaninchenohren 53
Kanufahrt, längste 250
Karaoke-Marathon 171
Karate 221

Kartengeben, längstes 34
Kartenhaus, meiste Stockwerke 56, 62
Kartoffelsorten, meiste 96
Kasinobesuche, meiste 44
Katalog, größter 138
Katze 53, 82
Katzenschnurrhaar 53
Kaugummipäckchen, meiste 62
Kegelrobbenkolonie, größte 85
Keks, kostbarster 133
Kickboxen 221
Kilogramm, exaktestes 115
Kinderanteil, höchster 120
Kinderprogramm, beständigstes 162
Kinderstar, höchstbezahlter 161
Kindersterblichkeit 120
Kino-Marathon, längstes 35
Kirschtorte, größte 58
Kissenschlacht, größte 37
Klapperschlangen, meiste 43
Klasse, größte 10
Kleinkaliber 244
Klimmzüge, meiste 33
Knoblauch-Festival 127
Knöpfe, meiste 63
Koalabär, ältester 80
Koala-Park, ältester 81
Kochbuch, meistverkauftes 139
Kohlenschleppen, weitestes 39
Kohlenschlepper, schnellste 248
Kohleschaufeln, schnellstes 38
Kolumne, meistverkaufte 139
Kolumnist, längste Zeit 139
Kommunikationssatellit 109
Komödie 162, 173
Komponist, fleißigster 172
Königliche Hoheit, älteste 18
Konsolenspiele 179
Konsonanten, meiste 140
Konzert, längstes 170
Korfball 214
Korruption, geringste 123
Kraftausdruck, meiste 166
Kraftfahrzeug, meistproduziertes 184
Kraftwerk-Betriebsdauer 113
Krallen, größte 84
Krankenhaus, höchstes 195
Krankenwagen, größter 182
Krankheiten 92
Kreditkarten, meiste 62
Kreuze, meiste 63
Kreuzfahrtunternehmen, größtes 124
Kriegsschiff, ältestes 191
Krocket 244
Krokodil 89
Kronkorken, meiste 63
Kröte 79
Krustentier, ältestes 78
Kugelschreiber, meiste 63
Kugelsternhaufen, hellste 104
Kühlschrank, meiste 63
Kühlturm, größter 196
Kumite-Karate 220, 221
Kunstdiebstahl, größter 130
Kunstflug 202
Künstliches Objekt, größtes 114
Kuppelbau, größter 194
Kuss, längster 34

L

Lacrosse 214, 215
Länder Besucht, meiste 43
Landfahrzeug, größtes 182
Landkrabbe, größte 78
Landung, entfernteste 102
Lan-Party 178
Laufband, schnellste Zeit 32
Lava 71
Le Mans-Siege, meiste 237
Lebenshaltungskosten, höchste 123
Lebensmittelschlacht, größte 118

Lebensqualität 123
Lebensretter, Auszeichnungen 250
LED-Display, größtes 116
Lego-Gebäude, höchstes 56
Leichtathletik WM 208
Leserbriefe, meiste 139
Lift, schnellster 194
Linienflüge, meiste 125
Löwe, größter 81
Löwendressur, größte 174
Lufthockey, längstes 34
Luftkissenboot-Linie, erste 124

M
Macarena-Tänzer, meiste 11
Magic-Show, beständigste 162
Magnetschwebebahn, schnellste 189
Mann, größter 14
Mann, schwerster 15
Männermangel, größter 123
Marathon 210, 211
Marschkapelle, größte 37
Marsentfernung, größte 102
Marskamera, höchstauflösende 103
Mars-Meteorit, größter 66
Massensterben, größtes 66
Massenwanderung, größte 37
Matrioschka-Puppen, größte 57
Mauer, größte 197
Mausefalle, größte 150
Meer, klarstes 74
Meereshöhle, tiefste 76
Meeres-Krustentier, schwerstes 78
Meeressäugetier, schnellstes 84
Meerestang, längster 94
Membranstruktur, größte 195
Menschliche Beatbox, größte 171
Menschlicher Stromkreis, längster 113
Menschliches Außenskelett, stärkstes 114
Meteorit, größter 66
Mikroprozessor, erster 116
Milchshake-Trinker, schnellster 61
Millionenfach verkaufte CD, erste 164
Minigolf, meiste Löcher 56
Ministerpräsident, reichster 128
Möbelstück, schnellstes 42
Mobile, größtes 43
Mobiltelefon 108
Modellautos, meiste 63
Monarch, ältester 18
Mondflug, längster 102
Mondlandschaft, wertvollste 136
Mond-Meteorit, größter 66
Mondspaziergang, längster 156
Monopolybrett, größtes 56
Monowheel, schnellstes 187
Monster-Truck 181
Moorschnorcheln 249
Morde, meiste 131
Morseübertragung, schnellste 109
Mosaik, größtes 10
Moschee, höchste 195
Moto X 268
Motorgleitschirm 203
Motorradgabel, längste 187
Motorrad-Pirouetten, meiste 187
Mountainbike-Fahrt unter Wasser, tiefste 187
Mountainbiking 225
Mp3-Datei, erste 165
Muldenkipper, größter 183
Multimedia-Jukebox, leistungsfähigste 165
Münzautomatenspiel, erfolgreichstes 179
Musical, meiste gleichzeitige Inszenierungen 172
Musical-Budget, größtes 172
Musical-Komponist, jüngster 11
Musikvideo, erfolgreichstes 169
Muslimische Pilger, meiste 126

N
Nagetier(e) 83
Nanoröhrchen, kleinstes 115
Nase, empfindlichste 82
Nationalflagge, größte 37
NBA 218, 219
Nebel, hellster 104
Netball 214, 215
Netzwerk, größtes 108
NFL 204
NHL 232
Nierenstein, größter 17
Nonne, älteste 19
Nuklearkatastrophe, schlimmste 99
Nummernschild, teuerstes 185

O
Obst-Etiketten-Aufkleber, meiste 63
Öffentliche Auftritte, meiste 146
Ohrläppchen, längste 46
Olympische Spiele 208, 238, 239
Omelette, teuerstes 58
Online-Musicstore, größter 165
Opernsänger, ältester 19
Orangenschieben 60
Ordnen von Spielkarten 57
Organismus, hitzebeständigster 76
Orgel, größte 171
Ort, kältester 72
Ort, trockenster 73
Ortsname, längster 141
Oscar-Gewinner 147
Oscar-Nominierungen, meiste 146
Ozeanströmung, stärkste 74
Ozeantemperatur, höchste 74

P
Panda, längste Tragezeit 81
Panoramafoto, größtes 110
Panzerzug, kleinster 188
Papier, ältestes 138
Paris-Dakar 236
Parkeinrichtung, größte automatisierte 183
Passagierflugzeug(e) 193
Passagierkapazität, höchste 190
Passagierschiff(e) 190, 191
Pasta, größte 59
Pastinake, schwerste 96
Patente, meiste 117
PC, kleinster 116
Pedalantrieb, Fahrzeug 187
Peitschenschläge, meiste 41
Pferdekutschenkorso 206
Pferderennen 206, 207
Pfiff, lautester 40
Pflanze(n) 77, 94, 95, 97
Pflanzenfamilie, größte 95
Pflanzenfresser-Koprolith, größter 90
Pflastermalerei, größte 137
Picknick, größtes 127
Pick-Up, größter 185
Piercings, meiste 46
Pizza-Lieferung, weiteste 61
Pkw, meistproduzierter 184
Pokalendspiel Fußball 228
Pokerspiel, längstes 35
Pool-Billard 245
Popcornmaschine, größte 150
Pop-TV-Show, beständigste 163
Postraub, größter 131
Powerslide, längster 185
Premierminister 128
Primat 83
Privatjacht, größte 190
Projektor, modernster 117
Puzzle, größte 45, 57
Pyramide, größte 195

Q
Quad-Fahrt 186
Quarantäne, längste 93
Quasar, hellster 105
Quizfragen, längstes 35

R
Racquetball 240
Radiergummis, meiste 63
Radioübertragung, live 109
Rallye 236, 237
Rap-MC, schnellster 170
Rapper, erfolgreichster 168
Rasenmäherfahrt, längste 43
Raubfisch 78
Raubvogel 86
Raumflug 106, 107
Raumschiff 102, 107
Reality-TV 161
Regenbogen, größter 36
Regenfälle, stärkste 72
Regentage, meiste 72
Regentropfen 72
Reifen, meiste 32
Reifenrollen, größtes 37
Reise, weiteste 26
Reisezug, schnellster 189
Reiziel, beliebtestes 124
Rekord-Rolltrick, schnellster 177
Religiöses Fest, größtes 127
Rennen, längstes 210
Rennfahrer, ältester 237
Rennfahrzeuge, größtes 182
Rennrad, leichtestes 187
Renn-Trimaran, größte 191
Revuegirl, ältestes 19
Riesenkaktus, größter 97
Riesenrad 198, 199
Rindermarkt, größter 80
Ringen 221
Ringsystem, größtes 103
Robbe(n), älteste 84, 85
Roboter, schnellster 117
Rode 206, 207
Rosinenbrötchen, größtes 58
Rubbelkarten, meiste 63
Rudern 262
Rugby 242, 243
Rülpser, lautester 41
Rundum-Kino, erstes 143
Rüstungsausgaben, höchste 122
Rüstungsausgaben, niedrigste 122

S
Sackhüpfen, meiste Teilnehmer 57
Salami, größte 58
Salti durch Fuß-Jonglage, meiste 175
Samenkorn, größtes 94
Samenkorn, kleinstes 94
Sandbild, größtes 137
Sandsackschlagen, längstes 35
Sandwich, größtes 59
Sattelrollen, meiste 175
Saurer Regen 98
Schabe, längste 49
Schachspiel, meiste Züge 44
Schacht, tiefster 67
Schädel, größter 46
Schatz, größter 76
Schauspieler, Emmy-Nominierung, jüngster 160
Schere, größte 150
Schienenfahrzeug, schnellstes 189
Schienennetz 189
Schiff, Rettungsaktion 190
Schiffswrack, tiefstes 76
Schildkröte(n) 88, 89
Schlange(n) 88, 89
Schnabel 90
Schnalzlaute, meiste 141
Schnapsgelage, größtes 61
Schnarchen, lautestes 40
Schnecke, größte 49
Schneeballschlacht, größte 37
Schneesturm 73
Schneetiefe, größte 73
Schnuller, meiste 63
Schokolade, größte 58
Schubkarrenschieben, längstes 26
Schulbesuch, längster 10
Schürfkübelbagger, größter 183
Schwämme, tiefste 76
Schwarzes Loch, entferntestes 104
Schwebebahn, erste 189
Schwefeldioxid-Belastung, größte 99
Schwerelose Frau, älteste 18
Schwimmen 252, 266, 267
Schwimmer, schnellster 87
Schwinden eines Sees, größtes 99
Sciencefiction-Serie, beständigste 162
Scrabble-Brett, größtes 141
See 68, 69, 99
Segelboot 190, 191
Segelflieger 202
Segeltörn, weitester 191
Seifenkiste, schnellste 10
Seifenoper, beständigste 162
Seifenskulptur, größte 136
Seilhüpfer, meiste 39
Seilspringen 35, 37, 56
Seitheben, längstes 32
Serienauto, schnellstes 184
Serienflugzeug, schwerstes 193
Serien-Motorrad 186
Shinty 215
Shoppingcenter 195
Showauftritt, größter 11
Single, längste Widmung 171
Single-Charts 167
Skateboard, größtes 150
Skateboard-Rampensprung 201
Ski Alpin 256
Skier, meiste 39
Skilanglauf 257
Skispringen 257
Skulptur, wertvollste 136
Skydiving, höchstes 42
Snowboarding 256
Solarturm-Kraftwerk 113
Soloexpedition, schnellste 28
Solomarsch, schnellster 29
Spacehopper 248
Speisefisch, giftigster 79
Spendenaufruf, erfolgreichster 64
Spielshow-Gewinn 162
Spinne, größte 49
Spinne, stärkste 49
Sportwagen, meistverkauft 184
Springreiten 207
Spucktüten, meiste 62
Square-Dance-Ansagen, längstes 35
Stabhochsprung 210
Stahlschlittenfahren, längstes 35
Stammbaum, ältester 21
Standardgewehr 265
Standfahrrad 225
Statue, höchste 153
Staumauer 196, 197
Stausee, größter 196
Steinsäule, längste Zeit 43
Steinskulptur, größte 136
Stelzengeher 174
Stenografiermaschine, schnellste 140
Sterblichkeitsrate, höchste 92
Sternbeben, größtes 105
Sternhaufen, größter 104
Steuersatz, höchster 122
Stiefel, größte 150
Stinker, größter 94
Strahl-Flugzeug, erstes 192
Strahlstrom, schnellster 73
Straßennetz 124
Straßentunnel, höchster Durchmesser 197

Streichholzbriefe, meiste 63
Streichholzschachteln, meiste 63
Stripper, ältester 18
Strom kabel 112
Sturmflutwehr, größte 196
Sturzflieger, schnellster 87
Südpolreisender, ältester 18
Sumo 221
Sumpf, größter 68
Superbike 237
Superbowl 205
Surfbrett, größtes 150
Surfer, beständigster 250
Surfer, meiste 37
Surfing 253
Süßwasser-Höhlentauchgang, tiefster 76
Synthesizer, bestverkaufter 165

T
Tal, tiefstes 67
Talen-Show, beständigste 162
Talkmasterin, höchstbezahlte 161
Tänzerreihe, längste 11
Tanzparty, längste 34
Tauchgang, tiefster 76
Tausendfüßler, größter 36
Telefonbücher, meiste zerrissene 33
Telefonkonferenz, größte 108
Teleskop, größtes 193
Temperatur(en) 72
Tennis-Aufschlag, härtester 246
Tennisdoppel, längstes 247
Testament, längstes 121
Tetrisspiel, größtes 178
Textnachricht, schnellste 108
Theaterauftritte, meiste 173
Theaterregisseur, jüngster 173
Thekentücher, meiste 62
Themenparks 198, 199
Ticketerlöse, höchste 144
Tidenhub, größter 75
Tier, kältetauglichstes 79
Tier, lautestes 85
Tigerwurf, größter 81
Tisch, längster 127
Tischfussball, längstes 35
Tischtennis 240
Todesopfer, meiste 70
Todestrakt, längste Zeit 131
Todesursache, häufigste 120
Toe Wrestling 248
Ton, längster 170
Tony Awards, meiste 172
Topfpflanze, älteste 97
Top Fuel-Racer 234
Torten-Schlacht, größte 60
Tour de France 224
Traktor, größter 183
Trauversprechen, meiste 121
Trauzeugen, meiste 120
Trennung, längste 20
Triathlon 211
Trickfilm, erfolgreichster 134
Trinkhalm-Kette, längste 10
Trockenfrachter, größte 190
Truthahn-Rupfer, schnellster 11
Tsunami, höchster 75
Tumor, größter 17
Turnballspiel, meiste Mitspieler 57
Turm, höchster 153
Turmkran, höchster 182
TV-Bildschirm, größter 117
TV-Hochzeiten, meiste 162
TV-Quizshow, meiste Teilnehmer 162
TV-Rolle, meiste 161
TV-Schauspieler(in), höchstbezahlte 161
TV-Serie, meiste Zuschauer 162
TV-Strafe, höchste 161

U
U-Bahn, meistgenutzte 188
Überleben, längstes 16, 17
Umspannwerk, größtes 112
Umweltkatastrophe, schlimmste 98
Unterwasser-Gipfel, höchster 74

V
Verbrecherbande, größte 131
Vereinsmeisterschaften, meiste 247
Versäumnisgebühr, höchste 139
Verwandlungskünstler, schnellster 176
Videospielhalle, größte 178
Vierblättrige Kleeblätter, meiste 63
Virus, größtes 93
Vogelei 86
Vogel-Fortpflanzungsorgan 86
Vogelgrippe, tödlichster Ausbruch 93
Vogelzug, längster 87
Volleyball 215
Vorlesen, längstes 35

W
Wackelpeter-Mosaik 137
Wahlalter, niedrigstes 128
Wählerstimmen, Meiste 128
Wakeboarding 252
Walk Of Fame, meiste Sterne 146
Wanderzirkuszelt, größtes 174
Wasserball 252
Wasserkraftwerk, größtes 113
Wassermelonen, zerquetschte 60
Weihnachtsbaum, höchster 153
Weinstock, größter 97
Welle, höchste 75
Wellenbad, größtes 198
Wellenlänge, größte 75
Weltall 93, 107
Weltraum 106, 107
Weltraumflug, privater 101
Weltumrundung, schnellste 30
Werbetarif, höchster 163
Whirlpool, stärkster 74
Wiederbelebung, längste 34
Windgenerator, größter 112
Windhund, schnellster 206
Windpark, größter 113
Witzabstimmung, größte 111
Wohnwagen 185
Wolken 73
Würfel, meiste 63
Wüste, größte 66

Z
Zahlengemälde, größtes 137
Zähne, größte 77
Zähneputzen, größtes 37
Zauberer 176, 177
Zauberwürfel-Lösung 56
Zeichentrickserie, beständigste 162
Zeitschrift, größte 139
Zentrifuge, größte 114
Ziegelsteine, meiste 33
Zigarettenpackungen, meiste 63
Zigarrenbinden, meiste 63
Zoo, erster 81
Zuckerwürfelturm, höchster 61
Zug, schnellster 189
Zugfahrscheine, meiste 63
Zugfahrt, längste 189
Zungenschnalzen, lautestes 40
Zwillinge 14, 15, 20, 21

→ GUINNESS WORLD RECORDS BUCH 2006
DANKSAGUNGEN

Das Team von GUINNESS WORLD RECORDS möchte folgenden Personen für ihre Hilfe bei der Produktion dieser Ausgabe danken:

Laura Baker; Laura Barrett; Jim Booth; Nicky Boxall; James Bradley; Nadine Causey; Ann Collins; Sam Fay; Marco Frigatti; Lisa Gibbs; Simon Gold; Nick Hanbridge; James Herbert; Mary Hill; Sam Knights; Peter Laker; Joyce Lee; Anthony Liu; Simon McKeown; Laura McTurk; Rob Molloy; Yeung Poon; Christopher Reinke; Alistair Richards; David Roberts; Paul Rouse; Nicola Savage; Malcolm Smith; Nicola Shanks; Amanda Sprague; Ryan Tunstall; Nicholas Watson; Kate White.

Das Team möchte sich ebenfalls bei folgenden Personen und Organisationen für ihre Hilfe bedanken:

Faisa Abdi; Ernest Adams; Dr. Leslie Aiello; Stan Allen; Roy Allon; Dr. Martyn Amos; Jorgen Vaaben Andersen; David Anderson; Anritsu; Aqua Hotel South Beach Miami; Lance Armstrong; Vic Armstrong; Augie; Aussie Man & Van; Ron Baalke; John Bain; Bank of England; Dr. Peter Barham; BBC; BBC Wildlife Magazine; Capt. Alan Bean; Guenter Bechly; Thomas Blackthorne; Chris Bishop; Richard Boatfield; Jim Booth; Dr. Richard Bourgerie; Professor John Brown Bernie Barker; BP; Laura Bradley; Sir Richard Branson; British Academy of Film & Television Arts; British Antarctic Survey; British Board of Film Classification; British Museum; British National Space Centre; Tim Brostom; BT; Cambridge University; Caida; Caltech; Dr. Robert Carney; Cassella CEL, Inc; Alan Cassidy; Dr. Kenneth Catania; Michael Motsa, British High Commission, Swaziland; CERN; Dr. Hubert Chanson; Professor Phil Charles; Charlotte Street Hotel; Franklin Chang-Diaz; Edd China; Christie's; CIA World Fact Book; Cinderella May A Holly Grey; Isabelle Clark; Admiral Roy Clare; Richard Clark; CMR/TNS Media Intelligence; Competitive Media Reporting/TNS Media; Kathleen Conroy; David Copperfield; Dr. Mike Coughlan; Warren Cowan; Dr. Paul Craddock; Neil Cresswell; Professor Mike Cruise; Jack Cruwys-Finnigan; Dr. Pam Dalton; Davy's at Regent's Place; Elaine Davidson; Professor Kris Davidson; Dr. Ashley Davies; Jim DeMerritt; Dr. David Dilcher; Discovery News; Martin Dodge; Tracy Eberts; The Economist; Lourdes Edlin; Dr. Joan Edwards; EETimes; Brad Ekman; Dr. Farouk El-Baz; Elysium; Dr. John Emsley; Louis Epstein; Dr. Cynan Ellis-Evans; Exeter University; Xiaohui Fan; Adam Fenton; Keo Films; Sarah Finney; Forbes; Brian Ford; Steve Fossett; Arran Frood; Tim Furniss; Drew Gardner; Michael Galbe; Martin Gedny; Geographical Magazine; Geological Society of London; Dr. Richard Ghail; Mauricio Giuliani; Stephanie Gordon; Donald Gorske; Dr. Robert Angus Buchanan; Professor John Guest; Dr. Jim Gunson; Mary Hanson; Andy Harris; Colin Hart; Fiona Hartley; Russell Harrington; Harvard-Smithsonian Center for Astrophysics; David Hasselhoff; Tony Hawk; Jeff Hecht; Stuart Hendry; Mark Higgins; Dr. Paul Hillyard; Ron Hildebrant; His Majesty King Mswati III of Swaziland; Shannon Holt; Dr. David Horne; Graham Hudson; Paul Hughes; Amanda Hunter; David Huxley; Intel; Intelligence; International Energy Agency; International Jugglers' Association; Imperial College London; Institute of Nanotechnology; Steve Irwin; Professor Steve Jones; Iggy Jovanovic; JoAnn Kaeding; Emily Kao; Judy Katz; David Keys; Dr. Nichol Keith; Taig Khris; Paul Kieve; Professor Joseph Kirschvink; Jamie & Ryan Knowles; Sir John Kreb; Panama J. Kubecka; Lancaster University; Dr. Rolf Landua; Dr. Roger Launius; Alain Leger; John Lee; Tony Lloyd; Kate Long; Los Alamos National Laboratories; Robert Loss; Mr & Mrs Michel Lotito (Mr Mangetout); Louisiana State University; Dr. Karl Lyons; Ranald Mackechnie; Klaus Madengruber; R Aidan Martin, Director - ReefQuest Centre for Shark Research; Ludivine Maitre; Simone Mangaroo; Professor Giles Marion; Lockheed Martin; Brian Marsden; Jenny Marshall; Dr. Jim Marshall; Dave McAleer; McDonald's Family Restaurant, Mont Fort, Dallas, Texas; Matthew McGrory; Paul McKain; Dr. Alan McNaught; The Met Office; Erin Mick; Microsoft; Lauren Miller; Lucy Millington; Andy Milroy; Robert Milton; Edgar Mitchell; Dr. Sir Patrick Moore; Professor Jon Morse; Derek Musso; Munich Re; Martin Munt; Michael Murphy; National Academy of Sciences; National Federation of Window Cleaners; National Geographic; Natural History Museum; National Physical Laboratory; National Maritime Museum; National Science Foundation; NASA; the Nelson; NetNames; Ted Nield; NOAA; Barry Norman; NT gaming clan; Nua.com; Oracle; Oxford University; Alan Paige; Ed Parsons; Stephen & Morag Paskins; Conoco Phillips; PPARC; Qantas; Qinetiq; Professor Sir Martin Rees; Regional Planetary Image Facility, University College London; Brian Reinert; Greg Rice; John Rice; Maribel Rico; Ian Ridpath; Dr. Mervyn Rose; Cory Ross; Sally Roth; Royal Astronomical Society; Royal Geographical Society with the Institute of British Geographers; Royal Horticultural Society's Dictionary of Gardening; The Royal Institution; Royal Philips Electronics; Royal Society of Chemistry; Rutherford Appleton Laboratory; Ryan Sampson; Amy Saunders; Franz Schreiber; Score on Lincoln, Ali Scrivens; The Science Museum, London; Search Engine Watch; Istvan Sebestyen; Dr. Paul Selden; Prof Dick Selley; Jordi Serra; SETI Institute; Kit Shah; Kiran Shah; Chris Sheedy; Dr. Seth Shostak; Schumacher West Palm Beach; Dr. Martin Siegert; Siemens; Sotheby's; Speed Stacks Inc; Lara Speicher; Stapleford Airport; Dirk Steiner; Natalie Stormer; Danny Sullivan; SuperHire; Sword Swallowers Association International; Greg Swift; Carolyn Syangbo; Sydney Kingsford Smith Airport; Charlie Taylor; Telegeography; Gary Thuerk; Heather Tinsley; T J Graphics; Garry Turner; Twin Galaxies; UK Planetary Forum; Professor Martin Uman; United Nations; University of Bath; University of Birmingham; University of Boston; University of Colorado; University of Dundee; University of Florida; University of Greenwich; University of Hertfordshire; University of Oklahoma; University of Southampton; Professor Martin Uman; Emily Voigt; Juhani Virola; Ryan Wallace; Dr. David Wark; Professor Kevin Warwick; Bryony Watts; Danny Way; Isabel Way; Andy Weintraub; James Withers; Richard Winter; Dr. Richard Wiseman; Greg Wood; World Bank; World Flying Disc Federation; World Footbag Association; World Meteorological Organisation; Professor Joshua Wurman; Dr. David Wynn-Williams; www.nationmaster.com; Robert Young.

BILDER UMSCHLAGINNENSEITEN

VORNE: Meiste Linienflüge in 30 Tagen; längste Motorradreise (Distanz); schwerste Karotte; längster Wurf einer Eukalyptuswurzel; größte Schneekegel; größtes Golf-Training; größte Marschkapelle; längste Bohne; schwerstes mit dem kleinen Finger gehobenes Gewicht; größtes Blockflötensemble; längster Bart eines lebenden Mannes; kleinstes Telefon; meiste Achterbahntouren in 24 Stunden; größte in acht Stunden von einer einzelnen Erntemaschine geerntete Menge Korn; größte private Sammlung von Ford-Fahrzeugen; häufigstes Autoheben in einer Stunde; größter Füllfederhalter; weitester Golfabschlag in einer Höhe unter 1.000 m; längste Einrad-Fahrt rückwärts; größtes Sandwich; längstes Auto; Fahrt auf zwei Rädern (Auto, Distanz); meiste Liegestütze in einer Stunde; größtes Wespennest; größtes Shamisen-Ensemble; jüngste Person, die ein Century erzielte (Snooker); höchster künstlicher Weihnachtsbaum; tiefste gesungene Note eines Mannes; größte Schildkröte.

HINTEN: Schnellste Besteigung der höchsten Gipfel der sieben Kontinente; größte Sammlung von Memorabilia des englischen Königshauses; Mah-Jongg-Marathon; längstes Gemälde; größte auf einem Ball gelaufene Entfernung; erfolgreichster Hund auf internationalen Hundeschauen; meiste in drei Minuten mit dem Zahnstocher gegessene Erbsen; größte Feuersäule; größte Popcorntüte; schnellstes 10-km-Rennen in einem Kamelkostüm (zwei Personen); längste Motorrad-Solo-Fahrt einer Frau; längster Weihrauchstab; größtes Saxofon-Ensemble; längster Blumenteppich; größte Puppe; größte Kuhglocke; längster Wurf; längste Golf-cart-Parade; größtes Geschnetzeltes; meiste Menschen in einem Citroën 2CV; größtes Sparschwein; jüngster Sportkommentator; größte Sandale; teuerstes Zugpferd; größte gleichzeitige Tee-Party; größte Tüte Pommes frites; größte Meeresfrüchte-Tafel; größter Scheiterhaufen.

Länderabkürzungen im GUINNESS WORLD RECORDS BUCH 2006

	A			**D**			**H**			**LT**	Litauen		**PNG**	Papua-Neuguinea		**SK**	Slowakei
A	Österreich		D	Deutschland		H	Ungarn		L	Luxemburg		PRK	Demokratische		SLO	Slowenien
AUS	Australien		DDR	Deutsche		HK	Hongkong						Volksrepublik Korea		SYR	Syrien
AL	Albanien			Demokratische Republik		HR	Kroatien		**M**				(Nordkorea)		SN	Senegal
AND	Andorra			(ehem.)					M	Malta		PY	Paraguay			
AG	Antigua u. Barbuda		DZ	Algerien		**I**			MAL	Malaysia					**T**	
AZ	Aserbaidschan		DK	Dänemark		I	Italien		MOC	Mosambik		**Q**			TJ	Tadschikistan
						IL	Israel		MK	Makedonien		QA	Katar		TR	Türkei
B			**E**			IND	Indien		MA	Marokko					TT	Trinidad und Tobago
B	Belgien		E	Spanien		IRL	Irland		MEX	Mexiko		**R**				
BD	Bangladesch		EAK	Kenia		IRQ	Irak		MD	Moldau		RA	Argentinien		**U**	
BG	Bulgarien		EC	Ecuador		IS	Island		MC	Monaco		RCH	Chile		UA	Ukraine
BR	Brasilien		ET	Ägypten		Iran	IR					RI	Indonesien		UdSSR	Union der
BY	Weißrussland		ETH	Äthiopien					**N**			RIM	Mauretanien			Sozialistischen
BDS	Barbados		EST	Estland		**J**			N	Norwegen		RL	Libanon			Sowjetrepubliken (ehem.)
BIH	Bosnien-Herzegowina					J	Japan		NAM	Namibia		RO	Rumänien		USA	Vereinigte Staaten
BG	Bulgarien		**F**			JA	Jamaika		NEP	Nepal		RP	Philippinen			von Amerika
			F	Frankreich		JOR	Jordanien		NL	Niederlande		RSA	Republik Südafrika			
C			FIN	Finnland					NP	Nepal		RT	Togo		**W**	
C	Kuba		FR	Färöer		**K**			NZ	Neuseeland		RUS	Russland		WAN	Nigeria
CDN	Kanada		FL	Liechtenstein		KSA	Saudi-Arabien					RI	Indonesien			
CH	Schweiz					K	Kambodscha		**P**			RSM	San Marino		**Y**	
CHN	China		**G**			KS	Kirgistan		P	Portugal					YV	Venezuela
CI	Elfenbeinküste		GB	Großbritannien					PA	Panama		**S**				
CL	Sri Lanka		GE	Georgien		**L**			PAP	Papua-Neuguinea		S	Schweden		**Z**	
CO	Kolumbien		GR	Griechenland		LAO	Laos		PE	Peru		SAL	El Salvador		ZRE	Demokratische
COR	Nordkorea		GUY	Guyana		LV	Lettland		PK	Pakistan		SCG	Serbien+Montenegro			Republik Kongo
CR	Costa Rica					LAR	Libyen		PL	Polen		SGP	Singapur		ZW	Simbabwe

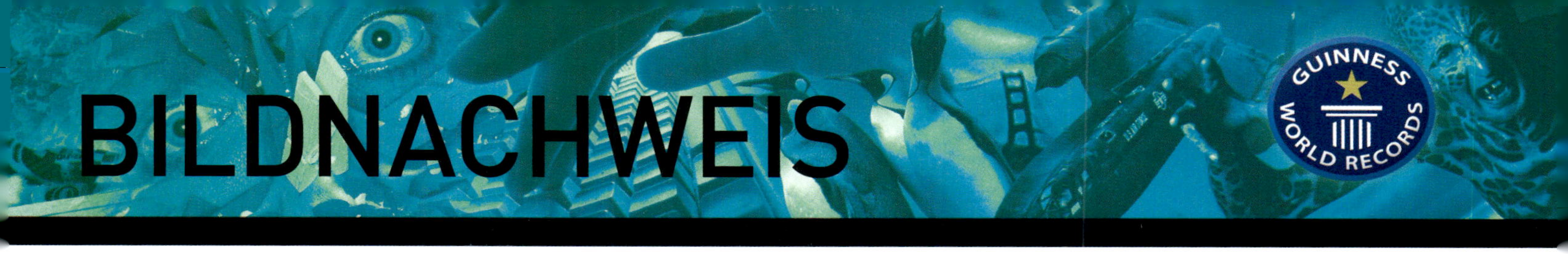

BILDNACHWEIS

2-3: Getty Images (5); GWR (2)
2: ASIMO Honda; © 2001-2005 Lionhead Studios Limited All Rights Reserved; Ardea; Courtesy of Apple
3: Getty Images; © Ranald Mackechnie/GWR
4: Public Address; © Ranald Mackechnie/GWR; Klaus Voit/Haribo
5: © Lego; GWR
6: c/o Fox Broadcasting(5); © Redpoint
7: © RTL/ Gregorowius (6)
8: Taylor Herring/GWR (2); c/o Deira City Centre shopping mall; Julian Camilleri
9: Andy Roberts; c/o Rocketbuster Boots; Laura Barrett
10: National Geographic Kids; Nickelodeon Australia (3)
11: c/o Dante Lamb; Corbis; c/o Adám Lörincz
12-13: © Drew Gardner/GWR
14-15: GWR (5)
14: Empics; c/o Coffey family
15: Getty Images; Gamma
16: Paul Hughes/GWR; c/o John Prestwich; c/o Alexander Stone (2)
17: c/o Kolyo Tanev Kolov (2); c/o Brett House
18: © Drew Gardner/GWR (3)
19: c/o Flossie Bennett; Ana Venegas; c/o Beverly Allen
20: © Drew Gardner/GWR; c/o Flaherty family (2)
21: c/o Laura Shelley; c/o Caroline Cargado; Jay L. Clendenin/Polaris
22-23: © Ranald Makechnie/GWR; Alamy; © Drew Gardner/GWR; c/o Radhakant Bajpai; Alamy; Corbis; Alamy; c/o Tribhuwan and Triloki Yadav; c/o Daniel Valdes
24-25: © Ranald Mackechnie/GWR
26-27: GWR (6)
26: c/o Rick Hansen; Corbis
27: c/o David Dyson; c/o David Abrutat
28: c/o Rainer Zietlow & Ronald Bormann; Corbis
29: c/o Matty McNair; c/o Tina Sjögren
30: Corbis; Getty Images
31: Getty Images (2)
32: © Ranald Mackechnie/GWR
33: Getty Images; © David Anderson/GWR
34: c/o Ricki Lake Show; c/o Heart Health Hop
35: © Drew Gardner/GWR
36: Getty Images; © Paul Hughes/GWR; c/o Sentosa Leisure Management
37: c/o Brian Spotts; c/o Maverick Marketing & Communications
38: Empics/PA; © Paul Hughes/GWR; Reuters
39: c/o East Lansing High School; Benny Schmidt
40: © Drew Gardner/GWR; © Fotostudio Huber André/GWR
41: Paul Hughes/GWR; c/o Deafblind UK; Jonny Greene/GWR
42: c/o Gary Duschl; © Paul Hughes/GWR; © Ranald Mackechnie/GWR
43: © Ranald Mackechnie/GWR; © Drew Gardner/GWR
44: Rex Features; © Paul Hughes/GWR (2)
45: c/o Great East Asia Surveyors & Consultants Co. Ltd; © Paul Hughes/GWR; c/o Domino Day 2004
46-48: Rex Features (2); Science Photo Library; c/o Cindy Jackson (2); Rex Features; c/o Kam Ma; © Ranald Mackechnie/GWR; © Drew Gardner/GWR; Alamy; Corbis; c/o Fulvia Celica Siguas Sandoval; Corbis
49-52: Natural History Museum Picture Library; Science Photo Library; Corbis (3); OSF; Science Photo Library; Corbis (2); NHPA; Corbis
53-55: c/o Igor Kvetko; c/o Marina Merne; © Matthew Pontin/GWR; c/o Paulette Keller; Rex Features; © Drew Gardner/GWR; Corinna Atkinson; c/o Cathy Smith; c/o Mokumoku Tedsukuri Farm; c/o Bill Pierfert; c/o Waymon and Margaret Nipper; © Drew Gardner/GWR
56: c/o Chinese YMCA; Empics/AP; © Paul Hughes/GWR
57: © Paul Hughes/GWR (2); c/o Youlia Bereznitskiaia
58: Getty Images; Brad Barket/GWR
59: c/o Pretoria University; Jeff Day/Splash News
60: © Drew Gardner/GWR; c/o Salil Wilson (3); © Paul Hughes/GWR
61: c/o Anita Cash; c/o Henry Shelford
62-63: © Drew Gardner/GWR; c/o Kevin Cook; Zuma Press; Will & Deni McIntyre/Photo Researchers, Inc.; © Paul Hughes/GWR
64-65: Getty Images
66-67: Getty Images (5) Carol Kane
66: NASA; Corbis
67: Getty Images; Corbis
68: Corbis; BAS/EPICA
69: Corbis; Jacques Descloitres, MODIS Land Rapid Response Team, NASA/GSFC
70: Science Photo Library; National Geographic Images
71: USGS x 3
72: National Geographic Images; Getty Images
73: Corbis (2)
74: Science Photo Library (2); Corbis
75: Science Photo Library; Cliff Tan; Ian Bull
76: Brad Seibel; Getty Images
77: c/o JAMSTEC; SeaPics
78: Ardea; Getty Images
79: SeaPics; Ardea
80-81: Taylor Herring/GWR; Reuters; c/o Chengdu Research Base; Barcroft Media
82: Alamy; c/o Vanderbilt Education
83: Alamy
84: Corbis; SeaPics
85: OSF; SeaPics
86: OSF; c/o Steve Bird/Birdseekers
87: OSF (2)
88: Rex Features; Getty Images; Corbis
89: Corbis; Topham Picturepoint
90: Science Photo Library; c/o Dr Neil Clark
91: Science Photo Library; c/o The Heyuan Museum; Corbis
92: Science Photo Library (2)
93: Empics/AP; Corbis
94: OSF (2)
95: Corbis; OSF
96: c/o Norm Craven; c/o Scott Robb
97: Forest Service, an agency of DARD Northern Ireland
98: Getty
99: Corbis; USGS Eros Data Center, based on data provided by the Landsat Science team (3); c/o Senna Tree Company
100-101: Getty Images
102-103: Getty Images (5) GWR
102: NASA/LMSAL; NASA/JPL; ESA/NASA/University of Arizona; NASA/JSC/Cornell; Science Photo Library
103: NASA/JPL/SSI
104: ESA/NASA, the AVO project and Paolo Padovani; ESA
105: NASA/ESA and The Hubble Heritage Team (STScI/AURA); NASA, ESA and H.E Bond (STScI) (5)
106: Corbis; Getty Images
107: Corbis; Getty Images
108: c/o Complan Medien GmbH; Getty Images
109: NASA-HQ-GRIN; c/o Arecibo
110: DefCon Wi-Fi Shootout; TNO TPD
111: c/o Gary Thuerk; Test image for the PICA project from CCETT in France (2); Getty Images; c/o Martin Dodge/ www.cybergeography.com
112-113: © Paul Hughes/GWR; EFDA-JET (2); Corbis; c/o Edison International
114: Don Harley; NASA - KSC; c/o Cornell University
115: NASA ; Getty Images
116: UC Berkeley; OQO
117: NASA; ASIMO Honda (3)
118-119: Getty Images
120-121: Getty Images (6)
120: c/o Christa Rasanayagam; c/o Suresh Arulanantham
121: c/o Tadao & Minoru Watanabe; Getty Images
122: Corbis (2)
123: Corbis (2)
124: Getty Images; Alamy
125: c/o Maurizio Giuliano; Alamy
126: Getty Images; Paul Hughes/GWR; c/o Fellsmere Frog Leg Festival
127: Corbis; Rex Features
128: Getty Images (3)
129: Getty Images (2)
130: Corbis; Empics
131: Corbis
132: Getty Images; c/o Ran Gorenstein
133: Christie's Images; Empics/AP
134-135: Rex Features/ © 2004 Disney Enterprises, Inc./Pixar Animation Studios
136-137: Getty Images (5) GWR (2)
136: c/o Michael Carmichael; c/o Bev Kirk
137: Getty Images/ © Succession Picasso / DACS 2005; c/o Universal Press Syndicate; c/o Maesa Elephant Camp (2)
138: c/o Bon Prix; Rex Features
139: Alamy; © Rankin
140: Getty Images
141: Colleen Manassa; Corbis
142: NewsPix; Alamy
143: Getty Images; c/o Cinema Dei Piccoli
144: Corbis
145: Rex Features/ Photograph from the motion picture "Shrek 2" TM & © 2004 DreamWorks L.L.C. and PDI, reprinted with permission by DreamWorks Animation; Rex Features; Getty Images (2) ; Rex Features (3); The Ronald Grant Archive
146: c/o Sony (3); Getty Images
147: Getty Images
148: THE POLAR EXPRESS © 2004 Warner Bros. Entertainment Inc. All Rights Reserved; © Ranald Mackechnie/GWR
149: Empics/AP; © Ranald Mackechnie/GWR; Moviestore Collection
150-152: c/o Laura Hughes; c/o Truly Nolen; c/o Mike Stephenson; c/o Foundation Skateboards; © Drew Gardner/GWR; Rex Features; c/o HARIBO GmbH & Co KG; Discovery Channel BIG!; Getty Images
153-156: Corbis; c/o Residents of Bethel; Empics/AP; Getty Images; Getty Images; c/o 101 Tower; Building Illustrations by Cliff Tan
157-159: Buzz Pictures; Getty Images (2) ; Action Plus (2); Buzz Pictures; Getty Images (3)
160: Getty Images; © Ranald Mackechnie/GWR
161: Rex Features (2); Getty Images; Rex Features (3); Getty Images (2)
162: © BBC Archive; Getty Images
163: Corbis; © BBC Archive (2); Jonny Greene/Taylor Herring; Getty Images
164: Getty Images; Comic Relief UK
165: Courtesy of Apple (2); Archos; Getty Images
166: Getty Images (3)
167: Getty Images (3)
168: Getty Images (2)
169: c/o Yahir Othón Parra; Getty Images
170: c/o The Grand Boys; c/o George Barbar
171: Getty Images
172: Rex Features; Cylla von Tiedemann © Kevin Wallace Ltd. 2005
173: Getty Images (3)
174: c/o Cirque du Soleil; © Paul Hughes/GWR; Rick Diamond/Cirque de Soleil (2)
175: c/o Paul-Erik Lillholm; © Ranald Mackechnie/GWR
176-177: Royal Mail (2) ; Christie's Images; Showtime 2003; Corbis; Ramon Torra; c/o Galllup Extreme Productions
178: © 2001-2005 Lionhead Studios Limited All Rights Reserved; c/o David Storey
179: Namco; Rockstar Games (2) ; Courtesy of Computer History Museum; © Bluth Group LTD
180-181: Corbis
182-183: Getty Images (4) GWR (2)
182: c/o MAN TAKRAF Fördertechnik GmbH; c/o Jonathan Reeves (2)
183: c/o Autostadt GmbH (2); c/o Stephen McGill
184: c/o Koenigsegg CCR; c/o Team FANCY CAROL-NOK
185: c/o Ken O'Hara; Corbis; c/o International 7300 CTX
186: c/o MTT; c/o Roger LeBlanc
187: Getty Images; c/o Bobby Root
188: c/o Great Southern Railway; Corbis
189: Corbis; c/o Holloman High Speed Test Track
190: Getty Images
191: Reuters (2)
192: AirTeamImages.com; The Flight Collection; Jan Lidestrand
193: Corbis
194-195: Getty Images; Corbis; Alamy
196: c/o Sportchallengers; Corbis
197: Corbis (2)
198: Mollison Communications/Luna Park Melbourne; c/o The Holy Land Experience
199: c/o Kristin Siebeneicher PR; Corbis
200-201: Getty Images
202-203: Getty Images (7)
202: c/o The Echo Trust; Corbis
203: c/o Paraclub Flevo; c/o Thomas S. Nielsen; c/o Jay Stokes
204: Getty Images (2)
205: Getty Images (3)
206: c/o Mad Cow Entertainment P/L (5); Getty Images
207: Getty Images (2)
208: Getty Images (2)
209: Getty Images (2)
210: Getty Images (2)
211: Getty Images (2)
212: Getty Images; Newspix
213: Getty Images; Empics
214: Getty Images; Corbis
215: Empics; Reuters; Getty Images
216: Getty Images; c/o Joe Pfeiffer
217: Getty Images (2)
218: NBA/Getty Images (2)
219: NBA/Getty Images; Getty Images
220-221: Empics; Getty Images; c/o Mongolian Wrestling Tournament; Corbis
222: Getty Images (2)
223: Getty Images (2)
224: Getty Images (2)
225: Getty Images (2)
226: c/o Eric Kirchner and Patrick Herresthal ; c/o Mission Hills
227: Getty Images
228: Empics; Getty Images
229: Empics; Getty Images
230: Getty Images (3); Empics; Getty Images; Corbis
232: Getty Images (2)
233: Getty Images (2)
234: Getty Images (2)
235: Getty Images (2)
236: Getty Images (2)
237: Sporting Pictures; Empics
238: Corbis; Getty Images
239: Getty Images (2)
240: Getty Images (2)
241: Getty Images (2)
242: Getty Images (2)
243: Getty Images (2)
244: c/o El Show de los Récord (4); Getty Images; © Paul Hughes/GWR
245: Getty Images (2) ; Ian Bull/ISSF
246: Getty Images (2)
247: Getty Images; c/o Stuart Foster
248: Ross Parry Picture Agency; c/o Ben & Jerry's
249: c/o Ben & Jerry's ; c/o George Hollis; c/o Ene Laansalu
250: Getty Images (2); Getty Images
251: Time Life/Getty Images; Getty Images (2)
252: Getty Images (2)
253: Getty Images (2)
254: Royal Lifesaving Society; c/o Billy Rossini; Getty Images
255: Getty Images; Empics/AP
256: Buzz Pictures; Empics/PA
257: Buzz Pictures; c/o Ron Scarpa
258: Getty Images (2)
259: Getty Images (3); Empics/PA
260: Empics/PA; Getty Images
261: Getty Images (2)
262: Getty Images (2)
263: Getty Images (3)
266: c/o Cricket Club des Ormes
267: Empics/PA
268: Getty Images (2)
269: Corbis; Getty Images
270: Getty Images (2)
271: Getty Images (2)
274: © Paul Hughes/GWR; COURTESY OF LUCASFILM LTD. Star Wars: Episode III - Revenge of the Sith © 2005 Lucasfilm Ltd. & TM. All rights reserved; c/o Fan Yang; Jason Lindsey/ GWR

Alle übrigen Illustrationen: Ian Bull

WWW.GUINNESSWORLDRECORDS.COM 273

GUINNESS WORLD RECORDS BUCH 2006
ZU GUTER LETZT

★ HÖCHSTE EINNAHMEN AM ERSTEN SPIELTAG →
Star Wars: Episode III – Die Rache der Sith (USA, 2005) spielte am ersten Spieltag am 19. Mai 2005 in den USA die Rekordsumme von umgerechnet 38.534.678 EUR in insgesamt 3.661 Kinos ein. Mit einer Auflage von 9.000 sind von diesem Film auch die meisten Kopien im Umlauf. Der gleichzeitige Start in 115 Ländern war außerdem die größte Filmpremiere.

★ LÄNGSTE EHE – LEBENDES PAAR
Percy und Florence Arrowsmith (beide GB) feierten am 1. Juni 2005 ihren 80. Hochzeitstag. Sie sind mit einem Alter von insgesamt 205 Jahren 293 Tagen auch das ★ **älteste noch lebende Ehepaar**.

★ GRÖSSTES MASKOTTCHEN EINES UNTERNEHMENS
Duracell Latin America hat eine 12,6 m hohe Riesen-Ausgabe des Duracell-Bunnys geschaffen. Es wurde am 20. April 2005 in Los Angeles (US-Bundesstaat Kalifornien) fertig gestellt und vermessen.

★ HÖCHSTE ZUSCHAUER-ZAHL BEI EINEM BASEBALL-VEREIN
Die größte Gesamtzuschauerzahl eines Baseballvereins haben mit 165.770.718 die Los Angeles Dodgers (USA) zwischen 1901 und 2004 zu verzeichnen.

★ GRÖSSTER BANKRAUB
Beim größten Bankraub aller Zeiten wurden zwischen dem 19. und dem 20. Dezember 2004 umgerechnet schätzungsweise 39,28 Mio. EUR aus der Northern Bank in Belfast (GB) geraubt.

★ WEITESTES EINKAUFS-WAGENSCHIEBEN
Am 23./24. Juli 2005 schob ein aus 12 Personen bestehendes Team von Edeka Südbayern (D) über 24 Stunden einen Einkaufswagen und erreichte eine Strecke von 294,25 km. Dabei legten sie 678 Runden auf einem 434 m langen Rundkurs zurück. Das Event fand im Rahmen eines von der Firma organisierten Familienfestes auf dem Forum des Münchner Flughafens (D) statt.

★ GRÖSSTER HOBEL
Der größte funktionstüchtige Hobel der Welt misst 6,5 m x 3,5 m x 2 m und wiegt 2,5 Tonnen. Er wurde von Johannes Fellner (A) konstruiert und am 24. Mai 2003 in Wien (A) von 16 Männern getestet, denen es gelang, den Hobel zu bewegen und einen Span von einer Holzplatte zu hobeln.

★ MEISTE MINIATUR-MASKEN
Im Mäsklemuseum in Starzach (D) kann die Sammlung von Gerold Weschenmoser bestaunt werden, die im April 2005 4.300 Exponate aus 19 Ländern umfasste. Unter den zwischen 2,5 cm und 10 cm großen Masken befinden sich neben Exemplaren aus dem deutschen Sprachraum auch solche aus Asien, den USA und Mittel- und Südamerika.

↑ ★ GRÖSSTE ELVIS-VER-SAMMLUNG
Insgesamt 77 Elvis-Imitatoren versammelten sich am 17. April 2005 im Londoner Kaufhaus Selfridges' (GB) und sangen „Viva Las Vegas". Jeder Elvis war entsprechend einer bestimmten Periode aus der Karriere des King gekleidet, zum Beispiel in einer GI-Uniform oder im Overall.

★ GRÖSSTE MIT DEM AUTO ERREICHTE HÖHE
Am 4. März 2005 fuhr Matthias Jeschke (D) mit einem Toyota Land Cruiser 90 an den Hängen des Vulkans Ojos del Salado zwischen Chile und Argentinien bis in eine Höhe von 6.358 m.

★ GRÖSSTE MILITÄRISCHE FLUGSCHAU
Das jährlich auf dem Militärflughafen in Fairford (Gloucestershire, GB) stattfindende Royal International Air Tattoo ist die größte Militär-Flugschau. Durchschnittlich 350 Flugzeuge nehmen jedes Jahr in der Luft und am Boden daran teil. Der Rekord liegt bei insgesamt 535 Flugzeugen im Jahr 2003.

★ MEISTE MENSCHEN ← IN EINER SEIFENBLASE
Fan Yang (CDN) blies eine Seifenblase, in der 18 Erwachsene – alle über 1,52 m groß – Platz fanden. Die Aktion fand im „Toys 'R' Us"-Geschäft am Times Square in New York City (USA) am 19. März 2005 statt.

WORLD COPYRIGHT RESERVED
© 2005 GERMAN LANGUAGE TRANSLATION GUINNESS WORLD RECORDS LIMITED. This edition of GUINNESS WORLD RECORDS™ is published by arrangement with GUINNESS WORLD RECORDS Ltd. Die Vervielfältigung, Speicherung und Übertragung, auch einzelner Textabschnitte und Bilder, ist ohne schriftliche Zustimmung des Rechteinhabers nicht zulässig. Dies gilt für alle mechanischen, chemischen oder elektronischen Vervielfältigungs-, Übertragungs- und Speichersysteme inklusive Fotokopien.

ISBN 3-89681-009-X

INTERNATIONALE AUSGABE

EDITOR
Craig Glenday

EDITORIAL TEAM
Rob Dimery
Carla Masson
Ben Way

PROOFREADERS
Richard Emerson
Mike Flynn
Ron Hewit
Nick Minter

DESIGN CONCEPT/CREATION
Keren Turner atBlue Oyster Creative

COVER DESIGN
Ron Callow at Design 23

HEAD OF PUBLISHING
Patricia Langton/
Victoria Grimsell (acting)

PRODUCTION CO-ORDINATOR
Colette Concannon

PRINTING & BINDING
Printer Industria Grafica, SA, Barcelona, Spain

TECHNICAL CONSULTANTS
Esteve Font Canadell
Roger Hawkins

COLOUR ORIGINATION
Resmiye Kahraman at Colour Systems, London, UK

HEAD OF PICTURE MEDIA DESK
Betty Halvagi

PICTURE RESEARCH TEAM
Claire Gouldstone
Maureen Kane
Caroline Thomas
Louise Thomas

ORIGINAL PHOTOGRAPHY
David Anderson
Drew Gardner
Paul Hughes
Ranald Mackechnie

ARTISTS
Cliff Tan Anlong
Ian Bull

DEUTSCHE AUSGABE

REDAKTIONS- UND OBJEKTLEITUNG
Olaf Kuchenbecker

GESTALTUNG
servicemedia,
Sebastian D. Rico
Saeed Maleki
Peter Dwertmann
Ralf Schneider

REDAKTIONELLE MITARBEIT
Dr. André Schirmer

ÜBERSETZUNG
Karin Miedler
Ursula Pesch
Franke Reinhart
Werner Roller

REDAKTION ÜBERSETZUNG
Werner Wahls

SCHLUSSREDAKTION
Peter Dwertmann

HERSTELLUNG
Stephan Born

REPRODUKTIONEN
Alphabeta Druckformdienst GmbH, Hamburg

DRUCK UND VERARBEITUNG
Mohn Media, Mohndruck GmbH, Gütersloh

VERLAGSANSCHRIFT
VERLAG DER REKORDE GmbH
Harvestehuder Weg 42
20149 Hamburg

GESCHÄFTSFÜHRUNG
Günter Berg
Frank H. Häger
Markus Klose

KEEPER OF THE RECORDS
Stewart Newport

RECORD RESEARCH & ADJUDICATION
Stuart Claxton
David Hawksett
Keely Hopkins
Kim Lacey

Hein le Roux
Chris Marais
Susan Morrison
Della Torra Howes

RESEARCH ASSISTANTS
Laura Hughes
Scott Christie
Sophie Whiting

EINE LISTE DER DANKSAGUNGEN FINDET SICH AUF S. 272

Eine Auswahl der exklusiven Interviews dieser Ausgabe findet sich in ungekürzter Form auf unserer Website:
www.guinnessworldrecords.com/2006

Auf dieser Website veröffentlichen wir auch Updates zu Weltrekorden sowie Videoclips.

Darüber hinaus kann unser Email-Newsletter *Off The Record* abonniert werden.

REKORDPRÜFUNG Obwohl GUINNESS WORLD RECORDS Ltd. ein gründliches und umfassendes System zur Prüfung und Anerkennung von Rekorden einsetzt, sind etwaige Fehler in dieser Publikation nicht auszuschließen. GUINNESS WORLD RECORDS Ltd. und die VERLAG DER REKORDE GmbH lehnen jegliche Verantwortung für diese Fehler ab und bitten die Leser um Anregungen und Hinweise, damit etwaige Fehler korrigiert und zukünftig vermieden werden können.

VERWENDETE ABKÜRZUNGEN „BRD" (Bundesrepublik Deutschland) steht für West-Deutschland, „DDR" (Deutsche Demokratische Republik) für Ost-Deutschland. Beide Länder wurden 1990 wiedervereinigt. Die Abkürzungen werden für Sport-Rekorde verwendet, die vor 1990 aufgestellt wurden. Die „UdSSR" (Union der Sozialistischen Sowjet-Republiken) löste sich 1991 auf. Das größte der nun wieder eigenständigen Länder ist Russland (RUS). Die Abkürzung „UdSSR" wird für Sport-Rekorde verwendet, die vor 1991 aufgestellt wurden. Die „CSSR" (Tschechoslowakische Sozialistische Republik) teilte sich 1993 in die Tschechische Republik (CZ) und die Slowakei (SK). Die Abkürzung „CSSR" wird für Sport-Rekorde verwendet, die vor 1993 aufgestellt wurden. GUS – Gemeinschaft Unabhängiger Staaten: am 21.12.1991 in der Nachfolge der UdSSR gegründeter Staatenbund; umfasst Armenien, Aserbaidschan, Kasachstan, Kirgisien, Moldawien, Russland, Tadschikistan, Turkmenistan, Ukraine, Usbekistan und Weißrussland. Eine Übersicht aller verwendeten Länderabkürzungen findet sich auf S. 272.

ACHTUNG Wir raten dringend von Rekordversuchen ab, die in irgendeiner Art und Weise die Gesundheit des Rekordlers oder anderer Beteiligter gefährden könnten. Extreme Rekorde sind nur deshalb im Buch, weil sie von professionellen Stuntmen unter sorgfältigsten Sicherheitsbedingungen vollbracht wurden. GUINNESS WORLD RECORDS Ltd. und die VERLAG DER REKORDE GmbH übernehmen keine Verantwortung für Unfälle oder Krankheiten, die im Zusammenhang mit einem Rekordversuch entstehen könnten. Wir schlagen vor, dass in allen Fällen eine medizinische Versorgung gewährleistet ist.

© 2005 Guinness World Records Limited,
a HIT Entertainment Limited Company

Erscheint im
VERLAG DER REKORDE

Ein Unternehmen der
GANSKE VERLAGSGRUPPE